GUIDE PRATIQUE DE LA VIE DU COUPLE

GUIDE PRATIQUE DE LA VIE DU COUPLE

Docteur David Elia

Docteur Jacques Waynberg

Illustrations Loïc Dubigeon

filipacchi

I.S.B.N. – 2-85018-531-0
N° d'éditeur : 1135. Dépôt légal : 1er trimestre 1984.

Etre un couple, c'est – dans les liens du mariage ou dans l'union libre – vivre à deux, au quotidien, les jours roses et les heures sombres. C'est aussi découvrir ensemble le plaisir, développer le potentiel sexuel de chacun, parvenir à l'épanouissement sexuel par lequel passe le chemin du bonheur. Comprendre et accepter l'autre tel qu'il est dans sa nature profonde, dans ses pulsions sexuelles, ajoute au lien affectif une tendre complicité qui soude solidement le couple. Les tabous et l'hypocrisie ont longtemps occulté le rôle majeur de la sexualité dans la vie de chaque individu, et trop de femmes et d'hommes d'aujourd'hui ignorent ou méconnaissent les mécanismes de leur propre corps, oublient que l'être humain naît sexué et que la finalité de la fonction sexuelle n'est pas uniquement la procréation mais aussi les plaisirs qui lui sont rattachés. Ce livre est destiné à répondre à toutes les questions que les couples se posent sur leur corps et leur sexualité, à mettre en lumière l'importance de l'acte d'amour et ouvrir à chacun l'univers merveilleux des sensations érotiques. La sexualité humaine est multiforme ; vous en découvrirez les infinies variations dans ce guide qui ose tout dire, tout expliquer, tout montrer, sans complaisance et sans fausse pudeur. Jamais on n'est allé aussi loin dans l'information sexuelle, avec la volonté de ne choquer ni de juger. Des spécialistes, gynécologues, psychologues, sexologues, conseillère conjugale, psychiatres, choisis pour leur compétence notoire, ont collaboré à cet ouvrage très différent de tout ce qui a été publié à ce jour dans ce domaine, chacun apportant les connaissances, l'écriture, les opinions qui lui sont propres. Un livre profondément original tant par la façon dont sont traités les sujets que par la qualité et la force des illustrations ; un livre qui est le premier vrai guide pratique de la vie du couple.

Ont collaboré à la réalisation de cet ouvrage

Docteur Paul Bensussan
Sexologue

Docteur Elizabeth Bey-Janaud
Pedo-psychiatre

Docteur Jean-Marc Bohbot
Attaché à l'Hôpital Saint-Louis, Consultant au Centre OMS-MTS
Institut Alfred Fournier de Paris

Docteur Michel Lobrot
Psycho-Sociologue Professeur titulaire à l'Université de Paris VIII
Docteur en Sciences de l'Éducation

Docteur Antoine Siboulet
Attaché à l'Hôpital Saint-Louis, Consultant au Centre OMS-MTS
Institut Alfred Fournier de Paris

Docteur Gérard Zwang
Ancien interne des Hôpitaux de Paris
Ancien Chef de Clinique Chirurgicale à la Faculté de Médecine de Paris
Président de la Société française de Pathologie sexuelle

André Baudry
Fondateur d'Arcadie

Danièle Dezard
Sexologue

Sarah Escogido
Conseillère conjugale

Jean-Marie Lo Duca
Directeur du Dictionnaire de Sexologie

Josette Mélèze
Psychologue

Dominique Ottavioli
Journaliste

Myrette Tiano
Direction

Christian Gauffre
Secrétariat de rédaction

Guy Trillat
Direction artistique

SOMMAIRE

SOMMAIRE

1

Un homme, une femme : le couple

40 000 ANS A DEUX
LA SEXOLOGIE MODERNE

40 000 ANS A DEUX

La mémoire de l'homme moderne est enfouie sous plus de 400 siècles d'histoire, au cours desquels l'érotisme s'est forgé un visage de plus en plus « humain ». Longtemps, sexualité et érotisme n'ont pu s'exprimer qu'en empruntant le langage de l'art : l'histoire de ce dernier n'est-elle pas la plus complète et la plus magnifique histoire de l'amour ? Le XXe siècle, en donnant naissance à la sexologie, a permis l'approfondissement du plus vital des comportements humains.

Une histoire de l'amour et de l'érotisme, aussi succinte soit-elle, ne saurait omettre deux repères fondamentaux, dont l'origine remonte à plusieurs millénaires.

Le premier est l'olisbos double en os de renne, « inventé » (découvert, dans le jargon des chercheurs) par l'abbé Henri Breuil dans la grotte de l'Enfer à Abzac. Rite féminin ? Matriarcat autonome ? Recherche gratuite du plaisir ? En tout cas, déjà, dissociation complète entre plaisir et reproduction, geste d'amour et acte d'ensemencement. Il s'agit de ce que Brantôme appelle godemiché, le mot venant de « gaude mihi », « fais-moi plaisir ». Mais c'est un godemiché double, à utiliser – sacralement ou non – par deux femmes à la fois, peut-être la plus ancienne trace de jouissance humaine. Cet instrument pourrait être, aussi, un bâton de commandement. Ou encore se rattacher à la première civilisation amazonienne qui, du fond de la préhistoire, arriva jusqu'à la primitive Athènes... Mais c'est là une autre histoire.

Pour en rester à ce godemiché double, on pourrait méditer sur une foule de réminiscences. Par exemple, Masters et Johnson ont vu leurs expériences confirmées par le rapport Hite, où il est dit que 90 % des femmes parviennent à l'orgasme par masturbation, tandis que moins de 30 % y parviennent au cours du rapport hétérosexuel. Sheppard ne disait pas autre chose : « Il n'y a pas de femmes frigides, il n'y a que des hommes maladroits ». Tout était écrit en pointillé dans ce godemiché de 40 000 ans. Enfin, si la raison nous aide, instrument de masturbation ou affirmation de matriarcat superbe, un détail nous incite à croire qu'il s'agissait surtout d'un rite. Masters et Johnson toujours ont montré qu'il n'y a qu'un seul type d'orgasme ; donc le godemiché, assez éloigné du clitoris, ne pouvait pas y pourvoir.

Le deuxième repère nous vient d'un bas-relief (20 000 ans avant Jésus-Christ) qui nous montre un accouplement en ciseaux, déjà extrêmement astucieux, même si l'artiste n'a voulu réaliser qu'une belle symétrie entre deux corps étendus sur le dos et reliés au centre par le sexe. C'est en plus une variation admirable de l'accouplement face à face qu'un film assez prodigieux, « La guerre du feu », a reconstitué pour nous en créant une indicible émotion : c'était la première fois – il y a toujours une première fois – où le couple, de son antique et animale posture où les partenaires ne pouvaient pas se regarder, passait à la solennelle exaltation de l'étreinte, les yeux dans les yeux. Cet accouplement en ciseaux se retrouve... au XVIIe siècle sur les fraternelles armoiries épiscopales sculptées sur la façade de l'église San Gregorio à Valladolid. Ce dernier repère nous enchante tout particulièrement, car il prouve la permanence de la curiosité et, surtout, du désir, à travers les temps et les lieux : 21 000 ans d'écart...

Pour l'olisbos dont nous avons parlé, l'hypothèse de la tradition reste vraisemblable. Il n'en demeure pas moins que si l'on retrouve cet objet sur maints vases grecs du Ve siècle avant Jésus-Christ et chez les Romains du IIe siècle, nous le rencontrons aussi en des lieux et en des temps qui ne peuvent avoir le moindre rapport entre eux : des terres cuites du Pérou (Vicus, XVe siècle), des peintures japonaises (XVIIIe siècle, où il se manœuvre du pied où il est fixé), des eaux-fortes de Franz von Bayros (Autriche, XIXe siècle). Et que dire d'une variante... féérique, le godemiché-sexe-mâle-ailé ! Le seul qui ne pouvait ignorer ces apports culturels est Pier Paolo Pasolini, qui ne manqua pas de s'en servir dans une séquence de ses « Mille et une Nuits ».

La plus incroyable et presque hallucinante preuve de cette vision collective et sans doute inconsciente, mais de toute façon enfouie en nous, nous est offerte par deux images séparées par 30 000 ans... Sur la paroi d'une caverne de Roc-aux-Sorciers (Angles-sur-l'Anglin) s'étalent de nombreuses vulves (fendues), peut-être des graffitis votifs, peut-être fruits d'une invocation obsessionnelle. La même image à peu près se retrouve dans une lithographie consacrée aux rêvasseries érotiques de quelques hommes seuls, intitulée « Club », œuvre d'Alwine Hotter et imprimée à Berlin en 1927. Ce pourrait n'être qu'une consécration culturelle du même rêve, le second se référant au premier. Or, il n'en est rien : car si cette estampe est de 1927, la caverne en question n'a été découverte qu'en 1935. Ailleurs, le doute pourrait être permis ; quand vous retrouvez les traits d'une jeune femme sculptés sur ivoire provenant de la grotte du Pape à Brassempoury, qui a près de 30 000 ans, dans les traits d'une femme sortie d'une bande dessinée américaine de 1958, la certitude d'une coïncidence peut vaciller, bien que j'y croie. Mais pour les vulves de Roc-aux-Sorciers et de Berlin la discussion n'est même pas à envisager.

Ces coïncidences ont une valeur d'observation, où le couple est regardé avec quelque humour. La plus plaisante de ces rencontres concerne une certaine indifférence de la femme pendant l'accouple-

ment, comme si elle s'ingéniait à montrer qu'elle le subit.
De nombreux bas-reliefs de Babylone du IIe millénaire nous montrent une femme prise en levrette qui boit avec une longue tige... dans un vase à ses pieds. On retrouve la même insouciance spécifique au Ier siècle dans un pot mochica (Pérou), où la femme cumule l'amour et le pétrissage d'une pâte à galettes. Nouvelle variation au XVIIe siècle, mais dans une peinture sur soie de Chine, où la femme se verse le thé tandis que l'homme la chevauche. Au XVIIIe siècle, autre trouvaille et en autre lieu : nous sommes en Perse et la femme se peigne « assise » sur son actif amant. Même scène de femme au peigne, même posture – les deux mains sont libres ! – mais au Japon, dans une estampe de Harunobu ; en plus, l'amant fume... Presque contemporaine, une peinture moghole attribue à la femme enlacée la dégustation d'une liqueur dans un gobelet d'or incrusté d'émail noir... Dans un rouleau chinois du XIXe siècle – un de ces rouleaux qu'on offrait aux nouveaux mariés pour les déciller définitivement – la femme est assise sur l'homme allongé sur le dos et arrange simplement son chignon, désinvolte sinon absente. Survolons les innombrables eaux-fortes italiennes où la femme en bonne posture actionne... le berceau d'un enfant à la mamelle. Les postures les plus simples et les plus folles se retrouvent ponctuellement dans une géométrie nécessairement limitée. Les douze postures d'Égypte, les vingt-quatre combinaisons salutaires du Yoga, les trente-deux positions de l'Arétin, les quatre-vingt-dix variantes de Forberg ou les schémas du « Kama-Sûtra » ne sont que des curiosités de collectionneurs aspirants au voyeurisme.

L'art millénaire du cunnilinctus

Les caresses du couple varient selon les traditions des groupes et des sociétés. Par exemple, jamais on ne rencontrera dans les céramiques péruviennes (Mochicas) la moindre trace de cunnilinctus, sauf quand – par dérision, sans doute –, pour boire à une cruche, l'homme est obligé de poser ses lèvres sur un sexe féminin entrouvert malicieusement. Ce cunnilinctus se retrouve toutefois au Japon et en Chine, surtout du XIIe au XVe siècle (et copies des époques suivantes).
Un des cunnilinctus les plus cités et le moins contemplé est celui qu'on voit, à hauteur d'homme, sur le portail de l'église Saint-Martin à l'Ile-Adam, œuvre de Jean Bullan (XVIe siècle), qui a réussi à défier les censures et le temps, les cagots et les vandales, grâce à l'excès de son péché qui le rendit exemplaire.
Plus commun est le cunnilinctus en quelque sorte obligé, dû à la position tête-bêche des corps des amants. Il y a là une réciprocité qui enlève au cunnilinctus son caractère absolu : on le voit dans un soliveau du XVe siècle à Montreuil-Bellay et sur une fontaine de Saint-Michel à Forcalquier (1511), voire dans le chœur de la cathédrale de Tolède (1495) ou à Saint-Julien (Le Mans), sans oublier les vantardises des cimetières malgaches...
Dans ces caresses orales, la facilité graphique de la fellation – qui ne risque pas d'être normalement cachée comme le simple accouplement ou le cunnilinctus appliqué qui ne permettent d'apercevoir, en principe, qu'un dos ou une tête – en fait un motif largement représenté, avec plus ou moins de bonheur. Nous en voyons d'ailleurs son utilisation répétée dans les films X, au point

qu'il n'est pas impensable de voir sa diffusion marquer en profondeur les rapports du couple et ses... statuts (il ne faut pas oublier que dans une douzaine d'États d'Amérique du nord, la fellation pouvait être punie de vingt ans de travaux forcés). Dans l'Amérique précolombienne, c'est presque un rite quotidien qui s'amorce par une invention facétieuse : certains pichets ont un bec phallique avec des trous pratiqués autour de la calotte et la femme, pour boire sans être aspergée, doit prendre franchement dans sa bouche une partie sérieuse de la verge. Initiation ou complément... Des douzaines de vases mochicas du Ier siècle, des terres cuites de Trujillo – Pérou, toujours – du XIIe siècle, éternisent ce goût buccal manifeste. C'est ici aussi qu'on remarque un siège spécial pour la fellation, semblable aux chaises réservées au même usage en Chine, en Perse (miniatures populaires à offrir aux nouveaux mariés), au Japon... Peintures sur soie et gravures sur bois sont courantes pour illustrer le « King-P'Mei » et « Jeou-P'ou-T'ouan », romans classiques connus surtout depuis le XVIIIe siècle. On attribue à cette caresse – décriée depuis que les hommes et les femmes se sont mis à penser – une signification sadique ou masochiste, selon la théorie à laquelle l'intelligentsia exige de la rattacher à tout prix. Suprême luxure ou don de soi, nous n'ouvririons pas une polémique avec des gens qui parlent un autre langage. Nous en resterons au couple et à ses effusions. À la rigueur, nous nous abriterons derrière l'admirable plan du « Jugement dernier » qui nous guette du haut de la Sixtine ; Michel-Ange n'hésita pas à représenter Eve à l'instant où elle détourne ses lèvres du sexe d'Adam, assise à ses pieds entre ses cuisses. A voir les yeux ouverts pour y croire.

Cette somme nous dispense de montrer nos plus grands contemporains sacrifiant à cet acte, de Picasso à Dali, de Capuletti à Clovis Trouille, de Bellmer à Molinier et à Moarch Eveno. Un album n'y suffirait pas, même si on se bornait aux Picasso du Musée de Barcelone.

Des caresses universelles

Parfois les caresses ne suffisent pas au couple qui recourt à des fantaisies librement acceptées, dont la plus théâtrale est l'intervention d'un troisième personnage, plus ou moins actif, homme ou femme. Les Étrusques qui, comme les Indiens, se vantaient de leurs exploits sexuels, ont laissé sur la tombe des Taureaux – bien à propos – à Tarquinia (IVe siècle avant Jésus-Christ) une scène où une femme, tout en se donnant à son amant, est couchée sur le dos d'un homme se tenant à quatre pattes, elle-même allongée sur le dos. Très loin dans le temps et la civilisation, voilà la scène de la fresque étrusque exactement répétée dans une peinture chinoise du XVIIe siècle, ou l'homme-support à quatre pattes est remplacé par une femme dans la même attitude. À peine plus tard, dans une taille-douce de Borel, qui devait ignorer ces précédents, à moins que... Marco Polo ait servi d'intermédiaire, on retrouve le même thème qui devait être prisé au XVIIIe siècle (et la tombe étrusque ne fut découverte qu'au XIXe siècle).

Il va de soi que nous pourrions continuer autour d'une universalité qui n'a pour bornes que notre curiosité ou notre ébahissement. Que les mamelles qui enchantaient nos ancêtres Cro-Magnon trouvent leur équivalence à notre époque, avec toute une iconographie spécialisée, cela n'étonnera plus personne. Mais si nous rencontrons la fille de l'empereur Axayacath, princesse aztèque, qui collectionne autour de sa couche les moulages des amants qu'elle a fait tuer après les avoir possédés, et nous la rapprochons d'une Antinéa d'une Atlantide romanesque (Pierre Benoît et non Platon), je pense que le lecteur aura le droit d'écarquiller les yeux. Or, le règne du sexe sur notre planète est inépuisable.

Notre démarche peut paraître étrange. Nous pensons « dater » moins que si nous nous attelions à une proche actualité. Que l'on songe aux années 60, aux nouvelles idéologies libérales, à la libération engendrée par la pilule, à la reconnaissance de l'avortement, à l'amour-hygiène pour l'homme, la femme et le couple, à la pornographie école d'imagination. Confronter les repères d'un érotisme universel, évoquer des situations issues de la biologie et non de la culture, nous a paru correspondre à une fidélité adaptée à la vérité des êtres.

Un génie érotique

Que vers l'an 1000 le poète persan Firdusi nous raconte que la fille d'un roi laisse tomber sa chevelure noire du balcon pour que son amoureux y grimpe ; et que cette chevelure devienne blonde et nattée dans les légendes celtes, occitanes et germaniques, toujours afin d'amener l'amant à la donzelle, c'est plaisant et curieux ; mais c'est surtout la <u>même</u> histoire. Il suffit de <u>voir</u>.

Quand nous avons sous les yeux le symbole phallique de toutes les civilisations mégalithiques, et de leurs menhirs, du nord de l'Écosse au sud de la Corse, en passant par la Bretagne, <u>voir</u> signifie leur joindre les phallus érigés de Moab, des mémorials d'Isaïe, de l'obélisque d'Égypte – même si égaré place de la Concorde – de Cuzco, de Combourg, ou des tours d'Irlande, ou des masques Dogons. <u>Voir</u> c'est placer sur le même socle la sculpture érotique, assez déchaînée, de Madagascar et la sculpture érotique, assez caricaturale, des îles Fidji.

<u>Voir</u>, c'est constater que la jeune sœur de la Sulamite (« qui n'a pas encore de seins ») du <u>Cantique des Cantiques</u> se retrouve dans la jeune sœur de Schahrazade qui, elle, verra pousser « ses petites mamelles » pendant les mille jours et nuits du conte.

Notre <u>voir</u> a voulu être parallèle à une des pensées les plus profondes de toute la dialectique d'Eros que nous devons à Etiemble : « L'homme <u>en tout lieu</u> sait varier heureusement les figures de la volupté, maîtriser ou corser la paresse de l'instinct génésique, libérer en cunnilingue, en fellatio, en sodomie, la fatalité de l'acte procréateur ».

L'homme sait que, sans son génie érotique, son destin est semblable à l'aventure biologique de sa semence : dès que son spermatozoïde, devançant les autres par une prodigieuse et miraculeuse activité sur un long chemin, perfore l'ovule féminin et y pénètre, la paroi se referme sur lui et le retient prisonnier.

À travers l'embrasement d'un érotisme millénaire et, dans l'image de l'orgasme, notre monde s'efforce peut-être de retrouver un élan perdu. Ce n'est pas nouveau. La Mésopotamie, l'Amérique précolombienne, l'Égypte, Israël, la Crête, la Grèce archaïque et l'Étrurie, l'Asie entière nous ont précédés. C'est en mettant nos pas dans les traces de ceux qui marchèrent avant nous, que nous pouvons être rassurés. Notre marche et notre démarche ne changeront pas de direction, car ces lignes sont écrites pour prouver qu'elles ont le même son depuis trente ou quarante millénaires.

J.-M. Lo Duca

LA SEXOLOGIE MODERNE

La sexologie est une science qui étudie les phénomènes sexuels, en s'intéressant à tous les faits anatomiques, physiologiques et psychologiques qui mènent l'individu à l'orgasme. Son histoire est très récente puisqu'elle puise ses sources dans l'œuvre de chercheurs nord-américains qui ont publié leurs travaux à partir de 1948. De telles racines sont passées, pour la plupart des Européens, pour être l'unique référence historique. Trente ans plus tard, le regard que l'on porte sur ces épisodes héroïques inspire d'autres évaluations, soulève nombre de questions, dont dépendent en fin de compte l'image et la fonction du sexologue d'aujourd'hui.

Un certain goût du risque et des manies : Alfred Charles Kinsey

Qui ne connaît pas les « rapports Kinsey » est à coup sûr efficacement à l'abri de la rumeur publique : ses deux livres, « le comportement sexuel de l'homme » (1948) et « le comportement sexuel de la femme » (1953) ont eu un retentissement mondial. Ils ont eu l'effet d'une bombe aux États-Unis même, où le puritanisme figeait encore les mentalités, invinciblement. Lorsque la Fondation Rockefeller, en 1941, offre un budget à l'équipe de Kinsey, pour subventionner une première grande campagne d'enquêtes, soupçonne-t-elle les remous qu'elle va provoquer dix ans plus tard ?

L'ART D'AIMER Kinsey est à l'origine, en 1938, l'homme de la situation : zoologiste de formation, il a la réputation de tous les classeurs d'insectes, de tous les coupeurs de cheveux en quatre de sa catégorie. Le dépouillement d'une enquête, le traitement statistique des résultats, c'est son affaire. Au départ, les entretiens ne s'adressent qu'aux étudiants de l'Université de Bloomington, dans l'Indiana, petite ville universitaire coquette et sage, que rien ne prédispose à héberger le plus grand institut de sexologie du monde. Kinsey est trop méticuleux, sa curiosité lui coûte sa chaire de Biologie, en 1941, et il se consacre désormais exclusivement à cet incroyable répertoire des comportements sexuels des Américains de l'après-guerre : 16 000 histoires d'amour, dont le tiers à peine est copie-conforme du modèle original. Les chiffres sont d'une éloquence à faire pâlir les pères de famille et les pasteurs : 24 % des femmes interrogées rapportent le souvenir d'un contact sexuel avec un adulte alors qu'elles étaient encore impubères ; 58 % ont plus ou moins régulièrement recours à la masturbation pour accéder à l'orgasme ; à 40 ans, presque une femme sur trois a trompé son mari au moins une fois dans les cinq dernières années ; 93 % des hommes de 35 ans sont incapables d'avoir deux éjaculations de suite dans un court intervalle de temps ; 37 % de la population masculine américaine ont eu au moins une expérience homosexuelle...

Il faut savoir que 19 enquêtes de ce genre avaient déjà été publiées entre 1929 et 1947. L'offre faite à Kinsey d'organiser une vaste consultation nationale n'est donc pas née du jour au lendemain. Elle répond en toute logique au besoin de sortir du cadre trop étroit de la population de New York et des milieux universitaires pris pour seuls modèles par les chercheurs précédents. Et c'est en effet parce que Kinsey atteint réellement des échantillons de la population issus de tous les milieux socio-professionnels et de tous les États, que ses recherches vont faire date. Elles vont éclairer d'un jour totalement neuf la vie sexuelle quotidienne de l'Américain moyen, mais elles vont être aussi le début de sa déstabilisation, car toutes les vérités ne sont pas bonnes à dire. Ce ne sont pas les aveux des marginaux qui sont en réalité les plus troublants, ce sont les confidences des femmes. Les cow-boys virils et joyeux découvrent avec étonnement que leurs épouses ont dans l'ensemble plus de plaisir à se masturber qu'à subir les manipulations incertaines d'un coït souvent incomplet. Les femmes, secrètement, explorent une sexualité bien plus riche et plus exigeante que ce que leur offre le mariage : le sexe faible, c'est l'autre, celui des mâles, aux érections somme toute vulnérables et au savoir-faire parfois rudimentaire.

FONDATIONS DE LA SEXOLOGIE

Cela est en tout cas ce qu'a retenu le public à la lecture de ces deux livres. Or, l'objectivité scientifique, la volonté de savoir de Kinsey va beaucoup plus loin encore dans les cinq derniers chapitres de l'ouvrage de 1953 consacré à la sexualité féminine. Résumant toute la littérature disponible à l'époque, augmentée de ses observations, il bâtit les fondations d'une étude véritablement « sexologique » de la sexualité, en comparant pour la première fois depuis 1933 (1) les fonctions érotiques masculine et féminine.

Kinsey aborde la conduite des rapports sexuels en sexologue – tenant compte en particulier, et pour la première fois, de l'influence de la religion –, mais aussi en anatomiste, en physiologiste, en endocri-

(1) Les racines historiques de la sexologie sont allemandes, issues des travaux de Magnus Hirschfeld qui prit dès 1896 les premières initiatives de recherches affranchies des arrière-pensées de la psychiatrie de l'époque. L'institut de sexologie de Berlin a été, pendant trente ans, le creuset de toute la sexologie contemporaine. Son œuvre et ses chercheurs ont été dispersés par l'avènement du nazisme en 1933.

nologue et en fin de compte, mais à son insu, en moraliste. Le mot clé est ici le mot de liberté : liberté des hommes d'avouer leurs défaillances, leurs imperfections, liberté des femmes de dire à haute voix que leur sexualité est bel et bien leur affaire, avec ou sans partenaire à domicile. Kinsey fait passer un message qui ne sera compris que vingt ans plus tard : le comportement sexuel obéit à des lois biologiques et sociales originales, ses pannes et ses incertitudes ne sont pas toutes du ressort de la psychiatrie ou de la psychanalyse. Lorsque Kinsey meurt, en 1956, cet aspect de l'héritage n'est pas encore à l'ordre du jour, et le terme même de « sexologie » n'est pas encore couramment prononcé. Pourtant, l'évolution des mentalités est en marche accélérée, et la rébellion des minorités est proche ; nul n'a encore associé, parmi les sexologues d'aujourd'hui, la crise des années 60 aux États-Unis, à la radioscopie de la société américaine proposée par Kinsey, mais je crois qu'elle lui a prêté main forte. Et c'est sur cette première conclusion qu'il faut marquer un temps d'arrêt : prendre la parole en matière de comportement sexuel ce n'est pas seulement une preuve de maturité scientifique, innocemment destinée à satisfaire la « curiosité intellectuelle », c'est un acte qui peut atteindre la trame des conventions sociales.

La vulgarisation massive récompensée : William Howell Masters

En 1956, William Masters a 41 ans. Il est professeur agrégé de gynécologie-obstétrique depuis 1951 à l'Université Columbia de St-Louis dans le Missouri – fait curieux, à portée d'avion-taxi de Bloomington. Pas plus que Kinsey à l'origine, Masters ne peut prétendre avoir a priori une vocation de sexologue. L'étude psychologique de la femme ménopausée en particulier, alliée à la lecture des travaux de Kinsey, Joseph Beck, Robert L. Dickinson, Ernst Grafenberg entre autres, lui ont sans nul doute inspiré le projet de reprendre et de synthétiser les observations de physiologie sexuelle de ses prédécesseurs. De même que Kinsey est encouragé par toute une série de sondages incomplets et localisés, Masters va couronner des recherches biologiques faisant déjà autorité mais qui sont encore fondées sur un trop petit nombre d'observations. Il est certain qu'il n'ignore pas celles de Robert L. Dickinson dont l'« Atlas of Human Sex Anatomy », publié en 1933, vient d'être réédité en 1949. Dickinson – qui se base sur 140 sujets – est le premier à utiliser un tube de plexiglas transparent de la forme d'un pénis en érection pour observer les transformations des parois vaginales lors de l'excitation sexuelle et l'orgasme. Cette technique est reprise par l'équipe de Saint-Louis en y adjoignant une caméra et des systèmes optiques perfectionnés.

694 COBAYES DE L'AMOUR De 1954 à 1966, des volontaires (pour la plupart mariés ou divorcés et de race blanche) âgés de 18 à 89 ans, permettent l'enregistrement de 10 000 orgasmes. Chacun sait aujourd'hui que le fait essentiel qu'affirment découvrir les expérimentateurs est la similitude des réactions physiques masculines et féminines, à l'excitation et à l'orgasme. Ces réponses corporelles s'organisent en quatre phases successives : phase d'excitation, phase en plateau, or-

gasme et phase de résolution. A chacune de ces étapes d'une même relation sexuelle, correspond un ensemble de modifications perceptibles à l'œil nu, ou à l'aide d'instruments de mesure, affectant notamment le système cardio-vasculaire, l'appareil respiratoire, l'équilibre endocrinien, le système neuro-végétatif et le tonus musculaire.
L'ambition d'un tel programme de recherches est en fin de compte d'être en mesure de formuler un étalonnage conforme aux réactions sexuelles types de tout individu « normal ». Non pas imposer mais proposer un modèle, un dénonimateur commun, au comportement sexuel de partenaires adultes. Aucun des candidats à de telles expérimentations n'est donc en traitement au moment des observations. L'édition en 1966 de l'ouvrage « Les Réactions Sexuelles » est en tous cas un évènement scientifique considérable, car il constitue à l'époque cette base de travail tant attendue par les nouvelles générations de sexologues. Même si l'autorité de ses conclusions est timidement contestée aujourd'hui, elles représentent une référence absolument indispensable puisqu'il n'est pas possible d'évaluer les troubles de la vie sexuelle, si on en ignore le fonctionnement à l'état normal.
Avec l'enseignement de Masters il n'est plus question de se passer de solides connaissances anatomiques et physiologiques. La fonction sexuelle s'apparente à toutes les autres fonctions de l'organisme et peut enfin être étudiée avec la même objectivité scientifique. Les conséquences immédiates d'une telle démythification sont de deux ordres. D'une part, le risque est grand pour les sexologues maladroits d'être jugés incapables de réserver la primauté de l'amour sur les aspects purement « physiques » de la sexualité ; d'autre part, la complexité des recherches physiologiques à venir va irrémédiablement « médicaliser » la profession. En pratique donc, l'exercice de la sexologie se déploie de plus en plus dans le milieu médical, et les « non-médecins » sont voués à s'en rapprocher étroitement au sein d'équipes pluridisciplinaires, notamment en France, où la législation les prive du droit de prescrire des ordonnances, et où le cloisonnement des spécialités les met à l'écart des informations scientifiques devenues indispensables, même pour la pratique quotidienne.

L'ÉCOLE DES FEMMES Bien plus que l'inventaire des réactions corporelles lors de l'excitation sexuelle, c'est l'affirmation de l'unicité de l'orgasme qui bouleverse le plus profondément les mentalités. Les observations sont formelles : l'orgasme masculin est objectivement identique, que l'éjaculation soit provoquée par masturbation ou au cours d'une relation sexuelle ; de même chez la femme, les signes observables de la courte phase orgastique sont analogues, que cette expérience émotionnelle particulière soit accessible par masturbation clitoridienne, ou lors du coït.
Depuis les années 60, les mouvements sociaux qui déstabilisent la société américaine s'organisent autour de quatre pôles : les pacifistes, opposés à la guerre du Viêt-nam et illustrés par la contestation « hippie » ; les Noirs et les minorités raciales, encouragés par l'adoption en 1964 d'une charte anti-discriminatoire, dont certaines communautés se rebellent ouvertement ; les homosexuels dont les organisations, surtout en Californie, sortent tout juste de la clandestinité ; les femmes, enfin, dont les revendications extrêmement fermes et motivées concernent pêle-mêle le monde du travail, l'entrée à l'université, les droits civiques, l'avortement et la contraception... la vie sexuelle. Tous ces mouvements se radi-

calisent, c'est-à-dire entrent de plain-pied dans le débat politique. L'administration démocrate laisse faire, non seulement parce qu'elle est foncièrement plus libérale qu'un gouvernement républicain, mais parce qu'elle ne doute pas un instant, qu'avec l'évacuation du Viêt-nam et l'opulence du pouvoir d'achat, l'Américain moyen va retourner à ses habitudes de pensée. Vingt ans plus tard le décor a bel et bien évolué, mais la population s'est en effet ressaisie : les hippies sont devenus de paisibles agriculteurs pères de famille, les Noirs n'ont toujours pas vaincu les inégalités raciales, les homosexuels affichent avec courage une différence qui laisse tout le monde indifférent. Seules les femmes tiennent leur pari, en dépit de l'affaiblissement évident de leurs différents « mouvements de libération ». Les femmes américaines, puis à leur suite, les européennes, ont seules franchi un point de non-retour en terme d'émancipation et de revanche parce qu'elles prennent possession de leur sexualité. Si elles parviennent à se faire entendre, c'est parce que Masters postule cette fameuse unicité de l'orgasme. Tenter d'établir une fois pour toutes l'égalité entre la masturbation et le coït, c'est, qu'on le veuille ou non, se faire complice d'une révolution culturelle. L'enjeu est beaucoup plus important que l'affrontement inévitable avec les élèves de Sigmund Freud qui taxent les femmes « clitoridiennes » d'une immaturité dont elles doivent guérir ; l'enjeu est en fin de compte la libération sexuelle authentique des femmes de toute tutelle masculine. La sexologie, on le voit, n'est pas détachable de l'histoire d'une société, bien plus : science humaine au sens universitaire du mot, la sexologie a donc (aussi) pour objet le progrès social, et le sexologue pour devoir de mesurer le sens et les conséquences de ses recherches.

Des problèmes sexuels pour quoi faire ?

Cinq années s'écoulent à Saint-Louis, de 1954 à 1959, avant l'annonce des premiers projets d'inventaire et de traitement des troubles sexuels.
C'est en 1959 que Virginia Johnson est embauchée comme psychologue clinicienne pour participer à l'organisation du programme. Ici aussi, la suite des évènements est trop connue pour que je m'y attarde : Master « et » Johnson travaillent pendant onze ans à la publication des « Mésententes sexuelles » (1970), qui représente depuis le livre de base de tout apprenti sexologue.

LES TROUBLES SEXUELS PROTÈGENT LA MORALE Si la trame de l'ouvrage est fondée sur le postulat de la curabilité de toutes les difficultés faisant obstacle au bonheur sexuel, elle passe sous silence, de façon inadmissible pour un si grand travail, l'analyse des racines de ces problèmes de sexualité. Non pas des causes médicales ou psychologiques, non pas des aléas de la communication dans le couple ou des séquelles de la relation parents-enfant, mais des racines sociales d'une souffrance aussi particulière. Or, la compréhension de la façon dont se développe dès les années 60, la demande d'aide en la matière, ne peut pas être évitée. Bien sûr, à première vue, l'entrée en jeu de « sexologues » provoque dans le public le désir d'être rassuré et « certifié conforme » aux nouvelles normes publiées dans les médias. En réalité, les choses sont plus complexes et il faut voir dans cet accueil si chaleureux de l'opinion une sorte de réponse allergique, de réaction d'auto-défense à la grande peur de l'inconnu. L'inconnu, c'est, pour l'Américain moyen, la crainte d'un bouleversement trop radical des lois du mariage, la prise de pouvoir des femmes, l'insolence des homosexuels, la promotion de l'orgasme, qui envahissent en quelques années le décor urbain et l'Art, les conversations et le cinéma...

Observées sous cet angle-là, la mésentente conjugale est le signe d'un malaise du couple face à ces nouvelles normes, l'impuissance une façon de s'avouer vaincu par une rupture trop rapide de l'autorité masculine, la frigidité, un aveu masqué du rejet d'un modèle féminin trop libertin. Il ne s'agit pas de vues de l'esprit : face au danger de révolution sexuelle, la société produit un contre-poison qui est la maladie conjugale. Si à cette époque les sexologues n'avaient pas existé, il aurait fallu les inventer.

En somme, qu'il s'agisse de groupes sociaux considérables ou de la vie privée d'un seul et même sujet, la sexualité est d'une vulnérabilité extraordinaire : à la première secousse, c'est le « rapport sexuel » qui casse. Le mot d'ordre serait ici « prévention ». Mais il n'est encore aujourd'hui au sommaire d'aucun ouvrage, d'aucun congrès, sans doute par manque de recul par rapport à la pratique et à la recherche. C'est donc ici que l'on affronte les limites de la sexologie, des limites non pas d'ordre théorique mais opératoire : la sexologie est une discipline en liberté surveillée.

QU'EST-CE QUE LA SEXOLOGIE ?

C'est d'abord une pratique clinique, et c'est du reste ainsi que les sexologues européens emboîtent le pas à leurs confrères américains dès 1974-1977. Cette pratique est un savoir-faire acquis empiriquement, proposant des liens audacieux entre des techniques et des hypothèses de sources souvent très éloignées l'une de l'autre. C'est en enrichissant les traitements mais aussi les moyens diagnostiques, en mettant en place des équipes véritablement interdisciplinaires, des échanges internationaux, qu'une discipline s'installe sous couvert d'une communauté de chercheurs et de praticiens issus pourtant d'horizons différents.

La sexologie a pour objet l'étude sous toutes ses formes de la fonction érotique, ou plus simplement, du rapport sexuel du point de vue des mœurs (aussi bien chez l'animal), biologique, social et philosophique. De proche en proche les limites se précisent : l'étude de la fertilité est à certains égards du domaine sexologique, mais le traitement de la stérilité ne l'est pas ; l'étude des compromis entre la religion et les pulsions sexuelles individuelles peut faire l'objet d'une recherche sexologique, mais la critique littéraire ou dogmatique des Écritures n'est pas de son ressort...

La sexologie a enfin une fonction d'émancipation sociale et de prévention, qui ne sera accessible que dans l'avenir, semble-t-il, lorsque les incertitudes actuelles seront dépassées. L'éducation sexuelle n'est à la sexologie à venir que ce que le secourisme est à la chirurgie. Il ne faut pas se leurrer, tant que la sexologie ne disposera pas d'un ensemble d'hypothèses qui lui soit propre, d'un langage et d'une nomenclature définis, sa reconnaissance d'utilité publique sera toujours contestée. Un travail considérable en perspective.

Alors quoi, le sexologue est médecin, sociologue, juriste, critique d'Art et philosophe ? Non certes, mais nécessairement beaucoup plus cultivé que l'on croit, pour être en mesure de rompre le silence sur la fonction la plus secrète des hommes ; si le mot a encore un sens en l'an 2000, je pense que la sexologie est un humanisme.

Docteur Jacques Waynberg

2
La géographie du corps

LA FEMME ET SON CORPS

L'HOMME ET SON CORPS

LA FEMME ET SON CORPS

La « géographie » féminine est riche, complexe : une vraie merveille naturelle. Une exploration systématique du corps permettra au couple de mieux en comprendre le fonctionnement, d'en connaître toutes les ressources menant au plaisir.

La vulve

Partie visible du sexe féminin, elle est faite de peau, de poils et de muqueuse : c'est le sexe « civil » de la femme. Elle comprend deux grandes lèvres, deux petites lèvres, le clitoris, l'orifice urinaire et l'entrée du vagin.

LES GRANDES LÈVRES sont deux replis charnus, recouverts de peau sur laquelle pousse des poils. Elles s'allongent de la base du pubis en avant jusqu'à proximité (2 à 3 cm) de l'anus en arrière.

LES PETITES LÈVRES ne sont visibles qu'en écartant les grandes lèvres et sont faites de peau mais aussi de muqueuse (dépourvue de poils et de couleur rose, comme la chair). Leurs formes varient (bords dentelés, voire déchiquetés). Elles sont de taille beaucoup plus réduite que les grandes lèvres.

LE CLITORIS organe essentiel du plaisir féminin, n'est pas visible. Il est situé au point de rencontre supérieur des deux petites lèvres. Seul est visible, en écartant les petites lèvres, ce que l'on nomme le « capuchon » du clitoris : un organe érectile, long de 2 à 3 cm, et fin comme une tige de fleur. Il devient perceptible au doigt qui le cherche, lorsqu'il est entré en érection : rond, cylindrique, souple et dur en même temps.

L'ORIFICE URINAIRE, appelé encore méat urinaire, est situé juste sous le clitoris. Sa proximité explique les irritations, les infections causées par des attouchements ou des rapports trop appuyés ou contaminants.

L'ENTRÉE DU VAGIN se présente comme un orifice d'environ 5 cm de diamètre, visible si l'on écarte grandes et petites lèvres. Chez la femme vierge, l'hymen (sorte de petite peau (voir dessin

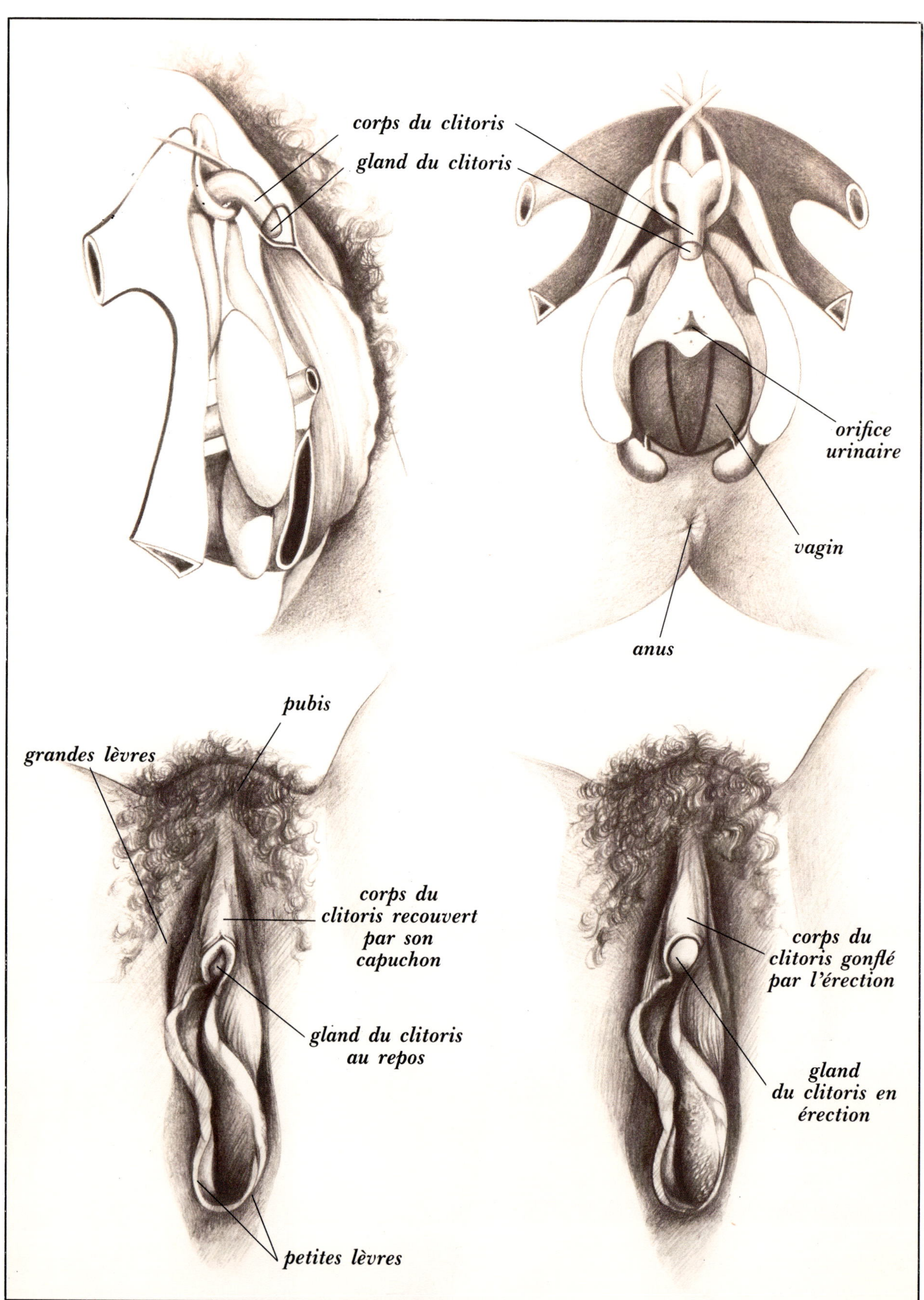
corps du clitoris
gland du clitoris
orifice urinaire
vagin
anus
pubis
grandes lèvres
corps du clitoris recouvert par son capuchon
gland du clitoris au repos
petites lèvres
corps du clitoris gonflé par l'érection
gland du clitoris en érection

LA VULVE

page 32) vient en fermer partiellement l'entrée.

LES POILS de la vulve ont une configuration triangulaire à base supérieure caractéristique. S'il y en a peu sur la vulve elle-même, c'est le « mont de Vénus » (ou pubis) qui est le siège principal de cette pilosité de type féminin. La couleur des poils pubiens est la même que celle des cheveux et des sourcils. En revanche leur consistance est différente : plus drus, plus frisés, presque crêpus. Selon les races et l'hérédité ce triangle peut se continuer jusqu'au nombril en une ligne noire et à l'intérieur des cuisses. Les poils pubiens de l'homme et de la femme dépendent des hormones mâles sécrétées. Chez la femme elles proviennent essentiellement des glandes surrénales. Ces hormones s'appellent les androgènes. Quelle est l'utilité de ces poils ? Certains voient en eux les vestiges de notre ancienne « couverture » animale. Placés à cet endroit, ils nous protègent des traumatismes (froid, coups, feu, etc.). (De la même manière que les yeux, organes nobles, sont protégés symboliquement par les sourcils.) Je préfère penser que la véritable fonction de cet « écran pileux » est de conserver les odeurs sexuelles. A l'origine, celles-ci avaient un rôle fondamental dans nos rites sexuels. Les humains négligent aujourd'hui, dans leur immense majorité, les stimuli olfactifs : <u>nous avons perdu notre faculté de respirer les odeurs et d'en tirer du plaisir</u>. Au contraire, les animaux comme les chiens en font l'un de leurs stimuli sexuels les plus puissants. Les bulbes pileux sont parsemés d'un très grand nombre de glandes à sueur (sudoripares) dont les poils empêchent l'évaporation. Ainsi, ils sont le principal garant de la conservation permanente de ce puissant signal érotique.

Pourquoi a-t-on baptisé « lèvres » les différents constituants de la vulve ? Comme celles de la bouche elles se présentent sous la forme de deux bourrelets de chair joints sur un espace creux. Sans doute aussi par allusion au baiser vulvaire, une pratique courante en sexualité humaine. Quelle est leur « utilité » ? Les grandes et les petites lèvres sont le « rempart » du vagin contre les agressions extérieures. Elles l'aident à maintenir son humidité permanente, et forment un premier obstacle à l'envahissement des germes extérieurs. Chez les femmes qui n'ont jamais eu d'enfant elles sont en général bien jointes l'une contre l'autre. Après chaque accouchement, elles vont plus ou moins se disjoindre.

LES GLANDES DE LA VULVE

• <u>Les glandes sébacées</u> : elles fabriquent le sébum, graisse spécifique dont le but est de lubrifier le poil (ou le cheveu sur le cuir chevelu). Accompagnées des glandes sudoripares, elles confèrent à la vulve une odeur spécifique plus ou moins accentuée.

• <u>Les glandes lubrificatrices</u> : leur fonction est de lubrifier le vagin sous l'effet d'une impulsion réflexe nerveuse, déclenchée par le désir sexuel et l'acte lui-même. Ce sont les glandes de Skène (proches du méat urinaire) et de Bartholin (dans l'épaisseur des grandes lèvres près de l'anus).

Ces glandes de Bartholin, au nombre de deux, se bouchent parfois, s'infectant et obligeant le chirurgien à l'ablation. La lubrification est surtout assurée par les parois du vagin, qui « transpirent » littéralement lors de l'acte sexuel (d'où le rôle mineur des glandes de Skène et de Bartholin).

Le vagin

Pour beaucoup univers sombre, mystérieux et insondable, il s'ouvre en fait derrière les petites lèvres par une sorte de vestibule et est un organe creux comme l'utérus. Couloir de chair, élastique, de couleur rose (quelle que soit la couleur de la peau) il y règne un « climat tropical » : chaud et humide ! Chaud car en effet la température est en permanence de 37°, humide car les parois du vagin, le col de l'utérus, sécrètent en permanence pour maintenir un degré hygrométrique stable. Au fond, seul le col de l'utérus est visible. Long de 10 cm environ au repos, le vagin peut atteindre 15 cm lors d'un rapport sexuel satisfaisant. En effet, sa caractéristique principale est son extraordinaire élasticité. Il peut gagner en longueur mais aussi en largeur : outre la réception du sexe masculin en érection (environ 5 cm de diamètre), il est parfaitement capable de livrer passage, lors de l'accouchement, à une tête d'enfant (10 à 11 cm de diamètre). La distension en longueur et en largeur du vagin est sous l'étroit contrôle des centres nerveux cérébraux : seul un acte sexuel apprécié ou un accouchement « heureux » peuvent donner lieu aux modifications physiologiques adéquates de ce conduit « intelligent ».

Intelligent, oui, car pourquoi est-il toujours humide ? Deux raisons à cela. D'abord, les cellules de ses parois sont en perpétuel renouvellement. Ensuite, elles subissent un processus de desquamation (élimination des cellules mortes) accompagné d'une véritable « suée » que l'on nomme transsudation. Ces deux phénomènes contribuent à fabriquer cet *« enduit »* caractéristique, dont le seul but est d'assurer la lubrification du vagin. Les

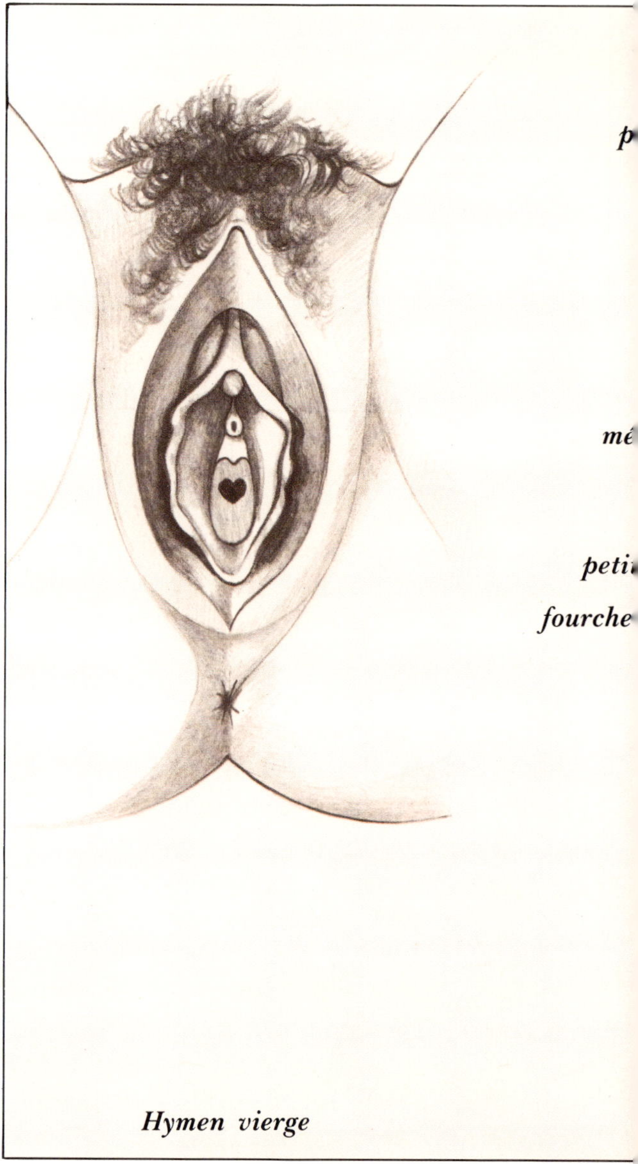

Hymen vierge

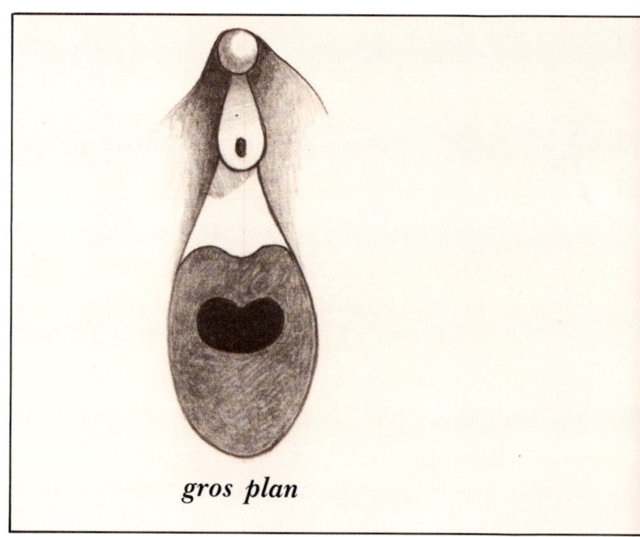

gros plan

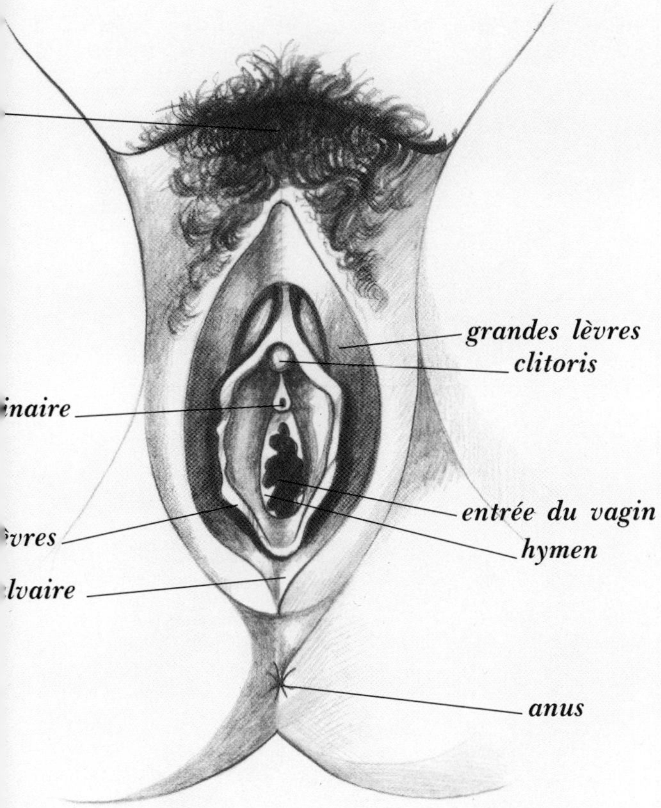

grandes lèvres
clitoris
inaire
entrée du vagin
vres
hymen
lvaire
anus

Hymen après défloration

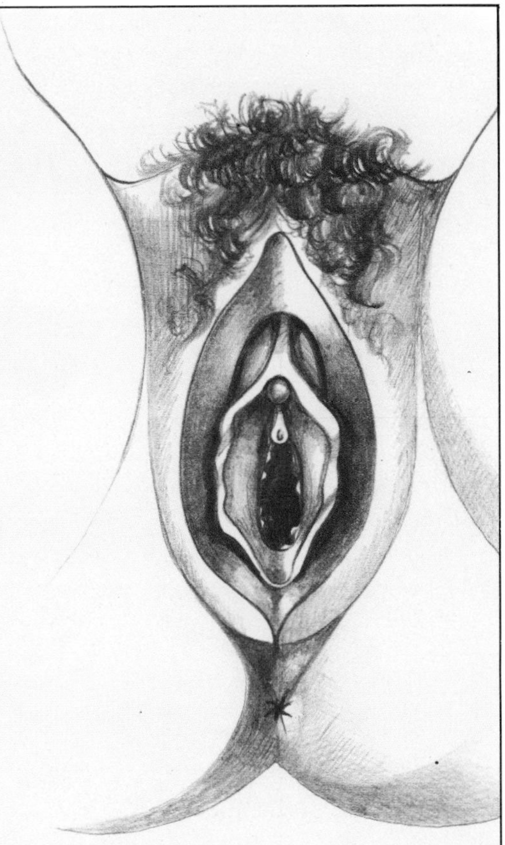

Vestiges hyménaux chez une femme ayant une vie sexuelle active

clitoris
méat urinaire
orifice
du vagin
hymen

gros plan

gros plan

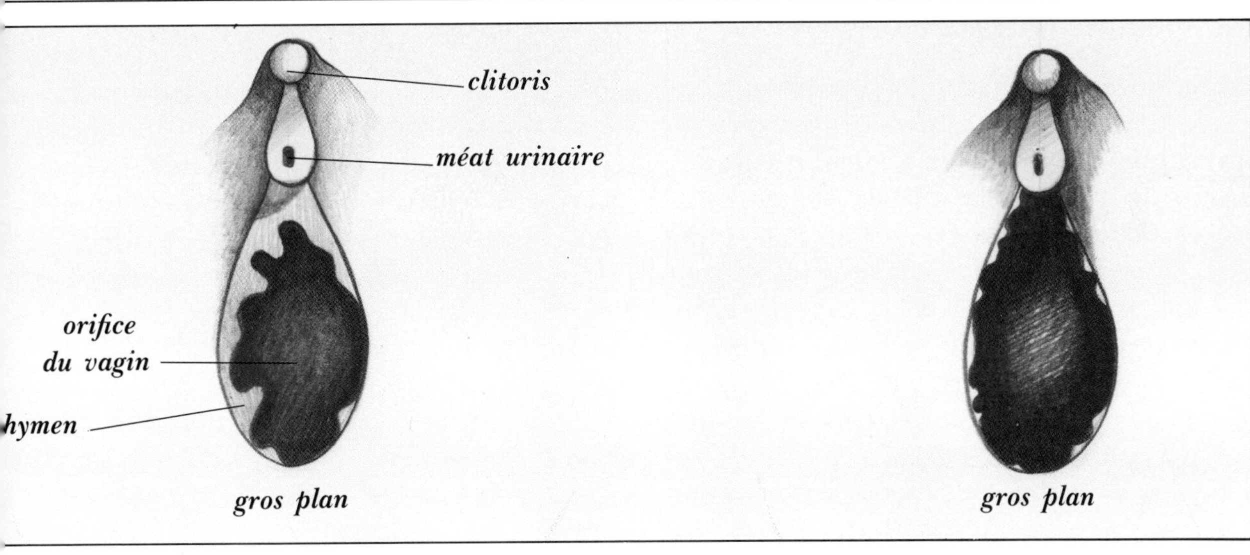

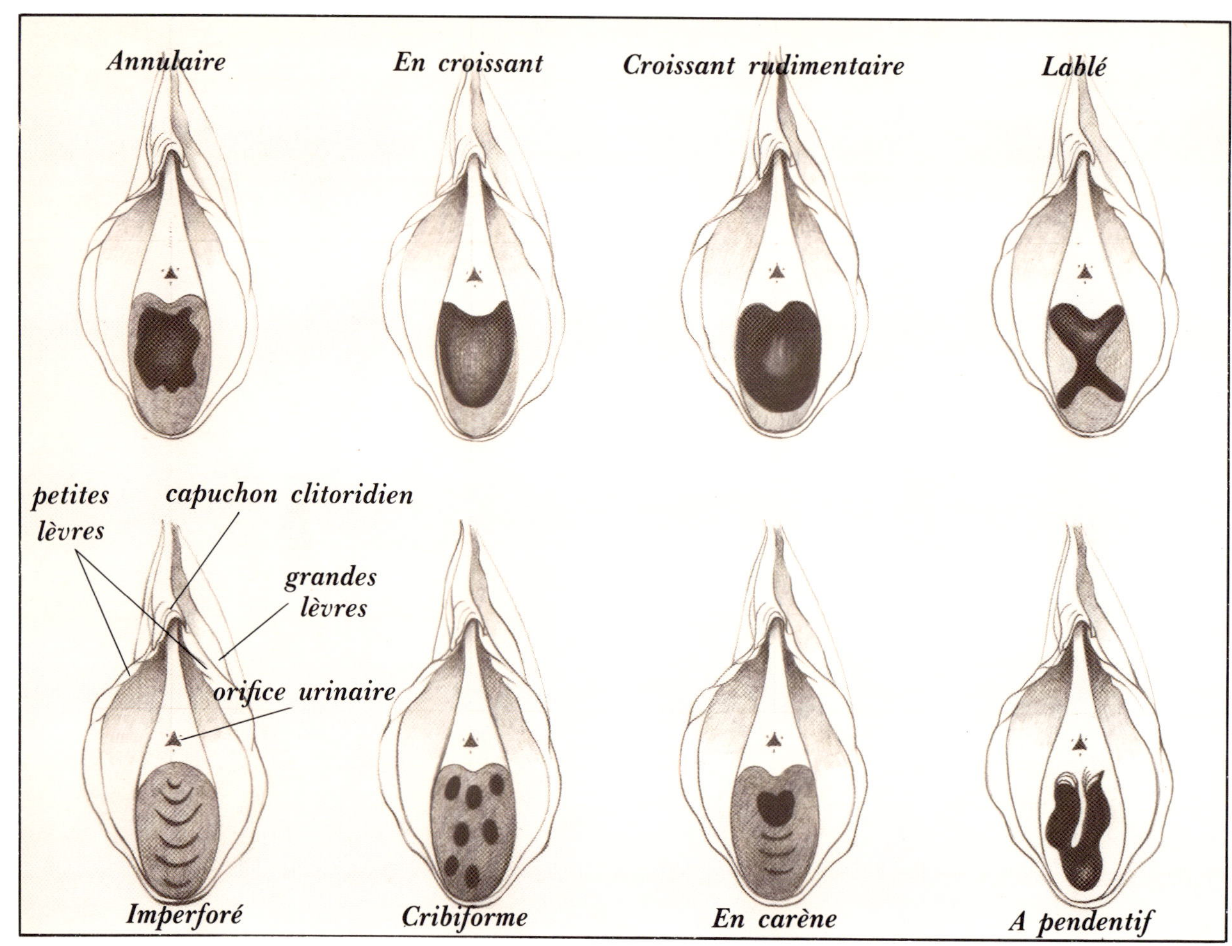

LES DIVERS TYPES D'HYMEN

sécrétions produites par le col de l'utérus (la glaire du col de l'utérus) viennent elles aussi contribuer à cette humidité. La glaire est caractérisée par un aspect « blanc d'œuf » incolore, inodore, fluide et élastique. Extrêmement abondante au moment ovulatoire, vers les 12e, 13e ou 14e jour du cycle (date théorique de l'ovulation) elle constitue un milieu d'accueil idéal des spermatozoïdes. Grâce à elle, ces derniers pénètrent à l'intérieur de l'utérus, qu'ils sont à même de traverser pour aller vers l'ovule qui les attend dans une trompe. Sans cette glaire ils ne pourraient franchir les premiers centimètres de leur parcours périlleux et mourraient en quelques minutes à l'intérieur du vagin.

Comme tous les organes sexuels de la femme, le vagin subit l'influence de la production hormonale ovarienne. Ainsi son élasticité, son humidité, sa lubrification lors de l'acte sexuel sont dépendants des œstrogènes – et à travers eux des ovaires. De la même manière la glaire cervicale est liée à la production œstrogénique ovarienne. L'aspect même d'un vagin, sa couleur, son humidité, sa souplesse exprime à sa façon une bonne ou une mauvaise santé hormonale. Pas d'humidité, peu de glaire, mauvaise élasticité ? Les ovaires doivent être muets ou déficients.

Intelligent aussi, car il se défend véritablement contre les agressions microbiennes venues de l'extérieur. Comment peut-il le faire, lui si éminemment exposé et ouvert ? Grâce au bacille de Döderlin, hôte permanent du vagin. Celui-ci permet au vagin

de maintenir un climat d'acidité permanent, l'une des meilleures protections contre les infections.
Seuls les champignons (les mycoses) y trouvent (malheureusement) un terrain d'élection.
Enfin, outre la présence de ces bacilles de « dissuasion », la desquamation permanente et rapide des cellules du revêtement du vagin permet d'établir un « courant » d'expulsion dans lequel est entraîné la majorité des particules indésirables présentes dans l'organe.
Il est donc parfaitement inutile de soumettre le vagin aux mêmes soins hygiéniques que les autres parties du corps revêtues d'une peau. En fait les savonnages, douchages, et autres désinfections sont particulièrement nuisibles car ils ont, comme conséquence, la destruction des bacilles de Döderlin, principaux garants de la salubrité vaginale.
Je déconseille une fois encore la toilette intime systématique à l'aide de savons plus ou moins sophistiqués, ou de ces grotesques objets commercialisés aujourd'hui qui vont du « jet rotatif électronique » à la poire, en passant par les brocs... Les muqueuses, qu'elles soient vaginales, buccales ou intestinales par exemple, n'ont point besoin de notre attention hygiénique.
Il est tout aussi stupide de savonner son vagin méticuleusement qu'il le serait de vouloir décaper son estomac à l'aide d'une brosse à dent après chaque repas ! Le décapage et le lessivage ne sont pas de mise même à l'ère de la propreté.
Il paraît également inutile de s'acharner à vouloir évacuer le sperme du vagin après chaque rapport sexuel. Il n'y a là ni obligation ni raison médicale.
Le sperme est un liquide totalement exempt de germe, qui ne peut être cause d'infection.
C'est donc une simple affaire de confort personnel : pour éviter qu'il ne coule entre les jambes, le doigt discret, sans savon ni irrigation excessive, permet d'en évacuer le (ou les deux) centimètre(s) cube(s) de liquide.

Au cœur de la sexualité féminine

Avec la vulve et le vagin, nous sommes au cœur des organes de la sexualité féminine, puisque ces deux régions sont celles de l'accouplement et du plaisir. Mais qui nous a donc inculqué que le vagin était un organe « passif » ? Il est au contraire très actif lors du rapport sexuel ! La vulve, tout d'abord, est dotée de trois appareils érectiles : le clitoris, mais aussi deux « bulbes » nichés dans l'épaisseur de la vulve et qui provoquent, lors du désir, une sensation de gonflement, de tension. Rappelons aussi les glandes chargées de lubrifier le vagin : glandes sébacées dans les petites et grandes lèvres, glandes sudoripares, glandes de Skène et de Bartholin.
Le vagin lui-même réactive sa transsudation propre. Dans le même temps, les grandes et petites lèvres se sont entrouvertes, comme plaquées contre le périnée alors que déjà le conduit vaginal amorce la modification de ses dimensions, en longueur et en largeur, pour accueillir au mieux le sexe masculin en érection. Ces modifications prennent leur naissance dans le cerveau : les odeurs et les fantasmes, le désir, les images, doivent être au rendez-vous. Les caresses préliminaires vont déclencher le phénomène réflexe

nécessaire : érection du clitoris et des bulbes, écartement des lèvres, modification des dimensions du vagin, sa lubrification. Dès lors une « similitude cosmique » vient s'installer entre les deux organes de l'homme et de la femme : concordance de forme (le pénis va être enveloppé par le vagin comme un doigt par un gant) et de direction (le vagin est dirigé en haut et en arrière, le pénis en haut et en avant) ; secrète correspondance chimique (le vagin est acide, le sperme bientôt émis est alcalin) ; identité des dimensions : le vagin offrira jusqu'à 5 cm de diamètre et 15 cm de longueur (exactement les dimensions « normales » d'une verge en érection !). La lubrification permet en outre les mouvements les plus intimes, les plus doux et les plus voluptueux (imaginez le va-et-vient dans un conduit sec, source d'irritations douloureuses qui anihilent le plaisir et font redouter le coït).

Les connections nerveuses du plaisir s'enchaînent jusqu'au paroxysme de la jouissance, qui s'effectuera dans une poussée de pénétration profonde et quasi immobile, ultime précaution de l'espèce pour se survivre (c'est en effet au cours de cette poussée que les spermatozoïdes, éjectées en saccades dans le sperme, vont être déposés contre le col de l'utérus, dans sa glaire).

La nécessité du désir

Ne parlons donc plus de cette légendaire passivité féminine ! Le désir est tout aussi indispensable pour un acte sexuel réussi. Et l'idée d'une « femme toujours disponible » méconnait cette réalité physiologique. Pour bien faire l'amour une femme doit en avoir envie.

L'utérus et les trompes, organes de la reproduction

L'utérus est un muscle d'une belle couleur rouge composé de trois couches successives de fibres musculaires de directions différentes. Il est extrêmement solide et robuste. Au repos (en dehors d'une grossesse), il a la forme d'une petite poire : il mesure environ 7 cm de haut et 3,5 cm de large. Il est creusé d'une cavité, appelée cavité utérine, de forme triangulaire. L'épaisseur du muscle est de 1 cm environ, ce qui en fait l'organe « fort » de l'appareil génital féminin. Cette poire a en fait la « tête en bas » : son extrémité (très mince) forme le col utérin qui « débouche » au fond du vagin.

Ce col mesure 2 cm de long et est percé d'un orifice destiné à laisser s'écouler les règles et à permettre la montée des spermatozoïdes dans l'utérus. Le col, contrairement aux autres parties de l'utérus, peut être parfaitement palpé au fond du vagin. Il est alors perçu par les doigts qui le cherchent comme une proéminence de 1 à 2 cm, comme « un bout de nez », en quelque sorte. De nombreuses femmes, adeptes des toilettes vaginales profondes, en ont une connaissance tactile familière.

De la partie supérieure de l'utérus partent deux minces conduits (filiformes) appelés les trompes. Ces dernières servent à véhiculer les ovules pondus par les ovaires, assurant ainsi la fécondation (c'est-à-dire la rencontre du spermatozoïde élu avec l'ovule).

L'utérus est extrêmement mobile dans le ventre, mais ses mouvements d'avant en arrière sont strictement contrôlés par un solide système de ligaments. L'utérus connaît une intense vie intérieure : ce tissu de chair tapissant l'intérieur de la cavité est le siège de toutes les modifications hormonales qu'entraînera le cycle féminin, tous les mois, jusqu'à la ménopause.

Ainsi, dans la première partie du cycle (du 1er au 14e jour théorique) il est sous l'influence exclusive des œstrogènes, seules hormones sécrétées par les ovaires pendant cette période. Puis, du 14e jour jusqu'aux règles, s'ajoute l'imprégnation de la progestérone produite par les ovaires au moment de l'ovulation. Selon le moment du cycle et les productions hormonales, la muqueuse utérine est plus ou moins riche ou dense. On peut la comparer à du gazon : elle est « gazon d'hiver » (ras et pauvre !) dans la première moitié du cycle, et « gazon de printemps » quand la proportion de ces « engrais » (œstrogène et progestérone) a atteint un seuil optimal, c'est-à-dire dans la seconde moitié du cycle. Ce gazon de printemps est extrêmement fourni, et rappelle le nid douillet que préparent les oiseaux avant de pondre leurs œufs. C'est d'ailleurs en ce « nid » que l'œuf fécondé viendra s'installer vers le 22e jour du cycle.

Pendant la grossesse l'utérus sera un organe extrêmement sollicité. Sa transformation est fabuleuse puisque cette petite masse de 7 cm de haut sur 3,5 cm de large atteindra, en fin de grossesse, une hauteur de près de 32 cm sur une largeur de 22 cm ! Son volume aura donc été multiplié par dix. De cinquante grammes environ, son poids passera à un kilo à terme. D'autre part, alors que le volume utile d'un utérus normal est de 2 ou 3 millilitres (!) celui d'une femme enceinte au neuvième

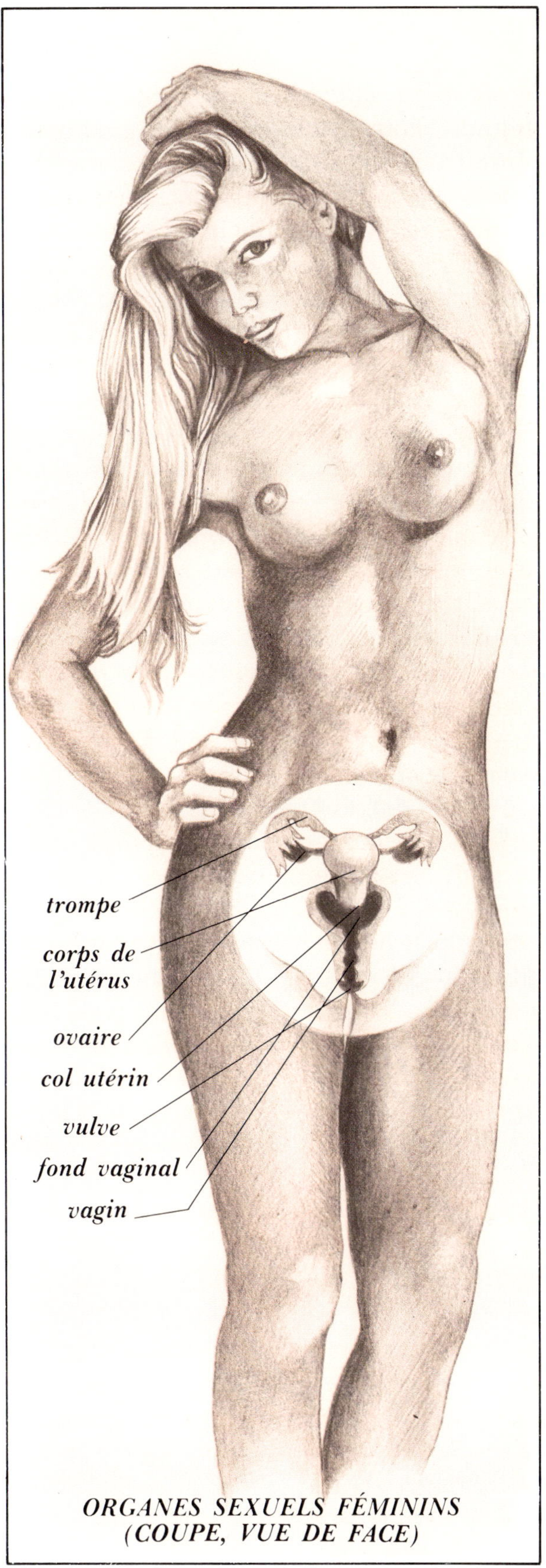

ORGANES SEXUELS FÉMININS (COUPE, VUE DE FACE)

mois peut aller jusqu'à cinq litres de liquide. Pour atteindre un tel gigantisme il doit être capable de subir des transformations d'hypertrophie musculaire et élastique tout au long de la grossesse sous l'effet des hormones femelles. Si, tout à l'heure, le vagin paraissait être un organe extrêmement intelligent, l'utérus n'a vraiment rien à lui envier, comme nous pouvons nous en rendre compte !

Il est imperceptible pour l'homme ou la femme étant donné sa situation profonde dans le bas-ventre. Seul le gynécologue, par un toucher vaginal – qui s'impose dans toute oscultation complète sérieuse – peut en déterminer la forme, la position et les éventuelles anomalies.

Les ovaires

Ces deux glandes, également situées dans le petit bassin, mesurent 3,5 cm de haut sur 2 cm de large. Elles jouent un double rôle : non seulement elles produisent tous les mois un ovule, mais elles sécrètent également les deux hormones sexuelles indispensables, la progestérone et les estrogènes. Quand une petite fille vient au monde, les deux ovaires renferment déjà de 400 000 à 600 000 ovules, qu'elle a reçus dès le troisième mois de sa vie intra-utérine. Au cours de l'enfance un grand nombre d'entre eux vont dégénérer : à la puberté la petite fille n'en aura plus que 30 000. Ce chiffre reste considérable puisqu'au cours de toute sa vie génitale, jusqu'à la ménopause, ses ovaires n'expulseront (à raison de un par mois) que 500 à 600 ovules. À l'inverse des animaux, dont les périodes d'amour correspondent strictement aux périodes de reproduction, nous autres humains vivons à partir de la puberté un besoin sexuel permanent. Et il n'y a pas de période d'amour privilégiée. Seule la femme rythme la potentialité de sa reproduction en libérant, vers le 14e jour de son cycle, l'un de ses ovules. De la puberté à la ménopause, les ovaires ont pour fonction essentielle la ponte de cet ovule (œuf) et la production des hormones sexuelles (œstrogène et progestérone). Ces hormones sont essentielles puisqu'elles assument l'entière responsabilité de :

- L'aspect féminin : peau, forme du corps, voix, psychologie.
- La continuité du cycle ovarien, d'une durée moyenne de 28 jours, avec ponte obligatoire d'un ovule fécondable.
- Chaque grossesse menée à terme.
- La naissance du désir sexuel féminin et des modifications physiologiques indispensables à la réussite du rapport sexuel.

C'est du cerveau que partent tous les ordres de fonctionnement de ces glandes

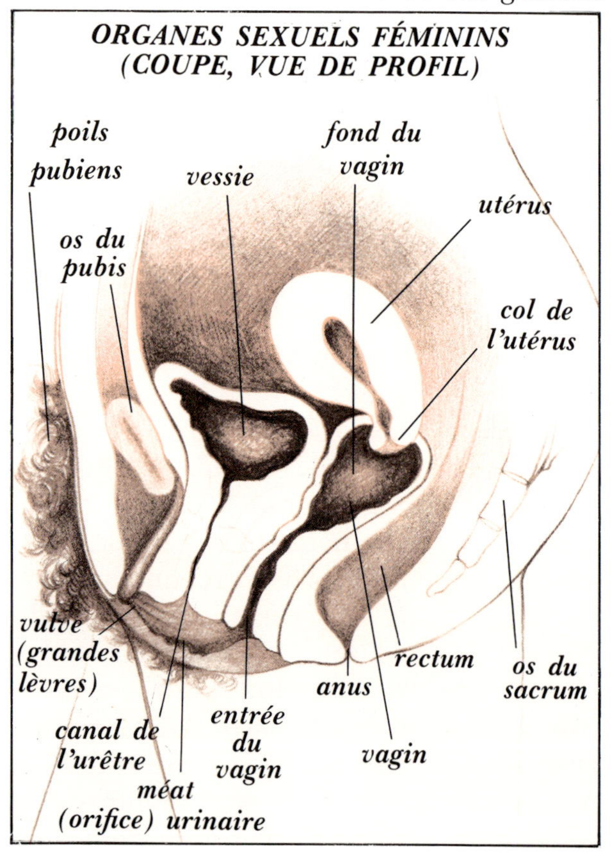

essentielles que sont les ovaires. L'hypothalamus est « programmé » pour avoir une activité cyclique en ce qui concerne les ordres qu'il envoie aux ovaires par l'intermédiaire d'une autre petite glande, située à la base du cerveau, l'hypophyse. Il commande par exemple, la production hormonale des ovaires, la maturation puis la ponte de chaque ovule selon le moment du cycle. Il ne faut donc pas s'étonner des malaises ou des troubles psychosomatiques liés à des troubles du cycle, des stérilités, des insuffisances sexuelles : l'hypothalamus peut très bien subir les conséquences des perturbations « morales » de la femme, et s'en trouver gêné dans son « travail ».

Les seins

Miroir infaillible du fonctionnement hormonal féminin, ils sont également devenus, au fil des siècles, objets et signes érotiques. On leur attribue enfin la faculté d'être une zone érogène participant pleinement au plaisir sexuel.

Qu'est-ce que le sein ?

C'est l'organe de la lactation : il est constitué d'un ensemble de glandes et de canaux (appelés galactophores) entourés d'un tissu conjonctif particulièrement abondant. Ce tissu conjonctif confère d'ailleurs au sein sa « tenue » et en détermine la forme (allongée, en pointe, en pomme, en poire, etc.). Enfin la graisse, dernier constituant du sein, comble les creux en formant un tapis souscutané uniforme. La peau enveloppe le tout comme un sac. Elle est pigmentée à son extrémité et forme l'aréole, qui est concentrique au mamelon, en saillie plus ou moins sombre. Par ce dernier, percé d'une vingtaine de minuscules orifices, l'enfant peut têter. À une hormone d'origine cérébrale, la prolactine, est dévolue la responsabilité de la fabrication du lait. En effet, dès l'accouchement, cette prolactine jusqu'ici en quantité négligeable dans le sang, va atteindre des concentrations considérables, déclenchant immédiatement la fabrication du lait par les seins. Dès lors l'allaitement sera entretenu par la têtée du nourrisson – phénomène réflexe dont le point de départ est le mamelon sollicité, message enregistré dans les profondeurs du cerveau, pour être répercuté sur les « glandes à lait » des seins. Assistons à la vie du sein pendant 28 jours d'un cycle ovarien. Il est sous l'influence directe des messages hormonaux envoyés par les ovaires, et en subit fidèlement toutes les variations au cours du cycle menstruel. Du 1er au 14e jour du cycle il n'y a que des œstrogènes dans le sang (puisque l'ovulation n'a pas encore eu lieu). Les œstrogènes sont les messages « plus » : ce sont eux qui font gonfler les seins, leur donnent du volume, de la tension, voire les rendent quelque peu sensibles et douloureux sur les côtés. Au moment de l'ovulation, le sein est tendu. Dès le 14e jour du cycle (date de l'ovulation) et jusqu'au 28e jour, la progestérone vient s'ajouter à l'action des œstrogènes. Elle est l'hormone « moins » : elle modère, encadre, délimite l'action excitante des œstrogènes. Si l'équilibre entre œstrogènes et progestérone est parfait, le sein conservera un volume, une consistance et une tension raisonnables jusqu'aux règles. Mais si la progestérone émise par les ovaires n'est pas suffisante ou de mauvaise qualité, les œstrogènes en profiteront alors pour « déborder » cette action sédative et le sein sera immédiatement gonflé, douloureux, plein de petites boules. En fait, rares sont les femmes qui n'ont pas constaté cette sensation de gonflement, d'encombrement, de gêne, qui survient environ une semaine avant les règles et qui ouvrent d'ailleurs pour elles la période d'attente prémenstruelle. Enfin, lorsque les règles viendront, la production œstrogénique et progestéronique venant à s'effondrer, le sein se dégonflera, s'affaissera et aura droit au repos... Pour tout recommencer cinq à sept jours plus tard. Les voici donc expliquées, décodées, démythifiées, ces variations cycliques qui font du sein un organe vivant, féminin, témoin des fonctionnements intimes. Les ovaires, glandes passives, ne produisent les œstrogènes et la progestérone que sous l'influence d'un seul « commandement supérieur », le cerveau, et sont en fait l'un des témoins les plus fidèles du fonctionnement cérébral affectif, émotionnel. Tous les ordres partent du cerveau et notamment d'une région située à la base du crâne : l'hypothalamus, sorte d'immense ordinateur. Il code, met en mémoire, traite toutes les informations venues de l'extérieur, puis répercute ces ordres selon des programmes bien établis à l'hypophyse.

Un témoin inconscient

L'hypophyse est donc une sorte de chef d'orchestre du fonctionnement hormonal. Elle transmettra à son tour les ordres reçus par l'hypothalamus aux différentes glandes concernées (thyroïde, surrénales...) et tout spécialement aux ovaires. De « la tête » partent les ordres destinés aux... seins. Le fonctionnement hormonal subit l'influence de nos idées, de notre moral, de nos joies, de nos peines et de tout ce qui peut venir nous bouleverser en bien ou en mal. Les glandes (en l'occurrence les ovaires) ne font que suivre nos variations d'humeur ! Les femmes contentes, équilibrées, sereines, bien leur peau ont des seins à la tenue remarquable. Seront-elles tourmentées, déprimées : ils seront mous, tristes, parfois douloureux et granuleux. On ne peut rien cacher en effet à l'hypothalamus, car il est le témoin permanent (et inconscient) des peines, des joies, des enthousiasmes ou des accablements de chacun, et s'empresse de les traduire en manifestations physiques.

La beauté du sein

Le sein a pris dans nos civilisations une signification érotique exacerbée. Il n'en a pas toujours été de même. Actuellement, de par le monde, existent des ethnies pour lesquelles le sein n'a rien d'un objet érotique. Considéré autrefois comme un organe nourrissier, il n'avait pas en tant que tel beaucoup d'attrait. Mais les modes changent. L'image de la mère est supplantée par celle d'une femme « hyper-féminine ». À ce titre les seins seront l'un des principaux outils de son arsenal de séduction. Une poitrine généreuse est associée à la femme désirable. D'un point de vue strictement médical, le médecin ne peut que concéder les faits suivants : un sein bien fourni, bien tendu est médicalement le résultat d'une parfaite balance entre l'action des œstrogènes et de la progestérone. On pourrait donc trouver une certaine finalité dans la beauté idéale d'un sein puisque, selon nos critères et nos schémas culturels, plus le sein a de la tenue, plus il est tendu, plus il est « arrogant » (situation parfaitement réalisée au moment de l'ovulation) plus le signal érotique qu'il émettra sera puissant pour les hommes, plus les chances de fécondation (par rapport sexuel stimulé) seront importantes. Ainsi dans la beauté idéale d'un sein, on pourrait voir un moyen pour la nature de perpétuer l'espèce. Cet aspect esthétique parfait du sein ne peut être réalisé que de manière très brève :

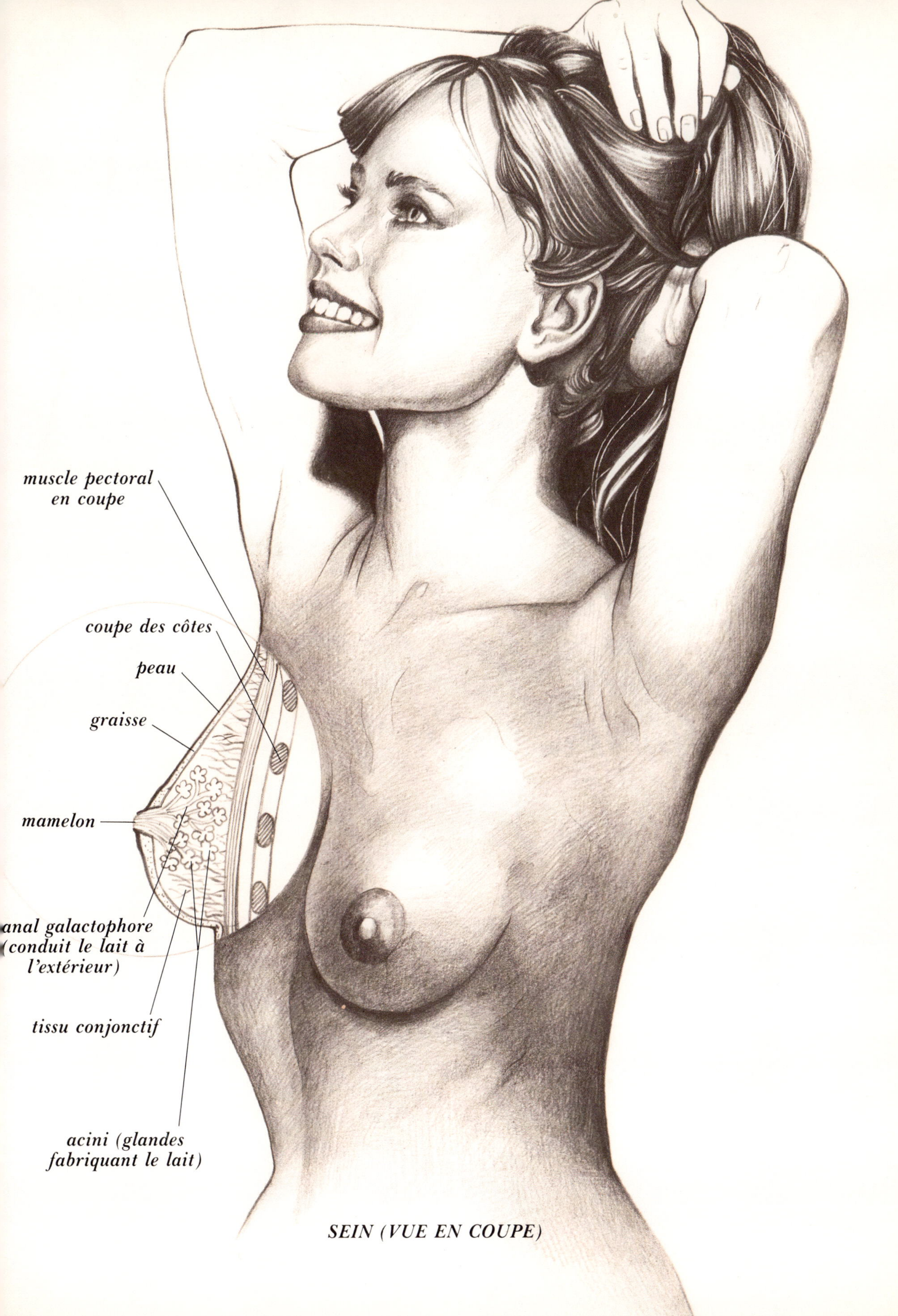

SEIN (VUE EN COUPE)

à 10 ans

à 12-13 ans

fin de la puberté

seins adultes

L'ÉVOLUTION DU SEIN

chez une femme jeune (situation fondamentale pour la procréation) et un fonctionnement hormonal excellent (sous-tendu par une ovulation de qualité exceptionnelle). La beauté du sein ne serait donc ni fortuite ni gratuite au regard de la procréation. Et pourtant, les mères de famille nombreuse n'ont plus, en général, une belle poitrine, malgré un rapport ovulation-fécondation non négligeable. Ce ne sont que quelques éléments de réflexion, à vous de vous forger une opinion et d'en tirer des conclusions personnelles.

Les seins sont aussi l'une des principales zones érogènes féminines. Leurs centres nerveux sont sollicités pendant l'acte sexuel. D'ailleurs le mamelon entre en érection dès le début de l'acte, le volume même des seins va augmenter : ils deviendront plus durs, plus pleins, plus tendus. Toutes leurs artères et leurs veines vont se dilater, augmentant le débit sanguin, à tel point que les seins « rosissent » véritablement de plaisir. Après l'orgasme, le sein reprendra peu à peu son volume, sa tension et son irrigation sanguine normale. Certaines femmes pourront constater un léger écoulement au niveau des mamelons.

Cette pleine participation au désir et au plaisir sexuel de la femme, liée au fait qu'il soit un reflet infaillible du fonctionnement hormonal, assurant l'alimentation naturelle et complète du petit du couple, explique que le sein soit qualifié d'« organe noble ». Il a dans la vie des femmes une place très importante, et mérite bien d'être le symbole de la féminité.

Quelques questions sur le sein

Faut-il porter un soutien-gorge ? Manifestation du besoin de liberté, d'émancipation féminine, de libération du joug culturel, le soutien-gorge est actuellement boudé par un grand nombre de femmes. On ne peut pourtant nier les dangers de cette attitude sur le plan esthétique. Le sein a seulement sa peau pour le soutenir, puisqu'il ne possède aucun muscle. Il serait niais de penser que le sein échappe, par quelque magie, surtout s'il est volumineux, aux lois de la pesanteur !

La peau finira par être détendue, étirée, cassée et les résultats seront, évidemment, désolants. Il paraît sérieusement déraisonnable de pratiquer quelque sport que ce soit les seins nus. Bien sûr, une fois abandonné le « soutien-gorge-cage » le choix d'un soutien-gorge est une affaire de confort. Ne le choisissez ni lâche ni serré à vous étouffer, ni a fortiori renforcé d'une armature métallique pour le moins stupide.

LES SEINS ET LES VERGETURES

Les vergetures sont de petites rainures blanches qui peuvent être localisées notamment sur les seins. Elles vont leur donner un aspect fripé, crevassé, particulièrement inesthétique. Elles sont souvent le stigmate de la maternité et signifient que la peau « a cassé » parce que trop sollicitée, trop tendue. Il n'existe pas de remède à cette disgrâce physique et les produits proposés dans le commerce sont pure charlatanerie. Les onctions d'huile d'amande douce ne seront certes pas inutiles pendant la grossesse mais l'apparition de ces méchantes stries ne semblent obéir à aucune loi précise. Certaines femmes n'en auront jamais, d'autres en seront bigarrées alors que leur prise de poids sera restée modeste. L'inégalité est, en ce domaine, définitive.

LES SEINS NUS ET LE SOLEIL

Non, vous n'encourez aucun risque de cancer du sein si vous vous exposez les

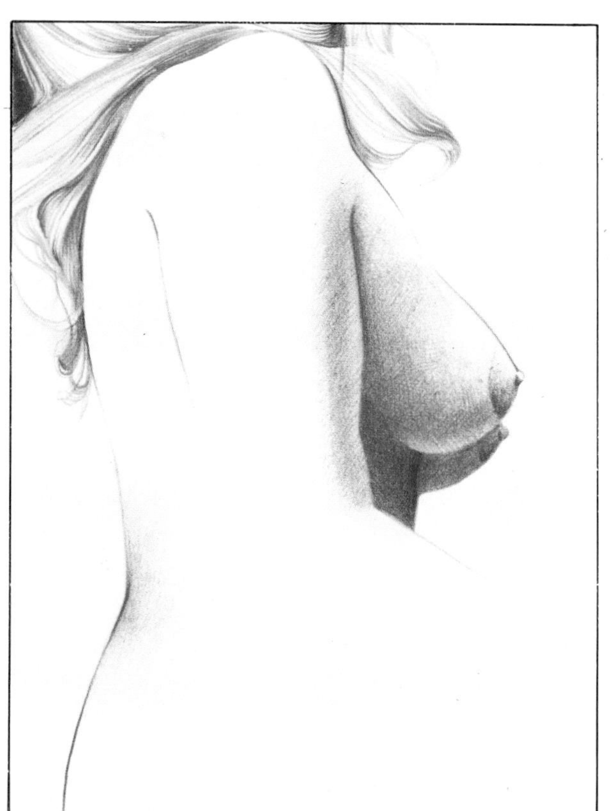

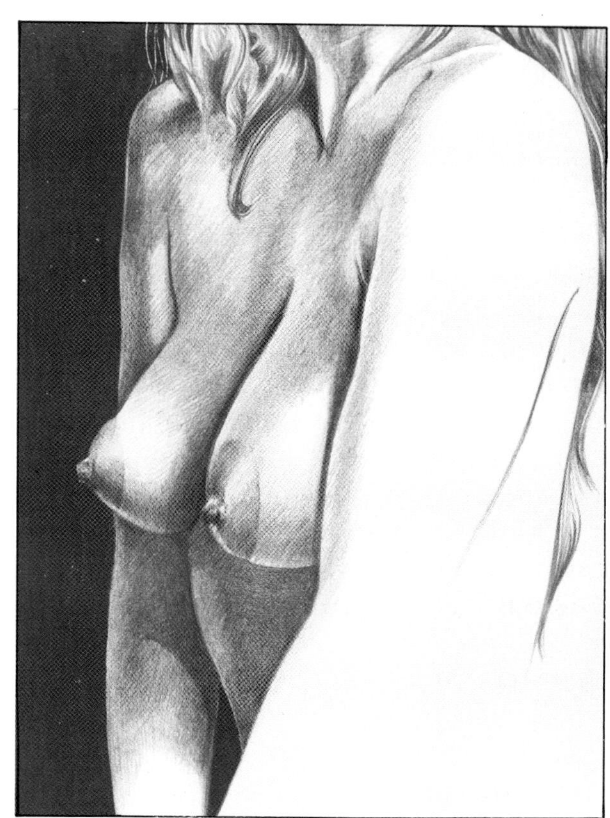

DIVERSES FORMES DE SEINS

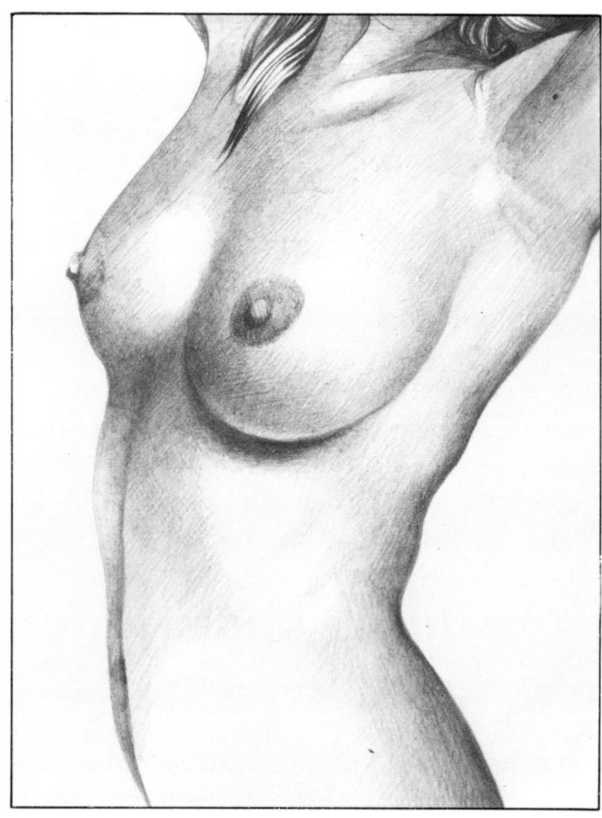

seins nus au soleil. Toutefois, si cette habitude vous est récente, méfiez-vous des coups de soleil : tous les étés des brûlures du deuxième ou troisième degré sont relevées par les médecins. En effet, la peau des seins n'est pas plus fragile qu'une autre, mais les effets des rayons ultra-violets sur ces endroits du corps exposés pour la première fois peuvent être extrêmement « cuisants » (comme sur la peau des fesses).
Exposition modérée et progressive, bonne crème solaire seront de précieuses alliées ! De toute façon n'attendez du soleil aucun effet bénéfique tangible sur leur forme, leur volume ou leur tenue. Il ne pourra qu'en améliorer la teinte – tant que la mode sera au bronzage...

LES MARCHANDS DE RÊVE

Ils ne manquent pas, ces marchands d'illusions, qui ne vivent que par le mythe de la belle poitrine et vous promettent monts et merveilles.
La douche froide si souvent conseillée n'a strictement aucun effet durable, quant aux crèmes, fussent-elles au collagène ou autre produit miracle, elles n'ont à mon sens aucun effet bénéfique sur la tenue et la beauté de vos seins. Les traitements hormonaux (œstrogènes en tête) sont souvent efficaces mais seulement pendant la prise des produits – et sont certainement tout aussi dangereux. Alors, méfiance !

PEUT-ON S'ÉPILER LES SEINS ?

Vous n'encourez aucune sorte de danger (en particulier de cancer) si vous vous attaquez aux poils superflus du sein. En revanche, de grandes précautions doivent être prises en ce qui concerne les poils situés sur l'aérole, tant cette région est riche en glandes sébacées (glandes à sébum), qui sont promptes à s'enflammer et à s'infecter.

LA CHIRURGIE ESTHÉTIQUE, POURQUOI PAS ?

Avoir les seins trop bas, trop plats, trop gros, trop petits, ou inexistants est un gros souci, car ces organes s'inscrivent dans un système de relation amoureuse et érotique, devant répondre à certaines normes esthétiques ou jugées comme telles. Le sein n'est d'ailleurs pas facile à améliorer : faux-seins et rembourrages divers ne sont que des leurres. Reste la chirurgie esthétique ou réparatrice qui connaît actuellement une certaine vogue auprès des femmes, même si elle est très souvent coûteuse et parfois décevante. On demande ainsi au chirurgien de remonter, réduire ou augmenter les seins. Les résultats seront parfois superbes mais plus souvent, il faut le dire, désolants. La peau des seins cicatrise très mal et a souvent tendance à produire des chéloïdes : cicatrices très volumineuses et hypertrophiques rouges du plus mauvais effet. De plus le sein ne va pas forcément « obéir » à la volonté du chirurgien qui aura façonné une forme artificielle : il a toute faculté de se rétracter, de développer une coque hypertrophique (« comme des boules de pétanque » (!) au toucher). On peut imaginer alors les désastres.
Les prothèses mises en place sont gonflables ou de plus en plus, remplies d'un gel à base de silicone. Les prix sont élevés et varient (de 6 000 F à 60 000 F). Non remboursés par la Sécurité sociale ces frais sont fonction le plus souvent de la notoriété du chirurgien qui vous opère – mais aussi parfois de son habileté. La plupart des chirurgiens sont compétents, honnêtes et dignes de confiance. Néanmoins, il existe quelques véritables charlatans. Leur existence même et les prix de leur spécialité font que la chirurgie esthétique reste encore peu accessible à bien des femmes.

Docteur David Elia

L'HOMME ET SON CORPS

Les organes sexuels masculins, moins « secrets » que ceux de sa compagne, sont le théâtre de transformations sophistiquées. Les bien connaître, c'est entrebailler la porte du plaisir à deux.

L'anatomie

LA VERGE OU PÉNIS mesure chez l'adulte une dizaine de centimètres de long sur 8 ou 9 cm de circonférence. Son érection la redresse et fait pointer en avant. Elle mesure alors une quinzaine de centimètres pour une circonférence de 12 cm environ.

LES BOURSES OU SCROTUM renferment les testicules, glandes sexuelles de l'homme qui lui permettent :

• De fabriquer les spermatozoïdes (les œufs masculins).

• De produire les hormones sexuelles mâles, les androgènes, testostérone en tête.

Ces bourses ne sont pas toujours à la même hauteur : par temps froid elles sont comme plaquées entre les cuisses. Lorsqu'il fait chaud, en revanche, elles sont détendues, et pendent. Ces variations s'expliquent par la présence d'un muscle « thermo-régulateur », le dartos, inclus dans la peau des bourses. Ce muscle est très « intelligent » puisqu'il a pour fonction de maintenir à l'intérieur des bourses une chaleur constante de 35° : cette température est idéale pour le meilleur fonctionnement et le meilleur rendement des testicules. Ce muscle sera donc le parfait garant de cette température idéale, en plaquant les testicules contre le corps lorsqu'il faut les réchauffer (par temps froid), mais aussi en les écartant lorsqu'il faut les « refroidir » (par temps chaud).

LE GLAND est la terminaison de la verge. Il est constitué d'un tissu érectile (comme celui des mamelons) très réceptif aux stimulations sensorielles. Au repos il est recouvert par le prépuce. En érection, il est « décalotté » (c'est-à-dire dégagé du prépuce).

LE PRÉPUCE est « arrimé » à la partie inférieure du gland vers l'arrière, par ce que l'on appelle le frein, une sorte de

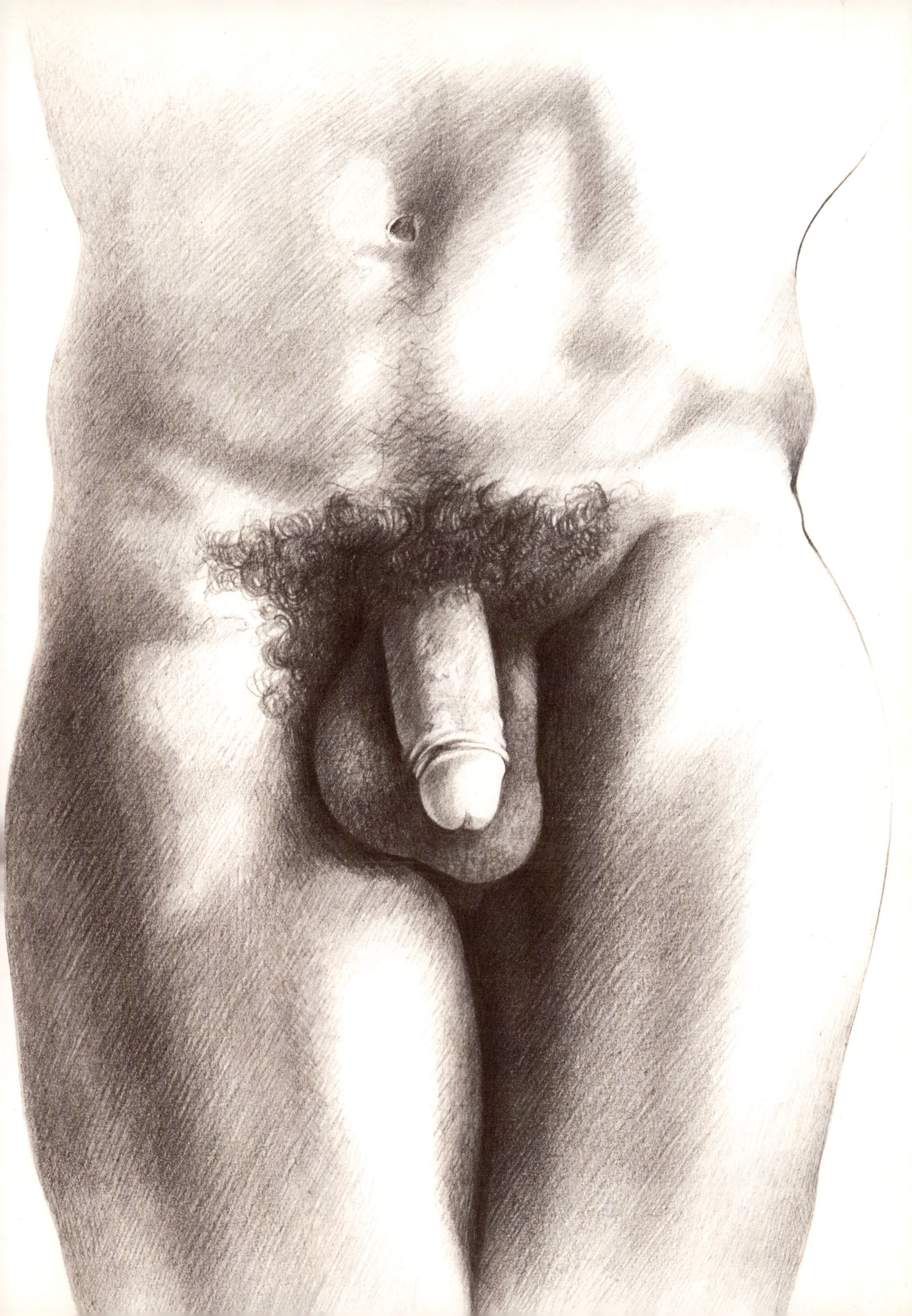

petite peau le reliant à la base du gland. Il est erroné de penser que le prépuce serait l'équivalent de l'hymen chez la femme et qu'on ne le retrouverait que chez les hommes vierges. En fait, seule une intervention chirurgicale, pratiquée pour raison médicale ou religieuse (tradition juive ou musulmane) et appelée circoncision, peut l'enlever.

LES POILS sont parsemés sur le pubis de l'homme. Cette pilosité prend une forme caractéristique mâle : losangique (alors que celle de la femme est triangulaire). Ce « losange pubien » caractérise le mâle adulte.

LES SEINS sont inexistants chez l'homme ; ils renferment pourtant quelques glandes mammaires mais celles-ci restent atrophiées. En effet, pour s'épanouir, les glandes mammaires ont besoin d'hormones sexuelles femelles, estrogène et progestérone. Ces hormones se trouvent à des taux extrêmement faibles chez l'homme. Tout au plus peut-on assister, vers la puberté, à un léger durcissement de cette glande qui fera saillir le mamelon, disparaissant bien sûr à l'âge adulte, témoin d'une sécrétion temporaire et fugace d'hormones sexuelles femelles chez le jeune adolescent mâle.

LES TESTICULES sont au nombre de deux, en forme de petits œufs, à l'aspect nacré, brillant et bleuté, longs de 4 cm et larges de 2,5 cm. Ils sont extrêmement sensibles à la douleur. Souvent, l'un d'entre eux descend plus bas que l'autre dans les bourses, leur donnant ainsi une forme asymétrique. Il faut remarquer leur emplacement : alors que les ovaires féminins sont dans le ventre, à l'abri des traumatismes et de toutes les agressions, les testicules sont exposés, à l'extérieur, sans doute pour permettre à la température de passer aisément de 37° (température du corps) à l'indispensable 35° (voir plus haut).

Ce sont ces deux glandes qui permettent aux êtres humains qui en sont pourvus de ressembler à des « hommes », de pouvoir féconder une femme perpétuant ainsi l'espèce. L'intérieur de ces testicules se divise en deux secteurs :

- L'un fabriquant les hormones mâles, la testostérone (ce sont les cellules dites de Leydig qui en assurent la production).
- L'autre assurant la production des spermatozoïdes (c'est aux tubes séminifères

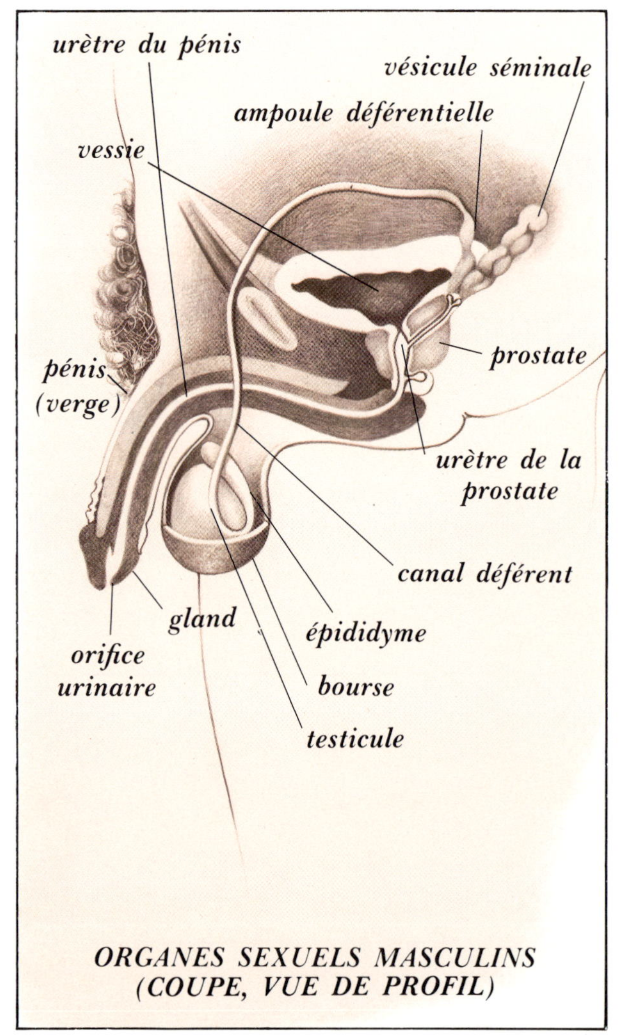

ORGANES SEXUELS MASCULINS (COUPE, VUE DE PROFIL)

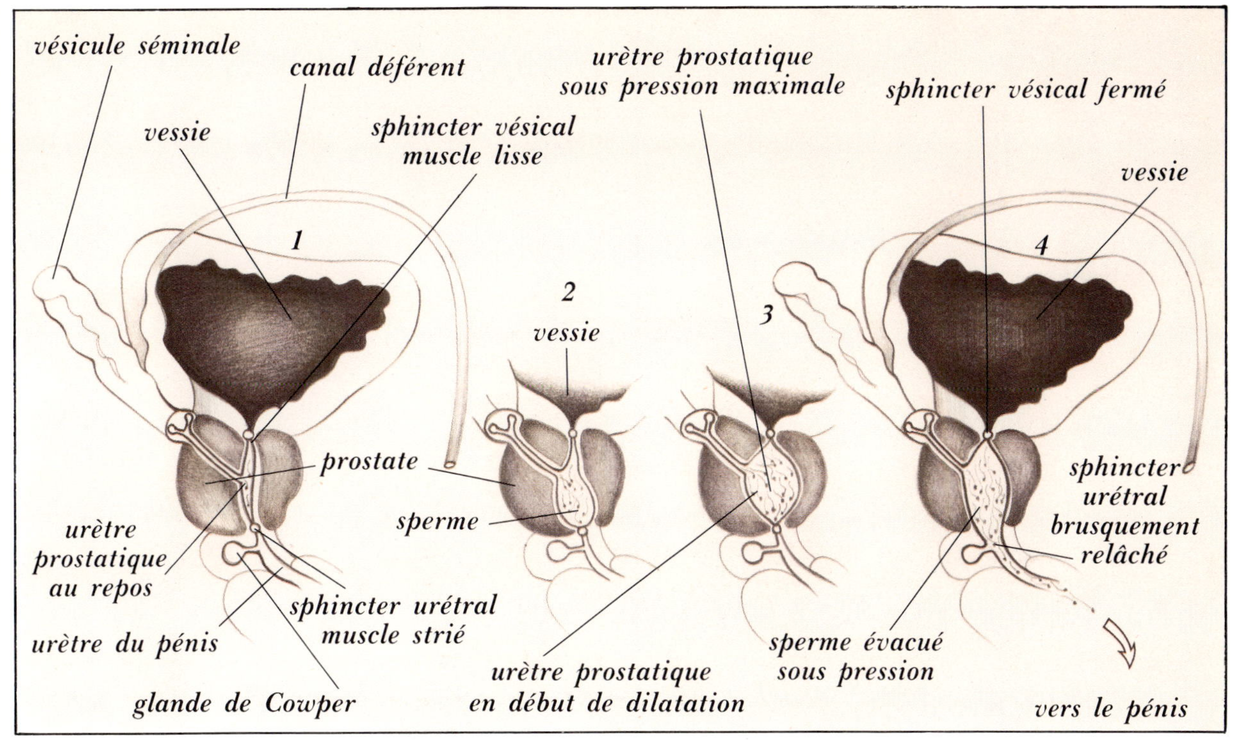

LE MÉCANISME DE L'ÉJACULATION

que revient cette importante tâche).
C'est bien entendu à la testostérone que les hommes doivent leur apparence mâle. Sa production en quantité notable débute à l'adolescence, et entraîne des transformations très importantes :

- Les poils du pubis commencent de pousser. Tout d'abord la répartition est du style féminin (triangulaire), la forme losangique définitive n'apparaissant que quelques années plus tard.
- La barbe, les poils des membres et du thorax poussent. Leur abondance dépend de nombreux facteurs (hérédité, ethnie...).
- Les poils des aisselles deviennent visibles (environ un an après les autres).
- La mue de la voix caractérise bien cette période de la vie du jeune homme : c'est l'action de la testostérone sur l'organe vocal essentiel, le larynx qui en est responsable, en en faisant grossir « la pomme d'Adam ».
- Les muscles prennent une apparence masculine.
- La prostate, enfin, se développe ainsi que tout le système glandulaire décrit plus haut : les éjaculations deviennent possibles.

Mais qui contrôle ces testicules ? C'est l'hypothalamus qui, flanqué de sa glande exécutrice, l'hypophyse, est le responsable de cette savante « machinerie ». Ainsi, les ordres de fonctionnement testiculaire sont-ils recueillis par l'intermédiaire de l'hypophyse, la glande « sous-directrice ». Cette hypophyse envoie un premier message, qui déclenche la fabrication de la testostérone ; puis un second, stimulant la fabrication des spermatozoïdes. Ces deux ordres ne sont sécrétés par l'hypophyse que si celle-ci en reçoit l'ordre de son « grand patron », l'hypothalamus. A l'inverse de ce qui se passe chez la femme, l'activité hormonale mâle ne semble suivre aucun cycle : pas de règles, pas d'ovulation à un jour donné du cycle, pas de gonflement avant les règles... pas de ménopause, pas d'andropause.
Dernier point important : c'est aujourd'hui

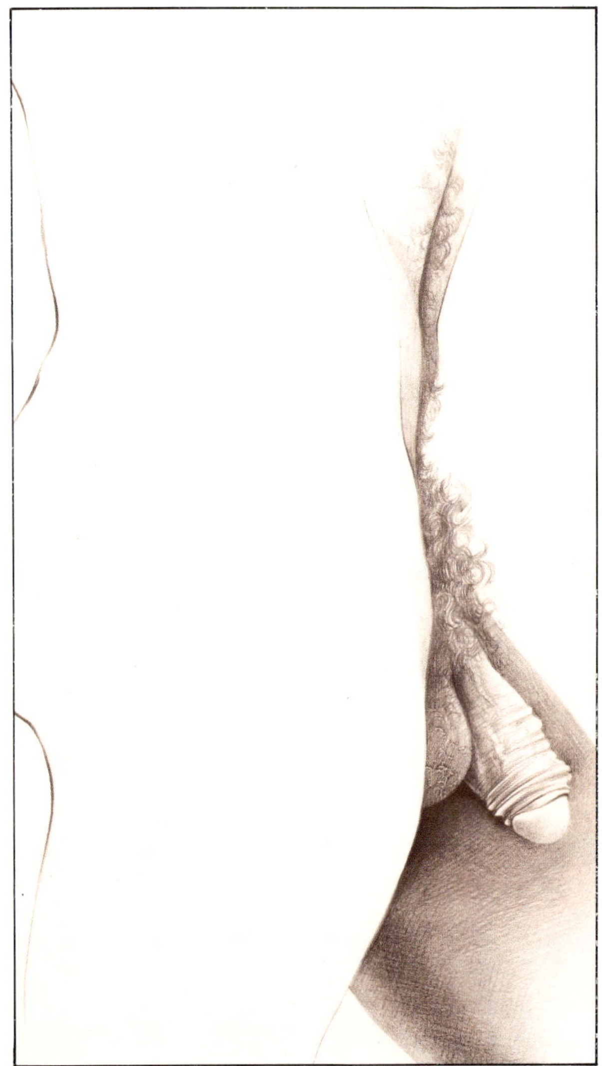

PÉNIS NON CIRCONCIS

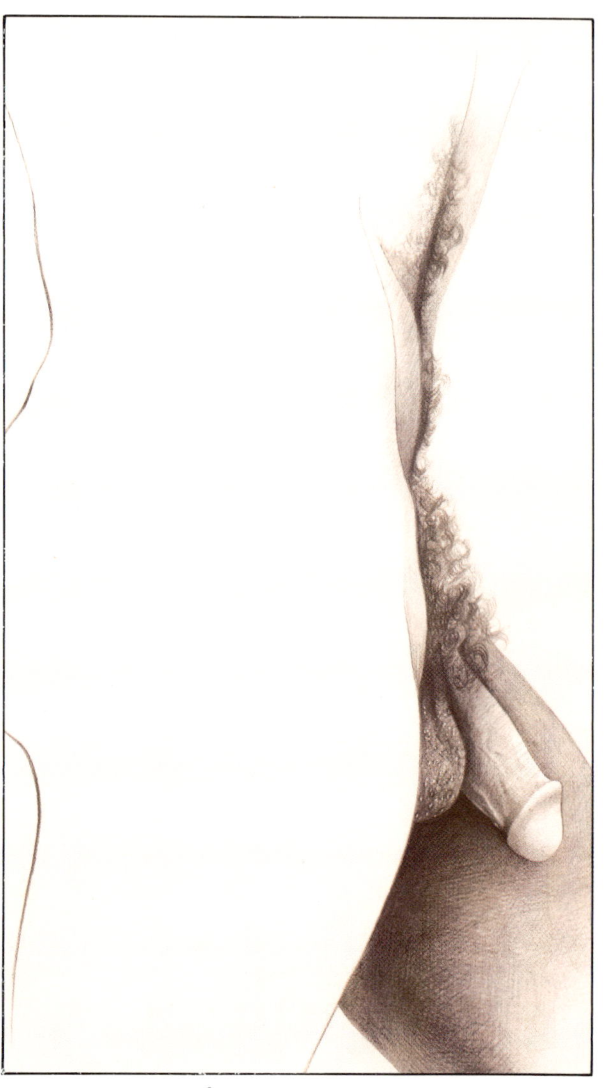

PÉNIS CIRCONCIS

un lieu commun que d'affirmer que les hommes sont plus combatifs et agressifs que les femmes. Il paraît difficile de démêler ce qui revient aux hormones, donc à la biologie, de ce qui revient à la « culture ». Depuis des siècles les hommes sont traditionnellement destinés à être guerriers, combatifs, les femmes à faire la cuisine ou la couture. Conditionnements qui commencent dès l'enfance.

LA PROSTATE est, comme nous le verrons, une glande essentielle au mécanisme de l'éjaculation ainsi qu'à celui de la fécondation. Elle ressemble à une châtaigne dont la pointe serait tournée vers le bas. Elle est située dans la partie inférieure du ventre et n'est absolument pas visible. Le médecin peut, en effectuant un toucher rectal, en apprécier la forme et la consistance.

LES VÉSICULES SÉMINALES sont deux glandes allongées, qui « coiffent » la prostate. On leur attribue le rôle précieux de « réservoir d'énergie » pour les spermatozoïdes. En effet, le fructose qu'elles fabriquent serait un bon « carburant », qui permettrait aux spermatozoïdes de se mouvoir rapidement grâce à leur petite queue, appelée le flagelle, rendant ainsi possible la fécondation de l'ovule féminin.

LES GLANDES DE COWPER ressemblent à deux petits noyaux de cerise, et sécrètent une substance alcaline.

Tous ces éléments complexes sont reliés par une « tuyauterie ». Elle va assumer à elle seule deux fonctions essentielles :

- Le transport de l'urine de la vessie vers l'orifice (ou méat) urinaire.
- Le transport des spermatozoïdes et des substances liquides de la prostate et des vésicules séminales jusqu'au méat urinaire.

Remarquons au passage que la femme, elle, a deux « tuyaux » :

- L'un pour la reproduction : le vagin.
- L'autre pour assumer sa fonction urinaire, tout à fait indépendant du premier.

Chez l'homme, cette unicité de conduit sera à l'origine d'une confusion, tant dans son esprit que dans les signes qui vont extérioriser les éventuelles anomalies urinaires ou sexuelles.

La physiologie du rapport sexuel

Tout commence par l'érection et se termine par l'éjaculation.

L'érection

C'est un processus extrêmement complexe. En effet, une « bonne » érection exige non seulement une verge en « parfait état de marche » mais aussi un système nerveux central et un cerveau exempts de toute maladie ou infirmité. Au repos, le pénis est comme un ballonnet vide : il est petit, fripé et mou. Gonflons

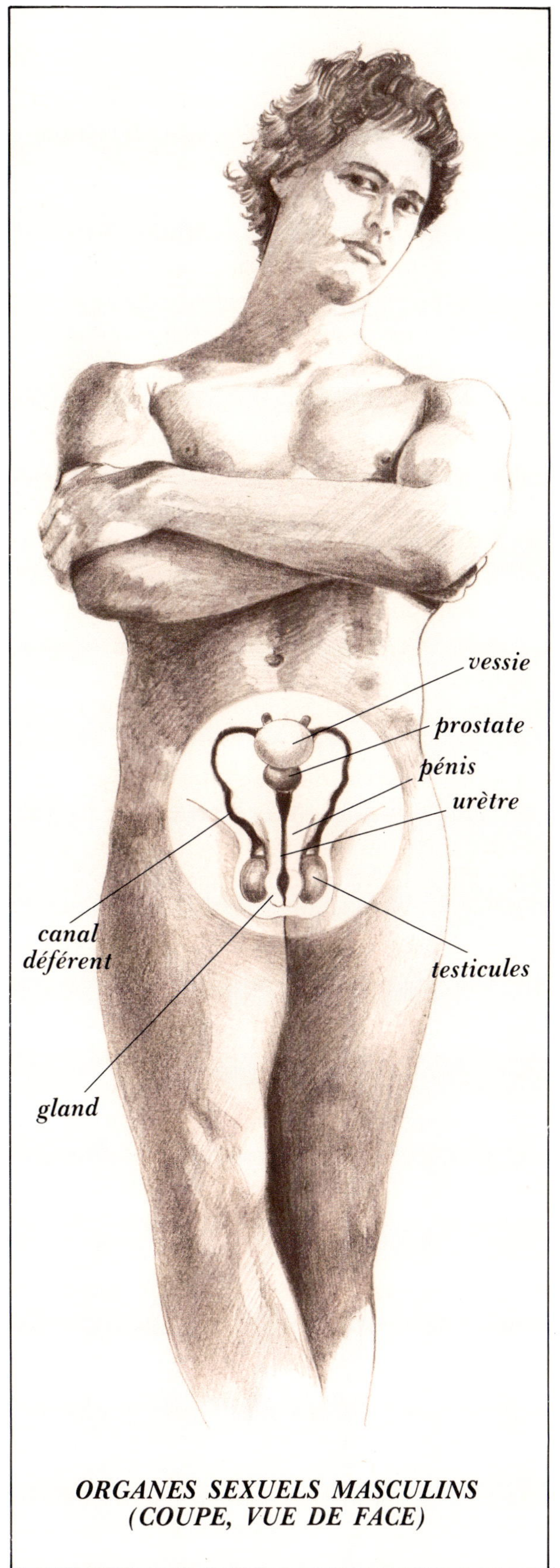

ORGANES SEXUELS MASCULINS (COUPE, VUE DE FACE)

ce ballon : il augmente considérablement de volume, devient lisse et dur. Il y a trois « ballonnets » dans le pénis : deux sur sa face dorsale (les corps caverneux qui longent la verge, un peu comme les deux canons d'un fusil), le troisième sur sa face ventrale (le corps spongieux, traversé sur toute la longueur par l'urètre, le conduit qui assure le transport de l'urine ou du sperme vers l'extérieur de la verge). Ces trois « ballonnets » ne seront pas gonflés d'air mais de sang. La structure de ces corps ressemble à celle d'une éponge : des multitudes de petits sacs, d'alvéoles, empilés les uns sur les autres. D'une manière réflexe, sous l'effet d'un désir sexuel, le sang (amené par les « artérioles » – petites artères) va envahir ces sortes d'éponges. Aussitôt, les sphincters des veinules (petites veines) vont se fermer, rendant le système absolument hermétique, en s'opposant à tout reflux en amont. Le sang est ainsi retenu prisonnier, sous pression, dans les trois « ballons ». En quelques secondes la verge va pointer vers le haut et l'avant. Elle ne revient au repos que lorsque les sphincters veineux, comme de véritables soupapes, permettent au sang de s'échapper, après l'orgasme, pour le laisser refluer. L'érection est un phénomène absolument réflexe : il est impossible pour un homme d'en obtenir une sur commande. Les stimuli de ce réflexe sont variables et variés mais en général ils peuvent être :

• Auditifs : un cri, une voix, un murmure peuvent avoir un fort pouvoir de stimulation.

• Visuels : la nudité, la vue des seins, des organes génitaux, sont en général de puissants stimuli sexuels.

• Olfactifs : bien que nous ayons perdu, pour la majorité d'entre nous, la quasi-totalité de notre sens de l'odorat, il est certains couples pour lesquels les odeurs corporelles conservent un fort pouvoir d'excitation.

• Tactiles : toucher une femme ou en être touché, est un très vif et un très puissant stimulus sexuel.

D'autres stimuli moins classiques peuvent jouer. Il me paraît inutile d'en faire la liste tant les fantasmes de chacun sont riches, variés, et surtout à respecter.

L'érection s'accompagne d'une sensation relativement agréable dans la mesure ou elle ne s'éternise pas. Comme la lubrification vaginale de la femme elle est involontaire et porte en elle le désir, difficilement contrôlable, d'aller plus loin, – jusqu'à l'éjaculation. En fait, si les hommes n'écoutaient que leur instinct ce rapport sexuel serait de courte durée : érection – pénétation – éjaculation seraient effectuées en quelques secondes. (Il en est d'ailleurs ainsi dans tout le monde animal : les mâles éjaculent aussitôt la pénétration effectuée.)

Il faut réaliser que l'érection est indispensable à toute pénétration vaginale et donc à la reproduction de l'espèce. Elle constitue en effet le seul moyen pour l'homme de déposer les spermatozoïdes au fond du vagin de sa partenaire. Sa verge, ainsi transformée en « tuteur », est parfaitement adaptée aux dimensions et à l'orientation de ce dernier. C'est comme un gant qui coiffe un doigt. Les prémices du rapport, de durée variable (de quelques secondes... à plusieurs heures), précèdent l'éjaculation. Elles représentent le monde de l'imaginaire, du plaisir sans contrainte, de la liberté. Vous comprendrez donc que je ne les décrive pas et que je vous recommande de vous laisser aller au gré de vos fantasmes, et de votre instinct.

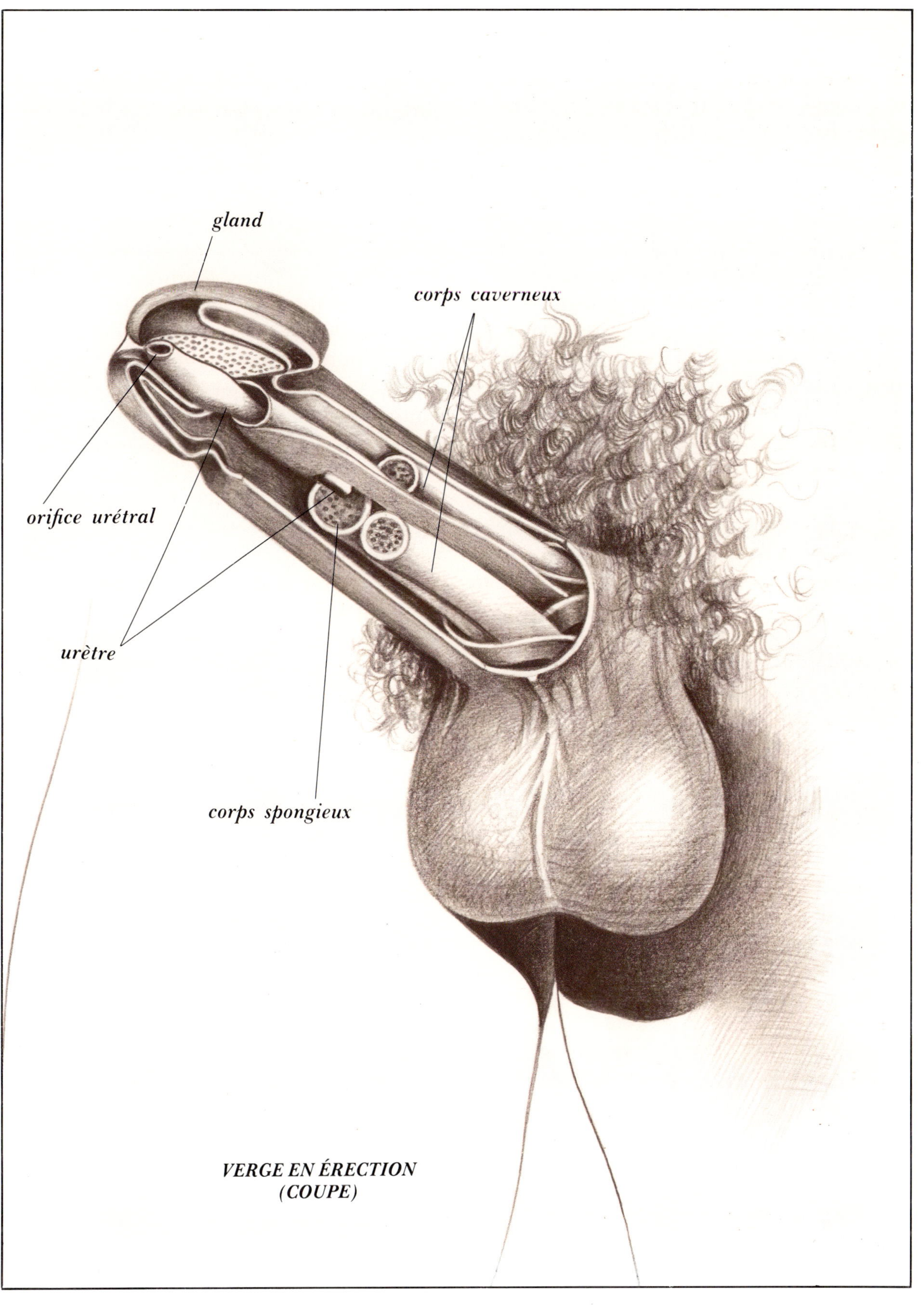

VERGE EN ÉRECTION
(COUPE)

L'éjaculation

Elle associe dans les mêmes secondes une impression subjective de plaisir, d'apothéose (l'orgasme) et un fait objectif : l'expulsion du sperme hors du pénis. Elle est déclenchée par les stimuli recueillis à partir du gland et de la verge, tant à l'intérieur qu'à l'extérieur du vagin féminin. Toutes les informations nerveuses vont converger vers les nerfs situés dans le petit bassin.

Le contrôle et le mécanisme de l'éjaculation fait intervenir des axes nerveux reliés au cerveau, agissant ici de manière tantôt involontaire tantôt volontaire (à la différence de l'érection).

Cette volonté permet de retarder une éjaculation en deçà d'un certain seuil. Si celui-ci venait à être dépassé, l'éjaculation échapperait alors à tout contrôle.

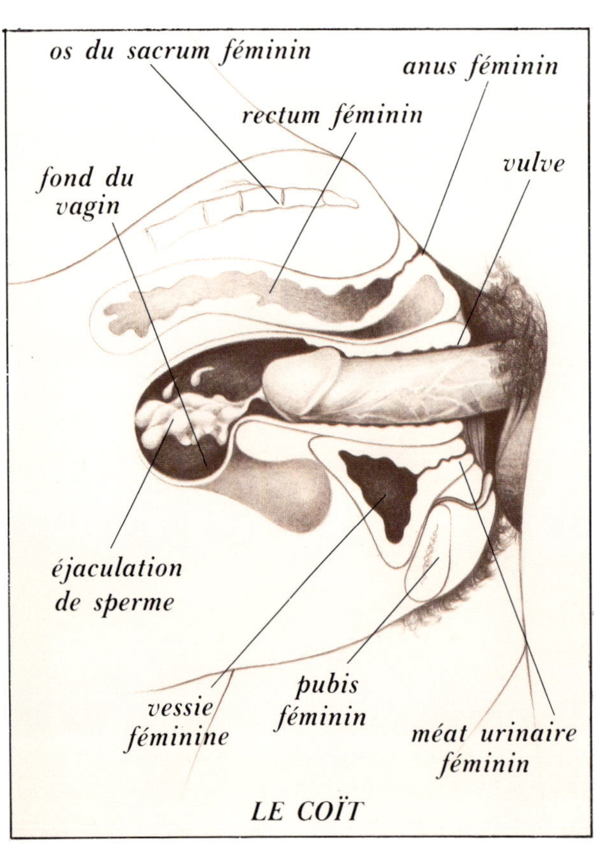

LE COÏT

Le mécanisme de l'éjaculation se décompose en deux phases :

La phase de « remplissage » appelée phase d'émission. Considérez les quelques centimètres de conduit situés dans la prostate (l'urètre prostatique).

Ce fin tuyau s'ouvre d'un côté (en haut) vers la vessie et de l'autre (en bas) vers le pénis. Cet urètre prostatique dispose de deux « sas de sécurité » tel un sous-marin : l'un supérieur qui ferme hermétiquement la vessie, appelé sphincter lisse (en raison de sa musculature lisse), l'autre en bas, à la sortie de la prostate, appelé sphincter strié (en raison de sa musculature striée).

Lorsque l'urètre prostatique est bien clos en haut (vers la vessie) et en bas (vers le pénis) il ne s'ouvre plus que sur les deux canaux déférents (ceux qui acheminent les spermatozoïdes depuis les testicules) et sur les vésicules séminales et les multiples petites glandes situées dans la prostate. D'où provient donc le liquide qui va remplir cet urètre prostatique ?

- De la prostate qui se contracte et se vide comme une éponge pour y déposer son liquide prostatique.
- Des canaux déférents et de leurs ampoules déférentielles, qui acheminent là les spermatozoïdes fabriqués par les testicules.
- Des vésicules séminales, qui fournissent au sperme la majeure partie de son liquide, et en déterminent la viscosité.

L'urètre prostatique se remplit et se dilate progressivement. En quelques secondes l'éjaculation se rapproche, et devient imminente si les mouvements de va-et-vient et l'excitation persistent. La pression dans l'urètre prostatique est alors importante, puisqu'égale à celle de cinquante centimètres d'eau ! L'homme peut encore, à cet

instant, différer l'éjaculation en inhibant le spasme qui commence à se constituer. Il a en effet, s'il est bien entraîné, la possibilité de bloquer le remplissage de l'urètre prostatique, et donc de s'opposer aux contractions des différentes glandes productrices de liquide.
Cette phase de remplissage s'accompagne d'une sensation de plaisir chaud et profond. Loin d'être désagréable ou douloureux, le retard volontaire de l'éjaculation entraîne souvent une impression voluptueuse, au bord de « l'éclatement ».

La phase d'expulsion se déclenche tantôt volontairement (lorsque l'homme a décidé de ne plus la retenir) tantôt (souvent) involontairement, lorsqu'il est « dépassé par les événements ». C'est alors que l'urètre, gonflé à se rompre par 3 ou 4 centimètres cubes de liquide spermatique, ouvre un de ses sas de sécurité, celui qui commande la fermeture vers le bas, situé à la base de la prostate : le sperme va être littéralement expulsé par cette unique voie de sortie. Si le verrou supérieur, celui bloquant l'entrée dans la vessie, n'est pas hermétiquement fermé, le sperme sera expulsé directement dans celle-ci. Cette éjaculation, dite rétrograde, se produit chez les hommes dont le sphincter de la vessie a subi une lésion (en général au cours d'une intervention chirurgicale sur la prostate). La voie est ouverte : le liquide sous pression va être expulsé, aidé par des contractions intenses de l'urètre tout entier et de tous les muscles voisins. Ces secousses sont violentes, et espacées de 0,8 seconde au début. En trois à six secousses (d'intensité très vite décroissante), le sperme est ainsi éjecté. Ces giclées sont si puissantes qu'effectuées à l'air libre elles pourraient souvent atteindre une distance d'un mètre ! Chaque secousse produit un plaisir intense, à la limite du supportable : c'est l'orgasme. Ces sensations sont sans doute provoquées par les contractions expulsives de chacun des conduits ou organes concernés par l'éjaculation. Le corps entier, et le pénis en particulier, va s'immobiliser ou du moins ralentir, tendu par le désir d'aller toujours plus au fond du vagin. Le mouvement ample de va-et-vient est suspendu. Cette poussée impérieuse a une finalité évidente : déposer les spermatozoïdes le plus loin possible dans la glaire du col de l'utérus, afin qu'ils puissent pénétrer im-

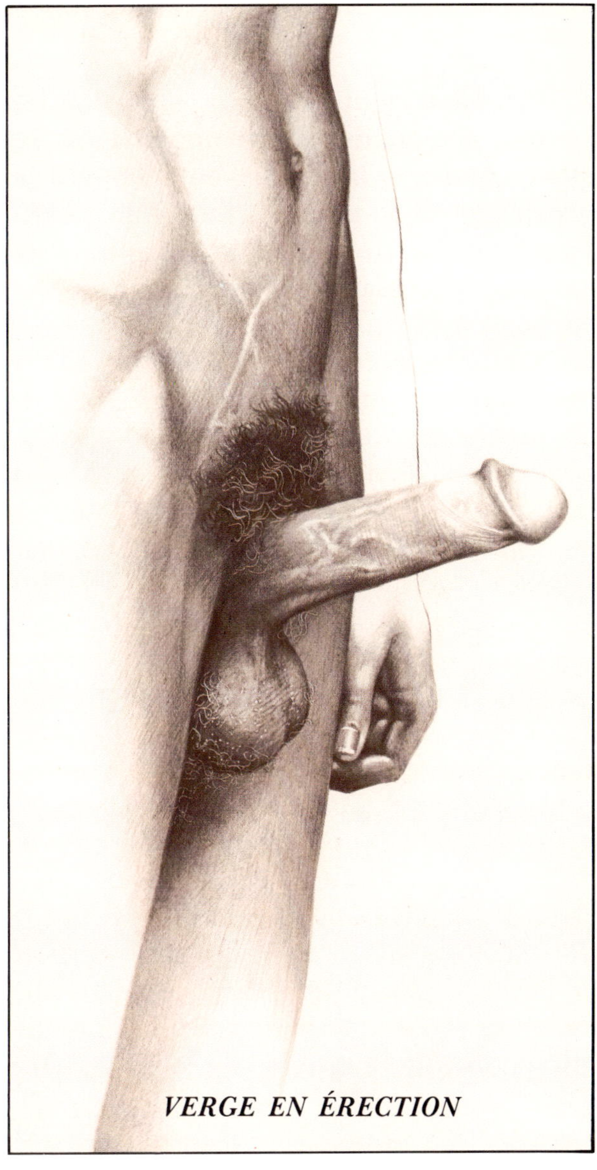
VERGE EN ÉRECTION

médiatement dans l'utérus et féconder l'ovule situé dans une trompe. Tout se passe comme si la nature, en réservant le plaisir maximal pour la fin, avait voulu s'entourer de toutes les précautions et garanties nécessaires afin qu'on n'« oublie pas » d'accomplir cet acte définitif et fondamental pour la reproduction. C'est une des caractéristiques de l'espèce humaine que d'avoir, à son plus grand profit, dévié cette activité de son but premier en n'en gardant que les « douceurs », et en en rejetant (le plus souvent) la finalité.

Une merveille d'organisation

Émerveillons-nous, quelque peu, voulez-vous, de cette fabuleuse machinerie : le pénis lorsqu'il est en érection adopte une direction qui coïncide exactement avec celle du vagin. Dans le vagin, la lubrification facilite énormément les mouvements de la verge. (Imaginez l'absence de lubrification et le désagrément voire la douleur qui en résulterait pour les deux partenaires.)

Cette parfaite organisation procure d'ailleurs à chacun des participants un plaisir. Plaisir garant de l'accomplissement régulier de l'acte sexuel, et donc, pour l'espèce, l'espoir de la survie.

Quant à l'expulsion violente du sperme contre le col de l'utérus, elle assure en fait le premier temps de la fécondation : la glaire, véritable « glue à spermatozoïdes » est là, qui les attend, pour les transporter, plus haut dans l'utérus.

Aussitôt après l'éjaculation, intervient ce que l'on appelle la phase réfractaire : les organes génitaux de l'homme sont alors insensibles à toute stimulation. La verge va retrouver son volume et sa consistance normale en quelques secondes ou minutes. Les sphincters des veinules, se sont en effet ouverts pour permettre aux trois « ballons » du pénis de se vider. Le sang reflue, et la verge se dégonfle.

La phase réfractaire dure, selon les individus, de quelques minutes à quelques heures.

Sa durée augmente en général au fur et à mesure que les années passent, pouvant parfois désemparer les hommes non informés (1).

Docteur David Elia

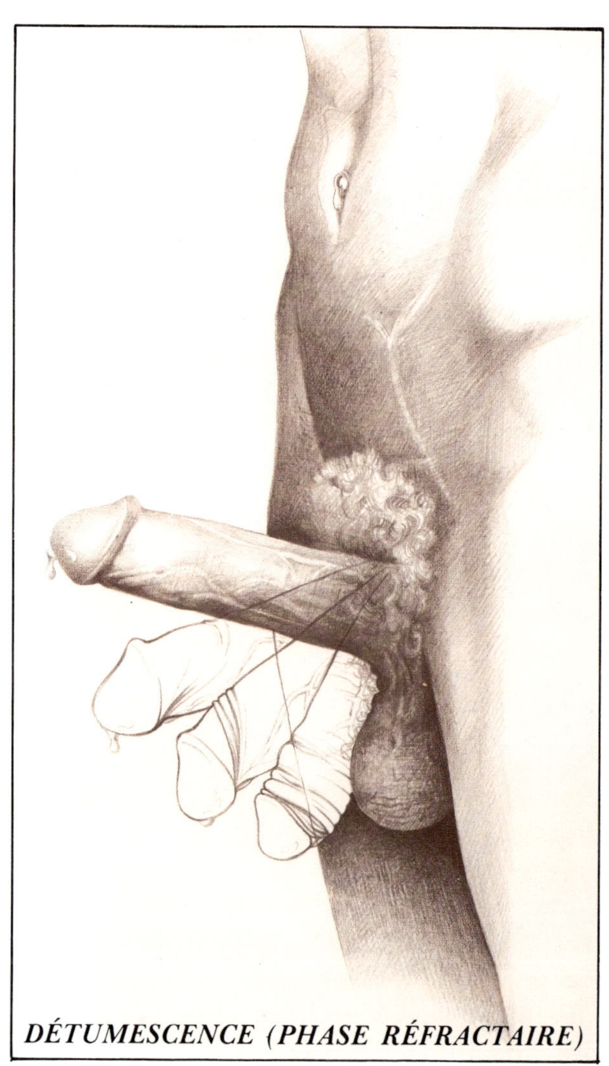

DÉTUMESCENCE (PHASE RÉFRACTAIRE)

(1) (A ce propos, lire l'article du Docteur Paul Bensussan sur la sexualité à l'âge mûr (chapitre 4).

3

A la découverte d'un univers de sensations

LE JEU DES CINQ SENS ET DE L'EROTISME

LE SAVOIR-FAIRE DE LA SEDUCTION

LE JEU DES CINQ SENS ET DE L'EROTISME

L'union sexuelle idéale se déploie entre deux extrêmes : d'un côté le rapport bref, de l'autre le tête-à-tête platonique. Entre les deux, la rencontre authentique ajoute une dimension amoureuse qui puise l'essentiel de ses ressources dans l'exploration des corps et des cœurs : c'est l'acte d'amour.

Le corps tout entier devient, en quelques instants, à la fois l'outil et l'artisan du langage amoureux, une monnaie d'échange et le lieu d'une recherche égoïste du plaisir. Ce va-et-vient permanent entre l'offre et la demande caractérise l'épanouissement de la sexualité. Autrement dit, ce qu'il y a de spécifiquement humain dans la relation sexuelle, c'est la durée et le contenu des échanges amoureux.

De la sensibilité à la sensualité

Sollicitée, ajustée à cet effet, la sensibilité devient sensualité, et la sensualité érotisme si, par chance, une complicité s'instaure entre les partenaires. C'est dire que le dialogue des corps est bel et bien le centre de la vie du couple. Il en supporte tout l'échafaudage et peut, par conséquent, en compromettre l'épanouissement si, pour une raison quelconque, on l'appauvrit.

Tous les sens contribuent à créer l'excitation

Ce qui caractérise une sensation érotique d'origine visuelle, tactile, ou olfactive, ce n'est pas seulement son intensité, mais aussi ce qu'elle éveille dans la mémoire comme souvenir agréable. En effet, avant d'être « traitée » par le cerveau, toute sensation est anonyme : c'est la mémoire affective de chacun qui fait le tri, fait « prendre conscience », inspire la relation amoureuse, du premier regard à l'accomplissement de l'acte d'union. Cette communication s'établit de différentes façons, mais elle est de nature à susciter la réaction favorable du ou de la partenaire.

Ainsi, le toucher vaginal, lorsqu'il est pratiqué sur une femme en bonne santé, ne déclenche ni douleur, ni plaisir : si elle est calme et confiante, elle ressentira une sensation d'écartement, de pénétration, de poussée. Que le même geste s'inscrive dans les jeux érotiques d'un couple, et le vagin subira d'importantes modifications (réchauffement, contractions, élargissement, lubrification), témoin du plaisir suscité par l'attouchement.

Cette transformation des sensations n'est pas spontanée, « naturelle ». Même si une intention d'ordre sexuel accompagne un geste, un contact, un regard, elle n'en obéit pas moins à une décision motivée de la part de la personne que l'on approche, tient ou regarde. A l'appel de l'un doit succéder la réponse de l'autre.

Les cultures « occidentales », basées sur une censure des contacts, mettent à la disposition de chacun un arsenal de réponses sexuellement décourageantes. Que le bref séjour avec un inconnu dans un ascenseur soit l'occasion d'un contact inopiné de l'épaule ou du coude, et la cage métallique résonnera d'un « pardon » poli et rassurant. Que deux regards se croisent, par hasard ou curiosité, dans le métro ou une salle d'attente, et chacun disposera d'une seconde, deux au mieux, pour détourner les yeux...

Les étapes de la séduction

Toutefois, ce langage social n'a pas que des aspects négatifs : il organise également les diverses étapes de la séduction. Faire la cour à quelqu'un c'est en somme engager une conversation particulière, prendre certaines attitudes, faire certains gestes qui, tous, sont des messages : regard, frôlements, effleurements, inclinaison de la tête sur l'épaule, contacts des mains...

Le corps tout entier est découpé en territoires, comme une carte de géographie, mais ce découpage n'est pas identique chez l'homme et la femme : zones plus ou moins interdites à un inconnu, réservées à un partenaire légitime... Il faut également distinguer le corps nu du corps vêtu, quasi dévêtu (maillot de bain) ou délibérément dénudé (nudisme). A chaque type de rapports sociaux, à chaque moment de la journée, à chaque costume, correspond une convention sociale réglant la quête du partenaire sexuel. Il est donc théoriquement aussi délicat pour une Japonaise de 30 ans, vêtue de son kimono traditionnel, d'exprimer la séduction qu'exerce sur elle un marin breton sur le port, que pour un naturiste européen en excursion de séduire une Indienne se baignant dans l'Orénoque.

La sensualité s'apprend, tout au long de l'enfance, durant l'adolescence, à force d'expériences, par imitation. Il faut donc s'attendre que cet apprentissage sera parfois incomplet, inexistant, inadéquat, à l'origine de maints déboires de la vie amoureuse. Ce qui est vrai pour deux personnes qui se rencontrent l'est aussi pour des partenaires de longue date : l'amour et tous les sentiments qui enrichissent son empire s'expriment par un langage amoureux précis, propre à chaque couple. En réalité, l'invention (ou un certain degré d'originalité) est relativement limitée et les habitudes s'emparent assez rapidement du savoir-faire d'un couple. Les gestes de séduction disparaissent, l'éveil sensuel propre au flirt également, et bien rares sont les partenaires attentifs au maintien d'une complicité joyeuse et taquine à tout propos. Dans le mariage en particulier, la relation se limite souvent au seul « rapport sexuel », dont la demande, l'offre et le déroulement, obéissent à des conventions de plus en plus rigides et rudimentaires, au détriment des « petites choses » affectueuses et banales que l'on s'échange à 17 ans : il y a donc usure, un risque considérable pour l'avenir. La sensualité est tributaire d'un apprentissage sans cesse perfectible, indéfiniment sollicité, et qui doit être sans cesse réactualisé. A défaut, le dialogue sensuel s'épuise, s'interrompt. Il faut donc souligner l'extrême fragilité de ce dialogue et rappeler que rien n'est jamais acquis, que toute situation peut évoluer, tout malentendu au sein d'un couple se dissiper, pour peu qu'on accepte d'y exercer, à nouveau, l'art des caresses.

De la sensualité à l'érotisation

Le témoin, le « baromètre » de l'émotion sexuelle, ce n'est pas ce qui se passe dans la tête, c'est... l'augmentation du débit sanguin, par un mécanisme réflexe de vasodilatation. Pour assurer cette demande accrue de sang, le cœur bat, plus vite et plus fort. Un seul dénominateur commun, donc, aux joues qui s'enflamment, à la poitrine qui rougit, au ventre qui s'anime, au vagin qui lubrifie et à la métamorphose de la verge : la chaleur. Pourquoi une telle modification thermique ? Il n'y a pas chez l'homme de réseau nerveux spécialisé dans l'éveil de la sensation érotique. Les terminaisons nerveuses, les systèmes de perception tactile de la muqueuse du gland, du clitoris ou de la verge par exemple, sont les mêmes que ceux du genou ou du front. En schématisant, on peut penser que cette augmentation de température, fait essentiel, accroît la vitesse de conduction de l'influx nerveux. Les messages sont donc considérablement enrichis lorsqu'ils parviennent au cerveau, où ils déclenchent en retour une nouvelle impulsion vasodilatatrice, mais cette fois-ci fondée non seulement sur un mécanisme psychologique lié aux motivations du sujet, mais aussi sur l'acquisition de réflexes conditionnés. Il existe des différences considérables entre fonction érotique masculine et féminine.

Chez l'homme

L'érection représente l'illustration la plus complète de ces modifications. Mis à part le rôle « mécanique » que joue la rigidité de la verge pour permettre la pénétration vaginale, on oublie de signaler que le réchauffement du gland, abondamment irrigué, accroît et façonne la sensibilité. On distingue deux types de « zones érogènes » : les zones primaires, dont la stimulation déclenche une réaction en chaîne qui peut aboutir à l'orgasme, et les zones secondaires également impliquées dans la sexualité, mais qui ne s'y limitent pas. Il est à noter que le gland de la verge représente l'unique zone érogène primaire de l'homme. Au sens propre du mot, « l'érotisation » masculine est donc irrémédiablement limitée aux organes génitaux.

Les zones érogènes secondaires sont réparties sur toute la surface du corps. Caresses ou massages (ou autres contacts) de ces territoires déclencheront, pour un sujet donné et dans certaines circonstances, bien-être, détente, excitation, émotion. Chez l'homme, le visage, le cou, la nuque, les aisselles, les seins, le ventre, les fesses et la face interne des cuisses, sont habituellement rangés dans cette catégorie. Ici aussi, même si elle se manifeste à un degré bien moindre, la température locale est augmentée par le toucher. A la différence des organes génitaux, dont la constitution même est a priori adaptée à de telles modifications, cette transformation obéit aux lois de l'apprentissage. Tout homme fait, dès la plus tendre enfance, l'apprentissage de la jouissance de certaines zones non génitales de son corps. A l'âge de 7 ans, l'inventaire définitif des zones érogènes secondaires du futur adulte est déjà dressé. On peut comprendre ainsi les grandes différences de « sensualité » existant d'un homme à l'autre.

Chez la femme

Le rôle de la circulation sanguine est plus discret mais aussi capital. L'excitation sexuelle déclenche un afflux de sang qui « réchauffe » le ventre en quelques secondes. Ces changements de température vont donc sensibiliser les organes génitaux. La lubrification vaginale (une « transpiration » des parois du vagin), la congestion, même modeste, du clitoris, l'épaississement et la coloration des grandes lèvres de la vulve, sont autant d'indices observables de ces réflexes. A l'évidence, chez la femme, la zone vulvo-clitoridienne est équipée pour réagir aux stimulations tactiles, et servir de point de départ aux orgasmes : c'est une zone érogène primaire.

En réalité, la distinction entre zone primaire et secondaire n'a aucune signification chez la femme. Elle est capable d'avoir un orgasme à partir de n'importe quel centimètre carré de peau : c'est une question, ici encore, d'entraînement. L'éveil érogène est plus commode, plus économique, à partir du clitoris ; mais hormis cette zone ô combien érogène, la totalité du corps féminin ne peut-elle être qualifiée de zone érogène secondaire ?

Cette conception n'est pas une boutade de sexologue, elle s'appuie sur l'expérience clinique. L'« émancipation » du vagin, pour que frottements, pressions, distensions, pénétrations, chaleur, déclenchent un orgasme, ne va pas de soi : elle obéit aux mêmes principes d'apprentissage que l'acquisition du langage. A la limite, si l'obtention d'un orgasme « vaginal » n'était aussi fortement conditionnée par un environnement socio-culturel miso-

Frottement du mamelon avec la verge.

gyne, les femmes seraient à même de jouir « spontanément » par frottement de la nuque, léchage des aisselles ou titillement du mamelon. Certaines y arrivent, sans savoir comment. L'anorgasmie vaginale s'éclaire ainsi d'un jour nouveau.

Caresses et baisers

Le niveau d'émotion qu'atteint le corps à corps d'un couple est sans mesure avec la simplicité des gestes qu'il échange, avec l'innocence des sensations qu'il se procure. En somme, l'alphabet érotique comporte une douzaine de lettres au plus, avec lesquelles chaque couple construit des phrases et des mots plus ou moins compréhensibles, plus ou moins intéressants : affaire de don et d'affinités.

Une des « lettres » les plus utilisées est incontestablement le frottement. Ses origines remontent aux sources mêmes de la sexualité animale, tous les êtres vivants entamant leur conjugaison par des contacts animés de va-et-vient : attouchements d'abord superficiels dans l'approche et l'excitation, puis pénétrants, dans la copulation. Le frottement des épidermes, des muqueuses, est chez l'homme le pivot de l'érotisation. Il réchauffe, éveille la sensibilité, capte l'attention, réalise le passage de la sensibilité tactile à la sensualisation, puis à l'érotisation.

Docteur Jacques Waynberg

L'art du prélude

CRÉER UNE ATMOSPHÈRE ROMANTIQUE. Même à notre époque pratique et sans cérémonie, la plupart des femmes apprécient encore les attentions romantiques : elles aiment se sentir désirées, convoitées, aimées, chéries. Leur sensualité et leur sensibilité s'épanouissent mieux dans une atmosphère sexuellement romantique. Vous risquez d'inhiber votre femme encore plus si vous exigez d'elle qu'elle saute au lit sans aucune préparation. Offrez-lui des fleurs, dites-lui quelques mots d'amour dès le début de la soirée. Même des gestes d'affection en apparence non sexuels l'aideront à se mettre dans un état d'esprit sexuel.

CONSACRER SUFFISAMMENT DE TEMPS AU PRÉLUDE. Même à notre époque d'évolution des mœurs et des connaissances sexuelles, bien des hommes ignorent encore (ou oublient) qu'il faut beaucoup plus de temps à une femme qu'à un homme pour se mettre dans une disposition d'esprit sexuelle. Le prélude ne commence pas seulement aux gestes sexuels explicites. Le fait de dire à une femme : « Tu es particulièrement ravissante ce soir » est déjà une forme de prélude sexuel.

Caressez-la, embrassez-la, tenez-la dans vos bras pendant quelque temps avant l'acte sexuel proprement dit. Elle a probablement besoin de ces gestes intimes pour pouvoir vous accueillir en elle. Des études fort savantes ont montré que bon nombre de femmes ont véritablement besoin de se faire dorloter comme des petites filles pour se sentir en sécurité et en confiance le moment venu des gestes spécifiquement sexuels. Comme les femmes froides manquent souvent de confiance en les hommes, le fait de les dorloter peut aider à les mettre dans une attitude sécurisante qui rend moins menaçante la perspective des rapports sexuels.

LE SAVOIR-FAIRE DE LA SEDUCTION

Le corps a un langage qui lui est propre. Nous émettons des messages (olfactifs, auditifs, visuels) qui déclenchent l'attraction sexuelle. Ce comportement de séduction, qui préside à la naissance de tout couple, est au centre de la vie sociale.

La sexualité n'est pas seulement fondée sur la recherche de l'apaisement du désir « physique » de jouissance. Des mécanismes très complexes de sélection des partenaires, d'acceptation ou de rejet, (ou plus directement encore, de charme, de jeu, de défi, de tentation...) entrent en jeu. Le péril de la séduction est extraordinairement plus passionnant à étudier que le destin des va-et-vient du coït dans un rapport sexuel. La séduction est au centre de la vie sociale, chargée de symbolisme et d'histoire, et si proche de la féminité que l'on a tendance à les confondre. La séduction est périlleuse parce qu'elle est incitation à la dévotion sensuelle, parce qu'elle invite à poser le regard sur autrui, mais elle est aussi le seul contre-pouvoir vis-à-vis des servitudes anatomiques du corps. Autrement dit, la séduction se situe au-delà du sexuel, vers lequel elle tend, mais dont elle n'indique que les marges les plus secrètes.

Il est facile de comprendre que les rituels qui donnent forme à toutes les relations entre hommes *et* femmes, entre hommes *ou* entre femmes, obéissant à une logique propre à chaque tribu ou à chaque village, sont significatifs de l'empreinte « humaine » dans l'apprentissage des conduites sexuelles. Chez l'animal, l'attraction sexuelle se manifeste par des « parades amoureuses » qui dépendent de façon immuable du code génétique et d'un nombre tout à fait restreint d'apprentissages. Chez les oiseaux par exemple, la « parade nuptiale » du mâle ne laisse pas la femelle indifférente, puisque cette « séduction » va permettre l'augmentation du taux d'hormones sexuelles, la croissance de l'ovaire, et des modifications du comportement qui vont aboutir à l'accouplement. Des signaux existent bien pour chaque espèce, mais cette communication est entièrement répétitive d'un individu à l'autre, et tributaire presque entièrement des facteurs « émotionnels » d'origine physiologique : l'« appel sexuel » de la

femelle du pinson n'apparaît que durant une très courte période. En somme, même si les parades amoureuses chez l'animal ne sont pas sans rappeler certains comportements humains, elles sont rudimentaires : l'on est ici au degré zéro de la séduction. La séduction apparaît avec l'intelligence pratique, c'est-à-dire avec l'espèce humaine, il y a 40 000 ans. Le bouleversement est alors considérable puisqu'il va conduire, au bout de deux millions d'années d'évolution, à l'édification du couple, s'arrachant un peu plus, de génération en génération, au monde animal. L'amour élève la sexualité au-dessus des servitudes génitales, mais c'est la séduction qui la rend sublime. Cette dernière est donc toute entière destinée au triomphe des apparences, tendue vers un désir qui nous hante, et un corps qu'il faut artificiellement embellir, à longueur de vie.

Morphologie et postures du corps

La matière première de la séduction, le minerai à partir duquel il va falloir extraire une silhouette, un style, c'est naturellement la morphologie du corps. Les formes du corps ne sont cependant jamais statiques, même dans le sommeil. Il faut bien comprendre que la peau n'est en somme qu'une enveloppe extraordinairement mobile sous les tensions musculaires et les saillies osseuses. Même si le regard se pose sur l'épiderme et le vêtement, la véritable « lecture » du corps se fait bel et bien en profondeur. C'est dans l'enfance que s'édifient les bases de cette reconnaissance – apprentissage vraisemblablement achevé à l'âge scolaire. L'enfant a appris par imitation à adopter certaines postures, certains gestes, pour exprimer ses sentiments et ses besoins ; il a aussi acquis très précocement la faculté d'interpréter ceux de son entourage. C'est ce catalogue, d'une vingtaine de schémas différents au plus, qui va constituer à l'âge adulte la trame du langage qui transmet les messages d'ordre sexuel. L'ouverture des bras, l'inclinaison latérale de la tête sur l'épaule, l'incurvation du tronc en arrière ou du côté opposé à son interlocuteur, sont, par exemple, des signaux d'apaisement et de séduction tout à fait primaires.
Sur le plan de la forme toujours, l'harmonie des dimensions du corps, de la taille, de la carrure, de la hauteur au sol du bassin, des volumes musculaires, du crâne, notamment, constitue un des principaux critères de l'esthétique corporelle. Il ne faudrait pas cependant sous-estimer, cela va de soi, le grain et la couleur de peau, les cicatrices et les difformités, etc. Bien que l'attirance (ou la répulsion) spontanée soit tributaire d'une éducation bien postérieure à l'apprentissage du langage gestuel, ces « affinités » élaborées au fil des ans représentent des critères immédiats de sélection. Au bout du compte, chacun a des exigences particulières à propos de telle ou telle partie du corps : nuque, chevelure, poitrine, hanches, fesses, chevilles, etc., suscitent une évaluation instantanée et prisonnière de la mode. Le corps féminin en particulier – bien avant de servir de support à la publicité – a toujours subi le modelage de conventions provisoires. La beauté n'existe pas en dehors de la référence à un modèle entièrement construit par le groupe pour assurer, précisément, le fonctionnement des mécanismes de séduction. Aussi éloignés qu'ils puissent être, le modèle plantureux de Rubens et le mannequin filiforme des revues de mode de ces dernières années

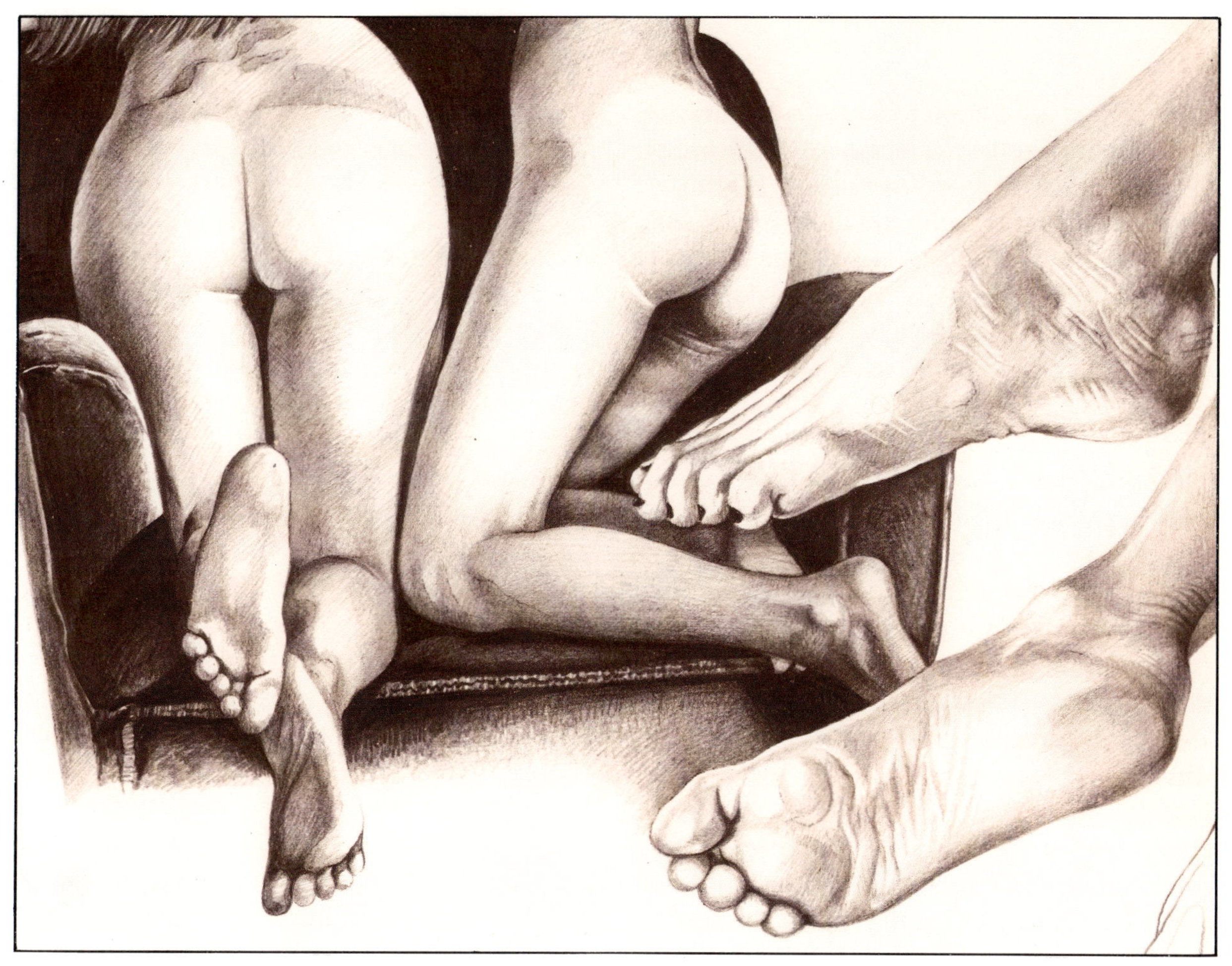

Les creux du corps n'appartiennent pas au chapitre de la séduction, mais à celui de l'érotique.

participent des mêmes automatismes mentaux. La morphologie féminine est stéréotypée par des contraintes fugaces mais invulnérables. L'« idéal masculin » est en revanche beaucoup plus stable. On peut dire sans exagérer qu'il n'a pas subi dans notre culture de modifications profondes depuis plus de 4000 ans : la virilité se façonne, se vante, se devine sous les mêmes galbes musculaires, le même port de tête, le même élancement du tronc, la même puissance des cuisses, la même profondeur du regard.

La plastique corporelle est donc le premier signal de la séduction ; immédiatement suivie par la justesse et l'élégance des postures, qui donnent vie aux formes et aux dimensions du corps, mais qui représentent surtout la « différence » permettant de distinguer le masculin du féminin. Aux rondeurs féminines – accentuées par la présence du tissu graisseux sous-cutané, au niveau des hanches, des fesses, des cuisses, des seins, des épaules – font écho des postures empreintes de maniérisme et de pudeur, alors que le « sexe fort » se distingue par un découpage beaucoup plus anguleux des attitudes. Ce qui distingue l'artiste du profane c'est la lecture des lignes du corps, mais l'un et l'autre s'en émeuvent. Le corps humain est convexe : un sein, les fesses, un biceps, un genou, un ventre, autant de lignes courbes. Seules les formes convexes sont séduisantes, aussi bien chez l'homme que chez la femme, et les peintres et sculpteurs l'ont illustré depuis la plus haute antiquité. Les creux ? Ils n'appartiennent pas au chapitre de la séduction, mais à celui de l'érotique. La pudeur c'est précisément le camouflage de la concavité du corps. Les aisselles, l'espace entre les seins, les fentes, les orifices, sont autant de menaces pour la séduction mais de promesses pour le plaisir.

Les mouvements et les rythmes

C'est dans le mouvement, et plus particulièrement dans le mouvement cadencé du corps tout entier, que s'exprime et s'observe une intention séductrice déjà plus élaborée.
La démarche est le type même d'un ensemble de mouvements au travers desquels peut s'exprimer la personnalité de chacun. Il existe en effet mille façons de marteler le sol, d'allonger le pas, de redresser le buste, et personne ne met en doute le pouvoir sensuel d'un pas léger et vif, rehaussé d'une élégante ondulation du bassin féminin, ou d'une démarche appuyée avec vigueur et renforcée d'un port de tête très « masculin ».
La démarche est à l'entreprise de séduction ce que le chevalet est à la peinture, c'est-à-dire un support et non l'œuvre elle-même. Il n'y a que sur les plages gorgées de soleil que l'on déambule pieds et corps (presque) nus.
L'analyse sociologique de l'empire qu'exercent les belles voitures américaines ou le « prestige de l'uniforme » sort du cadre de cet article. Toutefois, il faut convenir que la mode définit avec une extraordinaire précision de détails à la fois le style des machines qui remplacent depuis peu le cheval (dont le harnache-

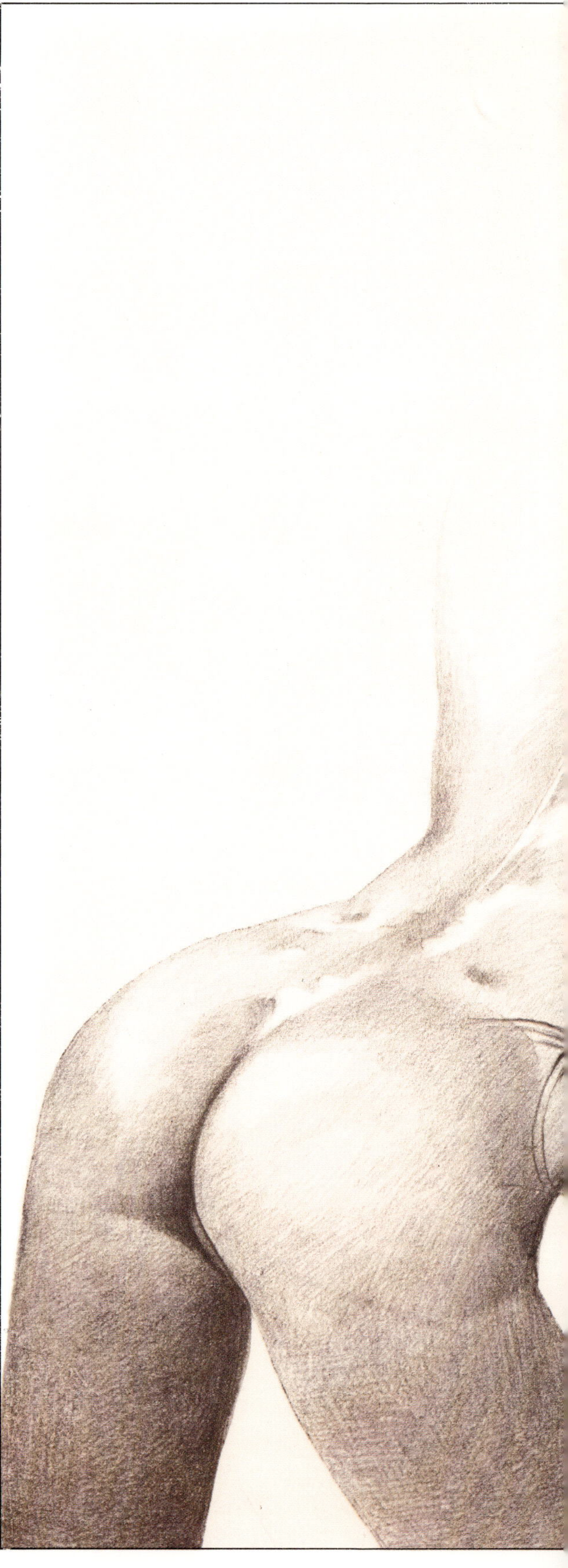

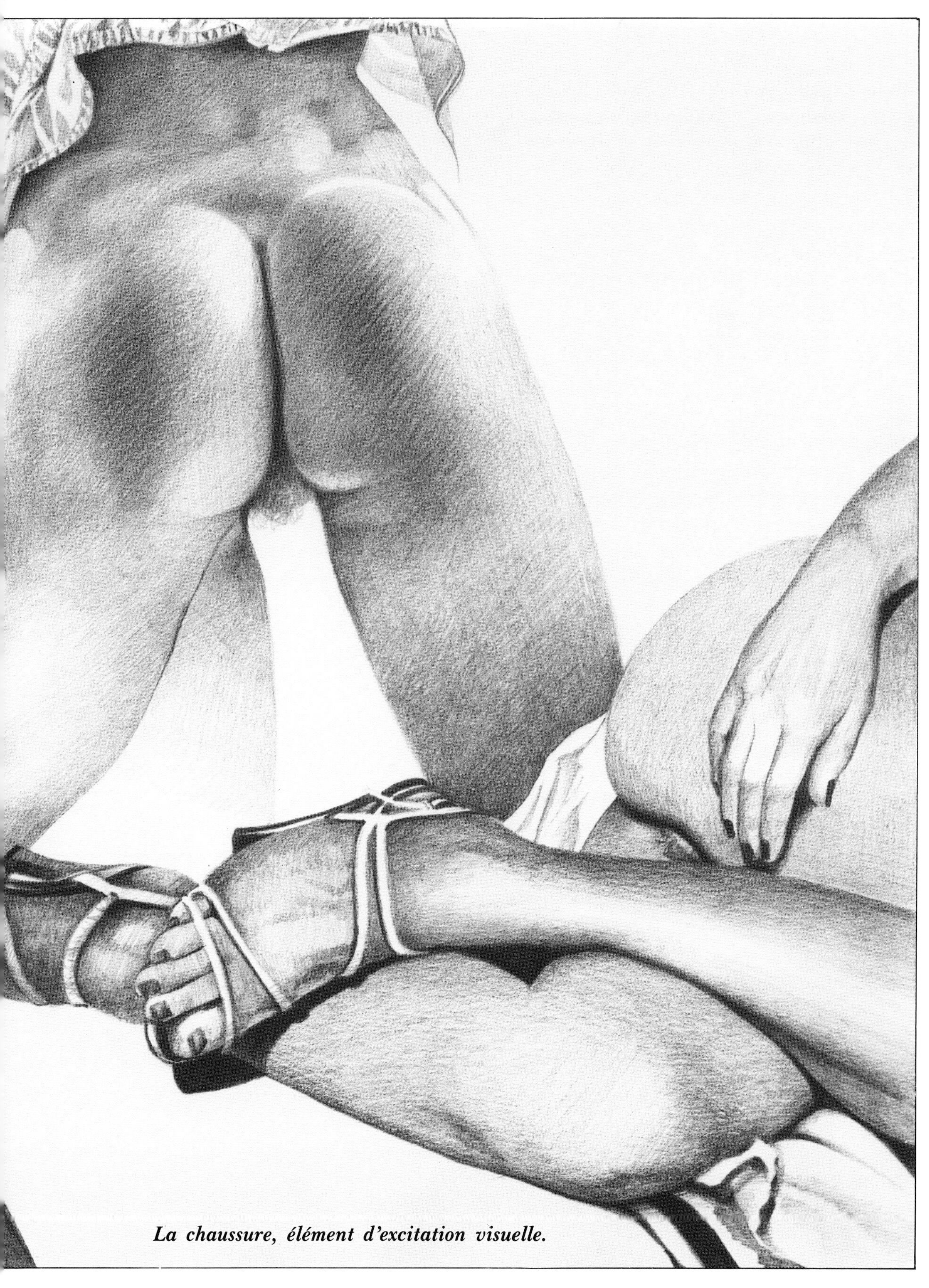

La chaussure, élément d'excitation visuelle.

ment n'avait jamais été laissé au hasard non plus) et les divers éléments du costume, aussi bien chez les hommes que chez les femmes.
La chaussure est de nos jours l'élément du costume qui concentre le plus de significations sexuelles associées à la démarche. Les souliers féminins sont si obéissants aux injonctions de la mode, qu'ils mettent à dure épreuve l'anatomie du pied... Décorant la cheville et la jambe, bas de soie, de nylon ou de laine, bottes ou cuissardes, font atteindre des sommets d'excitation visuelle auxquels ne peuvent prétendre par ailleurs que des accoutrements vestimentaires franchements « indécents ». Chez l'homme, le pied et la jambe n'ont pas un tel pouvoir séducteur propre ; la chaussure sert plutôt à désigner le niveau socio-économique de son propriétaire, et l'habillement, la silhouette, l'allure du pas, composent en réalité un ensemble dont l'harmonie et la conformité aux goûts du jour garantissent un certain crédit d'« élégance » masculine. A l'extrême, ne peut-on concevoir que le vêtement soit créé pour accentuer l'effet de séduction de la marche et des mouvements que l'on peut y associer ? La hauteur de jambe laissée conventionnellement à l'air libre par le jupon n'émeut-elle pas l'observateur des contractions du mollet, de la rotation du genou ou de l'écartement des cuisses ? L'ampleur du manteau, la couleur et la tenue de l'étoffe, ne rendent-elles pas plus « virils » les mouvements d'épaule ?
Séduire, c'est un peu violer l'imaginaire d'autrui. De tous les mouvements qui possèdent une part de ce pouvoir, la danse représente le plus archaïque, donc le plus puissant d'entre eux. La démarche en est imprégnée, ce qui explique sans doute son efficacité. La danse est présente dès les débuts de la civilisation. Le rythme est à l'origine du langage sexuel, puisque les cadences du coït sont au fond fixées par un battement régulier à deux temps. Ce tempo évocateur, cette répétition des mouvements du corps d'arrière en avant, sert de base non seulement à des danses d'invocation mystique, mais aussi à celles d'évocation sexuelle. Nos sociétés ne font que poursuivre et enrichir l'accompagnement musical ; les contorsions et les secousses du bassin appartiennent à un même savoir-faire ancestral.
Oui, la séduction, « au premier degré », (fondée sur la proximité, la promiscuité des individus que brassent une entreprise, le quartier d'une ville, une communauté de loisirs, un cercle d'amis, une salle de concert ou un musée), est en fait pré-sexuelle, tout entière figée dans des mécanismes d'apparence et d'amour-propre. Elle est caractérisée par la distance qui sépare encore les êtres et par la non-préméditation des attitudes d'affirmation de soi : plaire pour se plaire d'abord à soi-même, en somme, et afficher une image attractive et personnalisée.

Le visage et le regard

Si la ligne générale de la silhouette et la mobilité harmonieuse du corps permettent une pré-sélection conforme aux goûts de chacun, l'épreuve éliminatoire, si j'ose dire, est la découverte du visage et de l'expressivité du regard.
Le visage joue un rôle de premier plan dans la séduction. Il est non seulement la marque la plus évidente des caractéristiques morphologiques uniques de chacun – exception faite des vrais jumeaux – mais

il est aussi le lieu de production de la parole et occupe une part très importante de la communication non verbale, fondamentale dès qu'il s'agit de séduction.
Les qualités esthétiques d'un visage sont jugées de façon tout à fait arbitraire. Cependant, en matière de « sex-appeal » les traits du visage doivent subir un remodelage destiné à accentuer la signification sexuelle. Actuellement, dans notre culture, le maquillage est l'apanage des femmes, mais il n'en a pas toujours été ainsi. Aujourd'hui comme hier en tout cas, les femmes tiennent presque unanimement à appuyer la convexité de leurs soucils, à rehausser le dessin et la couleur de l'ouverture de la bouche, à marquer ou nuancer les différents volumes qui composent la face, à estomper les imperfections de la peau.

L'instant fatidique du premier face à face

En réalité, personne n'a vraiment « sa tête à soi » : la mode impose des règles qui uniformisent à l'extrême ce que la nature a singularisé, sanctionnant sans appel la moindre pustule sur le menton ou un gros nez au milieu de la figure. La chevelure il est vrai, joue un rôle capital dans l'illustration de la personnalité et l'adhésion à un groupe social donné – que l'on se souvienne des longs cheveux défaits des durs-à-cuire des années 60. La tradition fait remonter très loin le sens mythique de la tignasse – Samson en sait quelque chose. Et puis, ce que l'on voit d'une personne, à distance, ce sont ses cheveux ou son couvre-chef. Si les hommes guettés par la calvitie prennent peu à cœur l'ordonnancement de leur chevelure – le minimum – les femmes sont très soucieuses, une fois quittés les bancs de l'école, de personnaliser l'architecture des mises en plis ou la souplesse des « brushings ». La séduction y trouve son compte : quoi de plus évocateur qu'une jolie boucle sous l'étoffe d'un foulard ou sous le feutre, quoi de plus accrocheur que le ruban, les peignes et les pinces, sans parler des gestes qui coiffent ou dénouent, qui décoiffent et répandent le cheveu sur l'épaule... Mais jusqu'à présent tout est encore réversible, aucune trace, aucun lien ; la distance des personnages les protège, ils ne font que passer, se croisent. Le flou confortable du désir cesse dès que les mécanismes de « rencontre » se mettent en place.
L'instant fatidique du premier face à face est aussi exaltant qu'épouvantable, puisque la séduction peut être mise en échec. A ce stade, les messages d'acceptation ou de rejet utilisent deux voies principales : la mimique, et le regard. Les 54 muscles peauciers de la face peuvent théoriquement produire plus de 2900 mimiques différentes. Seuls 2 à 3 % de ces transformations superficielles du visage constituent le répertoire conventionnel du langage facial.
En fait, le sourire est le principal signal, le principal support de la séduction. A tel point qu'il suffit de ne pas sourire pour manifester clairement sa réprobation ou son refus. Langage universel, il déroule le tapis rouge aux pieds de l'étranger que l'on accueille, il est surtout le porte-voix du regard.
Le regard a une morphologie extraordinairement complexe puisqu'il mobilise non seulement le globe oculaire et son iris coloré, mais aussi les paupières et leurs commissures, les cils, les sourcils et accessoirement le volume de l'œil, l'orientation et l'ouverture de la fente des paupières. Si capter le regard de l'autre est si

fascinant, c'est que ses messages ne sont pas équivoques : à la fois fragiles et pénétrants, les yeux offrent immédiatement accès à l'intimité. Les yeux dans les yeux inaugurent la longue marche du corps vers le plaisir. La vue de l'autre qui nous voit – et qui veut en savoir plus sur le désir qui est en train de s'exprimer –, est traversée d'illusions et de défis. La séduction y est plus que jamais vulnérable.
Si quelques mètres à peine séparent maintenant les êtres, la lecture des messages s'affine, captant et analysant avec un soin infini l'éclat de l'œil, sa mobilité, l'accélération des clignements de paupières – de 14 à 17 par minute en dehors de tout stress – mais aussi l'ébauche du sourire, l'inclinaison de la tête, tous les gestes, enfin, dont l'intention séductrice ne fait plus de doute.

Les étoffes et les bijoux

L'intention, la préméditation, est le propre de la séduction, c'est sa raison d'être. A cet égard, la séduction n'est pas seulement une stratégie des apparences, mais une stratégie de l'effraction, de la pénétration dans l'espace privé d'autrui. Les distances qui séparent les individus ne sont pas liées au hasard. On peut dénombrer quatre zones successives : au-delà de 3,50 m à 4 m, distance « publique » les sujets peuvent se sentir complètement étrangers les uns aux autres ; en-deçà de cette zone et jusqu'à 1,20 m à 1,50 m, c'est la distance « sociale », celle de la reconnaissance d'autrui, de son observation ; entre 30 à 50 cm et 1,20 m à 1,50 m c'est l'espace où s'inaugure le dialogue ; l'espace « personnel » enfin, enveloppe la peau d'un coussin d'air de 30 à 50 cm d'épaisseur et appartient si intimement à la personne qu'il n'est accessible qu'au geste médical et aux relations sexuelles. La séduction est le mécanisme par lequel on tente de franchir ces distances successives, et réciproquement, celui par lequel on autorise quelqu'un à le faire.
Lorsque l'on se rapproche ainsi l'un de l'autre pour n'être plus qu'à portée de la main, divers outils de séduction prennent le relais des effets étudiés précédemment. En réalité, le perfectionnement de la séduction consiste à disposer plusieurs garde-fous tout au long du parcours, car l'approche d'autrui peut être interrompue à 3 mètres : comme le rappelle sans fioritures le langage populaire « il vaut mieux la voir de loin que de près ».
Le premier de ces déboires, provient du vêtement, que l'observation rapprochée permet de détailler et de critiquer. La sévérité avec laquelle on juge l'accoutrement du voisin s'explique par la formation du « goût » acquis bien malgré soi à force de publicité et de magazines. Tout en s'habillant donc au goût du jour il est possible de personnaliser sa tenue : en matière d'élégance, ce n'est pas le principal qui compte mais l'accessoire. Dans l'espace de dialogue ou « conversationnel », la séduction dépend du parti qu'on saura tirer des étoffes, des teintes, de la coupe du vêtement, de ses garnitures, mais aussi des accessoires et des bijoux. La variété du costume et de tous ces objets est infinie.
Cette panoplie plus ou moins insolite et coordonnée aboutit en fin de compte à la signature d'une « griffe » vestimentaire personnalisée : avoir son style propre, son genre à soi, sa manière de mettre en scène sa féminité ou d'être un homme en face des autres.

Les dentelles et la lingerie

Une plus grande exhibition de la sexualité se traduit par d'infimes modifications ou ajouts portés au vêtement et à ses accessoires. C'est ici que s'ouvre le chapitre des dentelles et de la lingerie, des décolletés et des dégrafages, des voiles et des fausses dissimulations, des gants et des ceintures. On peut évoquer aussi l'utilisation d'objets moins directement liés à l'habillement mais auxquels les convenances confèrent une signification indiscutable. S'il n'était passé de mode, l'éventail en serait le plus pur exemple : objet de parure, outil incontesté de séduction, peut-être trouve-t-il aujourd'hui son équivalent – très imparfait – dans les ustensiles et les gestes des fumeurs ? Et comment ne pas signaler ici le rôle des objets du remaquillage, qui convertissent des gestes dits anodins en une débauche de sensualité...

Cette séduction présexuelle, qui se déploie uniquement dans une dimension visuelle, se voit renforcée par le port du bijou. Pour ma part la découverte la plus sensationnelle qu'il m'a été donné de faire dans les musées de Gênes ou Lima, New York ou Le Caire, c'est probablement la continuité au cours des millénaires et dans toutes les civilisations du façonnage des bijoux, notamment féminins. Les bagues, les colliers, les boucles d'oreilles, les broches et les armes, constituent depuis toujours l'ultime touche de la parure ; ils en confirment la richesse, désignent pour certains le grade et la fonction, et bien que moins précieux pour d'autres, restent, au-delà de leur fragilité, le point final d'un récit. Et nous verrons qu'ils deviennent parfois des fétiches érotiques. (cf. chapitre 13).

Les parfums et la voix

La séduction se métamorphose lorsque, pénétrant l'espace conversationnel, on perçoit les odeurs et les sons.

L'utilisation des parfums artificiels est une tentative d'agrandissement de l'espace intime. L'émanation flatteuse recouvre non seulement les odeurs corporelles parasites – évincées du tête-à-tête tant que la sexualité ne s'est pas substituée à la séduction – mais permet encore d'assurer à distance la capture de l'autre. Ici encore, le conformisme définit une hiérarchie des eaux de toilette, désignant parfois comme une perfection l'absence totale de parfum. Mais la nature a des exigences que le savoir-vivre redoute, et il est vrai que pour ne pas sentir mauvais le recours à l'imagination et à la propreté est nécessaire. Pourtant, un nombre fort réduit de ces parfums parvient aux narines lorsque la distance entre sujets dépasse un mètre : sauf exception, la parfumerie ne fait alors pas trop violence à la séduction.

Extrême frontière de la solitude, dernier moment d'hésitation, la prise de parole conclut les manœuvres de séduction : c'est fini, le relais est pris par le langage parlé, les masques tombent, on entre de plain-pied dans de nouvelles tribulations à l'envoûtement plus dangereux, à l'échéance desquelles il y a désormais l'espoir de cohabiter dans l'espace intime de l'autre...

Le risque est extrême à l'instant précis des premiers mots car la séduction peut alors tourner court. Il y a, en arrière-plan des paroles, des perceptions complémentaires qui en font l'ornement mais sont aussi à l'origine de la déception éventuelle.

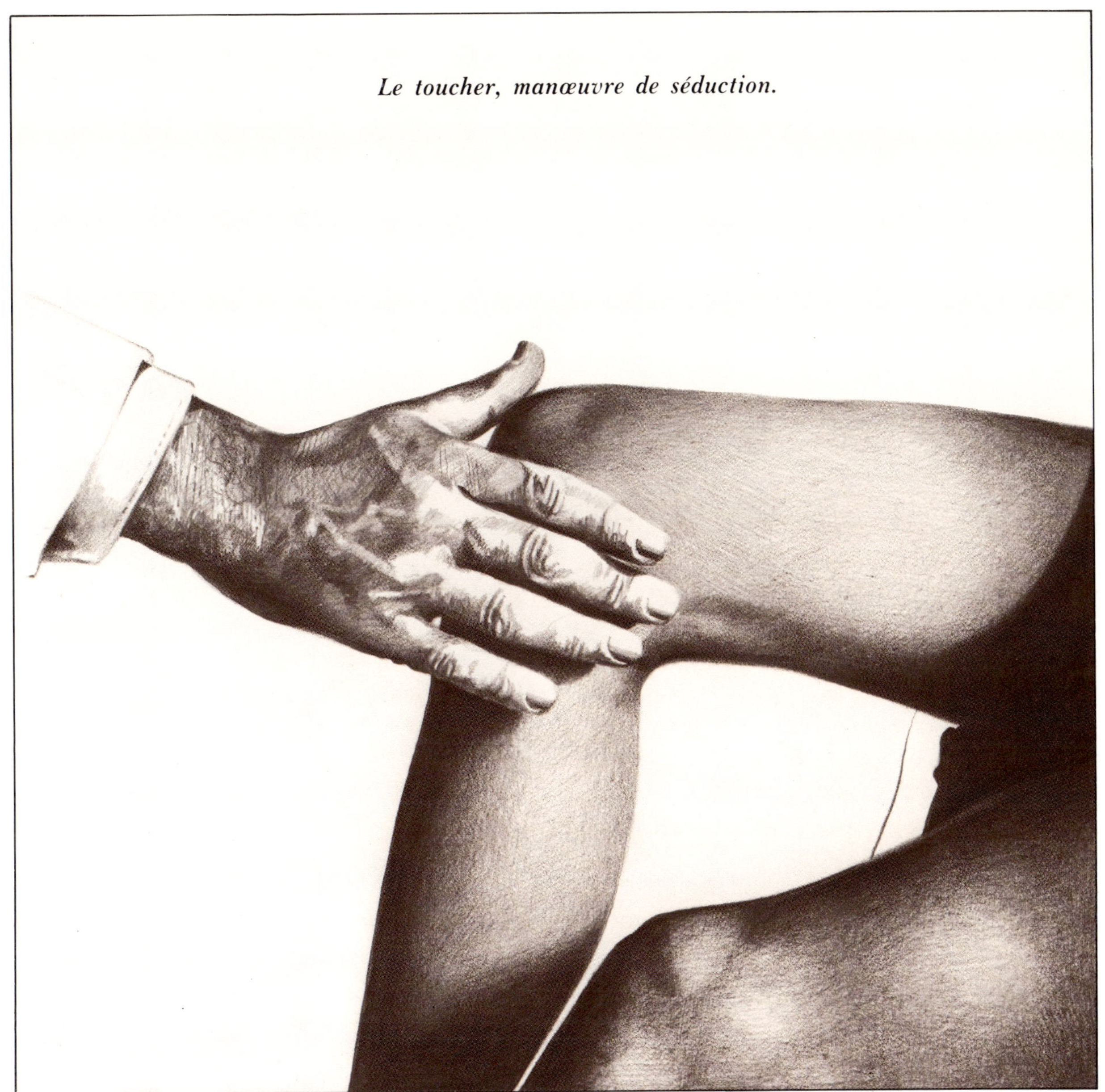

Le toucher, manœuvre de séduction.

Un écho qui exacerbe le désir

A ce stade, la voix trace, avant tout, le dessin des lèvres, et l'œil s'attarde longuement sur les mouvements de la bouche dont il découvre les formes et l'ouverture. A la fois insaisissable et provocant, le son de la voix transporte une vibration dont l'écho exacerbe le désir, si tant est que ce qui est dit mêle le « baratin » et le défi : manœuvre délicate que ce frôlement initial des souffles. L'important n'est pas seulement le choix du texte, mais plutôt l'intonation et le timbre capables de faire basculer l'autre dans l'impatience.

Depuis le début, la séduction joue à qui perd gagne ; depuis le premier regard capté et sondé plus de quatre secondes durant, depuis le coup d'œil fulgurant sur le soulèvement d'une étoffe, le mouvement d'épaule, la séduction ne révèle rien d'autre que la transparence du désir, inlassablement renouvelé.

Docteur Jacques Waynberg

4

Les 4 âges de la sexualité

L'ENFANCE

L'ADOLESCENCE

L'AGE ADULTE

L'AGE MUR

SEXUALITE DE L'ENFANT

L'éveil de l'enfant aux sensations de son propre corps précède celui de son rapport au monde extérieur ; de là la nécessité pour les parents de comprendre et d'admettre que l'être humain est sexué, avant même sa naissance. Et cette prise de conscience déterminera un comportement non répressif favorable au plein épanouissement de l'adolescent, puis de l'adulte.

Nous étudierons ici certaines périodes charnières de l'évolution du développement sexuel de l'enfant. De la naissance jusqu'à la puberté, ce petit être en devenir, nous l'observerons en entier dans son univers familial.

Polisson, canaillou ou amour et trésor ; chameau coquin ou pur et innocent : le petit de l'homme est tout cela à la fois. Descendu tout droit du sexe de sa mère, il vient au monde totalement dépendant de l'adulte pour survivre. L'homme est le seul de son espèce à mettre autant d'années pour atteindre une taille d'adulte et un complet développement psychique : c'est l'état qualifié de « mature ».

Dès avant sa naissance, il est marqué par une identité sexuelle. « Arthur » si c'est un garçon, « Marie » si c'est une fille ou « Dominique » dans les deux cas. Avant de voir le jour, Arthur, Marie, Dominique se trouvent placés dans une constellation familiale qui fixe un certain nombre de leurs relations et qui, au moment de leur naissance va organiser leur mode d'existence dans une dimension bien déterminée et déjà existante.

Le sexe de l'enfant déçoit parfois dès sa naissance. Il entre dans la vie avec ses contradictions : une petite fille portera le prénom du garçon que l'on espérait ; un petit garçon benjamin d'une fratrie de cinq garçons, représentera pour ses parents l'échec de la dernière grossesse qui se voulait réparatrice.

Aujourd'hui les échographies (sortes de radiographies du fœtus dans le ventre de la mère) sont pratiquées de plus en plus fréquemment et permettent de connaître en fin de grossesse le sexe de l'enfant. Quelques échographistes ne peuvent résister au plaisir de dévoiler le secret du sexe, d'autres plus prudents, demandent l'autorisation de la mère avant de l'annon-

cer. Dans la majorité des cas, les mères ne veulent pas « savoir ». Le sexe de l'enfant avant l'heure, c'est pour elles, une coupure dans le scénario qu'elles ont imaginé.
L'enfant et sa vie sexuelle ne sont pas superposables à l'adulte et sa vie sexuelle. Celle de l'enfant est en pleine évolution, elle est maléable, elle se fixe, elle progresse, elle peut revenir en arrière, elle est liée au reste du développement de la personnalité. On ne peut étudier isolément la sexualité chez l'enfant de la même façon qu'elle est étudiée et décrite chez l'adulte. La maturité sexuelle de l'adulte et sa vie sexuelle ne sont pas le reflet de son équilibre psychique. Ses performances, son bonheur sexuel dépendent en grande partie de l'histoire de sa petite enfance.
Parler du sexe de l'enfant, sans parler du développement de sa relation avec ses parents, sa famille, les « autres », sans tenir compte du processus de maturation psychomoteur, de son accession au langage, à la culture et de sa place dans la famille, serait ramener sa vie sexuelle à une fonction d'organe. Cependant, la proposition inverse est aussi vraie, à savoir qu'il n'est pas possible d'étudier le développement de la personnalité de l'enfant sans parler de sa vie sexuelle. Elle s'organise de manière très complexe. Elle enrichit et complique son existence. De nombreux troubles tels les peurs et les phobies, les troubles caractériels et bien d'autres symptômes ont un fondement sexuel.
Tout ceci se vérifie tous les jours au cours des consultations en psychiatrie pour enfants. Ils sont présentés par l'un de leurs proches parents qui se plaint en leur nom d'une anomalie de comportement, d'une anomalie de leur relation avec l'un ou plusieurs des membres de leur entourage. Il est très rare que le motif de la consultation soit d'ordre sexuel. Aux yeux des adultes, les enfants n'ont pas de vie sexuelle, ou à l'opposé, ils sont « vicieux », « ils se masturbent trop souvent », jouent à des jeux « sales ». Dans le discours des adultes la sexualité de l'enfant est souvent parlée en terme de tout, ou rien : l'enfant est un être pur, ou un être vicieux.
Nous avons tous été enfants, et avons oublié la plupart de nos conflits et difficultés. Ce que nous connaissons de la sexualité de l'enfant nous vient de l'analyse des adultes. Ce que raconte un adulte sur sa sexualité d'enfant n'aurait pas pu pour autant être observé par ses parents. Freud, le premier, à partir de son expérience d'analyse d'adultes, a parlé de la sexualité de l'enfant. Celle-ci est plus vécue par l'enfant que parlée ; elle est surtout parlée par le monde des adultes. Elle est étudiée à travers le regard de l'adulte, et donc à travers ses souvenirs : témoignages aléatoires et relectures subjectives du temps passé.

Parents terribles, enfants terribles

Parents séducteurs, parents copains, parents tyranniques, parents plus ou moins heureux en amour, ne peuvent qu'influencer le devenir de leurs enfants. De même qu'eux aussi ont été influencés par leur propres parents. Cela se joue effectivement sur plusieurs générations : nous sommes tous irrémédiablement tributaires de notre héritage ancestral. Il importe donc avant de s'inquiéter, de tenir compte du contexte familial. Les uns se plaindront d'un excès de curiosité sexuelle chez leur rejeton alors que les autres se plaindront d'une absence de curiosité.
L'éducation proposée par les parents est influencée par leur propre angoisse au

sujet de leur sexualité, par l'opinion qu'ils ont de la féminité, la virilité, et l'homosexualité. Tous ces facteurs jouent un rôle au niveau de l'identité sexuelle de leurs enfants. Il est sûr que l'on assiste aujourd'hui à une plus grande tolérance des parents par rapport aux dires et aux comportements de leurs enfants. Ce libéralisme est tout relatif, et varie en fonction des époques. Les gestes et remarques du jeune Louis XIII consignés dans le journal que tenait le médecin du roi, Héroard, nous surprennent, nous choquent même par leur indécence et leur grossièreté.

Le petit de l'homme, avant de devenir un être mature et autonome capable de créer, de s'entendre avec les autres, et de vivre avec eux en bonne harmonie va, dès sa naissance, d'abord avec sa mère ou son substitut, puis avec le reste de la famille, vivre des expériences de plus en plus riches qui vont lui permettre de prendre progressivement connaissance du monde qui l'entoure. De petit être totalement dépendant, il va prendre conscience de son unité, du fait qu'il ne fait pas partie du corps de sa mère, pour pouvoir dire un jour, « je ». La sexualité de l'enfant va passer par différents stades pour devenir plus tard une sexualité tournée vers l'autre sexe. D'auto-érotique, stade où toutes les parties du corps peuvent donner lieu à des excitations importantes, elle va progressivement se limiter aux organes génitaux. Ce que l'on nomme la libido, occupe une place centrale dans le comportement humain ; elle correspond à l'énergie de la pulsion sexuelle.

Deux grands bouleversements vont survenir dans la vie de l'enfant : le complexe d'Œdipe (voir note (1) p. 83) et la puberté. Avant l'Œdipe, après l'Œdipe, c'est un repère dans le temps, comme celui repris par une certaine génération : « avant 14 », « après 14 ».

L'enfant passe par une série de stades

Garçon ou fille, le tout petit prend plaisir à toucher son sexe...

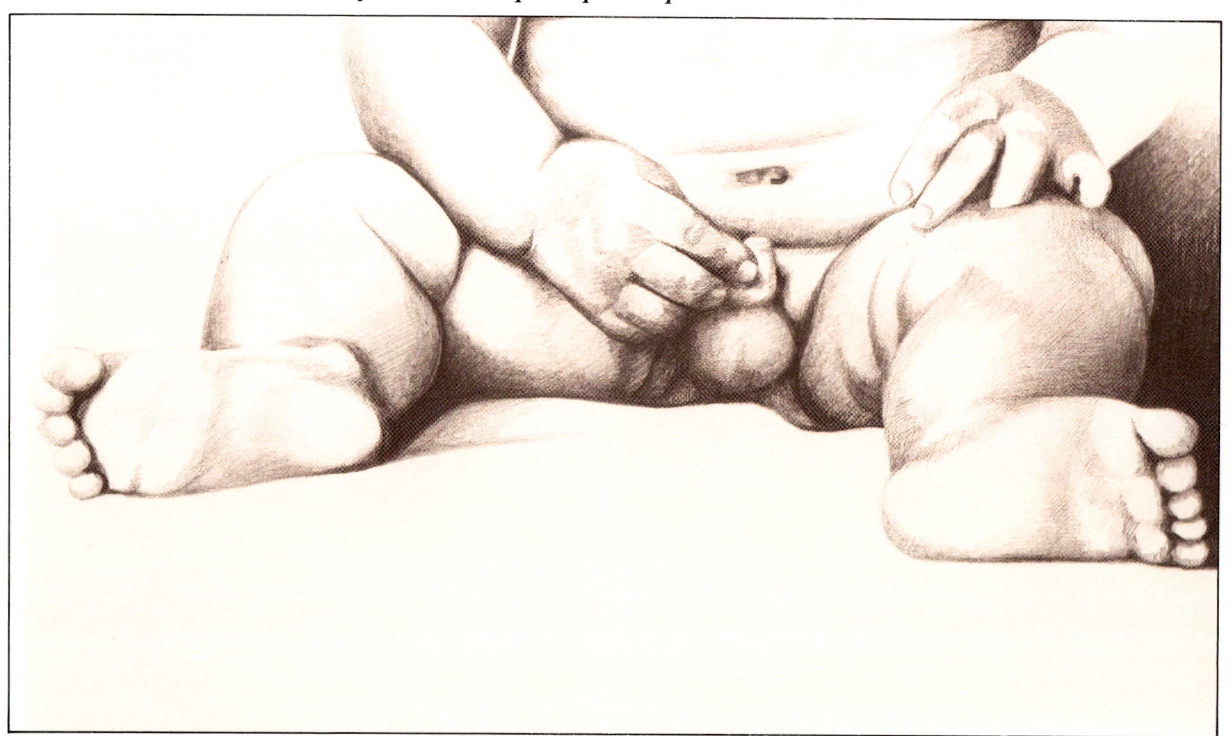

régis par l'instinct, correspondant à une modification de la zone érogène dominante et corrélativement, des relations du sujet avec son entourage.

Le stade oral : la bouche, zone de plaisir essentielle

Le nourrisson, comme son nom l'indique, passe la plupart de son temps à se nourrir et à digérer. Son monde se limite à tout ce qui touche à sa bouche : sein et/ou biberon. Pendant la première année de la vie, elle reste la zone de plaisir essentielle. Le bébé vient au monde avec la capacité de toucher sa bouche et de sucer son poing. Il présente une grande immaturité neurologique, ses gestes sont maladroits, brutaux, il vise mal, mais il sait à peu près porter ses mains à sa bouche. Même s'il a tout ce dont il a besoin (sein, lait, affection, chaleur et tendresse), et surtout s'il a très faim ou s'il ne se sent pas bien, il a absolument besoin d'un contact avec sa bouche. C'est une ressource naturelle pour se satisfaire, ressource toujours disponible, à la portée de la main pourrait-on dire, une assurance contre la frustration. L'activité orale répond à la fois à une nécessité biologique de nutrition et à un besoin de satisfaction de l'ordre du plaisir, dont les mouvements du corps et les expressions du visage témoignent. Le nouveau-né, limité dans ses mouvements par son immaturité, dispose par sa bouche d'un moyen d'investigation du monde qui l'entoure. La bouche reste pendant longtemps le seul moyen d'appropriation des objets et contribue à une connaissance du corps (jeu des doigts dans la bouche, pied dans la bouche).

Il importe aux parents de reconnaître, chez leur enfant, l'énorme besoin qu'il a de sucer. Certains proposent des tétines.

...un acte naturel.

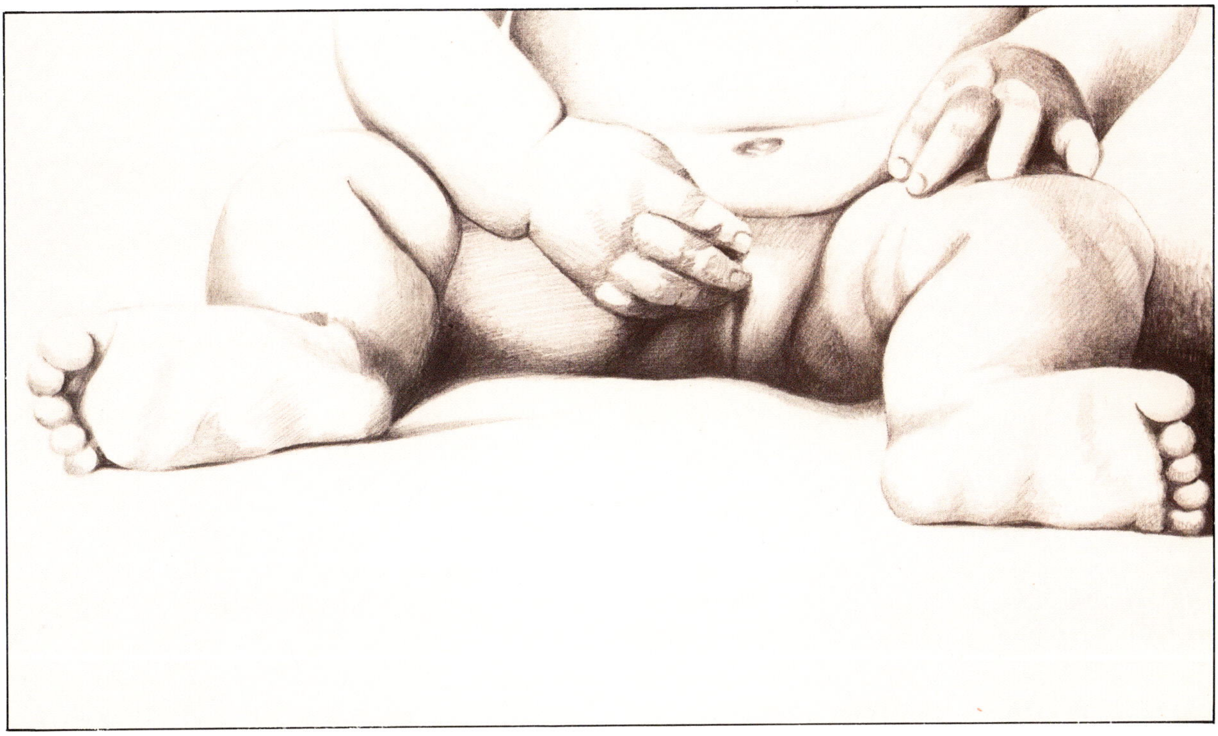

Leur usage varie en fonction des modes, et même si le petit apparaît comme « bouché » par ce petit objet en caoutchouc, il sait bien le cracher quand il n'en veut plus. Des mères anxieuses vont gaver leur nourrisson, pensant qu'il a toujours faim, alors que tout simplement, il a besoin de téter. L'alibi-propreté permet d'interdire ce petit plaisir, auquel les adultes ne peuvent plus se laisser aller aussi ouvertement. On dira à un enfant qui suce un objet qu'il a ramassé chez lui : « Touche pas, ne mets pas à ta bouche, c'est sale, c'est caca », mais on n'osera pas dire à un proche qui fume cigarette sur cigarette : « ne fume pas, c'est sale pour tes poumons » ce qui serait, au moins, aussi justifié !

Ce plaisir oral prédominant dans la première année de la vie, même s'il laisse la place à d'autres formes de plaisir, persistera néanmoins toute la vie à des degrés divers. La bouche, son baiser qui mange un peu de l'autre, restera le lieu de l'alimentation. Et l'enfant qui commence à se socialiser utilisera la nourriture comme moyen d'échange avec sa mère. Sous la forme de refus ou d'acceptation des aliments, par une attitude de passivité ou de révolte, il dispose de moyens efficaces pour faire face à l'adulte. Un excès de rigidité, un excès de complaisance ou une hyper-anxiété de la part de la mère envers son enfant en pleine période de croissance, conditionnent les habitudes alimentaires de celui-ci. Un enfant qui dévore, pour lequel les repas se passent sans complication, revalorise sa mère capable d'avoir un enfant qui « pousse bien ». En revanche, un petit mangeur, qui traîne, ou qui refuse la nourriture, désespère une mère anxieuse, et celle-ci va souvent employer toutes les ruses pour le faire manger, craignant toujours qu'il soit sous-alimenté. Bien sûr l'enfant n'est pas dupe, et en retour, il se comportera de façon à se faire supplier. Les repas peuvent devenir un véritable supplice pour la mère et pour l'enfant. C'est la mère, ou son substitut, par sa permanence, le sein ou le biberon qu'elle donne à son enfant, qui lui permet de découvrir le monde.

Complémentairement, l'acte de nutrition ne se résume pas à une activité nutritive. Au moment de la tétée, le nourrisson trouve le confort, la tendresse, les odeurs, les caresses ; il est alors totalement satisfait : non seulement repu, mais comblé de tout ce dont il a besoin. L'acte de nutrition, pour la mère, est un acte de donation de son lait mais aussi de toute sa personne sans cesse adaptée à l'enfant. Cependant, comme on le dit souvent, les bonnes choses ont une fin, il est dans leur nature de se terminer. On ne peut retirer une chose à quelqu'un s'il ne l'a jamais eue. L'expérience du sevrage correspond pour l'enfant à une première grande rupture, à la perte pour lui de la première personne aimée que représente sa mère.

Le stade anal : la satisfaction liée à la défécation

Avec sa mère, son premier grand amour, qu'il soit fille ou garçon, il va progressivement accéder à la propreté, à la maîtrise de ses sphincters. La région anale va devenir une source de satisfaction de la pulsion libidinale liée à la défécation. Le plaisir va être lié à la rétention des matières mais aussi à leur libération. La notion de don mais aussi de refus s'attache à la défécation. Il suffit d'observer des bébés, même avant 1 an, au moment du change, les fesses à l'air, qui manifestent

un grand plaisir à offrir à la mère un produit de leurs intérieurs. Qui n'a entendu des mères dire à cet instant : « Quel joli petit caca tu me donnes-là » ?
Par la maîtrise progressive de ses sphincters, l'enfant va pouvoir s'opposer à l'adulte : il refusera de faire dans le pot quand sa mère lui proposera, et éprouvera une grande satisfaction à se libérer quelques intants plus tard, à côté du pot ou dans la culotte. L'enfant commence, au sens propre du mot à « emmerder » sa mère, c'est ce que l'on qualifie de stade sadique : il est sadique de deux façons, quand il se retient sur son pot, et quand il évacue à côté du pot.
L'éducation de la propreté ne doit pas commencer trop tôt, l'enfant doit pouvoir au moins se tenir assis et surtout comprendre ce qu'on attend de lui. Aux environs de 1 an, l'enfant peut comprendre ce que lui demande l'adulte. La maîtrise du sphincter vésical est plus tardive que celle du sphincter anal. La propreté diurne est acquise autour de deux ans, deux ans et demi. La propreté nocturne pourra être obtenue après cette acquisition. Il existe bien des différences dans l'accession à la propreté suivant l'enfant et la tolérance du milieu familial. La maîtrise des sphincters peut être acquise très tôt dans des milieux plus rigides et à l'inverse nettement plus tard dans un cadre plus laxiste qui attachera moins d'intérêt à cette acquisition.
Ainsi l'enfant découvre progressivement un plaisir d'ordre érotique lié à son activité orale puis anale.
L'exclusivité de ces plaisirs va régresser ultérieurement pour laisser la place à des plaisirs plus élaborés. Ils sont liés à une tranche de vie ancienne, primaire, et archaïque, où les liens avec la mère sont prévalents, qu'il s'agisse d'un garçon ou d'une fille.
Cependant, en dehors de ces zones fortement érogènes, tout le reste du corps de l'enfant est soumis aux soins de sa mère. Il est le lieu de nombreuses excitations agréables. On constate chez le garçon des érections très précoces. Quant aux orgasmes, leurs apparitions sont variables et dépendent du degré de maturité. Pour étudier la sexualité du tout petit dans ce qu'elle a de spécifique, il importe de comprendre comment toutes les sensations – excitations, plaisir, frustrations, colères et angoisses – vont lui permettre de construire sa personnalité et son identité futures.

La période pré-œdipienne : le duo mère-enfant

La plupart d'entre nous ont oublié cette ancienne histoire (1). Elle est marquée par un lien très fort avec la mère, c'est presque un couple, c'est le duo mère-enfant, où les relations physiques d'échange dominent. Le nouveau-né n'a pas la connaissance de son corps, dans son unité, il ne sait pas à qui sont ses mains, d'où lui viennent ses sensations, si elles proviennent de l'intérieur de lui-même ou de l'extérieur. Le nourrisson éprouve des sensations physiques très différentes, que très progressivement il va intégrer en un tout. Au tout début, le bébé ne se rend pas compte qu'en éprouvant telle impression dans son berceau, tels plaisirs au moment du bain, il est le même individu que lorsque qu'il crie parce qu'il a faim, possédé alors par le besoin de s'en prendre à quelque chose,

(1) Œdipe, Roi de Thèbes, épousa Jocaste sans savoir qu'elle était sa mère. Quand l'un et l'autre apprirent la vérité, Jocaste se pendit et Œdipe, après s'être arraché les yeux, quitta Thèbes, guidé par sa fille Antigone.

de détruire, si la nourriture ne vient pas tout de suite. De même, il ne sait pas que la mère, ressentie favorablement aux moments d'expériences paisibles, est la même que celle qu'il veut attaquer en d'autres circonstances. Comment le nourrisson prend-il connaissance du monde extérieur qui l'entoure ? C'est à partir de l'allaitement, que ce soit le sein ou le biberon, que l'enfant va progressivement discerner le monde extérieur. La mère a les moyens de produire du lait, le nourrisson a des expériences de faim intense. Ces deux phénomènes n'entrent en relation l'un avec l'autre qu'à partir du moment où la mère et l'enfant ont un vécu commun. La mère, du fait de sa maturité, de sa tolérance et de sa compréhension, va produire une situation (donner du lait), qui aboutira au premier lien de l'enfant avec le monde extérieur. Le bébé affamé, excité, vient au sein, au biberon : on dit qu'il « hallucine » le sein, et immédiatement un téton ou une tétine apparaît. Il y a comme une illusion : à chaque fois que le nourrisson souhaite le sein, il est là, comme si c'était lui seul qui avait le pouvoir de le faire apparaître. Mais au cours de ses expériences, ses idées vont s'enrichir de détails réels, du toucher, de la vue, de l'odorat. Ces expériences vont se répéter, s'élargir, parce que la mère permettra ces répétitions. Elle fournira sans cesse à son petit, du fait de sa permanence, une parcelle simplifiée du monde extérieur, que l'enfant va découvrir à travers elle.

Très progressivement, il fera la distinction entre ce qui vient de lui et ce qui appartient au monde extérieur. Il aura des illusions, donc, des désillusions, à condition que sa mère ou quelqu'un de permanent qui la remplace, puisse mettre constamment le monde à sa portée sous une forme limitée qui convienne à ses besoins profonds.

Ces processus complexes de maturation amènent l'enfant à se distinguer en tant que personne. Tant que le tout petit n'a pas la notion de son intégrité, de son identité, de l'unité de lui-même, tant qu'il ne parle pas en son nom propre, tous les états d'excitation demeurent primaires et auto-érotiques. Ces excitations deviennent proprement génitales au fur et à mesure que l'enfant devient mature. Sa sexualité se tournera vers l'autre, après deux périodes de grande tempête affective : le complexe d'Œdipe et la puberté.

Le complexe d'Œdipe : une histoire d'amour à trois

Ce n'est qu'entre 3 et 5 ans environ, au stade dit phallique, au point culminant du complexe d'Œdipe, que l'organisation sexuelle du garçon et de la fille sera marquée par l'unification des pulsions des organes génitaux. L'histoire d'amour qui se jouait jusqu'à présent à deux va maintenant se jouer à trois : père, mère et enfant. La découverte par Freud du complexe d'Œdipe a été préparée par l'analyse de ses patients et surtout par sa propre auto-analyse. Il reconnaît qu'il aime sa mère, et qu'il a à l'égard de son père des sentiments mêlés d'amour et d'hostilité. Le petit garçon progressivement va prendre conscience du fait qu'il n'est pas l'unique objet d'amour de sa mère. Elle se tourne aussi vers un autre personnage à l'égard duquel elle éprouve des sentiments très forts. L'enfant n'est pas tout puissant ni le centre du monde, il existe un rival, qui dérange l'amour paisible qu'il connaissait jusqu'à ce jour. Que faire ? Prendre sa mère pour lui tout seul et détruire l'autre parce qu'il gêne ? Mais ce père haï est aussi en même temps aimé. Difficile que d'éprouver ces deux sentiments à la fois. Ce père, qu'il soit présent physiquement, ou qu'il existe simplement dans la façon dont en parle la mère, interdit à son fils de prendre sa place auprès de sa bien-aimée. Le père est le censeur, et détient cette interdiction de son propre père, qui la détient lui aussi de son propre père. Ainsi, le petit garçon n'a plus énormément de choix. Si ses parents l'aident dans cette étape pour devenir un homme, il s'identifiera à son père, et aura tendance à adopter les aspects de sa personnalité. Inconsciemment, le petit garçon imitera le comportement du père.

Les premières élaborations du complexe d'Œdipe se sont construites sur le modèle du garçon en supposant que la petite fille vivait une situation symétrique. Pour elle, cette période est aussi une période de conflit. Elle est amoureuse de son père parce que sa mère la déçoit profondément. Elle ne lui a pas tout donné, elle lui a retiré le sein, et comme elle, elle n'a pas de pénis. De là naît un sentiment de frustration.

Mais perdre sa mère, son premier amour, être en conflit avec elle, implique la perte de la sécurité et de tout ce qui lui est associé : nourriture, soins, équilibre, permanence. L'évolution vers l'amour du père se prépare dans les déceptions dans ses relations avec la mère.

La petite fille vit le pénis comme quelque chose à acquérir. Le désir de grossesse, voler les bébés du ventre de sa mère, obtenir comme cadeau un enfant du père, combleront en partie ce qui lui manque. Comme il faudra qu'elle renonce au pénis, comme dédommagement, elle aura la capacité de porter dans son ventre et de mettre au monde un bébé.

Chez le garçon et la fille, le désir de mort du rival du même sexe et le désir sexuel pour celui du sexe opposé alternent avec un amour pour le même sexe et une haine pour le sexe opposé. La réalisation des désirs amoureux à l'égard des parents s'avère interdite. Ne pouvant supprimer un rival gênant, l'enfant cherche alors à s'identifier à lui. Il ne perd ainsi pas de vue son premier but : conquérir le parent du sexe opposé, puisqu'il cherche à faire comme celui à qui réussit cette conquête. C'est alors le déclin du complexe d'Œdipe marqué par l'entrée dans la période dite de latence.

Pendant cette période, le refoulement va se montrer particulièrement actif, et le développement sexuel va subir un temps d'arrêt ou une régression, afin de ménager un terrain paisible, sans trop de conflits. L'enfant pourra ainsi se tourner vers le monde de la culture.

Entre 6 et 12 ans, pendant ce moment relativement calme, avant la tempête de la puberté, l'enfant découvrira le langage écrit et le calcul. Le père soutiendra la mère et aidera son enfant en lui signifiant sa satisfaction de le voir devenir grand. Il se tourne alors vers l'extérieur du milieu familial, il apprend, il découvre, il joue. Le choix de ses compagnons de jeu est basé sur un processus d'identification, c'est-à-dire sur une relation d'égalité qui peut inclure ou non l'identité des sexes. On constate souvent, parallèlement, un certain sentiment de dégoût pour ce qui touche au sexe, une grande pudeur et un sens aigu des valeurs morales.

Rares sont ceux qui échappent aux conflits posés par le complexe d'Œdipe. Et c'est une preuve de maturité que d'accéder à ce stade. Mais nous sommes tous frappés d'une énorme amnésie pour tout ce qui touche à ce double désir amoureux et criminel à l'égard de chacun des parents. A quoi peut donc servir ce moment de conflit avec les parents ? Il permet de structurer la personnalité de l'enfant qui se trouve aux prises avec deux personnages de sexe différent. Il existe dès lors une interaction complexe entre ces trois personnages.

Cette relation triangulaire fait jouer un rôle, non seulement à l'enfant, mais aussi aux deux parents. C'est dire l'importance de leur rôle dans l'avenir sexuel de leurs héritiers. La vie sexuelle, et surtout la propre histoire des parents influenceront la vie affective et la relation avec le monde de leurs enfants. Comme les poupées gigognes, emboîtées les unes dans les autres, nous sommes le produit de plusieurs générations.

Il n'y a pas de raison de donner des recettes aux parents, en ce qui concerne l'éducation sexuelle des enfants. Il n'existe pas d'éducation sexuelle à proprement parler. La sexualité de l'enfant ne s'apprend pas. Elle donne lieu de part et d'autre à des étonnements, à des questions, à des interdits, à des angoisses. Les parents vivent leur sexualité comme ils le peuvent. Disponibles, ils tenteront de répondre en toute simplicité aux questions de leurs enfants sur le sexe comme sur tous les autres sujets qui les intéressent. Sous prétexte de libéralisme, des parents pudiques ne doivent pas s'imposer de se promener tout nus devant leurs chérubins, ou mieux, de faire l'amour sous leurs yeux. Ils doivent attendre que l'enfant soit suffisamment mûr pour qu'il puisse poser lui-même les questions. Aller au-devant des questions, c'est se mettre à la place des enfants, et assez souvent, tomber à côté de la vraie question. Dans certains cas difficiles, il est possible d'avoir recours à un tiers, un ami de la famille, ou un proche parent, pour donner des réponses qui peuvent paraître embarrassantes au père ou à la mère.

La masturbation : pas d'interdictions

Très fréquente chez l'enfant, elle peut apparaître à un âge précoce. Elle est pratiquée sous des formes variées, frottements, attouchements des organes génitaux, contractions de certains muscles du petit bassin qui conduisent ou non à des orgasmes.

Nous avons vu précédemment que toutes les parties du corps peuvent être sources de sensations de plaisir chez le tout petit. Les parents doivent pouvoir supporter que l'enfant touche son sexe, suce son pouce, malaxe, suce, tète, flaire un petit chiffon ou tout autre objet chéri.

Quant à la recherche d'un orgasme systématique sous le primat des organes génitaux, elle est plus tardive et demande un certain degré de maturité.

Lorsque tout va bien, la masturbation est à peine remarquée par l'adulte, qui s'en aperçoit par des changements de respiration, des sueurs. Source de plaisir solitaire, elle n'est pas en principe destinée à un partenaire. Pratiquée dans le territoire de l'enfant et dans le secret, il n'y a pas de raison qu'elle donne lieu à des interdictions. L'adulte qui entre dans la chambre d'un enfant sans manifester son arrivée peut s'interroger sur sa propre sexualité. Mais une masturbation incessante, exhibitionniste, fatigante, est la preuve d'une angoisse et pose aux parents la question d'un trouble d'ordre affectif. Elle se présente comme un symptôme qu'il ne faut à aucun prix faire disparaître par des interdictions. Elle est un signal pour les parents, qui pourront alors aider leur enfant à découvrir les difficultés sous-jacentes.

Parents : ni copains, ni tyrans

Le jeu est un excellent moyen dont dispose l'enfant pour vivre sa sexualité. Il fait partie de l'univers infantile ; un enfant qui ne peut pas jouer est un enfant en difficulté, qui ne sait pas maîtriser ses conflits. A la maison avec ses parents, le petit aura besoin de faire entrer l'événement extérieur dans une histoire reconnue par tous : ainsi, le père peut jouer à être le mari de sa fille. Les idées sexuelles, le symbolisme sexuel envahissent le jeu.
Le jeu du papa et de la maman est plein de ressources. Le petit garçon et la petite fille peuvent s'identifier à l'un des parents. Être le papa, être la maman, mais encore bien plus, c'est-à-dire, être celui ou celle qu'ils ont imaginé comme père et mère. Le jeu du docteur permet souvent une exploration en détail et autorisée du corps de l'autre.
Dans le jeu tout est permis, et les parents ne peuvent que se réjouir de cette capacité de l'enfant. Répétons-le, s'il est inhibé sexuellement, il ne peut pas être un compagnon de jeu très intéressant. Il arrive que des enfants passent à l'acte dans leur jeu en ayant des relations sexuelles comme les adultes. Ces incidents en soi ne sont pas graves, mais ils sont souvent accompagnés d'un fort sentiment de culpabilité. Découverts par les adultes, de tels jeux risquent d'être sévèrement punis. Mais les parents en confiance avec leurs enfants devraient plutôt les aider à ne pas se sentir coupables. Il faut parler, et parler beaucoup, simplement, avec les enfants, de ces choses du sexe qu'ils portent nécessairement en eux.
Ni copains, ni tyrans, les parents doivent pouvoir demeurer pères et mères de leurs enfants, les aider à devenir grands, c'est-à-dire autonomes, capables de créer et de vivre en harmonie avec le monde extérieur.
Si l'enfant représente l'unique raison de vivre de ses parents, s'il est « tout » pour eux qui se sacrifient pour lui, s'il n'a d'existence que dépendant de leurs mouvements affectifs, s'il est condamné à ne vivre que pour satisfaire leurs rêves, s'il doit à tout prix réussir là où ils ont échoué, les uns et les autres iront de déceptions en déceptions.

L'équilibre : affectivité et sexualité

Une vie sexuelle heureuse, quelles qu'en soient les modalités, ne va pas sans un certain équilibre de la vie affective et de la relation avec les autres.
Les parents conduiront leur propre existence tout en restant disponibles pour écouter et entendre leurs enfants. Essayer de reconnaître la personnalité de ceux-ci, accepter qu'ils puissent penser et vivre différemment de leur père et mère, accepter qu'ils puissent parler en leur nom propre, est une petite assurance de bonheur pour l'avenir des petits des hommes. Plus qu'un élève qui aura bien appris sa leçon sexuelle, l'enfant demeurera le témoin de la vie sexuelle et amoureuse de ses parents.
Mais il faudra, un jour, qu'ils payent la rançon de leur succès : l'enfant devenu grand, grâce à eux, doit pouvoir progressivement s'en détacher.

Docteur Élisabeth Bey-Janaud

SEXUALITE DE L'ADOLESCENT

Le corps se transforme, le besoin d'un être complémentaire se fait jour, les conduites de séduction se modèlent : c'est le début du processus physique et psychique qui entraîne l'adolescent à prendre conscience de sa sexualité. Là encore, les parents doivent comprendre que cette mutation est naturelle. De leur comportement, de leur compréhension, dépendront l'avenir de leurs enfants et de leur propre couple.

C'est le temps du « grand chambardement ». On appelle cette période l'âge ingrat, l'âge difficile. Et sans doute avec quelque raison : c'est l'époque où tout devient différent, un moment de la vie de l'être humain où tout bascule. L'enfance, en effet, s'éloigne à grands pas et laisse la place à toute une série d'interrogations. Incertitude physique d'abord, chez ces jeunes adultes plus tout à fait fillette ou garçonnet, mais pas encore jeune femme ou jeune homme. Ils se regardent, s'inspectent avec intensité, et assistent avec une joie trouble mêlée d'angoisse à la transformation progressive mais inéluctable, têtue, de leur corps. Lui, a ses premières érections, la barbe naissante et la voix qui change. Elle, les seins qui pointent, le premier sang... C'est le grand chambardement ! Ils s'interrogent : sont-ils beaux ou disgracieux, ridicules ou harmonieux ? Leur humeur est changeante. Au début de la journée ils sont gais comme des pinsons, débordent d'optimiste et de joie. En fin de soirée, ils seront peut-être submergés d'une angoisse insurmontable déclenchée par des riens : un bouton, un poil superflu ! Ces jeunes adultes souffrent de ne pas être conformes « physiquement et moralement » : leur enfance est terminée, mais ils ne ressemblent pas pour autant aux adultes. Cette formidable préoccupation de leur corps les assaille, devient prioritaire. Or, comment ne pas être troublé, ému et « déstabilisé » devant la fantastique métamorphose qu'ils subissent l'un et l'autre d'une façon quelque peu « cosmique ». Comme la chrysalide qui donne le papillon ou l'embryon qui s'achève bébé. Débauche de soins de beauté, recherche maladroite d'un style vestimentaire, c'est l'âge des « idoles » : qui vont être, pour un temps, un point de repère qui rassure, un modèle à imiter et

auquel se conformer – en attendant mieux. Toutes ces manifestations d'instabilité caractérielle et de prétendus caprices, sont en fait le signe d'un très grand émoi intérieur. Lorsqu'on écoute d'une oreille attentive les questions que posent ces adolescents on est abasourdi : « Ma vulve est-elle normale ? Les petites lèvres ne sont-elles pas trop décolorées ? » Ou bien : « J'ai un testicule qui descend plus bas que l'autre, je fais des cauchemars toutes les nuits, car je suis certain d'être impuissant et stérile. » Ou encore : « Mon sein droit est plus développé que le gauche, vais-je avoir le cancer, pourrai-je allaiter un jour ? » « Je n'ai pas de poils sous les bras, est-ce le signe d'un dérèglement hormonal ? » « J'ai de trop gros mollets, de trop grosses joues, je suis trop petite, trop grande... » etc. Paradoxalement, ce ne sont pas tant les choses du sexe (« Dites nous comment le papa met la graine dans la maman ? ») qui les émeuvent que l'inquiétude qui est la leur de « n'être pas comme les autres ». Ainsi, lorsque nous les recevons lors des entretiens, des consultations gynécologiques, lors d'accueils organisés en général le mercredi après-midi dans les centres de planification, nous répondons très souvent à des préoccupations anatomiques précises. S'ils se regardent dans une glace ils sont en général absolument ahuris de constater la pousse de leurs poils, le développement d'une vulve, la croissance d'une verge. Ils retirent de ces observations minutieuses et prolongées (la salle de bain vous sera interdite pendant de longues demi-heures, hermétiquement fermée à clé) des fantasmes souvent horrifiés : « Je suis mal fait, mal faite, je suis anormale, j'ai honte, j'ai peur... » La forme des seins, leur poids, leur dimension, leurs mamelons, sont à l'origine d'un nombre incalculable d'angoisses et d'émotions chez les jeunes filles : ne parlent-elles pas de chirurgie esthétique à 15 ans ? elles se plaignent aussi beaucoup de pertes blanches, un de leur problème capital : elles sont vécues comme souillantes, honteuses et culpabilisantes. Elles n'osent bien sûr en parler à personne car c'est trop sale (!). Ces garçons et ces filles sont d'une nervosité fréquente incontrôlable : ils souffrent d'insomnies, pensent à la mort. C'est l'âge des rougeurs incontrôlables qui leur démontrent, s'il en était besoin, à quel point ils n'ont pas la maîtrise de ce « maudit corps » qui s'obstine à les désorienter. À vrai dire tout leur est problème : furoncle, tâches sur les seins, petits boutons sur le menton, cystite banale, mauvaise haleine, acné...

La masturbation est un grand sujet de préoccupation : il ou elle vient de la découvrir et craint qu'elle ne soit nocive, ou qu'elle ne provoque la survenue d'un fléau quelconque (impuissance, frigidité, stérilité, bêtise et idiotie...).

Quant au sexe opposé, bien sûr, on y pense : qu'est-ce qu'un gland, les testicules, le sperme ? Que veut dire « bander » ? Qu'est-ce que le clitoris ? Les femmes ont-elles du sperme ? Peuvent-elles être enceintes si on les embrasse ? Comment avoir des rapports sexuels ?

Les modifications physiques

Des différences apparaissent maintenant entre le garçon et la fille. Jusqu'à la puberté ils étaient en effet relativement semblables. Maintenant la jeune fille voit son bassin s'élargir et le haut de son corps devenir plus fluet. Au contraire, le garçon s'étoffe des épaules mais garde une taille mince. La répartition des graisses est différente : sur les hanches, les cuisses, les fesses et le bassin chez la femme, sur le haut du dos, le ventre chez l'homme. Chez lui la voix mue, les poils poussent, les muscles s'étoffent, le pénis et les bourses se développent. Chez elle les muscles restent discrets, les seins pointent, la pilosité se cantonne à la région axillaire (les aisselles) et pubienne, les grandes lèvres se développent, les petites lèvres se pigmentent. Le clitoris devient adulte et le vagin parachève sa maturité.

Les premières règles

Ce sont surtout les premières règles qui achèvent de convaincre l'adolescente, mais aussi ses parents, que la petite fille est devenue « femme ». C'est souvent encore, malheureusement, un choc pour cette jeune fille. Surtout si elle n'en a pas été avertie, et si le discours familial a toujours considéré les choses du sexe comme sales, honteuses et dégoûtantes; Ce premier sang chargé de symboles obscurs risque de provoquer quelque terreur, en même temps qu'il sera vécu comme une véritable pollution. L'attitude de la mère en cet endroit est fondamentale : si elle-même a toujours vécu ses règles comme un « moment difficile », « ses petits ennuis », une infirmité mensuelle, la jeune fille en viendra à considérer ses règles comme une véritable catastrophe naturelle ! Je m'adresse aux parents, aux mères surtout : ne censurez pas les choses du sexe. L'information, de chaotique au siècle dernier, doit devenir pleine et sereine. Et surtout, ne pensez pas que vos adolescents savent tout : le mince vernis de connaissances qu'ils glanent ça

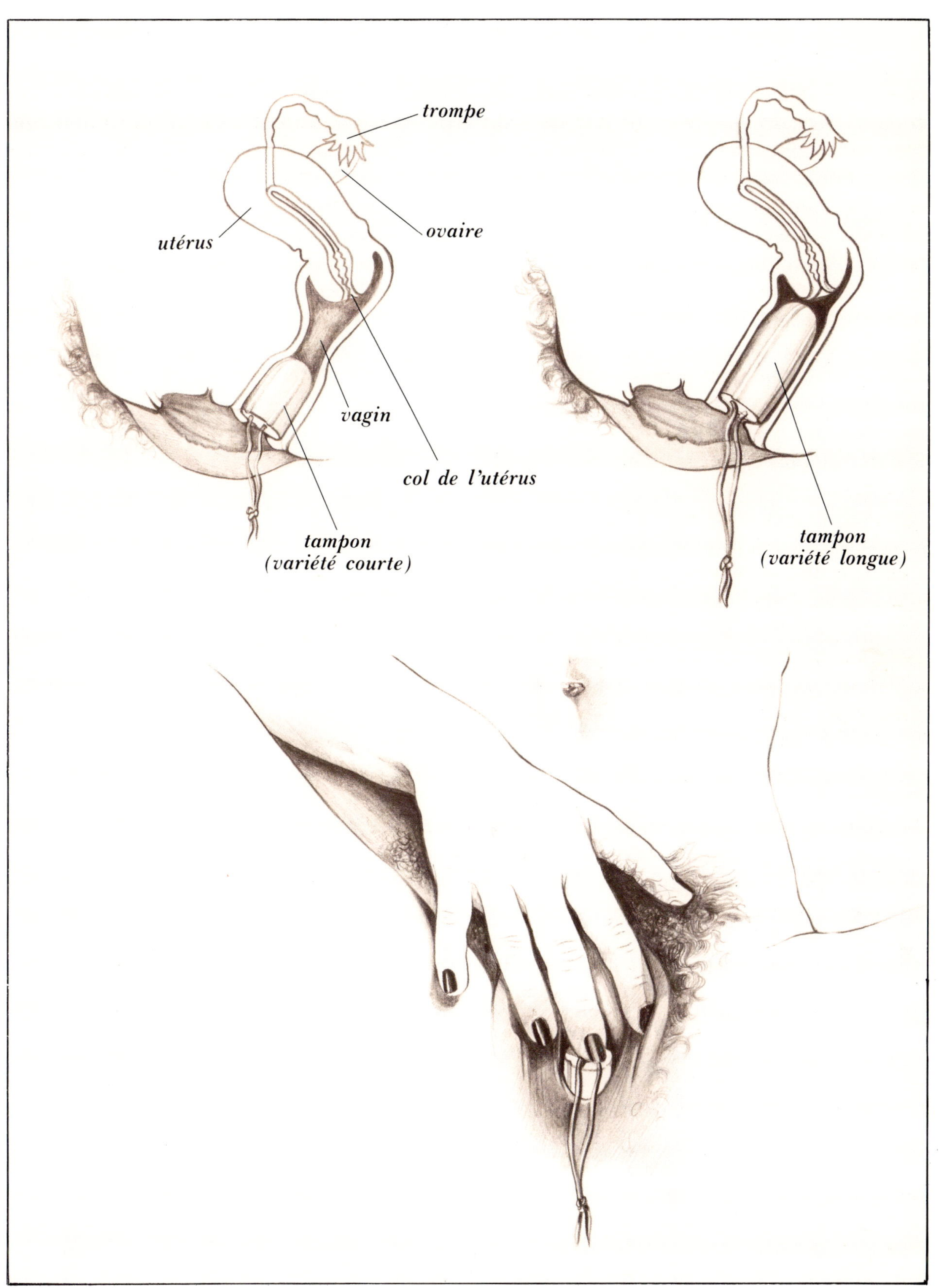

TAMPONS INTERNES : LA MISE EN PLACE.

et là à la télévision, au cinéma, avec les copains ou dans quelques revues spécialisées ne suffit pas à les informer en profondeur. Ne soyez pas naïfs au point de croire que votre époque est « libérée » sur tous ces sujets, qu'il n'est donc point besoin d'en parler. Nous, qui avons l'occasion d'approcher ces jeunes et de les faire parler, nous constatons tous à quel point ils ont besoin d'informations vraies, précises et détaillées, en termes clairs débarrassés de tout jargon médical et, surtout, moralisateur.

Les premières règles surviennent en général un an après le début du développement des seins. Elles sont en général très irrégulières dans la première année et pas toujours douloureuses. L'usage des tampons, même chez ces jeunes vierges, ne doit pas être systématiquement proscrit : elles devraient plutôt les essayer, et se faire elles-mêmes une idée précise sur le confort ou l'inconfort qu'ils sont capables de leur procurer. Il faut savoir que les mini-tampons ne risquent pas de déchirer l'hymen des jeunes filles vierges.

Chez les garçons, il n'existe pas, à vrai dire, de signe aussi flagrant de la maturité sexuelle. On la situe pourtant volontiers au moment de la survenue des premières érections et des premières éjaculations. Mais il faut savoir que l'érection n'est pas un critère de puberté. En effet, les petits garçons de 2 ou 3 ans en ont souvent d'authentiques, sous les yeux d'ailleurs intrigués et quelque peu amusés de leurs mamans. L'éjaculation, elle, est plus spécifique de la puberté. Elle survient souvent, au début, à l'occasion de rêves érotiques ou plus simplement de masturbations. Nombre d'adolescents vivent leurs premières éjaculations dans l'angoisse et la culpabilité, ignorant tout de ce phénomène, le considérant parfois comme sale, voire dangereux pour leur santé. Ces premières éjaculations font leur apparition environ un ou deux ans après le début de la puberté. Le médecin ne parle de puberté achevée que lors de l'apparition de spermatozoïdes dans cette éjaculation : c'est dire que cette définition reste le plus souvent abstraite car il est hors de question d'envisager une telle analyse. L'âge de la puberté ne saurait être fixé à un anniversaire déterminé.

La naissance de l'élan sexuel

Il serait erroné de penser que l'éveil sexuel se produit entièrement à la puberté. Très jeunes, les enfants ne sont pas, loin de là, indifférents aux choses du sexe. Ainsi la fillette est très souvent en recherche d'attouchements, de frottements vulvaires, de jeux troubles mêlés de câlineries et de séduction auprès du père. Quant aux petits garçons ils ont souvent des désirs incontrôlés, des fantasmes, voire d'authentiques érections. Ces manifestations ne vont pas sans inquiéter les parents : ceux, en tout cas, qui ont décidé une fois pour toutes que les choses du sexe n'existaient pas pour leurs enfants. Grossière erreur ! Néanmoins, il reste évident que le désir et l'élan sexuel vont, avec la puberté, s'intensifier dans des proportions considérables.

Ainsi le paysage des adolescentes et adolescents est-il bientôt entièrement envahi par leur sexualité. Certes, les modifications physiologiques hormonales expliquent pour beaucoup ce nouveau goût pour les choses de la sexualité. Mais leur affectivité, la culture, l'environnement social sont aussi des facteurs déterminants.

Les événements hormonaux

Considérons tout d'abord les événements physiologiques hormonaux. La puberté est une période lente, progressive, étalée sur deux ou trois ans. Elle survient en général vers 12 ou 13 ans, tout du moins dans le monde occidental.

On peut enregistrer des variations importantes par rapport à ces normes : de 9 ans jusqu'à 18 ans selon les races et les pays. Ainsi, en Afrique ou en Amérique du Sud, on constate de temps en temps des grossesses menées à terme chez des fillettes de 5 ou 6 ans !

Nous avons, en France, coutume de parler de puberté précoce lorsque les règles chez la fille, ou les développements des caractères sexuels secondaires chez le garçon, surviennent avant l'âge de 8 ans, et de puberté tardive lorsque ces signes surviennent après 17 ans.

La puberté des deux sexes est donc cette période où le système hypothalamus-hypophyse-ovaires commence de s'articuler. Il était jusque-là en « léthargie ». Soudain l'hypophyse, sous les ordres directs de l'hypothalamus sécrète cycliquement des ordres de fonctionnement à destination des glandes sexuelles. Immédiatement, chez la fille, les ovaires commencent de fabriquer des hormones œstrogènes et de produire des ovules (les œufs féminins). Chez le garçon, toujours sous l'influence de l'hypothalamus et des mêmes ordres, les testicules commencent de produire :

- Des spermatozoïdes (les œufs masculins).
- Les hormones mâles (la testostérone en particulier).

Les hormones sexuelles femelles ou mâles concourent chez la fille et le garçon à la transformation physique caractéristique et spécifique de chacun des sexes. La production des « œufs », permanente chez l'homme et cyclique chez la femme, leur permettront de se reproduire lorsqu'ils s'accoupleront sans contraception.

Mais ce n'est guère que deux ans après le début de cette mise en route hormonale qu'apparaissent chez la fille les premières règles et chez le garçon les premières éjaculations riches en spermatozoïdes. Les règles ou la présence de spermatozoïdes dans l'éjaculation sont donc les signes indiscutables de l'accession à la maturité du système hypothalamus-hypophyse-ovaires (ou testicules).

L'environnement social et affectif

Abordons maintenant les facteurs culturels et affectifs, susceptibles d'expliquer cet éveil sexuel.

Il est indéniable que les garçons et les filles obéissent, outre les contraintes physiologiques, à des stéréotypes et comportements culturels imposés. Ainsi une jeune fille a parfois ses premiers rapports sexuels pour se démarquer de son milieu familial, pour se confirmer en tant qu'adulte, ou pour se conformer à l'image de la jeune fille « moderne » – voire pour se rassurer quant à sa possibilité de provoquer un désir masculin, de pouvoir jouer un rôle de femme amante. Certaines vont jusqu'à risquer la grossesse, ou parfois même la provoquer inconsciemment, par désir ambigu de tester ce formidable pouvoir de la femme, celui de fabriquer un enfant. Et si ces premiers rapports ne leur apportent le plus souvent aucun orgasme, aucun plaisir physique sensuel, elles sont pourtant souvent rassérénées « quelque part » d'avoir pu démontrer aux autres – la société – mais

surtout à elles-mêmes qu'elles pouvaient désormais agir comme les adultes.
D'autres garçons et filles trouvent dans la sexualité une manière de défier la société, de s'y opposer dans la mesure où ils ont conscience que par cette activité ils dérangent, scandalisent, horripilent.
Beaucoup de filles ont des rapports sexuels par peur de perdre leur partenaire : « Ou bien nous faisons l'amour ou bien je te quitte ».
Ainsi l'adolescent, qu'il soit fille ou garçon, est ballotté, manipulé d'une part par sa pulsion sexuelle instinctive, physiologique et hormonale, d'autre part pars les stéréotypes et les comportements sexuels traditionnels qui s'attachent à l'un et l'autre sexe. Par exemple les premiers rapports sexuels du garçon, le dépucelage tant désiré répond-il à des besoins physiologiques, ou à un désir violent d'en finir définitivement avec l'image falote du puceau ? Les deux sans doute, mêlés selon l'alchimie secrète et spécifique de chaque individu.

La masturbation

C'est l'activité sexuelle la plus fréquemment rencontrée dans le monde adolescent. Les garçons se masturbent, c'est un fait acquis. Ce qui est nouveau, c'est que nous savons aujourd'hui que les filles aussi. On sait de même clairement aujourd'hui que la masturbation n'a jamais affecté de quelque manière que ce soit les facultés mentales ou physiques des individus qui la pratiquent.
Les gestes en sont simples. Ainsi, chez le garçon, la main effectue un mouvement de va-et-vient, avec ou sans lubrifiant, autour du pénis et du gland. Ce, jusqu'à l'éjaculation. Pendant qu'il se masturbe, l'adolescent laisse en général son imagination vagabonder sur quelque scénario érotique ou image de nu féminin onirique, ou trouvée dans un journal spécialisé.
La plupart des jeunes filles se caressent la vulve et en particulier le clitoris. En dehors de ces pratiques existent bien sûr toutes sortes de stimulation plus ou moins sophistiquées selon les individus. La fille est en général plus précoce que le garçon puisque c'est vers 12 ans qu'elle connaît sa première expérience alors que son compagnon attendra en moyenne 13-14 ans. Les adolescents se masturbent en général très fréquemment, parfois quotidiennement voire plusieurs fois par jour. Nous l'avons dit plus haut, cette activité provoque souvent chez les uns et les autres des sentiments de culpabilité, de honte. Honte de ne pas pouvoir s'empêcher d'assouvir une pulsion instinctive qu'ils imaginent souvent être dangereuse, voire toxique pour leur santé mentale et physique. Nul doute que notre culture judéo-chrétienne, avec sa condamnation régulièrement répétée du plaisir solitaire, explique aisément que nombre d'êtres humains se masturbent dans l'angoisse. Répétons ici avec force que l'œuvre d'information et de déculpabilisation est à la charge expresse et urgente des parents. Vos adolescents et adolescentes se masturbent : acceptez-le et faites en sorte que cette première expérience de l'amour physique, du désir et du plaisir soit vécue dans la joie et la plénitude et non dans la peur et la honte.

Les réactions des parents

Est-il besoin de dire que les parents réagissent souvent mal devant ces créatures rétives, agaçantes, que sont devenus leurs enfants chéris ? En effet, ne se transforment-ils pas au physique comme au mental ? Ils deviennent en quelque sorte des étrangers à la maison. De plus leur humeur primesautière, prompte au changement, contestant systématiquement l'autorité parentale et ses fondements, est difficile à supporter avec sérénité. Cette remise en question des parents par leurs « enfants-adultes » est très difficile à accepter avec calme. De plus, la sexualité, qu'ils n'ont pas encore pris l'habitude de bien camoufler, transpire aisément de leurs propos et de leurs attitudes et ne manquent pas de semer le trouble, dans la mesure où ils renvoient les adultes à leur propre sexualité, et à leurs problèmes non (ou mal) résolus. Les adolescents vivent bien là une période extrêmement difficile de leur vie. Aux tourments ordinaires et physiologiques de l'adolescent s'ajoutent maintenant les sollicitations tous azimuts, souvent contradictoires et maladroites, d'une civilisation qui s'empare de lui comme d'une proie : la jeunesse est devenue, c'est évident, un bien de consommation, et l'adolescent est simultanément désigné « consommateur roi ». « Achetez, multipliez vos caprices, consommez sans réfléchir », n'est-ce pas là l'élément essentiel des messages publicitaires déversés en permanence sur les ondes radiophoniques et à la télévision ? Les jeunes réagissent souvent mal, à leur insu, devant ce flot de sollicitations et de modèles imposés : ils mettent souvent longtemps à se rendre compte qu'ils n'ont pas envie d'y adhérer. Ces difficultés sont vécues au travers des parents, appréhendés comme les médiateurs de ces contraintes. Enfin et surtout la précocité des rapports sexuels déconcerte (le mot est faible) la majorité des parents. Entre ceux qui démissionnent, outrancièrement permissifs, et ceux qui répriment, censurent, agressent, il y a un juste milieu difficile à trouver, fruit d'une longue expérience « d'éducateurs spontanés » à l'écoute de leurs enfants depuis leur plus jeune âge : on ne s'improvise pas parents. C'est un métier et sans doute l'un des plus difficiles, car les erreurs vous sont difficilement pardonnées en ce domaine.

Le flirt

Contrairement à ce que croient nombre d'adultes, les adolescents s'y cantonnent souvent très longtemps. Certes, nous sommes loin ici du baiser chaste à lèvres fermées. Mais si, finalement, ils expérimentent, la plupart du temps, quantité de caresses, buccales, vulvaires, anales, péniennes, etc., ils s'arrêtent souvent au moment de franchir le pas, c'est-à-dire au seuil de la pénétration vaginale. Le baiser, bouche à bouche, langue contre langue, reste la vedette de ces flirts poussés.

Les premiers rapports sexuels

Garçons ou filles, les adolescents considèrent en général ces premiers rapports comme une étape importante, fondamentale, de leur évolution. Là aussi l'inexpérience, l'immaturité, leur fait poser des questions qui peuvent sembler saugrenues : « Comment s'y prend-on ? » « Ne vais-je pas me tromper d'orifice ? » « Vais-je perdre mon prépuce lors du premier rapport sexuel ? » « Le fait d'avoir mis des tampons avant mes premiers rapports ne va-t-il pas m'empêcher d'en avoir ? », etc. En général la jeune fille redoute que sa virginité ne constitue un obstacle douloureux et anatomique à la pénétration. Le garçon, lui, craint sa propre virginité, signe de son inexpérience, mais aussi celle de sa compagne. La peur de mal faire, de paraître niais, de ne pas savoir mener les opérations comme il se doit, explique nombre de premières expériences ratées. Ces rapports sont donc souvent empreints d'inquiétude : plutôt que de se demander s'ils vont éprouver du plaisir ou en procurer à l'autre, les deux partenaires se préoccupent de savoir s'ils vont « être à la hauteur » ! Les rapports ont lieu maintenant, en général, entre partenaires de même âge. C'est l'appartement des parents qui sera, la plupart du temps, le témoin de leurs premiers ébats.

La virginité de la fille

L'hymen est le symbole social de la virginité. Ce « sexe-symbole » a donc longtemps été confondu avec le mariage : on devait se marier vierge ! L'hymen est une membrane élastique située à l'entrée du vagin. Intacte pour peu qu'aucun pénis ne pénètre le vagin mais aussi, parfois, qu'aucun tampon hygiénique de trop grande taille n'y soit placé. Cette membrane est donc le signe d'une « certaine » virginité, et nul ne doit s'étonner de la valeur de symbole que toutes les sociétés lui ont longtemps attribuées. Le concept de virginité est théoriquement facile à établir mais en pratique extrêmement complexe. C'est pourquoi je préfère à la définition anatomique un énoncé plus affectif : être vierge c'est n'avoir jamais eu de rapports sexuels. N'a-t-on pas interdit à toute une génération de jeunes filles de pratiquer des sports violents ou de monter à cheval par peur de leur distendre l'hymen au point de lui faire perdre parfois son rôle symbolique de barrière ? Dans un autre ordre d'idée la rupture de l'hymen, n'en déplaise à tous ceux qui voudraient y voir un gage supplémentaire de virginité, n'entraîne pas systématiquement de saignements. Ce sang de la « première fois » est très prosaïquement proportionnel à la vascularisation de l'hymen c'est-à-dire à sa richesse en vaisseaux sanguins. Ce qui explique que certaines femmes ne saignent pas et que d'autres ont des hémorragies cataclysmiques (très heureusement colmatées simplement et rapidement par un mouchoir en boule pressé contre la région vulvaire et l'entrée du vagin).

La qualité des premiers rapports

Elle est en général mauvaise, surtout pour les jeunes filles : peu ou pas de plaisir, souvent des douleurs ! Car les adolescents de même âge n'y sont – et pour cause – pas préparés. Inexpérimentés, ils subissent l'emprise de leurs élans sans savoir comment y répondre. La nature ne les aide guère, car l'hymen est une membrane relativement rétive, qui ne se laisse franchir, selon les filles, qu'avec plus ou moins de persévérance et de douceur. Tant il est vrai aussi que le plaisir, surtout féminin, s'apprend, se cultive en quelque sorte. Souvent aussi parce qu'ils ont ces rapports plus par désir de conformité et souci d'émancipation que par amour ou désir authentique. Nombre d'éjaculations précoces, d'impossibilités à la pénétration humiliantes et riches en vexations s'expliquent par la piètre qualité technique – mais aussi affective – de ces premiers rapports.

L'âge des premiers rapports

Tous les sondages publiés sur ce sujet nous apprennent que 43 % des adolescents ont des rapports sexuels entre 15 et 18 ans. 20 % des Françaises ont des rapports avant 16 ans. Plusieurs raisons à ce phénomène, qui est d'ailleurs mondial quelles que soient les cultures, les mentalités et les races :

- La puberté de plus en plus précoce est passée de l'âge moyen de13-15 ans à celui de 11-13 ans. Les raisons de cette avancée sont obscures : une meilleure alimentation, un environnement éducatif différent, la mixité de nos écoles, une meilleure défense contre les agressions de tous ordres sont autant de facteurs déterminants de cette évolution. A noter d'ailleurs que l'âge moyen de la puberté varie selon les races, et les conditions climatiques. D'autre part, il est beaucoup plus précoce que dans les générations précédentes.
- Les censures religieuses ou morales sont de moins en moins puissantes. Qui oserait dire aujourd'hui aux jeunes qu'on ne fait l'amour que pour faire des enfants, et non pour le simple plaisir de le faire ?
- La virginité, nous l'avons vu, mais aussi le mariage ne sont plus des valeurs-symboles. D'autres diront aussi que les jeunes ont des rapports de plus en plus précoces par la « faute » de la contraception. Et de se lamenter, de s'indigner. Ils se trompent, les mêmes sondages nous apprennent que près de la moitié des jeunes filles concernées par les rapports sexuels n'ont recours à aucun moyen contraceptif pour se protéger des grossesses involontaires. Il faut donc se faire à cette idée : les jeunes ont des rapports sexuels avec ou sans contraception. Ainsi, chaque année en France, 3 000 enfants naissent de mamans de moins de 16 ans ! Plusieurs dizaines de milliers de jeunes femmes mineures subissent des interruptions volontaires de grossesse dans un climat de drame, d'illégalité et de réprobation sociale !

Quelle contraception offrir aux jeunes ?

C'est une évidence, ils n'utilisent pas ou mal la contraception qu'on leur propose. Et les raisons en sont multiples. Elles viennent interférer les unes avec les autres :

- Parce que l'information en ce domaine est restée balbutiante, déformée, souvent inexistante ou censurée. Ballottés entre des informations alarmistes ou au contraire dithyrambiques, les jeunes restent sceptiques.
- Parce que certains mouvements écologiques font recette en ce moment, prônant les méthodes dites « naturelles » qui n'ont de naturel que les interruptions volontaires de grossesse qu'elles provoquent !
- Parce que la plupart des parents, des adultes, « sont contre » ! Croyant naïvement qu'en interdisant l'accès à la contraception ils interdiront les rapports.
- D'autre part, devoir aller chercher chez le médecin ce « permis de faire l'amour sans risque » est certainement une entrave à l'adoption d'un moyen contraceptif : la notion romantique, candide et fraîche du « don de soi à l'autre » s'accommode fort mal du circuit médical avec un examen gynécologique redouté et de fréquentes prises de sang à la clé.
- Enfin, les jeunes boudent souvent la contraception, estimant que les moyens que nous mettons à leur disposition sont mal adaptés et pas assez « performants ».

Qu'en est-il en réalité ? Sur le plateau technique nous retrouvons les cinq grands moyens contraceptifs étudiés par ailleurs. Éliminons d'office le retrait, les méthodes Ogino et autres, avec leurs calculs savants et sophistiqués qui ont fait la preuve, depuis des décennies, de leur parfaite efficacité pour faire de très beaux bébés.

LES PRÉSERVATIFS Ils sont boudés. On aurait pu croire qu'ils étaient à même de relever le « défi contraceptif » de jeunes aux rapports peu fréquents, intempestifs et improgrammables. Ils sont en effet légers, peu encombrants, et trouvables partout, sans intervention médicale ou contrôle biologique. Enfin, extrêmement efficaces, ils constituent un contraceptif « écologique » en même temps qu'un merveilleux moyen de lutte antivénérienne. Mais le préservatif a aussi chez les jeunes « mauvaise presse » : on le croit inefficace. Il est accusé de dépoétiser l'acte, de diminuer les sensations.

LES SPERMICIDES Eux aussi semblaient promis à un bel avenir au sein de cette population jeune :

• Aucun recours au corps médical n'est nécessaire pour se les procurer.

• Ils sont totalement anodins, dépourvus d'effets secondaires et font également figure de méthode « écologique ».

On lui reproche cependant leur taux relativement élevé d'échecs (environ 5 %). Outre un mode d'emploi compliqué (délai d'attente de la fonte des ovules, mise en place de la mousse, manipulations vaginales, etc.), l'obligation de remettre du produit après chaque rapport sexuel finit par être considéré comme tragi-comique ! De même, ne pas pouvoir se laver pendant au moins 8 heures après les rapports est un sérieux handicap à l'emploi de cette méthode.

LE DIAPHRAGME On n'en parle guère. Seuls quelques « écolos » endurcis acceptent de s'astreindre aux manipulations vaginales, au taux d'échecs relativement élevé (3 %), et aux différentes contraintes de ce moyen contraceptif, vécu souvent par les jeunes comme la contraception de « grand-maman ».

LE STÉRILET Il n'a pas bonne réputation chez les jeunes qui n'ont pas eu d'enfants. A juste titre semble-t-il, puisque toutes les études réalisées tendent à prouver que la tolérance de ce moyen contraceptif est moins bonne dans cette population que chez les aînés (saignements, douleurs, expulsions). Les risques d'accidents infectieux du stérilet (ou DIU, dispositif intra-utérin), chez ces jeunes filles font quelque peu redouter certaines stérilités futures. Pourtant, la pose d'un D.I.U. chez une jeune femme qui n'a pas eu d'enfant doit se discuter avec elle : informée des risques mineurs mais réels qu'elle prend il lui revient de choisir. A mon sens le stérilet représente un risque moindre que l'I.V.G.

LA PILULE Il en existe de nombreux types. Elle reste à mon avis le meilleur moyen à proposer aux jeunes car :

• Elle est efficace à 100 % s'il n'y a pas eu d'oubli.

• Elle est anodine à ces âges : les classiques contre-indications de la pilule sont ici réduites à leur plus simple expression (excès de cholestérol, phlébite, diabète grave, hypertension artérielle et risques cardio-vaculaires). On rencontre rarement ces risques à 18-20 ans.

• Elle est souvent vécue comme plus « pratique » par la plupart des utilisatrices car elle n'implique pas de préméditation de l'acte sexuel.

• Elle n'hypothèque pas la fécondité future de ces jeunes femmes, toutes les études récentes et sérieuses le confirment. Malgré tout, les médecins sont loin d'être unanimes. Certains supposent à la pilule des dangers méconnus, surtout pendant l'adolescence. En réalité tous les travaux dignes de foi effectués sur ce sujet aboutissent à la même conclusion : la prise de pilule, même dans les mois qui suivent l'installation des premières règles semble totalement anodine et ne perturbe en rien les cycles, le fonctionnement ovulatoire et donc la fécondité future. Ce qui est vraiment dangereux à cet âge, c'est l'I.V.G. qui surviendrait par manque de contraception.

Un meilleur choix pour un moindre risque

Qu'ils soient adolescents ou plus âgés, les jeunes en viennent maintenant à souhaiter une contraception encore plus simple, encore plus pratique, encore plus anodine. La pilule actuellement sur le marché leur semble déjà dater et ne pas correspondre exactement à leurs aspirations. En effet leurs rapports imprévisibles, anecdotiques et inplanifiables leur donnent souvent l'impression – c'est leur terme – qu'ils « n'amortissent » pas la pilule. Prendre la pilule ou porter un stérilet pour peut-être dix rapports dans l'année leur semble être une entreprise déraisonnable. A juste titre. Il n'en reste pas moins vrai que, dans l'état actuel des possibilités contraceptives, la pilule reste souvent le meilleur choix pour le moindre risque en attendant que nous soyons à même de leur proposer « un système plus intelligent ».

Docteur David Elia.

Je reviens d'une façon plus détaillée sur les méthodes contraceptives dans la partie de ce livre consacrée à la sexualité de l'adulte, lorsque le couple étant constitué, il ressent, pendant un laps de temps propre à chacun, le désir absolu du « tête-à-tête », donc le rejet, le plus souvent temporaire, de l'enfant. *D.E.*

LE DESIR DU TETE-A-TETE

Franchi le stade de l'adolescence, l'être humain ressent le besoin de rejeter sa solitude, de rencontrer « l'autre », celui ou celle qui formera avec lui un couple aux fondations très solides, tant sur le plan affectif que sur le plan sexuel.

La vie sexuelle est à la fois un renoncement et une insurrection. La sexualité, c'est l'insoumission au bagne de la solitude ; chaque individu est condamné, à perpétuité, à n'être que la moitié d'un Tout. Deux activités seulement adoucissent cette situation : l'entreprise mystique ou la fusion charnelle avec l'Autre. Il faut donc trouver un partenaire à l'évasion. Le sacrifice, c'est celui, même inconscient, de la bisexualité : renoncer après la puberté, à n'être pas à la fois masculin et féminin, et revendiquer de gré ou de force son appartenance à l'un des deux sexes. Une option que certains ne prennent pas à la légère : ce choix, vécu comme trahison par l'homosexuel et le transsexuel, devient dans de très nombreux cas une affaire de vie ou de mort.

La solitude

Biologiquement, chacun est donc un être unique, singulier... seul. Le sentiment de solitude, lui, est un vécu, une pratique le plus souvent douloureuse de l'isolement. Les solitaires sont très nombreux : près de 10 millions de célibataires, veufs et divorcés, dont 3 millions de veuves ; 7 millions et demi de personnes âgées de plus de 60 ans, qui contribuent pour moitié à augmenter cet effectif d'année en année. Il y a peu de solitaires heureux de le rester. Mais il faut s'entendre sur le terme de « solitude ». De la naissance à la mort, la véritable solitude, c'est la privation d'éveil sexuel et d'émotion amoureuse. Ce n'est donc pas la présence passive des autres qui est en mesure d'écarter le danger, plutôt la réciprocité de l'offre et de la demande de tendresse.

Si la chasteté involontaire du célibataire est à l'origine du sentiment de solitude, on comprend mieux les motivations des candidats aux petites annonces, la fortune des agences matrimoniales (près de 2 000 en France, mais ne réalisant qu'à peine 16 000 mariages annuels), l'attraction qu'exercent les clubs de rencontre et les voyages organisés : provoquer le hasard

Pas de bonheur dans la solitude...

d'une aventure. Cette poursuite est pour certains un défi insurmontable, et la consommation, faute de mieux, d'une pornographie d'une vulgarité indigne d'eux, fait parler d'une « misère sexuelle » tragique. C'est faux. La misère, ce n'est pas l'errance et ses intermèdes de fortune ; la misère, c'est l'exclusion.

La société cautionne par les media, la publicité, le cinéma enfin, des images indéniablement perturbantes : joie de vivre dans un corps jeune et bien fait, harmonie du couple et bonheur sexuel... Les modèles sont trop beaux pour être vrais, et nombreux sont ceux qui ne s'y reconnaissent pas. La tentation de s'y conformer est pourtant obsédante. Cette contamination provoque, chez un solitaire fragile et vulnérable, dépression, ennui et fatigue. L'affranchissement du joug de la solitude ne peut être d'ordre social. Ce n'est ni une question de fraternité – comme si une poignée d'hommes et de femmes de bonne volonté pouvait contrebalancer le poids des lois sociales – ni un problème d'institutions philanthropiques. Surmonter la solitude est une entreprise individuelle, qui implique une émancipation charnelle qui ne peut se réaliser que dans le cadre de la vie privée. L'inégalité des chances est donc flagrante. Les entraves à la recherche d'un partenaire sont souvent impressionnantes : timidité, isolement géographique, laideur et vieillissement, inexpérience, tutelle parentale... La solitude n'est pas un état de « neutralité affective », c'est déjà de la vie à temps complet, aussi bien pour le couple désuni, que pour une « vieille fille » humiliée de devoir dormir seule. L'injustice est ici désespérément totale.

Les rencontres

En 20 ans, c'est-à-dire depuis les années 60 (date des premières enquêtes françaises sur la vie familiale et le mariage), les choses ont en apparence bien changé ; la sélection des partenaires semble moins bien encadrée qu'autrefois par les conventions sociales. Pourtant, derrière cette façade résolument « moderne », les mentalités et les rites ont peu évolué.

Un partenaire pour quoi faire ?

Les « jeunes gens » d'avant-guerre, dès leurs premiers échanges de promesses, étaient voués à des fiancailles débouchant sur une union avalisée par leurs familles : on se rencontrait pour s'épouser. La poussée du libéralisme et l'évolution d'une société de loisirs et de voyages inspirent des rendez-vous beaucoup moins chastes aujourd'hui, maintenant résolument à distance tout projet conjugal : on se rencontre pour le plaisir.

En principe, les probabilités de telles rencontres, que j'appellerai « nomades », sont infinies, favorisées notamment par la mixité accrue de la vie universitaire, la diversification des couches sociales, le travail féminin, les extraordinaires migrations estivales ou professionnelles, la pratique collective des sports, les loisirs, la promiscuité de l'habitat urbain... Mais ce n'est pas le mode de rencontre qui déterminera la formation d'un couple ; c'est, à plus ou moins brève échéance, l'issue de leur transaction. Peu importe, semble-t-il, qu'un homme et une femme se croisent dans un train de banlieue, « une boîte », chez des amis ou par l'intermédiaire d'une annonce ; la clef du succès de leur séduction mutuelle, c'est leur accord sur l'objet et les limites de leur tête-à-tête. Ce qui bouscule les observations statistiques depuis 20 ans, ce n'est pas seulement la multiplication des « occasions » mais aussi le nombre de plus en plus grand de couples fondant leur contrat sur l'attraction et l'assouvissement sexuels. En 1970, le « Rapport sur le comportement sexuel des Français » nous apprenaient que seulement 20 % des femmes âgées de 30 à 49 ans et 22 % des hommes avaient connu une expérience sexuelle avant le mariage. Depuis, et pour les moins de 30 ans, les proportions se sont exactement inversées : une jeune femme sur cinq atteint le mariage vierge. Aux notions classiques de ressemblance ou de complémentarité se substitue aujourd'hui celle de complémentarité érotique, encore plus intuitive et impulsive, irrationnelle et éphémère : on met en commun un projet de vacances, un week-end, une année, quelques heures... La multiplication et la diversité de ces nouveaux liens s'expliquent par le recours à une contraception enfin efficace, qui a offert aux femmes, une sécurité quasi absolue ; sous-tendue par un courant « libertaire » cette garantie leur a naturellement inspiré des initiatives de séduction qui n'ont pas tardé à devancer les prétentions masculines. La séparation entre sexualité et fécondité est une aspiration désormais satisfaite. La sexualité ne se vit pas « contre » la maternité, mais « en-dehors » d'elle, tant que le choix précieux de l'enfant n'est pas projeté.

En réalité, l'âge d'or de la contraception est révolu. Non qu'il faille remettre en cause ses principes et nier le perfectionnement de ses méthodes ; mais il faut constater que le mythe se meurt. Les femmes qui ont de 30 à 45 ans aujourd'hui, désenchantées, vont enseigner à leurs filles à ne pas se leurrer : la contraception, ce n'est pas « la » liberté sexuelle, c'est surtout la liberté sexuelle des hommes.

L'expérience clinique prouve que la contraception ne joue pas le même rôle permissif dans toutes les rencontres. Mieux, sa fonction croît en raison inverse de la stabilité et de la sincérité d'une liaison. Plus vive est la curiosité sexuelle d'une femme, plus précoce et plus complète sera sa protection anti-conceptionnelle. A l'inverse, des partenaires inaugurant un dialogue promis à un avenir plus calculé et stable remettent généralement à plus tard la consommation sexuelle. La contraception ne constitue plus ici un des éléments primordiaux de leur succès, elle est le paratonnerre du coup de foudre.

D'autre part en terme de choix de partenaires, la contraception va opérer <u>une sélection</u> beaucoup plus stricte que prévu. Seules, en effet, celles qui se savent en mesure d'accepter une rencontre inopinée s'assurent d'avance de son innocuité. Une prévention qui requiert l'obéissance à de strictes contraintes médicales, la disponibilité, une certaine liberté de pensée, et un profil personnel offrant un minimum de séductions : autant de critères qui limitent l'effectif des sollicitables... à ce qu'il a toujours été, même avant la commercialisation de la contraception. Les conséquences d'une telle association entre contraception et permission de faire l'amour ne sont pas seulement contrariantes pour les hommes, elles sont catastrophiques pour les femmes que la religion, l'état de santé, les réticences, la négligence, ont écartées de la population des bienheureuses « contraceptées » : leur isolement est garanti. Enfin, nombre de femmes sont déçues de devoir prendre sur elles-mêmes tant de risques, de faire taire tant d'élans maternels si nécessaires à leur émancipation... pour de si piètres bénéfices érotiques. Que les hommes ne s'y trompent pas : si les femmes leur accordent si facilement aujourd'hui les privilèges qu'elles leur refusaient naguère, c'est que leur expérience précèdente n'a peut-être pas été très concluante. De l'avis unanime des femmes qui transgressent la loi du silence, le savoir-faire érotique masculin est généralement frustre, incomplet et égoïste. L'abandon de la contraception est ici la conséquence la plus sévère de l'incompétence sexuelle masculine. Attendons-nous à ce que la génération qui monte ait compris la leçon, redistribue les atouts de son épanouissement, et sache résister au mirage d'une révolution sexuelle qui n'a pas eu lieu.

Où se rencontrer ?

Dans un passé récent encore, diverses observations (et en particulier, en France, les travaux d'Alain Girard dont je vais m'inspirer) permettaient d'établir une hiérarchie entre les lieux et les « hasards » présidant au choix d'un partenaire ; je ne me risquerais plus aujourd'hui à un tel exercice, la « distance sociale et culturelle » séparant les individus s'étant incontestablement réduite.

L'enquête de 1959 classe les circonstances de rencontre en 10 catégories :

- Bal public (dancing, fêtes patronales, nationales) ou privé (sociétés, « surprise-partie », etc.).
- Circonstances fortuites, par exemple : dans la rue, au cours des trajets, au restaurant, dans un magasin.
- Sur le lieu de travail ou d'études : travail dans la même entreprise, la même localité, en faculté.
- Relations d'enfance ou de famille.
- Relations de voisinage (habitant le même quartier, le même immeuble).
- Présentation par un parent, des relations, des amis communs.
- Lieu de distraction : fêtes, vacances, voyages, cinéma...
- Réunion de sociétés : cercles, associa-

tions confessionnelles, syndicales, politiques ou sportives.

• Cérémonie de famille : baptême, première communion, mariage.

• Petite annonce, agence, correspondance...

L'importance relative des trois premières catégories est très significative : le « bal » notamment, supporte à lui seul 17 % de la responsabilité d'une rencontre entre futurs conjoints.

Ce que l'on observe pour des rencontres qui ont abouti à une union conjugale (la seule population prise en compte dans cette enquête) reste bien hypothétique lorsque le choix du partenaire est dicté par une transaction immédiatement sexuelle. Plus libre est cette recherche, sous couvert de normes sociales très assouplies, plus large est le fossé qui sépare le lien véritablement amoureux de la consommation d'une complicité sexuelle : tout se passe comme si la libéralisation des mœurs, loin d'avoir affranchi la sexualité du poids des conventions sociales, avaient simplement plaqué sur les plus anciennes de nouvelles catégories de communications entre individus. A la limite, plus les occasions de rencontres se multiplient, se « démocratisent », apparaîssent fantaisistes et banalisées, plus les candidats à une liaison beaucoup plus stable et vouée à des lendemains officiels, se voient contraints de rechercher l'âme sœur dans des lieux... conventionnels, à l'abri du chahut et des équivoques. Plus le sexe s'amuse, plus le mariage est chagrin.

La cohabitation

Une telle instabilité des rencontres, un tel libertinage, entraînent la perte de la notion de « couple ». Le seul paramètre qui permette de mesurer cette <u>évolution contractuelle</u> de la vie affective et sexuelle, c'est à mon sens, la cohabitation. Seules exceptions à cette opinion, les fiançailles sans cohabitation représentent encore un mode conventionnel, mais édifiant, de qualification du couple, même si elles ne concernent plus qu'une minorité.

Que la période de fréquentation préconjugale soit ou non assortie de rapports sexuels, la notion de <u>fiançailles</u> fonde donc un couple, la liaison des partenaires est ratifiée par les familles qui se connaissent ou vont faire connaissance, et officialisée par une <u>cérémonie</u>, profane le plus souvent, parfois même religieuse. C'est donc ici principalement par une sanction sociale indubitable que les liens entre deux jeunes gens prennent un sens, et non par le contenu de leurs échanges amoureux. A cet égard, la bague de fiançailles est un gage plus précieux que des promesses verbales. La tradition se porte garant de l'avenir de ce « couple » et de la durée de l'attente. Cette durée est en moyenne de 26 mois, c'est dire qu'elle est assez longue.

A dire vrai, l'évolution des habitudes ne se fait pas dans le sens d'une implication aussi directe des familles. Nombre de couples obéissent à un mouvement d'autodétermination qu'illustre la fréquence de plus en plus grande des cohabitations. Pour être plus précis, au risque d'être arbitraire, il est souhaitable de ne parler de cohabitation qu'au-delà d'une période de <u>6 mois de vie commune</u>. La durée moyenne de tels « mariages à l'essai » est en réalité de 3 ans, durée au-delà de laquelle les partenaires se quittent... ou s'épousent : 4 mariages sur 10, aujourd'hui, sont précédés d'une période plus ou moins longue de cohabitation. Louis Roussel a publié en 1978 un important travail sur ce nouveau mode de fondation du couple. Ses observations l'ont amené à parler de trois catégories :

• Un premier groupe de couples qui cohabitent avec la ferme intention de se marier le plus vite possible. Les fiancés anticipent alors les privilèges de leur union future, certains conservant par ailleurs l'espoir de mettre rapidement un terme à une situation encore incertaine (un divorce pour libérer l'un des deux partenaires, par exemple...). Chacun se comporte ici comme s'il était réellement marié.

• Le second groupe, le plus répandu, correspond réellement à la définition de la cohabitation comme mode de vie à la fois élu et provisoire. Il n'est pas une solution d'attente, un pis-aller du mariage, une attitude militante anti-conformiste, mais plus simplement une preuve d'amour que sanctionne du reste une fidélité sentimentale et sexuelle très scrupuleuse.

• Le troisième groupe répond à l'étiquette d'« union libre », authentique refus du mariage. Si cet ajournement est relatif, notamment chez les jeunes, l'opposition déclarée aux normes sociales donne à cette forme de cohabitation un caractère « pseudo-conjugal » indubitable, ne serait-ce que par la naissance d'enfants que l'on souhaite ici déclarer en dehors du mariage.

Où donc est l'innovation ? Le conformisme semble s'insinuer dans les formes mêmes s'écartant de la « légitimité » du couple, et les seuls chiffres d'abaissement du nombre de mariages ne suffisent pas à en condamner l'avenir. Quelles que soient les formes prises par les choix amoureux, l'enjeu doit rester la recherche du bonheur à deux, seule garantie, même provisoire, de mettre un masque à sa solitude.

Docteur Jacques Waynberg

SEXUALITE DE L'ADULTE

« Faire un enfant », ou « réparer une faute » tels étaient souvent, autrefois, les motifs du mariage. Les choses ont bien changé aujourd'hui. Les couples ne désirent souvent avoir leur premier enfant qu'au bout de un à trois ans d'union. Autres temps, autres mœurs mais aussi autres techniques : la contraception est arrivée à point pour donner les moyens de vivre une sexualité épanouie sans risque de grossesse.

La contraception

La contraception moderne, dont la pilule est le symbole, aura bientôt un quart de siècle. Grâce à elle, les femmes ont enfin la maîtrise de leur fécondité : phénomène bouleversant, enthousiasmant ou extrêmement dangereux selon l'éthique de chacun. Promue à l'échelle nationale dans certains pays comme les Philippines, la Chine ou l'Inde, interdite dans d'autres comme l'Irlande, elle ne laisse personne indifférent, car elle touche l'intimité la plus profonde : notre sexualité. On retrouve sur le plateau contraceptif « cinq grands moyens modernes » : la pilule, le stérilet, le diaphragme, le préservatif et les spermicides.

LA PILULE fut découverte par Pincus en 1956 et testée sur les femmes de Porto-Rico. C'est aujourd'hui le moyen contraceptif le plus populaire du monde, et l'on peut estimer que quinze à vingt millions de femmes absorbent quotidiennement leur pilule. Elle a fait bien des progrès depuis 1956, et elle est passée du statut de « maxi pilule » à celui de « mini » à plusieurs paliers. La pilule de 1983 ressemble autant à celle de Pincus que le Concorde à un bimoteur ! Le principe en est relativement complexe et agit de trois manières :

- Elle inhibe l'ovulation. Théoriquement, vers le 14e jour d'un cycle de 28 jours, les ovaires expulsent un ovule qui, fécondé, s'implantera dans la cavité utérine pour donner neuf mois plus tard un beau bébé.
- Elle inhibe la glaire du col. Cette substance gluante et incolore est sécrétée par les glandes du col de l'utérus, pendant

quelques jours, au moment de l'ovulation. Cette glaire a pour objet d'aider les spermatozoïdes, fraîchement déposés au fond du vagin, à pénétrer dans l'utérus afin de féconder l'ovule qui les attend dans une trompe.

• Elle inhibe la formation de la muqueuse utérine à l'intérieur de l'utérus. C'est dans cette structure de chair et de sang très délicatement élaborée par un jeu subtil d'hormones que l'œuf, une fois fécondé, devrait venir s'implanter vers le vingtième jour du cycle. La pilule est une contraception sûre : elle bloque solidement les trois grands verrous qui doivent être inconditionnellement ouverts pour permettre le début d'une grossesse.

Ses effets secondaires (prise de poids, nausées, jambes lourdes, douleurs de seins...) ont pratiquement disparu depuis l'apparition des mini dosages hormonaux. En revanche, ses contre-indications sont restées pratiquement les mêmes : elle est interdite aux hypertendues, aux diabétiques non traitées, aux femmes ayant un cancer en évolution, une phlébite ou une embolie pulmonaire dans leur passé, trop de cholestérol ou de triglycérides dans leur sang, ou aux femmes souffrant de maladies hépatiques congénitales extrêmement graves. Enfin, il existe certaines contre-indications relatives : mieux vaut ne pas associer la prise de la pilule au tabagisme (augmentation des risques de maladies cardio-vasculaires). De même de nombreux médecins estiment que le fait d'avoir dépassé 40 ans est une contre-indication plus ou moins absolue.

La micro-pilule vit des contre-indications de la pilule classique, c'est-à-dire celles liées aux œstrogènes. Alors que la pilule classique est fabriquée avec des œstrogènes et de la progestérone, la micro-pilule n'est faite que de progestérone. Son usage est certainement plus astreignant que celui de la pilule classique, mais c'est une excellente alternative pour toutes celles qui désirent prendre « quand même » la pilule, alors qu'elle leur a été déclarée définitivement contre-indiquée. La pilule est un grand moyen contraceptif puisqu'elle est immédiatement réversible dès l'arrêt de la prise des comprimés. Contrairement à des croyances fort répandues, la fécondité ne sera pas plus élevée, elle sera simplement la même qu'elle était avant la prise de la pilule. La pilule fait périodiquement l'objet d'attaques plus ou moins sournoises, plus ou moins « intelligentes » de la part de médecins, de politiques, de religieux, ou de média. On attaque plus la contraception que le produit. Celui-ci est mieux connu et analysé que des produits comme l'aspirine, dont on fait pourtant un usage massif, ou le tabac en vente libre chez les buralistes...

LE STÉRILET est connu depuis l'antiquité ; on raconte que les chameliers, pour traverser le désert, mettaient une pierre polie dans l'utérus de leur chamelle afin qu'elle ne porte pas. Au début du siècle, de nombreux médecins et chercheurs tentèrent de reprendre la méthode en imaginant toutes sortes de dispositifs en métaux plus ou moins précieux : or, nickel, argent... Les accidents infectieux qu'ils rencontrèrent les découragèrent jusqu'en 1960, date du début de la formidable explosion de ce moyen contraceptif moderne. Le dispositif intra-utérin (le sigle « D.I.U. » est préférable au terme « stérilet », à la connotation quelque peu péjorative) est arrivé aujourd'hui à son âge de maturité. Il est fait de polyéthylène, c'est-à-dire de plastique souple, sur lequel s'enroule un filament de cuivre et a en général une taille unique. Haut de 3 cm

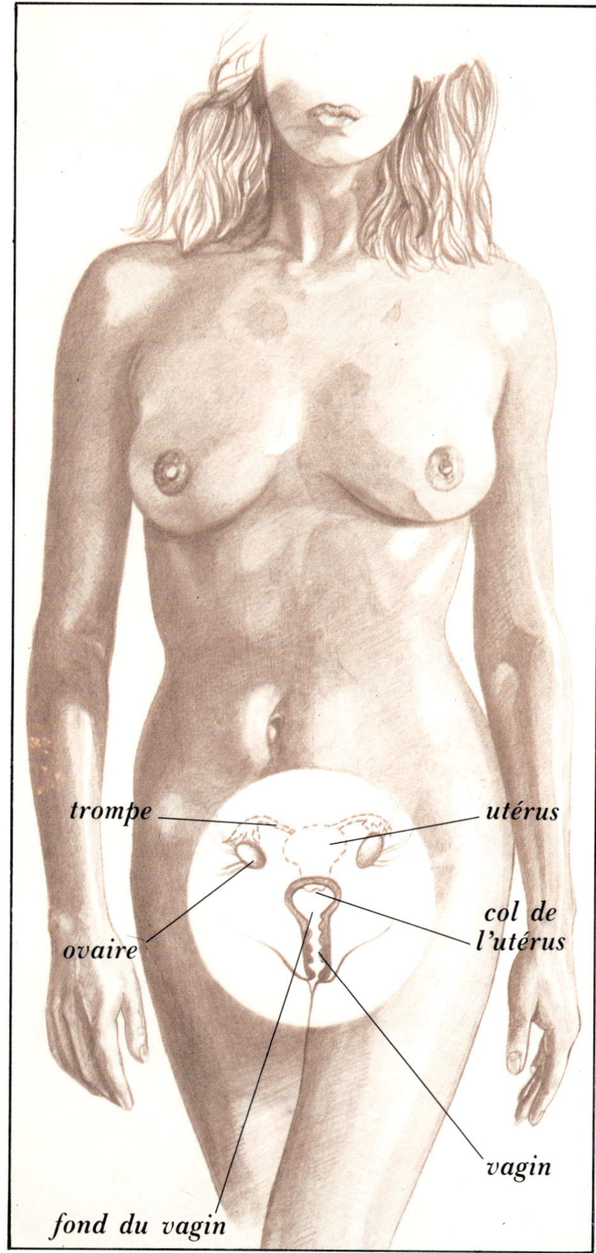

ANATOMIE

inhibition de la formation de la muqueuse de l'utérus
2
1
3
inhibition de la glaire du col
Arrêt de l'ovulation

LES 3 VERROUS DE LA PILULE

et large de 2,5 cm, il doit être mis en place dans l'utérus par le médecin. Cette pose, quasiment indolore, dure en général une trentaine de secondes. Une fois posé, il ne devra pas être déplacé pendant deux ou quatre ans selon les marques, et selon la « durée de vie » du filament de cuivre enroulé sur l'un de ses bras. Le mode d'action du stérilet reste relativement mystérieux. Les anciennes théories parlaient d'accélération des mouvements des trompes utérines, précipitant l'œuf trop tôt dans la cavité utérine ; d'une action défavorable du dispositif sur la glaire du col la rendant imperméable aux spermatozoïdes, les tuant même ainsi que l'œuf fécondé. Aujourd'hui, on s'accorde pour considérer qu'il s'agit en fait d'une modification profonde de la structure de la muqueuse utérine, le tapis de chair dans lequel doit venir s'enfouir l'œuf, une fois fécondé, quatre à cinq jours après le rapport sexuel. C'est la mini-inflammation chronique engendrée au sein de cette muqueuse par la présente du dispositif qui déclenchera certaines réactions et modifications enzymatiques la rendant impropre à toute nidation. L'efficacité de ce système est prouvée puisque l'on estime qu'il empêche le développement d'une grossesse dans plus de 98 % des cas. Ses contre-indications sont restreintes :

• Les femmes ayant ou ayant eu une infection des trompes.

• Celles qui ont une malformation utérine ou un fibrome trop important déformant la cavité utérine ou faisant trop saigner.

• Celles qui ont une béance du col : déchiré par des accouchements ou des avortements, il ne représente plus une fermeture de l'utérus suffisamment fiable, et entraîne donc des risques d'expulsions non négligeables.

Le fait de n'avoir jamais eu d'enfants est une contre-indication très controversée dans le monde médical. Il semble bien que le stérilet soit moins bien toléré (plus de douleurs, de saignements, d'expulsions) et surtout qu'il provoque un nombre non négligeable d'infections des trompes utérines pouvant venir hypothéquer la fécondité future. Pourtant, lorsqu'une jeune femme désire un stérilet il faut sans aucun doute le lui poser si elle a été informée des risques médicaux qu'elle prend : chacun et chacune doit rester maître de son corps, et l'expérience prouve qu'on retrouverait très souvent ces jeunes filles, quelque temps après, nous faisant des demandes d'interruption volontaire de

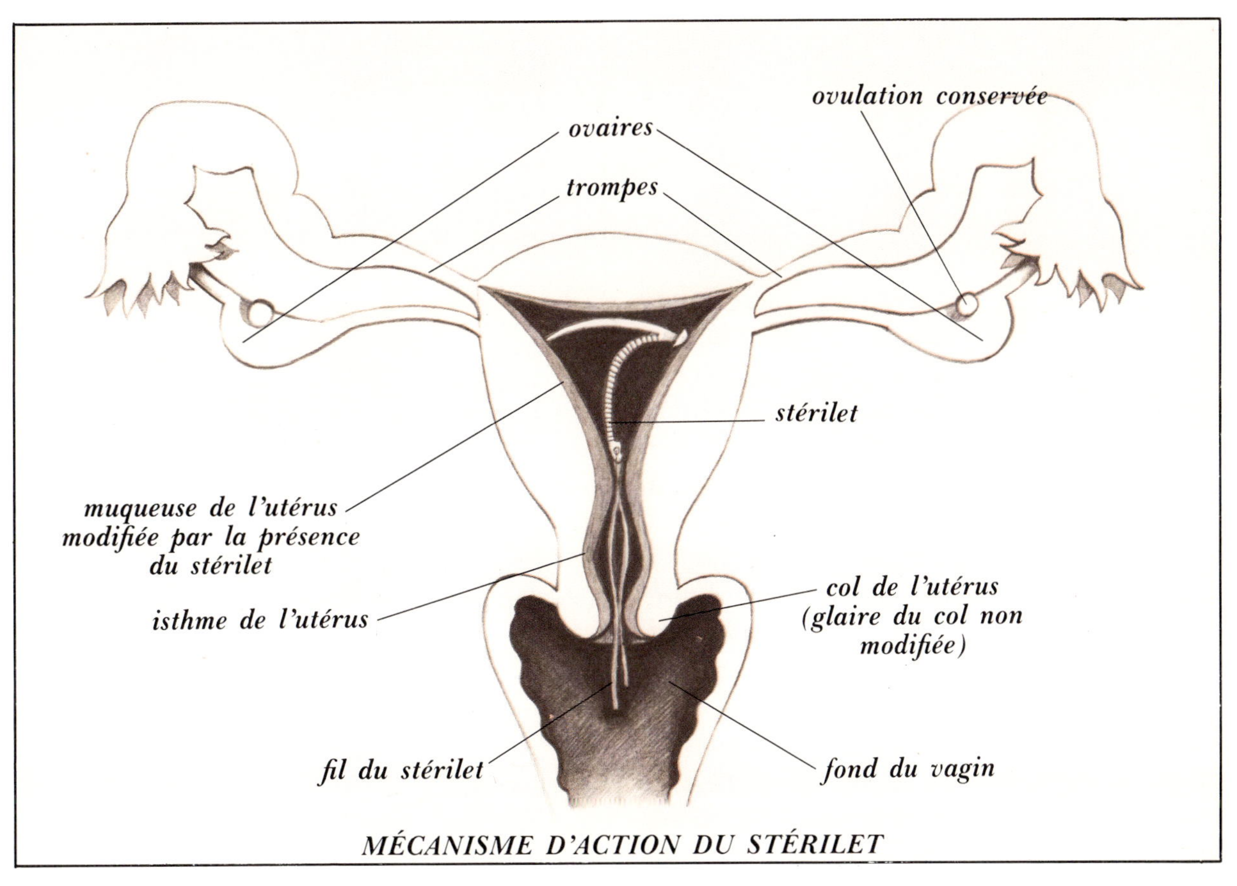

MÉCANISME D'ACTION DU STÉRILET

grossesse. Il est en effet pratiquement impossible de les persuader d'utiliser un autre moyen contraceptif, même après avoir réussi à les dissuader d'utiliser le stérilet.

Les effets secondaires sont relativement peu nombreux. Les plus fréquents sont des saignements trop abondants et trop longs pendant les règles, des douleurs diverses, parfois au moment des rapports. Le partenaire peut se plaindre de sentir le « fil test » attaché, et qui sort par l'orifice du col utérin : il suffit alors de le couper très court pour que cet inconvénient disparaisse. L'intolérance est parfois psychologique : ce « corps étranger » est mal supporté. Mais 7 à 8 femmes sur 10 (ayant eu un enfant) s'estiment parfaitement satisfaites de ce moyen contraceptif. Éminemment réversible, il suffit de le retirer pour qu'une grossesse puisse démarrer dans le ou les cycles suivant le retrait. Ce moyen contraceptif tente de plus en plus de femmes : il est passé de 3 % d'utilisatrices en 1975 à 12 à 15 % en 1983.

LE DIAPHRAGME est une rondelle de latex tendue sur un ressort. Il en existe plusieurs tailles selon les conformations du vagin. C'est en effet là qu'il faudra le placer, devant le col de l'utérus, avant chaque rapport. Ses dimensions sont prises une fois pour toutes par le médecin et restent les mêmes si le poids de la femme ne varie pas de plus de 4 kilos. Il doit être enduit d'une crème spermicide qui fait « ciment » entre les parois vaginales et le diaphragme. Moyen de contraception extrêmement efficace : le taux de succès est de 97 % lorsqu'il est bien employé. Mis correctement avant chaque rapport sexuel, il doit être laissé en place au moins 8 heures après le rapport, sans toilette vaginale. Ceci afin de laisser au produit spermicide le temps de faire son effet. Une fois retiré, lavé et talqué, il sera prêt à un nouvel usage. Première vraie méthode de contraception utilisé dans les années 50, il est pourtant jugé trop astreignant par l'immense majorité des femmes aujourd'hui qui lui reprochent les manipulations vaginales, son efficacité relative (96 %), son entrave à la spontanéité du rapport sexuel, le côté peu « romantique » de la mise en place et du spermicide. Bref, toute la « préparation » qu'il impose. L'obligation d'emporter son diaphragme et son tube de spermicide de façon permanente ennuie de plus en plus les femmes. Pourtant extrêmement « écologique », dénué de tout effet secondaire sur le corps et sur la santé, efficace, c'est un vrai moyen

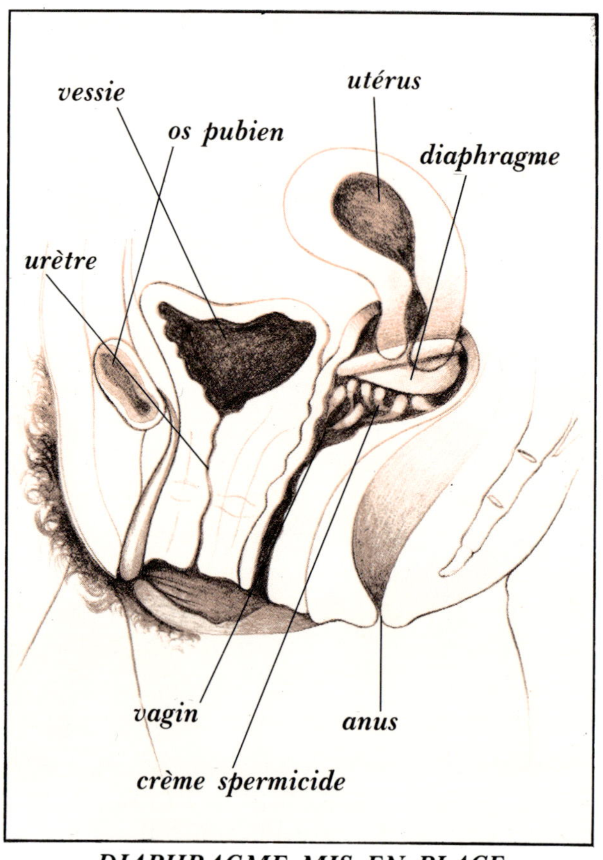

DIAPHRAGME MIS EN PLACE.

contraceptif. Les contraintes d'utilisation qu'il suppose sont proportionnelles à sa parfaite innocuité.

LES PRÉSERVATIFS sont un moyen contraceptif connu depuis l'antiquité. De fabrication artisanale jusqu'à l'avènement de l'ère du caoutchouc et de son succédané le latex, on en consomme des millions d'unités quotidiennement dans le monde. Excellent moyen contraceptif, doublé d'une protection anti-vénérienne, le préservatif n'en est pas moins boudé par les Occidentaux. C'est une question de mentalité, puisque 70 % des couples japonais l'utilisent (la pilule est interdite au Japon). C'est, de plus, le seul moyen contraceptif masculin et pour tous ceux qui se préoccupent de « leur perte » de pouvoir quant à la décision de faire un enfant, c'est une excellente méthode pour recouvrer une certaine autonomie ! Ils sont actuellement vendus dans toutes les pharmacies et certaines grandes surfaces. Emballés dans de l'aluminium hermétique, ils sont déjà lubrifiés et d'usage unique. Les différents fabricants cherchent actuellement à inverser la mauvaise image de marque des préservatifs au sein du public en présentant de nouveaux modèles en couleur, de différents formes, munis de plus ou moins d'aspérités, avec ou sans réservoir, etc. (À ce propos je vous mets en garde contre les pseudo-préservatifs vendus dans les sex-shops, qui, s'ils peuvent se révéler d'excellents outils « amoureux », sont de piètres moyens contraceptifs.) Le préservatif reste un excellent moyen de contraception : son efficacité est totale s'il est bien employé. Les fabricants soumettent leurs préservatifs à des tests extrêmement rigoureux afin d'y déceler d'éventuels trous ou défauts. Le mode d'emploi du préservatif est relativement simple, mais il suppose « trois règles d'or d'utilisation » :

- Ne jamais pénétrer dans le vagin de sa partenaire sans l'avoir préalablement mis.
- Ne pas le dérouler avec ses ongles sous peine d'en affaiblir la texture.
- Se retirer relativement rapidement après l'éjaculation afin qu'il « ne flotte » pas dans le vagin de la partenaire y laissant se répandre le sperme libéré.

Comme le diaphragme, le préservatif est « écologique », se passe entièrement de médecin (ce qui n'est pas négligeable), est disponible partout, peu encombrant, et enfin, dénué de tout effet secondaire. On lui reproche pourtant :

- D'amoindrir les sensations ressenties lors du va-et-vient vaginal.
- De constituer une « coupure » dans le rite sexuel, car il ne peut être mis en place que sur la verge en érection, et lorsque la pénétration a été décidée.
- De provoquer des échauffements vaginaux chez certaines femmes.

D'autres se plaignent de l'absence d'éjaculation au fond du vagin lors de l'orgasme masculin. En fait le seul échec contraceptif que pourrait connaître un préservatif correctement utilisé est l'éclatement (exceptionnel), immédiatement réparé par les contraceptions dites du « lendemain », pilule ou stérilet (plus de 99 % d'efficacité). La pilule est prescrite dans les 48 heures au plus tard après le rapport supposé fécondant. Le stérilet, lui, peut être posé dans les 5 jours après le rapport.

LES SPERMICIDES utilisés seuls, sont d'apparition relativement récente sur le « marché ». C'est aussi le moins efficace des cinq grands moyens contraceptifs. J'estime que bien utilisés, ils ne pourront jamais dépasser 95 % d'efficacité. Ils se présentent sous de nombreuses formes : mousses, comprimés effervescents, cap-

sules solubles, ovules, crèmes, gels... (ils sont disponibles en France en ovules, crèmes, capsules solubles et gels.) La mousse aérosol semble la plus efficace, puisqu'elle tapisse uniformément le vagin – beaucoup plus sûrement que les ovules, par exemple. Les spermicides modernes sont composés de produits acides et bactéricides. Ils ont été utilisés de tout temps, et dès l'antiquité certains recettes existent, à base de fiente de crocodile, de mélange de miel et d'acacia ! Leur principe d'action est relativement simple : ces produits sont sensés tuer les spermatozoïdes à l'endroit même où ils viennent d'être émis, c'est-à-dire dans le fond du vagin. Leur manque d'efficacité relatif tient à leur diffusion « à l'aveuglette » au fond du vagin, laissant parfois subsister quelques brèches sans produit, par lesquelles les spermatozoïdes auront vite fait de se « faufiler » vers la glaire du col de l'utérus et de disparaître définitivement.
Dénués de tous effets secondaires, vendus sans ordonnance (et donc eux aussi étrangers au circuit médical) ils ne sont utilisés, comme le diaphragme et le préservatif, qu'au moment même du rapport – l'un de leurs gros avantages. On leur reproche aussi leur « cuisine préparatoire », les délais d'attente de fonte des ovules, la « lubrification » trop importante apportée au vagin, l'obligation de ne pas faire de toilette intravaginale dans les huit heures qui suivent les rapports, la saveur et parfois l'odeur des produits (qui ne sont pas du goût des partenaires masculins)... Ces inconvénients, joints à leur relative inefficacité, ont vite tiédi les enthousiasmes contemporains du lancement de ces produits. Ils rendent pourtant de nombreux services :
• Aux couples qui désirent espacer les grossesses et non les refuser absolument.
• Aux femmes qui ont oublié leur pilule, jusqu'à la fin de la plaquette.
• A celles qui attendent la pose ou le changement d'un stérilet.
• A celles qui allaitent ou qui sont en périménopause, etc.

LA CONTRACEPTION CHIRURGICALE porte le nom de vasectomie chez l'homme et de stérilisation tubaire chez la femme. Le principe en est simple :
• Chez l'homme il s'agit de couper les canaux déférents qui transportent le sperme des testicules jusqu'à la prostate.
• Chez la femme on coupe ou bouche les trompes utérines, lieu de la fécondation.
Chez l'homme la vasectomie est très rapidement réalisée (un quart d'heure) sous anesthésie locale. Chez la femme il faut en général s'aider d'une coelioscopie (passage d'une sorte de périscope par un petit trou sous le nombril), sous anesthésie générale pour poser deux clips en plastique (anneaux de Yoon). Ces deux contraceptions doivent être considérées comme définitives et irréversibles – à la différence de celles qui ont été vues auparavant. Elles ne sont, dans notre pays, ni permises ni interdites car aucune loi n'en défend la pratique. Néanmoins l'Ordre des médecins et l'Académie de médecine réitèrent régulièrement l'interdiction aux médecins d'en pratiquer pour « convenance personnelle », assimilant ces actes à des « coups et blessures » (article 22 du code de déontologie médicale). Les assurances médicales, qui couvrent les médecins sur le plan pénal et civil, refusent de les garantir en cas d'accidents survenus au cours de telles interventions, assimilées à des actes illégaux. Pourtant la situation devrait changer rapidement, sous la pression des couples : aux États-Unis près de deux

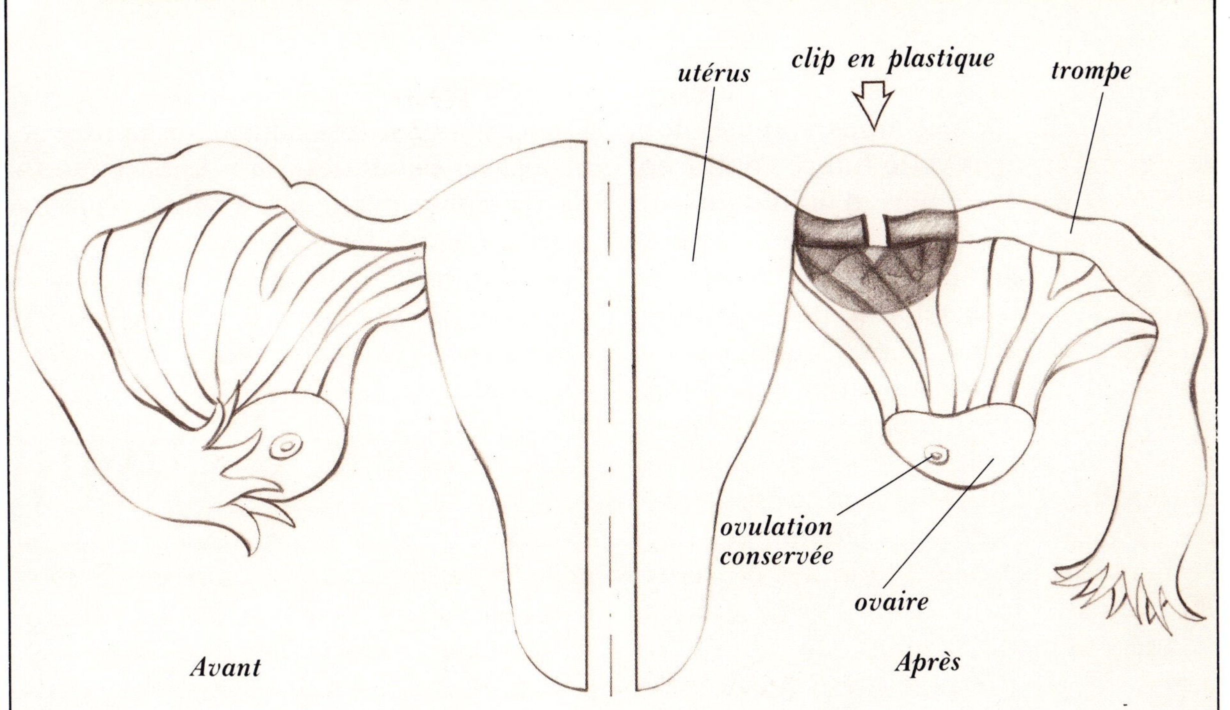

Stérilisation tubaire chez la femme

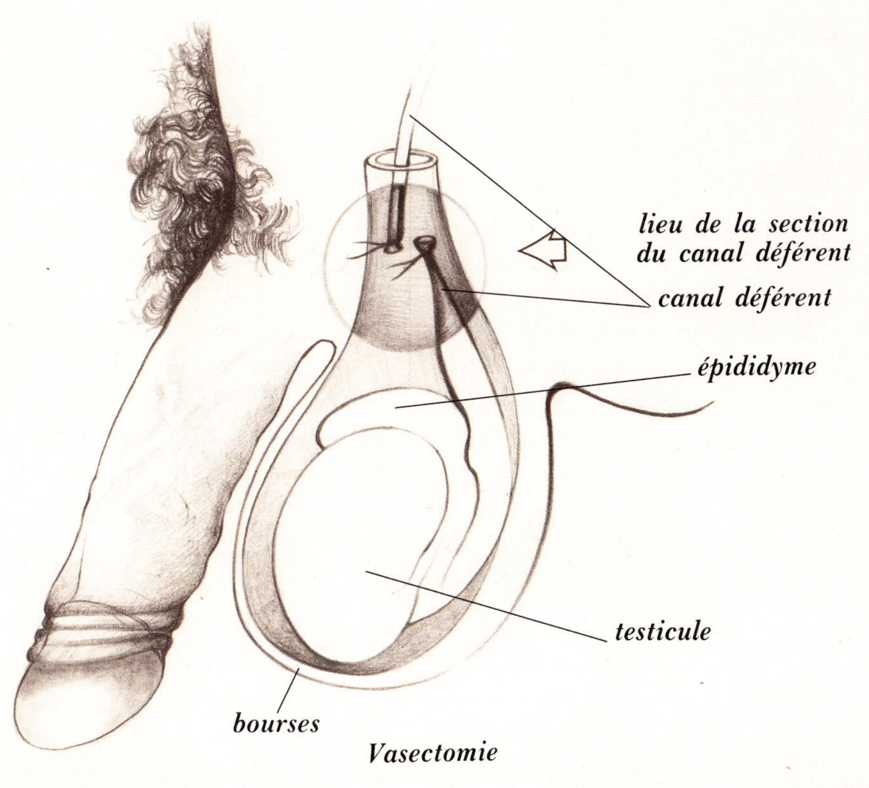

Vasectomie

LA CONTRACEPTION CHIRURGICALE

couples sur trois ayant dépassé 35 ans sont stérilisés ! En France nous sommes loin de ces excès, mais cette future contraception n° 1 (par le nombre d'utilisateurs sur terre) commence à être considérée comme un moyen valable. on peut tenter de contourner l'irréversibilité de l'opération en demandant aux futurs candidats de stocker du sperme en banque spécialisée, avant l'intervention (pour éventuellement, en cas de regret, tenter d'inséminer sa partenaire). La micro-chirurgie est capable de prouesses chez la femme et, dans certains cas privilégiés, permet de reperméabiliser les trompes obturées. Certaines équipes obtiennent plus de 60 % de succès de reperméabilisation tubaire. Par insémination artificielle ou par micro-chirurgie, la reversibilité de la stérilisation, masculine ou féminine reste cependant très faible et difficile. Elle ne doit être envisagée que lorsque l'on pense vraiment ne plus jamais désirer d'enfants. Les statistiques internationales révèlent qu'un couple sur dix regrette cette décision. Toute la difficulté est de connaître les neuf autres.

Peu de choses doivent être dites sur les pseudo-méthodes de contraception telle la méthode des températures (consistant à n'avoir de rapports que 3 jours après la montée de température signant l'ovulation !), celle de la douche vaginale (s'acharnant par différents procédés plus ou moins sophistiqués à évacuer le sperme après l'éjaculation, entreprise désespérée, car quelques secondes suffisent aux spermatozoïdes pour se faufiler dans la glaire du col !), celle des « jours » à vous donner la migraine tant par leur calcul plus ou moins savant et sophistiqué que par l'inefficacité absolue régulièrement contrôlée), celle du retrait (frustrante, angoissante et quasiment inefficace, elle n'en est pas moins préférée par 30 % des Français : il est très difficile de perdre ses mauvaises habitudes), la « Lunaception » (la fécondité des femmes serait régie par la lune comme les grandes marées !), etc., car elles sont <u>inefficaces</u> (les statistiques d'interruption volontaire de grossesses au niveau mondial le démontrent).

Le désir d'enfant

Parfois au bout de quelques mois, en général après quelques années, le désir d'enfant naît. Il est très difficile de décider de faire un enfant à l'ère de la contraception moderne : nos grands-parents et nos parents avaient pour inquiétude essentielle d'éviter les grossesses, et se résignaient quand elles survenaient. Aujourd'hui, faire un enfant est un acte conscient. Les couples renâclent souvent devant cette prise de responsabilité dont ils n'ont pas fait l'apprentissage, et dont ils ne peuvent parler avec leurs parents qui n'ont aucune expérience sur ce sujet. La contraception moderne permet de différer cette prise de responsabilité. Certaines femmes en viennent même à souhaiter, souvent inconsciemment, un échec de leur contraception qui viendrait enfin les décider malgré elles, malgré lui. Certains oublis de pilules peuvent être ainsi expliqués. Expliqué aussi un certain « ras le bol » de cette contraception, pilule en tête, alors qu'aucun signe secondaire ne vient étayer cette lassitude. Combien de patientes ont-elles arrêté la pilule puis, littéralement « terrorisées » à l'idée d'être enceintes, l'ont reprise en panique le mois suivant... Combien de patientes, venues se faire enlever leur stérilet pour le remettre, in extremis, un ou deux mois plus tard... La contraception arrêtée, si la grossesse ne survient pas dans le mois qui suit, les interrogations sont aiguës : et si nous étions stériles ? et si nous ne pouvions pas faire d'enfant ? Ces couples, qui ont planifié d'une manière rigoureuse la « non naissance », ne comprennent souvent pas que l'on ne puisse commander une grossesse pour un mois précis, comme un bien de consommation. Il faut leur expliquer que le « rendement » de la fécondation, du début d'une grossesse, est relativement faible puisqu'il est environ de 20 % par mois : il faudra souvent entre un et six cycles (c'est-à-dire entre un et six mois) pour qu'une grossesse démarre, sans qu'il y ait au sein du couple aucune difficulté. Il paraît peu souhaitable que les femmes ainsi exposées à la grossesse au sortir d'une longue période de contraception absolue prennent leur température afin de « surveiller » leur ovulation : c'est médicaliser à outrance le début d'une grossesse, imposer des rapports sexuels à des dates précises et par là-même leur enlever tout plaisir. Deux à trois rapports hebdomadaires suffisent amplement à féconder une femme quelle que soit la date de survenue dans le cycle : la nature est ainsi faite, et bien faite.

Comment arrêter son contraceptif ?

LA PILULE Combien de légendes courent sur l'arrêt obligatoire de la pilule de longs mois avant la conception souhaitée ! Certains couples pensent qu'il faut arrêter trois mois, d'autres six, voire neuf ou douze mois ! En fait ces croyances ont été largement entretenues par différents bruits qui ont couru, et courent encore au sein du corps médical. Être enceinte immédiatement après l'arrêt de la pilule exposerait le bébé à des malformations, à des fausses couches spontanées ou des « cataclysmes » très graves. En fait les statistiques et les études déjà anciennes, françaises par surcroît, nous ont appris que les fœtus conçus immédiatement après l'arrêt de la pilule n'étaient pas moins normaux (ni plus) que ceux conçus chez les femmes n'ayant jamais pris la pilule. Quant aux fausses couches spontanées, elles non plus ne semblent pas plus fréquentes que l'on ait conçu immédiatement l'enfant ou que l'on ait attendu six ou neuf mois. J'ai pour habitude, afin de couper court à toute polémique, dans la mesure ou cela n'est pas trop complexe, de conseiller au couple d'attendre au maximum un mois après l'arrêt de la pilule pour concevoir leur enfant. Et surtout de ne pas s'inquiéter si la grossesse démarre tout de même dans le cycle qui suit l'arrêt de la pilule. Il faut savoir, d'ailleurs, que la fécondité des femmes qui ont pris la pilule est un peu inférieure à celle des autres femmes dans le mois qui suit son arrêt. Mais cette fécondité redevient identique (et pas plus importante comme certains ont aussi tendance à le croire) dans le deuxième mois qui suit l'arrêt de la prise de la pilule.

LE STÉRILET (DIU) Il suffit d'enlever le stérilet pendant les règles qui précèdent le premier cycle d'exposition souhaité : la muqueuse utérine qui accueille l'œuf fécondé se renouvelle chaque mois au sortir des règles, et celle qui sera fabriquée après le retrait du stérilet ne l'aura, par définition, jamais connu. Là aussi, toute crainte au sujet d'enfants plus ou moins anormaux est totalement chimérique.

LES SPERMICIDES, DIAPHRAGMES, PRÉSERVATIFS Évidemment, il suffit ici de ne plus les employer pour voir survenir la grossesse.

Bébés-pilule et bébés-stérilet

UN POINT PARTICULIER SUR LEQUEL IL EST BON DE S'EXPLIQUER : les grossesses survenant malgré l'emploi de la pilule ou d'un stérilet bien en place dans l'utérus. Certaines femmes ayant oublié la pilule, ou prenant des médicaments (anti-tuberculeux ou certains antibiotiques par exemple), peuvent être enceintes même si elles continuent à prendre la pilule : les enfants nés « malgré la prise de la pilule » sont en général parfaitement normaux mais ici existe un doute, il faut bien le dire, quant à la normalité du fœtus. C'est pourquoi la majorité des médecins conseilleront une interruption thérapeutique de grossesse. En revanche, aucune crainte pour le « bébé stérilet » (je vous rappelle que si l'efficacité du stérilet approche des 100 %, elle ne l'atteint absolument pas).

Deux cas peuvent se présenter :

• Le fil est encore visible au moment du diagnostic de grossesse et le médecin le retirera doucement sans dommage pour la grossesse en cours.
• Le fil n'est déjà plus visible (au-delà du deuxième mois de grossesse) et le stérilet restera dans l'utérus pendant les 9 mois. Il sera « accouché » entre l'enfant et le placenta lors de la naissance. Abandonnez donc les images du bébé tenant triomphalement le stérilet dans son poing, ou ayant la marque du dispositif intra-utérin tatouée dans son dos : ce ne sont là que fantasmes jamais vérifiés !

La grossesse et la vie sexuelle

Les rapports sexuels sont-ils interdits pendant la grossesse ? Non ! Aucune raison médicale ne permet d'interdire ces rapports et ceci, du premier au neuvième mois. À vrai dire, les restrictions que les couples s'imposent parfois, sont dictées par des idées fausses, des préjugés ou des freins inconscients : des notions de souillure, de culpabilité, de sacrilège même, émergent parfois des inconscients. D'autres couples craignent d'une manière tout à fait injustifiée que le pénis « ouvre le col », tue l'enfant comme un dard pointu, le rende anormal ! En fait les conseils en cette matière sont extrêmement simples : ayez les rapports sexuels que vous avez envie d'avoir !
Évidemment, si vous avez l'habitude d'activités sexuelles très acrobatiques, mouvementées, sportives et dangereuses, vous devrez tempérer vos enthousiasmes le temps de la grossesse, et vous cantonner à une activité moins « périlleuse ».
Au début de la grossesse et jusqu'au troisième ou quatrième mois toutes les positions sont confortables. Plus tard, la proéminence du ventre fera sans doute préférer toutes les positions où l'homme n'est pas allongé sur le ventre de sa partenaire. Plus par souci de confort pour le couple qu'en raison d'un quelconque danger.

A NOTER La lubrification vaginale risque d'être différente : plus ou moins abondante, modifiée par l'imprégnation hor-

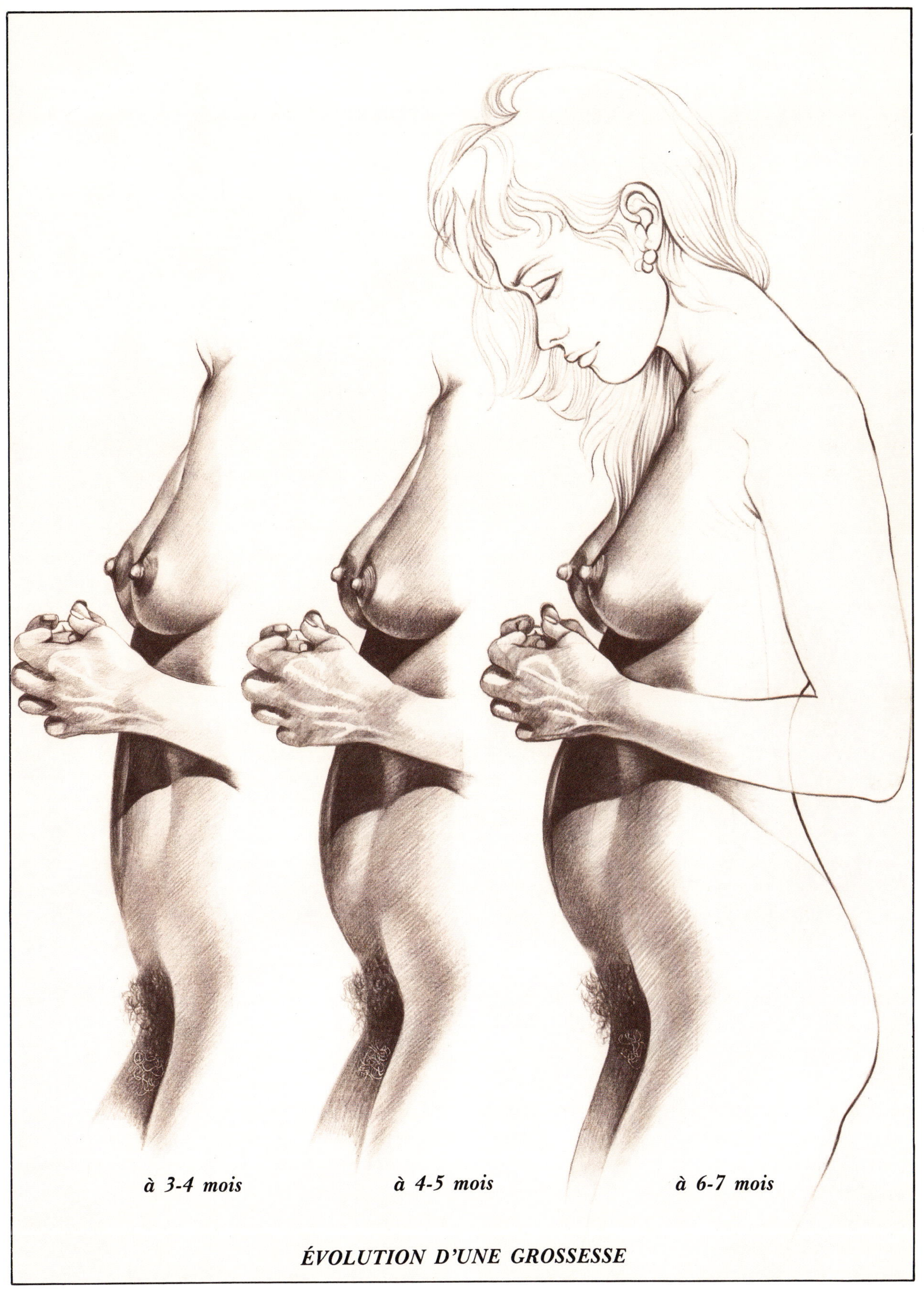

ÉVOLUTION D'UNE GROSSESSE

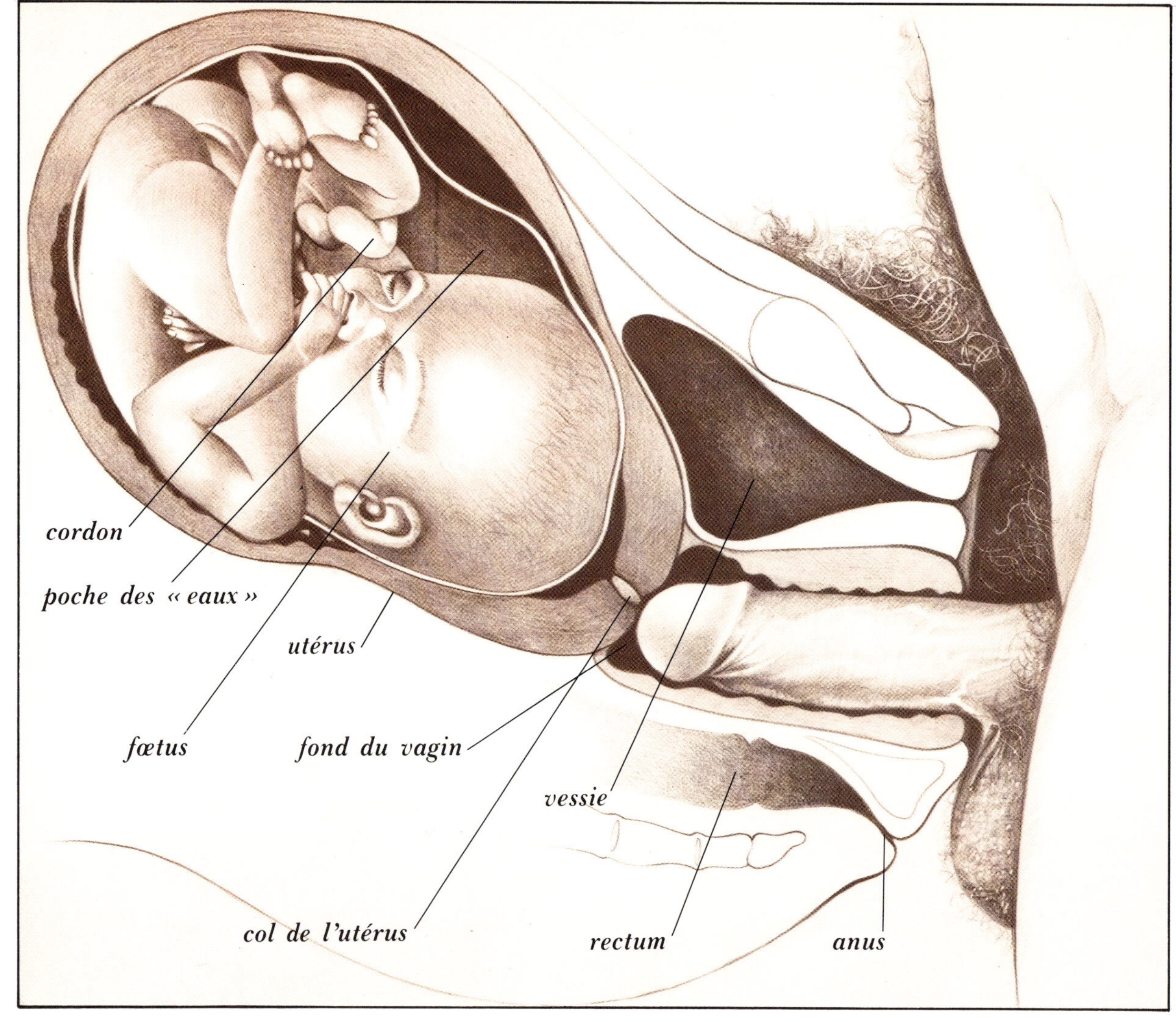

LES RAPPORTS RESTENT POSSIBLES DU 1er AU 9e MOIS

monale massive due à l'état de grossesse. Certains couples ressentiront une différence de consistance des parois vaginales, plus souples encore, qui ne nuit en rien à la qualité des rapports.

Alors, pourquoi certains médecins interdisent-ils les rapports sexuels ?

• Soit parce qu'ils vivent les mêmes interdits que leurs parents et projettent leurs propres fantasmes sur les couples qui les consultent.

• Soit (surtout) parce que dans un petit pourcentage de cas (moins de 10 % des grossesses) les rapports peuvent se révéler nocifs, dans la mesure où ils provoquent des contractions utérines chez des femmes dont le col est déjà court, menaçant la grossesse de prématurité. L'interdit des rapports sexuels, du moins leur modération, vient alors s'inscrire dans un contexte d'interdictions générales d'activités physiques.

Alors pourquoi interdirait-on les rapports sexuels aux autres couples, majoritaires ? Cette frustration est évidemment néfaste. À mon sens, ce qui est bon pour un couple c'est le bonheur. Enfin – et c'est là l'un de mes fantasmes – je suis à peu près certain que le fœtus participe, dans le ventre de sa mère, au plaisir maternel. Je vois donc, pour ma part, dans le rapport sexuel un moment privilégié ou le trio – femme, enfant, homme – vit la même extraordinaire sensation de plaisir et de plénitude sensorielle.

Pas de culpabilité déplacée donc, pas de gêne, pas de respect scrupuleux d'un code sexuel mythique de la grossesse. Suivez vos élans, vos envies et la nature vous dictera le reste.

La sexualité après l'accouchement

D'un point de vue strictement médical, les rapports sexuels peuvent être repris dès qu'il n'y a plus de lochies (pertes de sang qui suivent pendant quelques semaines l'accouchement). C'est-à-dire en général dès la deuxième ou troisième semaine. L'expérience nous prouve qu'en fait ils ont très souvent lieu avant, sans que nous n'ayons jamais été alertés de quelque complication que ce soit. Pourtant la sexualité des jeunes accouchées est en général très pauvre : elles ne ressentent pour leur partenaire qu'un désir très émoussé, voire inexistant. Et quand les rapports ont tout de même lieu ils sont souvent désagréables voire cuisants et douloureux. Ce manque d'attrait de la jeune mère pour la sexualité ne manque pas de culpabiliser voire d'inquiéter et de bouleverser le couple non informé.

Pourtant, il faut savoir que cette désaffection n'est que temporaire, et qu'elle est bien compréhensible :

- Il arrive souvent que le vagin se distende, élargi par le passage de l'enfant, diminuant ainsi les sensations souhaitées par l'un et l'autre des partenaires et l'attrait de l'acte sexuel.
- L'épisiotomie (la coupure de la vulve) pratiquée par l'accoucheur pour que la tête de l'enfant puisse passer sans la déchirer reste très souvent douloureuse, ou simplement sensible, pendant plusieurs semaines.
- L'allaitement (pratiqué par une Française sur deux) empêche la fonction ovarienne de se « réveiller » : les hormones œstrogènes, nécessaires au vagin pour qu'il retrouve sa souplesse et sa tonicité, ne sont pas produites.

Pendant l'allaitement il est donc souvent sec, voire irrité ou cuisant.

Le « Blues » de la jeune accouchée

En fait, c'est surtout la fatigue et la dépression qui suivent l'accouchement qui sont la cause de cette désaffection. Cette déprime, ce « blues » de la jeune accouchée, est très fréquent.

Ne nous étonnons donc pas que coupée, traumatisée, saignante dans cet endroit de son corps, la femme ne soit pas encline à retrouver sur le champ une sexualité épanouie. Il suffit d'en être averti : il faut souvent plusieurs semaines (voire quelques mois) pour que le couple se retrouve sexuellement. Lorsque l'épisiotomie sera enfin cicatrisée, le vagin d'un calibre à nouveau normal, les biberons de nuit moins fréquents, laissant enfin la jeune maman dormir, lorsque la fatigue s'effacera totalement, et que le souvenir d'un forceps ou d'un accouchement douloureux se sera évanoui, n'en doutez point, les désirs et les plaisirs sexuels seront à nouveau au rendez-vous.

Docteur David Élia

SEXUALITE DE L'AGE MUR

À une époque où l'on attribue une activité psychique au nourrisson, voire au fœtus, est-il tolérable que certains considèrent le sujet âgé comme un être marginalisé, réduit à une vie quasi végétative ? Ce serait plus que nier l'évidence.

Encore faut-il tenter d'établir les critères propres à définir une personne âgée.

• L'âge réel est bien entendu le critère le plus couramment adopté. Le vieillissement (ou sénescence), processus qui conduit l'organisme de sa naissance à sa mort, comporte trois phases : croissance, maturité, sénilité. Une notion chronologique est évidemment déterminante pour fixer la fin de la maturité et le début de la sénilité. Mais il apparaît que si, par nécessité pratique, nous fixons le début de la vieillesse autour de la soixantième année, y seront alors rattachés des individus fort différents : l'âge réel ne peut en effet se superposer parfaitement à l'âge biologique.

• L'état de santé défini par l'apparition de certains signes est ainsi mieux à même de déterminer l'âge effectif. La connaissance de plus en plus précise de ce qui se passe au niveau des différents organes, a conduit certains à essayer de déterminer cet âge en utilisant d'une part des tests globaux, dont le plus courant reste la mesure du métabolisme basal (dépense minimale en énergie), et d'autre part des tests spécifiques, explorant les différentes fonctions : cardio-vasculaire, respiratoire, rénale, nerveuse, musculaire et endocrinienne.

• Le degré d'activité et/ou d'autonomie, que conservent les sujets, enfin, sera le troisième critère. Ayant fait correspondre, pour la commodité de l'exposé, les débuts de la vieillesse aux alentours de la soixantième année (encore verrons-nous rapidement la nécessité, en matière de sexualité, d'introduire des nuances selon le sexe) ; admettant, ou plutôt constatant, l'existence d'une continuité de la sexualité dans l'âge avancé ; il ne faudrait pas verser dans une attitude extrémiste – absurde – qui consisterait à nier les effets de l'âge sur la sexualité, et à attendre d'un sujet âgé un comportement et un fonctionnement sexuels identiques à celui d'un jeune. De même que le vieillissement modifie les différentes fonctions de l'organisme, de la force musculaire à la capacité d'apprendre, il est à l'origine de modifications sexuelles.

La méconnaissance de ces modifications biologiques parfaitement normales se trouve, par l'angoisse qu'elle peut entraîner, à l'origine de bien des dysfonctions sexuelles des personnes âgées, trop facilement attribuées à une fatalité qui ne repose sur aucune base scientifique sérieuse. Le renoncement, la « retraite sexuelle », sont alors la seule issue possible, redoutée, mais aussi désirée, car avec elle disparaît la peur de l'échec : l'abstention, les conduites d'évitement, sont toujours préférées à l'angoisse et à la frustration. Une attitude à l'égard de la vie que tout homme et toute femme d'aujourd'hui doivent refuser.

Les différences selon le sexe

Les statistiques de Kinsey, confirmées par les études de Masters et Johnson, ont établi que chez l'homme les capacités sexuelles atteignent leur plénitude vers l'âge de 17-18 ans, et ne cessent de décliner par la suite. L'apogée sexuelle de la femme se situe, au contraire, aux environs de la quarantième année, et le déclin qui s'ensuit est relativement moins rapide.

L'âge affecte différemment les diverses phases du cycle sexuel : chez l'homme, le plus manifestement touché est l'orgasme, dont l'affadissement reste l'indice du vieillissement. En revanche, la capacité d'érection est relativement préservée. Aucun effet comparable n'est noté chez la femme, qui conserve, tout au long de sa vie, ses capacités multi-orgasmiques.

Ces diférences notables expliquent la nécessité de décrire séparément les modifications liées à l'âge dans le fonctionnement sexuel de l'homme et de la femme.

La fonction sexuelle chez la femme âgée

Le début du vieillissement peut coïncider avec la ménopause. Bien que de plus en plus retardée par rapport au passé, celle-ci se situe en général vers la cinquantième année. Ainsi, une femme en bonne santé, vivant à notre époque, est appelée à vivre un tiers de son espérance moyenne de vie (75 ans) sans sécrétion hormonale ovarienne. C'est dire que la poursuite d'une activité sexuelle, au cours de la période post-ménopausique, passe par l'acceptation d'une sexualité détachée de la reproduction.

Innombrables sont les idées fausses, les tabous, et les interdits qui concourent à refuser aux femmes ménopausées toute forme d'expression sexuelle. Il appartient non seulement aux sexologues, mais à tout médecin, de les combattre.

Masters et Johnson furent les premiers à se pencher scientifiquement sur ce problème : il y a seulement quatorze ans, furent publiés les résultats d'une enquête statistique jamais entreprise auparavant. Elle avait pour but d'établir un parallèle entre les réactions sexuelles de femmes jeunes (dont l'âge est compris par convention entre 20 et 40 ans) et âgées (entre 50 et 70 ans). Signalons pour l'anecdote que la plus âgée des femmes admises dans l'étude avait alors 78 ans. La comparaison portait sur chacune des quatre phases du cycle de réponse sexuelle définies par Masters et Johnson : l'excitation, produite par une stimulation efficace, physique ou psychique ; la phase en plateau, durant laquelle les tensions sexuelles s'intensifient jusqu'à atteindre un degré extrême, conduisant finalement à l'orgasme ; enfin, la phase de résolution (période de relâchement des tensions), au cours de laquelle la femme, au contraire de l'homme, peut à nouveau être stimulée et parvenir à l'orgasme.

• L'excitation sexuelle a pour première traduction la lubrification vaginale, véritable équivalent féminin de l'érection masculine. Survenant 10 à 30 secondes après le début d'une stimulation efficace chez une femme jeune, la substance lubrifiante, émise par la paroi vaginale dans son ensemble, peut, chez la femme d'un certain âge, nécessiter plusieurs minutes pour apparaître. Une intromission survenant trop tôt, dans un vagin insuffisamment lubrifié, rendra inévitable le rapport douloureux, interdisant tout plaisir.

Parmi les autres causes de désagrément ou de douleur lors de la stimulation, signalons que le clitoris, dont le capuchon, considérablement aminci, remplit moins bien son rôle protecteur, devient à cette période beaucoup plus sensible. Il réagit toutefois de la même façon que chez la femme jeune, et ce potentiel érogène conservé soulève la question de la masturbation des femmes âgées. Les enquêtes le montrent : 25 % des femmes de 70 ans et plus continuent à se masturber. Cette poursuite d'une activité masturbatoire prend toute son importance à une période où une femme au désir intact ou exacerbé, se trouve fréquemment confrontée à un partenaire défaillant ou réticent – ou encore à la disparition de celui-ci.

• L'orgasme devenu plus court, peut entraîner des contractions spasmodiques douloureuses, spécifiques de la femme ménopausée, pouvant constituer un obstacle à la détente (phase de résolution).

Une irritation de la vessie et de l'urètre par les mouvements du coït peut être à l'origine d'une envie d'uriner immédiatement après les rapports, voire de brûlures urinaires. La cause en est là encore la minceur de la paroi vaginale. Ces difficultés dans la réponse et l'acte sexuel féminin dues aux changements liés à la ménopause, jointes aux autres désagréments de cette période (bouffées de chaleur, maux de tête, fatigue, irritabilité...) conduisent parfois la femme à éviter l'expérience orgasmique, voire même tout rapport sexuel. Toutefois, les femmes âgées ayant poursuivi sans trop d'interruption une activité sexuelle, bien que présentant tous les signes – y compris vaginaux – de privation d'hormone sexuelle, souffrent de façon bien moindre de ces modifications, et conservent une capacité supérieure d'activité sexuelle. En somme, comme le constatent Masters et Johnson, tout se passe comme si « l'habitude sexuelle était assez forte pour contrebalancer le déficit hormonal ».

Traitement hormonal des femmes ménopausées

Les conséquences négatives de la carence en œstrogènes peuvent être atténuées, ou éliminées, au moins de façon provisoire, par un traitement aujourd'hui bien codifié. Il s'agit de l'administration, par voie buccale, ou sous forme de crèmes, d'œstrogènes et de progestérone, visant à pallier le déficit hormonal naturel et à prévenir, ou à réparer, ses conséquences sur la fonction sexuelle. D'autant plus efficace qu'il est instauré rapidement après l'arrêt définitif des règles, un tel traitement peut, à l'occasion, maintenir un cycle artificiel : des « règles » (ou plutôt des hémorragies de privation) survenant tous les 28 jours, par arrêt de la prise médicamenteuse. Les indications, risques et contre-indications des traitements substitutifs de la ménopause sont aujourd'hui

bien connus. Mais le gynécologue reste le seul juge du traitement à instaurer.
Ce traitement prévient l'apparition de la décalcification, si fréquente après la ménopause, maintient ou rétablit le bon état des organes alimentés par les œstrogènes. Ainsi les seins (l'une des conséquences directes du vieillissement étant une perte de l'élasticité de la poitrine, son affaissement et son aplatissement), l'appareil génital externe (clitoris, petites et grandes lèvres), le vagin et l'utérus, sont susceptibles de bénéficier de l'administration d'hormones de remplacement.
Qu'ils soient d'ordre génito-urinaire (dyspareunie, douleurs post-orgasmiques, irritation de la vessie et de l'urètre, brûlures urinaires) ou plus général (troubles de l'humeur, fatigue, migraines, bouffées de chaleur), les troubles de la période post-ménopausique seront évités, ou améliorés, par un tel traitement. Ce sont autant d'obstacles à une sexualité satisfaisante qui sont alors levés... C'est par ce biais, et non par une stimulation directe des tensions sexuelles par les hormones, qu'il faut comprendre le rétablissement des capacités sexuelles consécutif à une thérapeutique de remplacement endocrinien.
Mais une barrière potentielle majeure peut encore subsister. De fait, s'il est un domaine où le psychisme joue un rôle au moins égal, sinon supérieur, à celui du système endocrinien, c'est bien celui de la sexualité. Et si nous n'avons pas encore évoqué le devenir du désir sexuel, de la « libido », c'est qu'il ne se dégage, en la matière, aucune règle. C'est bien au contraire un large éventail, extrêmement variable selon les cas, que l'on constate dans les réactions sexuelles.
De nombreuses femmes avouent une diminution de leur désir sexuel. Les explications à ce phénomène ne manquent pas, qu'il s'agisse des troubles organiques déjà évoqués, ou de troubles purement psychiques – une femme déprimée, instable, peut-elle s'intéresser au sexe ? Le vécu psychologique de la ménopause, les relations qui la lient à son mari, sont autant de variables supplémentaires. Envahie par le doute, le sentiment de perdre inexorablement tout pouvoir de séduction, une femme ne se trouve pas dans les conditions propres à un épanouissement sexuel, ni un renouveau d'intérêt pour son mari. Lequel, vieillissant, et cherchant de ce fait à espacer les rapports, la conforte dans son sentiment de déchéance et sa honte d'être rejetée. De même, lorsque la ménopause est vécue comme une cassure dans l'évolution en ce qui concerne la procréation. Si certaines femmes subissent alors un désir écrasant d'être une dernière fois enceintes, traduction d'un sentiment d'appréhension envers la « fermeture des portes », l'activité sexuelle qui en résulte ne témoigne en aucune manière d'un intérêt accru envers les rapports sexuels. En revanche, plus d'une femme est sujette, à l'installation de la ménopause, à un regain d'intérêt pour l'activité sexuelle, à une flambée de désir envers son mari. Cette seconde « lune de miel » dont font part ces femmes au début de la cinquantaine, est due à un soulagement de la « phobie de la grossesse ». Réaction courante chez des femmes qui n'ont jamais connu une sécurité contraceptive absolue, cette explication sera avec le temps de moins en moins valide. Mais il n'en reste pas moins que des femmes, même ménopausées, ne souffrant d'aucun état dépressif, sont, et resteront, en mesure de trouver des partenaires qui leur plaisent et à qui elles plaisent. Le désir sexuel chez la femme âgée peut, et doit être considéré comme normal. Toute solution consti-

tuant une réponse à ses besoins sexuels mérite d'être encouragée. En premier lieu, le maintien d'une activité sexuelle régulière, facteur évident de conservation des capacités sexuelles ; dans le même sens, vont la dédramatisation, l'encouragement des pratiques masturbatoires : en un mot, inspirer la liberté. Enfin, la prescription, en cas de besoin, de thérapeutiques de remplacement hormonal, dont l'utilité fait aujourd'hui l'unanimité, est appelée à se généraliser.

Cet ensemble de mesures permettra alors de vérifier qu'il n'y a « aucune limite tracée par la vieillesse à la sexualité de la femme ».

La fonction sexuelle chez l'homme âgé

Chez l'homme, les motivations sexuelles peuvent persister jusqu'à un âge très avancé. Bien que la sexualité des hommes âgés ait été très peu étudiée, tous les témoignages semblent affirmer qu'il n'existe aucune détérioration normale du désir sexuel après la cinquantaine.

Il reste cependant que l'impuissance constitue l'un des sujets de plainte les plus fréquents dans cette classe d'âge, accueillie avec résignation si la partenaire, lassée de la sexualité, aspire à la retraite sexuelle, ou vécue dans le cas contraire comme une infirmité grave, une atteinte au prestige. En matière de sexualité, l'angoisse de l'échec suffit souvent à engendrer l'échec lui-même. C'est ainsi que des dizaines de milliers d'hommes, constatant les premiers indices du vieillissement, sont devenus tragiquement, mais logiquement impuissants. Peut-on en effet s'étonner qu'un individu, non averti des changements imposés par l'âge à la fonction sexuelle, ne comprenne pas leur caractère parfaitement normal et prévisible ? Que, croyant voir se vérifier ce préjugé si largement répandu selon lequel la vieillesse entraîne automatiquement l'impuissance, il soit alors saisi par la peur de l'échec ? Car, si la libido n'est pas normalement entamée par le processus de vieillissement, des modifications caractéristiques de la physiologie sexuelle se produisent chez l'homme de la cinquantaine et au-delà.

Les travaux de Masters et Johnson sur les variations naturelles que l'âge entraîne, ont fourni des indications si éloquentes, qu'ils servent encore de référence à de nombreux chercheurs. Il nous a semblé utile de les rappeler ici brièvement, en procédant, comme nous venons de le faire dans les pages précédentes pour la femme, à l'analyse systématique des quatre phases du cycle de réponse sexuelle.

• L'excitation est plus lente. L'une des modifications les plus marquantes de la réaction sexuelle de l'homme de plus de 50 ans, est la survenue beaucoup moins rapide de l'érection par rapport aux stimulations. Plusieurs minutes (au lieu de quelques secondes) peuvent être nécessaires à l'obtention d'une rigidité satisfaisante, autorisant l'intromission. Ce délai, généralement proportionnel à l'âge du sujet, n'effraiera pas un homme informé de son caractère normal. Mais, survenant chez un sujet anxieux, ignorant tout de sa propre physiologie, il peut être perçu comme l'une des premières manifestations d'impuissance.

Les tentatives de forcer l'érection (réaction la plus néfaste qui soit, étant donnée l'extrême sensibilité de l'homme à l'angoisse d'échec) lui font alors franchir – réel-

lement, cette fois –, le premier pas vers l'impuissance. L'action de la volonté sur l'érection, phénomène naturel et spontané s'il en est, ne peut être qu'inhibitrice. L'inquiétude qui en découle centre l'attention sur la rigidité – ou la flaccidité – de la verge. Le sujet n'est plus acteur, mais spectateur de son propre échec. L'homme âgé, et sa compagne, doivent connaître la nécessité, pour obtenir une érection, d'une stimulation directe de la verge manuelle ou buccale (contrairement à l'impuissance, où cette façon de faire est parfaitement néfaste).
C'est-à-dire que regarder, embrasser, ou caresser sa partenaire, ne peuvent plus suffire à provoquer l'érection. Celle-ci doit donc être capable de stimuler efficacement son compagnon, par des attouchements directs, manuels ou buccaux, des organes génitaux. Ce préliminaire, autrefois occasionnel, devient avec l'âge indispensable. L'information des deux partenaires à ce sujet évitera, à l'un de se croire impuissant, à l'autre, de se sentir rejetée.
Notons qu'à ce ralentissement normal de l'érection, à cette crainte de l'échec qui en résulte, s'ajoutent d'autres « facteurs aggravants » allant dans le sens d'une inhibition sexuelle : monotonie des rapports avec une partenaire ayant perdu, avec le temps, beaucoup de son pouvoir érotique ; préoccupations d'ordre matériel ou professionnel, quasi constantes à cette période de la vie ; maladie, la bonne santé devenant avec l'âge un bienfait de moins en moins répandu. C'est dire la sérénité psychique nécessaire pour aborder sans grand dommage le virage qui s'amorce, d'autant qu'il faut encore faire face à d'autres complications naturelles. L'érection de l'homme âgé n'est pas seulement plus lente, elle est aussi plus vulnérable, c'est-à-dire qu'elle peut disparaître, au cours d'un rapport prolongé ou même d'un préliminaire amoureux, et cela sans qu'il y ait eu éjaculation. Un tel évènement, survenant chez un homme jeune, n'aura guère d'incidence pratique : celui-ci peut, au cours du même cycle sexuel, perdre, partiellement ou complètement, son érection, et la regagner, ceci à plusieurs reprises. On remarque au contraire, chez l'homme âgé, une difficulté à être de nouveau stimulable et à parvenir à l'érection, durant plusieurs heures après la perte de celle-ci. Tout se passe comme si le sujet avait, de fait, éjaculé.

• L'érection est rarement complète d'emblée : si elle peut parfaitement suffire à l'intromission, il est fréquent qu'elle ne se complète que tardivement, immédiatement avant l'éjaculation. Or c'est dans cette seconde phase, qu'il faut voir un aspect très positif de la sexualité de l'homme âgé. Une fois arrivé à ce niveau d'excitation, il lui est possible – et il ne s'en prive pas – de conserver longtemps son érection sans succomber au besoin d'éjaculer. Un homme âgé est donc parfaitement capable de satisfaire sa partenaire, y compris si elle éprouve un désir d'orgasmes répétés. Ce contrôle éjaculatoire est-il le fruit d'une longue expérience coïtale, ou le reflet d'une réponse sexuelle moins intense ? Toujours est-il qu'il représente une acquisition certaine apportée par l'âge à la sexualité masculine.
L'homme âgé constate par ailleurs une nette diminution de son besoin d'éjaculer. Souvent (une fois sur deux en moyenne) un rapport peut être conclu sans qu'il y ait eu éjaculation, tout en étant parfaitement satisfaisant au plan émotionnel. Cette diminution du besoin d'éjaculer permet à l'homme âgé de poursuivre avec succès une vie sexuelle pleine, à la condition qu'une partenaire mal informée, soucieuse de se montrer coopérante et de

« remplir sa mission », ne s'acharne pas à provoquer à chaque rapport une éjaculation dont son partenaire ne ressent pas nécessairement le besoin. A quelques exceptions près, en effet, l'homme de plus de soixante ans sera complètement satisfait par une ou deux éjaculations par semaine au plus.

• L'éjaculation présente des caractéristiques originales. C'est au moment de l'orgasme que se manifestent dans les réactions sexuelles des vieux et des jeunes les différences les plus importantes.

Chez les jeunes, en effet, l'éjaculation se déroule en deux étapes bien distinctes : une sensation subjective, d'une durée de 2 à 4 secondes, d'inévitabilité éjaculatoire, durant laquelle le sujet « sent venir » son éjaculation et n'est plus à même de la contrôler ; une deuxième étape, où l'éjaculation proprement dite, au cours de laquelle le sperme, accumulé sous pression dans la partie haute de l'urètre, jaillit sous l'effet de contractions régulières, à une distance de 20 à 40 cm du méat urétral (orifice urinaire).

Les altérations dues au processus de vieillissement touchent inéluctablement les deux temps de l'éjaculation.

La première étape est abrégée (1 à 2 secondes), voire indiscernable, et l'éjaculation survient parfois sans que le sujet puisse déterminer un « point de non-retour ». Cet orgasme en un temps pourrait avoir deux origines : une insuffisance de la production de l'hormone mâle, la testérone (nous y reviendrons), ou le contrôle préalable, dans le but de mieux satisfaire la partenaire.

Les modifications de la seconde étape sont objectives et subjectives.

Objectivement, la pression avec laquelle est expulsé le liquide séminal est moindre : celui-ci peut jaillir à quelques centimètres ou tout simplement s'écouler hors du méat urétral sans force expulsive apparente. Le volume expulsé est également diminué – deux à trois centimètres cubes au lieu de quatre à cinq –, et sa transparence traduit sa pauvreté en spermatozoïdes.

Subjectivement, les sensations de volume du sperme et de puissance expulsive sont de plus en plus difficiles à identifier, et le nombre de contractions est diminué.

Selon Masters et Johnson, ces changements physiologiques n'affectent en rien l'extrême plaisir sensoriel procuré par l'orgasme. Il n'en reste pas moins que les sensations d'inévitabilité éjaculatoire, ainsi que de puissance expulsive, et de volume du sperme, sont, chez le jeune, des perceptions très émouvantes...

• Après l'éjaculation, l'homme âgé perd très rapidement son érection : le pénis revient à l'état flaccide en quelques secondes. Là encore, l'inquiétude causée par la vision du pénis tombant littéralement hors du vagin de la partenaire, dans les secondes suivant l'éjaculation, ne pourra être vaincue, ou prévenue, que par une information médicale préalable.

L'andropause existe-t-elle ?

Il est sans doute séduisant, pour tenter d'expliquer cette baisse des fonctions sexuelles chez l'homme vieillissant, de recourir à une notion analogue à la ménopause : la « ménopause masculine » ou andropause. Mais il apparaît bien vite que tout parallélisme entre gynécologie et andrologie est vraisemblablement abusif. Contrairement à la ménopause, l'andropause est un concept dont l'existence même est discutée, et la corrélation entre les variations sexuelles et hormonales, bien hasardeuse.

Il n'existe pas de définition très précise de l'andropause : alors que la ménopause se traduit, chez toutes les femmes, par une disparition brutale de la fonction reproductive, consécutive à des variations hormonales évidentes, il n'est rien observé de tel chez l'homme, affirment les endocrinologues. Chez lui, en effet, les variations hormonales seraient nulles ou minimes, et, si le sperme devient avec l'âge de moins bonne qualité, il n'est en aucun cas noté de cessation brusque d'activité testiculaire, comme l'on observe une cessation d'activité ovarienne. En ce sens, l'andropause n'existe pas. En fait, exceptés les rares cas de baisse franche de testostérone, l'andropause se ressent plus qu'elle ne se décrit, et peut être assimilée à la prise de conscience par l'homme de son vieillissement. Elle se définit alors par un ensemble de troubles psychiques, liés au vieillissement, comparables à ceux présentés par la femme en cours de ménopause : sueurs, insomnie, irritabilité, troubles de la mémoire, voire un fléchissement de l'activité, fréquemment teinté d'une note dépressive. A la différence de la ménopause, ces signes sont d'apparition progressive, et surtout, répétons-le, le rôle joué dans leur apparition par l'abaissement du taux d'hormone sexuelle demeure obscur.

Traitement hormonal de l'andropause

Une thérapeutique de remplacement endocrinien est-elle logique, et efficace, lors de l'apparition des symptômes ? Dans l'état de nos connaissances, aucune réponse catégorique n'est possible. Exceptés les (rares) cas de baisse hormonale qui bénéficient avantageusement des injections d'hormone mâle, le traitement par la testostérone des sujets masculins porteurs d'un taux normal ou subnormal de cette hormone ne semble pas logique. S'il est néanmoins pratiqué, il semble que certains sujets voient alors s'améliorer leur état dépressif, et, partant, leur fonctionnement sexuel, à l'origine à son tour d'un renouveau d'énergie et d'optimisme. Qu'il s'agisse d'un effet purement psychique, ou d'une action biologique de mécanisme encore inconnu, certains médecins, au point de vue empirique, n'hésitent pas à prescrire cette hormonothérapie, si le sujet le désire, et en l'absence de contre-indications. Soulignons cependant que l'unanimité à ce sujet est loin d'être réalisée. Il ne s'agit pas d'une technique de routine, les indications et les risques, beaucoup moins connus que ceux de l'hormonothérapie dans la ménopause, en sont beaucoup plus difficiles à peser. Enfin, l'efficacité n'en est pas constante, loin s'en faut : de nombreux patients ne signalent aucun résultat positif. C'est pourquoi la plupart des médecins, donnent leur préférence, dans les cas où est estimé nécessaire un soutien médicamenteux, à des thérapeutiques plus anodines, tels que des toniques généraux, polyvitaminés de préférence, oligo-éléments, sels minéraux... En somme, il n'y a aucun miracle à attendre, à l'heure actuelle.

Les éléments essentiels déterminant le maintien d'une vie sexuelle active restent la bonne entente psycho-affective, le degré de compréhension mutuelle des deux partenaires, ainsi que la fréquence, et la qualité, de l'activité sexuelle antérieure. Bien davantage que sur les médicaments, c'est donc sur les ressources et les richesses individuelles qu'il faut compter. Un homme sain, informé du caractère inévitable, mais normal, des modifications décrites ci-dessus, en fera l'expérience sans angoisse. Il est à ce moment capable de jouir d'une sexualité modifiée, mais non disparue, tout au long des années qui lui restent à vivre. En fait, enrichi d'une longue expérience amoureuse, l'homme, sûr de lui, s'apercevra que l'âge, s'il constitue sans doute un handicap, n'est en aucun cas une incapacité permanente, moins encore une entrave au plaisir. De plus, l'acquisition d'un nouveau style de conduites érotiques, dont l'aspect « physique » s'est effacé au profit de la composante psychique, fait une place plus large aux jeux imaginatifs et aux fantasmes, rapprochant ainsi l'homme âgé et sa « nouvelle sexualité » de sa compagne. Ne peut-on voir là l'ultime étape d'une évolution du couple vers l'harmonie sexuelle ?

Docteur Paul Bensussan

Comment prévenir le vieillissement sexuel

En l'an 2000, en Europe, statistiquement, une personne sur vingt sera âgée de 75 ans ou plus. Par rapport à 1950, l'accroissement du nombre des personnes âgées sera de 100 %. Ces personnes approchent actuellement de la soixantaine ou l'ont dépassée. D'après certains auteurs, posséder un niveau d'instruction élevé, assumer des responsabilités, retarderait les troubles psychologiques et physiologiques dus au vieillissement inéluctable des cellules. On sait que chez de nombreuses personnes, hommes et femmes, la mise à la retraite, tant désirée pendant la période d'activité, est péniblement supportée moralement, et laisse un vide difficile à combler. Cette mise en marge de la société est d'autant plus vivement ressentie que les enfants, mariés, à leur tour chefs de famille, mènent une existence indépendante, qu'ils sont souvent éloignés, trop préoccupés de leurs propres intérêts pour en accorder beaucoup à leurs parents vieillissants. Déprime qui s'accompagne de manifestations physiques, notamment dans la sphère sexuelle. C'est pourtant oublier que nombreux sont ceux qui ont largement dépassé la soixantaine sans être pour autant des « ramollis » ou des « croûlants », expressions usitées dans les années 60 : aux environs de sa quatre-vingtième année, Victor Hugo continuait à s'offrir de joyeuses satisfactions avec des boulangères ou des prostituées. Question de tempérament, certes, mais aussi attention portée à soi-même, moins narcissique qu'il y paraît, pusiqu'il s'agit de se conserver dans le meilleur état physique possible, aussi bien pour soi que pour les autres. Le vieillissement est souvent considéré comme un repli sur soi-même, une perte des facultés de communications sociales et sexuelles, alors que les perturbations apparentes de l'organisme, non négligeables, peuvent être aussi bien d'origine psychique que physique. Les traitements ne manquent pas pour compenser ces défaillances.

Traitement de la femme en ménopause

Selon les psychologues, la femme de cinquante ans devient castratrice pour son mari, son compagnon, son amant, parce qu'elle s'estime elle-même castrée. Elle cesse d'être féconde, elle se sent inutile, elle perd l'intérêt pour le sexe – elle ne l'a peut-être jamais eu, sinon exercé dans son pouvoir d'enfantement. Elle s'estime « à la retraite ». Certes, la cinquantaine passée, rares sont les femmes encore capables d'engendrer. A moins de bénéficier d'une intervention divine, comme Sarah, épouse d'Abraham, dans la Bible, qui s'interroge : « Maintenant que je suis vieille, aurais-je encore des désirs ? Et mon seigneur aussi est vieux. » Et elle rit. Elle n'y croit pas, à cette maternité, à ce désir invraisemblable.

Mais la femme ménopausée, devenue stérile, n'en perd pas pour autant sa libido, son appétit de plaisir, qui souvent s'accroît dans la mesure où elle ne craint plus une grossesse intempestive, et où la perte de séduction physique propre à la jeunesse est imminente.

Les troubles de la ménopause sont considérés par trop de femmes, et certains médecins, comme inévitables et « normaux », inhérents à la condition féminine. Outre les fameuses « bouffées de chaleur » et les modifications comportementales parfois dépressives, les seins, l'utérus, le vagin, la vulve, étroitement dépendants des sécrétions hormonales ovariennes, se modifient, de façon plus ou moins rapide selon les femmes. Ce qui retentit sur le comportement sexuel, du fait d'une atrophie progressive des organes génitaux. Un rétrécissement de l'orifice vaginal, mais surtout la disparition des substances lubrifiantes du vagin, peuvent rendre le coït douloureux, du moins peu agréable à la femme, qui en vient à le refuser à son partenaire. D'autres complications de la ménopause apparaissent plus tardivement et risquent de s'aggraver avec les années : la décalcification osseuse notamment, ou les troubles cardio-vasculaires. Or, ces déficiences, grâce aux progrès de la médecine dans la sphère sexuelle depuis une vingtaine d'années, ne sont pas aussi inéluctables que trop de femmes le croient encore, même si la stérilité est irréversible. Ainsi le traitement hormonal de la ménopause, actuellement pratiqué et de plus en plus raffiné, permet-il aux femmes de la cinquantaine et bien au-delà, s'il s'accompagne de précautions diététiques et d'une activité sportive quelconque, de vivre et de paraître dix à quinze ans de moins que leur âge légal. Et il revient moins cher que la chirurgie esthétique... Il consiste à maintenir les cycles menstruels en reproduisant dans l'organisme les sécrétions ovariennes naturelles. Il comporte l'administration, pendant les 10 ou 12 jours de la phase folliculaire normale, des œstrogènes qui ne sont plus sécrétés par l'organisme. Les 10 jours suivants, qui correspondent aux sécrétions du « corps jaune », phase qui suit l'ovulation, sont prescrits œstrogènes et progestatif qui le compensent. Les 6 à 7 jours intermédiaires provoquent l'hémorragie menstruelle, courte et peu abondante, qui correspond, chaque mois, à l'élimination de la muqueuse utérine fabriquée par les œstrogènes.

Ces « règles » artificielles peuvent paraître contraignantes aux femmes, tout autant que le traitement, en prolongeant une servitude féminine, celle des menstrues. Cet inconvénient a sa contre-partie non négligeable : la muqueuse utérine s'élimine régulièrement, ce qui évite le cancer de l'utérus.

Autre inconvénient, autre contrainte, qui comporte aussi son aspect bénéfique : le traitement hormonal de la ménopause oblige à une surveillance médicale régulière. Un examen au troisième mois de traitement, pour vérifier si la dose hormonale prescrite, variable selon les femmes, est bien adaptée. Les doses standard conviennent à environ 80 % des femmes. Un examen général tous les 6 mois, notamment des seins, pour vérifier l'apparition de la moindre grosseur suspecte, prise de tension, vérification gynécologique... Chaque année sont effectués des contrôles biologiques, qui obligent à une prise de sang pour vérifier les taux de sucre et de graisses, et un frottis cervico-vaginal confié à un laboratoire d'analyses pour un dépistage systématique du cancer. Sans doute, ces examens et vérifications peuvent-ils paraître fastidieux. Mais ils ont l'avantage d'obliger la femme qui suit un traitement hormonal, à condition qu'elle s'estime responsable de sa santé (ce qui n'est pas toujours le fait de femmes plus jeunes), à considérer des symptômes récemment apparus. Il vaut mieux se découvrir porteuse d'un kyste acqueux mammaire, parfaitement bénin et résorbable, que conserver une grosseur au sein, à laquelle on évite de penser, et qui peut se révéler cancéreuse.

Le traitement hormonal de la ménopause ne fait pas rajeunir. Mais il évite le vieillissement prématuré. La peau se flétrit moins vite, notamment au niveau du visage ; l'apparition de « moustache » virilisante, due à une hypersécrétion d'hormone mâle par les glandes surrénales, est contrariée ; les organes génitaux conservent souplesse, moelleux et adaptation au membre viril. La décalcification osseuse est retardée mais pas forcément l'artériosclérose (le durcissement des artères) qui peut engendrer des troubles coronariens. A moins qu'un traitement parallèle n'intervienne. Parmi les oppositions à la pilule contraceptive comme au traitement hormonal de la ménopause, est souvent avancée la prise de poids. Elle est davantage due à un grignotage compensatif d'angoisse qu'au traitement. Il convient, quand une augmentation de poids se manifeste, de réduire les aliments gras et les hydrates de carbone. Renoncer à ces délicieux gâteaux ? La gymnastique, la natation, le yoga visent à entretenir le système musculaire, articulaire, osseux. Ils sont également des contraintes ? Soit. Les femmes, autrefois, portaient des corsets pour se conserver une silhouette jeune. Rester jeune dans son corps, sans artifice de prothèse ni de chirurgie, mérite peut-être quelques sacrifices.

Un traitement rajeunissant

Dans les années 40, une jeune Roumaine, le docteur Anna Aslan, collabore en France, avec le professeur Leriche qui travaille, notamment, sur le traitement des artérites oblitérantes. Médecin et chirurgien, le professeur Leriche a l'idée d'utiliser un dérivé de la cocaïne, la procaïne. Freud, dès 1884, alors qu'il n'avait pas 30 ans, avait entendu parler et tenté d'étudier un nouveau produit en son temps : « La cocaïne, élément principal des feuilles de coca que certaines tribus indiennes mâchent pour résister aux privations et à la misère ». L'ayant expérimentée sur lui-même et sur un malade atteint de catarrhe gastrique, le professeur Leriche écrivait : « J'espère que la cocaïne se placera à côté et au-dessus de la morphine... j'en prends régulièrement de très faibles doses pour combattre la dépression et la mauvaise digestion et cela avec le plus grand succès ».

Près de 60 ans plus tard, le docteur Anna Aslan oriente ses recherches sur les effets « rajeunissants » de ce dérivé de la cocaïne, une molécule de procaïne améliorée qu'elle baptise Gérovital. Si les résultats positifs de ses travaux valent au docteur Aslan, maintenant une vieille dame, le titre de « héros national » en Roumanie, pour avoir contribué au bien de l'humanité, il n'en reste pas moins que le Gérovital issu d'un produit considéré comme une « drogue », manipulé avec d'infinies précautions par le corps médical, ne saurait être vendu en pharmacie comme un simple tube d'aspirine. Aussi la procaïnothérapie n'est-elle appliquée, en France, que par de rares médecins qui en possèdent à fond la méthode et l'usage.

Le traitement n'est entrepris qu'après examen complet du patient, accompagné si besoin est, d'analyses, de radiographies et de tests – deux en Roumanie, trois en France. On a relevé en effet de rares cas (un sur dix mille) d'allergie à la procaïne, comme il en existe à l'iode. D'autre part, tout traitement à base de sulfamides est à signaler dans l'interview médicale préliminaire : sulfamides et procaïne s'annulent mutuellement. Le traitement, en piqûres qui ne peuvent être effectuées que par le médecin traitant ou sous sa responsabilité, se déroule en deux phases : un traitement de choc (douze piqûres consécutives, à raison d'une piqûre par jour) et un traitement d'entretien (douze piqûres annuelles réparties mensuellement).

Ce traitement qui correspond, en quelque sorte, à une anesthésie de la dégénérescence cellulaire, ne fait pas de miracle. Il ne transforme pas en Don Juan un ancien père tranquille, ni en Messaline une rosière tardive. Il stoppe, à condition de s'y soumettre régulièrement, les avatars de l'âge et reconstitue une partie des potentiels primitifs, intellectuels, physiques, sexuels, en les stimulant.

Les effets de restauration de l'organisme se font sentir généralement dès la fin du traitement de choc par une réactivation de l'énergie générale, par le renouveau du besoin d'action estompé par la fatigue et la lassitude. La mémoire se fortifie, le sommeil retrouve son pouvoir réparateur, la chute des cheveux diminue, la peau regagne en élasticité et fraîcheur. Ce qui entraîne, chez la femme, un rajeunissement des organes sexuels avec réapparition des sécrétions vaginales ; chez l'homme, une amélioration notable de l'éjaculation prématurée et de l'impuissance secondaire quand elles ne relèvent pas d'atteintes organiques ou de désordres psychologiques profonds. Les symptômes de vieillissement sont gommés au bénéfice d'un regain de vitalité. Ce qui ne veut pas dire qu'on rajeunit, se transforme, au point d'atteindre, dans l'âge mûr, les performances dont on était incapable dans sa jeunesse. Mais on prolonge sa propre jeunesse jusque dans l'âge avancé.

Autres traitements par bio-stimulation

Là encore, il s'agit de redonner vigueur aux cellules en décrépitude et d'activer les cellules paresseuses, encore inutilisées. On a beaucoup parlé, à son apparition, voici quelques décennies, du sérum de Bogomoletz. Mais son application en France, faute d'intérêt médical, ne s'est pas étendue. En revanche, la méthode de Filatou, expérimentée depuis plus de 30 ans en Union Soviétique, a trouvé des adeptes, bien que le traitement, pour donner des résultats tangibles, exige d'être poursuivi pendant plusieurs années. Ce n'est qu'au bout de 5 ans que l'on peut vérifier un ralentissement du processus de vieillissement.

La méthode Filatou est applicable sous deux formes : implants et injections. Elle implique des extraits placentaires humains. Dans le premier cas, on incise la

peau dans la région sus-pubienne pour introduire dans le tissu sous-cutané un fragment de placenta. Cette intrusion a pour conséquence de stimuler dans l'organisme la production d'anti-corps qui stimulent à leur tour, en réaction défensive, le fonctionnement des cellules.
Dans le second, on injecte, en piqûres sous-cutanées, une ampoule d'extraits placentaires lyophilisés qui poursuit le même but que précédemment : provoquer une réaction défensive et rajeunissante de l'organisme.

L'implant et les prothèses péniens

Théoriquement l'homme est capable d'érection jusqu'à la fin de sa vie, pourvu qu'il ne se laisse pas influencer par l'idée que la virilité s'affaiblit avec l'âge (ce qui provoque souvent des impuissances secondaires), et qu'il poursuive une activité sexuelle régulière. « L'homme qui sollicite régulièrement les muscles et les vaisseaux de la sphère génitale maintient sa capacité d'érection », a écrit le docteur Gilbert Tordjman.
Pourtant, des études scientifiques ont montré que la fréquence des impuissances s'accroît après 45 ans et que les trois-quarts des hommes, au-delà de 75 ans, sont incapables d'obtenir ou de maintenir une érection.
Quand ces impuissances ne sont pas d'origine psychologique, elles s'expliquent souvent par des facteurs physiques (tels que arthrite, diabète non traité, affections cardiaques, etc.), par des interventions chirurgicales au niveau de la prostate qui retentissent souvent sur le psychisme. Le petit pourcentage de cas organiques est néanmoins assez élevé pour que les chercheurs se soient penchés sur le problème que pose à l'homme, encore plein d'appétit sexuel, l'impossibilité d'érection. Dans certains cas, l'implant pénien peut être une solution, mais qui porte en soi son inconvénient : une érection apparente constante, qui peut parfois être gênante.
Le premier implant pénien, une baguette de matière plastique introduite chirurgicalement dans le pénis, a été réalisée il y a une dizaine d'années par le docteur Robert O. Pearman, de l'université de Californie.
Un autre type d'implant, la prothèse en Silastic de Subrini, est la plus utilisée en Europe, notamment en France. Elle comporte deux éléments de silicone, l'un mou, l'autre dur, qui sont placés chirurgicalement dans la cavité du corps caverneux, tissu érectile du pénis. Ces éléments de silicone assurent une fermeté suffisante du membre pour autoriser la pénétration et le coït.
Bien entendu, l'implant pénien, qui dépend d'une intervention chirurgicale sur un organe à la fois délicat et profondément investi psychologiquement, ne doit pas être considéré comme le sauveur de l'impuissance secondaire.
Sa demande donne lieu à de nombreux examens médicaux afin de dépister les causes organiques.
C'est seulement quand elles ont été cernées, et que tout effet psychologique a pu être éliminé, que le chirurgien consent à poser l'implant. Actuellement, en France, cette méthode est appliquée essentiellement à Montpellier où elle a été mise au point. D'autres techniques, encore au stade expérimental, sont étudiées pour permettre à l'homme, organiquement impuissant, d'obtenir des érections d'aspect plus naturel.

Josette Mélèze

5

Avoir une sexualité épanouie

LES CHEMINS DU PLAISIR

REUSSIR L'ACTE D'AMOUR

L'ART DE JOUIR ET DE FAIRE JOUIR

LES CHEMINS DU PLAISIR

L'amour est si présent dans tous les actes dont il va être question ici que je n'y ferai pas allusion à tout bout de champ, comme pour décorer le moindre geste, justifier chaque émotion. La jouissance obéit pour moi au partage de sentiments amoureux, des plus fulgurants aux plus timides, et le plaisir sensuel est une formidable dédicace au récit d'une histoire d'amour. Seul comme on le verra, le lent glissement du désir vers les obsessions extrêmes s'inscrit dans un rapport à l'autre qui n'est plus tout à fait celui de l'affection, mais bien celui de la solitude. Le pur plaisir, le plaisir à fleur de peau, se situe donc naturellement sur un autre plan que l'Amour. Le couple est confronté, en dehors des hésitations douteuses de l'amour platonique, au nécessaire « passage à l'acte ». Or, on ne sait pas faire l'amour en venant au monde. « Faire l'amour », c'est faire basculer le corps entier dans les gestes qui doivent aboutir à l'échange total du plaisir et du bonheur. C'est un savoir-faire, dont la question essentielle est son efficacité émotionnelle. Voilà qui justifie l'éducation sexuelle. Je pose les fondations d'un « idéal » tout en sachant que la réalité quotidienne est ailleurs, dans l'imperfection, dans la légitimité ou l'adultère, dans l'égoïsme ou la générosité, dans ce qui rend la vie de tous les jours possible.

Le baiser

Les Esquimaux, les Polynésiens et les Indiens d'Amérique ne connaissent pas le baiser. Ce sont des exceptions puisque le bouche-à-bouche illustre, pour des milliers de sociétés, et depuis les temps les plus reculés, l'intimité sexuelle du couple. Le baiser est en effet, du début à la conclusion de l'échange érotique, le gage d'affection et de désir le plus précieux que l'on puisse troquer. La signification du contact des lèvres, du léchage, des mordillements, des aspirations, des mouvements de la langue, varie énormément d'une culture à l'autre, mais obéit à des intentions analogues. Il est extraordinaire qu'une telle succion des lèvres ait des racines si profondes dans la mémoire humaine qu'elle ne subit l'influence ni de la race, ni de la religion, ni du niveau de vie. L'apparente continuité de l'usage de la bouche dans la relation amoureuse tient à la force des traditions qui célèbrent la vie et la mort. C'est parce que le souffle exhalé est identifié à la vitalité de l'âme que « cueillir » cette respiration peut symboliser une fusion on ne peut plus intime des partenaires. Le contact des lèvres closes sur le front, la joue, la main, les pieds ou le glaive, on le devine, ne représente pas, lui, une forme partielle du baiser amoureux mais plutôt un geste d'apaisement ou de reconnaissance, d'obéissance ou de tendresse.

C'est l'érotisation du visage qui est à l'origine du baiser. Ce n'est pas seulement la bouche qui est en cause ici, mais le visage tout entier, qui représente pour nous la principale zone érogène du corps. Dans ce cadre, les organes génitaux ne sont pas des zones érogènes mais des lieux de consommation du plaisir, des espaces voués au besoin de jouir l'un de l'autre. L'érotisme est-il une fonction inverse de la sexualité ? C'est là toute l'énigme de la pornographie. Il faut admettre que le baiser sort entièrement du cadre dans lequel l'enferme la notion ambiguë de « prélude amoureux ». Le frottement des visages l'un contre l'autre prend une signification érotique – c'est-à-dire imaginative et émotionnelle – bien plus puissante que la simple addition des sensations en cause ne le laisse soupçonner. La bouche est à cet égard le principal orifice érogène du corps. Voilà donc posée la base de la sexualité : s'il n'y a pas d'érotisme sans sexualité, en revanche, la sexualité n'est pas érotique.

Dis-moi comment tu embrasses, je te dirai qui tu es

Ce qui place le baiser au premier rang des gestes primordiaux qui se font au nom de l'amour, c'est son étonnante maniabilité, du frôlement des lèvres à l'échange prolongé des salives, du toucher furtif à l'enlacement essoufflant, tout s'exprime, tout se dévoile, chacun y trouve son compte, sa mesure, son inspiration. Le baiser n'a pas ainsi pour seul rôle d'être le contact intime des amants, il est d'emblée l'indication la plus indiscrète sur leur savoir-faire, leurs intentions, et peut-être, à la limite, l'authenticité des sentiments. La durée de l'étreinte est un élément d'estimation par ailleurs considérable, puisqu'elle indique avec quelle impatience on fait passer l'ordre de faire l'amour ou, à l'opposé, avec quelle minutie on sait éveiller le désir et déployer l'extase. La manière d'embrasser décide, qu'on le veuille ou non, de la façon de jouir. Si le

baiser est aussi précieux, c'est qu'il dégage une sensualité illimitée. C'est le seul comportement sexuel qui met en jeu simultanément nos cinq sens.
Le regard est directement impliqué dans le baiser puisqu'il permet de rendre plus ou moins émouvant le rapprochement des visages. L'œil suit naturellement les préparatifs qui précèdent un tel rapprochement, car les mouvements des bras, l'incurvation du buste, la posture générale du corps peuvent être dirigés avec beaucoup de finesse et de douceur. L'ensemble des gestes qui aboutissent au contact des lèvres de l'un des partenaires (ou des deux) avec une partie quelconque du visage tient sa charge émotive considérable du regard qui en surveille la progression. La rapidité de cette mise en place dépend du degré d'ancienneté de l'intimité du couple ; mais il ne s'agit pas d'une règle générale. Certains continuent de prendre très au sérieux cette stratégie d'approche et savent en tirer à chaque nouvelle étreinte une joie inusable.
Tout au long de l'itinéraire – inconnu pour de futurs amants, ou balisé de points de repères stables pour un couple déjà constitué – menant au contact, le corps est aux aguets, attentif au moindre changement de rythme : c'est l'étape souvent inoubliable du premier baiser, de la première hésitation... Ici et là, les bouches parcourent dans un désordre apparent différentes parties du visage, du cou ou de la nuque. Le clignement des paupières s'accélère ; les pupilles se dilatent – en particulier lors des longs moments d'immobilité qui viennent renforcer l'excitation.
Alors commence l'initiation au deuxième degré de l'érotisme, lorsque toutes pupilles ouvertes, deux êtres que l'amour réunit plongent ensemble au plus profond du regard de l'autre. Les bouches sont encore séparées mais déjà tiédies par l'envie de fouiller la bouche du partenaire. La magie de cet instant lumineux ne tient qu'à la langueur qu'il sécrète, à l'ouverture de l'âme qu'il autorise...
Au troisième degré les lèvres, en contact, renversent sans doute le regard vers l'intérieur, puisque les paupières se ferment ! La fusion, même partielle, des muqueuses et des salives serait-elle brusquement si troublante qu'il faille fermer les yeux pour mieux en jouir ? Étrange trahison du regard, qui fuit sous les paupières dès que la scène est vécue pour de vrai. Il se passe alors quelque chose de neuf entre les amants, une autre lecture du corps, qui exclut la vision de l'autre : c'est là pourtant que la tendresse est la moins égoïste.

Le tact est impliqué dans le baiser

Les lèvres, en effet, et plus particulièrement la lèvre inférieure, sont d'une sensibilité aussi exquise que la pulpe des doigts. L'exploration tactile qu'opère la bouche sur les différentes surfaces du visage ou dans la chevelure du partenaire, non seulement redessine dans la tête ses volumes et ses lignes les plus caractéristiques, mais procure aussi des sensations de frottement et de pression tout à fait exceptionnelles. Il faut en effet tenir compte de la structure anatomique des lèvres, dont les muscles et les nerfs multiplient par 1 000 les sensations que la bouche peut recueillir dans le baiser. Sur plus de 2 m² de peau, constituant l'ensemble de l'enveloppe du corps, rien n'y est comparable.
L'étonnante mobilité des lèvres qui coor-

donne les succions, pincements, préhension, léchage, est naturellement liée à une pratique des jeux amoureux et à l'intensité du désir. À cet égard, le baiser n'est pas un simple toucher, c'est un « geste » dont l'intensité émotionnelle dépend des sensations qui naissent au niveau de la bouche mais aussi, de celles produites hors de cette zone. Ce ne sont pas seulement les lèvres qui sont en cause dans le baiser, mais la bouche tout entière, avec son « contenu », l'ensemble donnant une tournure toujours personnalisée à cette consommation mutuelle d'écrasement des lèvres, de sensations de température, de mobilité et de pression de la langue, de contact des dents, d'étalement de la salive, d'ouverture de la bouche... Mais l'envoûtement du baiser serait amoindri s'il ne s'y ajoutait les sensations créées à distance par l'enlacement et l'étreinte, la main et la caresse, les contacts de la peau nue et le déshabillage. Du point de vue de la sensibilité tactile, le processus érotique engagé dans le baiser concerne bien tout le corps, des pieds à la tête, aussi bien dans ses postures que dans la précision des contacts buccaux.

Si la trace de ces contacts est à ce point gravée en nous, c'est bien qu'il doit se passer « autre chose » que le simple bécotage. Cet « autre chose » est à l'évidence l'odorat parce qu'il a été sollicité avec une force étonnante dès la naissance (le léchage maternel), et que la reconnaissance olfactive et le flairage du partenaire sexuel représentent la mémoire instinctive du premier plaisir : celui de la tétée. Si tous les couples du monde ne s'« embrassent » pas, tous se reniflent – on est loin du cliché hollywoodien du bouche-à-bouche. En pratique quotidienne, l'usage de cette sensibilité demeure malheureusement facultatif. Cette privation témoigne de graves lacunes dans l'acquisition du savoir-faire amoureux, privant l'amateur d'exquises sensations et l'objet d'amour du plaisir d'être reniflé. L'appréciation des « mauvaises odeurs » est affaire individuelle, mais si l'inventaire des haleines suspectes et des senteurs fortes est fonction des habitudes de chacun, le risque d'aversion olfactive doit être prévenu par la toilette et les parfums. Ce n'est pas dans le bouche-à-bouche que l'odorat est le plus sollicité – l'odeur de la moustache ou des joues renvoie à des parfums commercialisés –, mais plutôt dans le léchage du corps. Les parties bombées transforment moins les parfums artificiels, et produisent de ce fait un moins grand effet de surprise : bras, épaules, seins, ventre ou cuisses transpirent peu. Il n'en est pas de même des régions concaves et des plis, à l'appareil glandulaire exceptionnellement généreux, et qui viennent à bout de n'importe quel produit « déodorant » en moins d'une valse ou d'une émotion. Si le degré d'intimité l'autorise, c'est pourtant l'exploration de ces coulisses de la séduction qui enrichit le baiser et le léchage jusqu'à l'extase.

Le goût de la bouche aimée

Si le « bouquet » d'une peau, ou l'arôme d'un sexe qu'on embrasse font merveille, les perceptions gustatives, à l'inverse, doivent rester discrètes. Le goût est d'abord sollicité par le contenu de la bouche aimée, explorée du bout de la langue, et dont on prélève la salive. Cette « dégustation » doit être insipide – et l'âpreté d'un « arrière-goût » de tabac, d'alcool ou d'aliment, est le plus souvent dévastatrice du point de vue érotique. Si l'amertume de la salive est désagréable, le goût du dentifrice ou du chewing-gum n'est pas sans reproche. Moins il y aura de saveur plus long sera l'échange des salives d'une bouche à l'autre. La succion d'autres surfaces du corps – déjà repérées par la force de leur odeur, qui rehausse l'intérêt du léchage – n'obéit pas aux mêmes lois. Chacun aura à l'esprit « l'appétit » que suscite la têtée des organes génitaux (dont je vais reparler plus loin) qui manifeste, au contraire, une volonté profonde de « fusion » des corps. Cette gourmandise est loin d'être universelle. Elle n'est légitime que pour des couples qui ont atteint un réel degré de passion charnelle mais, surtout, de telles transgressions se heurtent à des censures psychologiques parfois infranchissables. Le goût n'intervient dans le baiser que comme témoin d'un plus grand perfectionnement des pratiques amoureuses et de la recherche d'une « appropriation » encore plus totale, encore plus émouvante, de l'autre. Il est enfin curieux que la « saveur » du corps n'ait jamais fait l'objet, à l'instar de ses « odeurs », de la moindre initiative commerciale. Serait-ce trop subversif ?

L'ouïe, enfin, a son mot à dire dans le baiser, et non des moindres, puisque le fond sonore de l'étreinte en conditionne l'embellissement et souvent la durée. Cette ambiance sonore est produite par le corps même des partenaires ou leur environnement. Le corps produit des sons, tout naturellement évadés des narines où transitent des respirations que l'émotion et l'excitation bousculent et accélèrent. Cet essoufflement s'inscrit dans la mémoire de chacun dès ses premières expériences et y demeure le gage de l'authenticité de la séduction et du plaisir. Mais ce sont surtout les vocalisations et les râles qui détiennent le plus fort potentiel érotique. De telles indications sont aussi puissantes que le regard. Une telle efficacité a vraisemblablement une double origine. L'enfance, toujours, nous rappelle à ses plus mystérieuses découvertes : la régression qui va de pair avec le comportement érotique nous fait redécouvrir la jouissance des premières onomatopées, des perceptions vibratoires de la voix maternelle. Mais les ronronnements jubilatoires trahissent aussi une détente générale du corps, toujours très agréable à constater chez le partenaire ; la mise sous tension douce des cordes vocales est un signal d'apaisement et de plaisir. La sonorisation du baiser est semble-t-il indispensable pour en consolider la signification. Le « gros baiser » bruyant, qui fait claquer les lèvres sur la joue, n'entre pas dans la même écriture érotique que le tapotement vif de la bouche sur toute la longueur d'un bras ou de la nuque. Impossible de réduire le baiser au silence : chaque mouvement d'air dans la bouche, chaque claquement de langue, chaque frôlement de lèvres produit un son. Et comment se taire ? Les mots à leur tour s'insinuent dans le désordre apparent de ces bruits de fond, les « mots d'amour » avant tout, ceux qui n'ont pas d'autre sens dès qu'ils s'énoncent à haute voix, puisque l'intonation et le timbre en constituent l'essentiel. Si les mots dérapent vers l'obscénité c'est que l'excitation amorce sa descente aux enfers, et que le baiser en trace le chemin. En réalité, comme les gestes et les mimiques, le vocabulaire amoureux est conditionné par le groupe social, et le nombre de mots « possibles » dans le tout premier baiser d'approche comme dans l'explosion passionnelle est manifestement limité par l'usage. Un « mot de travers » et la magie s'envole. Enfin la luminosité du tête-à-tête résiste mal à la perception de bruits parasites que le corps produit, cette fois, malgré lui : borborygmes et craquements articulaires sont impitoyables. Maintenant, il faut aussi songer au répertoire infini de l'environnement sonore du couple. Une ambiance d'une importance primordiale pour certains, en particulier si elle est dominée par les bruits du voisinage, la circulation automobile, etc.

La caresse

Le baiser est au commencement de l'amour, il ouvre le passage d'un corps à l'autre. C'est le regard qui renforce la permission d'agir, mais c'est le baiser qui la ratifie. Maintenant, les corps s'enferment dans l'univers clos des caresses, gestes tellement familiers que l'on est tenté de les croire innés.
La main est tenue d'apporter le plus d'informations possibles et de transmettre une grande quantité de messages, mais c'est en réalité le corps entier qui est interrogé. Mais attention, plus l'émotion fait basculer l'attente vers des zones plus secrètes du désir, plus les formes de l'autre se morcellent.
Dès l'origine donc, l'amour est une fête périlleuse, à cause des tentations qu'il offre de consumer le désir à toute allure. Le problème des caresses c'est d'être les plus silencieuses, les plus difficiles, les plus chargées de sensualité. La privation de frottements est ressentie plus durement encore que l'absence de contact buccal, de mots ou de bruits, parce que « faire l'amour » c'est, en somme, lutter ensemble contre la solitude des corps.
En pratique sexologique, pas un témoignage ne contredit le rôle essentiel de la durée des caresses dans les échanges sexuels d'un couple. Ce qui est totalement énigmatique c'est que des gestes si humbles puissent être si délicieux : le doigt qui frôle l'épaule inconnue, la main qui glisse doucement sur le front et la tempe, ou qui saisit doucement le genou et la cuisse... suspendent la fuite du temps. Quel que soit le mode de toucher choisi – et le « massage » illustre un savoir-faire privilégié – c'est la répétition du geste qui assure son efficacité.
Puisque l'échéance du coït est inévitable, c'est la caresse qui le prépare. Il y a deux procédures étroitement imbriquées mais pourtant distinctes à l'origine de cette préparation : les caresses d'abordage, que je viens d'évoquer, qui conviennent aussi bien aux premières audaces d'une rencontre qu'à la tendresse si exquise qui suit l'orgasme ; les caresses de possession, intimement liées à l'accès à l'orgasme. Là, le mouvement et le rythme des attouchements sont soumis aux caractéristiques anatomiques des zones érogènes stimulées. La caresse n'est plus seulement un message d'affection, mais l'outil qui active le plaisir.

Les mille gestes caressants

Les caresses « préludent » à une possession plus sexuelle de l'autre, en le préparant à fleur de peau. Au niveau élémentaire, la main est le principal ouvrier de l'entreprise. Mille gestes lui incombent : elle dénoue la chevelure, déplisse un vêtement, parcourt la nudité, déplace un bras, une jambe, s'insinue entre bouche et peau pour renforcer le polissage du baiser, sillonne les espaces plans du dos. Même si le corps entier vient à la rescousse, l'essentiel de l'ouvrage est bel et bien l'œuvre du poignet et des doigts. La caresse, c'est donc aussi l'empoignade, l'écartement, l'élévation, le pliage, l'allongement... En limitant la caresse au « toucher » délicat et sentimental, n'entretient-on pas une ignorance coupable envers la relation amoureuse ? Deux comportements attirent traditionnellement l'attention du public : le déshabillage et le bercement.

L'« érotisme » du strip-tease a une longue histoire et l'intention vaut mieux que les gestes, trop souvent hâtifs et énergiques. Bref, chacun suppose que l'effeuillage est une caresse.

Bercer la partenaire est un des comportements les plus « caressants » du répertoire ; son efficacité est exceptionnelle. Comment peut-on commettre l'imprudence de l'éviter ? Au fond, tous les gestes échangés lors de cette confrontation rapprochée ont le même grade, la même composition rythmique, la même méticulosité... et entraînent la même interprétation.

Il est nécessaire de parler différemment des caresses dès lors qu'on accepte de rassembler sous ce terme la totalité des échanges érotiques non-génitaux du couple. J'affirme même que la caresse et le coït ne relèvent ni des mêmes projets, ni des mêmes mécanismes.

Ce qui m'intéresse ici, c'est moins d'insister sur le tableau désolant qu'offre une pratique sexuelle bourrue et primaire que de donner toute sa valeur à un « rapport » sans rapport, à un érotisme sans sexualité, à un tête-à-tête qui s'éternise au-dessus de la ceinture.

Si la souffrance est si pénible à formuler en consultation de sexologie, ce n'est pas seulement parce que l'arrêt total ou les entraves au déroulement idéal d'un « rapport sexuel » déstabilisent les couples, c'est surtout parce qu'ils ne savent plus quoi faire de leur peau dès que « ça » ne marche plus. Tout se passe comme si le baiser était oublié, les caresses inutiles.

Comment l'enseignement de l'histoire et de la géographie de l'Amour a-t-il pu masquer ainsi la réalité, depuis des générations ? Pour sa défense, la société dira qu'elle n'a jamais coupé la parole aux poètes, qu'elle a toujours laissé les peintres exprimer dans leurs toiles toute la frustration de leur sensibilité, qu'elle n'a jamais étouffé le chant si pur des musiciens. Voilà ce qui fait illusion, le fait de déléguer à la création artistique le pouvoir d'investir seul l'érotisme, au nom d'une foule reléguée au rang de spectateur. L'Art érotique est en danger permanent de récupération par la démagogie, sous couvert d'une « bonne conscience » qui a déjà fait bien des ravages.

La théorie paraît difficilement compatible avec la pratique – surtout lorsqu'elle s'emploie à dénoncer les idées reçues. Il n'en est rien, le plus important ici est à la portée de tous. Il s'agit de :

- Ne plus confondre la quête de l'orgasme avec l'érotisme.
- Effacer le mot « prélude » de son vocabulaire.
- Apprendre à lire et à écrire l'amour non pas du bout du sexe, mais de tout son corps.

A chacun de prendre ses responsabilités, mais que l'on ne nous parle plus de « misère sexuelle ». Une fois compris le mécanisme de l'extase, il est impardonnable de dire que l'amour ne s'apprend pas. Ce n'est pas par manque de dispositions que nous faisons si mal l'amour, c'est par imprudence et par paresse : c'est sans doute pour cela que les passions sont mortelles.

Docteur Jacques Waynberg

REUSSIR L'ACTE D'AMOUR

On pourrait comparer la bonne marche du couple humain à celle d'un moteur automobile à quatre vitesses... et l'on voit ainsi s'élever l'édifice dans lequel se logera le bonheur.

Première vitesse : La recherche du plaisir orgasmique

L'orgasme procure un assouvissement physiologique sans équivalent. Son plaisir suréminent, ses propriétés extatiques ont développé l'appétit orgasmique, que l'humanité ressent sans commune mesure avec les nécessités purement procréatrices. Comme il existe un minimum de consommation calorique, vitaminique, etc., il existe un minimum de consommation orgasmique. Pour une vie de septuagénaire, Wilhelm Reich l'avait chiffré à 5000 orgasmes. Nous sommes loin du nombre d'enfants que peut engendrer un couple.

En fonction de la sensibilité individuelle, le chiffre de cinq mille peut subir des variations considérables : il y a des tempéraments froids et des natures généreuses, des baise-petit et des chauds lapins.

Pour assouvir l'appétit orgasmique, l'humanité a remarquablement affiné sa physiologie érotique. Autour des zones érogènes primaires, les zones érogènes secondaires – celles dont la sollicitation fait de l'effet – se sont développées de la nuque aux chevilles, de la bouche aux creux des reins, du ventre à la face interne des cuisses, liste non limitative. Les seins féminins ont progressivement perdu leur fonction lactogène (par l'allaitement artificiel) au profit de capacités érogènes « super-secondaires » faisant d'eux des appâts du désir, des foyers de plaisir.

Les zones érogènes primaires, celles qui libèrent l'orgasme, ont acquis des facultés dont deux particulièrement voyantes :

• L'accès au clitoris : antenne du plaisir sexuel féminin, le clitoris se trouve à l'entrée immédiate des voies génitales-copulatoires. Quand la femme préhistorique s'est dressée sur ses « pattes » de derrière, l'orifice vaginal est resté en place, « coincé » par le bassin osseux, alors que le clitoris a émigré vers l'avant. C'est ainsi que le sexe des femmes est devenu cet organe allongé fendu si original. Apparaissant au bas du ventre, accessible à la vue

Genoux repliés, la femme chevauche son partenaire allongé, qui lui fait exécuter un mouvement de va-et-vient.

(au centre du triangle pileux) et aux doigts, le clitoris peut être excité de façon indépendante du vagin, et délivrer son propre orgasme. Cet orgasme clitoridien est le préliminaire physiologique normal de l'orgasme vaginal. La physiologie érogène des femmes est ainsi devenue bifocale, avec deux zones érogènes primaires fonctionnant en synergie : le gland du clitoris et le canal vaginal. Chacune prodigue un orgasme à la saveur différente : précision, acuité, ponctualité de l'orgasme clitoridien ; diffusion, large résonance de l'orgasme vaginal.

• La maîtrise masculine du stade en plateau : la réaction sexuelle, c'est-à-dire l'ensemble des modifications anatomo-physiologiques sous l'effet de la stimulation sexuelle, montre quatre épisodes : excitation, stade en plateau, orgasme, résolution. Le stade en plateau est celui correspondant au maximum de transformations, c'est-à-dire chez l'homme l'érection la plus complète et la plus ferme. L'homme normalement expérimenté peut faire durer à son gré cet état physiologique. Il est capable de se retenir pour que les percussions répétées du gland de la verge contre le fond du vagin aient le temps de faire éclore l'orgasme féminin interne.

Deuxième vitesse : l'instinct d'accouplement

Il faut plus de quinze ans pour que l'être humain acquière la maturité anatomo-physiologique lui permettant de s'accoupler et de se reproduire. Ressentant l'appétit orgasmique dès l'enfance, il l'assouvit alors tant bien que mal par la masturbation, qui soulage au moins la démangeaison érogène et rode la physiologie. Avec la puberté s'allume définitivement le besoin de l'autre, le partenaire d'accouplement. Tenir cet autre dans ses bras, le presser contre son corps, le baiser, le caresser, faire coïncider les organes destinés à se compénétrer et agiter « la charnière » jusqu'au déclenchement orgasmique constitue une de ces séquences programmées qui structurent les instincts. Cet instinct d'accouplement, tout biologique, tout « animal », est resté très puissant chez les humains, puisqu'il perpétue l'espèce. Il est capable de « faire avaler » l'étreinte à des femmes restées en route de leur évolution physiologique, et n'y trouvant pas d'agrément charnel. En revanche, chez la femme normale, celle qui a atteint la révélation du plaisir, l'accouplement délivre la part motrice de tout assouvissement biologique complet : c'est en « remuant la charnière », en accomplissant activement les mouvements coïtaux, qu'elle déclenche au mieux son orgasme vaginal.

Troisième vitesse : la liaison érotique

Le lien sexuel humain, qui se constitue à l'issue du choix puis de la courtisation (séduction) du (de la) partenaire, est fondé sur l'orgasme réciproque.

D'un naturel méfiant et vulnérable, l'être humain ne s'accouple pas avec n'importe qui, ne se dénude pas devant n'importe qui, ne se montre pas en train de jouir à n'importe qui. On pourrait penser que si l'appétit orgasmique et l'instinct d'accouplement sont si pressants, c'est bien pour pousser à s'accoupler des individus dotés de pudeur, de dignité et de quant-à-soi. Il est rare qu'un accouplement (sauf vénalité) ait lieu entre inconnus de l'heure précédente ; il est rare qu'il demeure sans lendemain. La liaison érotique, qui rend chacun responsable de l'orgasme de l'autre, est d'autant plus gratifiante que chaque partenaire est plus fier(e) de l'autre, d'autant plus assouvissante qu'elle permet, par sa durée, d'accorder efficacement deux physiologies qui ont toujours leurs particularités individuelles : grâce à l'expérimentation, à l'information mutuelle. Outre son propre assouvissement, chacun peut ainsi jouir, dans la liaison érotique, de son pouvoir érotique qui prodigue l'orgasme au partenaire élu. Hors de cette connivence réciproque, tout lien sexuel entre un homme et une femme qui ne connaît pas le plaisir partagé demeure boiteux, convenu, artificiel, voué à la rupture ou au malheur – ou alors il n'est qu'une société de soutien mutuel...

Quatrième vitesse : la formation du couple

Les humains ne passent pas leur temps à faire uniquement l'amour. Assouvissant par la liaison érotique les appétits charnels les plus « préoccupants » après les nécessités alimentaires, le couple permet à l'homme et à la femme d'établir sur leur union sexuelle un lien de longue durée permettant d'affronter à deux les péripéties de l'existence, et d'en partager les fruits comme ils partagent le pain du plaisir. Ils fondent un foyer, où ils élèveront leurs enfants... s'ils en veulent !

La surmultipliée : l'amour réciproque

On ne fait pas l'amour sans un peu d'amour, et l'affectivité positive est automatiquement mise en jeu par la « reconnaissance du sexe ». Bien des couples s'estiment « contents » d'un échange de gentillesse et d'assistance. Il y a plus grande réussite. L'amour réciproque, par son exaltation des plaisirs sensuels, par son illumination de la vie quotidienne, par sa solidarité chaleureuse, procure, ne dût-il durer que quelques lustres (1), le plus grand épanouissement de bonheur dont soit capable la nature humaine.

(1) Le lien de couple ne paraît avoir désormais qu'une espérance de vie de quinze à vingt ans.

La substance de la liaison érotique

La liaison érotique n'est pas faite que de coïts réglementaires avec orgasmes. Elle prodigue des gratifications mineures, moyennes et majeures.

LES GRATIFICATIONS MINEURES. Ce sont celles qui érotisent la vie quotidienne. Caresses, baisers, pelotages, mains sous la jupe, sur les fesses ou sur la braguette, toutes ces privautés, premières accordées, rappellent que la séduction a abouti, et que chacun(e) dispose d'un corps de partenaire complice et affectueux. Ce sont petits jeux mettant une note de gaité sur les grises besognes de la vie courante.

LES GRATIFICATIONS MOYENNES. Au gré de certaines circonstances, elles consistent en sollicitation (habituellement manuelle) plus insistante des zones érogènes – au bal, au cinéma, devant la télé, dans le bain, en cas d'alitement pour maladie, fracture, etc. L'excitation franchit ou non le seuil de l'orgasme, unilatéral ou bilatéral. Un(e) bon(ne) partenaire sait quand il faut battre en retraite avant d'avoir entraîné du désagrément, quand il faut aller jusqu'au bout.

LES GRATIFICATIONS MAJEURES. Ce sont celles des séances érotiques, qui impliquent l'orgasme réciproque. Selon leur durée, on peut distinguer trois sortes de séances érotiques :

- La séance érotique de courte durée : celle qui assouvit à peu de frais, dans le minimun de temps (10 à 15 minutes) des partenaires bien rodés.
- La séance moyenne : en 20 à 30 minutes, elle correspond à un appétit aiguisé par des retrouvailles, des stimulations extérieures, un congé, etc.
- La grande séance érotique : s'étalant d'une heure à l'espace d'une demi-journée, de toute une nuit, c'est une fête de la chair demandant un grand désir, une solide santé... et du loisir. Elle permet de multiplier les caresses, les étreintes, d'agrémenter les « reprises » amoureuses par de petites diversions alimentaires, etc.

Les conditions pratiques de l'étreinte

Il y a des gens qui trouvent tout tout seuls – heureusement ! – et d'autres qui ont toujours besoin qu'on leur dise ce qu'ils doivent faire. Lorsqu'ils demandent « quand faut-il faire l'amour, et où, et avec qui ? », la réponse est simple : quand on en a envie, à la maison, et avec son partenaire habituel. Bien sûr, il peut être émoustillant, amusant, délassant, de passer le week-end à l'hôtel avec sa secrétaire, de tirer un petit coup vite fait après le café, de « baiser » son épouse dans l'auberge de luxe ou dans la tente de plage ; il peut être rasssérénant d'obéir au rituel du cinq à sept hebdomadaire dans une garçonnière, etc. Mais c'est en prenant son temps, dans ses meubles, avec son bon compagnon de parties de jambes en l'air qu'on se régale le mieux. L'étreinte doit être installée dans le déroulement de la vie, il faut lui réserver l'horaire convenable, le lieu convenable, disposer des conditions environnementales favorables – et savoir que toutes ces circonstances sont à l'abri de la précarité, de l'éphémère.

PREMIÈRE CONDITION : LE BON MOMENT. Trois périodes offrent leurs commodités pour passer un bon moment :

• Le matin : il faut être assuré d'une grasse matinée confortable pour pouvoir savourer l'étreinte du réveil. Il y a aussi souvent intérêt à vider sa vessie avant de s'ébattre. Sinon l'érection de bonne santé peut inciter à une petite visite de courtoisie, le temps de dire bonjour, les plus longs discours étant remis à plus tard.

• Le soir : l'obscurité nocturne, le silence, le coucher, l'abandon au moins provisoire des soucis de la journée, sont autant d'incitation à l'amour. Malheureusement, c'est aussi le moment de la plus grande fatigue, du ressassement des ennuis, et trop d'humains bâclent leur étreinte du soir avant de s'endormir pesamment. C'est du gâchis.

Les plus avisés prennent d'abord le temps du délassement, de la toilette, du bain commun, pour récupérer la « forme » nécessaire à une étreinte qui ne soit pas sabotée.

• La sieste : moment privilégié, elle permet mieux que le matin de savoir ce que l'on fait, d'être moins fatigué que le soir, et de se voir malgré les rideaux tirés. L'amour est alors quasiment rituel dans les pays du soleil, là où tant de couples préfèrent passer leurs vacances.

DEUXIÈME CONDITION : LE LIEU. Une maison normale comporte bien des endroits « possibles ». On peut s'étreindre dans la baignoire, sur le divan du salon, sur la moquette devant la cheminée ; le cunnilinctus (2) est savoureux une cuisse passée sur chaque bras d'un fauteuil ; il est loisible de prendre par derrière la ménagère penchée sur ses casseroles... Ce genre de divertissement est aisément multipliable, il est distrayant, émoustillant, et met en train, tout en encourageant la fantaisie.

Finalement, rien ne vaut la chambre douillette, le lit de bonne taille (3), confortable, chaud, garni aux bons endroits d'oreillers et de coussins.

Une vrai bonne chambre bien agencée pour l'amour possède aussi un éclairage intime permettant de voir ce qui se passe sans être ébloui, un miroir régalant les yeux, une salle d'eau proche – et une bonne serrure. Rien n'empêche de parfumer l'atmosphère, de faire passer une musique discrète, d'installer un aquarium lumineux... L'important c'est d'être à l'aise, de se sentir chez soi, et de laisser à la porte le monde extérieur.

TROISIÈME CONDITION : L'ENVIRONNEMENT FAVORABLE. Le bon lit, la bonne chambre, le bon moment, tout ceci fait partie du confort érotique minimum. Le couple qui ne peut en bénéficier n'aura que de piètres étreintes.

Ce qu'un homme et une femme ont à se faire, à se dire, pendant qu'ils s'aiment, ne regarde personne. L'œil, l'oreille des enfants, les beaux-parents, les voisins, les moustiques, les fourmis sont autant d'agents perturbateurs. On fait très mal l'amour dans les immeubles aux murs trop minces, avec un ou plusieurs enfants dans la chambre, avec un œil sur le réveil, dans un bosquet, dans le froid, la gêne.

Dernière condition, et non la moindre : faire que l'étreinte, sauf cas précis, ne débouche pas sur une grossesse. Il faut pour cela se trouver dans une civilisation ayant mis au point des procédés contraceptifs efficaces ne perturbant pas l'étreinte pen-

(2) Cunnilinctus et non « cunnilingus », mot qui est un barbarisme injustifiable.

(3) Les lits jumeaux sont invention diabolique de puritains, et rendent inhabitables la plupart des hôtels.

dant son déroulement (les pilules, le stérilet, etc.), lui gardant son caractère de spontanéité amoureuse, instinctive, sans « précautions » médicales dépoétisantes. Il n'est pas besoin d'avoir atteint un « haut » niveau de vie pour bien faire l'amour, mais il faut avoir opté pour un certain style de vie.
Faire l'amour avec celui/celle qu'on aime est le plus grand luxe que puisse offrir la nature humaine et l'individu privé du retour régulier de cette fête exaltant sa chair, son cœur, ne vit pas toutes les dimensions de son humanité. Cet oubli égoïste des inégalités sociales, des interdits religieux, des souffrances du monde, etc., est nécessaire à qui veut mener une vraie vie d'homme, de femme, et reprendre, au contact du plaisir d'amour, le courage dont il a besoin pour affronter les risques et tracas de l'existence quotidienne, banale...

Le programme de la séance

Une bonne représentation érotique doit comporter trois actes : les préludes, l'étreinte, la détente. Le cahier des charges comprend l'assouvissement du désir, la survenue d'au moins un orgasme masculin, et la satisfaction féminine de l'appétit clitoridien comme de l'appétit vaginal.

PREMIER ACTE : LES PRÉLUDES. Une étreinte se prépare, sauf dans l'exécrable copulation à la hussarde, l'ignoble viol, le triste accouplement du service sexuel, rémunéré pour la prostituée, contraint par le devoir conjugal. Entre partenaires bien appariés, il n'est pas besoin de longues déclarations pour que s'établisse la connivence qui mènera à l'étreinte ; chacun sait exprimer, par le langage du corps et son désir, l'argumentation persuasive à laquelle l'autre répondra favorablement.
Les baisers, les caresses, s'adressent dans le bon ordre des zones érogènes secondaires aux zones primaires ; les enlacements, accollements, font monter la tension musculaire que les mouvements coïtaux relâcheront. Le corps du/de la partenaire est progressivement exploré, reconnu, investi, approprié – chauffé comme on chauffe un instrument de musique.
Avant la conjonction sexuelle, les zones primaires, dernières sollicitées, doivent avoir atteint leur « meilleur état ». Du côté masculin, il faut parvenir à la parfaite érection en plateau (parfaite dans sa forme et sa fermeté), dont l'homme dispose ensuite à son gré, grâce à la bouche (fellation), grâce à la main, et c'est ici que le prépuce, cet intermédiaire naturel des caresses féminines, montre toute son utilité érotique (4). Du côté féminin, il faut obtenir l'appétence vaginale pour la pénétration, et l'orgasme clitoridien est le déclencheur naturel : il peut être procuré par les caresses manuelles ou buccales (cunnilinctus).
Combinant l'excitation buccale simultanée du gland de la verge et du clitoris (cunnilinctus et fellation), le tête-bêche est une méthode très efficace. Tantôt l'homme, tantôt la femme peuvent surplomber le partenaire. La meilleure posture est la suivante : la tête de chacun reposant sur la cuisse inférieure de l'autre pour régaler le sexe, la bouche, la narine et l'œil. Il faut convenir, du côté masculin, s'il s'agit d'une fellation de mise en train ou d'assouvissement, car la plupart des hommes, ainsi

(4) A mon avis la circoncision, qui supprime tout le prépuce, ne repose sur aucun argument hygiénique, médical ni même érotique : les hommes entiers se retiennent autant et mieux que les circoncis.

parvenus à l'orgasme, ne retrouvent pas illico une deuxième érection.

Leur excitation parfaite, les deux protagonistes désirent autant l'un que l'autre l'introduction de la verge dans le vagin. Le membre viril dressé, la cavité vaginale lubrifiée et palpitante ont besoin de la main pour se compénétrer. Le geste s'accomplit naturellement et gentiment pour ceux qui n'en sont pas à leurs premières armes amoureuses.

DEUXIÈME ACTE : L'ÉTREINTE. Après les stimulations directes et précises sur les organes génitaux, la conjonction sexuelle met en jeu le corps entier. Les mouvements coïtaux sont des avancées et retraits du bassin osseux entraînant la verge et le vagin dans une friction-percussion réciproque finissant par déclencher l'orgasme.

Mais ils ne peuvent s'accomplir que si le reste du corps leur fournit assistance et point d'appui. C'est dire qu'il existe deux grandes catégories de postures coïtales : celles que l'on prend pour s'amuser, pour innover, pour « changer », et celles qui permettent la survenue de l'orgasme sans contrainte musculaire, sans contorsions d'équilibriste ; le Kama-Soutra et assimilés sont des ouvrages de mystique humoristique, non des guides pratiques à l'usage des novices.

L'espèce humaine a néanmoins cette latitude inconnue des animaux, de posséder un répertoire de postures, varié, basé sur deux attitudes inverses :

• Le ventre masculin contre les fesses féminines : c'est la bonne vieille posture des quadrupèdes et des quadrumanes, profitant de l'absence de protection de l'orifice vaginal abordé par derrière. Elle a plusieurs avantages.

Elle permet la saisie des seins, et l'excitation combinée du clitoris, en particulier à cuisses jointes, condition physiologique de l'éclosion de l'orgasme clitoridien chez de nombreuses femmes, que leurs partenaires s'obstinent parfois à clitoriser – sans résultat – à cuisses ouvertes. Elle permet aussi la sodomie – la pénétration de la verge dans l'anus – dont certains sont friands... Il faut leur recommander de ne pas faire ensuite retour dans le vagin, qu'ils risquent fortement d'ensemencer avec des germes intestinaux. Malgré ses attraits, cette attitude n'est habituellement adoptée par les couples qu'après un certain temps de pratique.

• Le ventre à ventre : c'est un face à face qui permet de voir le visage, et fut

L'homme, debout, pénètre par l'arrière sa partenaire qui prend appui de la tête et des avant-bras sur le lit.

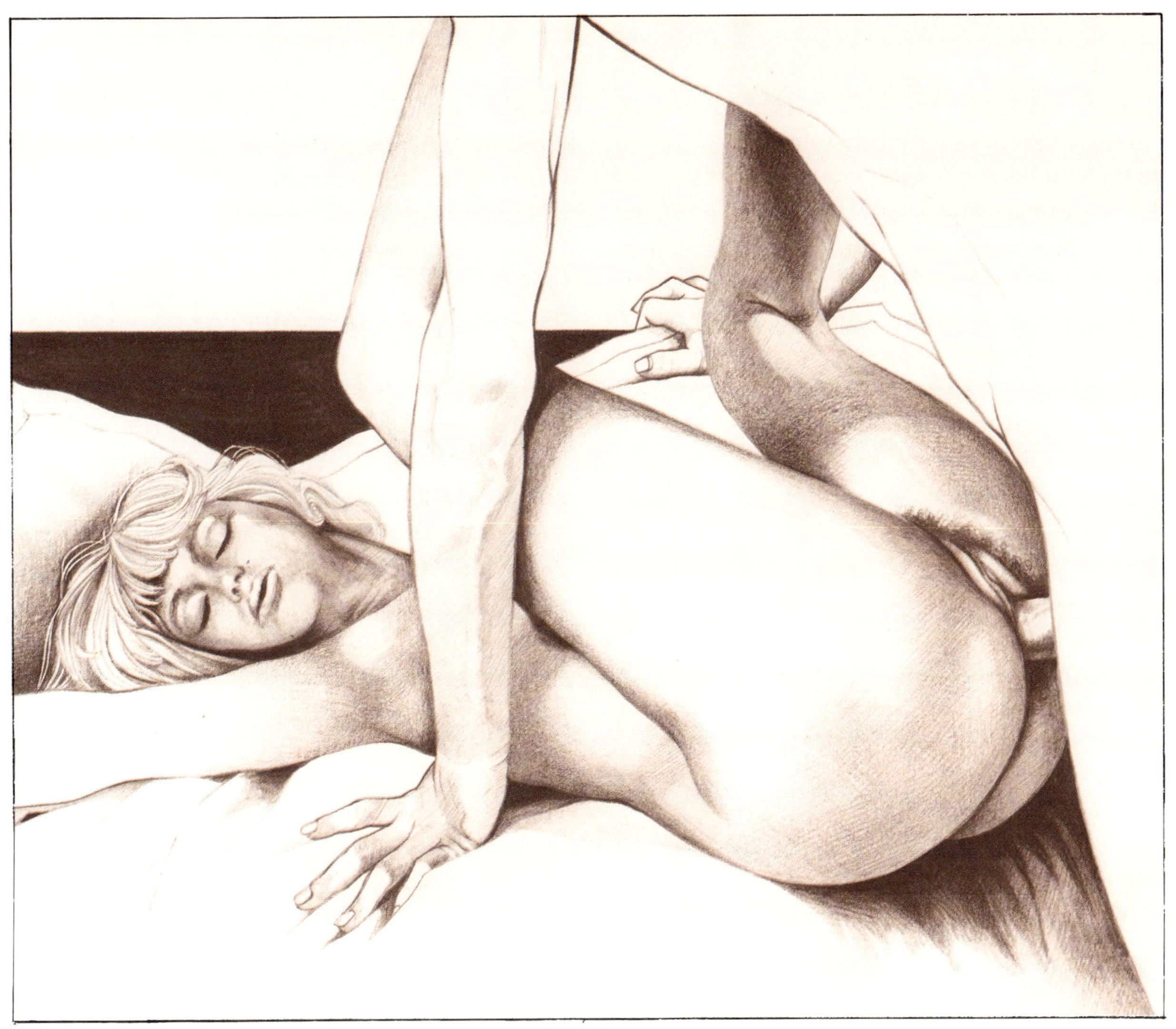

L'homme debout, la femme, jambes relevées, place ses chevilles sur les épaules de son partenaire.

certainement imposé par les femmes – pour savoir « à qui elles avaient affaire »... C'est aussi le témoignage de la personnalisation de la vie sexuelle humaine : elle ne joint pas une paire de sexes, mais des individus qui se sont choisis et désirent échanger les regards, les sourires, les baisers, tandis qu'ils s'étreignent.

On peut, à partir de cette dualité anatomique, envisager théoriquement quatre types de postures selon que les partenaires sont debout, agenouillés, assis ou couchés.

• Debout : le face à face n'est pas très commode, sinon avec une petite femme appuyée contre un mur et enserrant de ses cuisses la ceinture de l'homme... vigoureux. Le ventre à fesses est plus aisé, si la femme se penche en avant sur un balcon, une chaise, une commode...

• Agenouillés : là encore, le face à face est plus acrobatique que le ventre à fesses, célèbre posture dite genu-pectorale si la femme appuie son thorax sur le lit, un coussin, un siège bas.

• Assis : le face à face est divertissant dans la cuisine ou en auto, alors que le ventre à fesses est très commode dans le train, devant la télé, dans le fauteuil du bureau, etc.

• Couchés : ces postures sont celles dans lesquelles les couples « se finissent » habituellement, pour savourer l'orgasme et le cuver tout à leur aise. Chaque attitude offre plusieurs possibilités :

• Face à face :

L'homme surplombant : c'est le très classique « missionnaire », aux avantages multiples de confort pour la femme, pourvu que son compagnon ne lui écrase pas la poitrine ; elle peut écarter ou resserrer les cuisses, elle peut garder les membres inférieurs étendus, mi-fléchis ou complètement repliés, les genoux aux aisselles, laissant l'homme lui fouiller le tréfonds des entrailles.

La femme surplombante : tantôt elle se couche sur l'homme, tantôt elle s'agenouille sur la verge (posture d'Andromaque), pouvant alors véritablement mener l'étreinte à sa cadence et à son gré.

Couchés sur le côté : la femme enserre de ses cuisses l'homme remontant aussi les genoux, posture dite « à la paresseuse » bien agréable au réveil (qu'il soit matinal ou non).

• Ventre contre fesses :

La femme couchée sur le ventre : elle écarte fortement les cuisses pour que la rotondité de ses fesses ne gêne pas l'abord de sa disponibilité vaginale.

La femme agenouillée sur l'homme (posture de l'Arétin), qui permet à la femme de caresser les bourses tout en offrant son paysage fessier et d'avoir la même liberté de mouvements que dans la posture d'Andromaque.

Couchés sur le côté : c'est la très reposante posture dite des « petites cuillères », fortement recommandée (comme la suivante) aux femmes enceintes – qui ont droit de continuer à faire l'amour comme tout le monde...

• La posture des ciseaux : c'est une posture intermédiaire combinant presque tous les avantages. La femme reste allongée sur le dos, cuisses ouvertes, son compagnon couché sur le côté (droit s'il est droitier) la pénètre en passant sous la cuisse qui est contre lui, l'autre cuisse de la femme restant fléchie ou s'insinuant entre les genoux de l'homme ; il peut lui caresser toute « la devanture », du cou au clitoris en passant par les seins et le ventre, tout en la dévisageant.

Au gré des pratiquants, la conjonction sexuelle peut durer plus ou moins longtemps, avec des changements de posture, avec des changements de tempo, du moderato au presto, dont la concordance s'établit spontanément entre bons joueurs.

A l'approche de l'orgasme, le mouvement s'accélère vers le prestissimo ou le furioso, avant de se figer dans un point d'orgue concluant la dernière montée orgasmique.

C'est à ce moment que le retrait de la verge, dans un but contraceptif (coït interrompu) se montre un non-sens physiologique désastreux.

TROISIÈME ACTE : LA PÉRIODE DE DÉTENTE. Après une jonction charnelle aussi intime, aussi intense, il n'y a que les goujats pour s'endormir comme des brutes ou reprendre illico le cours de leurs si pressantes activités, pour se précipiter sur le bidet ou sur la cigarette, leur journal, ou le poste de télévision...

Le postlude est le moment de la reconnaissance de la chair, de l'apaisement, de la reprise du souffle, des esprits, des commentaires flatteurs, des baisers tendres, des mots tendres, des regards tendres, des tendres sourires, de la boisson réparatrice, partagée et dégustée avec volupté...

Le délicieux alanguissement peut déboucher sur un petit assoupissement de transition.

Il sera toujours temps de retourner aux tracas de la vie quotidienne.

Docteur Gérard Zwang

L'ART DE JOUIR ET DE FAIRE JOUIR

S'il est naturel de jouir, l'action qui consiste à produire du plaisir sexuel doit obéir à un minimum de savoir-faire : on ne fait pas l'amour n'importe comment, ni même à n'importe qui. Si, une fois décidée la recherche mutuelle de l'orgasme, les règles de conduite qui avaient dirigé de façon si précise la séduction ne sont plus de mise, il faut alors compter avec de nouvelles contraintes, liées cette fois au fonctionnement du corps humain : la physiologie n'aime pas le désordre. Avec son talent, un minimum d'expérience et une imagination plus ou moins fertile, à chacun de faire de son mieux pour atteindre l'extase, et donner vie à son irrépressible besoin d'amour en déclenchant la merveilleuse fête des corps.

Le corps à nu

La nudité complète des corps dans l'amour est la plus extraordinaire des libertés que viennent de prendre les Européens depuis une cinquantaine d'années. En fait, mieux que les très vagues notions de « liberté des mœurs » ou de « polissonnerie » de la jeunesse d'aujourd'hui, l'observation de l'évolution des mentalités en matière de nudité rend bien compte des mutations profondes qui touchent, depuis une ou deux générations seulement, au prestige de la sexualité dans notre société.

L'Histoire en est témoin : jusqu'à un passé très récent – disons 1920 en France – ce sont les amants qui se déshabillent pour faire l'amour, et non les époux. C'est là, je pense, un fait d'observation courante auquel il n'a pas été donné assez de relief. Au fond, les choses étaient claires pour tout le monde : l'amour physique n'avait pas assez bonne réputation pour que l'on confonde sexualité et famille, plaisir et devoir. Une des attitudes les plus remarquablement « modernes » de la société actuelle est donc à l'inverse, de vouloir unifier la relation amoureuse, de faire en sorte que des distinctions de principe cessent de stériliser la sexualité conjugale. Les risques sont considérables – il est facile de les mesurer par l'accroissement important du nombre des divorces depuis une vingtaine d'années. Mais l'enjeu d'une telle restauration est particulièrement important, c'est la promesse d'un érotisme sans honte, c'est en tout cas la fin de l'odieux « devoir conjugal ».

Seconde remarque : la nudité n'est pas à prendre à la légère, c'est une affaire plus sérieuse qu'on ne le croit. En premier lieu, certes, c'est une affaire d'Etat : le Code Pénal n'y va pas par quatre chemins et il est toujours aussi « malhonnête » qu'autrefois d'exposer au regard d'autrui certaines régions de son anatomie – surtout dans l'exercice de leurs fonctions. Du reste, je viens de le signaler, plus que la libre concurrence amoureuse ou l'accès à la contraception, c'est le « nudisme » qui sert de cheval de bataille à l'entreprise actuelle de « révolution sexuelle ». Le nudisme sur les plages, certes, mais aussi à la télévision dans les messages publicitaires, et naturellement dans la plupart des représentations cinématographiques ou littéraires du couple amoureux.

Mais la nudité est aussi une affaire sexuelle, et à cet égard, il existe des limites à ne pas franchir, non parce qu'elles risquent de mettre la Morale en péril, mais au contraire, parce qu'à trop découvrir on exhibe sans saveur. La sexualité a horreur du vide, l'érotisme perd une grande partie de ses moyens face à des corps nus sans aucun secret, le désir est maladroit et déçu par l'effacement apparent de toute pudeur... Voilà le mot essentiel, la pudeur, cet équilibre si fragile entre le défi et le sentiment de péché ; sans pudeur, l'érotisation des corps n'existe pas. Contrairement à certaines époques qui connurent elles aussi des modes très déshabillées, la nôtre ne sait plus défendre les attitudes pudiques, en sacrifiant au nom d'un modernisme incertain des sentiments dont dépend en fin de compte la qualité de la relation amoureuse. Le cinéma pornographique ne s'y est pas trompé, en déshabillant en trois secondes ses comédiens à l'écran. Avant de projeter ici un autre film, celui d'une relation sexuelle idéale et sans doute imparfaite en cela, il faut savoir que l'érotisme se moque de la mode, que ceux qui se déshabillent en public ne sont pas toujours les meilleurs amants, et que des amants merveilleux peuvent être rebutés par l'exhibitionisme systématique des mois d'été.

Le premier vêtement à dégrafer

En simplifiant à l'extrême, la sexualité passe par quatre phases successives tout au long d'un rapport amoureux : la séduction, la caresse et le baiser, le déshabillage et la recherche de l'orgasme. On le voit, la mise à nu du corps est une étape aussi importante pour le succès d'une rencontre que la façon d'exprimer son désir ou d'aider l'autre à atteindre l'orgasme. Le vêtement marque en effet une frontière infiniment précise entre le « flirt » et l'amour physique proprement dit. Il détermine en quelque sorte un point de non-retour.

Il est sans doute plaisant de relever que ce sont très exactement les mêmes décors vestimentaires, les mêmes maquillages, les mêmes accessoires de l'« élégance » (aussi bien masculine que féminine) qui tout à l'heure assuraient le succès d'un certain charme (les Anglais parlent plus justement de « sex-appeal ») qui vont maintenant être utilisés comme moyens d'auto-défense contre le partenaire... Naturellement au fil des années, le vêtement ne joue plus aucun rôle dans l'harmonie sexuelle du couple, dont l'intimité acquise une fois pour toutes semble pouvoir faire abstraction de tels enfantillages. C'est une imprudence : ou bien l'on accepte passivement que le mariage et le vieillissement ternissent puis annulent tout romantisme dans le couple légitime, ou bien l'on tient à réussir sa vie à deux, tout au long de l'existence. Dans le premier cas on aura du mal à se reconnaître ici, mais c'est précisément pour de tels lecteurs que ces pages sont écrites.

Sexuellement parlant, le principal intérêt d'un vêtement c'est de pouvoir être enlevé, distendu, froissé, déboutonné, déplacé sur le corps. La signification de telles manipulations des étoffes, des cuirs, etc., qui composent le costume est évidemment très érotique pour peu qu'on y prête attention et que l'on pèse ses gestes. Chacun n'a-t-il pas en mémoire le tout premier glissement des doigts sous la jupe qu'ils repoussent et sur la cuisse, ou bien cette seconde où elle a osé défaire sa ceinture dans un mouvement nécessairement volontaire ? Accepter que l'on bouscule ainsi, sans hésitation, le moindre détail d'une tenue vestimentaire (y compris le maquillage) à laquelle on confie généralement le rôle de nous représenter en public, c'est tolérer d'être mis sens dessus-dessous.

En somme, dans le déshabillage, ce qui est le plus important c'est bel et bien le dégrafage du premier bouton, le tout premier signal indiquant l'instant zéro, du rapport sexuel. Or, tout rapport sexuel a obligatoirement un point de départ : on ne chavire pas dans les bras l'un de l'autre sans qu'il y ait eu « feu vert ». Bien sûr, on peut toujours envisager de se déshabiller chacun dans son armoire et d'attendre de se rejoindre sous les draps pour envoyer ses messages de désir ! C'est hélas toute la banalité quotidienne de la cohabitation conjugale. Mon expérience m'indique que mariés ou non, deux partenaires, hétéro ou homosexuels, mettent six mois pour atteindre ce seuil de l'extrême pauvreté érotique – qui finit par faire oublier la saveur des gestes les plus simples, les plus humbles de l'amour et par là, les plus utiles.

On a toujours besoin de petits signes à soi pour assurer l'avenir de l'amour : il ne faut pas compter uniquement sur les instants lumineux des dernières étapes d'un rapport sexuel, car ils ne nous appartiennent plus entièrement. A l'inverse, lorsque le corps est raisonnable encore, que la distance entre les partenaires n'est pas trop rapprochée, n'est-il pas agréable d'exprimer l'intensité et l'urgence de son désir avec un langage moins difficile que les mots ?

Une fois vécu ce court échange de gestes, chacun prolonge la séquence à sa manière. Certains vont continuer seuls sur eux-mêmes le déboutonnage, d'autres se laisseront manipuler, plier, dérouler, d'un bout à l'autre du déshabillage. Quant aux vêtements et aux accessoires plus ou moins précieux qu'on enlève, leur sort dépend beaucoup de l'agitation des personnages, de l'environnement... La sexualité restera toujours un jeu de cache-cache avec la pudeur, mais le déshabillage peut être une fête, comme chez un enfant, qui jouit de se laisser faire et de retrouver la nudité de sa peau. Dans un lit ou en plein air, le rapport commence là, par des phrases gorgées d'affection, des sourires, des taquineries, de longs baisers sur la bouche, des caresses... et la chute des vêtements. Dès lors, le ton monte, le cœur accélère son battement, les bras empoignent les épaules, la taille, et les serrent très fort. Pourtant le déshabillage n'est pas suffisamment complet – en tout cas il est tellement plus agréable de penser qu'il ne l'est pas encore – pour prendre possession de tout le corps, et les doigts, les lèvres, butinent déjà le sexe mais sans pouvoir le prendre ou le lécher, à cause de l'obstacle qui s'y oppose toujours : le slip.

Le sous-vêtement est une seconde peau

Si l'évolution du costume à travers les âges fait l'objet d'études très sérieuses et très complètes, il est amusant de constater que l'histoire du sous-vêtement est bien confidentielle. C'est sans doute normal pour un élément de la toilette destiné à fréquenter les parties les plus secrètes de l'anatomie. Les transformations radicales qui viennent de modifier la culotte, aussi bien chez les hommes que chez les femmes, ne peuvent pas être passées sous silence. Voici que pour la première fois dans notre culture, les « dessous » valent (sexuellement parlant) aussi cher que ce qu'ils cachent : c'est d'une virulence inouïe sur le plan érotique.

Le sous-vêtement est en apparence pourtant un uniforme bien anodin. Un « linge de corps » sans valeur, un habit sans gloire destiné notamment à secourir les bonnes mœurs au cas où, par extraordinaire, les vêtements viendraient à lâcher et ne masqueraient plus l'« essentiel ». Mais la pudeur est un prétexte. L'enjeu est socialement plus important, parce qu'au-delà d'une certaine image passe-partout de l'esthétique et de l'hygiène corporelles, se profile l'éternel modelage conventionnel du corps humain. Il n'a jamais vraiment été possible de faire n'importe quoi de sa silhouette, et il en est de même aujourd'hui. C'est pour cette raison – une raison d'État – que les efforts déployés par les féministes, pour que les représentations de la Femme cessent d'en faire avec autant d'arrogance de dérisoires « objets sexuels », ont encore peu d'impact. Les courants qui agitent depuis une vingtaine d'années l'opinion publique dépassent bel et bien la seule question du « sexisme ». L'évolution de la coquetterie masculine en matière de sous-vêtements, bien plus récente, est un signe qui ne trompe pas : nos traditions n'avaient pas connu cela depuis le XVIe siècle, à l'époque d'une mode vestimentaire qui devait créer l'ancêtre de la braguette, avec un goût et une insolence inimitables.

Bref, s'il est assez curieux de penser que personne ne peut porter le slip de son choix, dans le corps à corps, la vraie question est de savoir à quoi il peut servir une fois qu'il colle à la peau. Aussi bien chez les hommes que chez les femmes, le slip à la mode n'est ni une protection (l'étoffe en est trop fragile), ni une dissimulation (les dimensions l'interdisent), mais une fine enveloppe recouvrant fidèlement les différents volumes des organes génitaux. C'est une innovation considérable. Contrairement au corset, qui met en forme, ou plutôt remodèle la silhouette au prix de diverses souffrances, le sous-vêtement actuel n'est plus un échafaudage, une armature, mais un simple emballage décoratif. (Les corsets sont maintenant abandonnés, mais les soutiens-gorge en perpétuent la mission en corrigeant, à l'aide d'artifices mécaniques, l'effacement naturel de la poitrine avec l'âge et les grossesses. C'est une exception.) Le slip est donc si proche du sexe, qu'il en est la seconde peau. Bien plus qu'une simple fenêtre sur la nudité totale, il est devenu à son tour une zone érogène à cause de ses rapports si intimes avec les muqueuses. Somme toute, le grand chambardement de cette mode, c'est que le sous-vêtement ne soit plus seulement agréable à l'œil. Les hommes, jusqu'alors oubliés dans cette stratégie de la séduction confidentielle, portent de plus en plus volontiers des slips qui ressemblent à quelque chose. Toutefois, ils ne savent pas encore se déshabiller intelligemment. En vérité, un slip se touche avec la même tendresse émue que la peau qu'il recouvre, se respire, se palpe, s'effleure : ce n'est plus aujourd'hui un simple « cache-sexe ». Si par hasard, ou par goût, les premiers moments du déshabillage ne l'ont pas immédiatement éliminé, le prélude amoureux se trouve ainsi enrichi au moins pour deux raisons. Esthétique d'abord, au moment où le désir féminin doit encore être encouragé par des arrières-pensées que la « beauté » des organes génitaux masculins, exhibés en deux temps trois mouvements, peut offenser. Sexuelle ensuite, parce que s'il est infiniment plus intéressant pour une femme de sentir gonfler la verge de son partenaire avant d'y toucher, tout le monde n'est pas capable d'en faire autant, et le slip met à l'abri des reproches... et d'une accélération imprudente du rythme des caresses.

Si les hommes sont encore maladroits, les femmes savent depuis toujours utiliser la malice de leur lingerie. Même très simplifiée aujourd'hui, la culotte occupe encore le rôle principal dans la séduction du déshabillage et l'excitation des premières minutes du rapport. Tout ce que les textiles modernes ont perdu en générosité des formes et en confort, on le retrouve en transparence et en adhésivité à la peau. La transparence est le principal responsable de l'érotisation du slip féminin. La défense de la pudeur est repoussée au second plan, et l'étroitesse des surfaces de poils et de fesses à demi-soustraites à la vue est plus vouée à exciter l'intérêt qu'à le décourager. Somme toute, avec des matières, des formes et des coloris différents, les culottes modernes obéissent toujours à la tradition : la lingerie n'est pas un vêtement mais un outil de la sexualité. Si j'ai suggéré cependant que la mode venait de lui faire franchir une nouvelle étape, c'est à cause de l'adhérence de ces tissus aux organes génitaux. Tout comme chez son partenaire masculin, la femme actuelle présente au niveau de ses zones érogènes les plus actives, une enveloppe artificielle si proche de l'épiderme qu'elle en a presque la même sensibilité. En slip et soutien-gorge une femme n'est pas encore nue, mais elle est pourtant complètement déshabillée car aucun geste, aucun contact des lèvres, aucune caresse ne sont entravés par la présence sur leur parcours de ces si fragiles Nylon.

Pour mieux comprendre la différence des sous-vêtements féminins entre eux, il suffit d'évoquer le « collant » et la gêne qu'il provoque dès les premières tentatives de contacts. Le déshabillage n'est pas complet tant que cette peau synthétique n'est pas enlevée. Pourtant elle n'interdit pas la caresse, mais seulement la « pénétration ». Tout est là. Si le slip est une « zone érogène » c'est parce qu'il peut participer entièrement au déroulement d'un rapport, dans lequel il fait office de maquillage, de décor, rehaussé par l'enluminure des bas et de la ceinture de dentelles qui les tendent. Ce « voyeurisme »-là n'est pas escroqué à la sau-

vette, mais palpé du fond des yeux, agrippé à n'en plus finir à cette bretelle qui fond sur l'épaule, à la légèreté inouïe de la culotte de soie mauve, ou à la lisière des bas délivrant deux cuisses fermées comme le poing...
L'enjeu de cet allumage est considérable, car il permet de faire durer le plaisir d'attendre, de s'installer quelques minutes, ni tout à fait silencieux encore, ni tout à fait immobiles, à demi-nus, sur les marches de l'excitation, juste avant de donner le départ de la grande cérémonie de l'orgasme.

La masturbation

« Masturbation » est un mot impropre, non seulement parce qu'il ne dit pas entièrement de quoi il est question, mais surtout parce qu'il est sali par ceux qui l'ont inventé : à l'origine, « masturbation » c'est littéralement « se souiller la main ». La morale occidentale s'est attaquée avec une violence inouïe à cette version infertile de la jouissance, en fabriquant de toute pièce la honte d'un péché mortel.
Appelons un chat un chat, et la masturbation « toute activité visant à provoquer l'excitation des zones génitales, féminines ou masculines, soit directement, à main nue, soit au contact de tout objet délibérément appliqué sur le sexe pour le stimuler ». Le terme d'« onanisme », consacré par des générations d'amateurs, ne doit plus être confondu avec la masturbation : il se rapporte à l'éjaculation hors du vagin, le « coït interrompu » en somme.
Cette définition est assez large puisqu'elle permet de décrire de nombreuses formes d'exaltation de la sensibilité génitale, comme on va le voir. Toutefois, elle reste suffisamment restrictive pour écarter les manipulations d'autres zones érogènes, telles que les seins ou les orteils par exemple, qui peuvent déclencher un orgasme chez la femme. Ce n'est donc pas la jouissance hors du « rapport complet » qui caractérise la masturbation, mais bien la partie du corps qui est concernée par ces différentes manipulations, c'est-à-dire exclusivement le sexe... Si la sexologie moderne n'a pas à inscrire au nombre de ses combats la lutte contre les valeurs morales (que l'on est en droit de sauvegarder pour donner un sens à son existence) la masturbation apparaît actuellement comme je l'ai exposé par ailleurs, comme l'expérience initiale, nécessaire à l'apprentissage du savoir-faire sexuel, aussi bien chez les femmes que chez les hommes.

Je me touche, donc je suis

Si le corps procure du plaisir, il le confectionne avec les moyens du bord, c'est-à-dire des sensations de contact, de pression, de vibration, de température, de mouvement, de rythme. Ne parlons ici de l'enfance (traitée dans le chapitre 4) que pour signaler que ses explorations vont représenter un véritable « mode d'emploi » des organes génitaux qui déterminera les techniques masturbatoires de l'adulte. L'orgasme a beau être éprouvé aussi dans la tête, l'enfant apprend à perfectionner les gestes et les mouvements qui embrasent son sexe. En les compliquant, il se « spécialise » dans certaines pratiques qui vont représenter, à l'âge adulte, un patrimoine qu'il est impossible de refuser. Avec l'adolescence en particulier, la masturbation n'est plus un simple jeu d'explorations mais une activité qui donne la primauté à l'« efficacité » du geste : l'obtention d'un orgasme dans des délais et avec une intensité variant assez peu. Au seuil de la vie adulte donc, le répertoire des manœuvres en question s'est perfectionné, parce que la volonté de jouir oblige à faire preuve d'une meilleure connaissance de soi, des zones les plus sensibles de son imagination, et pour tout dire, de son sexe.

Chez l'homme

Comme je l'ai écrit par ailleurs, c'est le frottement qui est le principal interprète de l'excitation génitale. Chez le garçon, les premières éjaculations peuvent être provoquées presque par hasard, à plat ventre dans son lit, en se frottant sur le drap avec de vifs mouvements du bassin. Cette expérience précoce n'est cependant qu'une voie de passage vers une masturbation plus authentique. Non qu'elle soit fastidieuse ou inefficace, mais surtout parce qu'elle prive l'adolescent d'une exploration directe de son sexe, absolument nécessaire pour finir de prendre conscience de son identité, de son « schéma corporel ». C'est donc en y mettant les mains et en y regardant de très près qu'il va achever, bravant les interdits et la honte, un portrait de lui-même. En tout cas, les récompenses de telles leçons de géographie sont si délicieuses qu'elles permettent d'apprendre rapidement à se servir de la verge.

Ainsi, en quelques jours, s'est établi définitivement le relevé des points les plus chauds de la verge en érection, et l'adulte provoque sans effort le déclenchement quasi-automatique de l'éjaculation. La verge peut se tenir à trois doigts, comme un stylo, et aux indispensables mouvements du poignet s'ajoutent des pressions plus ou moins soutenues entre le pouce et l'index. Le geste consiste à faire coulisser la peau de façon à créer des sensations régulières dues à son va-et-vient sur toute la longueur de la verge. Certains préfèrent aiguiser la seule sensibilité du gland en ne saisissant que la peau du prépuce qu'ils frottent énergiquement sur la muqueuse (chez un sujet circoncis, l'absence de peau recouvrant le gland prive la verge de telles sensations). D'autres, prennent leur sexe à pleine main avec une telle énergie que

La main, meilleure complice de la masturbation.

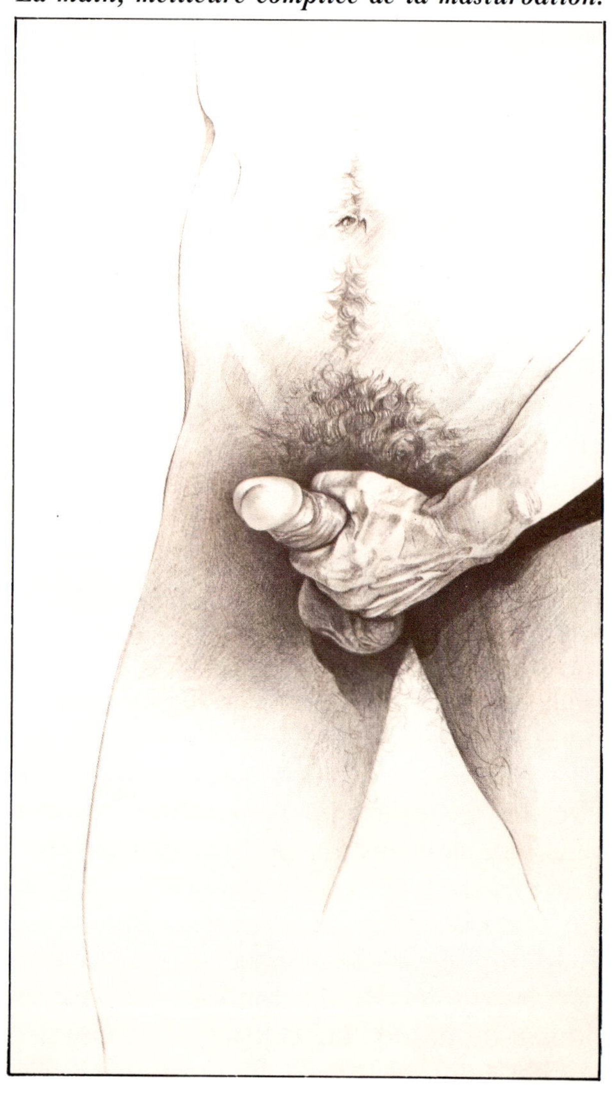

les sensations gagnent à ce moment-là la masse rigide des corps caverneux. Somme toute, l'infinie variété des pratiques masturbatoires masculines déclenche deux catégories de perceptions :

• En surface, au niveau de la peau et des muqueuses.

• En profondeur, à partir de toutes les structures qui constituent la masse même de la verge.

Les premières sont extrêmement précises et naissent surtout sur le gland, le plus souvent sur le « frein » du prépuce, que le doigt enduit de salive, de savon ou de gel lubrifiant, et peut caresser sur une portion de 1 à 2 cm particulièrement exquise. Les secondes appartiennent à la sensibilité profonde des organes génitaux et sont beaucoup moins repérables. Elles prennent naissance surtout à la base du pénis lors de fortes pressions des doigts, ou de mouvements de bascule imprimés à la verge dans certaines prises en main un peu trop vivaces. Mais ce sont ici les contractions des muscles entourant la racine du pénis et l'anus – dont un des effets consiste à renforcer l'érection – qui permettent d'accroître l'intensité et la volupté de ces sensations.

Si la main reste, depuis la nuit des temps, le meilleur complice de la masturbation, ce n'est pas parce qu'il suffit de l'allonger pour tomber sur le sexe, mais parce que seuls les doigts permettent une modulation infiniment méticuleuse et fidèle de toutes ces sensations. Le semi-échec des vibro-masseurs, poupées gonflables, « vagins artificiels », etc., est compréhensible : il n'y a pas d'évolution possible de la routine des sensations composées lors de l'adolescence. L'apprentissage du déclenchement solitaire de l'éjaculation est donc non seulement ultra-rapide, il est aussi – et c'est une notion fondamentale – définitivement enchaîné aux émotions de l'adolescence. Certes, la stimulation sexuelle se perfectionne avec l'âge, renforce l'érection, élargit le répertoire des amusements, mais ces complications n'aboutissent pas à l'éjaculation. Un bon exemple de cette stabilité des manies est l'usage de la douche pour créer des sensations naturellement agréables, à cause de la vibration et de la température du jet d'eau sur le gland. Contrairement à ce qu'obtiennent les femmes en pareille circonstance, un homme en jubile, mais il n'en jouit pas. Ainsi donc, quels que soient l'environnement (la salle de bain ou une cabine de strip-tease), la posture (nu ou la braguette ouverte), les adjuvants (des photos pornographiques ou de la lingerie féminine), les stimulations d'accompagnement (la compression des testicules ou l'irritation anale avec le doigt ou un objet non identifié), l'illumination de l'imaginaire (des fantasmes exhibitionistes ou la réminiscence d'une scène d'amour avec sa partenaire), l'auto-érotisme masculin ne

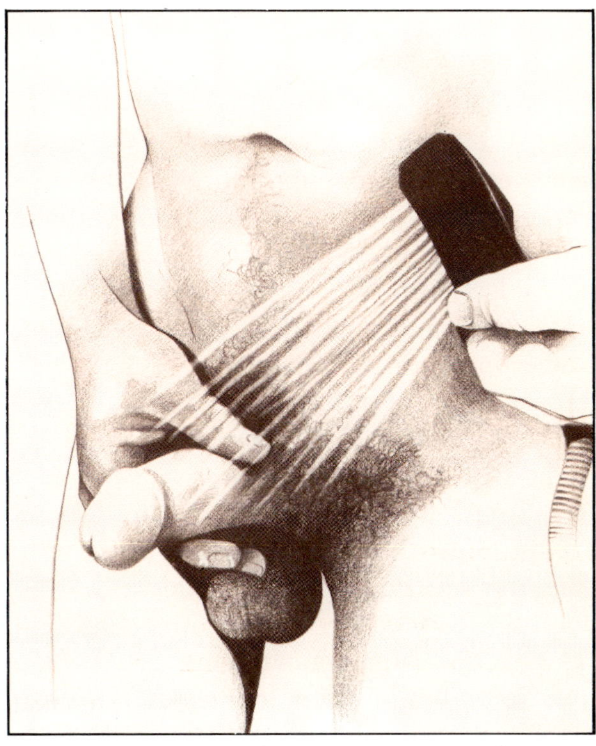

La recherche de sensations sous la douche.

fait jouir que par une absence totale de liberté sensorielle. L'expérience masturbatoire est donc passionnante à observer parce qu'elle préface ce qui va apparaître dans une relation à deux : l'impossibilité de biaiser avec la rigidité de telles habitudes, l'impossibilité d'aboutir à l'éjaculation n'importe comment.

Chez la femme

De même, à l'origine des manipulations voluptueuses chez la femme, il y a le souvenir de découvertes enfantines succulentes, au contact de l'ouverture du sexe. Ici aussi, l'achèvement de l'image que l'on a de soi-même dans sa tête, passe par l'annexion de cette fente, appropriation aussi bien visuelle – il n'y a pas plus saine curiosité juvénile que d'écarter les cuisses devant un miroir – que tactile. Sexuellement, par ailleurs, c'est la régularité de ces observations initiales et de ces manœuvres, qui déclenche les premiers orgasmes, captant ainsi l'attention de l'enfant de manière à en renouveler l'émotion. L'apprentissage débute aussitôt. Pourtant il ne faut pas s'attendre que garçons et filles empruntent les mêmes itinéraires pour aboutir à leur pleine maturité sexuelle. Les filles passent en fait par deux constatations qui les distinguent définitivement des garçons. La première, c'est que leur joie peut être produite par des sources de contacts de plus en plus diversifiées. La seconde, extraordinaire, c'est que le sexe s'ouvre en réalité sur une cavité également sensible et réjouissante : le vagin.

Le doigt est au commencement de la masturbation féminine, même si le serrage des cuisses et de vives et régulières contractions des fesses provoquent des orgasmes tout à fait adaptés à la convoitise des adolescentes. La perfection inimitable de la mobilité de la main offre, comme chez les garçons, une assistance irremplaçable à la fois pour comprendre sa propre sexualité, et pour l'aiguiser au fil des répétitions. L'extrémité de l'index ou du médius est appliquée sur le clitoris, souvent entre le capuchon et la grande lèvre, et le comprime contre l'os du pubis, soit dans des mouvements circulaires, soit dans un geste de simple va-et-vient. Le doigt est tendu et la vitesse, la pression, le rythme, la durée de la stimulation dépendent du succès des expériences antérieures. Les frottements peuvent aussi intéresser une zone beaucoup plus étendue du Mont de Vénus ou de la région vulvaire, utilisant alors les autres doigts et la paume de la main besogneuse (généralement la droite). La main gauche est rarement inactive, aussi bien au niveau des grandes lèvres qu'elle écarte, qu'elle palpe, qu'elle pénètre, qu'autour de l'anus, sur les seins qu'elle empoigne, ou le ventre qu'elle masse. A plat ventre les limitations de la mobilité manuelle sont compensées par la participation très active de la musculature du petit bassin et de la charnière des reins. Ces contractions et les mouvements de bascule qui les complètent, sont nécessaires à l'accroissement décisif de la tension sexuelle pour déclencher une jouissance apaisante...

Or, l'érotisation féminine, cette mise à feu du corps, est une entreprise vouée à n'être jamais totalement achevée. A peine la masturbation clitoridienne a-t-elle permis de découvrir les premiers mécanismes de passage à l'état de charivari émotionnel, que s'organise le passage d'une étape essentielle dans l'épanouissement de la sexualité féminine. Ce n'est pas l'adolescente curieuse et gourmande qui illustre l'idéal d'équilibre et d'émancipation, mais

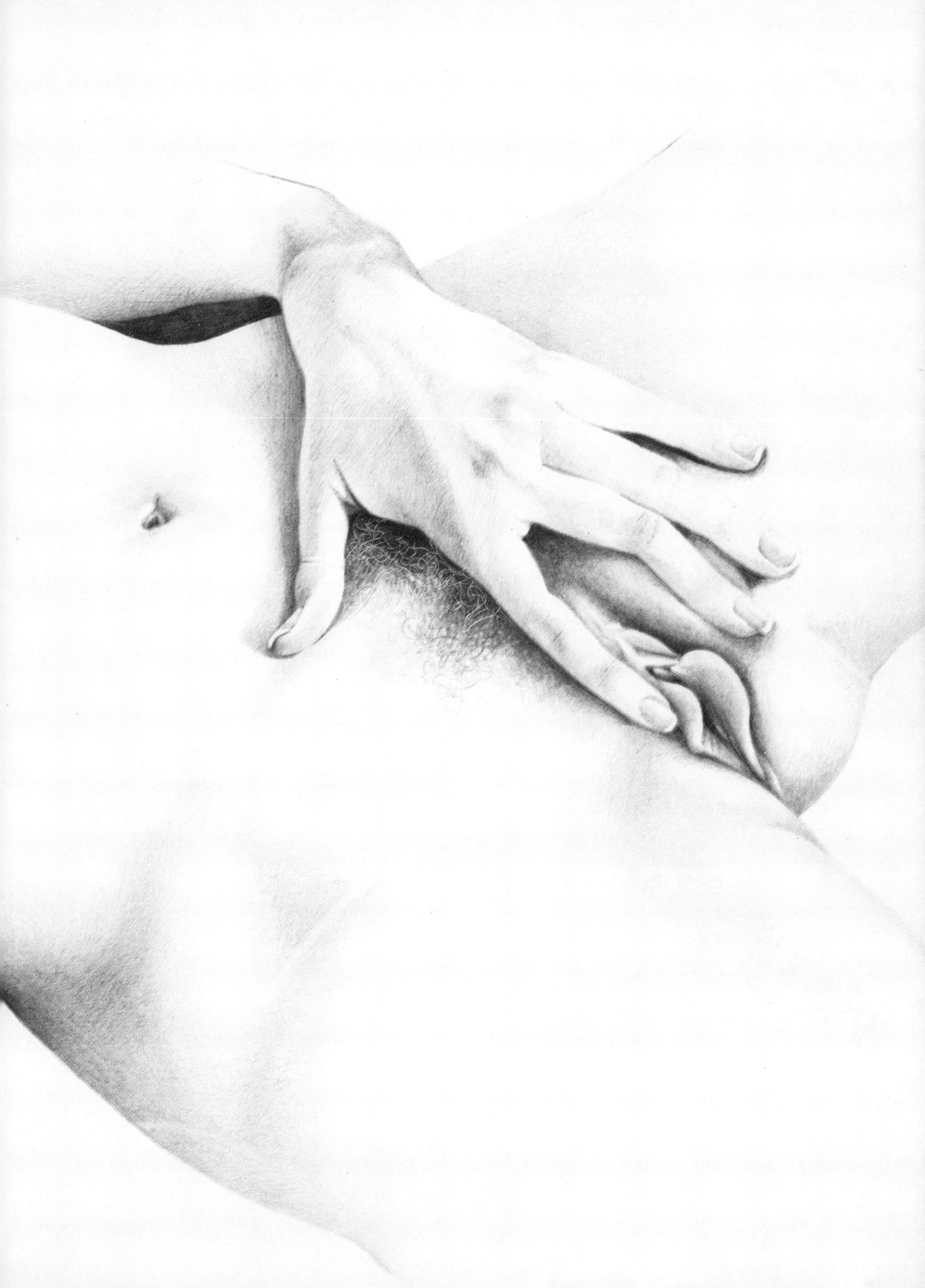

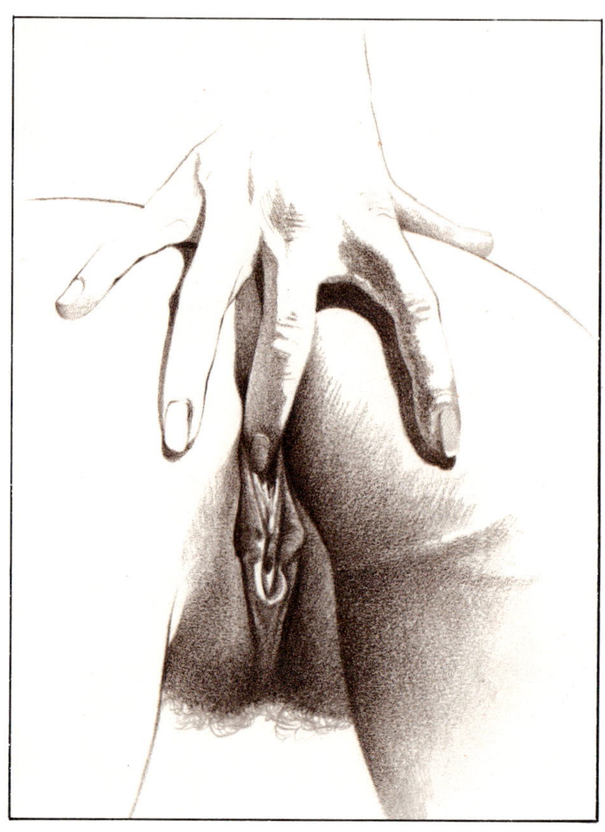

Masturbation féminine par pénétration et attouchement.

celle qui, jouissant avec son clitoris, poursuit sur elle l'exploration de son anatomie. Le corps féminin – à quel âge s'en rend-elle vraiment compte ? – recèle un mystère qui « doit » être éclairci, mystère qui tient moins à l'uniformité apparente de ses reliefs, qu'à sa béance, son ouverture sur l'intérieur du corps. Le vagin « ne compte pas » tant qu'il n'est pas approuvé dans l'imaginaire comme un vide parfaitement intégré aux formes et à la vocation du corps féminin. Petit à petit du reste, la rivalité avec la sensibilité si bouleversante de son orifice s'estompe, et l'incandescence érotique gagne la muqueuse en profondeur, d'expériences en expériences. Non seulement le vagin confère l'authenticité du grade de Femme, mais de plus on peut en jouir, c'est inespéré. L'enfouissement délicieux des doigts dans la fente, leur va-et-vient, leur glissement jusqu'au contact du col de l'utérus, la capture de ces doigts par toute la musculature pelvienne... ont quelque chose à voir avec la masturbation, certes, mais leur rôle la surpasse, car ils témoignent surtout de l'acceptation de soi, de l'approbation de sa propre « vacuité » anatomique. Sans une adhésion tranquille et heureuse à cette intime certitude du pouvoir sexuel féminin, il n'y aura pas d'élaboration harmonieuse de la personnalité adulte. L'enjeu est donc immense : l'adolescente se masturbe pour comprendre que son sexe est creux et que ce vide n'est pas un « manque » – par comparaison au sexe des garçons – mais l'écrin dans lequel peut se réaliser le prodige de la fécondation.

Ainsi donc, se trouvent remplies selon moi, dès l'origine, les conditions d'un mal-entendu qui va terriblement compliquer le déroulement du rapport sexuel, et que prédisent ces observations. S'il y a une ressemblance à l'âge adulte entre l'autoérotisme masculin et féminin, si des analogies sont évidentes entre l'obstination de l'un et de l'autre, ils ne recouvrent pas entièrement les mêmes objectifs. L'orgasme féminin n'apaise pas seulement l'appétit de jouir, il fonde l'identité personnelle à partir de tout un travail d'intégration et de compréhension de soi-même, que les hommes ignorent.

Touche-moi comme je te touche

Le couple n'entre pas véritablement en situation de communauté charnelle tant que la main ne prend pas possession du sexe de l'autre. Le long et précieux dialogue des caresses débouche donc sur un contact nécessaire et émouvant avec des « zones érogènes » que l'excitation a dû déjà métamorphoser, soit en termes d'érection chez l'un, soit de congestion de la vulve et de lubrification vaginale chez l'autre. Dans l'étreinte qui les unit désormais avec plus ou moins de passion, le toucher prend progressivement le dessus sur les autres sensations. Le regard perd de son intérêt à cause de la proximité des visages que les bouches mettent constamment au contact de l'autre corps. L'ouïe recueille les bruits de fond, les murmures, les souffles et les sons émis par les peaux qui se frottent, mais le plus souvent, les amants se taisent à la fin du déshabillage, comme pour mieux se concentrer sur ce qui va suivre... Pour la grande majorité des consommateurs, le « prélude » débute ici en effet, dès l'instant du consentement de se laisser manipuler le sexe. Il est vrai que si aucun autre signal n'a été émis jusqu'à présent (c'est le cas des couples moroses et taciturnes qui se négligent) la masturbation mutuelle va servir d'interprète, mais ce ne devrait plus être son rôle.
Autrement dit, la prise en main du sexe du partenaire a bien deux fonctions distinctes : exprimer un agrément final, réciproque, et amorcer l'accélération des perceptions voluptueuses, préparant la pénétration de la verge dans le vagin. Si comme j'aime l'envisager, un couple s'est installé dans une relation amoureuse avec intelligence et sensualité, le dialogue n'a sans doute pas cessé, tout au long du déshabillage, de perfuser de l'un à l'autre des messages d'encouragement, d'affection et de désir. Le besoin de se faire jouir mutuellement est clairement exprimé lorsqu'interviennent les changements de position rendus nécessaires par la précision des gestes à accomplir : le mouvement détient désormais l'entière responsabilité du succès de l'excitation.
Passé le cap de l'effet de surprise ou de l'expression d'un certain abandon, les manipulations génitales perdent vite leur efficacité émotionnelle. L'usure des sensations trop longtemps identiques est redoutable. On sait bien par exemple que la monotonie d'un bruit, même aussi désagréable qu'un sifflement, finit par aboutir à ce qu'on ne l'entende plus. Il en va de même des attouchements sexuels trop longtemps stabilisés au niveau de timides palpations ou de frictions arythmiques, désordonnées, aussi bien du fourreau de la verge que de la zone clitoridienne. Même pour un couple qui se connaît bien, l'écriture des gestes d'amour doit rester en perpétuel mouvement, passant de la position accroupie entre les cuisses ouvertes sur un sexe que l'on ne quitte pas des yeux, à la position allongée côte à côte dans l'enlacement suffocant des bras et des jambes. Tout oppose cette chorégraphie à l'uniformité de la masturbation, ses restrictions, pour tout dire, sa stéréotypie.
Pourtant, au fur et à mesure que le temps

s'écoule, un point de rencontre est déjà prévisible. Je veux dire que petit à petit le manège s'emballe et que le rythme des frottements sur le gland ou le clitoris épouse en fin de compte l'expérience masturbatoire de chacun. La préméditation de jouissance est invincible, c'est l'amorce d'un virage qui va, comme je l'ai évoqué plus haut, détacher les partenaires de leur effort de fusion sentimentale, pour les renvoyer en pleine solitude à leur possibilité de déclencher l'orgasme. Habituellement, les hommes craignent de jouir ainsi, c'est presque trop facile, car la « période réfractaire » qui va suivre l'éjaculation est véritablement incorruptible après la quarantaine, interrompant le rapport de façon prématurée. Les femmes à l'inverse, s'accordent sans dommage un avant-goût du plaisir en pilotant le doigt du partenaire, un vibro-masseur, ou en se caressant elles-mêmes...

Complicité de la masturbation à deux.

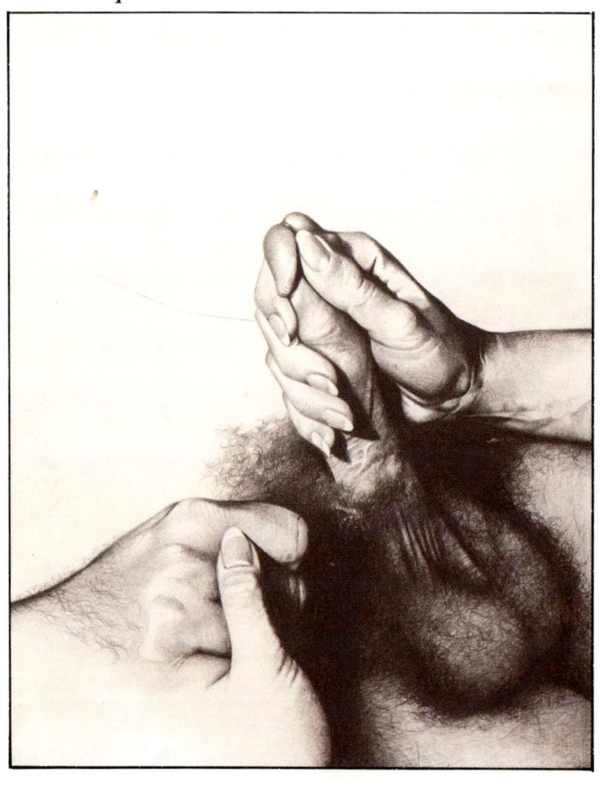

Mordre le fruit à pleine bouche

Il n'y a pas à vrai dire de modèle type de relation sexuelle, l'essentiel étant de tomber d'accord sur le déroulement de ses transactions. Cependant, la description d'un certain idéal érotique, chacun en convient, ne peut s'arrêter aux limites, même les plus fantasques, de la masturbation. L'érotisme, au sens le plus troublant du terme, passe incontestablement par la bouche.

Certes, l'éducation rend difficile l'oubli d'une répulsion spontanée à la perspective de lécher la zone génitale, mais l'« outrage » est récompensé de façon si éclatante que les résistances peuvent être nuancées dès l'approche d'une certaine maturité psychologique. La perfection sensuelle des lèvres, la vitalité palpitante de la langue, l'avidité des narines, fondent là le comportement sexuel à la fois le plus ancien de l'histoire de l'érotisme et l'un des plus exaltants.

Si un couple se donne pour but l'échange de la plus grande sensualité possible, la bouche n'a de cesse d'être sollicitée d'un bout à l'autre de la rencontre. Depuis les premiers baisers du début du tête-à-tête, jusqu'au bouche-à-bouche assouvi qui prolonge l'innondation affective de l'orgasme, les lèvres sont continuellement transportées de la tête aux pieds, pour y laper l'épiderme et le moindre centimètre carré de muqueuse. Il est donc naturel qu'elles s'éprennent du sexe, l'attirent et le dévorent. La soudure est alors si intime que les paupières se ferment pour mieux confondre le dedans et le dehors...

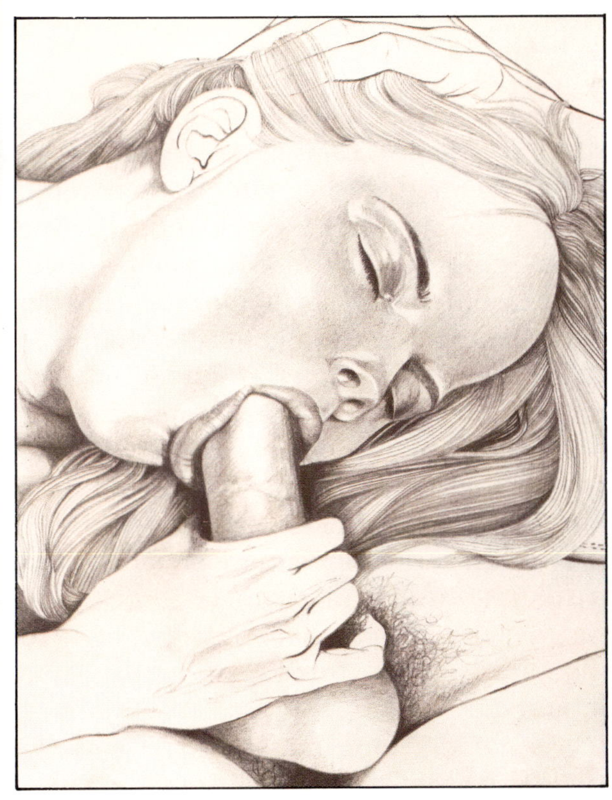

Succion du gland.

La fellation

Je ne sais pas ce qu'est la fellation. Je veux dire qu'un seul mot me paraît bien injustement utilisé pour désigner l'infinie variété des liens qui unissent la verge de l'un à la bouche de l'autre. Un mot qui draine de surcroît des préjugés maladroits et stériles, concernant la rigidité de la verge – quoi, la fellation ne serait-elle succulente qu'en érection ? – ou la vigueur des mouvements de succion du gland. En vérité, en montrant du doigt la bouche qui tête un sexe comme s'il s'agissait d'une obscénité appétissante réservée au talent de la prostituée, la rumeur publique réussit à la salir suffisamment pour l'évincer du répertoire d'une relation sexuelle « normale ». De là à l'inscrire au palmarès des images pornographiques, il n'y a qu'un effort de vulgarité à faire : la fellation devient synonyme de « délinquance » érotique.

Je voudrais inspirer des sentiments contraires en montrant que la morsure, le léchage, la succion, les baisers, la caresse du visage sur le sexe masculin, sont avant tout des témoignages de profonde complicité amoureuse. La dimension symbolique de tels attouchements n'est pas reconnue sur le moment par tout le monde, mais il est facile d'en comprendre la mesure. N'est-ce pas un « don » véritable de soi que de se faire « manger » le sexe par la femme que l'on aime ? A la limite, je ne conçois pas d'expression plus romantique de cette humilité que de garder quelques instants encore la verge souple et tendre, totalement vulnérable dans la bouche qui la capture. L'érection est inutile. L'immobilité et le recueillement ajoutent, pour ceux qui en ont envie, une vibration introuvable autrement, que la quête de l'orgasme va éteindre dans quelques instants. Cette « fellation »-là, si peu specta-

Léchage de la hampe.

culaire, si peu orgueilleuse, n'a rien à voir avec les habitudes et les préjugés, mais c'est pourtant un moment privilégié à ne pas manquer, juste avant le passage à des choses plus redoutables.

Depuis tout à l'heure, même si l'érection était au carrefour de toutes les caresses, elle n'était pas vraiment nécessaire à un couple paisible et qui se connaît bien. La sensualité était encore orchestrée par une certaine nonchalance, envahie en partie par le désir, en partie par la distraction. Au fond, tout rapport se déroule en deux parties, quelle qu'en soit la durée, quels que soient les liens qui unissent les partenaires, deux actes d'une même « comédie sentimentale ». L'un est dominé par l'obéissance à la banale réalité quotidienne, l'autre est fasciné par la promesse d'en jouir. Or, vont se commettre au nom de cette préméditation, des actes de pillage, peut-être un tumulte incontrôlable, la panique – le fou-rire ? – en tout cas de tels prodiges que « la tête est perdue » cette fois pour de bon. Pour résumer d'un mot cet affolement, appelons-le <u>principe de volupté</u>. L'« instinct » en somme ? Oui, mais agrandi aux dimensions de l'Amour – même s'il est fait en son nom autant de chefs-d'œuvre que de perversions – et de l'érotisme. Tout est là. Le principe de volupté c'est la loi de non-concurrence entre les partenaires, ni perdant ni gagnant, on prend ensemble tous les risques, plus l'autre est heureux plus on se fait plaisir... c'est l'« effet boomerang ». La fellation marque magnifiquement ce passage entre le principe de réalité et la voluptueuse conquête de l'orgasme.

Mais cette fois, pour s'offrir ce passage, il n'y a d'autre possibilité que l'érection. L'attente fait bander maintenant toutes les artères de la verge : plus question de la cajoler du bout des lèvres, et les reins sursautent à l'effleurement de la bouche sur les testicules. Dans la tête c'est l'incendie. La langue lèche, tâte chaque repli, chaque boursouflure du gland, comme pour renforcer encore son remplissage. Subitement la bouche l'emprisonne tout entier, le tient ainsi quelques secondes, le relâche, puis recommence. La <u>succion</u> est modulable à l'infini, aussi bien dans le rythme des mouvements de la tête, le pétrissage des doigts, la force de l'aspiration, que dans la rapidité des va-et-vient de la langue. La verge tout entière peut disparaître dans le visage, traversant la gorge – dont on maîtrise le haut-le-cœur avec un peu d'habitude – mise à nu, à vif, sur toute sa longueur. Comme dans la masturbation, un tel assaut de sensations à la fois superficielles sur le gland, et profondes dans les corps caverneux étranglés par la fermeture si puissante des lèvres, provoque le besoin irrésistible de jouir. Elle, le sait, le pressent, et choisit, soit de le calmer en ralentissant le rythme des frottements, soit au contraire de le libérer en renforçant encore leur vitesse et leur pression. Mais vouloir « aller jusqu'au bout », ce n'est pas seulement prendre plaisir à mettre un homme sens dessus-dessous, c'est accepter surtout d'absorber en pleine bouche les traces de sa jouissance. Dans ce cas, les secondes qui l'accompagnent peuvent être d'une grande intensité tant est émouvant la métamorphose du corps masculin que l'éjaculation durcit, essouffle, cambre, secoue, asphyxie et déchire. La bouche s'immobilise immédiatement – le moindre mouvement serait insupportable – comme pour prolonger quelques instants l'enchevêtrement des muqueuses et des liquides... Une demi-minute encore et la verge endolorie la quitte, pratiquement sans érection, dans l'opacité silencieuse de l'apaisement du désir.

La pratique de la fellation remonte à la nuit des temps, comme en témoignent ces quelques extraits d'œuvres de très grands auteurs, devenues des classiques de l'érotisme.

« La jouissance de la bouche est infiniment plus agréable tant pour l'homme que pour la femme. La meilleure façon de la goûter est que la femme s'étende à contresens sur le corps de son amant : il vous met le pénis dans la bouche, et, sa tête se trouvant entre vos cuisses, il vous rend ce que vous lui faites, en vous introduisant sa langue. »

(Sade, *La philosophie dans le boudoir.*)

« ... La belle gaule, jalouse aussi d'avoir
son rôle, vite, vite, gonfle, grandit.
Raidit... Ciel ! La goutte, la perle.
Avant-courrière, vient briller
Au méat rose : l'avaler, moi, je le dois...
Lait suprême, divin phosphore
Sentant bon la fleur d'amandier,
Où vient l'âpre soif mendier,
La soif de toi qui me dévore... »

(Verlaine, *Hombres.*)

« Lorsque, tenant le lingam (pénis) de l'homme avec sa main, et le plaçant entre ses lèvres, l'eunuque le frôle de sa bouche, cela s'appelle congrès nominal.
Lorsque, courant l'extrémité du lingam avec ses doigts rassemblés en forme de bouton de fleur, l'eunuque en presse les côtés avec ses lèvres, en se servant aussi de ses dents, cela s'appelle mordillage des côtés.
Lorsque, sollicité de continuer, l'eunuque presse le bout du lingam avec ses lèvres serrées et le baise comme s'il voulait le tirer, cela s'appelle pression extérieure.
Lorsque, sur une nouvelle invitation de poursuivre, il introduit le lingam plus avant dans la bouche, le presse avec ses lèvres et ensuite le fait sortir, cela s'appelle pression intérieure.
Lorsque, tenant le lingam dans sa main, l'eunuque le baise comme s'il baisait la lèvre inférieure, cela s'appelle baiser.
Lorsque, après l'avoir baisé, il le caresse partout avec sa langue et particulièrement sur l'extrémité, cela s'appelle polissage.
Lorsque, continuant de la sorte, il en introduit la moitié dans sa bouche, le baise et le suce avec force, cela s'appelle succion de la mangue.
Enfin, lorsque du consentement de l'homme, l'eunuque introduit le lingam tout entier dans sa bouche et le presse jusqu'à la racine comme s'il allait l'avaler, cela s'appelle absorption. »

(*Kama-Soutra,* VIIe siècle.)

« Son désir avait été tellement enflammé par les deux semaines d'absence de son mari Hsi-Men Ch'ing qu'au matin Lotus Doré refusa qu'il quittât le lit. Toute la nuit elle avait accueilli son membre dans le Pavillon de Jade ou dans sa bouche et, lorsqu'il lui annonça qu'il allait la laisser pour prendre un peu de repos, elle ne put supporter l'idée de le voir partir. « Vous avez le corps si échauffé et il fait si froid dehors, protesta-t-elle. Je ne veux pas que vous vous enrhumiez. Pourquoi ne le portez vous pas à ma bouche ? » Hsi-men Ch'ing fut à la fois ému et content qu'elle lui manifestât autant d'égards. « Je suis sûr qu'aucune femme ne me gâterait ainsi », dit-il. Lotus Doré ouvrit un peu plus sa bouche et il visa le fond de sa gorge. Elle avala promptement chaque gorgée, sans en répandre une goutte sur son visage. Quand il eut fini, il lui demanda : « Comment l'avez-vous trouvé ? – Un peu salé, répondit Lotus Doré. N'avez-vous pas des feuilles de thé odorantes pour en chasser le goût ? – Le thé est dans une poche de la manche de ma veste. Servez-vous ».

(Wang Shih-Cheng, *Chin Ping Mei,* XVIe siècle.)

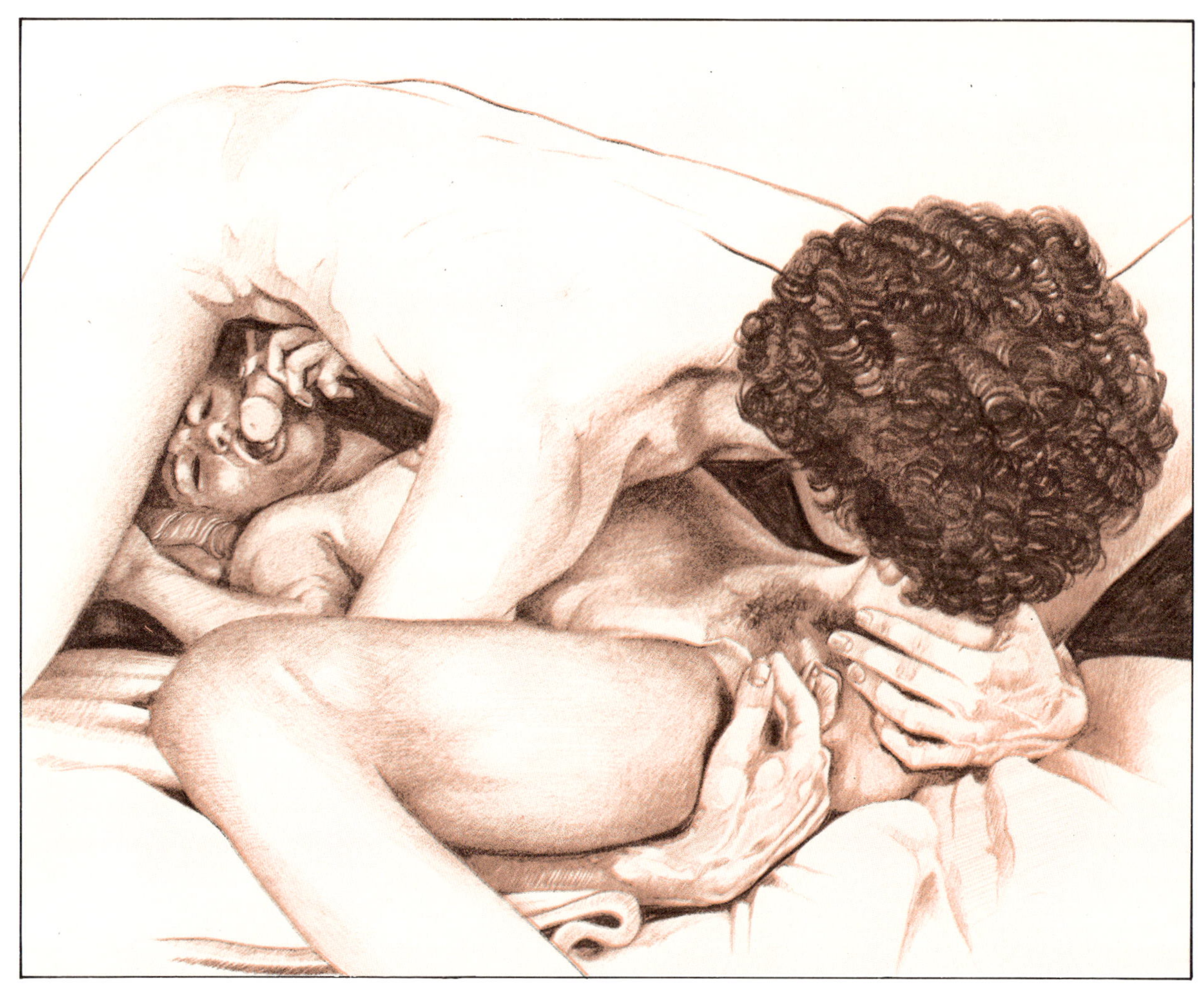

Caresse bucco-génitale simultanée.

La succion de la vulve

C'est avec la même urgence que le pli creux des cuisses d'une femme attire le visage, prolongeant l'exploration des doigts. Ici aussi la tempête se lève dès que la tête surplombe les poils pubiens, et que les narines s'y posent délicatement.

L'ouverture des jambes exige une douceur particulière parce que leur écartement déplisse aussi les lèvres accolées de la vulve, la rendant à son tour extraordinairement vulnérable aussi bien sur place, que dans la tête. Ce décollement est en effet aussi chargé d'émotions et de sens que la mise à nu du gland de la verge lorsque les doigts tirent sur le prépuce pour le détacher. A deux mains, à plat ventre, tête-bêche (illustration ci-dessus), il est admirable d'exagérer l'ouverture de la fente en tirant sur ses bords, et de pouvoir libérer ainsi le minuscule relief du clitoris. L'impudeur exquise de cette exhibition est incontestablement la preuve du désir d'être offerte, toute entière, au regard, à la morsure, au contact frémissant de la bouche... Mais simultanément l'autre bouche palpe et respire l'autre sexe, encore traversé par la chaleur de l'éjaculation qui vient de le terrasser, et la recherche maintenant d'une fusion authentique prend le dessus sur l'expérience plus primaire de l'orgasme. Telle est la posture la plus riche, la plus importante, la plus érotique de l'amour, celle qui met simultanément les sexes au contact des bouches. Indéfiniment humés, regardés, palpés, embrassés, les orifices et les reliefs suintent d'excitation. Mais c'est l'immobilité, je crois, l'arrêt ou presque de tout mouvement, qui nous met réellement à l'écoute de l'autre, qui seul nous rapproche un tant soit peu du sentiment de perfusion, de passage de l'un à l'autre. A aucun moment les corps ne seront autant rapprochés, en tout cas pas avant les phases ultimes du coït, et l'enlacement si puissant. Ce qui rend cette attitude si belle ce n'est pas naturellement sa seule perfection gestuelle, c'est sa signification érotique. Elle représente la seule position qui mette à un tel niveau d'émotion, malgré tout, les partenaires à égalité. Ne retrouve-t-on pas ici, augmentées bien sûr de tout l'énervement que l'on imagine, la même onctuosité, les mêmes câlineries, qu'au tout début du flirt, lors des tout premiers baisers ? Paradoxalement il est vrai, ce n'est pas l'aspect « sexuel » qui me paraît primordial ici – c'est lui, en revanche, qui facilite toutes les vulgarités de langage. C'est la dimension relationnelle, poussée jusqu'aux limites du possible, de l'aiguisement des sens, gavée d'offrandes charnelles, dans une complète nudité, dans une totale transparence du désir et de l'abandon de son corps.

C'est dans ce brouhaha de tendresse et d'excitation, ou plus au calme dans une position toute simple à plat-ventre entre les cuisses à demi-ouvertes de la femme, que l'on redécouvre la physionomie si particulière, si singulière de son sexe. Pas plus que leur visage, deux femmes n'ont de vulve analogue, qu'il s'agisse de l'implantation ou de la forme du clitoris, de la teinte ou du découpage des lèvres, du dessin ou de la texture des poils. Il est étrange de noter le peu d'intérêt que l'on prête à l'anatomie de la vulve, à son « esthétique », la vouant ainsi à n'être qu'un lieu de transit. A la limite, les soins de propreté et la masturbation se font avec le même aveuglement, comme s'il n'y avait rien à voir, rien à mettre en valeur, rien à vivre qui tienne réellement compte de l'originalité de ses formes... C'est donc l'érotisme, prenant une signification supplémentaire, qui révèle aux femmes le rôle initiatique de leur anatomie génitale. Autrement dit, le regard masculin, qui démasque cette originalité, a un double but puisqu'il avive le désir et qu'il rassure la partenaire, donnant en quelque sorte un « visage » à sa sexualité.

La bouche s'interpose maintenant entre les doigts et la toison qu'elle lèche. Dix sillons demandent à être visités, dix reliefs constituant cette zone si secrète du corps féminin attendent d'être sculptés par le massage simultané des lèvres, de la langue et des doigts. Le paysage vulvaire est donc encore à ce stade un lieu de villégiature, de promenade sentimentale. Plus grande est la patience de cette excursion, plus vibrant est le désir de la femme. Cet accroissement de la tension se reconnaît à l'amplitude des mouvements spontanés de son corps qu'elle tend comme un arc, qu'elle dénoue depuis la nuque jusqu'au bassin, renforçant cette ondulation en élargissant de plus en plus sa respiration. De la main, elle peut tenir dans un geste très caressant la tête qui butine l'entre-jambe, comme pour la guider ou l'avertir qu'elle est prête à s'élancer. Mais c'est la voix qui donne la mesure, pour certaines, de l'intensité du besoin de libérer l'énergie qui s'est accumulée dans le ventre. La voix qui jette pêle-mêle des mots, des râles entrecoupés de profondes inspirations, ou qui forme les phrases attendues, les verbes insensés, qui jettent le couple à chaque fois dans le plus profond désarroi. C'est sans nul doute à cet instant, juste au départ des stimulations sexuelles véritablement explosives, que le langage change de peau. Le silence complet, recueilli, parfois inquiétant, des uns, alterne avec les gribouillis obscènes et incendiaires des autres... Avant de toucher au clitoris, on se raconte sa propre histoire d'amour.

S'il existe un mot latin pour désigner cette adoration du sexe féminin, je refuse de m'en souvenir : il est encore plus vide de sens que ne l'est le terme de « fellation ». La succion de la vulve ne peut pas être comprise comme une simple pourvoyeuse d'orgasmes clitoridiens, car elle engage une trop grande complicité, elle renvoit à de trop puissants tabous. L'intelligence est donc présente, qu'on le veuille ou non, tout au long de ces gestes presque spontanés, presque « naturels », puisqu'ils sont déjà partagés par tous les animaux qui nous ressemblent. Mais cette très longue histoire de la sexualité prend des allures de couvre-feu après les bêtises d'Adam et Eve. Toujours est-il que le « vide » du sexe féminin, par lequel tout le monde passe la tête pour voir le jour à sa naissance, est terriblement terrifiant. Allez donc changer 40 000 ans de frousse ! L'intelligence couve donc cette panique comme une mère-poule, parce que l'éclosion de cette angoisse que l'on dit « archaïque » pour bien montrer que c'est plus fort que soi – je l'ai montré au sujet de la pornographie – engendre l'érotisme. La bouche masculine qui boit de nouveau à la source vaginale, déclenche ainsi, si l'on sait y prendre garde, de très puissantes émotions parce qu'elle secoue les fantasmes les plus dangereux du répertoire.

Pour la femme, la saisie du visage masculin entre ses cuisses occasionne des décharges émotives d'autant plus compliquées qu'elle sait y reconnaître des postures maternelles – donc en fonction de sa maturité et de ses grossesses éventuelles –, et qu'elle peut y puiser la certitude d'en jouir. L'accès à l'orgasme n'est pas immédiatement préoccupant mais il rôde à l'entour comme un bruit de fond, comme un craquement qui n'en finit pas d'agacer l'oreille. Au début, la succion est improvisée, désordonnée, tout exprès pour en faire un jeu, une devinette. Assise tout au bord d'une chaise la femme offre aux caresses toute la surface des jambes et les reliefs parfois si sensibles des pieds. Allongée sur le dos, il est plus commode tout en la suçant de saisir les fesses et la taille, ou de prendre un sein à pleine main. Dans une position étendue sur le côté, une jambe droite l'autre repliée vers la poitrine, ou à plat-ventre, les caresses mettent surtout les fesses et l'anus en valeur... Mais tout a une fin et le besoin de jouir vient mettre de l'ordre dans toutes ces fantaisies : il faut désormais que l'excitation suive, à une virgule près, le texte qui est gravé dans la peau. L'expérience masturbatoire, comme je l'avais annoncé, sert de dictionnaire pour trouver les mots les plus justes, ou si l'on préfère, de pilote pour guider les stimulations que propose le partenaire. Le succès de cette provocation dépend donc à la fois de ses possibilités d'écoute et d'observation tout au long de la montée du plaisir, mais aussi, c'est évident, du désir de la femme de décharger ses impulsions immédiatement ou d'attendre la pénétration.

Si la succion du clitoris et de son environnement proche est si exquise c'est parce

Partenaires en position tête-bêche, fellation et succion du clitoris.

que la saturation de sensations savoureuses qu'elle provoque n'est concentrée que sur lui. Plus on avance vers la sortie du tunnel plus les mouvements se limitent aux zones les plus naturellement érogènes de la vulve. Le bout de la langue glisse entre le capuchon du clitoris et ses attaches latérales, exécutant un passage répétitif sur la muqueuse de plus en plus rapide, de plus en plus appuyé. Il faut à tout moment surprendre l'accoutumance de la femme pour relancer à nouveau son essoufflement en changeant de rythme de léchage, ou en aspirant d'un seul coup, à pleins poumons, l'ensemble des tissus qui flottent dans la bouche. Le tiraillement des nymphes complété par des mouvements très vifs de la tête, alors que la bouche s'étale de tout son long sur la marge du pubis, est déchirant, comme la morsure, souvent sollicitée à haute voix, du gland, du corps entier du clitoris. Sa congestion n'est pas toujours perceptible mais peu importe car les signes extérieurs d'opulence jouisseuse préviennent suffisamment tôt pour que le mouvement en cours, c'est impératif, ne soit pas modifié tout au long de l'éruption de l'orgasme. Même si sentant venir son plaisir la femme a refermé ses jambes quelques instants plus tôt, la succion est encore efficace à travers les poils, presque à distance, car l'irradiation des ondes voluptueuses s'étend maintenant bien au-delà de la zone clitoridienne. Quatre à cinq secondes durant, à une ou plusieurs reprises peut-être, la bouche doit soutenir l'assaut des spasmes inexplicables de l'extase, et rester totalement perméable au ruissellement des fluides qui la purifient... La femme-heureuse, la femme-épave, demeure ainsi prisonnière quelques instants encore de l'orage qui l'a faite chavirer, et se couche sur le flanc, silencieuse, ensablée, battue par les vagues qui l'ont une nouvelle fois submergée.

L'état de grâce

La pénétration de la verge en érection dans le vagin n'est pas l'expérience sexuelle la plus érotique parce que c'est une obligation. Non pas un « devoir » – bien que le mariage favorise une telle abnégation de son amour-propre – mais, fait bien plus grave, une dépendance inévitable des lois naturelles, pas seulement de la nature humaine, mais de la Nature tout court. Tout le dilemne est là, posé en termes simples et répétitifs depuis des millénaires : comment faire de l'extase avec de l'instinct? L'érotisme, c'était la liberté, le libre jeu de l'imagination, des complots, de la séduction, des embuscades, à la limite, c'était l'esquive du véritable passage à l'acte, le simulacre inépuisable, les substitutions enrichies à l'infini. La liberté de se faire son petit cinéma dans la tête va prendre fin, aussi bien pour les hommes que pour les femmes, à l'instant du contact de la verge avec la fente vulvaire. Subitement, il n'est plus question d'inventer l'amour, mais de le consommer tel que nos artères et nos nerfs nous le dictent. En pratique, de telles contraintes se traduisent par une mise au galop des mouvements de frottements, un désordre (encore incomplètement exploré sur le plan scientifique) de toutes les autres fonctions de l'organisme, et le sursaut souvent prématuré d'une éjaculation. C'est la vie. Son empreinte sur la poésie est indélébile.

Pénétrer

Symboliquement, la pénétration est donc une action précieuse puisqu'elle marque la frontière entre le visible et l'invisible, entre le désir et sa récompense. Mais elle est aussi très importante du simple point de vue « technique » car les positions qui sont adoptées pour la réaliser vont directement influencer le déploiement de l'excitation.
Généralement, la verge est en érection et la vulve trempée, lorsque le couple s'en prend au besoin de copuler. Or, bien que la rigidité tant convoitée de la verge la dresse face à la partenaire, ses attaches loin d'être inflexibles, constituent une « charnière » autour de laquelle elle garde une certaine mobilité. Le premier geste qui s'impose donc, à tout le monde et quelle que soit la position adoptée, est de maintenir cette verge immobile en la tenant fermement dirigée vers la fente vulvaire. Aucune posture ne permet de faire l'économie de ce pilotage manuel, à moins bien sûr de s'adresser à une femme dont l'ouverture naturelle du vagin a été exagérément augmentée par les différents épisodes de sa vie obstétricale. Geste tout simple, certes, mais qui oblige leurs auteurs à garder les yeux ouverts sur l'événement, que certains souhaiteraient par timidité ou inexpérience pouvoir réaliser « à la sauvette », dans le noir, laissant faire la nature – encore elle? – et la perfection anatomique du corps humain. Eh bien non, la pénétration ne se fait pas « toute seule », et les infortunés « mariages non consommés » connaissent la rigueur de ses exigences. A-t-on idée de lancer la clef contre la serrure dans l'espoir d'ouvrir sa porte?
Le mouvement de pénétration peut être

Pénétration, la femme étant en position assise.

*En appui sur ses genoux,
le buste contre la poitrine de sa partenaire,
l'homme lui maintient la tête
pour un baiser profond. Avec ses mains, la femme
fait exécuter à son partenaire
le mouvement de va-et-vient.*

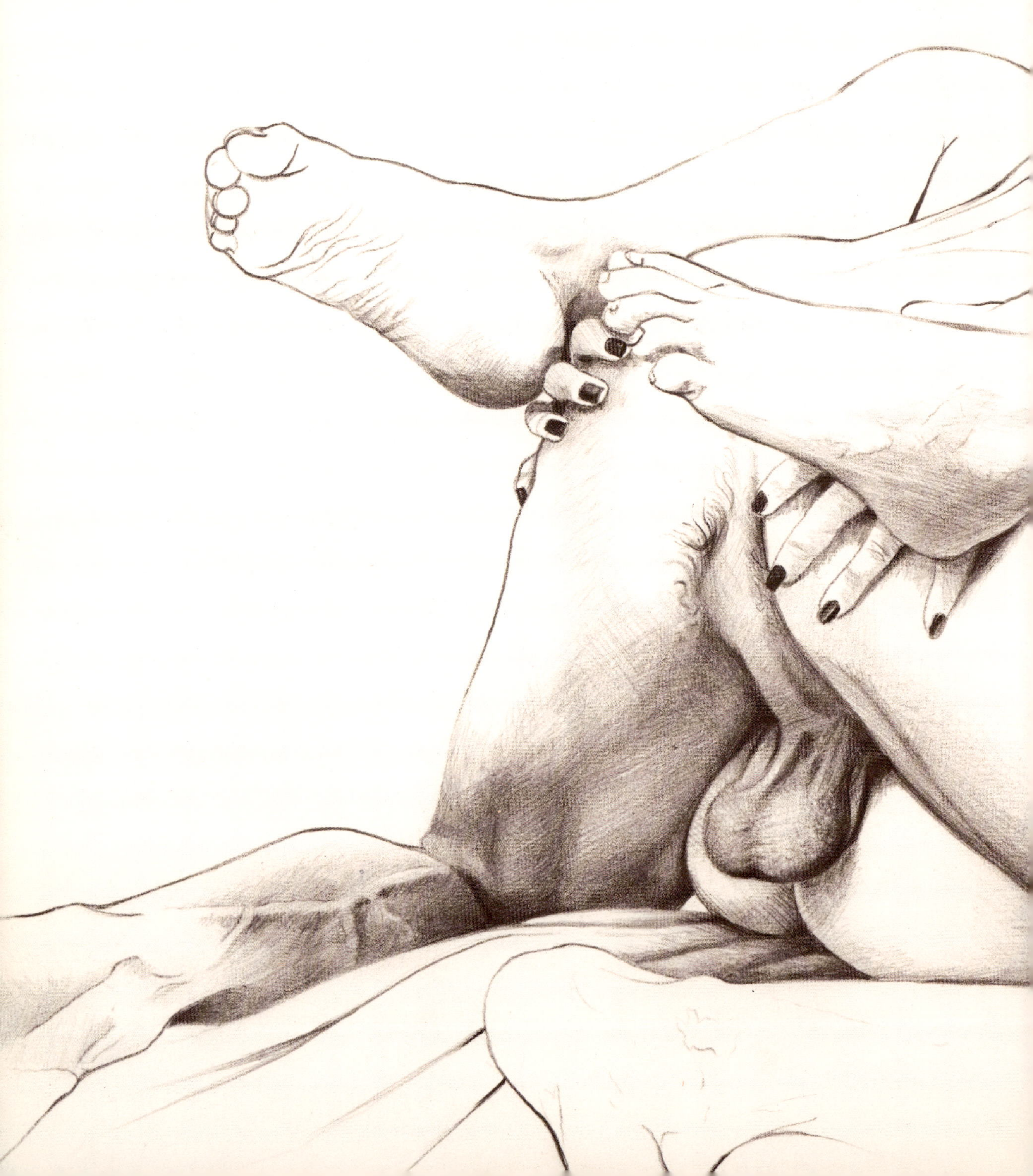

décomposé en trois temps, dont le maintien à l'horizontale de la verge était le premier. L'ouverture des cuisses est le deuxième moment de préparation, et il concerne cette fois la dilatation de l'orifice dans lequel la verge doit se faufiler. L'expérience donne aux femmes la mesure de cet écartement, car elles retiennent de leurs premiers essais la notion de l'étroitesse de la brèche qui doit être forcée. La vulve n'est pas construite comme une rigole dont les berges serviraient de guide à la progression de la verge. Au contraire, la masse souvent charnue de ses lèvres – ou parfois l'excès de toison – et sa situation tout à fait dissimulée dans l'encoignure des cuisses, offre une résistance spontanément invincible. C'est l'écartement ample et stable des cuisses qui crée l'espace minimum d'une « trouée » sur la cavité vaginale. Si tout à l'heure, grâce à la souplesse et à la force de ses articulations, le doigt avait pu pénétrer la fente vulvaire sans que l'attitude du corps ne lui facilite la tâche, l'introduction de deux doigts en profondeur, de la verge ou de tout autre substitut de même calibre, est impossible sans l'adoption de postures adéquates. Elles sont innombrables mais quatre d'entre elles offrent suffisamment de confort et de spontanéité pour être couramment utilisées. L'ouverture des cuisses en position allongée sur le dos, se fait soit sur les côtés, la jambe reposant de tout son poids sur la cuisse fait un angle droit dont le partenaire empoigne le sommet (illustration page 178), soit parallèlement au corps en « tirant » au maximum les genoux vers la poitrine. Si les choses se font sur un lit, il est toujours recommandé de surélever le bassin de la femme en glissant un ou deux coussins : la cambrure accroît la béance et de plus, si le partenaire est également sur les draps, la nouvelle hauteur de la vulve atteint presque sans déplacement l'extrémité du gland. Sur le côté, l'ouverture du sexe exige deux mouvements conjoints (illustration page 179) : replier les jambes comme précédemment, c'est-à-dire « s'asseoir » sur la verge, mais surtout ouvrir à la verticale ou presque la cuisse opposée au plan du sol. Cette ouverture est assez rapidement fatigante si la jambe n'est pas maintenue à la force du poignet de l'un ou de l'autre. Si le contact des corps est très intime et que les mains restées libres peuvent faciliter le guidage de la verge et le dépliage de la vulve, l'amplitude de la pénétration et des déplacements intra-vaginaux est jugée souvent imparfaite. Il s'agit là, de l'avis unanime, d'une position de transition.

La femme, jambes ouvertes, chevauche (en lui tournant le dos) l'homme, dont le buste est appuyé sur des coussins.

A l'inverse, l'empalement de la femme sur son partenaire est une position de nature à être maintenue d'un bout à l'autre du coït. La pénétration est d'autant plus aisée que les genoux sont placés presque à hauteur du creux de l'aisselle. Leur envergure est d'autant plus large que la femme est allongée de tout son long alors que si elle se redresse elle doit pour maintenir son équilibre resserrer les jambes et redescendre ses points d'appui au niveau du bassin. Cette position assise ouvre spontanément la raie des fesses mais l'échancrure est insuffisante parfois et nécessite qu'une ou deux mains complaisantes s'empare des masses musculaires pour les évincer du trajet de la verge. La verge qu'il faut ici plus qu'ailleurs sans nul doute tenir à bout de bras en porte-drapeau, et faire glisser sur toute la longueur de l'entaille vulvaire à la recherche du vestibule. L'harmonie de cette posture est indéniable sur un lit, mais d'autres meubles peuvent également lui servir d'autel, en particulier les chaises et tabourets, dont l'altitude permet à la femme de rester pratiquement debout, jouant ainsi plus librement encore d'une variante qui consiste à tourner le dos à son compagnon.

Le quatrième groupe de positions comprend toutes les nuances que l'on peut apporter à la pénétration d'une femme allongée à plat-ventre. Les cuisses sont alors obligatoirement entrouvertes, mais l'accès au vagin n'est réellement facilité qu'en surélevant ici aussi le bassin par un oreiller. Le partenaire peut être complètement allongé ou plus ou moins relevé, faisant jusqu'à un angle droit avec le plan du lit, une main (ou celle de la femme) glissée sous le ventre, guide l'orientation de la verge vers l'orifice vaginal. C'est parce que cette ouverture est, je le rappelle, pratiquement horizontale que la pénétration « par l'arrière » est aussi commode. Elle se décline en de très nombreuses variantes dont les plus habituelles mettent la femme cette fois directement à genoux, écartant plus ou moins ses points d'appui, mais relevant bien haut le bassin pour permettre la progression « à vue » de la verge entre ses fesses.

Coopérer

Bref, allongée, assise ou debout, la femme doit activement favoriser l'ouverture de ses jambes et piloter l'inclinaison de son bassin, en tenant compte de la direction de la verge en érection et de l'orientation de son vagin. En effet, même en l'absence de connaissances médicales précises, la femme apprend à « mesurer » l'angle que fait le conduit vaginal avec son orifice. Le vagin n'est pas perméable dans n'importe quelle direction – même si sa souplesse est légendaire. Il peut être comparé à un cylindre dont l'axe ne serait pas vertical. Sur la femme allongée sur le dos, par exemple, cet axe ne suit pas la ligne droite qui va des pieds à la tête, mais fait un angle de 30° en arrière, vers la charnière lombaire, ou si l'on préfère, vers « les reins ». Si la position « la femme allongée sur le dos, son partenaire installée au-dessus d'elle », est une position « ultra-classique », ce n'est pas la faute des missionnaires, mais c'est naturellement celle qui utilise au mieux les dispositions anatomiques des organes génitaux. C'est dire du même coup, que si l'imagination et la littérature ont de tout temps fait valoir un répertoire aussi varié qu'acrobatique de positions d'accouplement, leur clientèle reste assez confidentielle. Il reste épuisant de combattre les lois biologiques, même par plaisir : l'anatomie a le dernier mot. Tenir la verge, ouvrir et orienter la vulve... le troisième temps de la pénétration est enfin la poussée. Je l'ai déjà signalé plus haut, la « pénétration », par définition, implique la traversée de la vulve puis la progression de la verge dans la cavité vaginale. Il s'agit d'un mouvement qui doit satisfaire un déplacement d'une vingtaine de centimètres pour que le gland puisse fréquenter le fond du vagin. Certains partenaires manifestement timides et sans expérience demeurent hélas de longs moments sans bouger avec pour tout bagage le contact intermittent de l'extrémité de la verge sur la vulve. Pour d'autres, c'est l'« originalité » de la posture qui limite cette progression, soit que l'angle d'attaque prenne la filière vaginale franchement en diagonale, soit que les reliefs des fesses ou l'enchevêtrement des jambes fassent office de butée. Autrement dit, sans craindre de faire comme tout le monde, il importe de s'installer de telle manière que le bassin de chacun des protagonistes reste assez libre pour pouvoir « appuyer » le mouvement et, pousser pour l'un,

Pendant la pénétration vaginale, l'homme caresse le clitoris de sa partenaire.

absorber pour l'autre, la verge à une « distance utile » de la surface des corps. Je vais revenir un peu plus loin sur cette notion de profondeur sexuellement efficace. Pour terminer avec cette question si importante de la pénétration, il faut donc comprendre que la distance à parcourir dans ce mouvement impose une réelle coordination des oscillations des bassins. Soit l'un des deux seulement prend tout en charge (mais dans ce cas, l'autre partenaire doit lui faciliter la tâche en adoptant une posture la plus accueillante possible), soit spontanément les corps se déplacent harmonieusement l'un vers l'autre, puis l'un dans l'autre, dans un mouvement qui n'impose plus cette fois à chacun que la moitié du parcours.

A dire vrai, de tels mouvements de bascule d'avant en arrière, ou de bas en haut, du bassin, n'appartiennent pas aux registres habituels des gestes les plus banals de la vie de tous les jours, puisqu'au contraire, les « convenances » imposent un certain « maintien » – je dirais une rigidité – de la colonne vertébrale. Le déhanchement perd son étiquette de « vulgarité » dans un tout petit nombre de circonstances, dont la danse, le défilé de mode et la séduction sont les exemples les plus usuels... et relativement efféminés. Certaines déconvenues rencontrées dans l'exercice du rapport sexuel tiennent peut-être ainsi à la moins grande spontanéité que ressentent les hommes à faire bouger leur arrière-train : on n'entre pas dans le vagin en gardant des hanches soudées jusqu'aux épaules, même en appuyant de tout son poids.

Exciter

En principe, une fois parcourus les trois premiers centimètres de vagin, la verge ne

Ci dessus, l'homme et la femme sont tous deux couchés sur le côté, dans une position qui permet à la fois une pénétration confortable, le baiser... et des caresses sur les seins.

Ici, la femme, buste en appui sur un bras, est pénétrée par son partenaire, allongé de tout son long sur le côté, qui lui maintient la cuisse amplement relevée.

réédite plus l'épreuve (disons plus gentiment, les tâtonnements) de la pénétration. Reste à galoper maintenant jusqu'au sursaut de l'orgasme. Cette cavalcade représente l'activité sexuelle à la fois la plus naturelle et la plus délicate à mener à bien. « Bien », est du reste le mot décisif, témoin de l'appréciation tout à fait personnelle de ce que « doit » être un rapport sexuel réussi. Il est donc nécessaire d'introduire ici la notion d'un <u>minimum érotique garanti</u>, pour comprendre à la fois l'extrême variété des goûts et des couleurs en la matière, et les revendications énergiques de ceux qui se sentent « frustrés » dans leurs aspirations et leurs besoins. Ce minimum passe, on l'a vu, par une inondation affective et sentimentale – surtout nécessaire à la femme – des premiers moments de la séduction, des échanges sensuels du « prélude ». Il est rare qu'une femme se dise longtemps satisfaite de rapports qui passent sous silence ou qui réduisent à presque rien ces instants tout à fait simples et chaleureux de l'échauffement du désir. D'une manière plus générale, ce minimum passe encore par l'idée que chacun se fait – et il vaut mieux tomber d'accord sur ce point assez vite – de la fréquence idéale des rapports dans le cadre de la cohabitation par exemple. L'espacement ou à l'inverse le rapprochement trop astreignant de leur rythme crée des difficultés dont il est fait mention au chapitre des « difficultés du couple ». Ce « minimum » tient compte encore de l'« environnement » de caresses, de mots tendres ou délibérément provocants, de mimiques affectueuses, de sensations visuelles excitantes, d'un décor insolite ou somptueusement douillet, qui entoure le coït. Parfois l'ornement sonore et visuel et l'authenticité des gestes d'amour font mieux que les quelques minutes de présence intravaginale... Précisément, de quel « minimum » peut-il être fait mention en ce qui concerne le rapport proprement dit? N'y a-t-il pas de dénominateur commun à toutes ces manœuvres qui visent à donner et à recevoir le plus de plaisir possible? La réponse est théoriquement, oui. Il existe un minimum de durée, de rythme et de force des mouvements, un minimum de sincérité dans la façon de s'occuper du plaisir de l'autre, de savoir faire l'amour, pour tout dire. Or, en réalité, tel couple « A » fait état d'une harmonie érotique parfaite alors même que les « pénétrations » ne sont souhaitées de part et d'autre qu'une fois sur dix et sans qu'elles supplantent le goût extrême pour la masturbation. Masturbation que tel couple « B » semble totalement ignorer, et qui s'oblige avec joie à partager de très longs et minutieux coïts. Qui a raison? Tout le monde bien sûr, car la sexualité ne peut être condamnée à l'uniformité : le langage érotique c'est la Tour de Babel. A la limite, le respect de cette infinie diversité des pratiques sexuelles devrait interdire la poursuite d'un texte sur le rapport sexuel « moyen », « minimum », « théorique ». Si l'on peut évoquer des dénominateurs communs dans le vécu de nombreux couples, c'est parce qu'en effet nombreux sont ceux qui ne vont pas chercher midi à quatorze heures, et qui comptent sur la perfection du corps humain pour jouir de ces pratiques-là. Au fond, tout cela est très simple. Ou bien vous vous « faites du cinéma », et, prenant des libertés considérables par rapport au coït « normal » vous obéissez à de nouvelles lois, moins « biologiques », disons plus cérébrales (voyeurisme, mises en scène sadomasochistes, fétichisme et exhibitionisme par exemple...); ou bien vous vous laissez bercer par le « programme » déjà tout préparé par plus de deux millions d'années d'histoire et inscrit en

A gauche, lui tournant le dos et le chevauchant, la femme caresse la verge de son partenaire pendant le mouvement de va-et-vient. A droite, face à son partenaire et le chevauchant en appui sur les genoux, la femme lui caresse les seins.

caractères indélébiles dans tous vos nerfs, et là aussi, il n'est pas possible de faire n'importe quoi pour que « ça marche ». Alors observons ensemble ce que contient ce « programme », mais sans perdre de vue qu'il n'a pas le privilège d'être le plus « normal » : simplement le plus ancien.

Six perceptions élémentaires

Une fois illuminé par le lustrage des caresses et des baisers, l'érotisme féminin se concentre sur les seules surfaces de peau et de muqueuses touchées par la pénétration. Le corps entier y participe, mais je dirais beaucoup plus en tant que « témoin » que comme acteur : l'excitation va s'épanouir à partir du ventre.
L'étonnant bouleversement sensoriel du coït s'appuie somme toute sur l'alliance de six perceptions élémentaires, qui sont privilégiées lors de la pénétration de la verge à cause de sa température mais que tout autre objet en rappelant les formes peut tout aussi bien remplacer avec les mêmes conséquences.

- Le diamètre, la grosseur de la verge en érection, détermine des sensations d'écartement et d'ouverture, de tiraillement et de pénétration des lèvres de la vulve. Son caractère « agréable » n'est assuré que si l'emballement du désir a déclenché une lubrification satisfaisante et que le réchauffement de tout le petit bassin modifie la qualité des perceptions tactiles (comme je l'ai montré dans le chapitre 3). La zone limite, la ligne qui sépare l'« extérieur » de l'« intérieur » du vagin – et qui correspond grosso modo au bord d'attache des restes de l'hymen – est parfois extrêmement sensible. Chaque poussée du gland à son niveau procure l'émouvante sensation d'écartement et de frottement délicat. Surtout si la pénétration ne va pas plus loin, et que l'on joue à l'interrompre en ressortant la verge au-dehors, caressant au passage la tumescence du clitoris, pour introduire de nouveau le gland sur 2 ou 3 cm au plus dans la fente vulvaire, et ainsi de suite, un long moment.
- La profondeur de l'immersion de la verge est en effet un des principaux facteurs de stimulation sexuelle, mais comme on le voit, il n'est pas obligatoire de porter les coups de butoir immédiatement au fond du vagin pour se faire entendre. C'est la femme elle-même qui ressent habituellement le besoin d'être « remplie » jusqu'aux limites du col utérin qu'elle sent alors martelé à chaque passage du gland. Il paraît donc nécessaire d'être assez libre avec son partenaire pour lui indiquer avec précision la profondeur qui doit être atteinte – surtout si cette profondeur évolue au cours du rapport, notamment en fonction des recherches que poursuit la femme pour aviver ses perceptions. Il n'est pas exceptionnel, en effet, qu'à l'approche de l'orgasme les frottements au tiers externe du vagin soient plus efficaces que les pénétrations complètes. Toutes ces modulations doivent être pilotées d'un commun accord, évitant ainsi des à-coups imprévus qui retardent l'excitation. Cette observation est également très importante vis-à-vis du « mythe » de la taille de la verge d'un homme « normal », car en effet, il est évident que de nombreuse femmes redoutent des pénétrations trop profondes de sexes trop forts.
- La surface de muqueuse vaginale agitée par les frottements de la verge, dépend non seulement de la profondeur de la pénétration mais aussi de son orientation.

En effet, des mouvements circulaires, une exagération de la cambrure du bassin féminin, ou la recherche d'une position des deux corps « en diagonale », par exemple, permettent de « toucher les côtés » du vagin, et de stimuler ainsi des zones habituellement muettes de la cavité. Il est intéressant de noter que la muqueuse intervient à un double titre dans l'excitation. Par elle-même tout d'abord, c'est-à-dire par l'intermédiaire d'une petite zone de 5 à 8 cm^2, située sur sa face antérieure, pratiquement à mi-parcours, derrière l'os du pubis. Cette surface est la véritable « zone érogène » du vagin – très congestive, de nombreux vaisseaux sanguins et une riche innervation viennent l'irriger – expliquant comme on l'a vu que certaines femmes apprécient une demi-pénétration. Mais la muqueuse vaginale joue également un rôle « tampon » entre les poussées de la verge et tous les organes qui sont contenus dans le bas-ventre – vessie, ovaires, rectum –, mais aussi tout le « tissu de remplissage » qui s'insinue entre les organes en question, dont le rôle gynécologique et sexologique n'est pas encore totalement compris, mais qui doit être très important. Ici donc, à l'inverse, ce sont les fortes pressions intra-vaginales qui vont stimuler l'intérieur du ventre et créer des sensations sans doute à peine identifiables (comme le sont les maux de ventre) mais nécessaires au renforcement décisif de l'excitation juste avant l'éclosion de l'orgasme. Cette notion, qui est rarement évoquée dans les manuels de vulgarisation, implique de formuler un conseil tout à fait impérieux : sauf goût particulier, il est préférable de faire l'amour avec une vessie et un rectum vides, de façon à ce qu'aucun obstacle indésirable ne vienne s'interposer à cette diffusion de l'excitation au-delà de l'appareil gynécologique !

• Ainsi, va-t-il de soi d'évoquer maintenant la <u>force</u> de ces mouvements de pénétration. En effet, leurs secousses peuvent, ou doivent pour certaines, atteindre tout le contenu du ventre, marteler les cuisses ou les reliefs des fesses, et passer presqu'avec violence la barrière de l'orifice vulvaire. Ici encore, c'est à la femme de décider du degré d'impétuosité des va-et-vient, et il ne faut pas croire qu'une trop grande fougue soit synonyme de virilité ou qu'elle permette sans l'ombre d'un doute à toutes les femmes d'en jouir. Cette force doit être « testée » à plusieurs reprises tout au long d'un rapport, non seulement pour constituer une surprise capable de rompre la monotonie (très vite insensibilisatrice) d'un « limage » acharné, mais aussi bien sûr pour mieux connaître les réactions de sa partenaire. Le passage subit d'une extrême douceur des frottements à l'introduction d'un trait de tout l'organe, peut déclencher une étonnante émotion.

• Si le coït est composé de mouvements dont la force et l'amplitude déclenchent des sensations différentes, la modulation la plus déterminante est due incontestablement à leur <u>rythme</u>. Des secousses désordonnées n'ont aucune chance d'aboutir à l'éveil des perceptions féminines agréables, et encore moins de déclencher les réflexes vasculaires et nerveux précédant l'orgasme. Comme toutes les caractéristiques des sensations érogènes, les séquences de rythmes appuyés, lents, réguliers doivent être rompues sans coup férir par un tempo vif et animé. Il faut casser l'uniformité de l'excitation sinon son efficacité s'émousse puis s'éteint, c'est une loi physiologique. Il semble bien en tout cas, que plus on se rapproche de l'orgasme, plus il soit nécessaire d'exagérer ces contrastes, pour finir ensuite sur

L'homme accroupi pénètre sa partenaire dont il maintient le bassin élevé et écarte les cuisses.

un seul rythme, et là, avec une scrupuleuse régularité, juste dans les 30 à 50 secondes qui précèdent l'exaltation orgastique.

• Mais le sixième paramètre est de notoriété publique le moins facilement négociable. C'est en effet à la durée des séquences précédentes et à la durée totale du coït que la femme doit l'essentiel de son excitation. Même s'il est impossible de fixer un « minimum » en la matière, tant les différences individuelles sont spectaculaires, il est indéniable que le corps humain impose un grand nombre de lois biologiques, en particulier pour tout ce qui touche aux comportements réflexes, qui obligent à maintenir « un certain temps » les stimulations. Les très grandes variations d'une femme à l'autre tiennent il est vrai au soin plus ou moins consciencieux qu'apportent les partenaires à la « préparation » du coït. Une femme caressée pendant 90 minutes a plus de chances (théoriques) d'accéder à l'orgasme en trois temps quatre mouvements. Mais le fait essentiel semble être surtout lié à l'apprentissage acquis lors du long passé orgastique de certaines, par opposition à l'ignorance de la masturbation et au tout « petit métier » des autres. Donner des chiffres ? C'est une imprudence, tant il est vrai que pour moi la signification symbolique du coït prime sur sa seule fonction de « détonateur ». Mais disons qu'en-deçà de 20 à 30 minutes de présence intra-vaginale, un « rapport » n'en n'est pas un tout à fait. Le piège est sans doute tendu par ces femmes « privilégiées » qui jouissent en moins de dix secondes de frottage. Le piège, parce que leurs partenaires inexpérimentés ou ridiculement « virils » peuvent penser que le coït est ainsi achevé et bien fini, et que leur prestation a été à la mesure des attentes que l'on formulait en face. Or, c'est l'inverse qui est à craindre, puisque cette hypersensibilité prive en réalité leurs bénéficiaires d'une plus complète immersion dans la relation amoureuse et l'obscurité insondable de la fusion charnelle, si l'éjaculation suit quelques instants plus tard de tels orgasmes prématurés... Somme toute, l'excitation sexuelle féminine peut être sollicitée de 36 façons différentes ; 36 n'étant pas ici un chiffre tiré du langage populaire, mais « calculé » à partir des six paramètres précédents : six variables modulables entre elles, celà fait 36 (6 × 6) réponses. On peut imaginer une petite verge frottant en diagonale le bord de l'orifice, d'un mouvement vif et rapide pendant dix secondes, mais aussi un organe plus conséquent enfoui jusqu'à la garde, taraudant le fond vaginal d'un mouvement circulaire lent et irrégulier depuis un quart d'heure, etc. Je voudrais conclure en fait ces quelques remarques au sujet de l'excitabilité génitale féminine, en abattant le « mythe » (encore un ?) des « positions ». Ce n'est pas la posture qui compte, c'est ce que l'on en fait ! Si l'on n'apprend pas tout d'abord à tenir pour essentielle cette nécessaire variabilité de la sensibilité vaginale, l'acquisition de quelques positions supplémentaires n'est pas plus utile à l'Art d'aimer que le reluquage d'une voiture neuve quand on n'a pas son permis de conduire. Difficile cet Art, en réalité, car l'« outil » n'est pas très commode à employer, comme on va le voir maintenant. La verge en érection est un instrument bien imparfait pour réussir à étancher la soif de sensations du vagin. La question primordiale n'est donc pas de chicaner pour une jambe par ci, une paire de fesses par là, un divan par ci, une caisse par là... mais bien de savoir comment déplacer la verge, une fois enfoncée dans le corps de l'autre. Le pire des outrages à l'amour n'est pas que ça se termine plus ou moins vite, mais que ça se passe toujours de la même manière.

Le mécanisme de l'excitation masculine

L'excitation sexuelle masculine est bâtie sur deux piliers, dont j'essaie ici depuis le début de décrire à la fois l'unité et les différences. Elle prend appui d'une part sur l'érotisme et sa créativité, et de l'autre, elle est soutenue par les « fonctions sexuelles » des organes génitaux. D'un côté, la liberté, de l'autre, l'emprise de la biologie. Dans le premier cas, l'organe érogène primordial c'est la bouche, dans le second, c'est la verge. D'un côté, l'invasion de l'imaginaire et de l'affectivité,

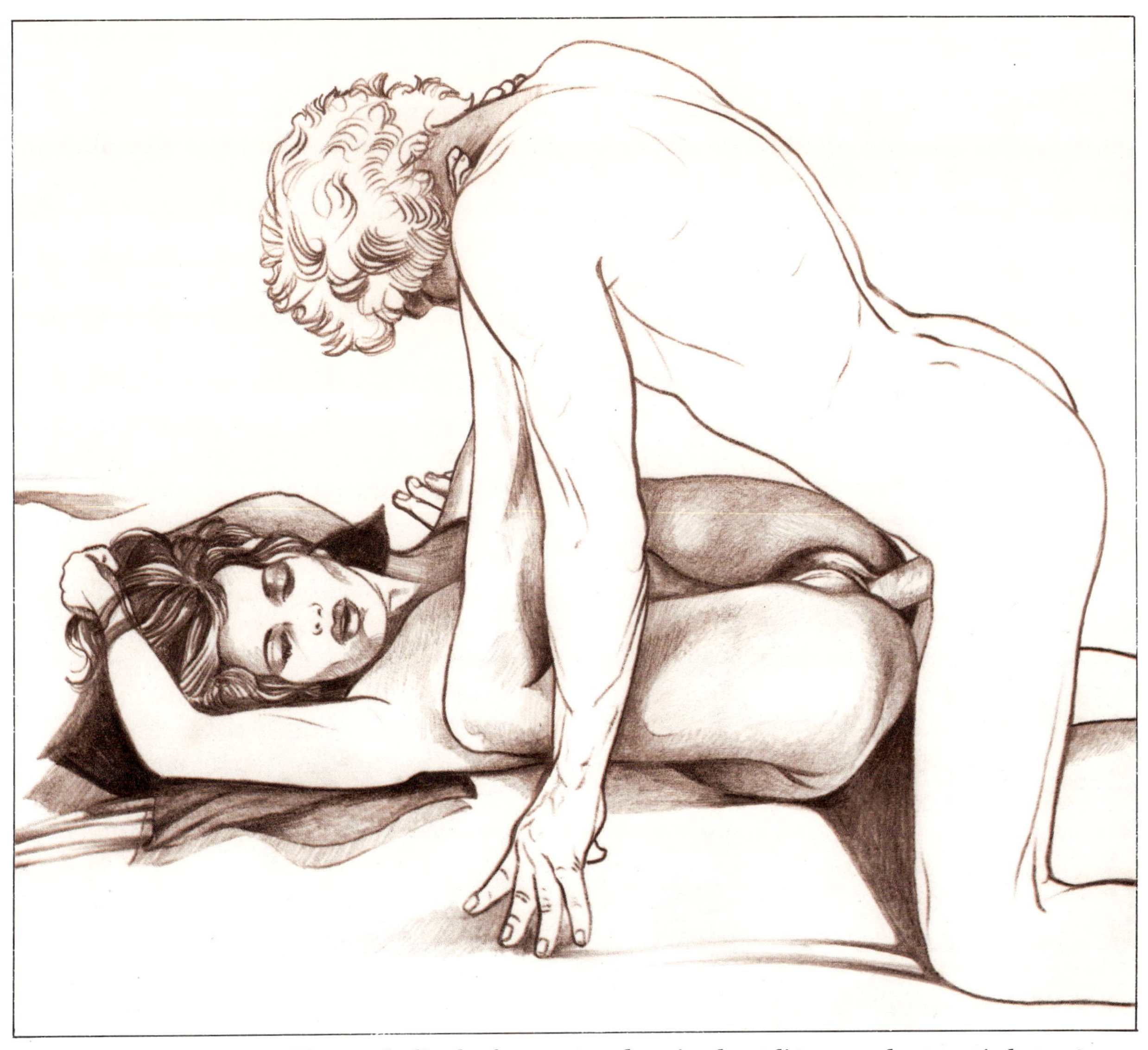

L'homme est agenouillé sur le lit, la femme étendue, jambes pliées et relevées, pieds posés sur les épaules de son partenaire.

de l'autre, le façonnage de « messages sexuels » pratiquement inamovibles. L'un ne va pas sans l'autre mais si la sexualité masculine apparaît à ce point partagée entre « la tête » et le sexe c'est que, par opposition à la sexualité féminine, la programmation de l'excitation est ici extraordinairement efficace. En gros, l'homme n'a pas de vraies inquiétudes pour gagner sa récompense voluptueuse, car la sensibilité de la verge est telle que l'avalanche des émotions conduit sans effort à l'orgasme. Chacun sait que cette « prime » à la séduction est même trop facilement gagnée puisque les choses sont souvent si vite déclenchées que l'on n'a pas le temps d'en jouir.

Mettons face à face donc la « jouissance » masculine et l'éjaculation : ce n'est pas tout à fait la même histoire, je vais y revenir. Je voudrais auparavant inspirer l'idée que l'équilibre de la sexualité masculine, malgré les apparences, n'est pas gagné d'avance. Dès la pénétration, le rapport sexuel se déploie dans un mouvement de balancier allant de l'émotion la plus sentimentale, à l'excitation la plus charnelle et égoïste, de l'affectif au viscéral. Ici aussi l'environnement compte beaucoup. Non seulement le cadre dans lequel on fait l'amour, mais l'amour même qui s'écoule dans les caresses, les regards et les phrases. J'en ai parlé tout à l'heure. Ce qu'il faut ajouter c'est que dès le début du coït, il n'est pas sérieux d'amoindrir le relief de la tendresse, il n'est pas sans risque de se laisser littéralement emballer par la profusion de sensations délicieuses qui brûlent la verge. Pris à partie par la force des flots onctueux de l'excitation du gland, comment différer un tant soit peu les secousses du besoin de jouir ? Or, ce n'est pas tant se laisser porter ainsi inconsciemment, par la houle du désir, qui est ennuyeux, c'est laisser l'orgasme décapiter immédiatement ce désir. En somme, aucun problème de jouissance masculine ? C'est trop beau pour être vrai. En vérité, il faut bien la dompter cette mécanique, sinon c'est elle qui n'en fait qu'à sa tête.

Contrôler son plaisir

Plus un homme est attentif à l'exaltation de sa partenaire, plus il a fort à faire pour apprendre à museler la voracité de ses réflexes. La « maturité sexuelle » masculine, c'est en quelque sorte une prise de pouvoir sur l'empire des sens, une victoire de l'intelligence sur l'instinct, mais un succès dont il faut savoir mesurer toute la modestie. Dieu sait si je n'aime pas les statistiques, mais il y en a une série au moins qui fait l'unanimité et qui se rapporte à la durée moyenne du coït d'un « Occidental » d'âge mûr et en bonne santé : six minutes ! Il n'y a pas de quoi pavoiser. En pratique, un homme bien élevé a donc le devoir d'osciller « le plus longtemps possible » entre les deux pôles extrêmes de son excitation, s'appuyant alternativement sur la tendresse puis sur l'érection, sur l'étreinte de tout le corps puis sur le seul échauffement du sexe. Mais progressivement, on s'en doute, cet échauffement prend le dessus, et l'impatience d'éjaculer ne peut plus être conjurée. L'endurance est une affaire personnelle, liée à l'âge, au succès des tout premiers rapports (voir à ce sujet l'article sur l'éjaculation prématurée) et à l'entraînement. En fait, tous les hommes, des plus doués aux débutants, sont logés à la même enseigne, qui harcelle le coït de sentiments contradictoires, partagés entre l'envie de faire durer le désir, et le plaisir de se laisser envahir par l'orgasme.

Si le plaisir est aussi puissant, c'est parce que la pénétration transmet des sensations bouleversantes et anarchiques. La nature a doté le gland de la verge d'un extraordinaire réseau nerveux, capable d'intensifier le moindre contact, et j'ai montré en partie ailleurs comment cette invasion de perceptions peut devenir « voluptueuse ». Mais l'excitation sexuelle émise par le coït ne se borne pas aux limites de la verge – comme c'est le cas dans la masturbation – parce que la pénétration contraint à exécuter un ensemble de mouvements qui déclenchent également un important contingent de sensations. En définitive, la force croissante du plaisir est au moins due à l'addition d'une dizaine de stimulations, sur la sensibilité superficielle de la muqueuse du gland, du revêtement cutané de l'ensemble des organes génitaux externes, ainsi que de la peau recouvrant la face interne des cuisses et la zone anale, la sensibilité profonde des corps caverneux et de la musculature qui « attache » la verge aux os du bassin, des muscles releveurs de l'anus (tout comme chez la femme), mais aussi de tous les muscles (qui, des abdominaux aux biceps, selon les positions, se contractent pour assurer la stabilité du corps et les mouvements de va-et-vient du

coït), des articulations, notamment celles des « reins » autour desquelles pivotent ces mouvements, des organes génitaux internes (dont on perçoit la distension sous la poussée des sécrétions prostatiques notamment) des organes voisins urinaires, et du bas appareil digestif.
Ce qui est remarquable, c'est que cet assemblage soit à la fois désordonné et complémentaire. L'anarchie des perceptions tient au fait que sont émis en peu de temps beaucoup de messages sensoriels n'ayant entre eux a priori aucun point commun. La perception de la moiteur tiède du vagin par les récepteurs cutanés de la verge n'est pas du tout proche parente des « sensations » diffuses émises par les contractions des muscles fessiers lors des grands mouvements de bascule du bassin qu'ils renforcent... S'il n'y a pas véritablement harmonie entre tous ces messages tout au long du coït, il semble bien que son résultat final, c'est-à-dire l'éjaculation, exige leur accumulation, leur entassement dans les nerfs et dans la tête, leur empilement, même dans le désordre.

Le savoir-faire sexuel

Quelles peuvent être les conséquences de telles observations sur le savoir-faire sexuel ? Elles sont considérables car la verge apparaît comme un organe insuffisamment équipé sur le plan sensoriel pour mener seul l'excitation à son terme. Je le laisse entendre depuis le début : la verge est un « instrument » érotique imparfait parce qu'elle est érigée (fonction oblige) en-dehors du corps et qu'elle ne prélève pratiquement que des sensations superficielles. Ce sont certes les plus efficaces, notamment au niveau du gland, mais je ne les crois pas suffisantes pour hisser la volupté jusque dans la tête, pour connaître c'est évident, comme chez la femme, une mise en état d'alerte de tout le corps. Celà veut dire qu'il est presque nécessaire de soutenir et de compléter l'éruption voluptueuse du gland par la turbulence du corps. Les sensations de contact, chaleur et pression sur la verge doivent être encadrées, enrichies par les perceptions diffuses de contractions musculaires, de déplacement et de position des membres, d'équilibre et de balancement du corps, de rythme et de force des mouvements. Gare aux positions fantaisistes qui offrent trop de résistances au remuement : l'homme qui fait l'amour est un homme qui doit pouvoir bouger. Certes, l'expérience enseigne la façon de soutenir l'effort et de l'organiser, de l'interrompre à bon escient et de le modeler en fonction de ce que l'on veut exprimer et des réactions de la partenaire. Il reste que la mobilité du corps ne peut pas être « remplacée » par une plus grande sensibilité génitale. C'est hélas une erreur communément admise que de compter exclusivement sur la verge pour tout dire, tout recevoir, tout transmettre. L'imperfection sexuelle masculine trouverait-elle ici un début d'explication ? Apprendre à se servir de l'érection c'est avant tout apprendre à s'en méfier. Comment faire ?
Une fois que la pénétration est assurée, deux voies sont ouvertes en effet :

- La première, que je n'ai de cesse de critiquer, consiste à se laisser entraîner par les mouvements instinctifs qui secouent le bassin, irritant la verge et déclenchant l'éjaculation en moins de trois minutes.
- La seconde présente plus de difficultés et exige une certaine maîtrise de ses impulsions puisqu'elle va couvrir un itinéraire moins rectiligne, prenant, autant que possible, le contrôle de la poussée automatique de l'orgasme. Le mécanisme qui

permet d'espérer cette main mise sur la brutalité de l'instinct est un mécanisme que j'appellerai de dilution de l'excitation. Cette dispersion des sensations érogènes s'apprend au fil des expériences en maintenant « après » la pénétration les mêmes attitudes, en recherchant encore les mêmes attouchements que pendant le « prélude ».

Endiguer la vague d'excitation qui soulève la verge, c'est en « diluer » l'intensité en continuant à capter avec une attention de plus en plus soutenue le maximum d'affinités non-génitales. Cette stratégie n'a pas alors pour seule conséquence de réjouir la partenaire qui se sent ainsi beaucoup plus aimée, elle met en jeu les rouages de la sensibilité profonde, dont je viens de montrer l'importance.

Le corps entier prend le relais de la main, élargissant à l'infini les surfaces de peau qui s'affrontent. A la limite, chaque groupe musculaire, des pieds à la tête, a sa part de bonheur...

C'est lorsque l'excitation a gagné de proche en proche la quasi-totalité du corps que l'élan final peut être pris.

L'idéal est à la portée de tous : les regards – entrecoupés de longues fermetures des paupières – les baisers, les mots tendres ou profanes, les parfums, les caresses, les postures, les secousses, les écrasements, rien de ce qui faisait l'illumination des corps avant la pénétration ne doit s'éteindre avec elle.

La sodomie

Les faits et gestes observés jusqu'à présent autorisaient cette fameuse « dilution de l'excitation » et permettaient en d'autres termes de faire durer le rapport. Même après la pénétration, il n'était pas insensé d'espérer contenir un certain temps encore l'escalade du besoin de jouir tout en augmentant le niveau de l'excitation... Rien de semblable, dès que les attouchements se concentrent sur l'anus. Chacun sait que notre culture n'en fait pas une zone érogène « ordinaire ». En règle générale, le couple qui la choisit pour cible franchit une étape dans l'émotion et se rapproche immanquablement de l'issue du rapport. Comme je crois cette « curiosité » à la fois fréquente et confidentielle, il n'est pas inutile d'en dire deux mots au terme d'un chapitre consacré à l'organisation du comportement de partenaires sexuels ni trop timides ni trop dévergondés. L'« érotisme anal » peut choquer certains mais il représente en réalité la toute première recherche, la première « complication » qu'un couple va inscrire à son répertoire. Une telle transgression de l'ordre établi ne fait pas des adeptes inconditionnels du jour au lendemain, et dans la grande majorité des cas l'excitation ainsi partagée n'est sollicitée qu'à l'occasion de rapports particulièrement chaleureux, autant dire dans des circonstances assez privilégiées. C'est en tout cas dans cette catégorie de partisans que je situe mon observation.

Ainsi donc, si l'anus prend, pour certains, le relais du coït dans la dernière ligne droite du rapport en donnant un tel coup d'accélérateur au plaisir, ce n'est pas seulement parce qu'il s'agit d'une désobéissance, mais parce que sa constitution anatomique le favorise : il faut la rappeler en quelques lignes.

L'anus est, sexuellement parlant, beaucoup plus qu'un simple « orifice », c'est tout un appareil comprenant :

• Un tube cutané de 3 à 4 cm de long, ceinturé par 4 cercles de muscles très hermétiquement contractés. Une extrémité de ce tube débouche à l'extérieur en constituant l'orifice anal proprement dit, dont les berges, plissées, irrégulières, plus ou moins velues, dessinent des reliefs très différents d'un sujet à l'autre ; l'extrémité interne du canal anal fait la jonction avec la muqueuse du rectum.

• Le rectum, ultime segment du tube digestif est comparé à une « ampoule » tant ses parois sont amples et élastiques. Fait essentiel, cette ampoule rectale est « sanglée » en son milieu par des muscles extrêmement puissants (muscles releveurs de l'anus) qui la plient en deux. Autrement dit le rectum est pour moitié à angle droit de l'axe du canal anal.

• Le canal et la zone cutanée externe qui l'entoure sont très richement innervés, qui

Pénétration anale ou sodomie.

plus est par des filets nerveux issus des mêmes troncs que ceux qui irriguent les organes génitaux. Le rectum à l'inverse – tout comme la muqueuse vaginale – est pratiquement insensible.

Si la constitution de l'appareil anal est identique pour les deux sexes, il faut noter une différence fondamentale du point de vue sexuel, qui tient chez l'homme au voisinage de la prostate, adossée à la paroi antérieure du rectum, à quelques centimètres de l'orifice interne du canal anal. Chez la femme, le rectum est en rapport avec la face postérieure du vagin, et tout en haut seulement avec le col de l'utérus. L'érotisation de l'anus débute par une exploration digitale. Aussi bien pour l'homme que pour la femme, le pourtour de l'orifice anal est d'une très grande sensibilité. Les caresses et/ou le léchage de toute cette zone peuvent prolonger, intensifier les caresses et les succions qui ont déjà stimulé la verge ou la vulve, ou constituer en soi une nouvelle étape dans la progression du rapport. L'efficacité érotique de tels contacts est fonction non pas tant de l'effet de surprise, que de leur précision et leur délicatesse. Il ne s'agit plus ici de parcourir de larges espaces de peau mais au contraire d'explorer du bout du doigt, minutieusement, chaque relief. L'équipement sensoriel de ces quelques 5 ou 6 cm² d'épiderme est tellement riche qu'il n'est pas nécessaire d'appuyer son geste pour déclencher l'éveil d'une perception. Il va de soi que l'intensité mais surtout la coloration « agréable » de telles perceptions dépend en grande partie de la douceur et de l'affection qui animent de telles caresses. Ici déjà, le facteur d'accoutumance intervient pour rendre voluptueux pour certains ce que d'autres perçoivent encore comme simplement agaçant. L'habitude de tels attouchements

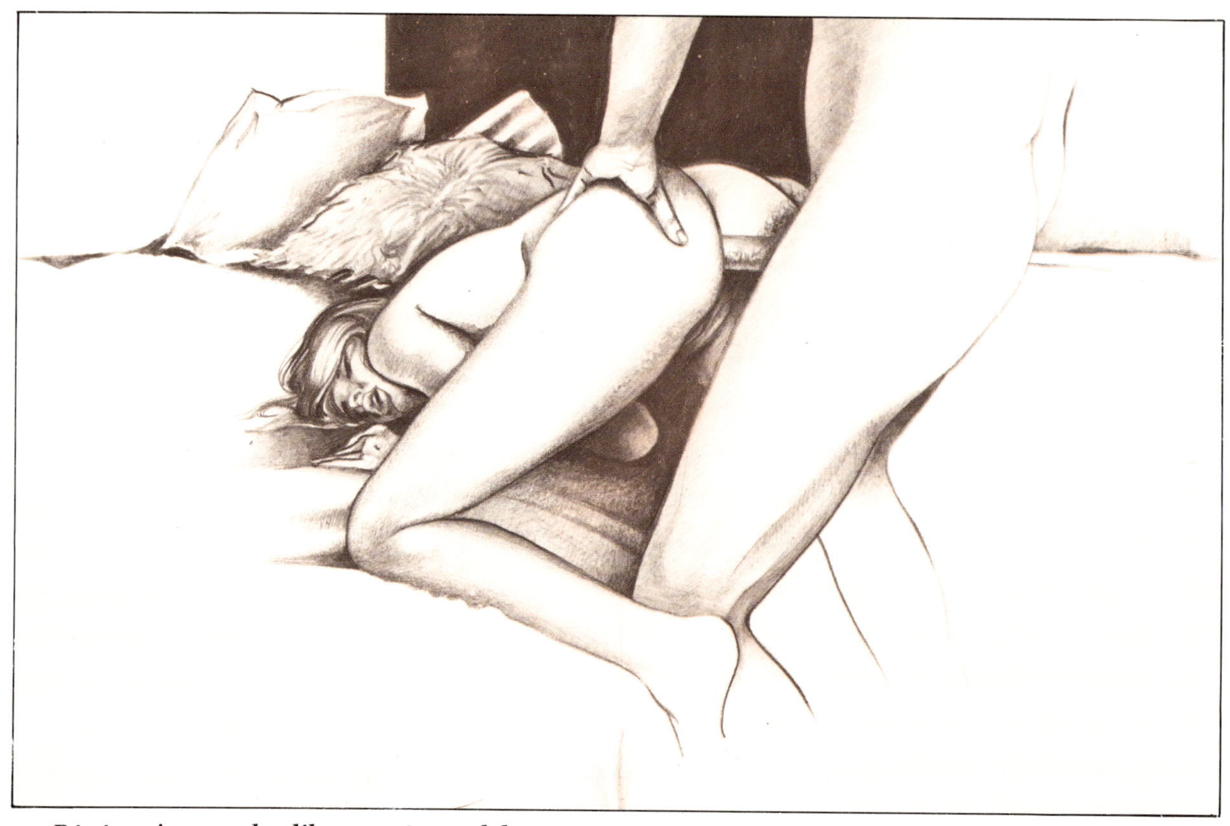

Pénétration anale, l'homme étant debout, genoux en appui sur le bord du lit, maintenant à hauteur de son pénis la croupe de sa partenaire.

est donc une condition importante de leur efficacité. Ils illustrent en tout cas une profonde cohésion sexuelle du couple. Cette complicité est enrichie par le sentiment d'une certaine « égalité » dans l'échange de sensations puisqu'à ce stade rien ne les différencie en termes de « rôle masculin » ou « féminin ». L'intimité du couple est à son comble lorsqu'il adopte une posture qui permet la simultanéité du toucher et du léchage. Les sensations véritablement spécifiques, témoignant d'une volonté de connaître une fusion charnelle plus secrète encore, apparaissent avec le franchissement de l'orifice : c'est l'étape de la pénétration du doigt. Objectivement, cette pénétration est plus compliquée à réaliser et à accueillir que ne l'était le passage de l'orifice vulvaire. En premier lieu elle exige une lubrification artificielle que la salive ne réussit pas toujours à remplacer. Le lubrifiant doit être suffisamment gras en effet pour maintenir le plus longtemps possible le vernissage des peaux rendant leurs frottements indolores. Ici, de plus, un formidable appareil musculaire défend l'entrée de l'anus et bien que son relâchement soit sous les ordres de la volonté, des réflexes vigoureux s'y opposent. Le doigt s'insinue donc très progressivement dans l'anneau pulsatile de ces contractions. L'habitude, la mise en confiance, la bonne entente sexuelle du couple, accélèrent cette relaxation volontaire des sphincters et le canal anal devient de plus en plus facilement perméable. L'abondance de sensations et l'extraordinaire éclosion d'impressions émouvantes qu'elles déclenchent progressivement est due aux dimensions mêmes de l'anus. Contrairement à la fente vulvaire qui ne se compose que de la masse des petites lèvres et d'à peine un demi-centimètre de muqueuse avant de s'ouvrir dans le vagin, les 3 à 4 cm de canal anal constituent une très importante surface de contact avec le doigt. C'est sur toute la longueur de sa première phalange que l'érotisation se réalise, sous l'effet de mouvements circulaires et de va-et-vient dont la vitesse et l'intensité sont modulées d'un commun accord. Ici encore, ces stimulations sauvegardent une totale équivalence entre l'excitation qu'éprouvent un homme et une femme. Pour lui cependant, il est habituel de constater, au début, l'ingérance d'idées parasites centrées sur la crainte de manifester des affinités homosexuelles. La perte de l'érection va ainsi de pair avec la distraction de l'attention que procurent chez certains les attouchements de la région anale, mais aussi avec cette anxiété.

Au fil des expériences les goûts se précisent, chacun apprend à se connaître (même anatomiquement bien sûr) et l'expansion de cette « masturbation anale » se fait la plupart du temps vers une invitation à partager une pénétration beaucoup plus complète. Le franchissement de l'orifice interne du canal anal définit à mon sens la pratique de la sodomie. Le passage dans le rectum, du doigt, de la verge ou de tout autre objet cylindrique, marque une progression formidable de l'érotisme anal pour trois raisons :

- La pénétration ne va pas sans une dilatation importante de l'orifice.
- Les postures et les mouvements des corps rappellent directement la conduite d'un coït.
- La logique de cette provocation sensorielle peut aboutir de part et d'autre à l'orgasme.

Chez l'homme (je passe sous silence ici le rapport homosexuel) la pénétration totale d'un ou deux doigts peut représenter une source de plaisir tout à fait convoitée. Le couple qui l'explore apprend à l'usage en effet à réussir le massage de la zone prostatique à travers la paroi rectale. De tels contacts sont extrêmements surprenants avant de devenir délicieux, et ils ne le deviennent pas toujours. En tous cas le titillement de la sensibilité de la prostate, déjà mise aux abois par l'excitation sexuelle qui a précédé, gonflée par le sperme qu'elle contient encore, a toutes les qualités pour devenir voluptueux. La femme connaît du reste les limites de tolérance d'une telle provocation, et d'habitude choisit d'y recourir pour accélérer et intensifier le déclenchement de l'éjaculation. Somme toute, la proximité de cette zone érogène à moins de 8 cm de l'orifice anal, le peu de dilatation qu'elle impose pour être atteinte par le doigt, l'« étrangeté » des sentiments de pénétration qu'elle procure, favorisent l'accoutumance du couple à de telles effronteries.

L'homme écarte les fesses de sa partenaire pour favoriser la pénétration anale.

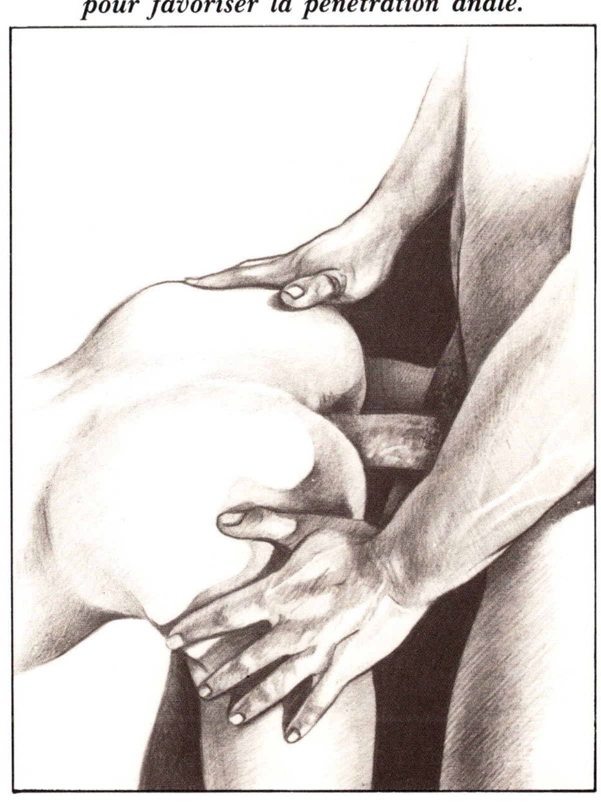

Plus rares sont les explorations complètes du rectum car elles imposent à l'hétérosexuel un nouvel apprentissage de sa sensibilité érogène, à partir d'un tissu dont j'ai rappelé la pauvreté de l'innervation, et à condition de perfectionner l'extension de l'orifice anal : on se rapproche là de pratiques beaucoup plus marginales.

Chez la femme, c'est un peu la loi du tout ou rien et la poursuite de l'excitation anale conduit à solliciter une sodomie authentique. Cette recherche de plaisir n'est ni exceptionnelle ni facile.

Pour un couple uni et curieux le partage d'une seule expérience n'a pas de sens parce que l'éveil sensoriel du rectum exige, tout comme le vagin, une certaine « révélation ». La verge ne dilate de façon indolore le tube anal que si la poussée est très progressive, facilitée par le lubrifiant et secondée par une posture adéquate à laquelle les partenaires ont l'habitude de faire appel.

A plat ventre ou à genoux, même exagérément cambrée, la femme n'efface pas l'angulation du rectum que j'ai rappelée tout à l'heure. La pénétration rectiligne trop appuyée de la verge vient buter sur cet angle et déclenche une douleur qui ne fait qu'accentuer encore sa courbure.

A l'inverse, la patience est récompensée par la découverte de l'élasticité de l'ampoule rectale et de l'anus.

Les adeptes finissent par y acquérir le même « confort » que dans un coït vaginal. Pour la femme, l'émotion est suspendue à la fois aux sentiments de plus complète soudure charnelle avec son partenaire, et à l'envahissement de sensations très vives nées des contractions de l'anus et des organes génitaux atteints au travers de la paroi rectale. Sexuellement parlant, le coït anal propulse le couple vers l'orgasme, lui faisant franchir le « point de non-retour » que j'évoquais plus haut : c'est bientôt l'échéance du rapport. Le plaisir est-il ici à la mesure des « interdits » qui viennent d'être transgressés ?

Les trois étapes de la sodomie : lubrification de l'anus avec les doigts enduits de salive ou de vaseline...

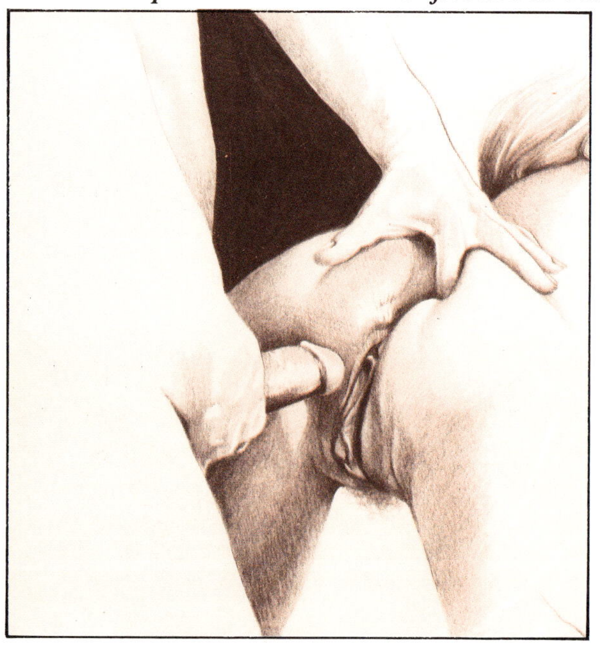

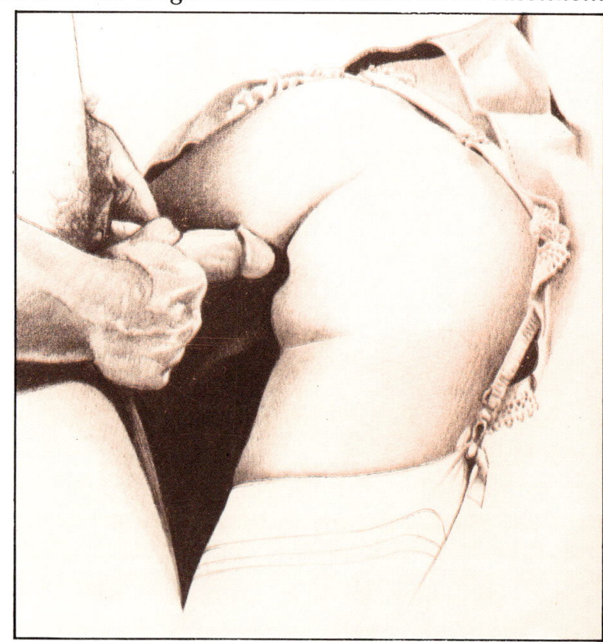

L'orgasme

Toute l'inquiétude qui suinte de la sexualité tient à cette question de la disproportion entre le plaisir présumé et le plaisir réellement atteint. L'érotisme n'est en fait qu'un compromis entre un projet et sa démonstration. Chacun sait de part et d'autre qu'il faut s'attendre à une <u>trahison</u> du contrat, non seulement due à des problèmes de rivalité, de rôles, de sentiments, mais surtout liée aux incertitudes que font craindre les « caprices » du corps. Le corps se moque de l'érotisme. L'éjaculation le casse en quelques secondes, et les femmes doivent franchir maints obstacles avant de savoir en jouir. Voilà pourquoi j'insistais tant sur le maintien coûte que coûte tout au long du rapport d'un rythme sage et discipliné de l'excitation : il ne faut pas avoir trop confiance dans la complicité de ses artères. Ce sont <u>les hommes</u> qui en font les frais de la façon la plus désarmante : la Nature

... approche du gland, pénétration.

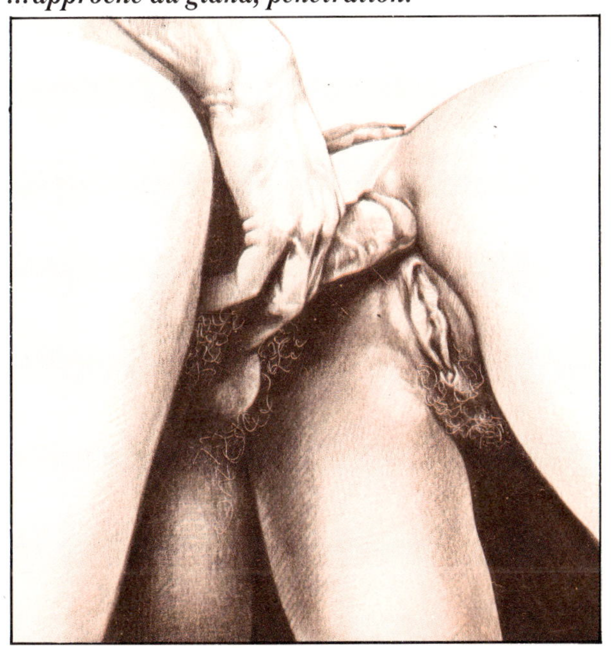

leur fait payer au prix fort l'automatisme de l'éjaculation par une soumission immédiate et invincible à la fameuse « période réfractaire ». On nomme ainsi, on s'en souvient, à la fois la phase d'impossibilité physique de recouvrer une érection, et l'ensemble des sentiments de satiété (voire de morosité) sexuelle qui envahissent la tête dans les secondes qui suivent l'orgasme. Un tel « silence érotique » peut durer de plusieurs minutes à quelques jours, en fonction de l'âge, de l'état général et du tempérament de chacun, aussi bien que de la passion amoureuse et du savoir-faire de la partenaire.

Donc, quel que soit le mode de propulsion de l'excitation (de la masturbation au coït) la notion de « seuil d'échauffement » me paraît utile, non pas du point de vue physiologique parce que cette étape ne se traduit par aucune manifestation vasculaire ou neurologique nouvelle, mais à propos du déroulement du dialogue affectif du couple. Ce seuil est un <u>point de rupture</u> dans les échanges de l'un à l'autre car les sensations génitales deviennent si vives qu'elles capturent irrésistiblement l'attention : l'équilibre vascille car la verge absorbe désormais toute l'énergie, enchaîne pour quelques secondes encore tout l'amour qui transfuse le couple. C'est la vie : les derniers instants du dialogue érotique se nouent dans l'égoïsme pour assurer au corps les meilleures conditions possibles de fonctionnement. Même si la proximité de l'éjaculation n'est pas perçue avec la même acuité par tous, la « brûlure » du gland est subitement renforcée par la vigueur des mouvements de frottements, l'érection durcit encore la rigidité de la verge, les bouffées de chaleur et les râles innondent le torse et le front. L'impérieuse nécessité de faire éclater désormais cette hypertension naît princi-

palement aux deux extrémités de la verge : sur le gland bien sûr, que les contacts enflamment jusqu'aux limites de sensations douloureuses, mais aussi à la « base » – en fait dans toute la zone prostatique – sous forme d'une pression de plus en plus ardente.
Cette impulsion, de si courte durée, si « fatale » à la poursuite du rapport, si exténuante nerveusement, si dépendante de la tendresse de la partenaire, est l'instant le plus riche, le plus convoité, de la sexualité masculine. Toute la séduction, toute l'opulence des transactions érotiques qui le précèdent ne font que l'intensifier mais leur souvenir s'efface en quelques instants, dès que s'élance en l'espace de deux ou trois halètements la vague de l'éjaculation. Le déferlement des réflexes n'est pas toujours aussi docile, notamment après la cinquantaine ou lorsque l'amour n'est pas au rendez-vous. C'est là que le désir fait bomber les fantasmes dans l'imagination, c'est là que l'exhibition et l'obscénité aiguillonnent l'appétit de jouissance... Le « facteur déclenchant » l'éjaculation, qu'il soit symbolique ou réel, finit par s'imposer au bout du compte comme un ultime intermédiaire, un médiateur dont on ne peut plus se passer. C'est ainsi qu'en vieillissant, le déroulement des rapports sexuels, et notamment de leur dernier acte, devient de plus en plus stéréotypé et fastidieux.
Après tant de manigances, tant d'appréhensions, tant d'intimidation, ce qui reste de l'observation sans complaisance de la sexualité masculine c'est une incertitude au sujet de la jouissance. La rançon de la facilité, c'est son humilité. Que ceux qui jouissent à tout rompre respectent la modestie du bonheur du plus grand nombre.
L'orgasme s'appuie sur quatre perceptions : la force propulsive de l'éjaculation, le volume de chaque jet, la durée de chaque spasme, leur nombre. Consciemment ou non, l'addition de ces messages sensoriels est nécessaire et suffisante pour que, parcourant d'un trait la moelle épinière, elle fasse irruption au plus profond du cerveau. Mais ne voit-on pas la disproportion entre la simplicité de ces sensations et le niveau émotionnel qu'elles doivent engendrer ? L'obligation de jouir de son éjaculation ne signifie pas que cette jouissance va être prodigieuse. Après tant d'efforts, tant d'espérance, le corps prononce un dernier mot et s'effondre. La prudence voudrait que l'on échappe à une issue aussi peu triomphale, mais il n'y a rien à faire que se laisser porter aveuglément par le flot des sensations. Un seul stratagème permet de faire naufrage sans mélancolie, sans rancœur : il s'agit non seulement de prendre conscience de ses imperfections, mais surtout de faire l'amour par amour.

Les mystères de la jouissance féminine

C'est parce que les femmes dominent leur jouissance qu'elles sont persécutées depuis 40 000 ans. Il faut comprendre que du point de vue biologique l'orgasme féminin ne sert à rien, n'est pas « prévu », n'est ni nécessaire ni souhaitable en termes de fertilité. La fécondation n'est pas ici une affaire de plaisir mais de chromosomes, comme si la sexualité féminine s'inspirait plus du désir d'enfant que de la volupté. Le rapport sexuel n'offre pas une récompense automatique, même si le besoin « instinctif » conduit à chercher un partenaire... Mais il faut voir dans cette étonnante liberté qui est laissée aux femmes de ne pas jouir la source de leur plus grande sensualité. L'itinéraire qui les conduit à l'extase ne passe pas comme chez l'homme par des circuits imprimés une fois pour toute dès la naissance, c'est le corps entier ici qui peut servir de port d'attache à la maturation de l'orgasme, je l'ai dit plus haut, c'est le corps féminin dans sa totalité qui peut devenir une zone érogène. L'apprentissage est facultatif – bien sûr censuré par les tabous et les disciplines religieuses de nos cultures –, mais pour celles qui ne manquent pas de talent et qui ont été élevées dans une famille intelligente, l'érotisme prend des permissions étonnantes par rapport au destin biologique.

Il est clair que toutes les petites filles disposent d'un même gisement de sensibilité et d'aptitudes assez semblables pour apprendre à tirer de leurs nerfs, par la masturbation, les premières ébauches de l'orgasme. Mais il faudra de longues années de recherches aux sexologues pour découvrir par quel mécanisme cette authentique « éducation érotique » n'émancipe pas les mêmes automatismes sexuels à l'âge adulte. Du reste, l'orgasme demeure mystérieux, avec cette certitude cependant, énoncée à l'instant et reconnue dès la préhistoire, que l'orgasme féminin témoigne d'une prise de pouvoir fantastique, une indiscipline intarissable, comparé à la jouissance « pré-fabriquée » que consomment les hommes.

COMMENT JOUISSENT-ELLES ? L'orgasme féminin est une expérience invisible, même si certaines émettent des souffles, des cris, des spasmes, des liquides, même si certaines muqueuses s'enflamment, même si certains muscles se gorgent de sang, même si l'excitation métamorphose certains organes, l'orgasme est un événement qui se déroule dans la tête. Nous ne savons rien encore de ce dénouement. Physiquement la femme dispose d'un premier appareil à transmission voluptueuse : c'est le clitoris dont l'extrême sensibilité est découverte dès le plus jeune âge et qui peut demeurer toute une vie durant le seul support de la jouissance. Il est possible de penser qu'il appartient en réalité au « circuit nerveux » qui compose les impulsions érogènes atteignant le cerveau, et qu'il participe ainsi de toute façon à leur enchaînement réflexe, même s'il n'est pas directement stimulé... Mais cela est une autre histoire. En pratique ce qui compte pour le couple c'est le partage d'une expérience « fusionnelle » et, au travers du coït, l'accessibilité d'une « extase » plus ou moins simultanée. Hormis la sensibilité clitoridienne et ses extensions sur la face antérieure du vagin – dont l'éveil est donc assez spontané – l'inventaire des « zones érogènes » féminines est une vitrine dont on ne pourra jamais affirmer qu'elle en est entièrement le bilan. Parler d'« orgasme vaginal », d'orgasme « clitoridien », « utérin » – pourquoi ne voit-on nulle part cité l'« orgasme rectal » ? – c'est une tentative d'intimidation, de réduction du potentiel érogène féminin aux seuls organes génitaux... et au pouvoir masculin de les provoquer. Qu'on le veuille ou non, le couple se trouve ainsi diminué dans son statut, en acceptant d'obéir à ce qui est conventionnellement désigné comme bon pour lui, comme « normal ».

Il y a donc trois catégories de femmes face à la jouissance : celles qui en sont privées pour l'instant (et dont je parle dans le chapitre 2), celles qui se soumettent au modèle que leur imposent les hommes, et les autres.

C'est une classification qui ne tient pas debout : une femme peut passer du jour au lendemain d'un camp à l'autre. Que nous enseigne-t-elle quand elle est heureuse ? Qu'elle sait être égoïste à son tour, qu'elle connaît de mieux en mieux les exigences de son corps, qu'elle est plus amoureuse, qu'elle redouble de créativité et d'audace, qu'elle a un partenaire ingénieux ? Comment généraliser ? On voit bien que son expérience est entièrement « personnelle », ce qui est bon pour elle est à peine utile à une autre. Il n'y a pas de « mode d'emploi » de l'érotisme féminin.

Les vraies inégalités ne se situent pas en termes de « modèle », que chacune est à même en vieillissant de dédramatiser, mais en fonction d'affinités ou de répulsion pour la pénétration. On oublie trop souvent que le fait d'introduire dans son propre corps, symboliquement, le corps de l'autre, même par amour, n'est pas une mince affaire et qu'il faut compter pour assurer la viabilité d'une telle agression, sur toute une préparation psychologique dont les racines appartiennent à l'adolescence... A l'âge adulte l'« intériorisation » de la sexualité, à partir des sensations vaginales ou anales que révèlent les coïts, ne change pas fondamentalement les données, je crois, qui inspirent la mise en avant de certains choix sexuels. Pour les unes, la « béance » de leur sexe (qui joue un rôle primordial que j'ai rappelé ailleurs) est une curiosité anatomique sans valeur érogène, et le pressentiment d'être pénétrées n'est pas une source d'exaltation. Pour les autres, qui abordent leurs premiers rapports avec une préméditation inverse centrée sur la nécessité d'être « fécondées », l'insensibilité naturelle des muqueuses internes ne fait pas obstacle longtemps à l'éclosion de perceptions succulentes. La maturité ne modifiera pas ces « privilèges ».

La compréhension de la fonction orgastique féminine peut trouver aujourd'hui un tout début d'analyse si l'on détrône l'orgasme au bénéfice de la jouissance. Retenons de ce qui précède en effet que celles qui récusent leur vagin peuvent pourtant en jouir, par habitude, par plaisir, par zèle, par obéissance. Mais qui est dupe de cet orgasme ? Celui qui le provoque bien sûr, et qui y puise une fierté dont j'ai déjà évoqué la candeur. De même, sans en « jouir », celles qui toisent leur excitation en fonction de ce qu'elles enfouissent dans leur ventre, élèvent bien haut leur niveau de performance.

Petit à petit ne voit-on pas se profiler la silhouette d'un rapport sexuel « idéal » ? L'orgasme n'y joue qu'un rôle d'apaisement des pulsions primaires, et sert de médiateur vis-à-vis de la sexualité masculine à qui il restitue ainsi une partie du pouvoir. Quelque peu « démythifié », banalisé, l'orgasme devient sans doute plus accessible, que la femme prenne les devants en intensifiant la vigueur de sa stimulation préférée, ou qu'elle soit écoutée de son partenaire qui réussit à ameuter en quelques minutes toutes les ressources du couple. Quoi qu'il en soit, les réflexes éclatent dans le corps féminin avec une intensité variable et ils ne déclenchent pas tous, contrairement à ce qui se passe chez l'homme, des sentiments de satiété sexuelle. L'orgasme est une ponctuation de la jouissance : plusieurs orgasmes sont donc nécessaires parfois pour en satisfaire la fringale.

L'apologie du plaisir féminin ne devrait plus jamais s'énoncer en termes gynécologiques. La jouissance va bien au-delà du spasme étincelant de l'orgasme car elle peut prendre à bras le corps le moindre centimètre carré de peau, la plus insignifiante représentation symbolique, pour en faire l'instant le plus somptueux de la vie.

Docteur Jacques Waynberg

6

Les piments de l'amour

ACCESSOIRES ET STIMULANTS
SIMULACRES
CUISINE AMOUREUSE

LES "PLUS" DE L'AMOUR

Certains couples éprouvent le besoin d'introduire dans leur vie érotique des stimulants, des accessoires, qui semblent à d'autres pour le moins extravagants. Pourtant ici rien n'est répréhensible, tant que l'on ne porte préjudice à personne, et que tout se passe dans l'amour et le respect réciproques.

La contraception fut probablement le premier artifice délibérément introduit dans la vie sexuelle humaine, autant pour limiter le nombre des bouches à nourrir que pour conserver aux femmes un attrait sexuel vite ruiné par les grossesses incessantes ; elle évitait avortement et infanticide. Plus s'est épanouie la fonction érotique, plus se sont développés les procédés artificiels permettant d'agrémenter, conserver, améliorer l'exercice individuel de la sexualité, de l'allaitement artificiel à la chirurgie de l'impuissance en passant par les parfums, le maquillage, les soins de coiffure, les vêtements aguichants, et autres stimulants...

A la fin du XXe siècle, un vaste éventail de possibilités artificielles s'offre aux civilisés industrialisés des démocraties libérales, pour briser le carcan de la sexualité, à fonction reproductrice, pour faire l'amour le plus longtemps possible et dans les meilleures conditions, pour obéir sans contraintes astreignantes aux pulsions du désir. Certains d'entre eux, jouissant d'une parfaite santé physique, introduisent « en plus » dans leur vie érotique des adjuvants, des accessoires, des stimulants dont d'autres n'éprouvent nul besoin. Après tout, il n'y a là rien de répréhensible, tant que l'on ne nuit à personne.

Les artifices anatomiques

Ces accessoires amovibles sont destinés à enjoliver ou « améliorer » les organes de l'accouplement.

• L'armature phallique externe : en osier, en ivoire, en bois, c'est une sorte de phallus creux, à claire-voie, que l'homme se fixe devant le pubis après y avoir introduit la verge. Article pour messieurs atteints d'érection insuffisante, pourvus d'un pénis trop modeste à leur gré, ou d'une épouse au vagin insondable. Il permet à l'homme

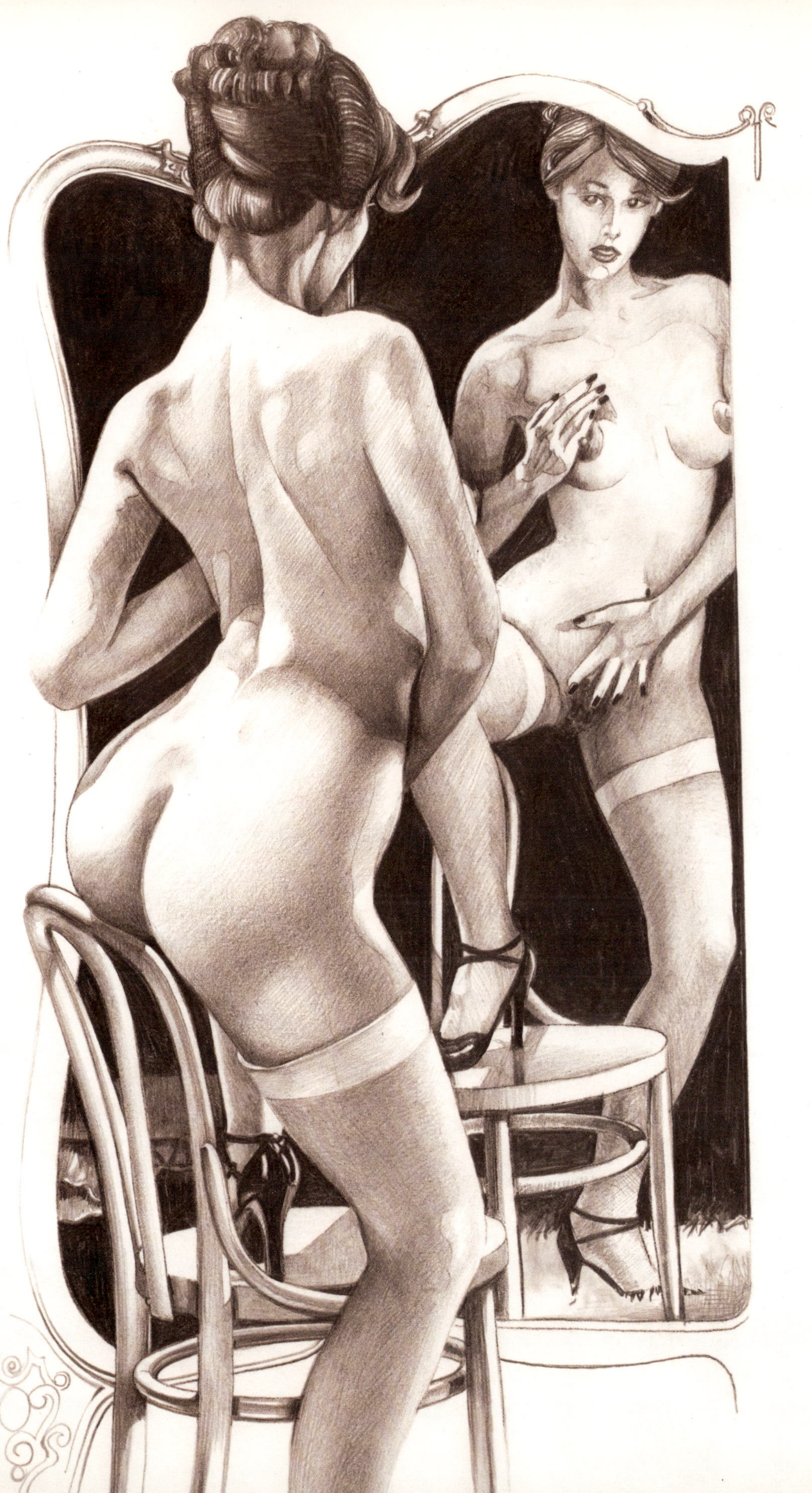

de contenter l'appétit vaginal de sa partenaire par ses propres mouvements du bassin, tout en profitant de la chaleur et de la moiteur du lieu : il est ainsi possible de gravir quelques degrés d'érection et même de parvenir à l'orgasme. Les modèles de musée sont japonais.

• L'anneau pénien : au contraire du précédent, cet article pallie la longueur excessive du pénis ou la brièveté excessive du vagin. En matière souple, gomme, caoutchouc, plastique, etc., il s'enfile sur la base de la verge avant intromission. Pour les cas graves, on peut utiliser deux ou trois anneaux.

• Le guesquel : spécialité de l'artisanat patagon, il est fait de crins de mulet. Les vieux modèles s'introduisaient dans l'orifice de l'extrémité de la verge. Les modèles plus récents demandent moins d'abnégation. Un anneau forme bague derrière la couronne du gland ; il en part des crins sous forme de faisceaux, de couronne rayonnante. Des teintes variées peuvent être proposées ; le modèle tricolore (bleu, blanc, rouge) est du meilleur effet. Allant et venant avec la verge, les crins râclent la muqueuse vaginale dans tous ses plis, replis, fond et tréfond. La pâmoison féminine est garantie. Après usage, il est recommandé de le nettoyer et de le ranger soigneusement, à l'abri des convoitises et des jalousies.

Une variété semi-industrielle du gesquel munit le préservatif classique d'excroissances en forme d'ailettes, de nageoires, de mains, de têtes de dragon ou de général à képi, etc. Coloris sur demande.

Du côté féminin, on peut proposer :

• Les perruques sexuelles : faites de cheveux bouclés, de poils véritables, humains ou animaux, ou imités, elles s'appliquent sur le mont de Vénus et les grandes lèvres, maintenues par un adhésif anodin ou des rubans discrets. Elles pallient l'insuffisance pileuse des femmes à la toison maigrichonne ou déboisée par la ménopause. Elles permettent de faire passer pour blondes ou rousses les femmes châtain décoloré, les Noires ou les Asiatiques – ce qui est, on s'en doute, du meilleur effet...

L'exotisme pour l'exotisme

• Les confitures d'amour : spécialités extrême-orientales, ce sont des produits comestibles introduits dans le vagin. Ils donnent au broute-minou un petit « plus », un aspect régalant qui en exalte pour certains les vertus apéritives.

A titre historique, on peut rapprocher de ces accessoires amovibles certaines modifications permanentes des organes externes :

• Les incrustations péniennes : de petits

L'anneau pénien pallie la longueur excessive du pénis.

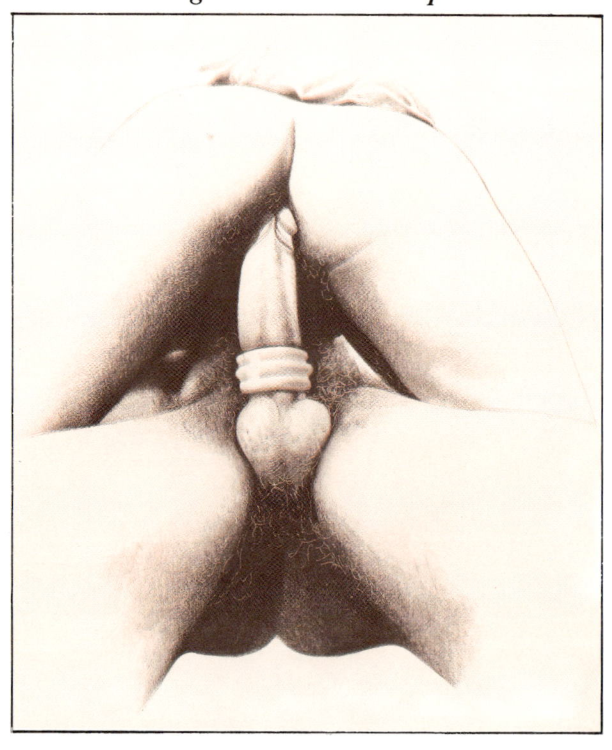

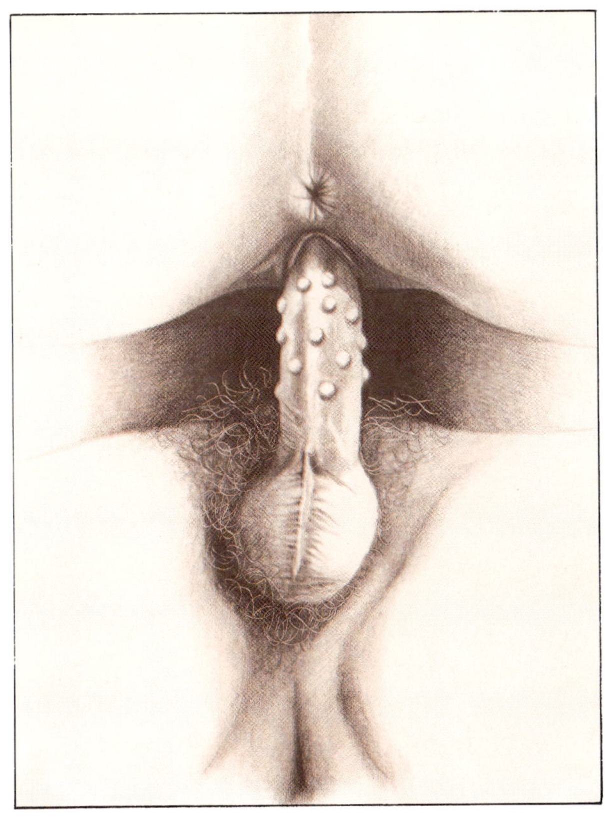

Incrustations péniennes.

cailloux sont introduits sous la peau de la verge, dans le même but « écouvillonnant » que le guesquel. C'est une pratique essentiellement polynésienne.

• Le tablier vulvaire : à force de tirer sur leurs petites lèvres pendant l'enfance et l'adolescence, certaines Africaines parvenaient à leur faire atteindre une longueur de douze à vingt centimètres. Comme deux mains chaudes et douces, les nymphes (petites lèvres) ainsi allongées enchâtonnaient la base de la verge et les bourses pendant l'accouplement.

Les simulacres

Ces objets divers permettent le remplacement des organes génitaux « copulatoires ». C'est plus facile du côté masculin que du côté féminin.

• Les semble-verge : pour assouvir leur fringale de pénétration vaginale, les femmes ont utilisé de tout temps tout ce qui pouvait leur tomber sous la main de long et mince : fruits et légumes – bananes, carottes, poireaux, salsifis, navets, etc. – , chandelles, fers à friser, tubes variés... Les canules à lavement ou pour irrigation vaginale n'ont pas été conçues comme ersatz, mais peuvent toujours servir en cas d'urgence. Des instruments à but délibérément érotique ont été confectionnés pour soulager les vagins affamés. Deux types de modèles offrent leurs caractéristiques différenciées :

• Le rinno-tama : ce n'est pas un faux pénis mais une paire de petites boules. D'un calibre de 35 à 50 millimètres, il est prudent de les relier par une ficelle ou une chaînette, ce qui facilite, après usage, l'extraction de la boule introduite le plus profondément. la matière est variable ; ivoire, ambre, bois d'ébène ont précédé l'universel plastique. Les modèles sommaires sont pleins. Le modèle luxe comprend au moins une boule creuse ; elle contient une goutte de mercure, ou on y introduit une mouche vivante ; c'est la boule active, « le petit homme », à placer dans le cul-de-sac vaginal postérieur, l'autre servant de cale. (Dessin page suivante.) L'appareil n'est pas destiné à provoquer des orgasmes vaginaux continuels et « épuisants », mais à entretenir une voluptueuse présence à l'endroit sensible des intérieurs féminins. La ménagère peut le conserver pendant les soins domestiques ou en faisant le marché. Lors des moments de détente, nonchalamment allongée sur un siège à bascule ou mollement étendue dans son hamac, parcourant ses revues favorites de cinéma ou de tricot, elle pourra agrémenter ses rêveries réparatrices par les délicates sensations intimes que réveillera le balancement de son corps, transmis au « petit homme ». La mère de famille peut

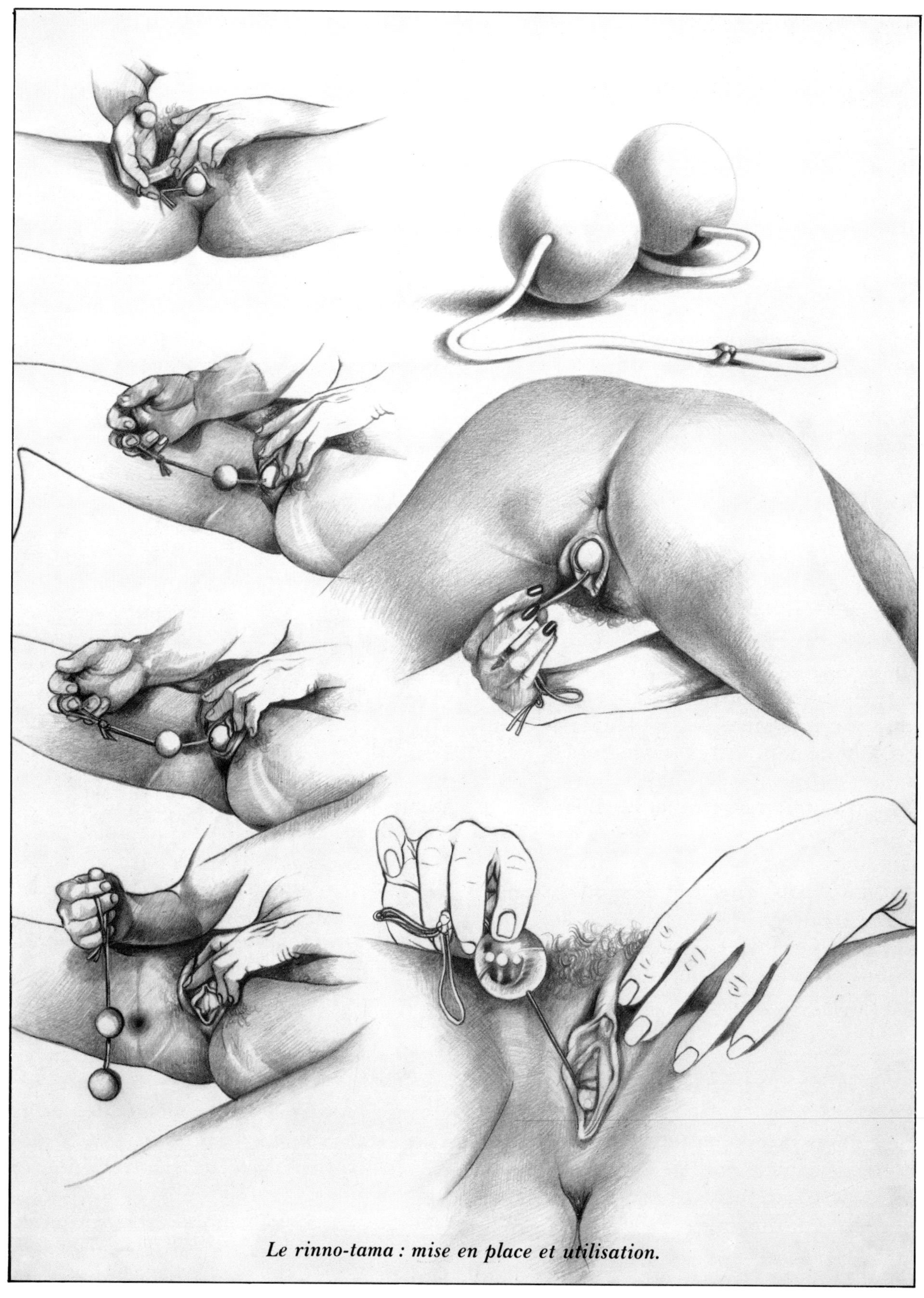

Le rinno-tama : mise en place et utilisation.

combiner ces mouvements avec le bercement d'un nourrisson.

- Le phallus postiche : ce type d'instrument garantit la survenue de l'orgasme vaginal... mais les originales peuvent se l'introduire dans le rectum (1). Selon ses goûts et ses moyens, l'utilisatrice peut choisir l'appareil à main ou l'appareil autovibrant.
- L'appareil inerte : il doit être fermement tenu et agité d'avant en arrière, ou comme une godille, pour qu'il percute, comble le fond du vagin jusqu'à satisfaction. L'artisanat antique savait déjà confectionner ces consolateurs, en cuir ou en matière noble, faits à l'image frappante de l'organe à figurer, muni de ses génitoires. On en vendit sur les marchés de la Chine impériale, les dames grecques avaient des olisbos (godemiché) dans leur gynécée (appartement des femmes). Les couvents féminins, les harems en étaient abondamment garnis. Certains pouvaient se fixer au bas du ventre d'une femme pour consoler ses compagnes de réclusion d'autres étaient à double tête, pour soulager deux femmes à la fois. Leur nom de godemiché vient du latin *gaude mihi* (réjouis-moi). Le verre, et surtout le caoutchouc, permirent de confectionner des modèles creux ; un petit réservoir dans les bourses artistiquement reproduites permettait, par une pression sur les appareils élastiques, de projeter au bon moment un liquide évocateur, le lait tiède convenant parfaitement à cet office.
- Les appareils auto-animés : ils ont le considérable avantage de ne pas entraîner de crampes du poignet ou de l'avant-bras. Grâce aux merveilles de l'électricité, ils peuvent soit vibrer soit tourner sur eux-mêmes, avec une partie fixe et une extrémité pivotante. Le branchement sur le secteur expose à certains dangers d'électrocution – sans oublier les caprices syndicaux de l'E.D.F. –, alors que les appareils à piles, plus coûteux, garantissent un fonctionnement sans défaillance et sans danger pourvu que l'on ait constitué une réserve, ce qui est, sans doute, une précaution élémentaire et salutaire.

Le modèle courant est en matière plastique, en forme de fusée, effilé du bout,pra-

Phallus postiches ou godemichés avec réservoir.

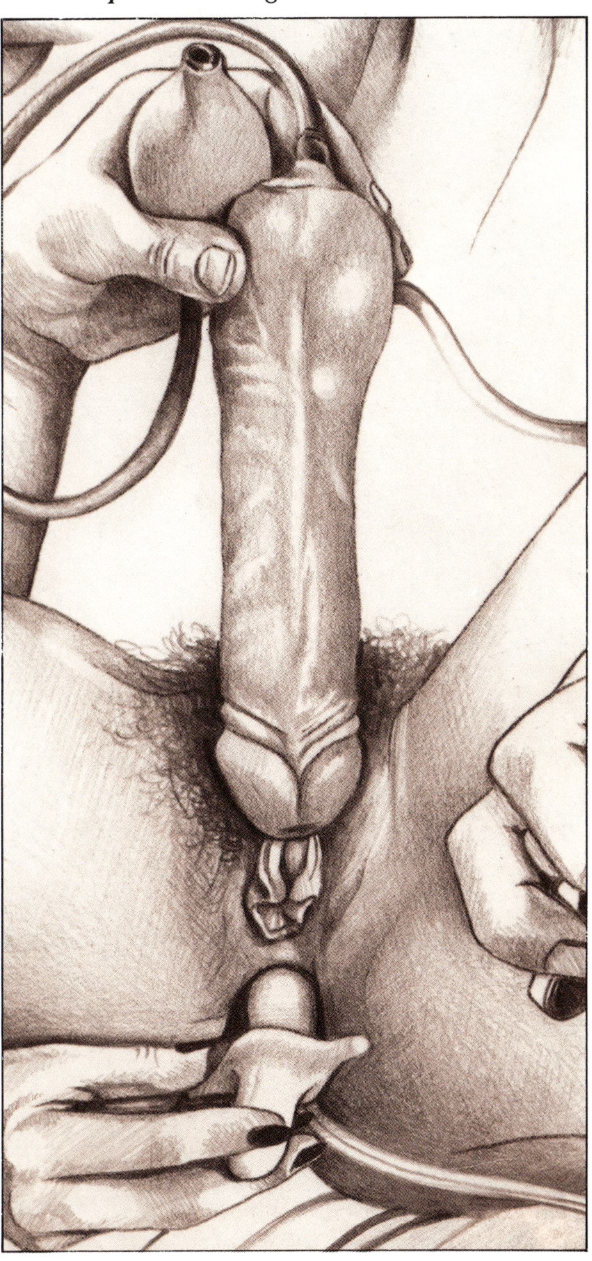

(1) Les amateurs masculins utilisent évidemment cette voie.

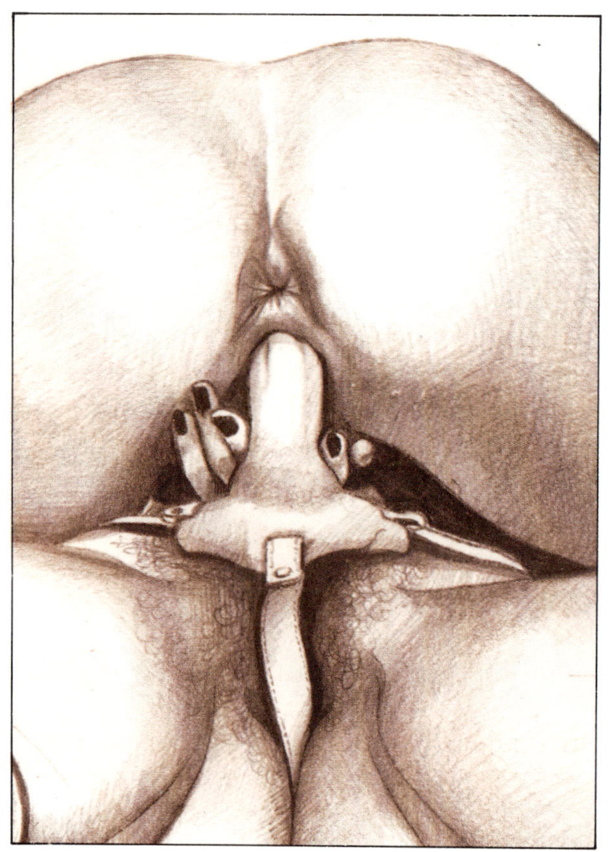

Phallus postiche monté sur harnais, utilisé en particulier dans les rapports lesbiens.

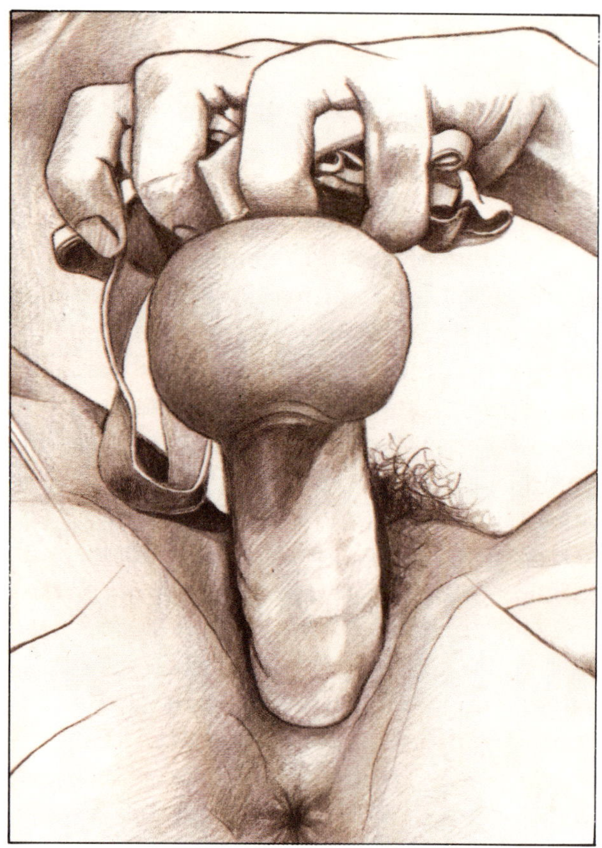

Godemiché de fort calibre avec bourse et harnais.

tique, élégant, maniable, incassable. Son rose discret, son blanc hygiénique, sont du meilleur goût, et s'harmonisent avec les coloris de la salle d'eau, ou du linge de lit. Sa suprématie décisive sur les appareils inertes réside dans son emploi double usage. Introduit dans le vagin, il prodigue d'irremplaçables sensations internes tandis qu'un doigt de l'autre main s'active sur le clitoris. Mais il peut aussi s'appliquer sur le clitoris, épargnant tout effort digital ou manuel, jusqu'au déclenchement de l'orgasme clitoridien. La bienheureuse propriétaire de deux appareils peut ainsi, sans crispation ni lassitude, s'abandonner toute aux exigences sensorielles les plus durables. Des appareils à ventouses, à doigt vibrant, ont d'ailleurs été spécialement conçus pour l'assouvissement clitoridien. On trouve dans le commerce spécialisé, des coffrets cadeaux, avec assortissement de « têtes », susceptibles de satisfaire les plus exigeantes.

Fatigué, trahi par une physiologie érective défaillante, le mari avisé désirant satisfaire et conserver sa fidèle épouse ne manquera pas de lui offrir un ou deux de ces ingénieux instruments. Il les maniera lui-même en virtuose, tout en prononçant des mots d'amour. Ensuite, il les rangera soigneusement dans le tiroir de la table de nuit tandis que sa compagne s'endormira béate, heureuse grâce à lui...

• Les semble-vagin : le vagin postiche est de réalisation fort difficile. La chaleur, l'humidité, la pression rythmée ne se trouvent encore que dans l'organe naturel, au sein de la femme sur pieds. Et puis l'homme a besoin de « tenir quelque

chose » dans les bras tandis qu'il agite son membre viril.
C'est pourquoi les ersatz de vagin, les manchons satinés à agiter pendant l'usage, les brassards gonflables ont peu de succès. Au temps de la marine à voile, le charpentier du bord confectionnait une femme de bois, perforée au bon endroit, que le capitaine sortait parfois de son armoire pour allonger sur sa couchette – ce genre de mannequin n'était guère confortable, et on pouvait toujours craindre les échardes. L'introduction des matières plastiques a heureusement permis de mettre sur le marché des poupées gonflables, toujours disponibles, toujours souriantes, jamais enceintes, jamais réglées, jamais fatiguées, qu'il suffit de lubrifier avant l'emploi et de faire sécher après – en prenant soin de ne pas les crever dans un geste maladroit. L'amateur fortuné peut ainsi se constituer un harem bien reposant – avec toutes les garanties de disponibilité permanente qu'on est en droit d'attendre de créatures réellement « de rêve »...

Les stimulants

Fouailler la chair rétive, redonner du goût au réchauffé, faire à la maison comme au cinéma, autant de services que certains couples demandent aux stimulants. Il en est de diverses sortes.
Si leur réelle efficacité peut, dans certains cas, relever purement et simplement de la fabulation, leur fonction régénératrice de l'imaginaire, même partielle, en justifie la connaissance.

Les stimulants vestimentaires

On peut trouver la nudité fade, on peut désirer dissimuler l'imperfection d'un ventre vergeturé, de seins pendouillants. Tenues et dessous affriolants ont pour but de cacher tout en offrant, de provoquer avant d'accorder. Les femmes peuvent porter, dans l'intimité, des vêtements

Vibromasseur : à gauche excitation clitoridienne, à droite pénétration vaginale.

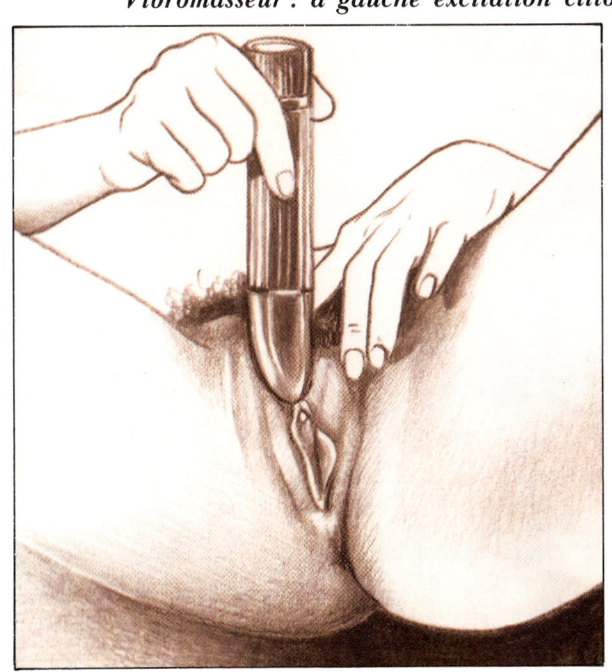

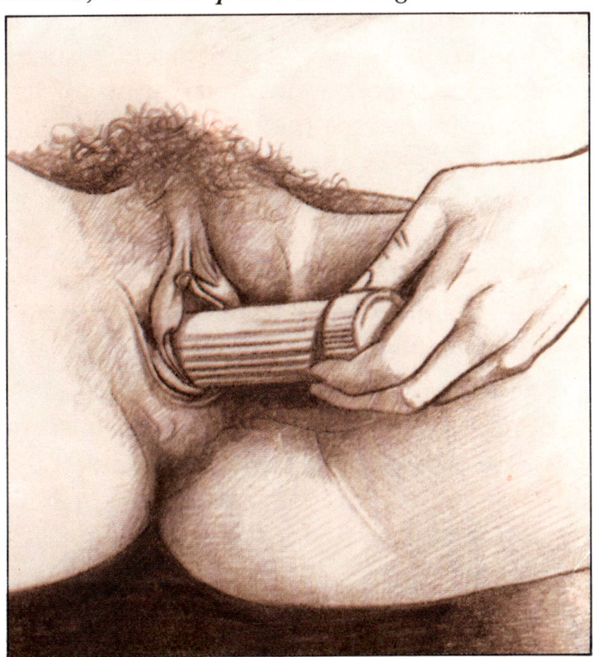

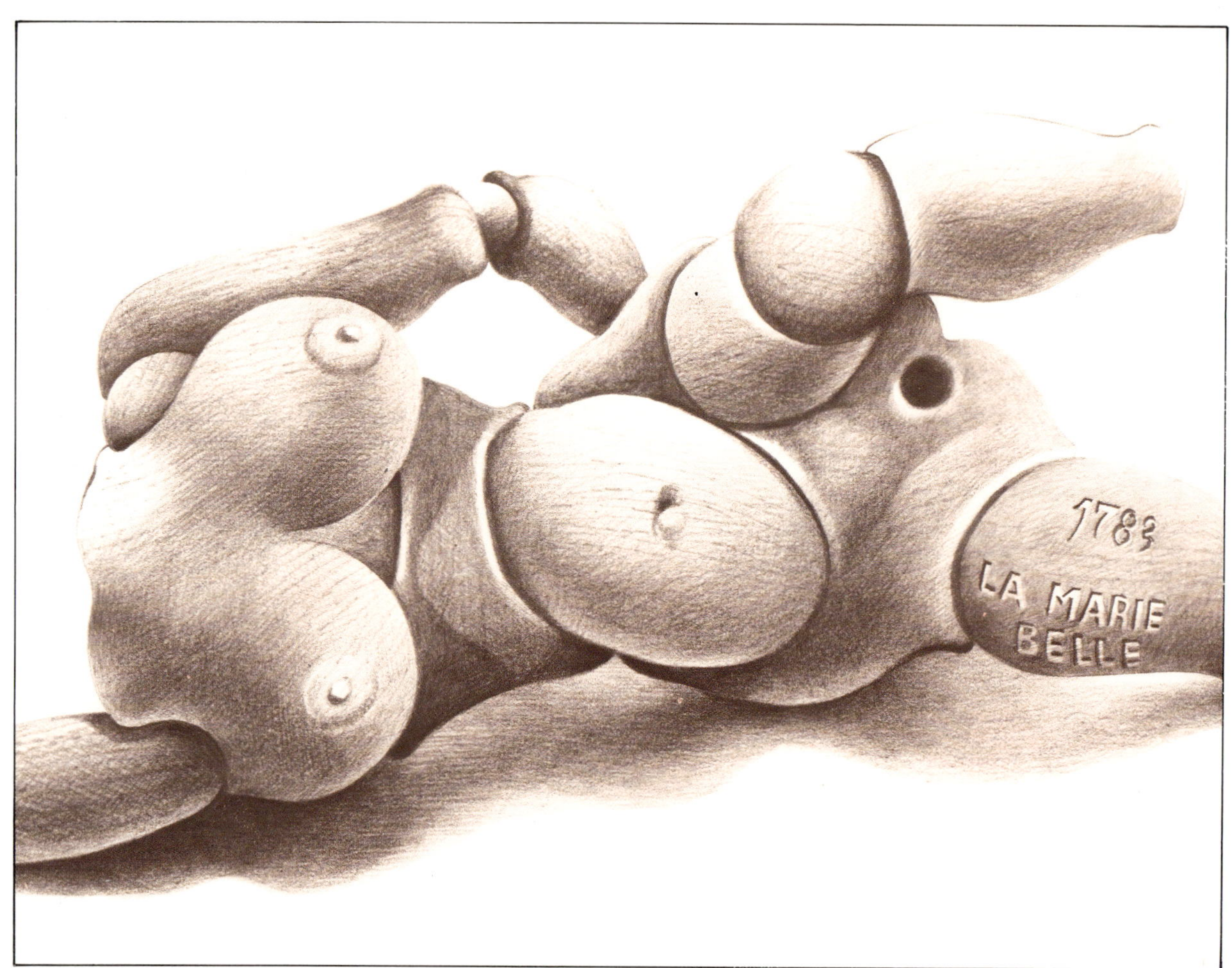

Pièce de collection : femme en bois articulée, datant du XVIIIe siècle, à l'usage des marins au long cours.

destinés à émoustiller le partenaire en lui offrant à voir en privé un spectacle digne des meilleurs lieux parisiens : chaussures à talons démesurément hauts gonflant les mollets et faisant onduler les fesses, bas à résille, porte-jarretelles faisant arche d'honneur au-dessus du mont de Vénus, maillots de corps ajourés, soutiens-gorge laissant passer les mamelons, slips ornementés, fendus comme la vulve et garnis de dentelle, etc. offerts non seulement dans les boutiques de lingerie mais aussi dans les catalogues de vente par correspondance, entre machines à laver et meubles pour enfants. Inutile désormais de confectionner à la maison ces « emballages » redonnant du piquant à un produit trop consommé, et qui satisfait largement le plus grand nombre.

Les stimulants comportementaux

Se cantonner au sexuel peut paraître à la longue lassant, et certains franchissent à l'occasion les frontières comportementales (pas trop loin !) pour en ramener quelques extras. Le plus fréquemment, les contrées visitées sont celle du comportement de soumission et du comportement évacuateur des émonctoires.

• Les amusettes périnéales : elles tentent de tirer parti érotique des organes et fonctions voisins des organes génitaux.

• La miction dans le vagin : arriver à pisser malgré une ferme érection peut tenir de l'exploit, tentant pour certains, dans la salle de bains, ou dans le lit –

garni avec prudence de l'alèse de bébé.

• Le lavement dit « érotique » : l'anus féminin est en quelque sorte une annexe, une arrière-boutique du vagin. Baisé dans l'anilinctus, visité par un petit doigt folâtre au cours d'ébats explorateurs, il est carrément exploité par la sodomie. Y introduire une canule à lavement rappelle les jeux « du docteur » auxquels on a pu s'amuser avec ses petits camarades ; c'est aussi, de la part de la femme, l'offre d'une disponibilité corporelle parfaitement complaisante. Reste à évacuer le contenu colique dans une salle d'eau bien équipée.

• Les comportements de soumission : il s'agit bien sûr de soumettre la femme à l'homme. Il y a des couples pour aimer ça.

• Le rasage pubo-vulvaire : devenant grande, à la puberté, la femme voit son pubis et ses grandes lèvres se couvrir de poils, pour former cette toison sexuelle triangulaire, signe de la maturité, signal déclencheur et identificateur qui est le témoin de son état adulte. Émondant sa pilosité sexuelle, elle retourne à l'état infantile, glabre et soumis, qui rassure les hommes intimidés par les vraies madames. Les marchands de maillots de bain style « confetti » encouragent cette pratique infantilisante, pour le plus grand bénéfice des « raseuses » diplômées, tant pis si le poil ainsi tondu repousse par la suite en touffes raides comme barbe de chèvre, ayant perdu son lustre et ses frisons.

• Le ligotage : pour concrétiser la soumission de la femme, rien de tel qu'entraver son corps et ses mouvements. On peut lui lier les membres supérieurs contre le tronc, lui attacher les pieds et les mains aux quatre coins du lit, pour la transformer en étoile de mer. On vend pour cet usage des chaînettes peu offensantes, d'excellents lacets de cuir souple : l'important est de conserver suffisamment de jeu au bassin pour que la dame attachée puisse encore s'agiter avec l'efficacité requise sous son seigneur maître-liens.

• La punition physique : c'est sur la partie la plus charnue du corps, les fesses, que les coups sont tolérés au moindre mal ; c'est bien pourquoi la fessée maternelle est plus humiliante que douloureuse. Comme les fesses féminines sont aussi un des plus vieux appas du désir masculin, leur maniement, au besoin un peu « bourru », est une appropriation bien satisfaisante. Reste le bon effet congestif de la fessée sur les parties basses du tronc : certaines femmes, dit-on, ne pourraient rougeoyer du brasier périnéal qu'après avoir rougi des fesses. Le moins qu'elles puissent faire est de rendre ensuite la pareille à l'amateur de coups.

• Les stimulants alimentaires : toujours inquiets de savoir si le désir viendra à point nommé leur ouvrir les portes du plaisir, ou craignant de ne pouvoir « faire face » à la demande érotique féminine, les hommes de tout lieu ont de tout temps cherché des recettes magiques, des « potions magiques » sécurisant leur comportement sexuel. Nul ne sait s'il bandera au bon moment, le temps qu'il faudra, le nombre de fois qu'il faudra. Certains ne pourraient ainsi s'embarquer pour Cythère sans viatique. Par la même occasion ils espèrent, par l'introduction plus ou moins sournoise d'un aphrodisiaque dans le verre ou l'assiette de la dame convoitée, hausser son désir au niveau du leur.

La pensée « magique » met entre les choses des rapports basés naïvement sur des similitudes. Les aliments réputés aphrodisiaques ont ainsi le plus souvent une affinité morphologique avec les organes et les humeurs du plaisir.

• Les nourritures à l'image du phallus : les asperges ont plus de pouvoir que bananes ou carottes. Le piment, rouge et pointu, a l'efficacité certaine de congestionner le périnée, pouvoir reconnu à de nombreux épices, en particulier le poivre. Servie dans un pot de chambre par les garçons d'honneur, une soupe « de mariés » fortement épicée avait la réputation de conjurer « l'aiguillette nouée » (l'impuissance). La poudre de corne de rhinocéros, fort prisée des amateurs chinois, eut le regrettable effet de contribuer à l'extermination de ces pachydermes.

• Les nourritures à l'image des bourses : les gousses renflées de l'ail, les bulbes de l'oignon, sont réputés fortifier les génitoires et faire bouillonner la semence, sans oublier leur effet sur les « échalottes » féminines. Ils prouvent leur diffusion par le parfum vigoureux dont ils imprégnent l'haleine et le corps. Encore faut-il le faire accepter par la narine de la partenaire !

• Les nourritures à l'image du sperme : il est difficile, pour l'homme, de ne pas considérer l'émission de sa semence comme une spoliation physiologique, d'autant que les éjaculations rapprochées sont de moins en moins productives (sans rapport, évidemment, avec la qualité du plaisir ressenti, indépendante du volume spermatique émis). Remplacer la liqueur séminale perdue, en reconstituer un stock, semble possible avec des aliments évocateurs – le meilleur régime « fortifiant » étant alors assurément la consommation de blanc d'œuf cru, par exemple une demi-douzaine le matin à jeun.

• Les nourritures à l'image de la vulve : par leur forme allongée, leur humidité saline, les moules et surtout les huîtres peuvent faire espérer à leur consommateur que le sexe de la femme convoitée sera plus facile à consommer – sans oublier, pour les petits cannibales, l'aspect frangé poilu des huîtres creuses, la carnation brune élastique des belons qui en fait de savoureuses semble-nymphe. La mer fournit aussi les praires et les coquilles Saint-Jacques ornées d'un gracieux clitoris, de nombreux coquillages et crustacés à l'odeur évocatrice. (Voir aussi « La cuisine amoureuse » page ci-contre.)

Il va sans dire que le plus grand pouvoir de tous ces aliments réside dans leur effet placebo (2). Qu'ils sécurisent les inquiets, qu'ils incitent les amateurs chevronnés à confectionner des repas de fête amoureuse, ils ne font pas courir plus grands risques que l'indigestion, la congestion hémorroïdaire, ou l'hépatite virale. Il en va différemment avec les produits toxiques, les drogues modificatrices du comportement, l'alcool euphorisant à petite dose mais vite dangereux, le chanvre indien (haschich, marihuana) qui fait « décoller » mais déprime les défenses immunitaires, lèse les artères sexuelles, la cantharide qui lèse les reins, stupéfiants et hallucinogènes qui éteignent rapidement tout autre désir que celui de leur esclavage.

Quant au vrais médicaments, en dehors, pour certains cas précis, d'anabolisants, d'hormones sexuelles, de yohimbine à dose médicinale, il ne faut pas trop compter sur eux, et en prendre régulièrement définit la condition de malade. Dépendre d'un médicament pour faire l'amour met dans la situation du diabétique dépendant de son insuline. Si les Moyen-orientaux ne laissaient pas les matrones couper le clitoris de leurs petites filles, ils ne seraient pas obligés de fumer du haschich à tire-larigot, dans le vain espoir de « bander » suffisamment longtemps pour tirer quelques réactions de femmes à jamais estropiées. Finalement, tous ces procédés, accessoires, instruments, gadgets, aliments, tous ces pro-

(2) Placebo : substance inoffensive substituée à un médicament et qui produit l'effet du médicament, par action psychologique.

duits de sex-shops vantant leurs mérites dans les petites annonces et les catalogues spécialisés peuvent paraître parfaitement dérisoires, chauffant plus les fantasmes que servant la réalité. Leur motivation presqu'uniquement masculine, demandant aux femmes de se prêter avec complaisance à des fantaisies qui les infériorisent, relève du phallocratisme le plus grotesque ou le plus odieux. Le meilleur aphrodisiaque c'est la bonne santé, qui tend régulièrement les ressorts du désir et entretient les rouages du plaisir ; le meilleur objet sexuel est celui que l'homme offre à la femme, la femme à l'homme, son corps nu, confiant, aimanté, expérimenté.

Mais certains ne peuvent marcher sans canne, ne peuvent lire sans lunettes. Tant que les couples amateurs d'artifices, de lanières, de fessée, de piments divers, sont d'accord entre eux et n'alertent pas la gendarmerie, leurs voisins n'ont qu'à leur foutre la paix. **Docteur Gérard Zwang**

La cuisine amoureuse

Certains produits naturels ont, depuis le fond des âges, la réputation d'éveiller ou de soutenir l'appétit sexuel. On les nomme « aphrodisiaques ». Il ne faut pas en attendre des miracles, mais, soit qu'ils aient un effet irritant, comme les épices qui « échauffent » le sang, ou euphorisant, comme l'alcool, soit qu'ils contiennent de la vitamine E bénéfique à l'appareil génital tant masculin que féminin, ils sont capables d'émoustiller agréablement les facultés amoureuses.

Les Orientaux font confiance au miel mélangé d'amandes pilées. Le docteur Pérou-Autret a expérimenté les œufs au miel :

• Mélangez vigoureusement miel et jaunes d'œufs à proportion d'une cuillerée de miel pour un jaune d'œuf. Ajoutez une cuillerée à café de poudre d'amande par jaune d'œuf. Vous obtenez une pâte épaisse qui se conserve bien au réfrigérateur. Cette préparation est recommandée au petit déjeuner ou en dessert.

Les Écossais, pour se donner du cœur au ventre, battent un jaune d'œuf dans de la bière brune. Vous pouvez préférer, en apéritif, le porto-flip, mélange de porto et de jaune d'œuf.

Henri IV, pour sa part, selon Curnonsky, aurait enseigné à la belle Gabrielle d'Estrées une recette qui enflammait ses désirs pourtant naturellement ardents :

• Faites parer par votre boucher un petit rognon de veau par personne mais gardez-le entier. Faites macérer les rognons pendant une heure dans un peu d'huile mélangée de sariette (dite « herbe à satire » !), de thym et de romarin. Installez chaque rognon sur une brochette pour qu'il ne se déforme pas, salez, poivrez largement, saupoudrez de sarriette en poudre sur toutes les faces. Faites dorer avec un peu de beurre dans une sauteuse. Ajoutez un verre à liqueur d'armagnac, flambez. Laissez cuire une quizaine de minutes en retournant les rognons de temps à autre.

Pour accompagner ce mets de roi, il convient de servir des légumes qui soutiennent et amplifient son action : fonds d'artichauts garnis de lamelles de truffes (si vous en avez les moyens), cœurs de céleris braisés ou blancs de poireaux émincés et cuits au beurre à l'étuvée.

Mais n'oubliez pas que le meilleur aphrodisiaque, c'est encore un petit souper à deux, dans une ambiance intime, conçue par et pour l'amour, dans la complicité d'une tendresse partagée.

7

L'imaginaire érotique

LES FANTASMES

EROTISME ET PORNOGRAPHIE

LES FANTASMES

En sexologie, on appelle fantasme « une représentation de l'imaginaire qui déclenche une émotion sexuelle ». C'est une image – ou une série d'images –, un scénario, une situation qui provoquent le désir. Un couple sans fantasmes est, disons-le, un couple privé de sources de plaisir potentielles. Ce mot s'emploie pour des situations diverses. On pourrait toutefois distinguer trois degrés, trois formes du fantasme qui correspondent à des expériences intérieures très différentes.

L'attirance sexuelle spécifique

Si les dames aux yeux verts vous troublent systématiquement ou presque, eh bien, c'est une attirance sexuelle spécifique et elle est de l'ordre du fantasme. Vous êtes ému par les yeux verts de la dame, pas par la dame elle-même – par une image, pas par une personne. Le désir prend racine dans votre imaginaire. On pourrait dire que dans votre monde intérieur, dans votre jardin secret, à la suite d'un certain nombre de circonstances, s'est inscrite l'idée que les yeux verts et le paradis, c'était la même chose. En conséquence, pour vous, toutes les dames aux yeux verts sont terriblement excitantes. En dehors des contacts physiques – où l'on peut présumer que l'excitation naît de la sensation – tout ce qui provoque notre désir, de façon régulière et répétitive (chez des personnes et dans des situations différentes) prend sa source dans le fantasme. Mais nous n'en sommes généralement pas très conscients. Quand un regard, une allure, un détail, nous tirent des brumes de nos pensées et éveillent notre intérêt, nous ne nous disons pas : « Tiens, voilà mon fantasme qui passe ! » ; nous pensons : « Ce Monsieur a du charme, ou cette fille a du chien », sans savoir que ce sont nos rêves qui nous poursuivent.

Nous avons tous ainsi une bonne douzaine d'attirances sexuelles spécifiques – quelquefois parfaitement contradictoires – qui toutes ensembles définissent, caractérisent, délimitent, le monde de notre désir.

L'attirance sexuelle irrésistible

C'est là le deuxième degré du fantasme : une image ou une situation qui nous « branche à 220 volts », nous fait perdre la tête et bouscule tout notre équilibre. Un des exemples les plus anodins est celui du monsieur dont le cœur bat très vite chaque fois qu'il voit des bas noirs, qui a toutes les peines du monde à ne pas suivre la dame – même s'il a un rendez-vous très urgent, et très important – et qui, toute affaire cessante, ne pense plus qu'à une chose : comment aborder cette splendide créature (qu'éventuellement il n'a même pas vue de face).

Nous avons généralement un ou deux fantasmes de ce type, que nous contrôlons plus ou moins bien car la violence de l'émotion et le désordre du comportement qui s'ensuivent peuvent être plus ou moins marqués suivant les personnes. Dans de tels moments, nous faisons l'expérience de notre fragilité et de la puissance du sexe dans notre vie. Mais cette attitude déraisonnable ouvre aussi les chemins de l'aventure dans notre existence.

Ce type de fantasme, où le désir jaillit littéralement des profondeurs de notre monde intérieur et fait exploser les défenses subtiles que notre réalisme et notre sagesse ont patiemment construits au long des années, peut être, suivant les cas et les moments, soit une faiblesse terrifiante qui peut véritablement nous détruire, soit la chance de ne pas mourir emprisonné dans des carcans de respectabilité moralisatrice et de prudence asséchante.

Une chance ou une malédiction.

Quoi qu'il en soit, si vous n'avez jamais fait encore l'expérience de cette fragilité, ne vous croyez pas invulnérable. L'instinct sexuel est une force prodigieuse et il peut vous conduire à toutes les folies, à n'importe quel moment de votre vie.

Le scénario excitant

Pour se masturber – ou simplement pour se calmer les nerfs ou se changer les idées – la plupart des individus ont l'habitude de se raconter des histoires qui les excitent, de se passer des petits bouts de films dans la tête. Cette production de films X à usage personnel (« ce cinéma de nos nuits blanches »), intéresse particulièrement les sexologues, parce qu'elle est la forme la plus complexe, la plus élaborée, la plus précise du fantasme – et que bien entendu, elle inclut les deux formes décrites précédemment. Et dans les pages qui suivent le mot « fantasme » désignera ces petits scénarios érotiques.

La fonction des fantasmes dans notre vie

Comme il est rare que notre éducation nous ait préparés à avoir une vie érotique imaginaire, nos fantasmes nous inquiètent généralement à différents degrés. Parce qu'ils expriment notre face cachée – une partie de nous-mêmes qui ne trouve pas place dans notre vie habituelle, qui existe sous une forme larvaire, embryonnaire, dans l'obscurité de notre conscience et émerge de temps en temps avec une énergie et une puissance insoupçonnées. C'est notre ombre secrète, à qui nous refusons l'existence – un fantôme non-né qui nous tourmente. Il est donc logique

que le monde de nos fantasmes ne ressemble en rien à ce que nous connaissons de nous, et qu'il nous réserve plus d'une surprise.

Nos fantasmes sont bizarres, incongrus, baroques : ils décrivent des situations étranges et troubles – quelquefois grotesques, quelquefois humiliantes – souvent sensiblement absurdes et invraisemblables, et généralement passablement vulgaires. Si on les regarde de l'extérieur ou si l'on en parle (si on les amène en pleine lumière), on a souvent un peu honte : ils ne sont pas d'un haut niveau esthétique et culturel. Ils ressemblent à quelque chose comme un collage de roman photos de quatre sous, un film réaliste ou mélodramatique, des bandes dessinées de seconde zone, des graffitis recopiés dans des latrines : ils sont, en substance, bien décevants...

Ils sont immoraux et provocateurs : ou en tout cas pas du tout conformes à nos exigences morales et à l'idée que nous nous faisons de la respectabilité. Souvent, il nous semble, et à juste titre, que les scènes qui nous excitent dans nos fantasmes seraient insupportables dans la vie. Toutes les perversions peuvent trouver leur place, à un degré ou à un autre, dans ces images intimes, tous les sacrilèges, toutes les trahisons, nous soulageant ainsi d'un lourd fardeau de frustrations.

Ils exercent sur nous une fascination irrésistible : et malgré tout ce qui peut choquer notre sentimentalité et notre romantisme, nous revenons à ces petites histoires avec un plaisir certain. Nous les projetons encore et encore sur notre écran intérieur et bien que nous les connaissions par cœur, nous en savourons chaque détail, chaque méandre, avec la délectation d'un enfant à qui l'on raconte pour la centième fois son histoire préférée. Nous les améliorons sans cesse ; nous essayons des variantes, nous perfectionnons l'ambiance. Tout ceci constitue bien entendu une occupation dérisoire pour un adulte responsable, et nous ne le nierons pas. Et pourtant ce jeu de l'imaginaire peut à certains moments occuper beaucoup de notre temps et devenir obsessionnel, des heures, quelquefois même des jours durant, sans qu'il devienne pour autant « malsain ». Si l'on y regarde de près, cet univers ressemble à celui d'un personnage qu'on nous a beaucoup décrit dans notre enfance : à la fois rebutant et séduisant, destructeur et attirant, celui qu'on appelait autrefois « le maître du monde » : le Diable. Les fantasmes, c'est la part du diable dans notre vie.

D'où viennent-ils ?

Ces images étranges viennent de tous les coins de notre passé : de nos émotions enfantines, de nos peurs et de nos rêves d'adolescents, de nos révoltes d'adultes, de nos fatigues et de nos frustrations, de tous les moments de notre vie où, d'une manière ou d'une autre, un émoi sexuel nouveau est apparu. Il y a dans nos fantasmes, les yeux de papa et la peau de maman, les mèches rousses de notre premier amoureux à 7 ans, la poitrine du maître nageur de l'été dernier et la grâce languissante de la tante Irma quand elle avait 30 ans, le parfum des blés mûrs de l'été de nos 14 et les fascinants trous de serrure de nos 12 ans, la démarche féline de notre acteur préféré, la brutalité troublante du voisin du dessous, des souvenirs épars de lectures émouvantes, des fièvres vécues ou imaginées, les multiples expériences claires ou obscures, grandioses ou dérisoires, innocentes ou coquines au cours desquelles nous avons découvert la magie de la chair. Et c'est comme si un scénariste avait amalgamé tous ces moments pour en extraire la quintessence. On pourrait dire que nos fantasmes sont des espèces de formules magiques qui permettent de recréer avec le minimum de moyen les impressions, les sensations, l'état intérieur de tous les moments où nous avons vibré... C'est pourquoi nos fantasmes n'appartiennent qu'à nous. Sous leur apparente banalité, ils sont la clef, le code, d'une longue lignée d'émotions intimes et secrètes.

A quoi servent-ils ?

Les sexologues ne souligneront jamais assez l'importance des fantasmes. Ils jouent un rôle à différents niveaux de notre existence. Ils nous permettent de nourrir notre vie érotique, mais aussi ils participent au maintien de notre intégrité et de notre équilibre. Et il est certain qu'une personne qui a peu de fantasmes sexuels – à la suite d'une éducation sévère par exemple – est nettement moins armée qu'une autre face aux aléas de la vie.

Ils sont le laboratoire de notre sensibilité érotique.

Notre sexualité change, évolue, s'accomplit tout au long de notre vie. Et en amour, comme ailleurs, il est nécessaire d'imaginer avant de réaliser, de sentir ce que l'on cherche pour pouvoir le mettre en œuvre. Or, l'univers de nos fantasmes nous permet de jouer avec les possibles les plus invraisemblables jusqu'à trouver, dans la vie, la forme acceptable de nos besoins. Pour vous donner un exemple, j'ai connu une dame très affirmée et très sûre d'elle qui s'inquiétait de ne pouvoir jouir qu'en imaginant qu'elle était brutalisée et maltraitée par son amant. Elle n'avait pas la moindre envie que cela se passe dans le réel, mais elle n'était capable de se laisser aller à ses sensations que si elle avait, dans l'imaginaire, la sensation d'être vaincue. Puis un jour, à la suite d'une série d'événements, elle réalisa que dans le domaine amoureux, elle avait besoin d'être simplement une femme, d'être délivrée de ce poids de responsabilités et de cette force factice qui constituait son personnage social. Elle avait besoin d'être vaincue par un homme, de s'incliner devant lui. Le jour où elle a rencontré l'homme devant lequel elle pouvait s'incliner, elle n'a plus eu besoin d'être battue en rêve. Sa sensibilité érotique avait changé et ses fantasmes ont pris une autre orientation.

Tous les besoins que nous avons à intégrer dans notre vie amoureuse, s'expriment d'abord, se cherchent et se testent dans les fantasmes, sous une forme dramatique, archaïque, primaire généralement, bien avant que nous ayons une idée claire de ce qu'ils sont réellement.

Ils sont le garde-fou de nos désirs déraisonnables.

Le monde du sexe est celui de l'animalité et il y a dans le désir de tout être humain des dimensions inacceptables pour le groupe, la société, la civilisation – et même inacceptables pour lui-même. Mais que faire du monstre d'avidité, de violence et d'insatisfaction qui est en nous, qui éprouve des désirs inhumains de tuer, de faire souffrir, de dégrader, qui a une faim effrayante de jouissance, de puissance et de destruction ?

Les fantasmes sont le théâtre de nos folies. Elles s'y expriment et y épuisent leur violence. Quand le diable se déchaîne dans l'imaginaire, il n'a pas besoin de s'insinuer dans le réel par des voies détournées. Et vous pouvez violer en rêve tout un pensionnat de tendres jeunes filles, sans faire de mal à personne. Vous pouvez être insulté, dégradé, avili dans vos fantasmes, sans perdre le droit à l'estime de vous-même. L'univers des fantasmes est le purgatoire de notre animalité, le lieu où elle se purge et se purifie.

Ils sont une courte-échelle pour rencontrer notre force.

On pourrait dire que l'essentiel de nos forces dans notre existence quotidienne est consacré à l'adaptation. Nous devons nous transformer, nous modeler constamment en fonction des circonstances, de la personnalité de ceux qui nous entourent, de leurs désirs, de leurs besoins, des nécessités du réel... Sans que nous nous en rendions compte, c'est un effort constant et épuisant. Nous avons besoin de recréer nos forces, de nous retrouver. Parmi les moyens dont nous disposons pour capter notre énergie propre, la sexualité nous permet de nous « revitaliser » – parce qu'elle fonctionne sur la loi du plaisir. Elle ouvre un espace, un temps où l'on ne s'occupe que de soi, de ses besoins, de ses désirs, de ses sensations. Elle a une fonction d'affirmation qui nous aide à contre-balancer, à équilibrer les nécessités et les fatigues de l'adaptation. Dans cette optique, les fantasmes, qui sont, comme nous l'avons vu, des formules magiques pour capter le désir, sont des intruments idéaux de revitalisation. Ils nous donnent le pouvoir de contacter cette énergie d'affirmation, pratiquement à n'importe quel moment et dans n'importe quelles conditions : il n'est même pas nécessaire d'avoir une heure devant soi, une alcôve et un partenaire consentant. Il suffit juste de pouvoir se concentrer suffisamment pour se projeter son petit film personnel. C'est la raison pour laquelle – si étrange que cela nous paraisse – notre vie fantasmatique est particulièrement riche dans les moments où nous sommes fragiles et déprimés, quand nous sommes écrasés de souffrances et de difficultés : c'est le moyen le plus économique de retrouver la force dont nous avons particulièrement besoin dans ces périodes-là, pour affronter notre vie.

Quelle attitude adopter vis-à-vis de ses fantasmes ?

Il n'est pas facile de se situer vis-à-vis de ses fantasmes, et la sexologie, qui, depuis dix ans, étale et met au jour tous les aspects de ce monde imaginaire a créé, elle-même, une certaine confusion. Confusion qui existe dans le couple et en trouble l'harmonie.

Ni la honte, ni la complaisance

Autrefois, c'était simple : on n'en parlait pas ; les professionnels de la psychologie savaient que certaines personnes étaient torturées de honte face aux images troubles qu'elles croyaient être les seules à créer. Mais la majorité des gens n'étaient pas obligés de regarder leurs fantasmes en face : on jouait avec ses rêveries, mais on préférait inconsciemment les ignorer, ou, au mieux, en nier l'existence.

Curieusement, la sexologie, en militant pour l'acceptation des fantasmes, a renforcé le sentiment de honte. Si vous êtes du nombre de ceux qui tiennent absolument à croire que « ce n'est pas normal d'avoir ces sortes de pensées » et qui se croient malades ou dépravés, sachez que vous courez un risque. Il est toujours grave de ne pas accepter la réalité – et en particulier sa propre réalité. Il est grave de vouloir se maintenir dans un monde d'illusions où l'amour n'est qu'un jardin de roses, et où l'on nie les feux et les passions de la chair, ses fièvres et ses délires. L'homme et la femme adultes ont à accepter l'animal qui est en eux, parce qu'il est une source de force. Le refuser, le considérer comme une erreur ou une malédiction, c'est se lancer dans un combat impossible, absurde, stérile, qui conduit tout droit aux dépressions graves, à l'angoisse latente, à une vie déséquilibrée, pénible, et qui ne fonctionne que grâce aux tranquillisants.

Mais l'être humain n'est pas non plus purement et simplement une force animale. Certaines personnes semblent ne vivre que par leurs fantasmes. Elles sont littéralement fascinées par leurs rêves érotiques et il ne leur vient pas à l'idée qu'il peut y avoir d'autres dimensions et d'autres intérêts dans un être humain. C'est de la passion, de l'adoration, une glorification permanente de leur univers sexuel. Dans de tels cas, les forces qui s'expriment dans les fantasmes sont terriblement réductrices. C'est un monde infantile et égoïste où l'autre n'existe pas : il n'est que l'instrument de notre plaisir. Tant qu'il nous sert à faire la part du diable en nous, à retrouver notre force et à nourrir nos rituels amoureux, c'est une source de richesse.

Mais quiconque ne fait pas la différence entre le réel et l'imaginaire et en vient à considérer la vie uniquement à travers le verre déformant et trompeur de ses rêveries érotiques est en passe de devenir rapidement une brute irresponsable : n'en doutons pas, les criminels nazis avaient beaucoup de complaisance pour leurs fantasmes. La fascination et la valorisation excessives de son monde érotique intérieur peuvent entraîner des désagrégations graves de la personnalité, qu'il est de notre devoir de prévenir par les quelques conseils qui suivent.

L'intérêt et le respect

Entre l'angélisme obstiné et la fascination de la bestialité, il y a un équilibre difficile à trouver. Nous oscillons sans cesse entre les deux, à différents moments de notre vie, et c'est normal. On est en paix avec ses fantasmes le jour où on réalise vraiment qu'ils expriment une partie de nous – notre côté pile, notre face cachée – et que cette partie a besoin d'être respectée. Elle n'a, c'est entendu, aucune notion de morale et de responsabilité, puisqu'elle fonctionne uniquement sur la logique du plaisir et il serait très dangereux de lui confier la direction de notre vie. Mais il serait aussi très dangereux de ne pas l'écouter. Elle nous équilibre, elle nous repose, elle nous revitalise. Elle est poétique et créative, elle nous ramène à l'univers du corps, des sensations, des émotions, du vivant. Elle nous ramène à la conscience de nos besoins de base : le repos, le plaisir, le contact, l'affirmation, la puissance, la douceur. Elle recrée notre force. Elle institue le repos de l'adulte responsable et écrasé de charges, de difficultés, de nécessités.

Le jour où on la traite comme un animal tourmenté et privé de soins qui a besoin qu'on la prenne en charge, comme un enfant turbulent et fantasque, qui demande qu'on s'occupe de lui et qu'on l'écoute, parce que ce qu'il propose n'est pas si délirant que ça en a l'air (seulement,

c'est un enfant, et il est trop petit pour trouver une forme de réalisation adéquate de ses besoins, que nous, nous pouvons trouver), le jour où l'on accepte le dialogue avec cet autre soi-même, les fantasmes deviennent une richesse à tous les niveaux de notre vie.
Mais c'est un effort constant pour accepter, voir et comprendre cette terre inconnue en nous pour traiter avec respect, tendresse, humour, intérêt, les faiblesses et les limites qui s'expriment dans nos rêveries érotiques, pour reconnaître sans peur et sans drame tous les aspects de notre humanité.

Les fantasmes les plus répandus

Comme nous l'avons vu nos fantasmes sont le résultat d'une alchimie très personnelle, qui cristallise, mélange, synthétise nos rêves et nos besoins, nos souvenirs, notre rage obscure, nos volontés secrètes. Ils sont très, très individuels. Et pourtant, ils se ressemblent tous. Ils ont en commun une ambiance, un climat, des rythmes, une construction spécifiques, même si les circonstances et les situations décrites n'ont rien de commun.

Portraits-robots de quelques fantasmes courants

Ils ont pour but de donner une idée à la fois de la diversité et de la banalité des rêveries érotiques. Mais ils ne sont pas exhaustifs. Les thèmes peuvent se combiner, s'entremêler de mille et une manières. Certaines personnes construisent un vrai feuilleton, d'autres ne sont émues que par une seule image, toujours la même. Comme le dit le vieux dicton : c'est affaire de goûts et de couleurs...

LE BON DOCTEUR

La scène se passe dans un cabinet médical. Le médecin est d'âge mûr, d'allure froide, distante, sévère. Il porte obligatoirement une blouse blanche. « Déshabillez-vous », dit-il à la patiente, jolie et timide, qui s'exécute. Elle s'allonge sur la table et il l'examine lentement, patiemment, palpant tout son corps, avec une évidente conscience professionnelle. Un examen gynécologique interminable met la patiente dans un état tel qu'elle a du mal à réprimer un gémissement. A cet instant, le médecin, soudain métamorphosé, se livre sur sa personne à toutes les voies de fait érotiques et sexuelles imaginables, de préférence assez brutalement. Quand il en a terminé, il reboutonne dignement sa blouse blanche et passe derrière son bureau ; dès que la cliente est rhabillée, il lui tend son ordonnance et sa feuille de Sécurité sociale et lui fixe, très professionnellement, un autre rendez-vous.
COMMENTAIRE Ce type de situation, où un homme d'autorité et respectable se transforme brutalement en un amant violent et passablement mufle est généralement un fantasme de femme. Le rôle du bon docteur peut être tenu par un professeur, un directeur de pensionnat, un patron et même un confesseur, le complet trois-pièces et la soutane remplaçant la blouse blanche. La scène décrite peut être le point de départ d'une escalade dans laquelle le bon docteur, de consultation en consultation, amène sa patiente à des expériences érotiques de plus en plus complexes et dans ce cas, devient l'initiateur.

L'INITIATEUR

Un homme – généralement riche et distingué – épouse une très jeune femme sortie tout droit d'un pensionnat très sage, et lui annonce que le mariage qu'il désire ne sera pas classique, car il veut lui faire connaître toutes les nuances, toutes les couleurs, toute la gemme du plaisir. Il l'emmène donc dans la propriété d'une de ses anciennes maîtresses qui est également lesbienne. Petit à petit, notre jeune oie blanche est séduite contre sa volonté et se retrouve dans le lit de son hôtesse, en situation fort compromettante : un conflit terrible se joue entre sa sensualité et sa morale. Mais alors que terrifiée, elle va éclater en sanglots, déchirée de plaisir et de remords, le mari entre dans la chambre et fait l'amour aux deux femmes.

Le même schéma se répète indéfiniment, où l'époux crée des situations de plus en plus troubles, qui amènent la jeune femme à plonger à chaque fois dans les abîmes du plaisir – à chaque fois torturée, affolée, puis comblée. Par exemple, il la joue aux échecs avec son meilleur ami et il perd – dette de jeu. Dette d'honneur : la tendre épouse est forcée à l'adultère. Il l'amène dans le salon particulier d'un grand restaurant, la dénudant et la caressant devant le maître d'hôtel imperturbable, et quand toute frémissante de désir, toute pudeur oubliée, elle demande grâce, il ordonne au serveur de la prendre. Il la livre à tous les hommes présents, lors d'une réunion mondaine, lui apprend à séduire d'autres femmes pour les amener dans son lit, la fait violer sous ses yeux par une bande de jeunes délinquants, la fait ligoter, battre et caresser par des femmes-lionnes, bottées et sanglées dans des corsets de cuir noir, etc., etc., etc. Et à chaque expérience, l'épouse, malgré sa honte et sa terreur, connaît des plaisirs plus nouveaux, plus subtils, plus grandioses.

COMMENTAIRE L'initiateur peut, bien sûr, être une initiatrice mais cela modifie sensiblement l'ambiance du fantasme. Le jeune initié est généralement moins terrifié et l'impact dramatique est dans ce cas moins précis.

On trouve ici trois thèmes clefs de l'univers des fantasmes. Ce personnage de l'initiateur – froid et énigmatique, impitoyable et galant, maître et chevalier-servant, amant-père, éducateur –, cette espèce de proxénète diabolique et distingué qui unit en lui tous les contraires, apparaît extrêmement souvent dans la littérature érotique sous une forme plus ou moins élaborée, plus ou moins raffinée. Au féminin comme au masculin, c'est le démon bien-aimé, qui donne la clef et la permission des plaisirs interdits, le Zorro de l'univers érotique.

Le personnage de « la femme livrée » – à la fois jeune fille pudique et bacchante déchaînée, maltraitée et humiliée et en même temps superbement honorée – hante les nuits blanches des humains depuis qu'on a inventé la position du missionnaire.

Et enfin, cette construction « en escalade », où à chaque nouvelle expérience, une nouvelle barrière morale est franchie, où l'on va toujours plus loin, toujours plus haut, toujours plus fort, ressemble trop à la montée de l'orgasme pour ne pas se retrouver dans de multiples scénarios.

LA MAITRESSE

C'est une amazone, cette dame aux yeux froids et au cœur de pierre : elle n'a jamais aimé et malheur au jeune homme sensible qui va tomber amoureux d'elle ! C'est à coups de fouet qu'elle va faire éclater les roses de son romantisme. Elle lui met le contrat en main : il veut l'aimer ? Eh bien, soit ! Un jour peut-être, par caprice, elle lui accordera ses faveurs, mais auparavant, il faudra qu'il prouve qu'il l'aime plus que lui-même, il faudra qu'il se soumette à toutes ses volontés, qu'il se donne absolument, totalement à elle, qu'il soit son esclave.

Il vit avec elle et la sert comme un valet, mais il n'a jamais le droit de la toucher. Quelquefois, quand elle n'a pas d'amant, elle passe des nuits entières, haletante, malade de désir, son beau corps exposé dans un corset de dentelles et des bas noirs, le sexe découvert comme une tentation, mais il ne doit pas faire un geste vers elle, il ne doit pas respirer plus fort : qu'on ne s'y trompe pas, c'est une épreuve ! Il doit être présent quand elle crie de plaisir dans les bras de ses amants, vêtue seulement d'une paire de cuissardes de cuir noir et d'une chaîne dorée autour de la taille, mais même torturé par le feu de la jalousie, il doit garder un visage de marbre... sinon, elle le chasserait à l'instant même. Quand elle reçoit ses amies, il joue la soubrette, petit tablier blanc et fesses nues. Dans une soirée orgiaque qu'elle a organisée, elle l'a ligoté pour que les hommes et les femmes puissent jouir de lui plus commodément. Il faut qu'il le sache : il n'est pas un humain. C'est un sous-homme, un ver de terre, un chien ! Il faut qu'il le dise, qu'il le reconnaisse, qu'il le crie quand elle le fouette impitoyablement à la moindre erreur qu'il commet, ou simplement par caprice, pour soulager la rage noire, la fureur folle qui habite par moment ce démon femelle. Quelquefois, elle lui permet de lui baiser les pieds...

Dans une autre version, plus bourgeoise, le héros est un mari qui a commis, un jour, l'erreur impardonnable de tromper sa femme. Ayant, de ce fait, perdu sa dignité, il devra expier ce crime interminablement. A la moindre vétille, il devra baisser son pantalon pour recevoir de magistrales fessées. Il devra s'habiller en petit garçon : costume marin et culottes courtes – ou en bébé qu'« Elle » talquera et langera tous les soirs – ou en femme, pour porter la marque de son indignité. Il restera ligoté des jours entiers dans un lit, sans pouvoir retenir son urine, et quand Elle rentrera, il sera puni pour sa saleté et devra aller lui-même chercher le martinet pour être corrigé.

COMMENTAIRE Suivant les cas, notre héros est heureux de sa dégradation ou en souffre terriblement. Mais il appartient à l'univers sadique ou à l'univers masochiste qui ont en commun que tout ce qui tourne autour de la frustration, de l'humiliation, des coups et des blessures, des mutilations même est facteur d'excitation.

LA BELLE ET LA BÊTE

Madame la comtesse, déçue – dit-on – par les hommes, s'est retirée dans sa propriété campagnarde. Les serviteurs sont discrets, mais nul ne peut ignorer les cris inhumains qui toutes les nuits traversent les murs épais de la chambre où Madame la comtesse dort avec ses bergers allemands, des bêtes sauvages qui n'obéissent qu'à elle – presque des loups ! Un jour, Baptiste – mais doit-on le croire ? – dit avoir surpris Madame dans les bois, le souffle court et les yeux exorbités, comme folle de désir, en train de masturber son cheval préféré. Et pourquoi ne veut-elle pas qu'on l'accompagne, quand elle reste des heures dans l'enclos du taureau ? N'est-ce pas étrange de l'en voir revenir apaisée, discrètement souriante, elle qui vit sans cesse irritée et palpitante, dans le tourment ? Vous rappelez-vous ces histoires que l'on raconte sur la belle comtesse ? On dit que son amant l'avait quitté pour une

autre femme, et quand il est mort en duel, on a prétendu que c'était elle qui l'avait fait tuer par l'un de ses éternels amoureux. On raconte que tandis qu'il agonisait dans un fossé à l'aube, une femme voilée, vêtue de noir était penchée sur lui, pour boire son dernier souffle. Dès qu'il a rendu l'âme, elle lui a ouvert la poitrine d'un coup de dague, et plongeant ses mains dans son sang, elle lui a arraché le cœur... Est-ce le cœur de son amant que Madame la comtesse garde dans ce meuble de sa chambre, dont personne n'a la clef ?
COMMENTAIRE Ces femmes à l'âme noire, possédées de fureurs étranges et de désirs inhumains, ces femmes de feu et de glace, prêtes à tous les délires, appelées par toutes les folies hantent les univers érotiques. Elles ont soif de mort et de souffrance. Elles cherchent le sous-humain, la bête... L'animal et la mort sont à l'aise dans nos fantasmes. Après tout, c'est leur monde... !

LA COLOMBE ET LA BRUTE

C'est une femme fleur, fragile et romantique, habillée de pudeur et d'organdi. Elle cherche à vivre une vie exemplaire, malheureusement le destin lui joue des tours pendables et elle se fait régulièrement violer sauvagement par des canailles : des pirates, qui prennent à l'abordage le bâteau qui la transporte aux Amériques, et seule survivante, elle devient la proie de ces brutes ; des bandits, qui se réfugient dans sa maison et jouent ignoblement avec leur otage ; des clochards répugnants qui la poursuivent et la traquent en bande dans les couloirs d'un métro désert ; des soldats ivres de sang et de puissance, qui la prennent à tour de rôle, dans le fracas de la mitraille pendant le sac d'une ville. Et notre blanche colombe, écœurée, épouvantée, prête à vomir, éprouve de telles secousses de plaisir qu'elle hurle de joie – consentante et soumise en face de ses violeurs méprisants qui, une fois leur plaisir pris, l'abandonnent sans un regard.
COMMENTAIRE La fascination du sordide et de la force brutale, sans fioritures, est un élément classique et courant du monde des fantasmes.

LE MAÎTRE DU HAUT CHÂTEAU

Un homme (riche, de toute évidence) et aimé des dames, vit dans un grand château, entouré de toutes ses amantes. De la star à la bergère, elles ont tout abandonné pour le suivre et le servir, pour être les grandes prêtresses de son plaisir. Elles vivent, chacune dans une pièce, décorée à leur image, toujours parées des tenues et des atours qui déclenchent le désir de leur seigneur et maître, et lui passe de chambre en chambre, de fleur en fleur, au gré de ses besoins et de ses caprices. Il y a dans la grande maison tous les trésors charnels, tous les parfums, toutes les carnations, toutes les couleurs, tous les fétiches... tous les fantasmes.
Un jour, le maître du haut château, tombe amoureux d'un jeune homme et découvre avec lui de nouvelles ivresses. C'est alors ensemble, dans une complicité de garçons qu'ils pillent et dévastent de leurs fantaisies érotiques ce jardin d'Eden.
COMMENTAIRE C'est si difficile et douloureux de choisir et de se limiter dans la vie, qu'il est normal, logique et sain, que notre imagination sexuelle nous offre notre revanche !

Quelques estimations statistiques

Qui pourra dire toutes les images et les folies secrètes qui traversent les rêves des humains dans l'espace de leur désir ? Ils

s'en cachent et ils ont raison : un fantasme est fait pour vivre dans le clair obscur. A la lumière, il perd souvent de son charme et de son pouvoir. Mais si on interroge les sexologues qui côtoient sans cesse le monde de la chair, ils peuvent tous donner, intuitivement, une estimation des goûts érotiques des hommes et des femmes aujourd'hui.
Voici la mienne. Bien sûr, ce n'est qu'un jeu de probabilités, tiré de mon expérience professionnelle. (Il s'agit du monde fantasmatique des hétérosexuels, exclusivement. Le monde homosexuel est sensiblement différent et nécessiterait une étude spécifique qui n'entre pas dans le cadre de cet article général.)
30 % des femmes et 45 % des hommes hétérosexuels ont des fantasmes homosexuels précis.
65 % des femmes ont des fantasmes de viol, de violence, de brutalité.
40 % des femmes ont des fantasmes narcissiques et exhibitionnistes.
90 % des hommes rêvent de voir deux femmes faire l'amour.
80 % des hommes sont excités sexuellement par les sous-vêtements que les dames portaient au temps de leur enfance.
40 % des hommes et 55 % des femmes ont des fantasmes sado-masochistes précis.
80 % des hommes sont fascinés par le détail du corps féminin, par la chair féminine et tout ce qui l'entoure (dentelle, sous-vêtements, bas, etc.).
70 % des femmes ne sont *pas* fascinées par le corps des hommes.
50 % des femmes sont fascinées par le pénis, 50 % voudraient le supprimer.
30 % des hommes et des femmes ont des fantasmes fétichistes exclusifs et obsessionnels. (Ils sont obsédés par un seul objet : caoutchouc, fourrure, godemiché, etc.)
20 % sont obsédés par les productions corporelles : sueurs, urines, excréments, etc.
65 % de la population rêvent d'échangismes, de triolisme, d'orgies, etc.
25 % sont clairement fascinée par le sordide, l'horreur, le sang.

Faut-il réaliser ses fantasmes ?

Il est toujours difficile de répondre à cette question. On pourrait formuler la réponse de la façon suivante : « pas vraiment... pas sous sa forme fantasmatique ». Mieux vaut s'attendre qu'après s'être baladé dans notre esprit sous forme de rêveries bizarres et de scènes de cinéma, le besoin qui s'exprime ainsi trouve sa forme d'expression dans le réel – et pas forcément d'ailleurs sur le plan sexuel.
Mais quand on est obsédé par un fantasme ? Alors là, il vaut mieux déployer ses efforts pour le réaliser, même s'il est déraisonnable, ridicule ou fou, plutôt que de souffrir mille morts et d'être tourmenté pendant des années. Mais il y a deux cas où il est très dangereux de réaliser un fantasme.

• Quand il nous fait plonger dans l'illégalité.

La loi française, en matière de sexualité, est sagement permissive. On pourrait en résumer l'esprit en disant que « tout est permis entre adultes consentants ».
Elle exclut donc tout rapport d'un adulte avec des enfants et plus généralement avec des mineurs. Elle exclut aussi tout rapport dans lequel il n'y a pas un consentement clair du partenaire.
Pour nous résumer, dans un lieu privé, en dehors des regards indiscrets, dès l'instant que vous ne me mettez pas en danger la vie et l'intégrité physique et morale d'un

être humain – avec un adulte ou des adultes consentants et clairement au courant de ce dont il s'agit, vous pouvez faire tout ce que vous voulez.
Vous n'avez pas le droit de violer, de tuer – ou de mettre en danger de mort – ou de prostituer quelqu'un. Vous n'avez pas le droit de le séquestrer contre sa volonté ni d'étaler toute forme d'ébats au regard de tiers non consentants.

• Quand il nous amène à blesser ou à utiliser l'innocence d'un être humain.

En fait, la loi essaie avec ses moyens qui, tout compte fait, sont fort pauvres, de protéger l'autre pôle de nous-mêmes, notre dimension d'innocence et de fragilité, que cette fureur de plaisir agressive et égoïste qui s'exprime dans nos fantasmes peut blesser gravement.
Mais la loi ne pénètre pas dans les alcôves. Un jour, habité par la passion de réaliser un fantasme, vous pouvez faire quelque chose qui, vous paraissait anodin et qui, une fois accompli, dans les faits, devient tout simplement ignoble. Garder notre intégrité, notre estime de nous-mêmes, pouvoir se regarder dans une glace sans vomir serait, à mon avis, agir en fonction de la règle suivante : « Tant qu'il s'agit d'un jeu, d'une passion de plaisir et de découverte pour soi et pour l'autre, tout est légitime et beau, gentillement fou, humain. Dès que l'innocence de quelqu'un est blessée gravement, ou utilisée, la même situation, les mêmes actes, les mêmes gestes deviennent ignobles et dégradants, inhumains» .
Ce monde du diable, cette part du diable en nous peut nous offrir les portes de joies douces et belles ou nous plonger dans les insatisfactions et les tourments.
Il faut le savoir avant de réaliser un fantasme.

Danièle Dezard, Sexologue

EROTISME ET PORNOGRAPHIE

Qu'est-ce qu'une image pornographique ? En quoi diffère-t-elle d'une image érotique ? Quelle est son importance dans l'épanouissement de la vie sexuelle du couple ? Des questions capitales pour mieux comprendre ce piment de l'imagination.

Le thème de la pornographie s'impose à toute réflexion sur la sexualité depuis une vingtaine d'années. Il ne s'est déployé, toutefois, que dans une perspective négative, mettant l'accent sur l'obscénité et la censure. En réalité, ni le public, ni les auteurs, n'étaient disposés, dans les années 60, à se remettre en question et à discréditer leur accession à une « liberté des mœurs » si convoitée. Car la pornographie, que je vais tenter de rétablir dans son authenticité, ne transmet pas qu'un déballage outrageant d'obsessions. Elle est aussi en mesure de détourner les femmes et les hommes du mythe libéral d'une sexualité enfin sans tutelle : la pornographie est en effet la preuve irréfutable du leurre par lequel toute révolution sexuelle se trouve interdite. En la reléguant au banc des fléaux sociaux, chacun peut s'estimer heureux d'être dispensé de voir les choses en face. Certains y ajoutent un couplet qui aggrave l'inintelligibilité de l'écriture pornographique, en lui opposant l'« érotisme » et ses lettres de noblesse universelles. C'est un faux problème. L'érotisme graphique – et non celui que je signale dans la séduction et la caresse – ne fait souvent qu'escamoter le désir, en obéissant simplement à des règles d'écriture différentes, tributaires d'une esthétique conventionnelle, et d'un idéalisme marqué par une chasteté toute chrétienne. L'art n'y trouve pas toujours son compte. L'opposition entre la pornographie et l'érotisme fait circuler l'idée fallacieuse d'une « double » sexualité, l'une louable et libérée, l'autre honteuse et opprimante. A vrai dire, rien n'a changé depuis des siècles, hormis la hardiesse des propos, puisqu'il s'agit toujours de savoir calculer ses risques et de ne pas franchir imprudemment le seuil de l'interdit et du péché. La morale contemporaine fait croire au public qu'elle est en mesure de s'adapter à ses aspirations en tolérant un érotisme à ciel ouvert, mais cet érotisme-là (que l'on songe à la publicité par exemple) est accepté seulement parce que de telles images ne sont pas menaçantes. La porno-

Les fesses : érotisme de la nudité et de la dentelle.

Les seins : la nuance pornographique naît de la position et du négligé de la lingerie.

graphie est à l'inverse une exacerbation d'une trivialité moralement intolérable, mais elle est surtout, par les racines qu'elle partage avec la prostitution, le symptôme inavouable et paradoxal de la répression sexuelle.
L'ordre moral a donc choisi deux attitudes pour masquer la signification du « boum » pornographique de ces dernières années : la dérision et la honte. En prenant à la légère un mouvement de masse, il est vrai qu'on a plus de chances de le conjurer. En culpabilisant la clientèle des nouveaux « lieux de débauche » on lui fait porter, et à elle seule, la responsabilité de ses appétits. En fait, ce n'est pas au travers d'un jugement moral ou d'une banalisation hypocrite qu'il faut observer aujourd'hui la pornographie, mais avec, on s'en doute, une objectivité scientifique.

Sexe et « business »

Or, mises à part les anecdotes touristiques ou grivoises que ne rebutent ni la prolifération des « sex-shops » et des salles de cinéma « classées X », ni la publicité faite aux revues et gadgets, annonces et vidéogrammes, peu de réflexions sereines viennent apporter quelque lumière sur cette question. En premier lieu, la pornographie peut être étudiée à trois niveaux totalement différents :

- Sa fonction tout d'abord, à savoir ses rapports avec la jouissance et l'image de la femme.
- Sa commercialisation ensuite, et notamment ses liens avec le banditisme et le proxénétisme internationaux.
- Son écriture enfin, qui se perpétue de génération en génération, l'efficacité « technique » du document pornographique proprement dit.

Je dois dire que par nécessité et par goût, je laisse aux sociologues et aux policiers le soin de faire part de leur opinion sur les deux premiers points, et que je vais me consacrer au troisième.
Peu d'auteurs, que je sache, ont dépassé le niveau de la « chronique de mœurs » en voulant rendre compte de ces formes dévoyées de conspiration contre l'amour et le mariage. Les a-t-on assez ridiculisées ces clientèles de l'excitation cinématographique, sans remarquer combien leur assiduité ne fait en somme que perpétuer l'usage de la femme prostituée. Or, ce qu'il y a d'extraordinairement ambigu dans l'impunité dont jouissent apparemment nombre de formes modernes de prostitution, c'est que l'on évite ainsi la confrontation directe avec les lacunes d'une société qui encourage la permissivité, mais qui n'est pas, qui ne sera jamais permissive. C'est donc bien la répression sexuelle qui constitue la toile de fond sur laquelle s'agite la foule, en ombres chinoises, chauffée à blanc par la promesse d'une « modernité » bien candide. Une toile de fond sur laquelle s'imprime comme une énorme affiche publicitaire, la création pornographique. En d'autres termes, le cadre de vie évolue, mais pas les mentalités : l'agitation lubrique agace les esprits mais elle n'érode aucun des principaux tabous qui gouvernent la vie quotidienne. Il y a donc une masse de laissés-pour-compte, de naïfs, de jouisseurs, qui a cru à l'avènement d'une ère nouvelle et qui, découvrant la rigidité inamovible des préjugés, alimente le commerce de la sexualité de substitution. Quand le vin est tiré il faut le boire. Le simulacre est ainsi le motif et l'un des principaux traits de la création pornographique, le second étant la béance de l'image féminine.

Le principe de substitution

L'analyse de la production pornographique aboutit à édifier une sémiologie (étude scientifique des signes et de leur fonction) que domine un principe de simulation : la voracité sexuelle masculine doit être représentée satisfaite de façon complète et spectaculaire, de telle sorte que jamais n'y soit soupçonnée la possibilité d'une quelconque défaillance. Sans érection, l'image pornographique n'existe pas. C'est un lieu commun que de rappeler que la simulation est au centre des « services » offerts par la prostituée, un « semblant de jouissance » qui est même nécessaire au bon fonctionnement du marché de l'offre et de la demande. Cependant, ce qui différencie la prostitution de la pornographie, c'est précisément le passage à l'acte. Même partiel, même ambigu, le contact sexuel exalte dans la prostitution l'efficacité du coït comme matérialisation du désir et de la « puissance » virile. Là où la prostituée met le client dans l'obligation d'agir, la pornographie signe une exemption de service : en tant que spectacle, elle dispense du passage à l'acte. Le leurre qu'entretient le racolage de la prostituée représente peut-être une forme désenchantée de la séduction, mais c'est une réponse à la demande de chimères dont veut se convaincre le client, c'est un trompe-l'œil mais c'est du « vécu ». Dans la pornographie, l'excitation vient, à l'inverse, de la perception délicieuse d'un « supposé vécu », d'une substitution d'interprète. Ici le client n'est plus l'acteur mais le spectateur d'un scénario composé à l'intention de ses fantasmes les plus simplistes : dominance virile, performance érectile, polygamie, voyeurisme... De quoi étancher le désir pour quelques heures, en projetant à l'écran par jolies filles et beaux garçons interposés, tout ou partie de ses propres fantasmes. La pornographie est un culte du triomphe sexuel masculin.
Ce culte implique un effort purement intellectuel de « sublimation » de la frustration et de la honte, et une pratique très codifiée de la jouissance, tournant autour de la masturbation. C'est la masturbation qui fait le mieux « fonctionner » l'expérience pornographique, qui en constitue la principale récompense. Mais c'est aussi cet « auto-érotisme » dans la solitude et le silence, qui donne une tonalité un peu tragique à la pornographie, prouvant que la substitution condamne l'éjaculation à n'être qu'un épanchement à l'état brut, une liquidation. C'est aussi pour certains, qui affirment n'avoir aucun autre recours pour faire survivre un semblant de sexualité, l'indice le plus troublant de l'aggravation récente de la répression sexuelle.

Le principe de béance du corps féminin

Bien que certaines femmes ne se disent pas indifférentes à la consommation de documents audiovisuels pornographiques, leur effectif est insignifiant si l'on considère comme principal critère d'évaluation l'assiduité de la clientèle et non les rencontres occasionnelles avec l'univers de la prostitution. Dans ces conditions l'uniformisation de la production pornographique n'est pas une surprise. Elle est conçue et réalisée pour être consommée par les hommes.

La bouche : entrouverte, un appel sensuel

Pour la clientèle hétérosexuelle que je prends seule à témoin ici, c'est donc l'image de la femme qui est toujours au centre de la mise en scène, et c'est une évidence que d'observer que cette féminité-là est une caricature, un « faux ». Toute représentation de la femme qui ne donnerait pas l'assurance d'être un « objet sexuel » ne serait pas du domaine pornographique. Le fonctionnement de la transaction financière qui s'établit entre un producteur, un éditeur, un modèle, un revendeur, un annonceur, et son client supposé, implique que soit poussée le plus loin possible la « dépersonnalisation » des interprètes féminins. La femme n'est pas le « sujet » d'un scénario, mais la « chose à jouir ». Il en est cependant de la pornographie comme du jeu en ce qui concerne son lien avec le réel : plus un jouet est une miniature de l'objet réel, plus il accroît l'amusement. Plus l'anecdote pornographique renvoit à des situations « plausibles » plus elle déclenche de jubilation. On comprend ainsi que la marge de manœuvre des producteurs soit bien mince et qu'il leur soit demandé en somme d'écrire des fictions impossibles, en tous cas étrangères à la vie quotidienne, où les filles sont à l'écran celles que l'on rencontre en ville, mais telles qu'on ne les rencontre jamais...

A première vue cette disponibilité hors du commun se traduit à l'écran, sur le magazine, à l'écoute de la cassette, par une soumission au désir masculin, servitude qui ne doit pas être trop docile cependant, comme je viens de le dire, pour sauvegarder un minimum de « réalisme » à la situation. Cette permissivité totale et permanente se construit selon un principe que je vais nommer de « béance » féminine. La béance oscille entre la félicité et l'avidité, la vie et la mort, la béance de la bouche, la dilatation du sexe, l'ouverture des attitudes, l'exhibition provocatrice des orifices agrandis du corps féminin. Cette béance insatiable et menaçante est la prime du risque de cette contrebande du désir. Il faut qu'une femme soit ouverte ou fermée. Dans l'expérience pornographique elle ne peut être qu'indéfiniment offerte, mais surtout indéfiniment rejetée.

Le principe de la règle de trois

C'est à partir d'exemples que les conceptions théoriques peuvent s'insérer dans un contexte réaliste. A cette fin je vais présenter successivement trois thèmes graphiques très importants dans l'imagerie sexuelle, en tentant de montrer comment le changement d'écriture fait glisser l'image vers la pornographie.

• La bouche est donc notre premier exemple. Ce premier thème vous est vraisemblablement familier, tant l'utilisation standardisée du visage est commune à de très nombreux messages publicitaires. Dans un premier temps, la mimique est particulièrement inexpressive, mais c'est un choix « marketing » pas une nécessité. Ce qui doit être respecté ici en tout cas, c'est une totale neutralité émotionnelle, le mannequin étant invité, à « singer » à gros traits telle ou telle caractéristique féminine selon le produit à faire valoir. L'imagination des publicitaires est infinie, mais leur fidélité à la mode sur une courte période de temps, les rassemble sur telle ou telle tendance, ajoutant à la transparence de l'image soit une note d'humour ou de sensualité, soit un artifice vestimentaire, voués à une subtile érotisation du cliché. Fait extra-

Une bouche « pornographiée ».

ordinaire, ce glissement n'est pas possible si la bouche reste fermée. L'ouverture de la bouche est assez suggestive pour porter à elle seule, sans danger de vulgarité, si nécessaire, l'exhibition du modèle. Elle va rester dans des limites convenables tant que le regard sera effacé, et qu'une autre attitude ne viendra pas rappeler la fonction alimentaire de la zone buccale.

Comment, partant de là, gravir les échelons qui nous séparent encore de l'image pornographique, comment « pornographier » la bouche ? Il faut ajouter d'autres signes, suggérer d'autres tabous, et donc, impliquer obligatoirement le regard et la fonction érogène des lèvres. Le maquillage prend une réelle importance, non seulement en décorant la face, mais en accentuant surtout la morphologie du regard.

La sexualité ne peut être soupçonnée cependant à partir d'indications de cette qualité, et il faut évoquer des images beaucoup plus violentes, suggérer sans ambiguïté le rôle de la bouche dans le plaisir. Sucer, lécher, saliver, laper, avaler, sont autant de représentations buccales qui, associées à l'ouverture des lèvres, contribuent à féconder la dérive pornographique du visage. Le dessin ci-contre est en définitive une illustration pornographique, présentant trois signaux : l'ouverture des lèvres, la captation du regard du lecteur, la succion de l'objet phallique. Je pose comme théorème de l'écriture pornographique que toute représentation qui sollicite un tel grade doit comporter au moins trois signes de la série anatomique qu'elle illustre. Le répertoire de tels signaux n'est pas extensible à l'infini puisqu'il contient une douzaine d'indications au plus par thème. C'est la force de ces signaux qui est modulable en fonction de la mode et de la structure d'une société, et non la cible.

• Le sein n'est pas, si j'ose dire, un « bon objet » pornographique, sans doute à cause de ses solides origines symboliques, qui de tout temps, l'ont fait rattacher aux mythes incorruptibles de la fertilité et de la vie. La dépravation de ses représentations n'est pas impossible cependant, mais elle implique, comme précédemment, l'introduction dans le graphisme d'au moins trois signaux du répertoire pornographique.

La forme du sein est naturellement un des premiers leviers de sa « vulgarisation ». Dans le dessin de la page 233, par exemple, le galbe de la glande n'est ni renforcé ni masqué et l'authenticité anatomique de telles lignes la protège contre toute utilisation frauduleuse. L'ouverture du vêtement est à peine encourageante car la taille des mamelons fait incontestablement songer à une beauté juvénile. Il n'y a qu'un seul itinéraire pour avancer vers l'obscénité : celui de la déformation et de la caricature. C'est l'apanage de la bande dessinée, aujourd'hui, de représenter le sein de façon « monstrueusement » agressive. Cette métamorphose appartient sans aucun doute au registre pornographique. La noblesse du sein oblige le réalisateur à avoir recours à des artifices de composition particulièrement forts pour neutraliser les défenses inconscientes du spectateur.

La « bascule » ne peut s'obtenir qu'au prix d'un enrichissement de l'image : décor vestimentaire apéritif, attitude complaisamment accueillante du corps. L'intention d'inciter à la débauche imaginaire est indéniable. Mais trois indices, au moins, je le répète, sont nécessaires et suffisants pour faire jouir le regard masculin de la métamorphose pornographique de la féminité. Sans geste obscène, sans représentation des pratiques sexuelles proprement dites, le dessin de la page 226 est cependant un document pornographique, puisqu'on y lit simultanément la fixité du regard, l'hypertrophie du sein et une posture exhibitionniste. L'artiste en reste là à son tour, sans ajouter de détail vestimentaire ou d'ouverture de la bouche, comme s'il convenait – de façon extraordinairement intuitive – de ne pas surcharger inutilement le dessin : le contrat est acquitté.

• Les fesses sont incontestablement convoitées par l'amateur mais en faire des « objets » pornographiques n'est pas si aisé que cela : il faut leur créer coûte que coûte un environnement plus subversif encore que la simple reproduction anatomique. Le réalisme graphique est du reste un problème voisin de la « règle de trois », à savoir que l'« efficacité » d'un document est directement liée à la fidélité de ses représentations. La scène pornographique est peut-être fondée sur l'utopie, mais elle doit être plus « vraie » que nature. Quoi qu'on en dise la vérité naturelle des fesses laisse... à désirer, et c'est leur habillage qui les sauve de la débacle esthétique. La mode et les magazines féminins ont permis une certaine « banalisation » du sous-vêtement et de l'anatomie secrète féminine, mais c'est au prix d'une obéissance scrupuleuse aux goûts du jour et surtout, d'une « normalisation » des formes et des attitudes.

Il faut dire qu'en ce qui concerne l'arrière-train les risques de faux-pas sont considérables. Le plus petit pli de tissu, la moindre ombre portée à l'échancrure fessière, et l'image change de camp. Le rétrécissement spectaculaire des surfaces d'étoffes vouées à la protection de la pudeur a beau se confirmer de génération en génération, la pratique du nudisme a beau se démocratiser, il reste toujours possible (dessin page 225) de jouer à cache-cache avec le voyeurisme. Ni érotisme ni pornographie, ce racolage du regard est à portée de tous, il fait partie du paysage urbain en somme, lorsque la mode inspire aux filles le « jean » collant ou les jupes miniaturisées. Comme précédemment donc, la montée en grade d'une image toute simple du corps féminin dépend de cette « usure » quotidienne de l'œil : une représentation érotique doit surprendre le lecteur, l'étonner.

Somme toute, l'érotisation graphique s'appuie sur un mécanisme de préméditation, sur une anticipation de la jouissance. La

Les seins : le galbe pur d'une beauté juvénile.

complicité qui s'établit ainsi entre l'auteur et le client peut être très puissante, car il serait faux de penser que seules les images authentiquement pornographiques sont à même de produire ce travail imaginaire. L'écriture « érotique » est vouée à une nécessaire collaboration entre l'artiste et l'amateur ; l'œuvre est par essence inachevée, destinée à être non pas restaurée mais bien ciselée inlassablement par l'acquéreur ; elle n'est qu'une matrice ou qu'une boussole et sa valeur esthétique est fonction de son pouvoir à susciter des voyages imaginaires. Même « pervertie » par l'usage de signaux de la série pornographique, la barre de l'obscénité n'est pas franchie parce que l'œuvre impose un effort de lecture, une collaboration, un « dialogue » avec le lecteur. L'image pornographique ne fait pas autant d'histoires et n'a ni les moyens ni l'intention d'inviter l'amateur à engager de longs et pénibles efforts d'imagination : la pornographie est un flagrant délit de jouissance. Dernier exemple de cette série, l'image ci-contre ne répond-elle pas à cette vocation ? Trois signalisations caractéristiques viennent ici encore créer l'effet attendu : la captation du regard, l'impudeur de la décoration vestimentaire, l'ouverture implicite et opulente du sexe. La clientèle n'en demande pas plus et chacun, de l'artiste au censeur, sait à quoi s'en tenir.

L'amour en plus

Au terme de ma démonstration, il est évident que l'éclairage que je porte sur l'écriture pornographique n'en élucide que très partiellement les règles, mais l'important est d'apporter la preuve qu'elles existent. En parcourant désormais le catalogue des messages pornographiques, des plus simples (l'image isolée du corps féminin, par exemple), aux plus compliqués (c'est-à-dire à tous ceux qui traitent du « rapport sexuel » et de ses infinis désordres), il faut s'attendre à retrouver les mêmes principes. Certes, le support audiovisuel risque de compliquer l'analyse des textes mais les documents pornographiques de l'an 2000 ne résisteront pas plus à l'étude que les films de « maisons closes » des années 30.

Le vrai dilemme, celui qui risque de faire piétiner les recherches, c'est celui de l'amour peut-être partagé dans un scénario pornographique sans en « gâcher », si j'ose dire, la nécessaire vulgarité. La tendresse vient couronner l'obscénité, elle ne la réhabilite pas. Preuve que la pornographie n'est pas synonyme de « misère sexuelle » ou de complot contre l'amour, preuve que la pornographie tient un langage tout à fait original. La compréhension d'une telle mésalliance est un défi scientifique : la morale n'y trouve pas son compte, mais la sexologie, sans aucun doute, y joue sa réputation.

Docteur Jacques Waynberg

La loi et la pornographie

La pornographie ne figure pas en tant que telle dans le code pénal. Elle n'est cependant pas à l'abri de poursuites et de condamnations. Elle pourra être réprimée sous la qualification d'outrage aux bonnes mœurs. Il faudra dans ce cas qu'elle réponde aux qualifications de l'infraction.

I. **La première infraction est relative à l'outrage aux bonnes mœurs commis notamment par voie de presse.**

Sont visés : tous les imprimés, écrits,

Les fesses : en flagrant délit de pornographie.

dessins, affiches, gravures, peintures, photographies, films, clichés, reproductions sonores, emblèmes et plus généralement tous les objets ou images contraires aux bonnes mœurs.

L'infraction consiste à :

- Fabriquer ou détenir ces objets dans le but de les vendre, de les distribuer, de les louer, ou de les afficher.
- Importer ou exporter ces objets.
- Afficher ou projeter au public.
- Louer ces objets.
- Offrir ou distribuer ces objets.

Cependant il convient de noter que ce qui est visé, c'est le fait de frapper le regard du public. Ainsi l'ouverture d'un sex-shop ne constitue pas un délit, mais l'exposition en vitrine de certains objets ou photos constituerait l'infraction.

Sanctions

Un emprisonnement de 1 mois à 2 ans, et une amende de 360 F à 30 000 F.

De plus, en matière de presse, le directeur de l'entreprise pourra faire l'objet d'une interdiction d'exercer sa profession pendant une durée de 6 mois.

II. **La deuxième infraction vise l'affichage sur la voie publique.**

Il s'agit de l'exposition ou de l'affichage sur la voie publique ou dans des lieux publics d'affiches ou d'images contraires à la décence.

Sanctions

Il ne s'agit plus d'un délit mais d'une contravention, de la compétence du tribunal de police.

La peine est une amende de 600 F à 1 200 F et un emprisonnement de 5 jours au plus.

III. **La troisième infraction vise l'envoi de prospectus à domicile.**

Il s'agit de l'envoi, sans l'accord préalable du destinataire, ou de la distribution à domicile ou dans un lieu public de prospectus, images, photographies ou objets quelconques contraires à la décence.

Sanctions

Elles sont identiques aux sanctions prévues pour l'infraction précédente.

IV. **La quatrième infraction vise les chants, discours ou enregistrements.** Si ceux-ci sont contraires aux bonnes mœurs et ont été diffusés ou entendus publiquement, le délit est constitué.

Sanctions

La peine est un emprisonnement de 2 mois à 2 ans et une amende de 360 F à 30 000 F.

V. **Enfin, les annonces ou publications d'occasions de débauches sont réprimées.**

Il existe dans le code pénal un article qui réprime les annonces qui, immorales dans leur but ne le sont pas dans leur texte et procèdent par sous-entendus.

Dans cette hypothèse, la rédaction de l'annonce ne comporte la plupart du temps rien qui soit directement contraire aux bonnes mœurs. Toutefois il n'est pas possible de se tromper sur la véritable signification de l'annonce incriminée.

Pour que le délit soit constitué, il est nécessaire qu'il y ait une certaine publicité. La publication de l'annonce suffit.

Toutefois, il convient de noter que l'évolution des mœurs a eu pour résultat le fait que nombre d'annonces autrefois condamnables sont aujourd'hui tolérées.

Sanctions

La pénalité encourue consiste en un emprisonnement d'un mois à deux ans, ainsi qu'une amende de 360 F à 30 000 F.

Maître H.A.

8

Le couple ouvert

UNE EVOLUTION DU COUPLE

UNE EVOLUTION DU COUPLE

Le couple est une réalité fermée presque par définition. En effet il implique non seulement des liens d'ordre affectif, intellectuel ou sexuel, mais surtout un certain partage de biens matériels, une certaine communauté de vie, une certaine présence physique des deux partenaires. Un couple, c'est une association de fait et non pas seulement morale.

Le problème de l'ouverture est central pour le couple, car cette ouverture menace fortement son identité et même son existence. Le plus souvent elle apparaît comme un risque de désagrégation et d'éclatement. Elle est redoutée et on prend des précautions contre elle.

Et pourtant le monde extérieur ne peut être éliminé, comme une réalité gênante et parasitaire. Il est là, qu'on le veuille ou non, à l'intérieur des partenaires eux-mêmes, qui sont habitués par lui et qui ont reçu de lui l'essentiel de ce qu'ils sont. Le monde extérieur, ce sont les parents, les autres hommes et femmes, la société, la rue, les loisirs, le monde en un mot. Troisième terme du triangle fondamental dans lequel s'inscrivent les membres du couple, il faut définir sa place, aussi importante que celle de chacun des membres. Deux formules de base sont possibles, qu'on trouve toutes deux réalisées dans notre entourage.

Selon une première formule, le monde extérieur s'introduit de force à l'intérieur du couple, contre la volonté de ses membres, et menace son intégrité. Il engendre la tension, la crise, parfois l'explosion et la séparation.

Dans une deuxième formule, qui n'est d'ailleurs pas incompatible avec la première, le monde extérieur est bien accueilli, même si c'est avec précaution ; on lui fait une place, on lui donne un sens ; bien loin de séparer les partenaires, il les réunit, contribue à leur accord.

Nous allons examiner successivement ces deux formules et finirons en réfléchissant sur les choix qui apparaissent souhaitables et sur les règles qui peuvent être adoptées concernant l'ouverture du couple.

Le lien amoureux

La première formule est de loin la plus courante. Peu de couples y échappent, car elle découle de la nature même des liens qui unissent les membres du couple.

Ces liens sont en fait de deux ordres et c'est leur interférence qui finit par poser problème.

Selon un premier axe, le lien entre les membres du couple découle des processus d'attirance-séduction, sur tous les plans possibles, c'est-à-dire sexuel, affectif, intellectuel, matériel, etc. Il y a attirance plus ou moins forte d'un des membres par l'autre, désir de l'un pour l'autre, volonté d'être ensemble et de faire des choses ensemble.

Faut-il appeler amour ce lien ? En réalité l'amour désigne aussi bien ce qui se passe sur l'autre axe que sur celui-ci, si bien qu'il faudrait plutôt appeler celui-ci « état amoureux ».

L'état amoureux, composé complexe de désir et de plaisir, est rarement absent dans les couples modernes, alors qu'il pouvait l'être totalement autrefois. On conçoit mal de pouvoir vivre ensemble sans aucune attirance au moins au départ. Il caractérise ce qu'on appelle le coup de foudre.

En fait, il n'a pas pour seule fonction d'unir les deux partenaires. Il possède une autre fonction que Stendhal a parfaitement analysée avec sa théorie de la cristallisation dans « De l'amour » (1). La cristallisation n'est rien d'autre qu'un processus qui suit la prise de décision et qui permet à celle-ci de se maintenir. L'alternative qui n'a pas été choisie, par exemple le choix d'un autre partenaire, se trouve rejetée au niveau psychologique. Cela ne veut pas dire qu'elle ne possède plus d'attrait réel ; bien au contraire elle garde cet attrait, et c'est pourquoi elle apparaît comme dangereuse. Le problème est de se défendre contre elle, et on réalise cela en se centrant fortement sur le partenaire et sur les qualités qu'il possède, oubliant tout le reste, se perdant pour ainsi dire en lui, dans une attitude qui ressemble beaucoup à une fuite ou à un aveuglement volontaire.

De là la force du premier amour ou de l'amour commençant, qui résulte de la difficulté des débuts. Le proverbe qui dit qu'« il n'y a que le premier pas qui coûte » explique cet autre qui dit que « tout beau, tout nouveau ». A un moment où la fixation sur un objet n'est pas encore réalisée, où le monde dans son ensemble garde un pouvoir de séduction important, où l'harmonie entre les deux partenaires n'est pas encore faite concrètement, les menaces de dissolution paraissent considérables. C'est pour lutter contre ces menaces qui caractérisent « le premier pas » qu'on procède à cette idéalisation de l'autre et de la relation avec lui qui fait devenir « tout beau », qui engendre cette impression de bonheur idéal, de perfection dans le plaisir.

Il faut insister sur les menaces auxquelles cet état a pour but de répondre, car ce sont elles qui définissent l'autre axe et les dispositifs qu'on adopte pour les supprimer.

Ces menaces, quelles sont-elles ? D'une part, ce sont toutes les réalités quotidiennes qui impliquent de la part des partenaires des relations de collaboration, des accords, des engagements réciproques, des aménagements divers, qui ne font pas nécessairement partie du domaine du plaisir. C'est d'une manière générale, tout ce qui concerne le foyer et ultérieurement la famille quand il y a des enfants. Il faut contribuer à la subsistance commune, s'occuper des choses matérielles, résoudre les problèmes quotidiens,

(1) Stendhal, *De l'Amour,* Ed. Gibert, VI.

prendre des décisions communes, toutes choses qui ne sont pas évidentes. L'un ou l'autre des deux partenaires peut se montrer inadapté, incapable ou malveillant, et met alors en danger la survie du couple. D'autre part, les menaces concernent aussi la zone du plaisir, mais sous le point de vue où il y a risque d'abandon, de frustration et de manque. Le couple est fait pour avoir une base habituelle de satisfaction sexuelle, pour rompre la solitude, pour assurer un échange quotidien satisfaisant. Si l'un ou l'autre des membres du couple se montre défaillant, préférant s'abstenir dans certaines activités essentielles, par exemple sexuelles, préférant aller ailleurs ou ne répondant pas à l'attente de l'autre, il provoque inévitablement une crise, une insécurité, voire la souffrance, la peur, l'angoisse.

Si l'état amoureux suffit dans les débuts à prémunir contre tous les risques venant des exigences du foyer et de la famille du fait qu'il détourne l'attention sur le positif, il est loin de pouvoir jouer longtemps ce rôle. Stendhal signale que la cristallisation est passagère et ne dure pas longtemps. Roméo et Juliette se retrouvent en ménage au milieu des casseroles et des loyers à payer et leur amour se montre insuffisant pour les pousser à faire ce qu'il faut et accepter les insuffisances de l'autre.

Le contrat d'exclusivité

Un autre lien intervient alors, qui définit le second axe annoncé, qui se concrétise dans un contrat qui existe dans presque tous les couples, dont le mariage n'est qu'une des formes institutionnelles.

On présente souvent ce contrat sous sa forme la plus extérieure, à savoir sous son aspect économique. Mais il a une portée bien plus considérable, car il définit en fait tout le mode de vie qui va s'établir, le détail des rapports entre les deux partenaires.

Disons-le tout net : <u>ce contrat institue une domination de l'un sur l'autre, une domination réciproque</u>. C'est un acte de pouvoir. Comme toute défense contre l'angoisse, il se fonde sur la contrainte et l'oppression.

L'homme, élément fort du système, demande à la femme de se mettre à son service, non pas certes pour être son esclave mais pour assurer une espèce de permanence, de présence continuelle, de « garde », que lui-même, qui va vers l'extérieur, ne peut pas assumer. Il sait très bien qu'il ne peut obliger la femme à se centrer psychologiquement sur lui et il connaît trop le goût de la femme pour la rêverie, l'imaginaire, la communication avec autrui qu'il appelle « bavardage », pour lui demander d'y renoncer. Il accepte cela, mais en même temps il fait une sorte de chantage qui consiste à poser comme condition, pour lui apporter le soutien dont elle a besoin, d'assurer la permanence dont je parle. La femme se sent sécurisée par ce pacte qui lui permet d'avoir une aide considérable à condition qu'elle soit là, quotidiennement, qu'elle travaille ou non professionnellement.

Un autre système de possession de l'homme vers la femme intervient souvent, mais avec moins de fréquence, et concerne cette fois la sexualité. L'homme veut avoir une femme pour lui sexuellement, même s'il ne s'oblige pas lui-même à une fidélité absolue. Il veut que la femme soit là quand il en a besoin ; là encore il ne se préoccupe pas trop de savoir ce qu'elle a dans la tête, et il accepte même assez bien qu'elle se montre séduisante et attirante pour tout le monde, y compris pour les autres hommes. La seule chose qu'il lui demande, c'est d'être là. La présence psychologique de la femme dans l'acte sexuel, qui se traduit en plaisir, orgasme et satisfaction pour elle, commence seulement à préoccuper les hommes depuis quelques décennies. Jusque-là, cet aspect leur restait étranger. Ils voulaient un « objet sexuel » à la maison, et cela faisait partie du contrat. La femme devait l'accepter si elle voulait être tranquille pour se livrer à son goût pour l'imaginaire, l'échange et la réflexion.

Dans l'autre sens, c'est-à-dire dans le sens Femme-Homme, on observe un autre contrat, exactement inverse, mais qui découle en grande partie du contrat précédent. La femme est rendue impuissante par les exigences de stabilité qui lui sont imposées, et elle doit en conséquence s'en remettre à l'homme pour assurer sa subsistance ou au moins un soutien indispensable. Sa sécurité étant engagée là-dedans, elle utilise à son tour le chantage et demande à l'homme de lui apporter ce soutien s'il veut qu'elle assure la permanence évoquée plus haut. Elle sait très bien que l'homme ne peut pas être contraint à rester là et à avoir ses activités sur place et c'est pourquoi elle ne le lui demande pas. En revanche, elle lui demande une présence psychologique, un intérêt pour elle et pour ses besoins, une attention profonde. Le « pense à moi » de la femme répond au « reste à la maison » de l'homme. Ce que la femme redoute le plus, ce n'est pas que l'homme s'en aille et ait des activités ailleurs : c'est qu'il s'attache à d'autres et en particulier qu'il aime d'autres femmes. Autant elle accepte ses « passades sexuelles » si elles consistent en relations épisodiques plus ou moins satisfaisantes, autant elle redoute l'investissement de son partenaire par des étrangères qui peuvent lui faire perdre son seul soutien dans l'existence.

De ces différents contrats résultent des formes complexes d'abandon et d'étouffement, qui jouent un rôle capital dans la vie du couple. L'homme risque de se sentir abandonné si la femme n'accepte pas de le rassurer par sa présence et de jouer son rôle d'objet sexuel.

Inversement, il risque de se sentir étouffé par une femme qui l'empêche d'avoir des investissements ailleurs et en particulier avec d'autres femmes. En revanche, si la femme risque de se sentir abandonnée si l'homme ne pense plus à elle comme à un objet privilégié, elle peut aussi se sentir étouffée par un homme qui l'enchaîne au foyer et l'empêche de sortir.

Apogée et dégradation du couple

Le contrat d'exclusivité que je viens de décrire intervient très vite dans la vie d'un couple et vient s'ajouter au rapport amoureux proprement dit. Il en résulte un sentiment de sécurité intense qui caractérise les débuts de la vie commune, qu'il faut distinguer des débuts de la relation amoureuse. La relation amoureuse remonte à l'origine, à l'époque où les membres du couple se sont rencontrés. Cette rencontre a été suivie d'une période plus ou moins longue de fréquentation, au cours de laquelle l'homme et la femme ont appris à se connaître et à trouver du plaisir ensemble. Puis, ils se sont mis à faire des projets pour l'avenir, à vouloir fonder un foyer, et c'est alors qu'ils ont voulu assurer leur sécurité, en faisant à l'autre des demandes qui étaient en réalité des exigences.

Des recherches récentes sur l'évolution des couples (2) ont montré que le moment le plus fort dans cette évolution se situe autour des débuts de la vie commune, souvent juste avant et un peu après : le moment du mariage pour beaucoup de couples.

Ils se sentent en effet sécurisés par ce contrat d'exclusivité qui calme leur angoisse respective, et d'autre part les sentiments amoureux n'ont pas encore disparu comme cela se passera souvent après.

Moment crucial, moment de grâce, qui risque hélas d'être de faible durée, de disparaître, pour faire place à une dégradation qui va introduire en force le monde extérieur dans le couple.

Une telle dégradation ne fait aucun doute. On la constate dans la plupart des cas. A quoi faut-il l'attribuer ?

Sa cause essentielle réside dans l'influence du contrat de pouvoir sur la relation amoureuse, influence complexe qu'il faut maintenant analyser, si nous voulons y voir plus clair.

Au début de la vie commune, à l'époque où le contrat de pouvoir s'élabore et se constitue, les deux partenaires voient surtout l'avantage pour eux d'un tel contrat. La femme, qui a autour de 22-23 ans, est satisfaite à la pensée qu'un homme pensera à elle et l'assistera pendant toute sa vie, prêt à avoir des enfants avec elle, prêt à lui faire confiance entièrement. L'homme, qui a autour de 26 ans, pense qu'il ne sera jamais privé de la présence de cette femme qu'il aime et qu'il désire profondément. Que pourrait-il y avoir de mieux ?

Ce faisant, ils ne voient pas, l'un et l'autre, le sacrifice immense qu'ils font en signant un tel contrat et les inconvénients qu'ils devront tôt ou tard subir. L'homme ne voit pas les limitations considérables à sa liberté, la femme, à quel point elle va être emprisonnée. Cela, ils le découvriront plus tard, petit à petit. Cette découverte progressive aura une influence désastreuse sur la relation amoureuse et aboutira très souvent à la supprimer, créant un état de non-désir, d'indifférence, parfois d'hostilité, qu'on constate dans un grand nombre de cas (3). Il se produira aussi un relâchement au niveau sexuel, qui empêchera les relations ou les obligera à s'espacer considérablement.

Les deux partenaires se trouveront pris, l'un et l'autre, dans un processus inévitable, du fait des possibilités que l'autre a été obligé de laisser à son ou à sa partenaire. L'homme, je l'ai dit, ne peut empêcher la femme de penser et d'imaginer. C'est un thème littéraire fréquent que celui de l'univers romanesque de la femme, qui va d'Eugénie Grandet à Thérèse Desqueyroux, en passant par Madame Bovary. Embarquée dans un tel monde, exacerbée souvent par la solitude et l'ennui, la femme ne peut s'arrêter en si bon chemin et se trouve tentée de sortir du milieu familial pour aller faire des choses passionnantes ailleurs. Ce mouvement, elle ne veut pas l'accomplir seule ; elle a trop peur que l'homme en profite pour s'éloigner ou pour la quitter, et elle a aussi envie de faire des choses avec lui. Elle lui propose donc de sortir avec elle ou de vivre avec elle des échanges nombreux et passionnants. Mais elle se heurte souvent à un refus. L'homme préfère le repos du foyer qui n'est rien d'autre, bien souvent, que « le repos du guerrier ». La

(2) Recherches faites par « l'Institut de Sexologie humaniste ».

(3) Une enquête de la revue « Arts » dans les années 60 chiffre à 50 % la proportion des jeunes déçus par le mariage après trois ans de vie commune.

femme se trouve enfermée dans son foyer, malgré les satisfactions qu'elle y trouve.
A ce sentiment d'étouffement de la femme répond souvent le sentiment d'abandon de l'homme. Celui-ci sent bien que sa compagne ne peut plus supporter son enfermement, et il vit son désir de sortir comme une grave menace permanente pour lui. En fait, il a peur de se retrouver seul, désarmé et impuissant, livré à son incompétence et à sa maladresse dans le domaine ménager et familial : voilà donc le fantasme qui hante un grand nombre d'hommes.
Parallèlement, cet homme qui n'arrête pas professionnellement et socialement d'aller ailleurs, de fréquenter d'autres gens, d'être occupé à des tâches étrangères aux tâches familiales, se trouve vite tenté d'aller plus loin et d'enlever à la femme même l'attention et l'intérêt qu'il lui témoignait initialement. Malgré l'engagement implicite qu'il a pris de centrer ses pensées sur sa compagne et sur son foyer, il ne peut résister aux tentations qui se présentent et en particulier aux autres femmes, toujours présentes sous forme de secrétaires, collègues ou autres. Nombreux sont les hommes qui ne cessent de rêver d'autres femmes, même s'ils restent en apparence, pour tout leur entourage, d'une fidélité absolue.
La femme naturellement réagit, souvent agressivement, quand elle sent que l'homme dépasse les limites de simples aventures passagères ou de contacts sans importance. Elle entre dans un état d'angoisse profond et d'insécurité qui l'amène à exercer sur l'homme un contrôle et une tyrannie que celui-ci ne supporte pas. Il se trouve étouffé par la surveillance et la méfiance de cette femme, devenue comme une ennemie pour lui et qu'il ne peut plus désirer.
Il n'aspire plus qu'à se libérer d'une tutelle qu'il juge insupportable.
La peur de l'abandon et de l'étouffement, réalités symétriques et réciproques, s'installe dans le couple et va le miner de l'intérieur.

Le risque du divorce

C'est une loi psychologique bien connue que la peur et le plaisir ne peuvent coexister, s'excluent réciproquement.
La peur de l'abandon ou de l'étouffement neutralise les sentiments amoureux qui existaient initialement et les amène à disparaître. L'homme, menacé par sa compagne dans son aspiration à d'autres femmes et d'autres plaisirs, voit diminuer l'attirance de celle-ci. Souvent, il ne peut plus la désirer. La femme, menacée par l'homme dans son aspiration vers l'aventure intérieure ou extérieure et vers la communication, perd l'attrait affectif qu'elle avait pour lui et se trouve amenée à rêver d'autres hommes qui la comprendraient et pourraient réaliser ses rêves. L'un aspire à des maîtresses et à des délices de sensualité, l'autre aspire à trouver l'« âme sœur » et le partenaire idéal. L'extérieur fait irruption dans le monde du couple.
Le mouvement, d'après des recherches récentes, commence souvent peu après le début de la vie commune – le mariage – parfois quelques mois après seulement, dans les meilleurs cas avec un décalage d'un ou deux ans. Cela se traduit par l'installation d'un état d'ennui à l'intérieur du couple, ponctué de « scènes de ménage », de querelles, d'agressivité.
L'évolution dans le sens d'une séparation possible, qui est très fréquente, est retardée par l'arrivée des enfants, qui se produit justement au moment de cette période de

dégradation et qui a des effets ambigus. D'un côté, les enfants resserrent les liens entre les conjoints, du fait qu'ils créent des préoccupations, satisfactions et aspirations communes, incontestablement positives. Mais d'un autre côté, ils diminuent la disponibilité des conjoints. Ils sont sources d'innombrables contraintes, qui peuvent fort bien être utilisées dans un but de chantage et de pression et qui ne font qu'accroître le sentiment d'étouffement et, corrélativement, le sentiment d'abandon. Les enfants sont la meilleure et la pire des choses.

C'est à ce moment de crise où le monde extérieur s'introduit en force dans le couple, qu'interviennent aussi les liaisons avec d'autres partenaires, passagères ou durables.

Cette intervention, d'après le Rapport Simon (4), est beaucoup plus fréquente pour les hommes que pour les femmes. Environ 30 % des hommes de tous âges disent avoir eu des rapports extra-conjugaux, fréquents ou non, contre seulement 10 % des femmes. Il faut noter que seulement 5 % des hommes disent en avoir eu souvent ou très souvent, et 3 % des femmes. Cela revient à dire que l'infidélité conjugale n'est pas aussi courante qu'on pourrait le penser. Cela s'explique en partie par l'intolérance réciproque, que j'ai évoquée précédemment. D'après Simon, 52 % des hommes et 49 % des femmes pensent qu'« un homme marié doit considérer une infidélité occasionnelle de la femme comme impardonnable » ; de même, 50 % des hommes et 45 % des femmes pensent qu'« une femme mariée doit considérer une infidélité occasionnelle de son mari comme impardonnable ». À cela, il faut ajouter que l'infidélité conjugale ne réside pas uniquement dans le « passage à l'acte » sexuel.

(4) SIMON (Dr P.), *Rapport sur le comportement sexuel des Français*, Ed. R. Julliard (P. Charron, 1972).

On peut rêver d'autres partenaires sans rien faire qui rompe le contrat.

D'après Simon toujours, une nouvelle tendance semble se dessiner dans la génération des 20-29 ans (dans les années 70), dans le sens d'une infidélité accrue chez les jeunes femmes de cet âge. Elles sont presque aussi nombreuses que les hommes à déclarer avoir eu des rapports extra-conjugaux : 13 % contre 19 %. Toutefois les femmes de 50 ans et plus ne sont que 8 % à avoir eu une telle expérience contre 34 % des hommes du même âge. Manifestement, les femmes ne veulent plus se sentir à la traîne sur le plan sexuel et elles n'hésitent plus à aller ailleurs si elles ne sont pas satisfaites.

Les rapports extra-conjugaux sont souvent vécus sur un mode de difficulté et d'angoisse. Beaucoup d'hommes viennent consulter parce qu'ils se sont trouvés impuissants dans cette situation. Ils en ressentent une forte culpabilité qui leur enlève leurs moyens. Ils l'avouent difficilement à leur femme. Leurs aventures extérieures aboutissent d'ailleurs souvent à un échec, du fait qu'ils ne sont pas vraiment disponibles, et ne peuvent s'engager avec une autre femme. Cet état de fait favorise la prostitution, qui permet le rapport passager sans aucun engagement. Les femmes de leur côté, nouvellement engagés dans cette voie, éprouvent encore plus de difficultés à s'affranchir de normes qu'elles ont fortement intériorisées. Elles vivent plus mal encore que les hommes leurs infidélités.

Malgré cela, le monde extérieur conserve son attrait, du fait qu'il est connoté en termes de libération et d'ouverture. C'est le lieu où l'on peut respirer, par opposition au foyer conjugal où l'on est fortement contraint. Le divorce se profile à l'horizon et commence à devenir plus fréquent dans les faits. Il atteint son maximum d'intensité autour de la trentaine. C'est en effet après 7 ans de mariage, en moyenne, que l'on divorce le plus, c'est-à-dire quand les deux conjoints ont autour de la trentaine. D'après les chiffres donnés par A. Girard (5) le pourcentage de divorces (pour 100 mariages) suivant la durée du mariage était le suivant en 1970 (la tendance est la même dans les autres années) :

Durée du mariage	– 2 ans	2-4 ans	5-9 ans	10-14 ans	15-19 ans	+ 20 ans	Moyenne
% de	6 %	20 %	26 %	17 %	13 %	18 %	11,8 %

Autrement dit, un ménage sur quatre a connu le divorce en 1970 parmi ceux qui avaient en moyenne 7 ans de vie commune. Cela est beaucoup, et plus révélateur que la moyenne générale : autour de 12 %. Les ménages qui sont le plus affectés par le divorce sont ceux des gens qui se sont mariés jeunes, à moins de 21 ans. Le tableau suivant, établi en 1960, donne le pourcentage de divorces en fonction de l'âge au mariage et de la durée du mariage :

Âge de l'homme au mariage	Durée du mariage	
	5 ans	9 ans
– de 21 ans	9,2 %	21 %
21-24 ans	3,6 %	8,7 %
25-29 ans	2,7 %	5,7 %
Âge de la femme au mariage		
– de 20 ans	6,6 %	15,9 %
– de 21 ans	5,8 %	12,9 %
21-24 ans	3,5 %	7,2 %
25-29 ans	2,3 %	4,8 %

(5) Girard (A.), *Le mariage dans la société française*, P.U.F., 1975, ch. 2.

Cela confirme l'idée d'une crise retardée qui commencerait quelques années seulement après le mariage et qui éclaterait en moyenne après 7 ans de mariage.
A 36 ans se situe la moyenne d'âge du divorce, considérablement retardée à cause de l'étalement des âges.
Ce chiffre est important, car il intervient peu avant la quarantaine où un renouvellement semble s'opérer, qui correspond à ce qu'on appelait autrefois « le démon de midi ».
L'homme et la femme commencent à respirer, du fait que les enfants ont atteint un âge suffisant pour qu'on ne s'occupe pas d'eux en permanence.
Ou bien, ils sont divorcé, dans un cas sur dix environ et ils ont amenés à refaire leur vie, ce qui signifie aussi de nombreux types de rapport. Ou bien, ils sont restés ensemble et peuvent reconsidérer leurs rapports, s'ils ont surmonté la crise.
Bien des couples certes ne l'ont pas surmontée et sont amenés à vivre une vie commune monotone fondée sur l'éloignement et l'indifférence.

Les divers types d'ouverture du couple

Le tableau que je viens d'esquisser de l'évolution de la vie du couple marque seulement une tendance majoritaire, extrêmement marquée, mais à l'intérieur de laquelle il existe des extrêmes, dans un sens ou dans l'autre, et à l'extérieur de laquelle on note des exceptions. Une étude plus ou moins fouillée englobant l'ensemble des cas rencontrés, telle que celle qu'a esquissée Simon dans son rapport, permettrait de situer plus précisément les différentes formules.

Ce qui intéresse ici étant l'ouverture du couple, je vais me contenter d'indiquer les principaux modes d'ouverture que l'on rencontre dans la pratique. On peut distinguer trois types.

• Le premier type correspond en gros à la pratique habituelle chez nos grands-pères, les gens de 1900, qui consistait à aller ailleurs contre (ou malgré) l'avis du (ou de la) partenaire. C'est l'infidélité conjugale, celle qui est décrite dans les Vaudevilles, qui aboutit au cocufiage de l'homme ou de la femme et les rend ridicules. Les aventures vécues à l'extérieur apportent une libération à quelqu'un qui étouffe dans le couple, précisément parce que l'autre reste attaché au contrat d'exclusivité et ne montre aucune tolérance à cet égard. Nous aboutissons à une espèce de forcing, à base de camouflage, de tromperie, de ruse et plus profondément de mépris. On peut vraiment parler dans ce cas de « tromper » le partenaire. Cette attitude se rencontre surtout chez les gens jeunes, au moment de la crise du couple, et se maintient rarement telle quelle.

• Le second type est intermédiaire entre les deux types extrêmes. L'homme et/ou la femme acceptent que l'autre prenne une certaine liberté et ait certaines aventures à l'extérieur, mais en posant de nombreuses conditions. Une de ces conditions est que le lien conjugal ne soit pas mis en question – ce qui ne peut être qu'un vœu pieux car on ne peut jamais être sûr dans la pratique que le mouvement de sortie de l'autre ne l'amènera pas à investir ailleurs plus qu'on ne le souhaite, jusqu'à rompre le lien conjugal. Cela signifie surtout que l'autre ne doit pas dépasser certaines limites. Par exemple, il ne doit pas découcher, il doit passer l'essentiel de son temps libre avec son (ou sa) partenaire, etc. Une autre condition est qu'on ne doit pas évoquer dans le couple les aventures de chacun (ou de l'un des deux). C'est un sujet tabou, une affaire privée. L'autre préfère ignorer ce qui se passe. S'il veut absolument savoir, il n'est pas sûr qu'il soit accepté dans sa demande. Il est rare que les deux soient d'accord pour en parler. Cela crée trop d'insécurité. Concrètement, cette formule aboutit au fait que chacun (ou l'un des deux) va de son côté sans se préoccuper de l'autre et reste le plus discret possible. C'est l'infidélité honteuse même si elle est acceptée et reconnue. Elle est lourde de frustration et d'échecs, car elle ne permet pas d'accomplir une vraie démarche amoureuse satisfaisante pour tous. Le tiers – celui qui est à l'extérieur – se lasse, étant insatisfait et ne se sentant pas vraiment reconnu, et risque, en partant, de causer des dégâts.

• Une troisième formule, que l'on rencontre surtout chez les gens évolués (niveau social élevé, grandes villes, pratique religieuse absente) et chez les plus âgés, représente un essai pour ne pas vivre les amours extérieurs dans la séparation et la rupture mais au contraire dans le partage. Concrètement, cela se traduit par l'échangisme, le triolisme (6), et les formules du même genre, qui impliquent un fonctionnement sexuel collectif dans lequel les désirs circulent et ne se centrent pas sur un seul partenaire. A vrai dire, de telles formules ne sont valables que si elles correspondent à certaines attitudes psychologiques, sur lesquelles je reviendrai plus loin. Elles impliquent en effet une diminution de la jalousie, une certaine bisexualité, une aptitude à se centrer sur

(6) *Échangisme* : amour avec échange des partenaires. *Triolisme* : amour à trois avec un homme et deux femmes ou une femme et deux hommes.

plusieurs partenaires à la fois, une sensualité assez riche, etc. Si cela n'est pas réalisé, elles peuvent aboutir à des caricatures. Par exemple l'échangisme peut n'être qu'un moyen pour surveiller le partenaire et être sûr qu'il ne s'éloigne pas trop du lieu où l'on se trouve ; le triolisme peut être une formule qu'on impose à l'autre pour concilier des attachements multiples, mais que l'autre n'accepte pas vraiment.

Dans la même ligne, il faut situer les tentatives de vie communautaire dans lesquelles des formules d'amour de groupe ou d'échanges systématiques sont proposées. La pratique de l'amour tournant et une grande rigidité sont pratiquement obligatoire dans les structures communautaires. Cela aboutit, à mon avis, plus à la suppression de la sexualité qu'à son exaltation. Celle-ci réduite à un fonctionnement génital qui doit se faire bien et rapidement, exclut en même temps l'homosexualité ou d'autres formes de déviance. On revient au moralisme par méfiance vis-à-vis du désir, censé aller dans le sens de l'exclusivisme et de la possessivité, et empêcher la vie communautaire.

Le problème est en effet non pas de neutraliser les pulsions humaines qui engendrent l'attachement, le désir, le plaisir et éventuellement la possessivité, l'exclusivisme, la jalousie, mais au contraire de les développer au maximum, de manière qu'ils n'aboutissent pas à la séparation et au cloisonnement mais au contraire au partage. C'est le problème que je vais poser maintenant.

Les origines de la fermeture

L'obstacle à l'ouverture du couple, c'est ce contrat d'exclusivité que j'ai décrit comme le ciment du couple, le fondement sur lequel il est en général construit, et qui consiste dans une contrainte qu'on impose à l'autre par le chantage pour l'obliger à rester dans le groupe conjugal. Ce contrat, je le répète, est plus important que le mariage en tant qu'institution et peut fort bien exister même dans des couples fondés sur « l'union libre ».

Qu'est-ce qui est à l'origine de ce contrat lui-même ? Qu'est-ce qui le motive ? Essentiellement la jalousie, la possessivité, qui découlent de l'angoisse d'abandon. La possessivité prend diverses formes :

• Dans une première forme, la possessivité consiste à craindre les moments où l'on va se retrouver seul, sans le partenaire, ce qui peut évidemment se reproduire quotidiennement. L'absence de celui-ci crée une espèce de vide extrêmement douloureux, de frustration profonde qui peut prendre des formes pathologiques.

Il est clair que, dans ce cas, il ne faut pas accuser l'attachement, qui est normal, mais l'attachement unique. Ce qui fait souffrir, c'est le fait qu'on est incapable de remplir le vide, c'est-à-dire d'avoir d'autres objets d'attachement. Le problème serait d'ailleurs mal posé s'il s'agissait seulement de « remplir un vide ». L'idéal, c'est qu'il n'y ait pas de vide, du seul fait que la vie affective est assez remplie pour que celui-ci n'existe pas.

Cette forme est évidemment la pire, car elle affecte la vie quotidienne.

• Une autre forme, plus édulcorée et probablement plus répandue est la peur de perdre un jour le partenaire, même si celui-ci ne crée actuellement aucune menace et ne manifeste aucune intention de s'en aller. C'est la jalousie d'Othello, celle qui fait suspecter le partenaire, qui peut être aussi fidèle que Desdemone et qui provoque pourtant la méfiance. Si cette idée est assez présente, elle peut provoquer une souffrance latente et difficilement supportable. A l'origine, très évidemment, il y a l'impuissance où l'on se trouve et que l'on sent en soi, de pouvoir trouver d'autres partenaires pour remplacer celui (ou celle) qu'on risque de perdre. On le considère comme unique, irremplaçable, ce qui est évidemment faux. Ici non plus, il ne faut pas penser les choses en termes de substitution et de remplacement. Tout le mal vient du fait qu'il n'y a pas actuellement d'autre partenaire susceptible de devenir un jour objet d'investissement et aussi important que celui (celle) qu'on risque de perdre.

• Une dernière forme, consiste à souffrir excessivement et jusqu'à l'angoisse du départ d'un partenaire auquel on était fortement attaché. Si la souffrance est normale dans ce cas, l'angoisse ne l'est pas. Elle aboutit en effet à survaloriser l'être qui s'en va, à le désirer cent fois plus que quand il était présent, et à tomber dans un véritable délire passionnel. L'absence, dit-on, avive le désir. Cela est vrai ici, non parce que l'objet du désir change mais parce que l'angoisse le rend sans cesse présent. À la limite, il est plus présent maintenant qu'il l'était autrefois. Donc il est plus désiré. Là encore, tout le mal vient du caractère irremplaçable du partenaire qui n'est évidemment qu'un mythe et qui n'a de sens que subjectif. La personne qui souffre à ce point et qui tombe dans cet état passionnel n'a pas en elle-même les ressources pour se trouver d'autres investissements. Cette incapacité qu'on valorise généralement, est en réalité une très grande faiblesse. « Une de perdue, dix de retrouvées » dit le proverbe, qui va loin sous son apparence de désinvolture. Il dénote seulement une possibilité qui devrait toujours l'être pour chacun de nous.

Raisonnons sur les sentiments d'abandon et d'étouffement

Le sentiment d'étouffement est en relation avec le sentiment d'abandon. Celui qui craint l'abandon tyrannise le partenaire, qui se sent dévoré, possédé, étouffé et qui n'aspire qu'à se libérer.

L'étouffement ne se définit pourtant pas uniquement par la domination exercée par le jaloux. Il se définit encore plus par les réactions de celui qui se trouve empêché, à la fois dans le sens d'une inhibition venant de lui et d'une réaction trop violente à l'égard de l'autre.

L'empêchement, en effet, n'est pas un absolu. C'est un obstacle mais un obstacle surmontable. Les sanctions qui résultent de l'infidélité sont certes terribles – colère, ressentiment, violence –, mais elles ne doivent cependant pas arrêter quelqu'un qui est vraiment décidé. Si la frustration s'installe chez celui qui est étouffé, c'est en grande partie parce qu'il ne se sent pas assez motivé pour contrer la volonté du tyran, parce qu'il n'est pas assez attiré par les objets auxquels il aspire. Par exemple, l'homme qui se plaint d'être emprisonné par une femme jalouse accepte finalement la jalousie de cette femme. Il pourrait ne pas en tenir compte, passer outre, faire quand même ce dont il a envie. S'il ne le fait pas, il ne doit s'en prendre qu'à lui-même. C'est qu'il est lui aussi atteint d'une grande faiblesse. C'est que ses désirs ne sont pas assez forts. C'est qu'il accepte quelque part cette domination. Sa frustration répond à la frustration de celui qui le tyrannise. Le tyran a peur de la frustration résultant de l'abandon, donc il tyrannise, donc la victime de cette tyrannie se trouve elle aussi frustrée. La frustration de l'un entraîne la frustration de l'autre, parce que la faiblesse est la même des deux côtés.

Un autre effet de l'étouffement est l'éloignement qu'il crée par rapport à la personne qui exerce cette tyrannie. Comme je l'ai déjà dit, la peur est incompatible avec le désir. Le désir s'évanouit face à quelqu'un de jaloux, qui obtient de ce fait le résultat inverse à celui qu'il cherche, c'est-à-dire son rejet. Une contre-violence apparaît en réponse à la violence qu'il exerce, qui consiste cette fois-ci en froideur, indifférence, rejet délibéré de la part de l'être aimé.

Celui qui se sent emprisonné connaît une situation aussi peu enviable que celui qui emprisonne. D'un côté, il se sent impuissant à rompre ce lien qui lui apporte bien des avantages et il n'est pas assez motivé pour courir le risque de les perdre. Il doit donc accepter un mode de vie et une situation qui lui déplaisent et dont il souffre. Le monde extérieur auquel il aspire en même temps lui fait peur, du fait de sa faiblesse. De l'autre, il ne ressent plus pour celui (ou celle) qu'autrefois il aimait les mêmes sentiments, du fait de la peur que crée chez lui l'emprisonnement.

La vie des couples est littéralement polluée par cette interaction abandon-étouffement qu'on peut encore traduire en jalousie-emprisonnement et par bien d'autres formules.

On la retrouve à tous les niveaux.

Au niveau de la rencontre et de la pré-conjugalité, chez les gens jeunes qui commencent leur expérience amoureuse, l'étouffement vient de l'homme qui a des demandes plus fortes que la femme et qui fait peur à celle-ci. Les choses se retournent littéralement après le mariage et dans la conjugalité, où c'est la femme cette fois-ci qui se met à étouffer l'homme du fait de sa demande de protection et de sa peur de voir l'homme la laisser tomber, sans soutien et sans moyen de subsistance. La jalousie est alors l'effet d'une insécurité profonde face à la vie économique et sociale, dont l'homme est en grande partie responsable du fait de la sujétion dans laquelle il maintient la femme.

La combinaison abandon-étouffement qui en résulte explique en grande partie l'échec des couples entre 20 et 40 ans et le phénomène de divorce. Enfin, la situation se retrouve encore bien souvent après 40 ans, en tout cas chez les hommes qui recommencent leur vie avec des filles nettement plus jeunes, à l'égard desquelles ils ont des exigences d'exclusivité trop fortes. Exigences qui font peur et poussent les femmes vers d'autres, moins pressants et plus dégagés ; elles cherchent alors à se débarrasser de partenaires tellement possessifs.

Être ouvert sur le monde

Toutes les analyses qui précèdent prouvent que l'ouverture du couple est un problème secondaire par rapport au problème de l'ouverture des personnes qui forment le couple.

Quelle est en effet l'origine du « contrat d'exclusivité », de la possessivité, de la jalousie, qui détruisent les couples et les sentiments amoureux, sinon la pauvreté des désirs, la fermeture sur soi-même, la sècheresse du cœur, l'indifférence ? Comme j'ai essayé de le montrer, la peur engendre des systèmes de défense et des attitudes de domination. L'abandon n'aurait pas de conséquences désastreuses si l'homme (ou la femme) était capable de trouver d'autres investissements de lui-même (elle-même), dans une nouvelle relation ou un intérêt à/pour une activité professionnelle ou de loisir. Chez les individus qui sont largement ouverts sur autrui, la vie amoureuse est riche, polyvalente, multiple. Essayons de voir ce qui se passerait si un tel type d'individus était plus répandu ! Irions-nous vers une désagrégation générale, comme on le prétend souvent, ou au contraire vers un épanouissement ?

• Tout d'abord, cela permettrait de résoudre ce problème central de toute vie amoureuse, à savoir le choix du partenaire. Un tel choix est déterminant, car si on ne trouve pas de partenaire satisfaisant, tant au point de vue sexuel qu'intellectuel, il est impossible d'entretenir longtemps un véritable lien, fondé sur l'amour et la satisfaction. On se trouve rapidement déçu, frustré, mécontent, et on risque de souffrir même si on ne va pas jusqu'à la rupture.

À mon avis, le seul principe valable de stabilité dans la vie de couple réside dans la force du lien amoureux et non dans les contrats divers qu'on peut passer, et qui aboutissent à créer des contraintes insupportables, même si elles sécurisent dans un premier temps. Un lien amoureux fort ne rend certes pas insensible au reste des hommes et des femmes, mais supprime la tentation de refaire sa vie, de la remettre en question, de faire un autre choix. Ce n'est certes pas un principe mécanique d'union et de cohésion mais un principe vivant, ce qui vaut cent fois mieux.

• La deuxième conséquence qui résulterait de cela serait, à l'inverse, que l'ouverture serait possible dans le couple du fait qu'elle ne menacerait pas des dispositifs de sécurité solidement établis. Mais serait-elle souhaitée ? Les partenaires auraient-ils envie d'aller ailleurs alors qu'ils seraient épanouis avec ceux qu'ils auraient choisis ? Évidemment oui. Il est clair qu'aucun être humain au monde ne peut nous satisfaire complètement, surtout si nous avons des pulsions riches et diversifiées. Tout être humain est limité et on trouve vite ses limites. La possibilité d'aller ailleurs permet l'équilibre de l'individu, qui rejaillit à son tour sur le couple et qui le rend plus stable et plus solide. Cela ne veut pas dire qu'il n'y ait pas des risques de remise en question. Mais ceux-ci n'apparaissent pas comme dramatiques puisque de toute façon le changement est possible à cause de la capacité de réinvestissement. Il peut se faire en effet qu'on fasse d'autres choix, mais d'une part cela est moins probable que dans le contexte actuel à cause d'une meilleure capacité à trouver ce qu'on cherche, et d'autre part, cela n'a pas les conséquences dramatiques que l'on constate actuellement. Un tel type de couple, à la fois fortement uni et aussi ouvert que possible, peut-il exister actuellement ? je veux dire : peut-on espérer actuellement, en se mettant en couple, réaliser cet idéal ? À mon avis non. Je pense que le couple est actuellement compromis, du fait des limites énormes que tout le monde y met, y compris ceux qui se croient les plus libérés. Ces limites suscitent presque automatiquement des sentiments d'abandon, de possessivité, de jalousie, de domination. La solution est peut-être de ne pas vivre en couple ; de trouver une formule assez proche du couple mais qui ne le réalise pas tout à fait, par exemple, d'avoir une ou plusieurs relations fortes en ayant son lieu à soi et sa vie à soi. Des formules transitoires sont à trouver, que beaucoup cherchent, par exemple, à travers les communautés.

Espérons qu'ils trouveront et qu'on pourra, à partir de ces expériences, repenser le couple et le bâtir sur de nouvelles bases et dans un nouvel esprit.

Docteur Michel Lobrot

9

Le couple homosexuel

L'AMOUR AUTREMENT

L'AMOUR AUTREMENT

Le couple homosexuel existe. Première vérité, première constatation. Il n'est pas superflu de l'affirmer car l'opinion publique, dans la mesure où elle se croit informée de la situation des homosexuels, hommes ou femmes, pencherait plutôt pour un laxisme désordonné tel que le couple ne saurait se créer, se développer, se maintenir, en un mot, vivre.

Il y a peu, un homme de 49 ans que je connaissais bien s'est suicidé. Sa hantise : la vieillesse dans la solitude. Voilà deux mots qui reviennent sans cesse dans la conversation de nombre d'homosexuels, deux réalités exigeantes et contraignantes, quasi inéluctables, qui font réfléchir et qui font peur. Véritable hantise de beaucoup d'homosexuels, d'où la recherche assidue, répétée, acharnée, souvent, à trouver un ami pour toute une vie à deux.

Ils existent, fort bien, dira-t-on, mais persistent-ils ? Quelle est la durée moyenne de ce couple ?

Nous pouvons cependant répondre qu'il connaît la même durée que celui des hétérosexuels, et cependant sans avoir pour lui tout ce qui entoure et consolide un couple d'homme et de femme (mariage civil, mariage sacramentel, intérêts financiers, famille, enfants).

On peut affirmer sans crainte d'être démenti que ce sont naturellement les premières années du couple qui sont les plus difficiles à vivre, lorsque l'attrait purement physique s'atténue. Le temps ensuite fait son œuvre et l'accoutumance, et espérons-le, la tendresse et l'amitié permettent la pérennité de cette union. Précisons ici, à la différence du couple hétérosexuel, qu'il est quasiment obligatoire dans le monde homophile que ces unions se concrétisent avant environ 40 ans. Il sera impossible, presque toujours, de créer une union passé cet âge. On ne se « marie » pas entre hommes à n'importe quel âge comme dans le couple hétérosexuel.

Le divorce n'existant pas, puisqu'il n'y a pas de mariage, il n'est pas possible d'établir de statistiques précises, mais je connais des couples qui ont duré jusqu'à la mort de l'un des deux « conjoints »,

soit au soir de la vie. Quarante, cinquante ans ensemble !

La société ne favorisant pas spécialement l'union homosexuelle, il est évident qu'on rencontrera plus de ces vies à deux dans les villes que dans les petites bourgades, où la peur du scandale, voire d'une espèce de mise en quarantaine, interdit de s'engager dans une telle voie.

Précisons pour être honnête que le couple de lesbiennes connaît très probablement une durée plus longue que celui des hommes. La vie de deux femmes ensemble, même dans un village, ne rencontre pas autant de questions et donc de suspicion que celle de deux garçons. Il y a certes ceux qui croient pouvoir vivre un long temps ensemble et qui doivent se séparer après peu d'années de partage parce que les corps ne s'épousent plus, et que les âmes s'éloignent faute d'aliments, spirituels et psychiques, suffisants.

A la base de ces unions il y a l'amour, l'amitié, la tendresse, la confiance, le besoin de l'autre, la crainte de la solitude, la fatigue d'aventures dangereuses ou lassantes, la peur de la vieillesse. Selon l'une ou l'autre de ces qualités, ce couple durera ou mourra rapidement.

Comme un homme et une femme qui ne se marieraient que pour des raisons circonstancielles d'intérêts financiers par exemple, comme hier pour faire plaisir à la famille qui avait préparé et décidé des épousailles. Ce sur quoi je voudrais insister, c'est l'amour, la tendresse. N'est pas éloigné le temps pervers où l'on voulait croire dans l'autre camp que l'amour était une vertu réservée aux hommes vis-à-vis des femmes et vice versa. L'amour homosexuel ne pouvait exister.

Il y avait l'aventure, la drague, le contact charnel, la relation sexuelle, et un point c'est tout. On refusait, à deux hommes surtout, un peu moins à deux femmes, la possibilité de connaître l'amour, ce sentiment inextinguible qui porte confusément et fougueusement deux êtres l'un vers l'autre, pour le meilleur et pour le pire.

Rendons hommage à l'abbé Oraison qui, il y a 30 ans, eut le mérite et le courage d'écrire dans sa thèse de théologie morale « Vie Chrétienne et problèmes de la sexualité » : « L'on peut se trouver en face de ce fait littéralement déroutant et de portée bien autre que scientifique, des « ménages » homosexuels qui vivent une vie authentique et l'amour le plus altruiste, à la qualité duquel n'atteignent pas bien des mariages normaux. »

Il serait faux de dire que l'homophile est tant replié sur lui-même, faisant du narcissisme toute sa vie, n'aimant l'autre que dans la mesure où il se retrouve lui-même, copie de lui-même, qu'il ne peut donc s'ouvrir à l'amour, qui est la dépossession de soi-même, le don de soi à l'autre, la fusion de l'un en l'autre.

Le vécu de l'amour lesbien.

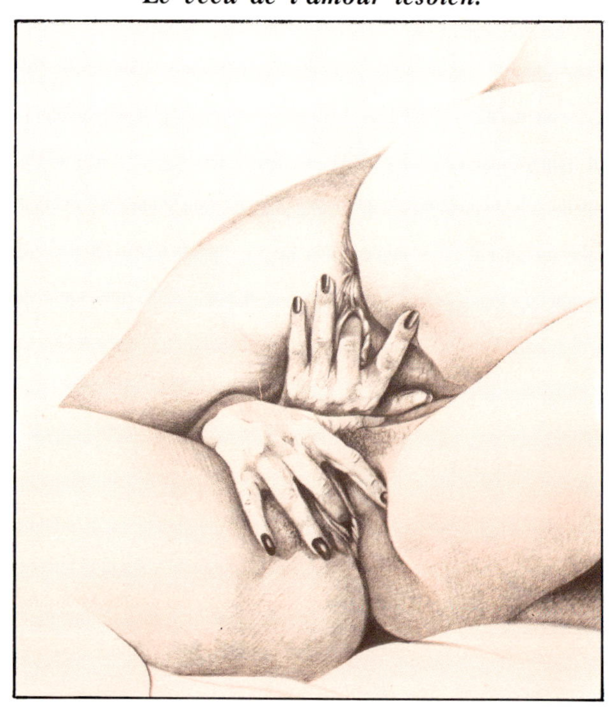

Le vécu de l'homosexualité masculine.

L'amour homosexuel est un fait. Il existe, donc il pousse l'homosexuel, homme ou femme, à trouver l'Ami qui sera l'amant également.

La difficulté sera de le rencontrer. A la différence de l'hétérosexuel pour qui chaque être contraire peut devenir le complice de sa vie, l'homosexuel ne peut porter son regard, son attention, son désir, son affection et sa volonté que vers quelqu'un qui a la même orientation que lui.

C'est pourquoi, on le lui reproche parfois (le ghetto homosexuel), il est contraint à fréquenter les lieux divers où se rassemblent et se rencontrent les homosexuels : clubs, bars, restaurants, etc. réservés à cette clientèle.

Dans ce vase clos il devra encore chercher et repérer celui ou celle qui est dans le même état que lui, c'est-à-dire qui ne se satisfait pas d'aventures sexuelles successives, mais qui cherche à bâtir une vie harmonieuse et durable à deux.

Il devra parfois chercher longtemps et faire beaucoup d'essais plus ou moins aléatoires, en fonction des lieux de résidence et du milieu social.

Tous, en province essentiellement, et même encore aujourd'hui, ne peuvent connaître un groupe d'homophiles qu i se réunit chez l'un et chez l'autre, dans une chaude ambiance de stricte amitié, et où il est plus facile de trouver « l'âme sœur » parce que rassemblant des êtres en quête de cette route unie pour un long bout de la vie.

Dans ces lieux publics fréquentés surtout par beaucoup de jeunes qui ne pensent pas encore à se fixer, dans cette société ultra-permissive où l'on joue au perverti, au jouisseur, au dégingandé, à l'affranchi, au blasé, le jeune homophile timide, craintif, sentimental, habité par un certain sens de la « morale » et qui cherche et qui veut un « ami », connaîtra beaucoup de désillusions et rencontrera beaucoup d'échecs avant de rencontrer, peut-être, « l'âme-sœur ».

La difficulté de « faire sa vie » pour un homosexuel est donc singulièrement plus compliquée que pour un hétérosexuel. Il n'est pas superflu de préciser ici qu'à la différence de ce qui existe encore dans un certain monde hétérosexuel, ne jouent pas les considérations sociales. On trouvera très facilement parmi les couples homosexuels un professeur d'université vivant avec un ouvrier d'usine, un médecin avec un vendeur de magasin, un haut-fonctionnaire avec un pâtissier, un homme fortuné avec un pauvre.

L'homophile n'attache pas d'importance à l'état civil, professionnel, bancaire de son

éventuel ami (d'où, également, ces rencontres très fréquentes entre races différentes).
C'est l'avantage assez exceptionnel et unique des lieux de rencontres homosexuels. Il y a un brassage des classes sociales comme on n'en rencontre nulle part ailleurs.
Le couple homophile vit-il en communauté ? Le plus souvent oui. Cependant ce n'est pas toujours facile, c'est peut être récent, et cela pose nombre de problèmes. Il faut bien avouer que pour certains il n'est pas facile devant la famille naturelle de dire et de montrer sa vie de couple.
Trop souvent encore, si l'un d'eux reçoit la visite de membres de sa famille, il se voit contraint de dire à son ami de quitter les lieux provisoirement afin de ne pas entraîner la curiosité, l'étonnement, la condamnation des siens. On cache souvent sa vie de couple homosexuel à ceux qui sont cependant les plus chers, père, mère, proches parents. On voudrait tout avouer, mais on a grand'peur de faire beaucoup de peine, parce que la situation homosexuelle est encore trop souvent considérée comme anormale, immorale, amorale, dangereuse, source de calamités et de déshonneur.
Le même problème se retrouvera aussi, le cas échéant, avec ses collègues de travail, à qui il faudra mentir et qu'on évitera d'inviter chez soi afin qu'ils ne découvrent pas une vérité qui est à la fois sa joie et sa peine devant les autres.
Certes, et réjouissons-nous, il y a de plus en plus de jeunes homophiles qui ne se soucient pas de ces jugements et qui les provoquent : « Si on m'estime, on doit me connaître tel que je suis et m'admettre comme je suis ».
Mais ceux, déjà plus âgés, formés à une autre école de la vie, traîneront leur vie entière ce handicap, qui ternira toujours un peu existence amoureuse. Si l'histoire veut que l'amour ait besoin de larges horizons, de soleil et d'air, il faut alors convenir que trop souvent l'amour homosexuel en est sevré. Vivre cachés, en secret, telle est la loi la plus fréquente, et parfois la peur – fondée ou non – d'être découverts, avec les éventuelles et souvent inévitables conséquences.

Le baiser au féminin.

N'oublions pas d'évoquer le choix parfois difficile de l'appartement. De propriétaires qui refuseront une location d'appartement à deux noms d'hommes ou de femmes. Cela est si vrai que le gouvernement français, dans ses divers projets, a précisément prévu une clause nouvelle dans les contrats de location afin qu'un propriétaire ne puisse plus s'opposer à louer à deux hommes ou à deux femmes. Exceptionnel encore reste l'exemple de certaines villes – San Francisco, notamment – où l'homosexualité a ouvertement droit de cité. Partout ailleurs c'est une forme d'exil.

Une voie difficile

Les difficultés pour plus tard, au moment de la séparation, de la mort, puisque l'État, bien sûr, ne reconnaît pas de telles unions, et que les lois se feront dures et injustes. Droits de succession insupportables, destruction de ce qui fut une vie.

La formule juridique dite « tontine » a permis de nombreuses années de tourner un peu les difficultés fiscales de succession de biens à la mort de l'un des deux propriétaires d'un bien, mais les lois de finances de ces dernières années ont singulièrement restreint les avantages de cette ancienne et disposition légale. Vivre à deux ne sera pas toujours facile avec l'entourage immédiat. Que de couples homophiles, n'ai-je connu, en ces 30 années, qui étaient persécutés de mille façons par les voisins.

La caresse bucco-génitale.

Quolibets, injures, menaces... par les adultes, par les enfants... Inscriptions obscènes sur une porte, une boîte à lettres, ou un pare-brise de voiture... lettres de calomnies, lettres de menaces... jusqu'au procès pour ceux qui osent riposter, pas assez nombreux, car demeure la crainte que la justice donne raison à ceux qui, pour la majorité, sont « normaux ».

Les chansonniers ou les psychiatres évoqueront la vie intime du couple homosexuel et broderont autour. On cherchera qui fait la cuisine, qui repasse, autrement dit, on essaiera toujours de mettre une étiquette sur chacun des deux, et reviendront alors ces termes stupides et dépassés d'« actif » et de « passif ».

On voudrait toujours à l'extérieur qu'il y ait un homosexuel viril et un homosexuel efféminé, un peu « folle » – ou une homosexuelle homasse, en strict tailleur, avec une ombre de moustache à la lèvre, et une petite fille vaporeuse, éthérée, mièvre... ou « dinde » ou « oie blanche » ou espèce d'ange...

S'il y a complémentarité, elle est totale. Chacun n'a pas un rôle immuable, définitif, sacralisé presque. Le couple homosexuel ressemble au couple hétérosexuel dans son action quotidienne, dans sa vie intime. Et osera-t-on ajouter que sur le plan du jeu sexuel, il en est de même, ce qui est plus facile que dans le couple hétérosexuel... Naturellement la jalousie pourra apparaître aussi dans le couple homosexuel. Le cœur a ses raisons que la raison ne connaît pas. La séparation pourra devenir un mal nécessaire.

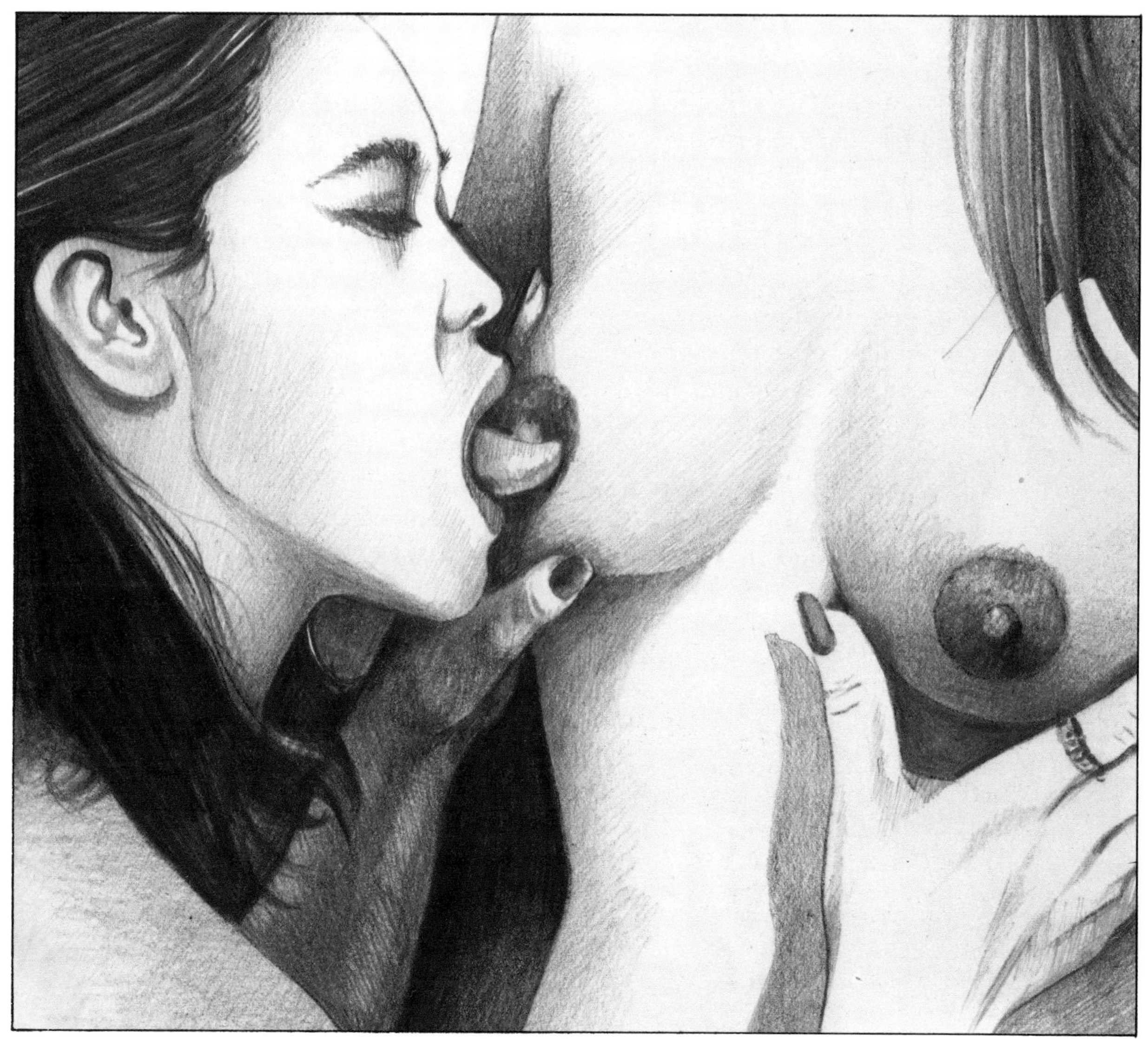

Une sensualité unisexe.

A la différence du monde hétérosexuel il est évident que la pratique sera des plus simples et des plus rapides (sauf s'il y a eu, par exemple, acquisition d'un appartement en commun). Mais il est sûr que sur le plan affectif on trouvera ici les mêmes éventuels déchirements psychologiques et sentimentaux qu'entre homme et femme. L'heure de la rupture ne sonne que rarement en même temps chez les deux conjoints. Mais telle est la vie.
Oui, telle est la vie, en fin de compte, grosso modo, la même pour l'hétérosexuel et pour l'homosexuel.

André Baudry

La loi et l'homosexualité

L'homosexualité n'est pas réprimée en droit français. Jusqu'à la loi du 4 août 1982 l'homosexualité était réprimée lorsqu'un des partenaires était mineur. Aux peines applicables aux infractions sur les mineurs s'ajoutait une peine complémentaire.
Cette aggravation a été supprimée.

Maître H.A.

(Ne pas confondre homosexualité et pédophilie. Ce dernier sujet est abordé dans le chapitre 14.)

10

L'amour et la santé

ENTRETENIR SON CORPS

LES MALADIES SEXUELLES

ENTRETENIR SON CORPS

Les excès de toutes sortes (alcool, tabac, médicaments, nourriture), le surmenage, la sédentarité, la négligence ou la méconnaissance de l'hygiène corporelle, atteignent notre corps et retentissent sur la qualité de la relation du couple.

Pour faire l'amour, nous avons besoin d'un corps en parfait état. Certes, les outils principaux (le pénis, les testicules pour l'homme ; la vulve, le vagin pour la femme) doivent être l'objet d'une attention particulière, mais c'est le corps entier avec ses muscles, sa peau, son odeur, qui concourt à la réussite de l'acte.

Les rapports sexuels sont l'une des activités primordiales de toute espèce, fut-elle humaine, car ils conditionnent rigoureusement sa pérennité. Parmi les actes fondamentaux de la vie, boire, manger, dormir... faire l'amour est un de ceux qui procurent les plaisirs les plus importants. La nature nous octroie ce plaisir afin que nous n'oubliions jamais de nous livrer à cette activité indispensable. Sans plaisir à la clé, nul doute que les uns et les autres, toutes espèces confondues, oublieraient de les pratiquer. La supériorité des êtres humains sur les autres espèces animales est d'avoir compris qu'ils pouvaient retirer de l'activité sexuelle un plaisir permanent, en évitant que la grossesse en soit la conséquence systématique. Nous avons donc détourné de son but premier, pour notre plus grand profit, l'une des activités fondamentales de la vie : nous faisons l'amour le plus souvent pour en retirer du plaisir et, tout à fait occasionnellement, pour faire des enfants. Mais la sexualité ne peut être séparée des autres fonctions du corps (comme la digestion), elle exige « une tête saine dans un corps sain ».

Nos performances sexuelles dépendent de l'âge de nos artères.

C'est en effet l'artériosclérose, l'athérome (ces petites plaques encrassant progressivement nos artères), qui menace le plus sérieusement notre corps au fil des jours, des mois et des années. On ne connaît pas encore exactement le mécanisme intime de formation de l'athérome, mais on sait quels sont les facteurs prédisposants. Aussi faut-il le prévenir en tentant d'éviter les successions de risques. L'érection chez l'homme, ou la lubrification chez la femme sont des phénomènes vasculaires. La bonne irrigation sanguine, assurée par les artères et les veines, est donc indispensable à leur réalisation. Une artère de ce territoire vient-elle à débiter moins de sang, et cette partie du corps sera immédiatement moins performante. Il en est ainsi pour les artères du cerveau : les facultés intellectuelles s'en ressentiront immédiatement. Si les coronaires, artères du cœur, viennent à se boucher, c'est l'infarctus. L'infarctus sexuel, lui, n'existe pas, et s'il n'y a pas de drames aussi brutaux, on rencontre fréquemment des insuffisances qui peuvent confiner à l'infirmité. Prévenir l'artériosclérose c'est donc acquérir une nouvelle philosophie de vie, accepter certaines contraintes à court terme en spéculant sur leurs effets bénéfiques à long terme.

Les causes des insuffisances

LE TABAC Cette toxicomanie est des plus néfastes pour le système cardio-vasculaire : en inhalant la fumée, vous augmentez de façon considérable le risque d'insuffisance artérielle ou cardiaque. En arrêtant de fumer, vous préservez votre cœur, vos artères cérébrales et cardiaques, celles des jambes, et aussi... celles de votre appareil génital.

LE SURMENAGE (STRESS) Grand ennemi de votre sexualité, il attaque jour après jour, année après année, votre système artériel par l'anxiété, la surexcitation permanente, l'hyper-activité. D'ailleurs, sans même parler de son effet toxique sur le système cardio-vasculaire, le stress est le plus souvent incompatible avec une sexualité épanouie : on ne peut donner et prendre du plaisir sexuel dans une situation d'inquiétude permanente.

L'HYPERTENSION ARTÉRIELLE Résultat du surmenage, d'une alimentation trop riche et trop salée, mais aussi de facteurs génétiques prédisposants, l'hypertension artérielle est votre ennemie. Les hommes et les femmes atteints sont d'excellents candidats à l'artériosclérose.

LE MODE ALIMENTAIRE Le Français mange mal et trop, son régime actuel comporte environ trois fois trop d'hydrates de carbone (sucre et féculents, alcools), une à deux fois trop de protéines (viandes, fromages...) et deux fois trop de lipides (graisses, huiles, beurre...). Les conséquences de cette grossière erreur alimentaire permanente sont multiples : obésité, diabète, hypertension artérielle, artériosclérose... Ces maladies dégénératives influent fortement sur notre sexualité.
Certains aliments, réputés aphrodisiaques, auraient pour effet d'améliorer les performances sexuelles. On cite souvent les huîtres, le gingembre ou l'alimentation épicée (merguez, carry...). Ce sont des vertus imaginaires : nous ne connaissons toujours pas les substances effectivement aphrodisiaques. L'alimentation épicée peut être, elle, tout au plus, d'une aide anecdotique en favorisant la vasodilatation des vaisseaux, c'est-à-dire l'augmentation de leur calibre et donc l'accroissement du débit sanguin général.

LA SÉDENTARITÉ Nous avons de plus en plus souvent des métiers sédentaires.

Or, l'activité physique est une des meilleures armes que nous possédions contre le développement de l'artériosclérose, quel que soit notre âge. Il serait vain de penser que l'activité sexuelle peut échapper à l'inertie qui la gagne année après année. En faisant fonctionner le corps entier, par des sports appropriés, c'est aussi la machine sexuelle que l'on stimulera.

Des recettes pour conserver le plus longtemps possible une sexualité satisfaisante

• Restreindre sa ration calorique alimentaire quotidienne et revoir ses menus de telle manière que l'inflation en hydrates de carbone et en graisses cesse enfin (je vous conseille fortement l'achat du remarquable ouvrage du professeur Trémolière : « Diététique et nouvel art de vivre »).
• Cesser immédiatement de fumer. Le tabac est un double poison : il prédispose aux cancers et aux maladies dégénératives des artères. Lorsque vous consommez 20 cigarettes par jour, c'est non seulement votre sexualité mais votre vie entière que vous mettez en péril.
• Trouver le temps de faire au moins une heure de sport par jour. La marche rapide, à défaut d'autres activités, représente une activité physique tout à fait respectable.
• Prendre le temps de réfléchir, éviter le surmenage, la surexcitation. Il faut aussi éviter le piège de l'hyper-activité qui parasite notre vie, déforme notre vue du monde, nous empêche d'aimer nos proches et finalement contribue à voler notre vie sexuelle.
• Aller consulter un médecin une fois par an afin qu'il s'assure, par une prise de sang, que les taux de cholestérol, de triglycérides, de glycémie à jeun et après charge en glucose, sont normaux. La tension artérielle devra être prise aussi une fois par an pour dépister l'éventuelle hypertension artérielle naissante (plus de 15 pour le chiffre maximum, plus de 10 pour le chiffre minimum).
• Faire l'amour aussi fréquemment que possible aiguise l'appétit. Au contraire, ralentir son rythme sexuel tue le désir. Ainsi, comme le biceps qui a besoin pour fonctionner normalement d'être régulièrement sollicité, les organes sexuels féminins et masculins ne seront jamais aussi performants que s'ils sont utilisés régulièrement. Chez l'homme, en effet, avec l'appauvrissement des rapports, les érections seront de moins en moins fréquentes et de moins en moins dures. Chez la femme, le vagin risque « de se rétrécir ». Fort heureusement ces situations sont parfaitement réversibles lors de la reprise des rapports sexuels.
• Mesure facultative mais certainement fondamentale : l'amour entre les deux partenaires viendra enrichir le rapport.

L'amour et les drogues

L'ALCOOL A faible dose, il peut être parfaitement bénéfique : levant les inhibitions et les interdits, il permettra aux deux partenaires de donner libre cours à leur sensualité. A haute dose, l'alcool est néfaste : l'ivresse ne porte pas aux rapports sexuels, elle les interdit au contraire, par le besoin de dormir qu'elle provoque, ou les insuffisances masculines ou féminines qu'elle crée. De plus, l'alcool cause des dégats neurologiques. Ils ont en général une sexualité extrêmement pauvre, voire inexistante.

LES DÉRIVÉS DU CANNABIS Le kif, la marijuana et autres drogues douces peuvent assurément aider dans un premier temps une sexualité grise et sans fantaisie. Mais certains individus ne peuvent avoir une sexualité satisfaisante qu'avec l'aide systématique de ce genre de drogue : c'est bien là le danger d'une telle accoutumance. Pourtant, les dégâts causés par le cannabis sur le système cardio-vasculaire ou neurologique ne semblent pas être supérieurs à ceux engendrés par le tabac lui-même. Le danger le plus sérieux réside surtout dans le passage des drogues douces aux drogues dures.

LES DROGUES DURES L'héroïne ou le L.S.D. révèlent à ceux ou à celles qui les utilisent pour la première fois un univers de sensations insoupçonnées et enthousiasmantes. Mais celui-ci disparaît très vite : la dépendance s'installe et les capacités sexuelles s'effondrent.
La déchéance physique et morale est en effet au bout de l'aventure : il serait vain de croire que la fonction sexuelle seule échappe au naufrage.

L'hygiène corporelle

En amour la propreté, non seulement est la bienvenue, mais aussi absolument nécessaire. En effet, si les vêtements, les déodorants et autres maquillages sont capables de dissimuler l'à-peu-près dans ce domaine, l'amour, lui, en revanche, révèle immédiatement les éventuelles lacunes de l'hygiène corporelle : le rapport sensuel rapproche les corps par la vue, l'odorat et le toucher. Pourtant dans ce domaine, comme dans d'autres, l'excès n'est pas de mise et ici aussi il faut savoir s'arrêter.

L'HYGIÈNE INTIME DE LA FEMME Le sexe de la femme est composé tout d'abord de la vulve (grandes lèvres, petites lèvres, méat urinaire, clitoris) et du vagin, au fond duquel est situé le col de l'utérus. Les petites et grandes lèvres sont faites de peau et de muqueuse reconnaissable à sa couleur rose chair. Les grandes lèvres sont pourvues de poils, ainsi que le pubis sur lequel ils forment un triangle que l'on appelle le triangle pubien (par opposition au losange pubien de l'homme). La peau et les poils situés sur les grandes et petites lèvres ont besoin d'une toilette quotidienne. On utilisera un savon simple (point n'est besoin de savon sophistiqué) comme le savon de Marseille, qui peut servir pour le reste du corps. Le meilleur instrument de lavage de cette région riche en plis et replis reste le doigt savonné. Une fréquente erreur consiste à utiliser des savons liquides acides, ce qui favorise l'éclosion des trop fameuses mycoses (champignons) vulvaires et vaginales. Lors de cette toilette vulvaire on n'oubliera pas la région de l'anus. Certains individus poussent la propreté jusqu'à savonner les premiers centimètres du rectum : c'est inutile, car ils sont faits de muqueuses, qui ne nécessitent aucune intervention extérieure pour leur propreté.
Les poils pubiens méritent un shampoing quotidien avec le même savon utilisé pour la vulve et pour le corps. Quant à l'intérieur des petites lèvres, à l'entrée du vagin, et au vagin lui-même, ils ne nécessitent aucun nettoyage : ces endroits sont faits de muqueuses, et cette « chair » rose comporte en elle-même des éléments de défense autrement plus efficaces contre les germes extérieurs que les lavages à l'eau et au savon. Il règne, en effet, à l'intérieur du vagin et dans toutes les muqueuses du corps humain, de nombreuses colonies de

germes « gentils » qui ont pour mission de nous défendre contre les agressions extérieures des microbes et germes dangereux. En particulier, dans le vagin, le bacille de Döderlin, par une chimie astucieuse, fabrique « in situ » de l'acide lactique propre à décourager de nombreux germes venus de l'extérieur. Ainsi, non seulement l'introduction d'eau et de savon dans le vagin détruit cette « flore intelligente » mais elle est incapable, de toute façon, d'empêcher le développement d'une flore microbienne agressive. Je suis donc opposé à tous systèmes de douche vaginale, injections diverses, supposées « nettoyer » le vagin.
Malheureusement, il y a quelques dizaines d'années, de nombreux gynécologues préconisaient ces pratiques d'hygiène intime : les habitudes sont maintenant prises et il est souvent difficile, même convaincu de leur inutilité, de les abandonner.
Pourtant, combien de mycoses, d'affections vaginales à germes divers, auraient pu être évitées !

Des cas à part

• Après l'amour : certaines femmes se plaignent, souvent à juste titre, du sperme coulant entre leurs jambes. Un doigt mouillé, non savonné, permettra d'évacuer les 2 ou 3 cm^3 de sperme résiduel après le rapport.
• Pendant les règles : si vous mettez des tampons, vous n'avez aucune toilette supplémentaire à envisager. Si vous mettez des serviettes vous éprouvez souvent le besoin (psychologique) d'être nette. Là aussi, au plus fort des règles, un doigt mouillé, non savonné, sera parfaitement suffisant, bien qu'agissant, dans ce contexte, comme le mouchoir pour le rhume. A la fin des règles, en revanche, il n'est point besoin de faire de toilette vaginale approfondie : le sang résiduel sera soit évacué, soit « digéré » sur place. En effet, toilette vaginale ou pas, lorsqu'on pose un spéculum à une femme qui vient de terminer ses règles on trouve toujours un vagin propre et rose.

Les déodorants intimes. Ce sont en général des spray aérosols qui pulvérisent un déodorant parfumé sur la vulve et le pubis. Ils n'ont bien sûr jamais remplacé la toilette à l'eau et au savon. De plus, leur odeur aseptisée est souvent aussi gênante que l'odeur naturelle. Enfin, beaucoup de femmes se croient alors dispensées du lavage quotidien et quelques cas d'allergies cutanées ont été rapportés. Quant à l'odeur des règles, un peu fade, elle est infiniment plus discrète et, semble-t-il, plus acceptable que l'odeur parfumée synthétique de ces déodorants.

Les protections périodiques. Que l'on soit une adepte inconditionnelle des tampons ou des serviettes, l'important est de se sentir bien. Du point de vue strictement médical on ne peut préconiser un système ou l'autre. Bien sûr, aux États-Unis, depuis quelques années, sont apparus des « chocs toxiques » amenant parfois la mort chez certaines femmes qui utilisaient des tampons. Aucune pathologie de ce genre n'a été rapportée en Europe et il faut tout simplement s'interroger sur la manière dont les Américaines utilisent leurs tampons internes : non plus pour les règles, mais pour masquer leurs pertes blanches témoin d'une infection vaginale !
Les tampons internes sont soit très longs, parvenant jusqu'au col de l'utérus, soit courts, ne pénétrant que de quelques centimètres dans le vagin. Certaines femmes répugnent à mettre des tampons internes par peur de les « perdre ». C'est

méconnaître fondamentalement leur anatomie. Le tampon ne peut aller plus loin que le fond du vagin où il existe un véritable cul-de-sac occupé seulement par le col de l'utérus. L'action des tampons est toujours la même : ils s'imprègnent du sang régulièrement, au fur et à mesure que celui-ci s'écoule dans le vagin. Ils doivent donc être changés régulièrement, proportionnellement au flux sanguin, toutes les heures ou les deux heures. Il est prudent de ne pas mettre de tampon la nuit : changé seulement au bout de huit ou neuf heures, il pourrait favoriser le développement de quelques germes intravaginaux. Quant aux serviettes externes, elles ont fait d'énormes progrès : plus discrètes, plus absorbantes, plus efficaces, elles sont mieux acceptées par les femmes qui, suivant les moments de l'année, leur activité, utilisent à leur gré tampons ou serviettes selon leurs besoins.

L'HYGIÈNE INTIME DE L'HOMME

Curieusement on s'est de tout temps beaucoup plus préoccupé de celle de la femme que de son compagnon. Il est vrai que le pénis, les bourses, sont bien visibles et qu'il n'existe là aucun repli secret. Pourtant le prépuce qui recouvre le gland ménage quelques endroits difficiles d'accès qu'il est important, là aussi, de nettoyer régulièrement. Les hommes, pas plus que les femmes, n'auront besoin d'un savon spécial pour leur toilette intime. Les hommes porteurs d'un prépuce découvriront leur gland quotidiennement, et s'appliqueront à tenir propre l'espace intérieur qui le sépare du prépuce. Les poils pubiens et l'anus méritent, eux aussi, un savonnage quotidien. Ici encore les déodorants intimes nous semblent parfaitement superflus et indésirables.

L'HYGIÈNE DE L'AMOUR

En fait c'est du corps entier dont il faut se préoccuper si on le veut apte à l'amour, car c'est avec lui que l'on fait l'amour et non seulement avec ses organes génitaux. Le bain, la douche, doivent être utilisés à profusion pour avoir un corps disponible à l'amour. Ce sont certes de petits moyens non indispensables, mais personne ne vous reprochera de les avoir mis en œuvre. Vous vous sentirez mieux dans votre peau et en serez d'autant plus apprécié. Pourtant, pour certains, l'odeur de transpiration constitue un stimulus érotique extrêmement puissant. Pour d'autres, l'odeur des poils pubiens (cette région est très riche en glandes sébacées) se révèle être, là aussi, un des piments de l'amour. Nous renouons ainsi avec l'odorat amoureux du règne animal : le rituel olfactif restant un des éléments les plus importants qui contribuent au rapprochement des mâles et des femelles. Ces cas individuels doivent certes être respectés lorsqu'ils sont encore vivaces mais doivent être considérés comme néfastes à l'amour de manière générale. Dans un autre ordre d'idée, on se demande souvent si le sperme est sale, s'il contient des germes, et s'il est toxique de l'avaler. Les 2 à 3 cm^3 de liquide spermatique ne contiennent strictement aucune substance toxique et celles ou ceux qui les avalent ne courent aucun risque particulier. Il en est de même de la lubrification vaginale de la femme.

En conclusion, l'hygiène sexuelle de l'homme et de la femme se résume en quelques mots de bon sens : laver quotidiennement ce qui est fait de peau avec de l'eau et du savon ordinaire, respecter rigoureusement ce qui est fait de muqueuse.

La chirurgie des organes sexuels et ses conséquences

Le recours à la chirurgie est parfois nécessaire, lorsque le rapport devient douloureux, ou que le médecin constate une anomalie significative.

Chez la femme

L'EXCISION D'HYMEN Chez certaines femmes l'hymen est tellement épais et solide qu'aucune pénétration du pénis n'est possible. La solution réside alors dans l'intervention chirurgicale sous anesthésie générale.
Elle consiste à exciser au bistouri cet hymen. Opération bénigne de quelques minutes. Les rapports sexuels pourront avoir lieu quelques jours après l'intervention et la pénétration effective se réaliser.

L'OPÉRATION DE LA BARTHOLINITE Parmi les glandes lubrificatrices du vagin il en existe deux, dites glandes de Bartholin, situées dans les grandes lèvres, près de l'anus. Ces glandes peuvent s'infecter, augmenter de volume et devenir douloureuses. C'est la bartholinite. Les médicaments antibiotiques en viendront à bout mais n'empêchent pas toujours la récidive. Le traitement consiste alors en l'excision de ces glandes de Bartholin, intervention bénigne et radicale d'une trentaine de minutes.

Les couples s'inquiètent souvent du manque de lubrification qui pourrait en résulter. En réalité la lubrification du vagin est essentiellement assurée par une « transpiration » de toutes ses parois pendant l'acte sexuel et l'excision d'une glande lubrificatrice ne changera absolument pas la quantité de sécrétion lubrifiante disponible au moment du coït.

L'ÉPISIOTOMIE Lors de l'accouchement, lorsque le médecin ou la sage-femme juge trop grosse la tête de l'enfant pour la vulve distendue, il coupera d'un coup de ciseau, sur plusieurs centimètres, la vulve en direction de l'anus. Une fois l'enfant passé, cette épisiotomie sera recousue soigneusement, plan par plan. Les fils seront retirés huit jours après. Les femmes gardent souvent, pendant quelques semaines, voire plusieurs mois, une sensibilité particulière et même douloureuse de la région, qui risque de gêner les rapports sexuels. Pourtant, dans la plupart des cas, si l'épisiotomie a été bien recousue, ce désagrément disparaîtra très rapidement.
Lorsque l'épisiotomie reste douloureuse, de nombreux mois après l'accouchement, il y a lieu de la « reprendre », c'est-à-dire que le chirurgien doit s'efforcer de faire l'excision de la cicatrice douloureuse et de la remplacer par une cicatrice indolore.

KYSTES DE LA VULVE ET DU VAGIN Ces kystes passent en général inaperçus et ne seront enlevés chirurgicalement que s'ils deviennent trop gros ou gênants, pour les rapports sexuels, ou un éventuel accouchement. Ils n'ont, en général, aucune incidence particulière sur la vie sexuelle et restent la plupart du temps très bénins.

VERRUES DE LA VULVE ET DU VAGIN (CRÊTES DE COQ) C'est une affection relativement fréquente qui se manifeste souvent par une gêne aux rapports sexuels dûs à des picotements, des brûlures. Une inspection soigneuse permet de retrouver les petites élevures blanchâtres qui ressemblent à des petites verrues.
Le traitement est en général simple : l'application d'une pommade décapante. L'électrocoagulation de ces petites verrues chez le médecin représente une solution douloureuse mais absolue.

L'ÉLECTROCOAGULATION DU COL Dans certains cas, quand le médecin a décelé une dysplasie (état pré-cancéreux du col) ou s'il ne vient pas à bout d'un ectropion (qui provoque de nombreuses pertes blanches), il sera amené, dans son cabinet même, à pratiquer une électrocoagulation, c'est-à-dire un brûlage par électricité de la lésion considérée. Cette petite intervention n'a aucune incidence sur la vie sexuelle mais les rapports sont en général déconseillés pendant les quelques jours qui suivent cette « cautérisation », qui reste en soi bénigne.

LA CONISATION DU COL Dans certains cas, le chirurgien est amené à enlever une partie du col utérin en raison d'une lésion pré-cancéreuse ou cancéreuse du col. C'est une intervention chirurgicale sous anesthésie générale et qui dure environ une heure. Elle n'aura en principe aucune conséquence sur la vie sexuelle mais, en cas de grossesse, il faudra la plupart du temps impérativement cercler ce col ou ce qu'il en reste. (Le cerclage consiste à faufiler un fil de nylon dans le col pour le fermer comme une bourse.)

KYSTE DE L'OVAIRE Le kyste de l'ovaire est en général une tumeur bénigne, qui peut survenir à tout âge et dont le seul traitement est d'ordre chirurgical. Il consiste à l'ablation sous anesthésie générale lors d'une laparotomie (ouverture de la paroie abdominale). À ne pas confondre avec les « faux kystes » de l'ovaire, qui sont causés simplement par une exacerbation de l'ovaire et qui disparaissent en général sous pilule. Il se signale par des saignements entre les règles et, parfois, par des douleurs plus ou moins tenaces parfois provoquées par les rapports sexuels. Une fois opéré, le kyste de l'ovaire ne laisse aucune trace dans la vie sexuelle de la femme.

ABLATION DES OVAIRES Le terme médical pour l'ablation des ovaires est l'« ovariectomie ». En général le chirurgien tentera, avant la ménopause, de conserver ne serait-ce qu'un mince filet du tissu ovarien, pour que la femme ne souffre pas, dès son réveil, d'une ménopause artificielle chirurgicale. En effet, les ovaires sécrètent les œstrogènes et la progestérone, hormones sexuelles féminines. Quand il n'a pas été possible de conserver du tissu ovarien, un traitement hormonal substitutif en comprimés sera institué dès les premiers jours postopératoires.
Sans ce traitement hormonal, la femme opérée souffrirait alors d'une ménopause précoce, avec son cortège habituel de signes accompagnateurs – bouffées de chaleur, rhumatismes éventuels, dessèchement général de la peau et sexualité très appauvrie par l'assèchement du vagin et le manque d'appétit sexuel.
Tous ces signes existent à différents degrés et en proportions variables chez les femmes ménopausées naturellement, mais jamais ils n'atteindront cette intensité et

cette brutalité habituellement observées après castration chirurgicale. Les conséquences psychologiques d'une telle intervention radicale sont habituellement très lourdes. On ne peut observer la disparition de ses règles et se sentir la proie de malaises et de troubles dans sa vie sexuelle sans un profond désarroi.
Toutefois, après la ménopause, l'ovariectomie bilatérale ne provoque, en règle générale, aucune manifestation notable.

LA MYOMECTOMIE OU ABLATION D'UN FIBROME UTÉRIN Cette intervention, qui se fait sous anesthésie générale lors d'une laparotomie dure en général une heure trente et n'handicapera aucunement la vie sexuelle future de l'opérée.

L'HYSTÉRECTOMIE OU ABLATION DE L'UTÉRUS Cette opération, faite aussi par laparotomie sous anesthésie générale, consiste en l'ablation soit totale de l'utérus (hystérectomie totale), soit du corps de l'utérus en laissant en place le col de celui-ci au fond du vagin (hystérectomie subtotale). Elle est réalisée en général quand de multiples fibromes déforment à ce point la cavité qu'il n'est pas possible d'en faire le détail, ou parce que l'utérus est atteint d'une tumeur cancéreuse. Malheureusement de trop nombreux chirurgiens effectuant une hystérectomie totale pour fibromes multiples à la quarantaine, enlèvent les ovaires dans le même geste chirurgical, afin d'éviter une éventuelle réintervention quelques années plus tard. Ce genre de pratique devrait à notre sens disparaître car la ménopause chirurgicale, comme nous venons de le voir, est extrêmement difficile à supporter. L'hystérectomie, totale ou subtotale, n'influera pas sur la vie sexuelle de l'opérée.
Certains préfèrent l'hystérectomie subtotale, arguant que la présence du col au fond de l'utérus permet au petit bassin de garder son équilibre et donc de conserver une sexualité intacte. D'autres s'opposent à cette pratique en rappelant que le cancer du col peut survenir sur ce col restant plusieurs années après l'intervention, et qu'il vaut peut-être mieux se prémunir immédiatement de ce risque.

LA CÉSARIENNE La césarienne consiste à couper l'utérus pour en extraire un bébé qui ne peut, soit par sa taille, soit par sa résistance amoindrie, supporter le passage par les voies naturelles. Cette intervention, comme toutes les autres citées plus haut, s'effectue par des incisions pratiquées à la base des poils du triangle pubien et qui deviennent donc invisibles quelques mois plus tard. Aujourd'hui rares sont les cas où l'incision verticale du nombril au pubis est encore nécessaire.

LA « LIGATURE DES TROMPES » OU STÉRILISATION VOLONTAIRE FÉMININE C'est un moyen contraceptif absolu mais considéré jusqu'à ce jour comme irréversible (cf. chapitre 4).
Cette intervention n'a de conséquences que sur la fécondité, car elle ne modifie ni la venue des règles, ni leur caractéristique, ni bien sûr l'âge de survenue de la ménopause. Quant à la sexualité elle reste inchangée si ce n'est bien sûr la perte totale et définitive de la crainte d'être involontairement enceinte.

L'ABLATION D'UN SEIN OU MAMMECTOMIE Généralement vécue comme un drame, car la femme est définitivement mutilée dans ce qu'elle considère être sa féminité, et parce que

cette intervention n'est justifiée que par le cancer du sein, maladie de terrible réputation.
Heureusement le dépistage de plus en plus précoce de cette affection permet d'intervenir souvent pour réduire à minima, en effectuant une simple tumorectomie (ablation de la tumeur seule) qui laisse le sein en place. Dans les cas malheureux ou la mammectomie est nécessaire, les chirurgiens qui proposent une réparation esthétique à l'aide de prothèse sont de plus en plus nombreux.
Les femmes mammectomisées retrouvent ainsi leur dignité et perçoivent leur mutilation d'une manière moins aiguë. La cicatrice de la mammectomie, en général fort laide et quelque peu repoussante, est de toute façon très anti-érotique pour la femme et son compagnon.
Grâce aux prothèses et aux progrès de la chirurgie esthétique on a radicalement transformé le « pronostic moral » de cette maladie en attendant d'améliorer les chances de guérison.

Chez l'homme

LES OPÉRATIONS DE LA PROSTATE

La prostate est une petite glande qui mesure 3 à 4 centimètres et pèse environ 20 grammes. Organe clé de l'éjaculation, elle produit un tiers du liquide contenu dans celle-ci.
En effet, à l'intérieur de la prostate existe un petit tuyau appelé urètre prostatique qui se gonfle progressivement sous la pression du liquide séminal. Celle-ci dépend de la fermeture des deux « issues » de la prostate :

- En haut, un premier « sas de sécurité », représenté par le sphincter (anneau musculaire), ferme la sortie de la vessie.
- En bas, son propre sphincter à la sortie de l'éjaculation, vers le pénis. Normalement, lors de l'éjaculation, le sphincter du bas est ouvert alors que celui du haut, oblitérant la vessie, est fermé. Cette disposition permet au sperme de s'écouler vers le pénis, puis à travers le méat urinaire (l'orifice de la verge). Lorsque le chirurgien doit intervenir dans cette région, il ne peut le faire en général sans détruire le sphincter de la vessie : lors de l'éjaculation le sperme s'expulsera dans la vessie, en raison de l'ouverture de ce sphincter lésé. C'est l'éjaculation rétrograde. En bref, il y a orgasme, sensation de plaisir, mais aucune expulsion de liquide à l'extérieur de la verge : c'est l'orgasme « sec ». Une opération de la prostate rend donc en général stérile mais aucunement impuissant. La plupart des opérés d'ailleurs ne se plaignent pas de cette nouvelle situation car ils sont soulagés des ennuis urinaires qui avaient motivé l'intervention. L'érection bien entendu est la même : elle ne diminuera pas mais il ne faut pas compter non plus sur une amélioration. Pourtant certains hommes se plaignent d'une très notable diminution de leurs capacités sexuelles. Les causes en sont psychologiques. La prostate fait en effet partie des « outils » masculins sexuels. La chirurgie l'a rendue douloureuse, a fait saigner et a angoissé le patient, le rendant plus fragile. Parfois aussi l'absence d'éjaculation extérieure est très mal acceptée : on ne s'habitue pas si facilement à être « différent », surtout dans ce domaine.

<u>Pourquoi opère-t-on la prostate ?</u>
Les interventions chirurgicales ont pour but, en général, de réaménager la voie urinaire : l'adénome de la prostate, une sorte de fibrome de cette glande, empêche les hommes, au fur et à mesure qu'il grossit, d'uriner correctement.

Quant au cancer de la prostate, il n'est en général pas opérable, et on essaie de lui opposer des hormones femelles pour le faire régresser. Les résultats sur le cancer sont satisfaisants, mais désastreux pour l'état général : les seins vont se développer, les poils vont tomber, la barbe ne poussera plus et surtout le désir sexuel va disparaître et l'impuissance totale et irréversible s'installer.

LA STÉRILISATION MASCULINE OU VASECTOMIE Nous l'avons vu au chapitre de la contraception, cette intervention est irréversible. Elle n'a strictement aucune influence sur la sexualité des hommes : l'érection est conservée ainsi que l'éjaculation, mais les spermatozoïdes en sont tout simplement absents.

LE CANCER DU TESTICULE Ce cancer se soigne de mieux en mieux, au prix d'une castration unilatérale (on enlève en général le testicule malade) et d'une radiothérapie poussée, accompagnée d'une chimiothérapie selon le type de la tumeur, très souvent un séminome. L'homme à qui on a fait l'ablation d'un testicule gardera une sexualité intacte : le testicule restant est parfaitement capable de sécréter suffisamment d'hormones mâles, la testostérone, pour lui conserver son apparence masculine normale.

LES PROBLÈMES DE PRÉPUCE Le prépuce est cette petite peau qui recouvre le gland, rattachée par ce que l'on appelle le frein du prépuce. On en fait systématiquement l'ablation chez les Juifs et les Arabes pour des raisons religieuses. Certains sexologues pensent que cette petite peau a un rôle fondamental dans la sexualité de l'homme, d'autres, comme moi, la trouvent inutile. Ce prépuce peut être à l'origine de ce que l'on nomme un phimosis : le gland ne peut s'extérioriser à travers un orifice trop petit aménagé par le prépuce. Ce phimosis s'accompagne très souvent d'adhérence entre le gland et l'intérieur du prépuce.
Cette affection favorise d'ailleurs les infections puisqu'elle empêche de pratiquer les soins d'hygiène traditionnelle. Parfois le phimosis évolue en paraphimosis : le gland est littéralement étranglé par le prépuce. Il s'agit alors d'une urgence urologique tant la douleur et le danger sont grands. Le traitement du phimosis et du paraphimosis est extrêmement simple et anodin : c'est la circoncision, acte chirurgical rapide, dénué de risque.

L'HYDROCÈLE C'est un épanchement de liquide dans les enveloppes du testicule. Les bourses gonflent et deviennent très volumineuses. L'hydrocèle est une affection bénigne et indolore, mais gênante par le volume et le poids que peuvent prendre les bourses. L'intervention chirurgicale qui consiste à faire l'ablation de l'enveloppe du testicule est anodine, efficace et sans effet sur la sexualité de l'homme.

LA TORSION DU TESTICULE C'est une urgence urologique : le testicule se tord sur son axe et les principales artères et veines du testicule sont alors « coudées ».
En l'absence d'intervention, le testicule sera très vite menacé « d'infarctus ». (Cet infarctus sera irréversible s'il persiste plus de 6 heures.) Ainsi, sans intervention rapide, l'homme perd son testicule, événement sans conséquences notables sur sa sexualité ni sur sa santé en général, si le deuxième testicule n'a pas été lui aussi touché par ce phénomène (situation fort rare).

LE PRIAPISME Le priapisme est une érection qui se poursuit en dehors de tout contexte érotique pendant un temps très prolongé, plusieurs heures.
Cette érection tout à fait anormale ne parvient jamais à l'éjaculation. En l'absence de traitement la verge peut devenir extrêmement douloureuse.
L'homme atteint connaît très vite une angoisse intense et une insomnie totale. Si ce priapisme dure plus de quinze jours, une impuissance totale et irréversible s'installe : tout se passe comme si le sang qui permet le gonflement de la verge ne parvenait plus à s'échapper de celle-ci selon les mécanismes physiologiques. Soigner cette urgence est l'œuvre du chirurgien : au-delà de 36 heures de priapisme le système érectile de l'homme serait définitivement et, pis encore, irréversiblement lésé.

LES TROUBLES DE L'ÉJACULATION
L'éjaculation est parfois perturbée par certains processus pathologiques :
• Teintée de sang : c'est l'hémospermie. Inquiétant et angoissant, ce sang dans le sperme sous forme de stries correspond à un état infectieux inflammatoire de la prostate ou des vésicules séminales. Pourtant, dans plus de la moitié des cas, les examens de laboratoire ne révèleront absolument aucune anomalie. Souvent très éphémère, cette affection se termine comme elle a commencé : brutalement, avant tout traitement. La thérapeutique est en général anti-inflammatoire et antibiotique.
• Trop abondante : dépassant le volume normal de 3 ou 4 cm^3 elle en atteint 6, voire 8 ou 9. Cette augmentation de volume correspond souvent à une infection des voies génitales, en général la prostate, ainsi que les vésicules séminales (ces trois glandes, rappelons-le, produisent à elles seules 75 % du liquide éjaculatoire).
• Le pus dans le sperme : désigné par le mot pyospermie, ce trouble est décelable par la couleur franchement jaune ou verte que prend le sperme. La guérison d'une affection prostatique ou des vésicules séminales en viendra souvent à bout.
• L'éjaculation douloureuse : au moment de l'émission du sperme, la douleur est parfois extrêmement violente, irradiant vers l'anus et tout le périnée. L'homme ressent alors une sensation de « spasme brûlant », de longues brûlures qui persistent souvent quelque temps après l'écoulement du sperme. C'est le signe, en général, d'une affection de la prostate qu'il convient de soigner par un traitement anti-inflammatoire et antibiotique. Le sujet doit immédiatement consulter.
• L'éjaculation sans force : réduite à quelques gouttes, filtrant par l'orifice du pénis, peut être due aux « rétrécissements de l'urètre ». Ce long canal, transporteur du sperme depuis la prostate jusqu'à l'orifice de la verge, est rétréci par des phénomènes infectieux. L'homme atteint de cette affection ne ressent pas d'orgasme mais un « spasme prolongé » peu générateur de plaisir ou s'accompagnant même d'une sensation désagréable. Le traitement consiste en des dilatations progressives et douces de l'urètre effectuées par le médecin urologue.
Une étude détaillée est consacrée au cas de l'éjaculation dite « précoce » ou « prématurée » dans le chapitre 12, traitant des défaillances sexuelles masculines et féminines ; nous ne les aborderons donc pas ici.

Docteur David Elia

LES MALADIES SEXUELLES TRANSMISSIBLES

La libéralisation des mœurs entraîne la multiplication des maladies sexuelles transmissibles : une réalité que ne peuvent ignorer les couples d'aujourd'hui. Encore considérées comme « honteuses », ces maladies, ainsi dissimulées, se propagent alors qu'elles sont en général très faciles à traiter et à guérir.

Longtemps appelées vénériennes (de Vénus, déesse de l'Amour), ces maladies ont changé de dénomination depuis quelques années. On parle aujourd'hui de maladies sexuelles transmissibles. Plusieurs raisons ont contribué à cette modification de vocabulaire. Tout d'abord, le cadre de ces maladies s'est singulièrement élargi. En effet, la possibilité d'une transmission sexuelle de certaines maladies comme l'herpès, la gale, certaines formes d'hépatite virale, et même certains cancers des organes génitaux, a été démontrée. De plus, cette nouvelle appellation permet de souligner l'importance des contacts sexuels dans la propagation de ces maladies. Enfin, l'expression « maladies vénériennes » était chargée d'un lourd héritage de « honte » (maladies honteuses) et de tabou. L'activité sexuelle est une activité normale. Il convient donc de parler librement et ouvertement des maladies qui peuvent en découler.

Des progrès considérables ont été accomplis tant dans le diagnostic que sur le plan thérapeutique. Les nouvelles méthodes de dépistage et de traitement individuel sont si efficaces que ces maladies auraient dû disparaître. Or, il n'en est rien. Les autorités sanitaires de tous les pays du monde attirent sans cesse l'attention sur la formidable recrudescence des M.S.T. (c'est ainsi que l'on désigne couramment ces maladies) et de leurs complications, en particulier la stérilité. Il s'agit bien là d'une faillite épidémiologique totale. De multiples raisons peuvent expliquer cet échec. Aucune d'entre elles, prise séparément, n'a d'action déterminante, mais toutes concourent, à un degré variable, à l'accroissement des M.S.T. En premier lieu, depuis 50 ans, on observe une diminution régulière de l'âge de la puberté. Cette constatation explique la précocité des contacts sexuels, d'autant plus facilités aujourd'hui par les progrès de la contraception. Cette maturité biologique ne s'accompagne pas nécessairement d'une maturité psychologique ou intellectuelle. Ce fait est aggravé par l'absence d'information sérieuse des jeunes.

Par ailleurs, l'évolution de nos sociétés modernes multiplie les facteurs de risques. L'urbanisation facilite les contacts sexuels dits « occasionnels ». C'est une banalité de constater que la ville offre beaucoup plus de possibilités de rapports « anonymes » que tel ou tel petit village.

La « libéralisation » des mœurs, par certains aspects, crée artificiellement un besoin sexuel comparable aux besoins de consommation commerciale. Certaines publicités, certains spectacles audio-visuels, construisent de toutes pièces des symboles sexuels, voire même des types de comportements sexuels. Il est tout-à-fait évident que la sexualité enfin libérée d'un carcan de tabous et de préjugés doit s'intégrer naturellement et librement dans notre vie quotidienne. Mais, trop souvent, au nom de la liberté, on multiplie les sollicitations sexuelles, en négligeant la véritable information.

Un autre facteur important est représenté par la multiplication des voyages. Qu'il s'agisse de déplacements professionnels ou d'agrément, ils constituent un dépaysement affectif et sexuel, propice aux « aventures sans lendemain ».

La rapidité croissante des transports, aériens en particulier, permet une dissémination fulgurante des M.S.T. Par exemple, tel homme contaminé lors d'un séjour dans le sud-est asiatique pourra avant toute manifestation clinique, contaminer sa femme à son retour à Paris. Ainsi, il devient de plus en plus difficile de localiser et donc de traiter les sujets « contacts ».

Mais, surtout, c'est l'ignorance quasi-générale en matière de M.S.T. qui est le grand responsable de cette recrudescence.

Le poids de la honte

La honte et le tabou sur les M.S.T. sont loin d'avoir disparu. De plus, l'information reste fragmentaire. Au lycée, elle est dispensée par des éducateurs, certes pleins de bonne volonté, mais qui n'ont pas reçu de formation suffisante. Au sein de la famille, les discussions sont pratiquement inexistantes, et, entre jeunes, nombre d'informations erronées circulent.

Quant aux médecins, ils portent également une part de responsabilité. Le rôle d'éducateur sanitaire du corps médical est encore négligé. Pourtant, une information simple pourrait être délivrée, par exemple lors d'une prescription de contraceptifs. L'information en matière de M.S.T. n'a pas pour but d'effrayer ou de dégoûter de l'acte sexuel. Bien au contraire, elle doit libérer de la peur engendrée par ces maladies, permettre de consulter rapidement et donc de guérir sans séquelles.

Trois notions simples sont à connaître :

• Il s'agit de maladies très contagieuses qui se transmettent lors de contacts sexuels de quelque type que ce soit. Mais, certaines d'entre elles peuvent se transmettre par l'intermédiaire de linge ou d'objets de toilette souillés.

• Ces maladies détectées et traitées rapidement guérissent sans séquelles. Mais, non traitées ou traitées avec retard, elles peuvent persister indéfiniment et provoquer des complications très graves.

• Dans de très nombreux cas, les M.S.T. à leur début, sont inapparentes ou donnent des manifestations très légères chez la femme. Il incombe donc à l'homme d'assumer la responsabilité de prévenir sa partenaire afin qu'un traitement simultané puisse être entrepris.

Les principales manifestations de ces maladies

Les signes initiaux de ces maladies doivent bien entendu, être connus. Passons donc en revue les principales manifestations des M.S.T.

Ce sont des maladies infectieuses, c'est-à-dire dues à des germes ou microbes. Ces germes sont très nombreux et seul un examen de laboratoire permet leur identification précise.

• La syphilis, ou vérole est la plus connue de toutes les M.S.T. Elle est due à un microbe appelé « tréponème pâle ». Ce dernier se propage d'un organisme infecté à un organisme sain, par contact direct, généralement lors d'un rapport sexuel. Environ trois semaines (parfois plus) après le rapport infectant, apparaît un bouton arrondi, dur et souvent indolore : le chancre. Ce chancre siège à l'endroit de l'inoculation : organes génitaux, mais aussi anus, gencives, lèvres, amygdales ou langue. Il s'accompagne d'un ganglion de voisinage, dur mais indolore.

Malheureusement, le chancre n'a pas toujours cet aspect typique. Il peut revêtir des formes trompeuses, en particulier au niveau anal. Mais, surtout, il risque de passer inaperçu chez la femme quand il siège à l'intérieur du vagin ou sur le col de l'utérus. La conduite à tenir est simple. Dès l'apparition de la lésion, il faut consulter un médecin et se garder d'appliquer toute pommade. Un examen au microscope, ou une prise de sang, permettra de faire le diagnostic.

Exemple d'une chaîne de propagation d'une M.S.T. à partir d'un seul sujet contaminé.

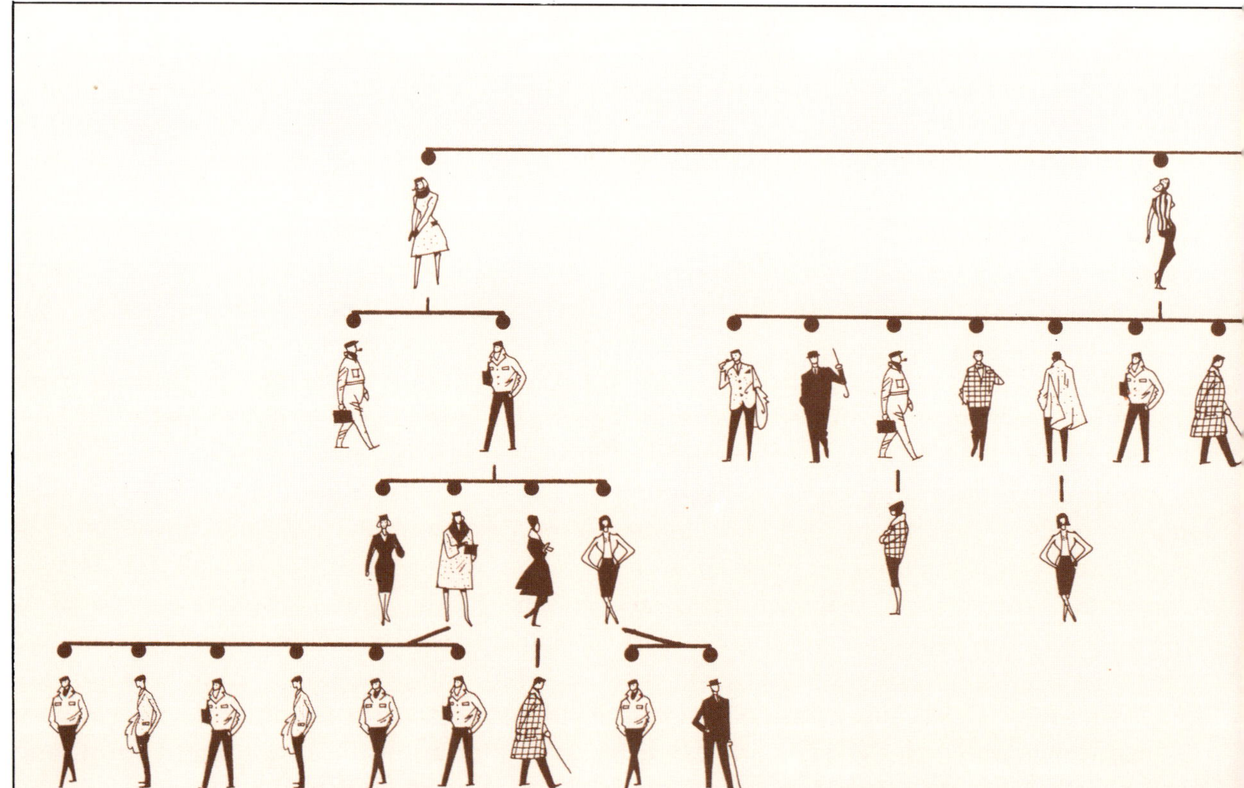

Bien entendu, l'homme doit rapidement prévenir sa (ou ses) partenaire(s) car elle(s) peut(vent) ne rien suspecter.
Traitée à ce stade, la syphilis guérit rapidement et définitivement. Si le chancre n'est pas traité, il va cicatriser spontanément, laissant le malade croire à une guérison. En réalité, le tréponème se multiplie déjà dans tout l'organisme et, un mois à un mois et demi après l'apparition du chancre, vont apparaître les premiers signes de la syphilis secondaire.
Les manifestations de la syphilis secondaire sont nombreuses et souvent trompeuses. La première est la roséole. Il s'agit d'une éruption souvent confondue avec une urticaire ou une allergie alimentaire ; elle s'en différencie pourtant en ne provoquant aucune démangeaison. Secondairement, des plaques muqueuses apparaissent dans la bouche, sur les lèvres, dans le vagin. Il s'agit de petites taches grisâtres très contagieuses. Elles sont à l'origine des contaminations extra-génitales (baiser, échange de verre, etc.). Puis, surviennent de petits boutons durs de la taille d'une tête d'épingle, de couleur rouge-sombre : les syphilides. Elles siègent sur les organes génitaux où elles peuvent s'ulcérer, autour de la bouche, sur les membres, sur la paume des mains et la plante des pieds ; elles ne provoquent généralement ni démangeaisons ni brûlures.
Parallèlement, de très nombreux ganglions apparaissent dans le corps. Ils sont durs, de petite taille et indolores. Le malade se sent souvent fatigué, se plaint de migraines et présente souvent une chute de cheveux.

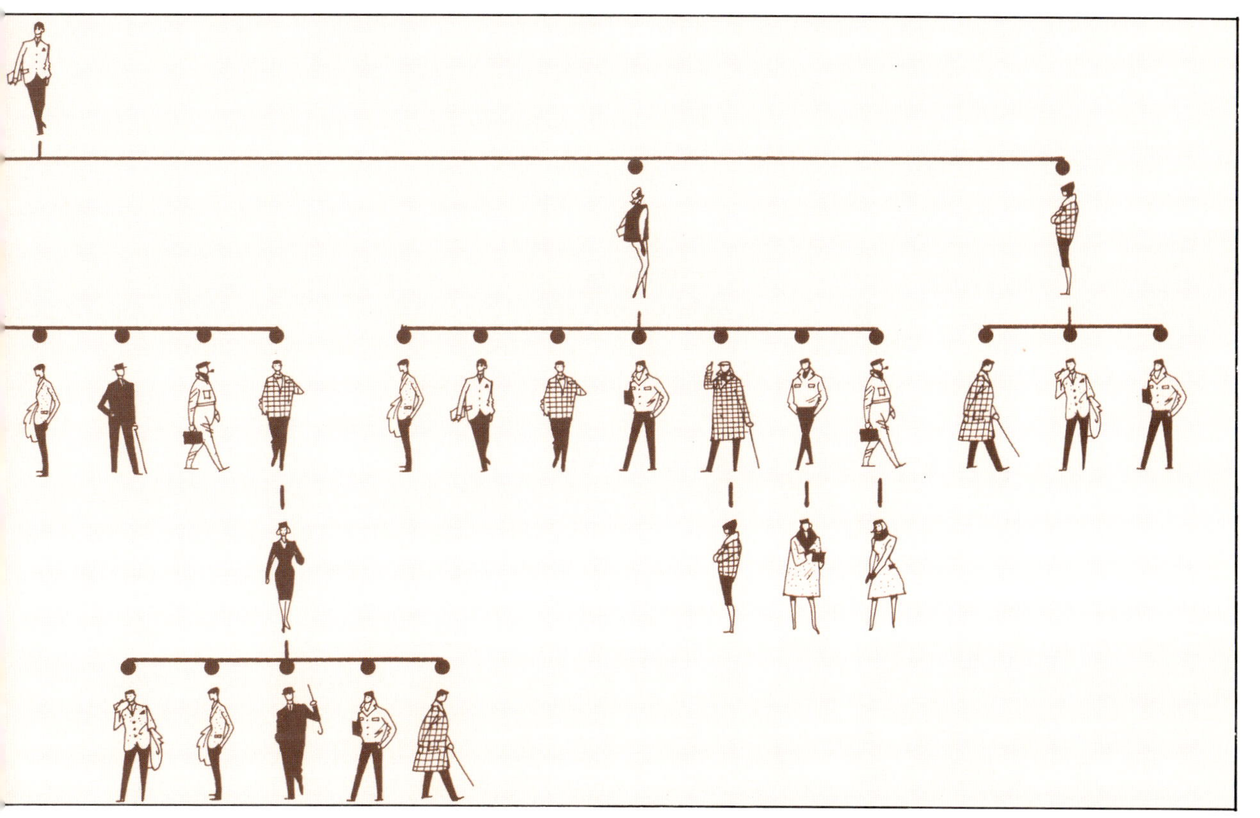

Mais, là encore, la syphilis peut revêtir beaucoup d'aspects trompeurs. Cependant, une simple prise de sang permet d'affirmer le diagnostic. Celle-ci est toujours positive au cours de la syphilis secondaire. Le traitement instauré à ce stade sera plus long que lors de la phase primaire, mais bien suivi, il amènera la guérison. Cependant, il faut bien savoir, que même correctement traité, le malade gardera une prise de sang positive plusieurs mois, voire plusieurs années. Il ne s'agit nullement d'un échec thérapeutique mais d'une simple « cicatrice sérologique » sans conséquence. Si aucun traitement n'est prescrit, cette phase secondaire peut durer 6 à 18 mois pendant lesquels les poussées se succèdent, puis tout semble rentrer dans l'ordre. Une longue phase de latence s'installe alors, pendant 2 à 10 ans. Les manifestations de la période tertiaire (exceptionnelles en France) surviennent alors. Il s'agit de signes dermatologiques d'allure diverse, mais aussi, bien souvent, d'une atteinte de tous les systèmes de l'organisme :

- cardio-vasculaire : aortite et anévrisme souvent mortels.
- neurologique : cécité, surdité, douleurs effroyables du tabès (atteinte de la moelle épinière) avec troubles de la marche, paralysie générale et démence.

A ce stade, les lésions sont irréversibles.

Le cas de la femme enceinte

La contamination d'une femme enceinte par le tréponème pâle peut parfois poser des problèmes délicats. Si la femme est atteinte et traitée avant le quatrième mois et demi de grossesse, l'enfant ne court aucun risque. Passé ce délai, le placenta devient perméable et le tréponème contamine l'enfant. Dans certains cas, on assiste à la mort du fœtus et à un avortement spontané. Parfois, l'enfant vient à terme mais présente rapidement des signes de syphilis congénitale précoce : apparition de bulles sur le corps siégeant essentiellement sur la paume des mains et la plante des pieds, puis de papules (boutons durs et en relief) souvent suintantes dans les régions humides, puis de fissures cutanées autour des lèvres, des narines, de l'anus.

L'enfant présente une peau fripée, couleur jaune-sale (« peau de vieillard »). Assez souvent, on note un écoulement nasal parfois très important. Par ailleurs, le foie et la rate sont hypertrophiés ; les reins et les poumons, les os et les yeux peuvent être atteints. Le traitement est efficace mais les séquelles sont généralement sérieuses. Le risque est trop grand pour que médecins de famille, gynécologues, et futures mères n'y soient pas sensibilisés.

Dans d'autres cas, la syphilis acquise lors de la grossesse ne se démasque chez l'enfant qu'entre 5 et 10 ans. Il s'agit de la syphilis congénitale tardive avec atteintes cutanées très dévastatrices, lésions neurologiques, lésions oculaires, surdité, lésions osseuses... Là encore, même si un traitement est entrepris, les séquelles peuvent être considérables et compromettre l'épanouissement de l'enfant.

C'est pour prévenir ces manifestations désastreuses que la femme enceinte doit faire l'objet d'une surveillance étroite par prises de sang tout au long de sa grossesse. Si une syphilis est alors détectée, le traitement bien conduit amènera la naissance d'un enfant sain.

En conclusion, la syphilis reste une infection trompeuse dans ses manifestations cliniques, et d'évolution grave en l'absence de traitement. Heureusement, les tests san-

guins de laboratoire sont actuellement très fiables et simples d'exécution. Ils permettent de déceler immédiatement toute contamination suspecte.
Ces tests consistent à mettre en évidence dans le sang des anticorps (substance de défense) dirigés contre le tréponème. Ces anticorps peuvent être détectés dès le cinquième jour du chancre. Leur taux augmente ensuite régulièrement. Même en cas de traitement correct, l'organisme continue à produire ces anticorps. Ainsi, la prise de sang peut rester positive plusieurs mois après la fin de l'infection sans que le malade n'ait à s'inquiéter.
Le traitement reste fondé sur la pénicilline toujours remarquablement efficace. En cas d'allergie, on peut s'adresser aux tétracyclines ou à l'érythromycine.

• Le chancre mou est dû à un germe : le « bacille de Ducrey ou Hemophilus Ducreyi ». Maladie réputée tropicale, elle est de plus en plus fréquente en France et en Europe à la faveur des déplacements de population pour le tourisme ou le travail. Après le rapport sexuel infectant, 2 à 5 jours (période d'incubation) peuvent s'écouler avant l'apparition des premiers signes. Il s'agit de lésions en relief sur la peau avoisinante, qui évoluent rapidement en se creusant, créant une ou plusieurs ulcérations douloureuses. Cette ulcération est peu profonde, non indurée, de forme irrégulière, à bords déchiquetés. La taille de ces lésions est variable. Elles siègent sur les organes génitaux et peuvent entraîner, à la longue, des destructions tissulaires importantes. Il existe des ganglions de voisinage (aine) de volume important, très douloureux, évoluant comme un énorme abcès avec suppuration.
La prise de sang à la recherche de syphilis est négative, mais parfois une syphilis peut être associée au chancre mou.
Le diagnostic peut se faire par la découverte du bacille de Ducrey au laboratoire, soit à partir de l'ulcération, soit à partir du pus ganglionnaire. Le traitement fait appel aux sulfamides ou à l'érythromycine. La pénicilline est inefficace.

• La donovanose est une M.S.T. essentiellement rencontrée dans les régions tropicales et subtropicales (Amérique du Sud, Antilles, Iles du Pacifique, Sud de l'Amérique du Nord, Inde, Indonésie, Chine du Sud, Afrique occidentale et nord de l'Australie). Le germe responsable est le « Donovania granulomatis » ou « corps de Donovan ». Après une incubation de 7 à 30 jours (parfois beaucoup plus), apparaît une lésion granuleuse et ulcérante rouge vif, lentement extensive, pouvant couvrir de grandes surfaces. Ces lésions sont indolores et ne s'accompagnent pas de ganglion. Elles évoluent vers une cicatrisation lente. La prise de sang à la recherche de la syphilis est négative. Le traitement fait appel aux tétracyclines et à l'érythromycine.

• La lymphogranulomatose vénérienne ou maladie de Nicolas et Favre est une M.S.T. fréquente dans les pays tropicaux (Amérique du Nord et du Sud, Antilles, Afrique Occidentale, Inde, Chine du Sud, Malaisie), rare dans les pays tempérés. Les germes responsables de cette maladie sont certains types de Chlamydia trachomatis. Nous verrons ultérieurement que d'autres types de Chlamydia trachomatis sont la cause la plus fréquente d'uréthrites ; enfin, d'autres types encore sont les agents redoutés du trachome, première cause de cécité dans le monde. Après une période d'incubation de 3 semaines en moyenne, apparaît une lésion de petite taille, non indurée, localisée sur le gland ou le prépuce chez l'homme, la vulve ou les parois vaginales chez la femme. Cette lésion disparaît rapidement. Secondairement, les malades se plaignent

de ganglions de plus en plus volumineux, sensibles. Parfois, l'état général est altéré : fièvre, malaises, nausées. Les ganglions devenus énormes suppurent, puis cicatrisent. Des récidives sont possibles.
La prise de sang concernant la syphilis est négative. La recherche de Chlamydia trachomatis peut être confiée à des laboratoires très spécialisés. Une prise de sang spécifique de Chlamydia trachomatis peut également être d'un grand secours. Le traitement repose sur les tétracyclines ou l'érythromycine.

Les infections localisées

En dehors de ces maladies à manifestations essentiellement dermatologiques, il existe un groupe très important d'infections à expression uro-génitale ou gynécologique : les urétrites et vulvo-vaginites.
La plus connue de toutes est la gonococcie ou « chaude-pisse ». Elle est due à une bactérie nommée « Neisseria gonorrhoeae » ou « gonocoque ». En France, elle atteint environ 500 000 personnes par an ; aux États-Unis, 2,5 millions, soit une gonococcie toutes les 12 secondes ! Il s'agit là de l'illustration parfaite de l'échec épidémiologique évoqué plus haut.
La période d'incubation de la gonococcie, autrefois de 3 jours, tend à augmenter. Elle est habituellement de 5 à 6 jours chez l'homme et de 8 à 10 jours chez la femme.
Chez l'homme, les premières manifestations sont des brûlures vives en urinant (« chaude-pisse ») ; elles témoignent d'une irritation du canal urétral. Les urines sont troubles. Très rapidement, apparaît un écoulement purulent à l'extrémité de la verge, à mesure que les brûlures en urinant diminuent. Il s'agit d'une urétrite. Chez la femme, les signes sont beaucoup plus discrets. L'inflammation vive du vagin et des organes génitaux externes (vulve) avec pertes purulentes abondantes (leucorrhées) signe la vulvo-vaginite aiguë. Ce tableau est devenu très rare. Parfois, la malade note une recrudescence inhabituelle des pertes, ou une légère irritation externe ou interne. Mais, le plus souvent, l'infection gonococcique féminine est muette. C'est aux partenaires masculins d'avertir la femme d'un risque d'infection.
La gonococcie se transmettant lors des rapports sexuels, des localisations autres que génitales sont envisageables et de plus en plus fréquemment rencontrées.
Lors d'un coït anal, la femme et l'homosexuel passif peuvent être contaminés. L'infection se manifeste alors par une ano-rectite souvent peu bruyante, évoluant de manière chronique.
De même un rapport oro-génital peut amener une infection pharyngée qui passe en général longtemps inaperçue. Cette dernière localisation, fréquente chez la femme, peut être à l'origine de complications graves (cardiaques en particulier). Des complications génitales peuvent survenir si la maladie est négligée.
Chez l'homme, la gonococcie atteint les petites glandes étagées le long du canal urétral (glandes de Littré, glandes de Cowper et prostate). L'atteinte de la prostate ou prostatite nécessite un traitement long et expose souvent à des séquelles inconfortables. Les testicules et les épididymes peuvent être atteints provoquant un gonflement très douloureux d'une ou des deux bourses. L'atteinte des deux épididymes provoque généralement une stérilité définitive.
Enfin, en cas d'évolution très prolongée, l'urètre masculin se rétrécit, causant une gêne à l'évacuation urinaire. Cette dernière complication est, fort heureu-

sement, devenu très rare de nos jours. Chez la femme, la discrétion des signes initiaux de la maladie explique la fréquence des complications.

La bartholinite correspond au développement d'un abcès à gonocoques dans la glande de Bartholin située à l'orifice du vagin. En cas d'échec du traitement médical, ou en cas de récidive, une intervention chirurgicale est nécessaire.

L'atteinte des trompes reliant le corps de l'utérus aux ovaires est beaucoup plus sérieuse. Elle provoque une salpingite qui se manifeste par une fièvre à 39° C avec fatigue et courbatures, des douleurs du bas-ventre, uni-ou bilatérales, parfois des pertes purulentes ou sanglantes.

Le traitement est long. Il doit être adapté à l'étendue des lésions. C'est pourquoi il faut pratiquer une cœlioscopie afin d'observer les dégâts occasionnés par le gonocoque. Cet examen s'effectue sous anesthésie générale. Il consiste à introduire par une petite incision pratiquée au niveau de l'ombilic un appareil optique (un cœlioscope). On peut ainsi observer directement l'état des trompes et des organes avoisinants. C'est lors de cet examen que l'on peut découvrir une atteinte simultanée de la capsule du foie (syndrome de Fitz-Hugh-Curtis).

Malgré un traitement bien adapté, la conséquence redoutée des salpingites est la stérilité. En effet l'infection peut « boucher » les trompes et former un obstacle infranchissable pour l'ovule. Malgré les progrès constants de la microchirurgie, nombre de ces obturations tubaires restent définitives.

Enfin, chez l'homme comme chez la femme, des complications à distance peuvent s'observer. Par migration sanguine, le gonocoque peut atteindre les articulations créant des arthrites. Poignets, genoux, chevilles, doigts et orteils sont les plus touchés. Ces arthrites s'accompagnent volontiers de signes dermatologiques discrets : petits boutons en nombre réduit contenant le gonocoque.

Le cœur, et en particulier sa paroi interne, l'endocarde, peut être atteint souvent à partir d'un foyer pharyngé. L'endocardite qui en résulte est extrêmement grave, conduisant parfois à la mise en place de valves cardiaques artificielles. Dans certains cas, l'endocardite gonococcique est mortelle.

Les yeux sont le siège d'une infection gonococcique par souillure directe (par les doigts par exemple). Il se développe alors une conjonctivite avec écoulement de pus. C'est chez le nouveau-né que cette localisation provoque le plus de drames. En effet, lors de l'accouchement, l'enfant se contamine en passant par le col de l'utérus maternel infecté. Heureusement cette complication est exceptionnelle de nos jours grâce à la surveillance bactériologique effectuée sur les futures mères, et surtout à l'administration systématique de collyre à la pénicilline ou au nitrate d'argent dans les yeux des nouveaux-nés.

Le diagnostic de laboratoire de cette infection est très aisé. L'examen direct permet en quelques minutes de détecter la bactérie. Dans les cas plus complexes, la culture donne un résultat en 48 heures.

Le traitement des formes non compliquées fait appel à une technique rapide : le traitement minute. Une dose unique d'antibiotiques permet une guérison en 24 heures. Bien entendu, cette méthode n'a de valeur que si tous les partenaires sexuels sont traités simultanément.

Très régulièrement, de nouveaux antibiotiques sont testés en laboratoire. En effet, le nombre de cas de gonococcie, et par conséquent l'utilisation massive d'antibiotiques amènent des cas de résistance au traitement. Ainsi, depuis quelques années, des races de gonocoques résistant à la pénicilline et à d'autres antibiotiques sont apparues d'abord dans le Sud-Est asiatique et aux Philippines, puis dans le monde entier.

Fort heureusement, de très nombreux produits restent à notre disposition avec une remarquable efficacité. Enfin, signalons que dans quelques cas la gonococcie peut se contracter en dehors de tout contact sexuel. La contamination se fait alors par des W.C. ou du linge de toilette souillé. Néanmoins, ces cas restent très rares.

Bactéries et parasites

Chlamydia trachomatis, minuscule bactérie, est responsable de la plus fréquente des M.S.T. Plusieurs types de Chlamydia trachomatis sont connus, quatorze au total, répartis en trois groupes :

- Le premier groupe comprenant les types A, B, C est responsable du trachome.
- Le deuxième groupe comprenant les types L_1, L_2 et L_3 est responsable de la lymphogranulomatose vénérienne.
- Le troisième groupe comprenant les types D, E, F, G, H, I, J, K est responsable des infections génitales.

Aux États-Unis, on estime à 12 millions le nombre de cas annuels de chlamydioses uro-génitales. En France, 60 % des urétrites non-gonococciques sont dues à Chlamydia trachomatis.

Au début, l'infection peut passer facilement inaperçue. Chez l'homme, un très léger écoulement intermittent apparaît accompagné de démangeaisons du canal urétral. Chez la femme, le plus souvent l'infection ne se manifeste par aucun signe évident ni douleur, et se résume à quelques pertes sans caractères spécifiques. Si aucun traitement n'est appliqué à ce stade, les glandes urétrales (prostate en particulier) peuvent être contaminées chez l'homme ; l'atteinte des testicules est plus rare. Mais, c'est chez la femme que les complications sont les plus sévères.

Chlamydia trachomatis peut progressivement envahir l'utérus puis les trompes, provoquant soit une salpingite aiguë avec fièvre et douleurs vives du bas-ventre, soit une salpingite chronique. Cette dernière évolue de manière quasi silencieuse pour aboutir à l'obturation des trompes et à la stérilité. Le foie peut être atteint simultanément, réalisant le syndrome de Fitz-Hugh-Curtis.

Chez certains malades prédisposés, Chlamydia trachomatis peut contaminer plusieurs systèmes de l'organisme : il s'agit du syndrome de Fiessinger-Leroy-Reiter ; il associe une urétrite, une conjonctivite, des arthrites et parfois un rhumatisme vertébral aux séquelles invalidantes. Diarrhée et signes dermatologiques sont parfois présents.

Enfin, un enfant peut se contaminer lors de l'accouchement au moment du passage à travers le col de l'utérus infecté. Une infection pulmonaire et/ou oculaire peut alors survenir.

Le diagnostic de laboratoire est délicat et encore réservé à des services très spécialisés. Il se fonde sur la culture et la mise en évidence d'anticorps dans le sérum des malades.

Le traitement des formes non compliquées repose sur les tétracyclines et l'érythromycine pendant 15 à 20 jours.

Trichomonas vaginalis est un parasite microscopique responsable de nombreuses M.S.T. L'Organisation Mondiale de la Santé estime qu'une femme sur quatre en période d'activité génitale a fait,

fait ou fera une infection à Trichomonas vaginalis.
Après une période d'incubation variable (de 8 à 30 jours), Trichomonas vaginalis provoque chez la femme une irritation vaginale puis l'apparition de pertes mousseuses. La douleur lors des rapports sexuels (dyspareunie) peut conduire à la cessation des coïts. On constate que les formes à tendance hémorragique ne sont pas rares.
Chez l'homme, les manifestations sont discrètes, voire inexistantes. Elles se résument à une légère sécrétion matinale et à quelques picotements urétraux. Parfois, Trichomonas vaginalis trouve refuge dans la prostate ou les vésicules séminales provoquant l'apparition de quelques gouttes de sang lors de l'éjaculation (hémospermie).
En dehors de la contamination sexuelle, Trichomonas vaginalis peut être transmis par le linge de toilette ou des W.C. souillés.
Les nouveaux-nés peuvent se contaminer lors de l'accouchement si la mère est atteinte.
Le traitement est rapide : traitement minute renouvelé trois semaines plus tard. Un traitement local par ovules gynécologiques est conseillé chez la femme.
Candida albicans est un champignon microscopique responsable de très nombreuses infections cutanées ou muqueuses (mycoses). C'est un hôte habituel de l'intestin humain. Pour des raisons diverses, il peut se multiplier et coloniser le vagin ; secondairement, il peut être transmis par voie sexuelle.
Certains facteurs favorisent le développement de ce champignon, tels que diabète, excès d'acide urique, défaut des réactions de défense de l'organisme, prise de certains médicaments (cortisone et dérivés), certains antibiotiques, immunosuppresseurs, immuno-dépresseurs, œstro-progestatifs (pilule). Enfin, la grossesse s'accompagne souvent de poussées mycosiques.
Chez la femme, les mycoses se manifestent par des pertes crémeuses et surtout par des démangeaisons vulvaires et vaginales. L'homme est rarement atteint. Il peut cependant présenter une inflammation du gland (balanite).
Ainsi, même en l'absence de signes chez l'homme, le traitement simultané des partenaires sexuels est impératif pour prévenir toute récidive. Le traitement, de préférence long (10 à 15 jours), peut s'accompagner d'un arrêt provisoire de la pilule dans les cas de récidive.
De nombreuses bactéries, comme le Colibacille, le Proteus, certains types de streptocoques, Haemophilus vaginalis, etc., peuvent se transmettre par voie sexuelle. Leur identification se fait par culture au laboratoire et le traitement se fonde sur l'antibiogramme.

De l'herpès génital à l'hépatite B

En dehors de ces infections classiques, existe un grand nombre de maladies pouvant se transmettre lors de rapports sexuels.
L'herpès génital connaît également une recrudescence impressionnante. L'agent responsable est un virus dont il existe deux types. Ce virus peut rester longtemps à l'état latent au niveau de ganglions nerveux situés de part et d'autre de la colonne vertébrale lombaire et sacrée. Pour des raisons diverses, ce virus peut être réactivé et provoquer une

lésion cutanée. Parmi les causes de cette réactivation, citons la fatigue, les stress psychologiques, certaines infections, des traumatismes physiques ou chimiques... Ces récurrences gênent considérablement le malade quand elles se produisent à une fréquence élevée (parfois deux à trois poussées mensuelles).

Pendant les poussées, le malade est contagieux. L'abstinence sexuelle est alors impérative.

Une sensation de démangeaisons et de brûlures précède de quelques heures les lésions. Puis apparaît une plaque rouge, surmontée de petites vésicules de la taille d'une tête d'épingle, groupées en bouquet. Ces vésicules se rompent laissant sourdre un liquide clair. Enfin de petites croûtes apparaissent à la place des vésicules, annonçant la fin prochaine de la poussée. L'évolution dure entre 5 et 10 jours.

L'herpès génital siège généralement au niveau des organes sexuels (fourreau de la verge, vulve, col de l'utérus), mais aussi dans la bouche ou au niveau anal. Il semble que l'herpès récidivant du col de l'utérus crée un terrain propice au développement du cancer.

Chez la femme enceinte, la présence d'un herpès évolutif au niveau du col peut faire craindre une contamination de l'enfant pendant l'accouchement. Dans certaines circonstances très précises, on peut donc recourir à une césarienne. En effet, l'herpès du nouveau-né peut provoquer une méningite herpétique extrêmement grave, ou un herpès oculaire menant souvent à la cécité.

Les traitements actuels sont malheureusement décevants. Il faut renouveler les conseils d'hygiène :

• Abstinence sexuelle totale pendant les poussées.

• Éviter d'appliquer n'importe quelle pommade (en particulier cortisone).

• Prévenir son (sa ou ses) partenaire(s) sexuel(s).

Les végétations vénériennes ou « crêtes de coq » sont de petites excroissances de chair pouvant se grouper et former des lésions importantes. Elles sont extrêmement contagieuses et peuvent siéger sur les organes sexuels, dans le canal urétral ou le vagin, au niveau du rectum ou de la gorge. Le traitement repose sur la destruction des lésions par des pommades délicates à manier, par application d'azote liquide, ou par électrocoagulation.

Dans le cas de lésions étendues, une intervention chirurgicale sous anesthésie générale peut être nécessaire.

La phtiriase du pubis (ou « morpions ») apparaît 3 à 6 semaines après un contact. Elle se manifeste par des démangeaisons du pubis. L'examen attentif permet de découvrir les parasites ou leurs lentes.

Le traitement associe l'application d'une lotion ou d'une poudre antiparasitaire, et une désinfection des vêtements et de la literie.

La gale, très fréquente actuellement, peut se contracter également lors de rapports sexuels. Les parasites microscopiques provoquent des démangeaisons à prédominance nocturne au niveau des organes génitaux, des fesses, des seins et entre les doigts. Là aussi, la désinfection du linge de corps et de toilette doit accompagner le traitement spécifique.

L'hépatite B est habituellement transmise par inoculation accidentelle de produits contenant le virus hépatique (perfusions, transfusions, injections intra-veineuses ou intra-musculaires...). La découverte de très nombreux cas d'hépatite chez les homosexuels a permis d'envisager une transmission sexuelle de ce virus.

La prévention

Ce catalogue de M.S.T. n'est malheureusement pas exhaustif et il est primordial d'envisager quelques règles élémentaires de prévention.

Nous l'avons vu, toute prévention passe nécessairement par l'information. Qu'elle soit individuelle ou collective (média, livres, enseignement), elle doit permettre à chacun d'agir efficacement devant toute anomalie.

Rappelons que toute lésion ou toute sensation anormale au niveau génital doit amener à consulter sans retard.

Bien entendu, il faut éviter toute médication intempestive. Le plus grand ennemi d'un diagnostic et d'une guérison rapide est l'armoire à pharmacie familiale. La pommade cicatrisante ou les comprimés antiseptiques peuvent retarder, voire compromettre, l'établissement du diagnostic.

Des méthodes de prévention individuelle existent également. L'une d'entre elles est ancienne et trouve de nos jours un regain d'intérêt. Il s'agit du préservatif masculin. Bien utilisé, c'est-à-dire mis en place dès les préliminaires de l'acte amoureux, il assure une protection sérieuse. Son utilisation se heurte essentiellement à des problèmes psychologiques tant masculins que féminins.

La mise au point récente de produits bactéricides utilisables par la femme ouvre une perspective nouvelle dans la lutte contre les M.S.T.

Ces produits à base de benzalkonium présentent la double propriété d'être spermicides (contraceptifs) et antibactériens. Ils libèrent ainsi la femme de la contrainte du contraceptif oral quotidien et se sont révélés inoffensifs à long terme.

Plusieurs présentations sont proposées : cape soluble, ovules, gelées et bientôt mini-éponge intra-vaginale à action retardée.

Bien entendu, les mesures d'hygiène élémentaires (lavage des organes génitaux, hygiène des mains avant les attouchements sexuels...) permettent d'éliminer nombre de germes dangereux.

Enfin et surtout, rappelons que l'expression « faire l'amour » comporte le mot « amour » et que l'amour dure l'espace de quelques heures ou d'une vie. Il implique le respect de l'« autre ». L'échange privilégié représenté par l'acte sexuel doit se prolonger par une prise de conscience des conséquences ultérieures. Prévenir son ou sa partenaire de la possibilité d'une contamination est une preuve de responsabilité, donc, vis-à-vis de l'autre, une marque d'égard et de considération.

Docteur J.-M. Bohbot et
Docteur A. Siboulet.

La maladie dite des « homosexuels »

Définie actuellement sous le sigle Sida (syndrome d'immunodépression acquise), elle a été dépistée, voilà moins de 3 ans, aux États-Unis, à la suite de symptômes relevés dans les milieux homosexuels (« gay ») masculins de New York et de San Francisco : fatigue, fièvre persistante, ganglions, et apparition d'un cancer très rare, le sarcome de Kaposi, qui entraîne la mort.

On sait actuellement peu de choses du Sida, sinon qu'il est transmissible sexuellement chez des personnes dont le système immunitaire est effondré pour des raisons diverses (les drogués sont particulièrement vulnérables), ou par transfusion sanguine d'un individu contaminé sur un individu sain.

Les cas mortels constatés aux États-Unis dans les milieux homosexuels ont d'abord fait croire que « le cancer des homosexuels » n'atteignait que les hommes, comme l'hémophilie.

On s'est aperçu depuis peu qu'il n'en était rien. On a récemment recensé en France 59 cas de Sida, 49 hommes et 10 femmes. Sur les 49 hommes, 34 se sont déclarés homosexuels, les 15 autres et les 10 femmes étaient hétérosexuels. Au Canada, 4 enfants de moins de 2 ans sont morts du Sida. L'un d'eux avait fait un séjour au Caraïbes, la mère d'un autre décédée du même mal, était haïtienne. Il serait hâtif d'en conclure que l'épicentre du phénomène Sida se situe aux Caraïbes. Sans doute, le brassage des races dans les milieux homosexuels américains est-il un facteur de contamination, comme la bisexualité et la facilité des transports de continent à continent.

A l'heure où la syphilis a régressé dans de notables proportions grâce aux antibiotiques, l'apparition du Sida pose de nouveaux problèmes à la médecine, dans la mesure où les chercheurs ignorent encore à peu près tout du germe, de son évolution, de sa résistance. Tout ce qu'on sait, c'est que la maladie est charriée par le sang, transmissible aussi bien par les rapports sexuels que la transfusion sanguine.

Si le Sida s'est développé aux États-Unis, et compte tenu que la maladie exigerait 2 ou 3 ans d'incubation, le plasma humain utilisé par l'Institut Pasteur pour la fabrication du vaccin de l'hépatite risque d'être contaminé, en toute innocence, par le germe du Sida et le vaccin contre l'hépatite de se transformer en innoculation du Sida. La querelle reste ouverte.

J.M.

Qui attrape le Sida et comment ?

« Aux États-Unis comme ailleurs 75 % des personnes atteintes sont des homosexuels masculins à partenaires multiples (la moyenne se situant à 89 partenaires par année). Il semble qu'en revanche, les couples homosexuels « stables » soient rarement atteints, 15 % des malades sont des drogués, pas nécessairement homosexuels, mais il existe une interaction importante entre la communauté des drogués et celle des homosexuels. Viennent ensuite les hémophiles et des femmes couchant avec des homosexuels de façon permanente ou intermittante. On ne sait pas encore si elles peuvent à leur tour passer la maladie à leurs partenaires. Mais on a observé des cas de Sida transmis à des enfants par leur mère. A partir de ces observations, on s'est demandé quel pouvait être l'agent qui colporte cette maladie. Au début, on a envisagé le « nitrite d'amine », utilisé par les homosexuels, pour améliorer leurs performances, et qui peut-être cancérigène. Mais à Paris, dans la clinique de dermatologie de Tarnier, on soigne des cas d'homosexuels atteints du Sida et ne prenant pas de nitrite d'amine. Ensuite, on a impliqué un virus : le cytomegalovirus. Or, il s'avère que ce virus comme ceux des autres complications infectueuses, est probablement la conséquence mais non la cause de la maladie. On est réduit à une troisième hypothèse : celle d'un virus méconnu nommé le virus des « Caraïbes ». »

(Extrait de l'interview du Docteur Sansonetti (Institut Pasteur) parue dans Paris-Match n° 1787.)

11

Les difficultés du couple

LES MESENTENTES CONJUGALES

LES MESENTENTES CONJUGALES

La conjugalité, ce n'est pas seulement le mariage. Il faut faire entrer dans sa définition toutes les formes de cohabitation d'au moins six mois d'existence : unions légitimes, cohabitation juvénile, concubinage, fiancés cohabitants, couples homosexuels. Le fonctionnement de tels couples, en effet, est tout à fait voisin dans la maturation du lien amoureux, mais plus encore dans son interruption ; les compromis et la souffrance qu'ils manifestent à l'occasion d'une rupture, sont, à l'origine, analogues. C'est au seuil de la séparation définitive que les époux légitimes seuls, voient leur déchirement aggravé par des préoccupations d'ordre juridique.

Toutefois, on va relever des divergences, liées à la légitimité de liens, des enfants, de l'image sociale. Ces différences se manifestent tout particulièrement dans la demande de conseil. Plus un couple est proche du modèle « classique », plus il est enclin à consulter. A l'inverse, plus un tête-à-tête s'est établi sur la foi d'un contrat original, plus la rupture devient l'issue « naturelle » de la mésentente. Tenir compte de l'évolution des mentalités – par exemple, de la tolérance des familles envers la cohabitation juvénile – n'est donc pas seulement affaire de sociologues ou de démographes, et l'observation nuance les affirmations trop théoriques. Ce n'est donc que par souci de simplification et de clarté que l'on va retenir une définition passe-partout de la mésentente conjugale : le relâchement, la désunion du lien amoureux et la désorganisation de la communication d'un couple, légitime ou non, cohabitant depuis au moins six mois.

Images et contradictions du couple

Chaque couple contient, une fois créé, le ferment de son évolution et de sa chute. Son avenir dépend d'événements extérieurs certes, mais surtout de ce que j'appellerai un « potentiel évolutif propre » original et singulier. La conjugaison, même provisoire, de deux personnalités, ne constitue pas une simple addition de deux existences, mais bien une entité nouvelle offrant à chacun – du moins en principe – une occasion de développement personnel, subordonnée cependant au respect des aspirations de l'autre. Une créativité permanente est en somme le plus fidèle indice de vitalité d'un couple. Ni les fonctions d'ordre « familial » vis-à-vis de l'enfant, ni ses représentations sociales, ne résistent à l'ennui et à l'égoïsme des partenaires.

L'uniformité des images du couple véhiculées par la presse ou la publicité est en contradiction formelle avec la réalité car elles y sont soustraites à l'usure du temps. C'est la durée qui est le principal critère de résistance d'un couple et chacun sait que, d'années en années, la fragilité des compromis, l'incompatibilité des caractères, s'affirment et modifient le portrait-modèle. Même si la vie d'un couple est ponctuée de nombreux événements mémorables (mariage, promotion professionnelle, accidents ou maladies, mondanités, deuils, naissances puis scolarisation des enfants...) son histoire est d'abord fondée sur un patrimoine de souvenirs confidentiels, se rattachant à son seul vécu amoureux. L'importance et l'intensité de ce capital est synonyme de « lune de miel », conforme au chant du poète, mais l'amour-passion s'épuise spontanément parce qu'il fait courir très vite de trop grands risques d'isolement, d'appauvrissement du dialogue, d'absence d'organisation de l'avenir.

La dévaluation du couple est « naturelle » et inéluctable, même si chez les deux partenaires se crée une complicité née de la satisfaction des désirs. Car, si tout a une fin dans cette aventure charnelle et socialement structurante, ce n'est pas uniquement par privation d'amour, mais aussi parce que cette complicité n'est plus partagée d'égal à égal. Les possibilités d'évolution du couple se définissent ainsi moins en fonction d'affinités, qu'à partir de l'usage que l'on veut en faire. À 20 ans, les aspirations et les contraintes sont sans commune mesure avec les joies et les vicissitudes de la quarantaine – sans oublier le poids de la routine et du vieillissement des pratiques sexuelles. Le couple est donc en perpétuel remaniement, obéissant à l'alternance du pouvoir (illustrée à merveille par le débat féministe à propos de la contraception masculine), soumis à des transformations de personnalité souvent imprévisibles, et bien sûr exposé aux chausse-trapes de la vie quotidienne.

En définitive, toute la souffrance des couples tient à leur espérance de vie. Le mariage a été institué à une époque où la ménopause était inconnue parce que la plupart des femmes décédaient avant la cinquantaine, et où la surmortalité masculine était de règle avant 40 ans. Le mariage représentait donc un chapitre de vie à peine plus durable que l'adolescence. Cette longévité, en tout cas, devait adoucir la rigidité des règles de conduite et museler bien des tentations... par manque de temps. Aujourd'hui, les jeunes ne s'y trompent pas – et toutes les enquêtes sont unanimes sur ce point – en refusant de troquer leur angoisse de la solitude contre une réclusion conjugale à perpétuité. C'est ainsi que s'intensifie depuis dix ans la pratique de la cohabitation juvénile et du concubinage.

Ajourner, ajourner le plus longtemps possible l'échéance du mariage, d'une conjugalité que l'on va devoir a priori partager toute une vie. 40, 50, 60 ans de vie commune, c'est souvent long à vivre à deux, notamment pour des couples sans préparation initiale, sans passion inouïe et stable des années durant.

Le conflit conjugal

Avec une espérance de vie de plus de 70 ans pour les hommes et de près de 80 ans pour les femmes, nos contemporains peuvent donc offrir le spectacle d'une vie privée, d'un trajet conjugal, de longue durée. Mais, n'en déplaise aux individualistes, un tel destin est en partie joué d'avance, surtout s'il est semé d'embûches. L'uniformité des facteurs déterminant les difficultés conjugales est impressionnante et utile : comment exercer la sexologie si les mêmes causes ne produisaient plus les mêmes effets ? En décidant de rompre avec les conventions familiales et en « prenant un appartement avec son amie » le fils rebelle sait-il que des millions de jeunes partagent déjà cet anti-conformisme ? En trompant son mari « éjaculateur prématuré » après douze ans de mariage, cette patiente de 31 ans ignore-t-elle qu'une consultante sur deux âgée de 29 à 34 ans obéit au même désir, au même besoin de revanche ?

Une évolution en quatre étapes

Bien sûr, les points de détail vont changer, d'un milieu à l'autre, d'une région à l'autre, d'une décennie à l'autre. Mais en règle générale, l'évolution spontanée d'un couple se fait en quatre temps :

- La « lune de miel », de durée variable, correspond à un état d'euphorie, d'autosatisfaction du couple, et, à de rares exceptions près, de jouissance sexuelle.
- Une période de maturation créatrice, âge d'or du couple, grâce à l'accroissement des échanges. L'enrichissement du vocabulaire sexuel, l'engagement affectif profond et serein, donnent sa véritable dimension « amoureuse » à l'intimité du couple.
- Une phase de réalisme née bon gré, mal gré, au fil du temps, lorsque s'affaiblit l'égocentrisme du couple sous la pression des événements extérieurs, lorsque s'émousse la créativité érotique au profit de la tendresse. Il s'agit d'une période difficile.
- Une phase propre au vieillissement des liaisons conjugales, apparemment à l'abri de graves secousses, mais exigeant encore un réaménagement des intérêts mutuels et un consensus concernant la poursuite ou non des échanges sexuels.

Cette évolution n'est donc pas a priori une déchéance ; mais comme elle opère un « désenchantement » obligatoire et incurable, elle est souvent confondue avec les véritables facteurs de rupture du couple. Le conflit conjugal, pour fréquent qu'il soit, n'en demeure pas moins une situation d'exception dont l'issue dépend en partie, mais en partie seulement, de l'âge du couple.

Quelles sont les racines de la mésentente conjugale ?

Au-delà de l'infinie variété de cas particuliers, il est surprenant de réussir à ne retrouver en fin de compte qu'un nombre limité de processus capables de menacer puis de ruiner l'unité du couple. Je dénombre, pour ma part :

• La présomption (c'est-à-dire l'opinion fondée seulement sur des apparences) représente le stade le plus anodin de l'inquiétude et du doute. Elle alimente les suspicions, les malentendus et les maladresses à partir d'incidents mineurs, le plus souvent imaginaires. Les risques d'évolution vers une mésentente conjugale sont réels mais réversibles, en particulier si le couple consent à s'exprimer. Telle femme, par exemple, accusera à tort son mari, surchargé de travail, de la tromper parce que les rapports sexuels sont de plus en plus espacés depuis un an. L'agressivité réciproque se superpose au dialogue et sape l'affection. Une telle crise est cependant passagère quand elle fonctionne comme « signal de détresse » et que le partenaire en difficulté est entendu.

• L'identification menace les couples jeunes et inexpérimentés, encore enclins à l'imitation des modèles parentaux ou des stéréotypes proposés par la presse écrite ou la télévision. De tels modèles sont souvent étrangers à la personnalité et aux aspirations réelles du couple, mais l'incitent à façonner un mode vie artificiel et contraignant. C'est lorsque l'un des partenaires mesure le danger que le couple peut entrer en conflit. La mode d'un certain libéralisme sexuel – échangisme et infidélité acceptée – a fait ainsi plus d'une victime « innocente ».

• La contamination englobe à la fois des problèmes intimes propres au couple et les conséquences d'agressions extérieures au groupe familial. Il s'agit ici d'évoquer aussi bien le retentissement de l'impuissance secondaire du mari sur la « frigidité » de sa femme, que les effets catastrophiques sur la vie sexuelle du couple d'une mise à la retraite anticipée ou d'un accident de voiture. Tous ces cas ont une influence néfaste, créent des sentiments d'angoisse, de stress, d'échec, etc., assez puissants, ou durables pour déséquilibrer affectivement un couple. Le passage du bonheur conjugal à la situation de conflit se fait par l'ennui, la fatigue, la morosité, l'agressivité, l'irritabilité des partenaires – autant de signes de souffrance et de menace.

• La collusion (ou entente secrète) existe dans l'inconscient du couple, et sous-entend une alliance invincible entre les partenaires, qui sauvegarde indirectement l'équilibre psychologique de chacun, même si c'est au prix d'affrontements quotidiens. En somme « qui se ressemble s'assemble » est une expression qui prend ici une tournure pathétique. Le désir d'apaisement n'est sincère qu'en apparence, le fonctionnement régressif du couple opérant un cercle vicieux déchirant mais « nécessaire ». « Je ne peux pas changer, parce qu'il ne change pas, et lui non plus, par ma faute... »

• Les processus de répression existent par exemple dans un couple où l'un des deux boit, ou encore lorsqu'il existe une trop grande différence d'âge entre les partenaires. Cette relation d'autorité n'est pas une revanche, une punition, elle fonctionne secrètement sur les bases d'une convention établie dès la fondation du couple. La jalousie, la privation d'identité, la dévalorisation systématique, participent, du moins jusqu'à un certain point, d'un équilibre que chacun tient à conserver malgré tout. Hélas, la maturité aidant, les chaînes se relâchent, s'usent, se rompent et le couple entre en crise.

Les causes de la crise

• La perturbation névrotique de l'un des partenaires est une éventualité qui n'est pas exceptionnelle. La mésentente du couple est plus ou moins brutale, qu'il s'agisse d'une hystérique « traumatisée » par un accouchement, ou d'un mari obsessionnel à la suite d'une intervention chirurgicale ou d'un infarctus. Le couple est placé en quarantaine.

Le dialogue amoureux se transforme en affrontement « irrationnel » et bien sûr injuste. Une telle entreprise de démolition sort du cadre de la pratique courante et relève du psychiâtre.

• L'extinction de la dimension passionnelle de la coexistence de deux êtres est, on l'a vu, un processus de vieillissement prévisible et respectable. La perte d'intérêt et d'affection pour l'autre peut cependant être ressentie très précocément et se traduire par un renoncement sentimental qui conduit à de profondes réaménagements des relations du couple. La dilution du désir est intouchable. Quelles promesses, quels efforts pourraient raviver la flamme et mettre en échec la tristesse et l'indifférence ?

• La séparation enfin, est bien le risque majeur que court un couple. Non la rupture bien sûr, mais l'éloignement géographique pour raisons professionnelles, la distance culturelle dans un mariage mixte, la fuite consommée dans une relation extra-conjugale. La séparation est donc aussi bien responsable que témoin de la mésentente, simple imprudence ou symptôme irréfutable d'un conflit qui a franchi un seuil de non-retour. Le couple a horreur du vide et de l'infidélité.

Peut-on systématiser de la même manière les réactions du partenaire, soupçonné ou contaminé, dominé, agressé, écarté ou fui ? Ce n'est pas impossible. D'autant qu'à la relecture de leur dossier, les patients qui ont consulté pour « mésentente conjugale » font état de deux types de comportements.

• Dans le conflit ouvert, la consultation est provoquée par une surcharge de tensions, des menaces de séparation, des remous de l'entourage, la découverte de relations extra-conjugales. Elle met à jour soit une dysfonction sexuelle (troubles du désir, de l'accessibilité de l'orgasme, de l'érection...) soit des mécanismes d'autodéfense, de diminution du contrôle de l'agressivité, se traduisant par une mise à l'épreuve de l'amour-propre des partenaires, « acculés à l'échec ».

L'ensemble des comportements et des sentiments est donc articulé autour d'une stratégie de défense qui cristallise l'affrontement et l'aggrave puisque l'hostilité finit par être incontrôlable et conduit rapidement et presque inévitablement à la rupture.

• Dans le conflit latent, la demande est en apparence centrée sur un problème sexuel. C'est le praticien qui soupçonne, chemin faisant, un affadissement de l'amour, des divergences intellectuelles ou sociales, l'insécurité psychologique d'un des partenaires, des mécanismes d'accusation ou d'auto-culpabilisation, d'inversion des rôles domestiques, bref l'abstinence sexuelle.

Le praticien découvre donc ici des symptômes d'alarme dominés par une souffrance encore non exprimée débouchant sur l'anxiété et l'humiliation.

La prise en charge

Si le diagnostic ne fait pas de difficultés, la décision de prise en charge reste soumise à l'appréciation de la dégradation du couple – de son usure –, de son aptitude à faire face à des situations nouvelles. En pratique, la situation risque d'être gravement compromise si la consultation a été trop longtemps différé. La mise à jour du conflit par le médecin, exacerbe les problèmes sexuels, mais, surtout coupe l'accès à des positions de repli stratégique inoffensives. À l'inverse, l'actualisation brutale d'une discorde peut sauvegarder le capital affectif d'un couple riche d'affinités, puisque le conflit n'est pas devenu chronique. A l'issue de longs mois ou de longues années de mésentente, les couples savent bien qu'ils ont épuisé toutes leurs ressources : au praticien d'en prendre également conscience.

La thérapie de couple repose sur l'accueil et la prise en charge conjointe des partenaires, qui consultent soit ensemble, soit à tour de rôle. Les possibilités sont nombreuses :

• L'entretien triangulaire (le couple face au praticien) est le plus usuel, le plus fiable, le plus souple : c'est l'apanage de la pratique quotidienne.

• Dans la cothérapie, le couple est placé face à un couple de thérapeutes (généralement homme et femme, parfois mari et femme) ; des entretiens ont aussi lieu à trois, et en tête-à-tête. Il y a neuf combinaisons possibles, mais cette pratique implique une cohésion des thérapeutes qu'on ne rencontre que dans les livres.

• Les thérapies de groupe de couples réunissent plusieurs ménages, à date fixe, et font appel aux techniques verbales et non verbales de la « dynamique de groupe » : il s'agit habituellement de recettes d'appoint.

• Les thérapies familiales font participer tous les membres d'une cellule familiale à l'entreprise curative. Cette étude des interactions familiales s'applique surtout aux conflits parents-enfants.

En définitive, c'est l'entretien qui reste maître d'œuvre, mais sans acharnement thérapeutique, sans faire naître de faux expoirs. Nous sommes ici aux confins de l'exercice du pouvoir médical.

Sa stratégie ? Informer, dédramatiser, rassurer, suggérer... il s'agit de l'entreprise la moins innocente et la plus vulnérable de toute la pratique sexologique. Du reste, si après un délai de deux mois (ou après quatre à cinq entrevues), la situation n'est pas un peu débloquée, c'est que l'on s'est trompé... et il va falloir faire demi-tour.

Docteur Jacques Waynberg

Le conseil conjugal

Quand un couple, marié ou de compagnonnage, jeune ou moins jeune, laisse entendre aux amis les plus intimes, quelquefois aux parents de l'un ou de l'autre que « ça ne va pas », c'est que l'usure de la passion amoureuse laisse apparaître, dans son effilochage, des difficultés d'adaptation, de compréhension, de communication qui posent des problèmes. Ni les amis, aussi attentifs soient-ils, ni les parents, aussi bienveillants qu'ils se veuillent, ne peuvent apporter une aide véritable. Ils sont trop impliqués dans leur relation au couple pour être vraiment objectifs. Et chacun des membres du couple, à cause de cette relation privilégiée, a tendance, très humainement, à déformer le litige pour se donner le meilleur rôle. Il s'agit, bien sûr, de ces problèmes insidieux, difficilement cernables, qui minent progressivement l'unité, l'équilibre et la complicité du couple avant de dresser les partenaires en adversaires. Mais même quand un homme s'enivre et bat sa femme, bien que tous les torts soient apparemment de son côté, l'épouse-victime n'est jamais tout-à-fait innocente. Dans les difficultés du couple, par le jeu complexe des retentissements affectifs, il n'y a pas de coupable à incriminer : c'est « 50/50 », disaient autrefois les sexologues, et c'est malheureusement encore vrai.

Pour débrouiller ce peloton de griefs, de rancœurs, d'illusions taries et de désirs inassouvis, où Ariane aurait bien du mal à retrouver le bout de son fil, ne peut intervenir qu'une personne aussi neutre que peut l'être une créature humaine, assez détachée de la sphère émotionnelle, ou l'ayant maîtrisée, suffisamment, pour rester en dehors des conflits d'autrui en observateur. Ne pas se projeter dans l'autre, ne pas se faire piéger par l'autre. Les philosophies traditionnelles, depuis le célèbre « connais-toi toi-même » de Socrate, jusqu'au « aime ton prochain comme toi-même » du Christ, jusqu'à Freud, impliquent une connaissance approfondie de soi-même avant d'aider autrui. Qui ne possède pas ne peut donner, qui ne possède pas ne peut exorciser les possessions d'autrui.

Tout le travail de la psychanalyse, qui exige du candidat psychanalyste une conscience claire de ce qu'il est lui-même avant de prétendre soigner autrui, se retrouve au niveau du conseil conjugal, institué d'abord par le Planning Familial, élargi par la Fédération française des Conseillers conjugaux, dont il existe des centres de consultation dans certains hôpitaux, centres qui vont en se multipliant. Le conseiller conjugal homme ou femme n'est pas tenu à une psychothérapie, encore moins à une analyse – à moins qu'il n'en éprouve le besoin personnel. Il reçoit un enseignement psychologique de groupe, en soi-même révélateur dans la mesure où les travaux pratiques le placent dans des situations propices aux conflits, aussi bien vis-à-vis du groupe que d'individu à individu. Il examine ses réactions, en prend conscience, et à partir de cette réflexion sur soi-même (ou de cette remise en question), s'élabore et se fortifie. A moins qu'il ne découvre en lui des abysses qu'il renonce à explorer, pour conserver son confort intellectuel et l'image de marque qu'il s'est forgée.

Les conseillers conjugaux, périodiquement, reviennent à ces travaux de mise à jour collectifs où ils reçoivent informations, avis et critiques de leurs conseillers et confrères. Ce qui les oblige à réviser, en même temps que leur attitude mentale, leur méthode d'application du traitement psychologique.

Paradoxalement, le conseiller conjugal ne conseille jamais. Il agit comme le mur sur lequel rebondit la pelote qui revient vers la chistera. Il ne délivre pas d'ordonnance, il ne dit pas ce qu'il faut faire ou ne pas faire. Il écoute, répond, provoque le consultant à reconsidérer sa relation conjugale en se reconsidérant lui-même avec plus de sincérité, de lucidité.

Qui n'a pas été surpris, un jour, au cours d'un voyage de quelques heures, d'entendre une personne inconnue, qui se perdra bientôt dans l'anonymat collectif, lui raconter les problèmes qui la préoccupent ? Elle parle, elle s'étale, avec d'autant plus de volubilité et de complaisance qu'elle ne vous connaît pas, sait qu'elle ne vous reverra jamais et qu'en conséquence vous ne pourrez lui nuire ni par vos paroles, ni par vos jugements. Vous n'êtes qu'une oreille qui reçoit des confidences sans pouvoir en tirer parti, et en cela même le confident idéal.

Le rôle de conseiller conjugal rejoint un peu celui du voyageur inconnu, choisi pour entendre et non pour parler. Quand un couple, ou un des membres du couple vient consulter, il a épuisé ses résistances, il ne sait plus à quel saint se vouer ni de qui recevoir assistance, il ne sait plus « à qui parler ». Conseillère et animatrice dans un mouvement féministe, j'ai retenu trois exemples qui situent bien, à mon avis, comment évolue le consultant dans le cadre du conseil conjugal.

Premier cas « Ni plaisir, ni désir »

1er entretien. Au jour et un peu avant l'heure fixés téléphoniquement, Madame X se présente : mince, soignée, visage plat auquel il est difficile d'attribuer un âge. Après douze ans de mariage, son mari l'a abandonnée pour vivre avec sa meilleure amie. D'ailleurs les deux femmes se ressemblent.

Elle et son mari ont toujours travaillé ensemble et ils continuent. C'est elle qui l'a poussé, aidé, à gravir les échelons de la réussite sociale.

Ils sont propriétaires d'une petite industrie qui tourne rond et d'une belle maison dans la périphérie de Paris. Ils n'ont pas d'enfant parce qu'elle n'en voulait pas – ayant, comme lui, connu une enfance malheureuse. Depuis trois mois, elle vit seule, mais rencontre quotidiennement son mari au bureau. Elle éclate en larmes, se mouche, s'excuse, se tait longuement, sanglote à nouveau : « je n'en peux plus ! qu'a-t-elle de plus que moi ? C'est une nymphomane, elle couche avec tout le monde et n'importe qui... Ah ! que je suis malheureuse ! La tuer, oui, je voudrais la tuer ! » Je la laisse parler. Je reçois sa jalousie, son désespoir, sa souffrance.

2e entretien. Madame X semble plus calme, mais elle a les traits tirés. Pour la première fois, elle me sourit, me pose des questions, semble éviter de parler d'elle-même.

En s'en allant, elle dit : « Quand je vous ai quittée, l'autre jour, je me sentais soulagée, mais j'ai pris néanmoins des calmants. Je ne supporte pas son absence. Il me manque trop. Mon Dieu ! comme je l'aime ! »

3e entretien. « En vous quittant, la dernière fois... Vous savez, je ne l'ai jamais avoué à personne... je suis glaciale à partir de la ceinture. ...Ni plaisir, ni désir.

Elle baisse les yeux.

– Cela vous soulage d'oser en parler ?

– Oui, je ne voulais pas y penser. Je me l'interdisais. Dans les films, les scènes de coucheries me gênent. J'ai été élevée avec rigueur. Mon père ne s'intéressait pas à moi. Je détestais ma mère qui exerçait son autorité sur tout le monde. Elle était bourrée de principes. Quand j'ai eu mes premières règles, à 14 ans, j'étais affolée, je me suis crue atteinte d'une maladie abominable et honteuse. Ma mère m'a seulement dit, en me fournissant des serviettes hygiéniques : « Tu auras cela tous les mois ». Sans plus.

Tout ce qui se rapportait au sexe, c'était sale. J'ai appris par des camarades, tout de travers, ce qui se passe entre un homme

et une femme. Cela m'a scandalisée, dégoûtée, horrifiée.
C'est simple, dit-elle dans un sanglot, je n'osais plus regarder mon père !
– En somme, on vous a interdit votre féminité, et maintenant vous vous la refusez ?
– Oui, je l'ai refusée, je l'ai escamotée ».
4e entretien. « Je dois vous ennuyer avec mes histoires. Mais c'est tellement bon de parler à quelqu'un. Jusqu'ici, je ne me livrais à personne, je vivais repliée, en vase clos. » Long silence. « Je souffre toujours. Au bureau, il me dit bonjour, mais il m'évite. Récemment, je lui ai demandé un entretien... Il me l'a accordé, non sans réticence. Quelle abomination ! Je lui ai demandé s'il avait l'intention de divorcer. Il m'a priée d'être patiente... il m'aimait toujours, mais avec « elle », il decouvrait sa sexualité, sa virilité, le plaisir partagé. Avec moi, il se croyait impuissant... Oh ! Dieu, que cela est dur à entendre !
– Et cela continue de vous bouleverser ?
Elle hésite.
– Vous savez, j'étais aussi la première pour lui. Le soir de notre mariage, nous étions aussi terrorisés l'un que l'autre. Après les baisers, les caresses que nous connaissions, il a fallu passer à l'acte, que lui et moi ignorions. Il a été maladroit, il m'a fait mal... Et tout ce sang... C'est de sa faute, après tout, il n'a pas su m'éveiller ! Après, on faisait « ça » toutes lumières éteintes, dans le noir. « Ça » ne me faisait ni chaud ni froid, je ne ressentais rien, il prenait rapidement son plaisir. Avec le temps, ce plaisir, le sien, il le prenait de plus en plus vite. Progressivement, nos rapports se sont espacés, espacés... Nous n'en avions plus. C'est sa faute autant que la mienne. Nous dépensions tellement d'énergie pour faire prospérer notre petite entreprise que nous n'avions plus le temps de penser à autre chose. Moi, surtout. Il y a quatre ou cinq ans, il a envisagé de consulter un sexologue parce qu'il estimait être devenu impuissant. Je l'en ai dissuadé. Je trouvais que tout était très bien ainsi. Elle rougit : Vous me trouvez égoïste, n'est-ce pas ?
Téléphoniquement, elle demande à avancer la date du cinquième entretien. Elle y arrive défaite, les yeux rouges de trop de larmes versées. Elle se débride : « Je ne suis qu'une égoïste. Je ne pensais pas à lui. J'ignorais ce qu'il pouvait souffrir. Nous n'avions pas de véritable dialogue. Il n'osait plus m'approcher. Nous n'avions pas d'amis, nous ne parlions que de notre travail. Le soir, portes et volets fermés, nous regardions la télé et allions nous coucher. Nous vivions l'un à côté de l'autre, pas ensemble. Dieu ! que je suis malheureuse ! »
Madame X éprouva alors le besoin de décommander deux entretiens successifs. Il lui fallait souffler, respirer.
Trois semaines plus tard, j'ai eu presque du mal à la reconnaître. Elle était rajeunie, cheveux coupés courts, maquillée, vêtue à la dernière mode.
Après des excuses, elle entre dans le vif du sujet : « Je me suis demandée ce que cette femme avait de plus que moi. Comment elle s'y était prise pour donner à mon mari l'envie de faire l'amour avec elle. Oh ! j'ai souffert en les imaginant au lit, en pensant à leur plaisir. Vous n'allez pas me croire... Elle rougit. Pour la première fois de ma vie, j'ai ressenti une excitation érotique...
– Et cela vous fait plaisir, vous encourage ?
– J'ai acheté des livres pornographiques. Pour voir, pour apprendre. En pensant à eux, je me suis caressée... Et j'ai eu le premier orgasme de ma vie ! Je fonctionne, je suis « normale » !

– Et cela vous soulage, vous réjouit ?
– Si cela me soulage ? J'ai trouvé cela tellement agréable que j'ai continué à me caresser. Toujours en les imaginant au lit. Et chaque fois je jouis...
Elle enfonce soudain son visage dans ses mains :
– Vous pensez que je suis une abominable créature, n'est-ce pas ?
– Cela vous fait plaisir de le penser ?
– Oui. Je me rends compte que je suis une femme comme les autres... J'ai envie de connaître d'autres hommes, des hommes qui « savent », comme elle sait... Au bureau on me trouve transformée. Même mon mari me parle plus souvent. J'ai enfin l'impression d'exister.
– Vous reprenez confiance en vous ?
– C'est cela. Je ne l'aurai jamais cru. »
Elle a disparu pendant un mois après m'avoir informée qu'elle partait en Tunisie avec un club de vacances.
A son retour, c'était une autre femme, rajeunie, rayonnante. Elle avait eu une aventure qui avait achevé de l'éveiller.
Elle apprenait à conduire pour être plus indépendante. Depuis son retour, son mari la rejoignait en cachette de sa maîtresse et vivait avec elle des moments d'amour fou. Il allait vraisemblablement revenir « à la maison ».
Je ne l'ai plus revue. J'ai seulement reçu en décembre, au moment des fêtes, un petit mot : « Tout va très bien. Bonne année. »
Il ne faut pas croire, à travers cet exemple au dénouement heureux, que la fonction du conseiller conjugal est de rabibocher les unions en perdition. Si Madame X avait reconquis son mari, c'est qu'elle avait, et elle seule, sué sang et larmes pour affirmer sa place au soleil, dans sa totalité, telle qu'elle la convoitait sans le savoir.
Il n'en va pas toujours de même.

Deuxième cas « Mon mari m'étouffe »

Un jeune couple vient me consulter, elle a 23 ans, lui 27. Lui seul parle. Elle se tait, visage baissé voilé de longs cheveux noirs. Il parle, il parle.
Ils sont mariés depuis quatre ans, ont un fils du même âge. Au début, tout allait bien. Il l'avait épousée après l'avoir engrossée, à la naissance du bébé ; il en était très fier.
Il reconnaissait sa paternité et s'admirait de cette loyauté dont peu d'hommes étaient capables.
Depuis deux ans environ, elle se renfermait, se déprimait, parlait de moins en moins et, depuis six mois, refusait de faire l'amour. Il me le confiait. Il fixa la date des rendez-vous.
Quand j'ai demandé à la jeune femme si elle était d'accord, elle m'a répondu : « je ne sais pas. C'est toujours lui qui décide. »
Madame Y est venue ponctuellement aux rendez-vous fixés. Elle parlait peu, tortillait son mouchoir ou une mèche de ses cheveux, regardait très fréquemment sa montre.
« Vous êtes vraiment mal à l'aise, lui ai-je dit un jour. Vous vous défendez par le silence. Comme je représente pour vous le monde extérieur, vous me semblez totalement découragée, silencieuse, face à ce monde.
– Je suis découragée, c'est vrai. Mais pas par le monde extérieur. Par mon monde à moi.
– Avez-vous choisi de venir me voir ?
– Je n'ai jamais rien choisi.
– Vous en souffrez ?
Elle s'effondre en larmes.

– C'est lui qui m'oblige à venir vous voir. Moi, je n'ai rien à vous dire. Au début, ces longs silences entre nous me paniquaient, me rendaient malades. Je n'éprouve plus de panique, je suis plus calme. Mais j'ai tellement mal au-dedans ! Mon mari m'étouffe, j'ai peur de lui... il a toujours raison.

– Et vous vous sentez incapable de réagir ?

– Je n'en ai pas la force.

Par la suite, Madame Y se révèle plus bavarde. Elle est issue d'une famille nombreuse ; son père, ivrogne, la battait ; sa mère, surchargée de besognes domestiques, vieillie avant l'âge, se résignait. Elle sursaute :

« – Non ! Je ne veux pas lui ressembler, je dois réagir !

A l'entretien suivant, ses cheveux tirés en arrière dégagent son visage. Elle me fixe dans les yeux :

– J'ai réfléchi. Il faut que je réagisse. J'ai déjà commencé. Je suis allée voir mes sœurs avec mon fils, je leur ai tout raconté. Elles vont me chercher du travail. Pourquoi devrais-je, à mon âge, me résigner ? Je ne peux plus le supporter. Au lit, mon mari n'arrête pas de prétendre que j'ai de la chance d'avoir un homme qui sait si bien me faire jouir.

Seulement voilà, je ne jouis plus, je n'ai plus envie de lui. Il me viole. J'ai l'impression de ne plus m'appartenir. Pourquoi l'accepterais-je ? »

Elle décommande le rendez-vous suivant. Trop occupée pour venir. Elle a quitté le domicile conjugal, habite chez sa sœur, cherche du travail.

C'est le mari qui demande un rendez-vous. Il arrive abattu, désemparé, agressif :

« Qu'avez-vous fait à ma femme ? Quels conseils lui avez-vous donnés ? J'ai eu tort de m'adresser à un mouvement féministe et révolutionnaire...

– Je ne lui ai pas donné de conseils. Seulement la possibilité de s'exprimer, de voir plus clair en elle, de s'assumer. D'ailleurs elle ne vient plus me voir, vous devez le savoir...

– Elle m'a quitté, elle travaille, elle demande le divorce... »

Cela ne pouvait qu'arriver.

Et c'est lui qui est venu me voir ensuite à six reprises.

Il a fini par reconnaître son besoin de domination, que sa femme était sa victime et son souffre-douleur.

Il a accepté le divorce.

Elle, je l'ai revue deux ans plus tard. Elle était remariée. Et rayonnante.

Troisième cas « Je suis impuissant »

A sa première visite, Monsieur K se présente en bleu de travail. La cinquantaine. Gêné visiblement que je sois une femme. Il s'informe : tous les conseillers sont-ils des femmes ? Je lui propose de le diriger vers « un » conseiller.

– Non, ça ira comme ça. Il hésite. Silence : Voilà... je suis impuissant. Il me scrute en silence pour voir l'effet produit. Je l'encourage du regard.

– A mon âge, 50 ans, vous devez penser que c'est sans véritable importance... La vérité, c'est que j'ai peur de perdre ma femme. Je l'aime, vous comprenez. Nous sommes mariés depuis vingt-cinq ans, nous avons trois grands enfants de 23, 21 et 18 ans.

Cinq ans que je suis totalement impuissant. Mais les débuts remontent à presque dix ans. J'ai commencé à prendre mon plaisir trop vite, puis de plus en plus vite, sans pouvoir satisfaire ma femme. Depuis cinq ans, plus rien. Pas de désir, pas d'autre femme dans ma vie... je ne bande plus, quoi ! Alors j'ai peur qu'elle ne me quitte...

Nouveau silence. Il regarde sa casquette qu'il triture entre ses doigts. J'essaie de venir à son secours :

– Cela vous est pénible d'en parler ?

– Oui, surtout devant une femme. Voyez-vous il y a un autre problème. Je suis ouvrier et l'usine où je travaille doit être déplacée en province.

Ni ma femme ni mes enfants n'acceptent de m'accompagner. Je sens bien que je ne leur sers plus à rien, qu'ils peuvent tous se passer de moi.

– Vous vous sentez impuissant à la fois comme mari et comme père ?

– Je ne sers plus à rien, je vous dis. Au début j'étais le maître dans mon foyer. Tout a changé depuis que ma femme travaille. Elle décide de tout, souvent, sans même me demander mon avis.

– Et cela vous humilie ?

– Dites, ce n'est pas parce qu'elle a réussi mieux que moi qu'elle doit porter la culotte !

Il m'explique. Sa femme s'est mise à travailler il y a dix ans, quand les enfants étaient déjà « débrouillés ». De simple secrétaire, elle est devenue indispensable, l'adjointe du patron, avec salaire en conséquence.

– Elle gagne trois fois plus que moi, maintenant !

– Et vous vous en sentez diminué ?

– Dame ! Elle me considère comme un pauvre type ! C'est elle qui décide de mes vêtements – que je refuse d'ailleurs de porter. Elle dispose d'une voiture de fonction qu'elle conduit. Elle nous a fait changer d'appartement, elle a engagé une bonne et gâte tellement nos enfants qu'ils vont devenir des propres à rien.

– En somme, vous ne supportez pas sa réussite ?

– Non, je ne supporte pas qu'une femme joue à l'homme dans la maison.

Au <u>second entretien</u>, il avait le regard triste et pensif.

« Elle s'est moquée de moi parce que je viens vous voir. Vous avez raison, je n'accepte pas qu'elle réussisse mieux que moi. Elle me prive de tous mes moyens. Bien sûr, elle ne veut toujours pas me suivre.

Un pauvre type, un impuissant, voilà ce que je suis, ce que sa réussite me rappelle chaque soir... Elle doit me suivre, la femme doit suivre son mari ! Il faut qu'elle cesse de travailler. Et on vivra comme avant. Ce n'était pas si mal, avant !

– Et vous ne pouvez rien contre sa volonté, vous vous sentez écrasé ?

– Oui, notre foyer, pour elle, n'a plus d'importance. Pourtant elle dit qu'elle m'aime toujours, mais que je dois évoluer. Cela me blesse. Je boude quand elle rentre à la maison, j'évite de lui parler. Je me sens tellement, tellement impuissant devant cette situation ! »

Au <u>troisième entretien</u>, il attaque d'entrée de jeu :

« Hier soir, nous avons essayé de faire l'amour. Comme d'habitude, je n'ai pas pu. Elle m'a obligé à la caresser comme elle aime, et elle a joui. Toute seule. Sans s'occuper de moi. Elle le fait souvent et je lui en veux.

– Vous refusez d'être son objet, en quelque sorte, cela vous humilie.

– Oui, c'est humiliant de « faire partie des meubles », d'être un meuble.

– Vous souffrez...

Un long silence s'établit. Il réfléchit. Puis reprend.

– Elle me rend impuissant. Je crois que

je me venge au lit, que je lui retire la seule chose que je pouvais lui donner.
Il reste encore longuement silencieux, pensif, abattu, relève les yeux, puis m'interroge :
– Vous pensez aussi que je suis devenu impuissant pour... la punir ?
– Je ne pense rien. C'est vous qui le dites.
La tête dans les mains, il murmure, des larmes dans les yeux :
– Je suis fatigué... je viens seulement de me rendre compte combien je la jalouse. Je n'accepte pas sa réussite. Elle me fait du mal, mais elle doit souffrir aussi. Je refuse tout ce qu'elle veut me donner. Je suis un minable. Il faut que je la quitte. »
Monsieur K disparut pendant deux mois. Puis, un beau jour, il me téléphone de province pour prendre rendez-vous. Il arrive détendu, souriant.
« En vous quittant, il y a deux mois, ma décision était prise. J'ai suivi mon usine en province alors que le patron de ma femme me proposait un boulot bien payé. Mais tout recommencer, professionnellement, à mon âge... En province, j'ai essayé avec une autre femme. Et ça fonctionne ! C'était bien elle qui me rendait impuissant. Mais ce n'est pas facile de changer de mentalité. Alors voilà, je suis venu vous remercier et vous dire au revoir.
– Vous êtes soulagé d'avoir pris cette décision ?
– Oh oui ! Depuis que je suis séparé de ma femme, je me rends compte que je ne suis pas une lavette. Mes supérieurs m'apprécient, ils m'ont offert un nouveau poste avec des responsabilités, un bon logement. Je reprends confiance en moi. Ma femme me supplie de revenir à la maison, mais non. Elle n'a qu'à me suivre... Quoique... je crois que je ne l'aime plus. J'ai rencontré une femme qui n'a pas la folie des grandeurs ! »

Conseiller, mais surtout écouter

Je n'ai plus jamais revu Monsieur K. En quatre séances, il avait trouvé une solution à ses problèmes, même si cette solution peut paraître négative au niveau de la désunion du couple. Pour lui, elle était positive, et que je sois une femme l'avait aidé à reprendre confiance en lui. Je l'avais écouté, accepté, d'autres femmes pouvaient le faire.
Il ne faut pas croire, en fonction de ces trois exemples, que nous parvenons toujours à un dénouement. Les personnes à problèmes, à moins d'être fortement motivées, n'acceptent pas toujours de se prendre en charge. Elles viennent une, deux fois, parfois trois, puis disparaissent. Parfois l'une d'elle téléphone pour donner des nouvelles. Le conseiller n'impose rien, c'est au consultant de décider, en toute liberté, de poursuivre ou non les entretiens.
Toute personne qui se débat dans des difficultés stérilisantes peut consulter le conseiller conjugal. Si la personnalité du consultant nous paraît trop névrotique, ou psychotique, nous l'orientons vers des thérapies en profondeur. Il y a pour ce genre de traitements d'excellents spécialistes. Mais il ne faut pas prendre le conseiller conjugal, malgré son nom, pour un « racommodeur de mariage en perdition ». Ce n'est pas sa vocation. Son rôle est avant tout d'écouter la femme, l'homme, le couple qui exposent leurs difficultés, parfois sans cohérence, et de discerner à travers ces confidences les points clés qui permettront d'analyser les causes de la crise et peut-être de la résoudre. Certains couples divorcent, d'autres se reconstituent. En sachant pourquoi, ce qui est, en fait, l'essentiel.

Sarah Escogido, Conseillère conjugale

12

Les entraves au bonheur

LA NON-CONSOMMATION DE L'UNION

DOULEURS ET OBSTACLES CHEZ LA FEMME

DEFAILLANCES CHEZ L'HOMME

LA PRIVATION DE JOUISSANCE

LA NON-CONSOMMATION DE L'UNION

Cette notion est née des codes et lois usuels en matière de droit civil, mais elle trouve racine aujourd'hui, également et de façon indéniable, en médecine. Le terme recouvre des « histoires » individuelles très différentes que l'on peut cependant essayer de classer pour les éclairer d'un jour nouveau.

Objet et limites de la « non-consommation »

La « non-consommation » implique que l'activité sexuelle d'un couple hétérosexuel exclut délibérément, ou bute sur l'« impossibilité » d'exécuter, un coït vaginal. Cette continence ne va pas obligatoirement de pair avec un appauvrissement des échanges amoureux, ou une inaccessibilité de l'orgasme de part et d'autre. Bien au contraire, « en-deçà » de cette limite, la vie sexuelle peut être très riche et l'objet d'un accord qui explique que les intéressés consultent si tardivement. Le terme de « mariage » non consommé prête à confusion : si dans la grande majorité des cas les personnes qui consultent sont effectivement liées par un contrat conjugal, d'autres, en concubinage, offrent un problème de « non-consommation » tout à fait identique à celui d'époux légitimes. Tous les cas de figures sont donc possibles, des jeunes mariés sans expérience à l'association libre de partenaires qui ont déjà un vécu sexuel.

L'expérience permet de fixer le délai d'incubation. De façon arbitraire on peut distinguer :

• Une première « franchise » de 30 jours suivant la nuit de noces, à l'issue de laquelle l'absence de défloration coïtale constitue un risque de mariage non consommé, ou de mésentente conjugale. Ce délai, qu'il est facile de connaître chez des époux qui découvrent pour la première fois le jour de leurs noces une intimité charnelle « avancée » et une toute première cohabitation nocturne, est d'appréciation plus aléatoire pour les non mariés, dont les échanges sexuels rapprochés ont pu se mettre en place par étape. Dans ce cas le minimum est portée à trois mois après une première cohabitation nocturne, ou une rencontre, jugées par eux-mêmes comme importantes sur le plan de leur vie amoureuse.

• Un délai de contamination, qui est de trois mois pour les mariés, six mois pour l'ensemble des « non mariés ». Ce délai signifie en clair que dans les trois à six mois d'une liaison, la réussite d'une relation sexuelle complète peut être différée sans laisser d'empreinte sur le plan de la relation du couple.

Passé ce délai, on estime qu'un « point de non-retour » vient d'être franchi, et qu'il est incapable, seul, de sortir de cet état. La notion de mariage non consommé implique que soit respectée une fidélité totale et volontaire entre les deux partenaires. Du reste, en consultation, ce point fait si peu de doute que la question paraît déplacée, même lorsqu'elle n'est que sous-entendue. Si l'un des deux, ou chacun de son côté, entretient un commerce sexuel « achevé » avec des tiers, il ne s'agit plus de mariage non consommé, mais de mésentente conjugale.

La question de l'enfant est le pivot de ces handicaps graves. Qu'il s'agisse d'un très jeune ménage ou d'un couple qui ne tient pas encore à légaliser son union, le désir d'enfant n'est pas à l'ordre du jour, et l'utilisation d'une contraception orale par exemple a pu même être sollicitée à titre préventif. L'absence de tout rapport « complet » ne relève donc pas encore d'une « stérilité volontaire ».

Au total, le mariage non consommé est défini par l'échec de tous les essais de coït vaginal qu'un couple fidèle, marié ou non, aura tenté en vain pendant au moins trois mois consécutifs de cohabitation nocturne.

Qui, comment, pour quoi faire ?

La fréquence d'une telle situation est naturellement difficile à évaluer : il semble pourtant que l'on puisse avancer le chiffre de 2 à 4 % de la population française âgée de 18 à 58 ans (soit un million de couples), une proportion non négligeable. Et les demandes d'aides sexologiques sont aujourd'hui devenues fréquentes – peut-être peut-on également attribuer cette augmentation des consultations à une dédramatisation générale devant cette situation.

La « vertu » trouve racine traditionnellement dans l'obéissance à des convictions religieuses et morales. Ce n'est pas le cas de la « non-consommation », qui ne peut être assimilée à la « chasteté ». L'expérience ne permet pas encore de dire si le niveau de vie et le statut social sont des facteurs prédisposant à l'épanouissement de cette entrave au bonheur.

L'éducation sexuelle et l'empreinte familiale rappellent de part et d'autre l'absence de tolérance de la part des parents, mais de telles censures sont communes à de nombreuses autres dysfonctions sexuelles de l'adulte, et ne peuvent donc être tenues pour seules responsables.

L'installation de la continence se fait donc après une « période d'incubation » de un à trois mois, à l'issue de laquelle on distingue :

• Les couples que quelques essais infructueux ont rapidement découragés, et qui ne font plus de nouvelles tentatives.

• Ceux qui ne cessent au fil des mois de se mettre à l'épreuve, et que l'échec ne décourage que très progressivement.

L'amour est uniformément partagé entre ces deux catégories de couples, car tous sont soudés, contrairement à ce que certains pourraient croire, par des liens sentimentaux très puissants et exclusifs. Le choix du partenaire est le principal critère ; on observe deux formes de rencontres :

• Les deux partenaires se promettent pudeur et chasteté. Egalement timides et inquiets, c'est parce qu'ils devinent chez l'autre assez de douceur et de sagesse qu'ils s'associent, verrouillant leurs inhibitions en commun, clôturant une quête de « fiançailles » souvent exigées par le milieu familial. Une telle alliance garantit l'apaisement de l'angoisse de devoir passer à l'acte... du moins jusqu'au mariage, qui, en sous-entendant traditionnellement la fin de l'abstinence sexuelle, va raviver leurs craintes.

• D'autres couples ne se sentent pas aussi « prédisposés » à ce type de stratégie ; beaucoup plus matures et joyeux, ils vont se rebiffer assez vite contre ce qu'ils vivent en permanence comme une défaite, et consulter un spécialiste.

A vrai dire, ici, l'un des deux partenaires surtout est en danger, et son incapacité d'agir contamine l'autre. De tels couples tiennent bon parce qu'il s'y déploie, en dehors de la tendresse, une vision commune du monde et une complémentarité psychologique qui peut pallier l'absence de rapports physiques.

L'approche sexologique

Le motif de consultation est, huit fois sur dix, tributaire du désir d'enfant. L'équilibre sentimental et sensuel du couple se rompt dès que l'image de l'enfant s'interpose entre les partenaires et culpabilise leur absence de « rapports ». Plus ce désir est vif et partagé, plus leur détermination est grande. La médicalisation est alors vécue comme une nécessité, mais aussi comme une intrusion, avec d'autant plus de force, que leur sexualité est « heureuse ». Il n'est pas rare que l'environnement familial soit à l'origine de cette pénalisation du couple, qui ne demandait pas tant de sollicitude à son égard.

Un moins grand nombre de mariages non consommés est pris en charge pour des motifs plus égoïstes. Le désir d'épanouissement sexuel conduit le couple à consulter, mais ce désir recèle des motivations très disparates : réelle demande, crainte du départ d'un des partenaires ou de liaison extraconjugale, tentative de « normalisation » plus ou moins artificielle des rapports sexuels... Le climat des entretiens est ici beaucoup plus instable, tendu, passionnel.

Les facteurs de risques sont d'ordre comportemental ou psychiatrique :

• Deux mariages non consommés sur dix nous enseignent que le succès des conduites qui aboutissent au coït dépend en réalité d'un apprentissage. L'acquisition et le renforcement de ce savoir-faire impliquent la libre circulation d'une imagerie mentale – support de la préméditation érotique – et une connaissance minimale d'ordre « pratique » (l'éducation sexuelle) qui, bien que plus largement diffusée qu'avant, reste encore très insuffisante.

• L'hystérie et la névrose obsessionnelle font payer un lourd tribut aux couples qui leur donnent asile. L'assemblage des deux personnalités décuple les divergences, et soude la relation amoureuse à un niveau de type infantile.

La communication dans le couple se fait dans l'agressivité, une agressivité endémi-

que, non « par manque de rapport », mais plutôt par un mécanisme inconscient d'autodéfense.
L'inventaire des conduites est immense. Les pratiques sexuelles de tels couples s'étendent de l'échange régulier et gratifiant de masturbation, à l'absence presque totale de tout geste un tant soit peu « séditieux ». A ce stade, l'intimité du couple n'existe plus que par les signes extérieurs d'une fraternisation amoureuse très platonique.
De la même manière que la mésentente conjugale n'est pas réductible à la simple addition des troubles caractériels et/ou des dysfonctions sexuelles qui la signalent, le mariage non consommé doit être considéré lui aussi, comme un et indivisible, parce qu'il existe réellement un dénominateur commun à toutes ses formes cliniques : l'équilibre des avantages et des inconvénients.
C'est lorsque cet équilibre est menacé, ou qu'il se rompt, que les patients consultent.
La conduite à tenir comporte plusieurs étapes :

• La première vise à formuler définitivement le diagnostic, en interrogeant conjointement le couple. La récolte des différents éléments du puzzle se fait sur deux colonnes : celle de droite pour les bénéfices secondaires, celle de gauche pour l'inventaire des handicaps sexuels éventuels, des troubles caractériels associés, des traitements psychiatriques en cours.

• Une deuxième série d'entretiens se fait alternativement, en tête-à-tête avec chaque partenaire s'il existe des dysfonctions sexuelles dont il convient de décider la cure, détachable du reste. Sinon, on pose très rapidement les bases d'une information sexuelle aussi complète et explicite que possible dans le cadre d'une consultation de ce type.

• Entre le 3e et le 6e rendez-vous, il faut se donner le temps de démythifier le désir d'enfant qui ne peut être seul mobile de l'épanouissement sexuel, de suggérer avec prudence mais détermination, des gestes intimes dont on rappelle le sens et le rôle et d'illustrer enfin ces conseils de documents audiovisuels, permettant au couple d'exprimer ses résistances pour mieux les attaquer de front.

Un premier bilan s'impose à ce stade : on a pu sous-estimer les racines névrotiques du problème et les suggestions « thérapeutiques » sont sans aucun effet. Il convient alors de confier le couple à la consultation spécialisée. Si au contraire les troubles sexuels proprement dits sont, de manière évidente, en cours d'effacement, on continue patiemment.

• Du 6e au 15e entretien, en effet, il est temps de ramener l'attention sur les organes génitaux, permettant au couple d'avoir progressivement accès à un perfectionnement de ses conduites masturbatoires, au désir renforcé et au succès de la quête de l'orgasme, à la compréhension et à la mise en œuvre à domicile des divers gestes du comportement copulatoire et à la sélection, enfin, des postures adéquates jusqu'à la pénétration intravaginale recherchée.

Le mariage non consommé est exceptionnellement capricieux dans son évolution : la réussite peut venir sanctionner un seul et unique entretien, ou résister à une prise en charge de longue haleine. Il est vrai que les causes d'échec sont nombreuses, de la frigidité à l'inadaptabilité à l'entourage familial. Toutes catégories confondues, le « score » au 6e mois de cure n'est que de 60 % de succès, ce qui, pour nous, est largement insuffisant.

Docteur Jacques Waynberg

DOULEURS ET OBSTACLES CHEZ LA FEMME

La vie sexuelle de la femme peut être perturbée par des douleurs rendant difficile, voire impossible, tout rapport sexuel avec son partenaire. Dépistés avec soin, compris, soignés et à partir de là bien souvent guéris, ces troubles s'estomperont, assurant le plein épanouissement du couple.

La maturité sexuelle n'est pas d'accès facile, car elle implique l'usage d'un organe qui a une bien trop mauvaise réputation. Il n'y a pas sans doute d'entreprise plus déroutante pour les femmes que d'adorer un jour ce qu'elles s'interdisaient la veille : jouir d'un vagin dont on ajournait la découverte jusqu'au lendemain des noces. Mais ce n'est pas seulement l'absence d'« éducation sexuelle » qui entrave l'acquisition d'un savoir-aimer minimum ; c'est aussi le poids terrifiant de la « défense de toucher » qui a censuré la masturbation dans l'enfance et a laissé son empreinte culpabilisante.

En marge d'une névrose médicalement reconnue, existent des motifs de souffrance qui rendent le rapport douloureux ou même impossible.

En pratique, une telle infortune présente deux formes : la dyspareunie et le vaginisme. Comme le complot s'organise en totalité à partir de 10 à 20 cm² de muqueuse vulvo-vaginale, les complices ont tôt fait de brouiller les pistes et d'embarrasser le gynécologue. C'est la règle du jeu : trouver l'erreur.

Les dyspareunies

La dyspareunie est une douleur génitale déclenchée par le coït. Elle intéresse environ 3 % des couples et constitue un motif de consultation impérieux, puisqu'elle attente à l'harmonie du couple.

Cette douleur apparaît lors de la pénétration vaginale, et/ou des mouvements du coït. Un tel symptôme démontre une prédilection des femmes à traduire leur inquiétude en « douleur gynécologique ».

La consultation n'est pas causée par la perte de jouissance, mais parce que le seuil de tolérance à la douleur est franchi : c'est un degré de plus dans l'échelle, puisque ce n'est pas le « résultat » des rapports qui est inculpé, mais les procédés eux-mêmes. Le plaisir sexuel n'est donc pris en compte qu'en deuxième lieu.

La souffrance gynécologique accompagne l'acte sexuel à des degrés divers, dans environ 20 % des cas ; 2 % de ces dyspareuniques consultent : c'est donc la subjectivité qui gouverne l'appréciation de ce qui est intolérable – certaines patientes, opérées, castrées, affaiblies, en parlent mais ne se plaignent pas ; d'autres, vont s'étendre sur les séquelles douloureuses d'une opération ou l'irritation due à une infection.

L'interrogatoire dans ses débuts, porte sur les antécédents gynéco-obstétricaux, toutes les péripéties plus ou moins récentes du point de vue contraceptif, ou les traitements déjà en cours. On termine naturellement sur la biographie sexuelle, ses succès et ses déboires, survolant déjà, à ce stade, les émotions associées à l'échec actuel : « indifférence », dépit, culpabilisation, humiliation.

Le repérage de la douleur est énoncé avec précision : zone clitoridienne, orifice vaginal, grandes lèvres, commissure postérieure, tiers inférieur du vagin, muqueuse vaginale, cul-de-sac postérieur, le « fond » dans son ensemble, le col, l'utérus, « tout le bas-ventre », « les reins »... Son type (brûlure, élancement, irritation, gêne, « douleur »...) est cerné ainsi que son irradiation éventuelle vers la racine des cuisses, les reins, son intensité (désagréable, plus ou moins tolérable, vive, insupportable), sa périodicité (à chaque rapport, régulière dans certaines positions, instable et capricieuse, cadencée par le cycle menstruel...), sa chronologie par rapport au déroulement du coït (immédiate et fugace, différée et durable tout le temps de la pénétration, voire éloignée du coït de plusieurs heures...).

L'examen clinique est nécessaire parce qu'il ne faudrait pas méconnaître :

- A l'entrée du vagin, un bouquet d'herpès, une ulcération, une cicatrice chirurgicale, des fissures anales, des lésions de grattage, une infection, une malformation de la vulve, etc.
- Dans le vagin, une bride hyménéale, une vaginite, un raccourcissement post-opératoire.
- Au fond, des ulcérations du col, une malposition utérine, un stérilet mal toléré.
- Dans le pelvis, des signes de kyste de l'ovaire, d'infection, mais aussi de colite, de constipation.

Souvent, cependant, le gynécologue ne trouvera pas de lésions correspondant aux douleurs signalées par la femme : l'enquête prend une autre tournure, en s'enfonçant dans le labyrinthe de la psychosomatique.

Il faut alors, par exemple, suspecter un manque de maturité, une instabilité affective, qui va aggraver les conséquences de n'importe quelle maladie gynécologique ; une personnalité hystérique ; une grave mésentente conjugale faisant chanceler le dialogue affectif et sensuel du couple.

Ce qu'il faut retenir de cet ensemble très disparate de plaintes, ce n'est pas seulement qu'il fonctionne le plus souvent comme signal d'alarme, mais surtout qu'il représente une ouverture vers d'autres difficultés sexuelles et qu'il contamine irrévocablement le partenaire.

La douleur décourage, déçoit, inquiète, dissuade, éteint, et hypothèque l'avenir sexuel. Elle oppose une fin de non-recevoir au partenaire... qu'elle perturbe à son tour. Le symptôme type ici est l'éjaculation prématurée, liée à une volonté d'abréger le coït. Par ailleurs, la détérioration du climat conjugal, est installée lorsque l'espacement des rapports et/ou leur imperfection durent depuis plusieurs mois.

Que faire?

• Diagnostiquer, traiter et guérir autant que possible les lésions organiques.

• Prendre en charge les difficultés sexuelles en s'appuyant comme toujours sur la persuasion et la dédramatisation. Les conseils élémentaires sont souvent utiles pour convaincre le mari d'user de plus de douceur et de « psychologie », de faire preuve de patience et de méticulosité dans les caresses, de solliciter le vagin « du bout des lèvres », avec plus de respect et de tendresse.

Dans les cas apparemment les plus simples, un dialogue vite fructueux s'instaure sans peine avec la patiente. Le recours à la relaxation est monnaie courante. L'information anatomique s'appuie sur l'utilisation de documents audio-visuels. Des entretiens tête à tête débouchent sur une valorisation indispensable de la masturbation. Mais en fin de compte, le pronostic est tributaire de l'accessibilité ou non de l'orgasme. L'expérience de l'orgasme même provoqué par des attouchements clitoridiens, est un pilote providentiel, car une femme qui jouit, comprend.

A vrai dire, afin de concourir au même but, chaque thérapeute fait appel aux méthodes de traitement qu'il pratique avec le plus d'assiduité. Méthodes qui vont permettre de détacher de la banquise des conduites refoulées et interdites, l'iceberg représentant le comportement sexuel.

Le vaginisme

Le vaginisme est du domaine presque exclusif de la sexologie non seulement parce que ses techniques propres en viennent à bout, mais aussi parce que sans « raison anatomique » apparente, il se définit par une phobie de la perforation très caractéristique de l'immaturité érotique en général.

Sur le plan clinique le vaginisme a également le précieux privilège d'être un des rares troubles sexuels impossibles à camoufler, puisqu'il se manifeste par des spasmes infranchissables de toute la musculature du bassin, des cuisses, dans une attitude de défense, de fuite, qui interdisent non seulement toute pénétration, mais même tout examen gynécologique : la découverte (ou la confirmation) du symptôme, ne fait donc pas de doute.

La patiente « panique » : l'écartement des cuisses est difficile, l'admission du doigt au contact de la vulve presque toujours impossible, le passage au-delà de la zone de l'hymen est interdit par le barrage très serré de la contraction des muscles releveurs de l'anus. Ce mouvement de retrait est irrépressible, involontaire, notamment lorsqu'il s'agit d'une visite de contrôle gynécologique.

Les racines d'un tel « interdit de toucher » sont évidemment psychologiques, en particulier chez de jeunes femmes en pleine santé. Mais ce qui ne manque pas de frapper l'observateur c'est la disproportion entre un tel comportement de défense et la banalité des stress qui en sont apparemment responsables : éducation culpabilisatrice, conformisme religieux (honte de tout contact sexuel), censure de la masturbation, tutelle parentale encore souveraine, brutalité et échec des premières tentatives de rapport, souvenir d'une agression sexuelle de l'enfance ou de l'adolescence... ne constituent pas, contre toute attente, des pistes suffisamment inédites dans l'histoire d'une femme pour expliquer de tels échecs.

Le vaginisme est donc causé par une

amplification irréfléchie d'un traumatisme confidentiel. Ce traumatisme va influer à la fois sur le comportement, le fonctionnement de l'imagination et le passage à l'acte. Toutes les femmes subissent des chocs analogues, et celles qui ne les neutralisent pas peuvent être suspectées d'« immaturité » ou de « névrose ». C'est aller trop vite en besogne. Certains auteurs classiques vont même jusqu'à décrire trois types de « vaginiques » : l'innocente capricieuse, la rebelle fanatique, la martyre hypocrite. Il ne faut pas sous-estimer les origines psychologiques de cette souffrance, mais sa guérison, si habituelle et souvent spontanée, doit inspirer moins d'emphase. Sexuellement du reste, une femme vaginique n'est pas a priori « frigide ». Elle reconnaît obtenir des orgasmes superficiels par frottement et caresses. Cette solution de remplacement peut être source de joie et d'équilibre du couple tant que n'émerge pas le désir d'enfant. Le partenaire, dans ce cas, est toujours affectueux et inoffensif : c'est à ce prix qu'il a été choisi, à l'époque de fiancailles nécessairement chastes et pures. Un tel pacte de non-agression, on le sait, aboutit à l'installation d'un mariage non consommé.

La personnalité et les comportements du partenaire sont donc d'un intérêt majeur pour le sexologue. La notion de « non-consommation » du mariage sera complétée de l'étiquette de « mésentente conjugale » par exemple, si au lieu de partager des attouchements joyeux et émouvants, les « rapports » s'enlisent dans des duels maladroits et têtus. Les motifs de consultation sont donc réels et urgents.

Médicalement cependant, si le diagnostic est soupçonné à partir des déclarations de la patiente ou de son partenaire, il est indispensable de fixer un « seuil » (équivalent à deux cycles menstruels) au-delà duquel le vaginisme est confirmé. L'expérience montre que de nombreux couples peuvent échouer dans leurs tentatives de pénétration vaginale pendant un mois après le mariage sans qu'il reste ultérieurement de trace de ces hésitations. De toute façon, l'examen clinique s'impose, car si le vaginisme est la plupart du temps « imaginaire », il peut coexister avec de réelles malformations génitales, une infection grave. C'est ici qu'intervient la classification clinique des vaginismes :

- Le vaginisme primaire s'installe neuf fois sur dix après une période d'échecs répétés sur une période d'au moins deux mois ; c'est pour un couple marié une durée limite, au-delà de laquelle s'installe le renoncement, ou le conflit ouvert.
- Le vaginisme secondaire peut venir compliquer une dyspareunie, telle que je viens de la définir plus haut. Mais ce n'est pas une règle absolue, c'est même un signe d'aggravation exceptionnel et préoccupant pour l'avenir.
- Le vaginisme compliqué est le véritable adversaire du sexologue parce qu'il allie à l'angoisse de perforation, l'impuissance du partenaire, une mésentente et, souvent, une frigidité primaire tenace. Cette absence de désir complique le tableau parce qu'elle prive la femme de toute gratification, de toute amélioration immédiate malgré l'effort qu'elle fournit.

Quelles sont les réponses à de tels problèmes ?

Un certain nombre de recettes doivent être définitivement reléguées au répertoire de la préhistoire sexologique : défloration chirurgicale, prescription de tranquillisants, utilisation de « bougies » de métal de diamètre « croissant » au fil de « séances de dilatation » et, de façon absolue selon moi, insémination artificielle, sont autant de traumatismes créés de toutes pièces dans l'intention de porter remède.

A l'inverse, le respect de quelques principes simples et précis assure au moins à l'intervention du sexologue un minimum de tolérance et d'efficacité.

- Chez une femme vierge, la défloration ne sera que l'œuvre du partenaire, et sa responsabilité.
- Quel que soit le type de vaginisme, l'appréciation des motivations au changement sera distinguée du désir de grossesse : les premières peuvent assurer la guérison, pas le second.
- L'examen clinique, nécessaire pour le diagnostic, ne se fera jamais avant le deuxième ou troisième entretien.
- La relaxation est la clé de voûte de la cure, mais les dix à douze séances envisagées a priori pour désamorcer les spasmes, doivent être complétées par un « travail » assidu à la maison.
- C'est le doigt, celui de la femme elle-même, puis celui du mari, qui sert de guide à l'apprivoisement des muqueuses, l'autre main tient un miroir.
- Différer la question du coït aussi longtemps qu'un certain confort ne s'est pas substitué à l'angoisse : cela peut prendre plusieurs mois.
- Chemin faisant on évoque les postures d'un rapport, l'enrichissement des gestes, la manipulation moins timorée de la verge, mais l'accès à l'orgasme par masturbation, « doit » être acquis.

Moins de 20 % des cas seront ainsi « incurables » et imposeront un repli stratégique vers une authentique psychothérapie. Une fois encore, en sexologie, ce n'est pas la partie visible de l'iceberg qui compte : des vaginismes âpres et anciens cèdent en quinze jours, d'autres plus frondeurs sont fatals pour le couple.

La frigidité

Elle est caractérisée par la réduction ou la disparition de tout ou partie des motivations érotiques d'un sujet. Il ne faut pas étendre la signification du terme à d'autres difficultés (telles l'anorgasmie ou la mésentente conjugale), et méconnaître à l'opposé la fréquence des défaillances du désir chez l'homme.

Lorsque le manque de désir remonte aux premières expériences sexuelles (ou les précède largement), et qu'il ne s'est pas révélé depuis, il s'agit de frigidité primaire.

L'apathie sexuelle primaire masculine n'est pas exceptionnelle, elle peut se traduire par une chasteté volontaire pendant de longues années de célibat, mais plutôt par un refus du « devoir conjugal » qui évolue vers le « mariage non consommé », ou vers la mésentente. Le comportement masturbatoire est pauvre, l'imagerie mentale et les comportements de type affectif (approche, contact, toucher, étreinte), sont inadéquats ou absents.

La femme présente un tableau analogue, oscillant depuis toujours entre l'indifférence et l'aversion pour la masturbation et toute manifestation ouvertement sexuelle de la part du partenaire.

Si la non-consommation définitive n'est pas ici la sanction habituelle, c'est parce que la femme frigide subit « par amour » les signes extérieurs de l'affection de l'autre avec abnégation et passivité. L'apprentissage d'un savoir-faire minimum peut donner accès à un art de plus en plus affiné de la simulation.

Avec le temps, et en particulier lorsque le nombre d'enfants souhaités ou tolérés par le couple est atteint, la femme peut enfin espacer les rapports, se trouvant mille prétextes pour les refuser. Mais elle peut aussi s'installer dans une demi-mesure d'acceptabilité, si l'harmonie du couple est excellente et que la compréhension du partenaire ménage son amour-propre.

On parle de frigidité secondaire lorsque la perte ou l'amoindrissement des motivations sexuelles surviennent chez un être jusque-là équilibré et fécond.

La frigidité secondaire féminine occupe une place particulière en sexothérapie tant par sa fréquence (très grande) que par son instabilité. Certaines « périodes sensibles » de la vie sexuelle sont habituellement plus exposées – l'accouchement, la ménopause –, et le désir s'émousse avec l'âge, la solitude ou l'habitude... Mais cette précarité des motivations peut disparaître du jour au lendemain et céder la place à une profusion d'intérêt et de demandes, si la vie change de partenaires, ou si le partenaire change de vie.

Par quels mécanismes le désir peut-il être amoindri, éteint ?

Chez l'homme, l'affadissement du désir dévale en général la pente du vieillissement sexuel, mais il peut succéder à des situations conflictuelles précises au sein du couple, ou à une (trop) longue période d'abstinence, notamment après la cinquantaine.

Cette stérilité peut être globale, gommant toute curiosité sexuelle, de la masturbation au lit conjugal, ou sélective, n'atteignant que l'épouse, ou tel ou tel aspect bien circonscrit des pratiques sexuelles. Elle se manifeste par une impuissance opposant désormais une fin de non-recevoir à toute sollicitation érogène.

De façon générale, la pulsion sexuelle peut être perturbée par des facteurs organiques :

- Chez l'homme, les tumeurs cérébrales, l'insuffisance vasculaire cérébrale, les maladies métaboliques évolutives, l'insuffisance rénale chronique, les stress post-chirurgicaux, les amputations organiques, l'alcoolisme, l'absorption d'anti-androgènes.
- Chez la femme en période d'activité génitale, la sensibilité de l'équilibre endocrinien est bien connue et la rend vulnérable même en dehors d'une authentique « maladie gynécologique » – qui a bien entendu d'immédiates répercussions sur le désir. Cette instabilité hormonale se rencontre à la suite d'un accouchement, dans le contexte des divers troubles liés au cycle menstruel (rassemblés sous l'étiquette de « syndrome pré-menstruel ») et chez certaines femmes, lors de la prise de pilule. Ici, les hormones artificielles peuvent déclencher chimiquement non seulement une baisse de la vitamine B6 mais aussi une absence de désir. État que l'on constate également lors d'une dépression.

L'impulsion sexuelle est également amoindrie dans les cas de pathologie thyroïdienne, dans les carences hormonales post-ménopausiques, l'asthénie, l'obésité, les affections métaboliques chroniques, les toxicomanies, l'absorption de tranquillisants, d'anti-hypertenseurs, d'anorexigènes...

Les troubles du désir dûs à des facteurs d'ordre psychologique sont les plus nombreux. Par ordre de curabilité croissante on peut rappeler l'influence négative tant chez l'homme que chez la femme :

- Des différentes maladies relevant de la psychiatrie lourde, des psychoses, sous traitement ou non – mais elles restent dans le cadre de l'hôpital.
- Des problèmes des sujets « valides » mais sexuellement éteints provenant de

l'anxiété et de la dépression, des troubles de la personnalité qui découragent tout désir sexuel (phobies et obsessions).

• Les aléas, enfin, de l'urbanisation, entraînent des réactions complexes causées par le stress, l'ennui et la fatigue – surmenage professionnel, cadence des déplacements, préoccupations, promiscuité de l'habitat, sédentarité... – qui se traduisent par des troubles caractériels, des perturbations du sommeil, de l'appétit, et du désir sexuel. Au total, force est donc de constater l'extrême vulnérabilité de la pulsion sexuelle.

La démarche diagnostique

L'identification d'une frigidité pose rarement des problèmes lorsqu'elle est énoncée d'emblée par l'interlocuteur, et qu'elle est le principal motif de la consultation. Il faut cependant distinguer deux grandes familles de problèmes.

Dans une première catégorie, la question du désir est isolable de la vie sexuelle, indemne par ailleurs de tout autre handicap fonctionnel : c'est le cas des frigidités primaires qui ternissent l'amour conjugal, et des frigidités secondaires en général. L'interrogatoire retrace les antécédents médico-chirurgicaux, l'histoire de la maladie et naturellement l'histoire sexuelle du sujet ou du couple, en s'intéressant plus particulièrement :

• A l'adolescence et aux mécanismes d'émancipation ou de contrainte imposés par l'entourage familial – qui entraîne le refus, à l'âge adulte, de l'identification à une mère castratrice, des interdits inconscients, une ignorance du rôle « masculin ».

• A l'inventaire des traumatismes sexuels précoces ou récents, de nature à compromettre une santé sexuelle que rien jusqu'alors ne mettait en question (rupture, viol, accouchement...).

• Au niveau de « résignation » du sujet face à cet amoindrissement du désir. Dans la grande majorité des cas, ce n'est pas parce qu'il « souffre » de n'avoir plus goût à la consommation sexuelle qu'un sujet consulte, mais parce qu'il en mesure les risques.

Le bilan clinique complète ce premier entretien, et traque tout problème au niveau de l'organe :

• Chez l'homme, l'appréciation de l'état général et mental est complétée par la recherche de la disparition des caractères sexuels secondaires, des signes d'un vieillissement prématuré.

• Chez la femme, le bilan s'apparente à un bilan médical ordinaire, en particulier pour les affections en cours de traitement, mais il s'agit surtout d'apprécier leur incidence sur la sphère génitale et l'équilibre neuro-endocrinien. Dans la grande majorité des cas, en réalité, la frigidité est si imbriquée dans un ensemble de troubles sexuels que ceux-ci, très souvent, en masqueront le diagnostic, tant chez l'homme que chez la femme. Ici, le manque de désir est en somme un petit supplément à l'anorgasmie, au vaginisme, à l'impuissance, à l'anéjaculation, qu'il faut identifier :

• Par l'interrogatoire, alors même que le motif de la plainte brouille les pistes.

• Par l'examen clinique, indispensable lorsqu'il y a la moindre possibilité que cette frigidité soit une complication évolutive d'une maladie indépendante de la fonction érotique. Comme précédemment, les troubles du désir par l'échec sexuel rendent difficile la reconstitution de la maladie : la dyspareunie est-elle aux racines d'une absence d'orgasme, responsable secondairement d'une fuite du désir, ou inversement ? L'éjaculation prématurée n'est-elle pas cause d'une impuissance secondaire, elle-même complice à court terme d'un affaissement des motivations érotiques d'un sujet timide et fragile ? Ou bien est-ce l'inverse ?

On devine que si la réalité de la frigidité est accessible à tout observateur attentif, l'étude de ses causes relève souvent de la compétence du spécialiste.

Guérir ou persuader?

Les réponses « thérapeutiques » à un problème de frigidité doivent être mesurées et précises. Le praticien doit faire preuve d'une prudence extrême dans son diagnostic.

L'intimidabilité est donc une notion essentielle ici, après avoir décanté les problèmes physiques, évalué le « potentiel érotique restant », jaugé la structure mentale du demandeur et de son entourage, mesuré autant que possible, les bénéfices secondaires des uns et des autres. En d'autres termes, le sexologue a pour mission de convaincre, d'inspirer un réel savoir-faire érotique au partenaire, de permettre l'expression des griefs et des attentes.

Peut-on parler ici d'intervention de type « médical » ? Pas uniquement, même si les premières décisions visent à maîtriser une affection, un état de fatigue, un syndrome dépressif, à décourager les abus d'alcool, à discuter l'usage de tranquillisants. Il ne s'agit ici que d'une approche « symptomatique », incapable de se substituer à la décision personnelle ; le désir ne se rétablit pas sur commande.

Plus que la privation de « médicament miracle » c'est l'incertitude qui plane sur le « désir de guérir » des patients qui rend le sexologue modeste.

L'observation de cette résistance au changement permet de distinguer deux groupes de patients :

- Ceux pour lesquels la frigidité est « intimidée » par la cure, en 3 ou 4 entretiens.
- Ceux qui, bien que motivés par l'entourage ou leur auto-critique, ne parviendront pas à faire « bouger » leurs difficultés, avec les « petits moyens » d'une cure brève, basée sur l'élucidation et la banalisation des symptômes.

Si l'on écarte ce dernier groupe de patients, que l'on doit orienter rapidement vers la psychothérapie, il reste parmi les autres un grand nombre de cas de frigidité, tant masculine que féminine, qui relèvent de l'abstention.

Cette abstention n'est pas un désistement, c'est un refus de « guérir » coûte que coûte, au sens médical du terme. Cette frigidité a un sens, elle « parle » à celui qui la produit et elle doit être comprise de celui ou celle à qui elle s'adresse. C'est une entreprise de démolition du couple, mais aussi une expression grossière qu'il faut élucider, concernant la vie quotidienne, mais surtout dominée par des prédispositions psychologiques que l'on met partiellement à jour.

La cure devient alors un réel travail d'émancipation du couple. A vrai dire, on a déjà quitté à ce stade les limites de la pratique courante, et peu de patients acceptent le risque d'une réponse qui les renvoit pour l'essentiel à leurs propres ressources. Dans les deux tiers des cas, en définitive, leur « prise de conscience » est bien tardive, et l'entremise médicale précipite la rupture, ou l'installation d'une cohabitation sans rapport sexuel.

DEFAILLANCES CHEZ L'HOMME

La complexité des mécanismes de l'érection ne s'illustre pas uniquement par les « impuissances », mais aussi « par excès », dans le priapisme notamment, lorsque la rigidité de la verge s'installe sans motif, douloureusement, et de façon trop souvent irréductible. L'état de grâce physiologique consiste donc à pouvoir compter, au bon moment, sur une érection ni douloureuse ni incomplète et qui ne déforme pas la verge.

Les impuissances

L'incapacité sexuelle masculine créée par le défaut d'érection de la verge, a fait couler de l'encre depuis les origines de l'écriture. La rébellion de l'organe, qui n'obéit pas, est toujours très mal vécue. Par <u>définition</u> l'impuissance est l'état d'un sujet incapable de déclencher et/ou de maintenir une érection dans des circonstances de son choix – masturbation ou relation sexuelle. On distingue souvent les impuissances <u>primaires</u>, qui entravent la vie sexuelle dès le début, et les impuissances <u>secondaires</u> qui surviennent après une période de réalisations érotiques plus ou moins satisfaisantes. On peut aussi parler d'anérection, pour une impuissance totale – au réveil, pendant la masturbation et l'échange érotique – et d'impuissance « sélective », pour une défaillance très régulièrement et irrévocablement déclenchée par une certaine posture, le début du coït, une partenaire...

En fait, l'impuissance est le maintien ou le « retour involontaire » de la verge à l'état de quasi ou de totale flaccidité.

Tenter de comprendre une impuissance c'est avant tout, aujourd'hui, essayer de savoir dans quelle mesure elle a des causes physiologiques. Infiniment vulnérable, l'érection est compromise dans de très nombreuses circonstances que l'imperfection de nos moyens d'investigation ne permet pas toujours de cerner avec précision.

Le problème est de savoir si l'impuissance qu'on soigne a des racines psychologiques dominantes, ou si telle ou telle maladie actuellement traitée, ou méconnue, en est à l'origine. La défaillance sexuelle

est alors considérée comme une simple complication.
Pour résumer à l'extrême, l'impuissance est reconnue physiologique :

• En l'absence (ou en cas de perte) des érections nocturnes et du réveil.

• Après vérification, par enregistrement polygraphique nocturne et électro-encéphalogramme de l'absence d'érection pendant le sommeil. Cette érection est physiologique de la naissance à la mort, même et surtout, en cas d'impuissance « psychologique ».

Dans la grande majorité des cas, l'épreuve est négative, et le constat d'érections nocturnes oriente définitivement le diagnostic : il s'agit d'une inhibition psychologique du comportement sexuel.

Quelles sont les grandes causes d'impuissance ?

Mis à part des cas pathologiques, très graves mais somme toute assez rares, l'impuissance provient surtout des désordres d'ordre émotionnel, circulatoire, neurologique et endocrinien.
Le trouble de l'érection d'origine vasculaire est causé, soit par une mauvaise circulation veineuse, créant une impossibilité du maintien de l'érection, soit par une amputation du flux artériel par des déformations ou des lésions.
En pratique, c'est la clinique qui met les points sur les i, évaluant les facteurs de risque du sujet, compte tenu de son âge (l'impuissance du sujet âgé étant plus vraisemblablement liée à des perturbations de la circulation sanguine) de ses antécédents et de ses traitements en cours.
La faillite de l'érection peut aussi être la conséquence de lésions neurologiques : soit des lésions provenant d'un traumatisme, soit des lésions causées par des maladies comme le diabète non traité.
Ces grands handicaps n'aboutissent pas toujours à l'irréversibilité de l'impuissance, mais les facteurs émotionnels sont des éléments d'aggravation.
L'impuissance peut hélas être aussi la conséquence « inattendue » de l'exercice thérapeutique médical : prévisible dans les suites opératoires de la chirurgie du petit bassin, elle est franchement accidentelle (et navrante) lorsqu'elle résulte de l'absorption de médicaments à visée psychiatrique et cardio-vasculaire...

Le traitement d'une impuissance

En pratique, la confrontation du praticien avec un patient se disant « impuissant » pose un problème certes « médical », mais aussi, que l'impuissance, soit avérée, aggravée, présumée ou simulée, un problème de relation d'« homme à homme ».
Parler de « traitement des troubles de l'érection » ne sert en fait qu'à disculper à l'avance le médecin qui n'aura pas su, au-delà de l'identification de telle ou telle raison physique, rassurer, dédramatiser, faire remonter à la surface une souffrance secrète. Il faut :

• Accueillir « fraternellement » son patient, rassembler au travers de l'interrogatoire et de l'examen clinique, les éléments d'un puzzle qui permettra de le comprendre.

• Chez des sujets particulièrement fragiles, la recherche de la preuve d'une impuissance physiologique doit être conduite avec tact et mesure.

• Si le patient souffre d'une inhibition psychologique, une dizaine de séances d'entretien, voire de relaxation, ne seront pas fantaisistes (peut-être en présence de la partenaire), employées à analyser le comportement, à donner des consignes d'affirmation de soi, à restaurer une image du corps, à enrichir les sens.

• Du point de vue pharmaceutique, la suppression, ou le remplacement, de traitements suspects, s'impose chez tout malade chronique. Côté prescription, toujours trois leaders : les androgènes, le Parlodel (anti-prolactine) et le Cantor (désinhibiteur).

• C'est l'impuissance physiologique vérifiée qui est la plus délicate pour le médecin, l'avenir étant toujours très sombre : la prescription d'examens complémentaires est inutile, des médications à long terme ne se justifient pas. Le traitement chirurgical de ces cas désespérés – prothèses péniennes par exemple – relève encore de l'expérimentation. Ce n'est pas d'un superbe exercice de pouvoir médical dont les patients ont besoin.

En définitive, l'exercice de la sexologie clinique est délicat : il va à l'encontre des schémas thérapeutiques habituels. Ici, plus on sait de choses, moins il faut agir. Plus on croit détenir des arguments décisifs, moins il faut en être prisonnier ; l'impuissance est une affaire d'homme, elle a une « histoire », un sens, elle est aussi, une chose non exprimée,un comportement, et on l'a constaté maintes fois, à la « guérir » sans discernement, on peut acculer un patient à une forme plus sévère de souffrance.

Le priapisme

Il s'agit d'une affection relativement exceptionnelle, qui se traduit par la survenue imprévisible et brutale d'une érection persistante, irréductible, douloureuse, en dehors de toute excitation érotique, et n'aboutissant pas à l'éjaculation.

Le priapisme n'est pas l'apanage de l'adulte, l'enfant peut en être atteint avant la puberté notamment à la suite d'un traumatisme de la verge.

Cette affection se caractérise par l'apparition de caillots dans les veines alimentant les corps caverneux, bloquant le retour en arrière du sang – probablement par obstruction des vaisseaux capillaires.

Le « blocage » indéfini du sang dans les corps caverneux va entraîner des perturbations de la circulation artérielle.

L'apparition du priapisme est soudaine, parfois après un rapport sexuel, mais ce n'est pas une règle absolue. Cette érection est douloureuse, avec des élancements qu'aucune manœuvre improvisée ne calme (douche, miction...).

L'examen montre une verge tendue, plaquée contre la paroi abdominal. Seuls sont rigides sur toute leur longueur, les corps caverneux. Le corps spongieux et le gland restent flasques.

Certaines circonstances sont soupçonnées d'être à l'origine d'un priapisme :

• Les traumatismes génitaux.
• Les traumatismes urétraux (cystoscopie, résections endoscopiques).
• Les infections uro-génitales.
• Les cancers des corps caverneux.
• Les troubles vasculaires.
• Certaines affections neurologiques.
• Des affections générales : diabète, alcoolisme, etc.

La plupart du temps l'enquête sur les causes est décevante.

Certaines érections nocturnes douloureuses représentent une forme mineure, « intermittente », de priapisme. Ces érections qui réveillent le patient, cèdent à la marche, à l'eau froide ou à la miction, peuvent survenir régulièrement toutes les nuits pendant des années... Le priapisme est une urgence en sexologie. Il est indispensable de connaître l'heure de début de l'accès actuel : si le retour à la flaccidité n'est pas obtenu en moins de 36 heures, l'impuissance secondaire apparaît inéluctable et irréversible. En effet, le priapisme disparaîtra en quelques jours mais au prix de lésions vasculaires compromettant définitivement l'érection.

Le traitement médical est réservé aux formes frustes, nocturnes, de la maladie, et repose sur des drogues d'usage psychiatrique pour apaiser l'angoisse et contrarier le cours des réflexes d'érection.

Le traitement du priapisme complet, en revanche, est exclusivement chirurgical. Il vise à vidanger d'urgence les corps caverneux du sang qui y est retenu. Les résultats ne sont probants qu'une fois sur deux, et les rechutes entament inéluctablement la fonction sexuelle de ces patients.

Les «malformations»

Des malformations génitales mineures, des séquelles post-opératoires « inesthétiques », l'absence ou la taille anormale d'un testicule, etc., on un effet catastrophique sur la vie privée de certains patients. L'érection est en tous cas l'épreuve de vérité par excellence, qu'elle accentue une déformation réelle, rendant parfois tout coït impossible, ou qu'elle serve de point de départ à des revendications anatomiques injustifiées et complètement délirantes.

Ainsi, « la petite verge » est un motif de consultation fréquent. Il s'agit de patients se plaignant que leurs rapports sexuels ne sont pas satisfaisants « à cause » de la longueur ou du volume insuffisant de leur verge en érection. La plainte s'accompagne souvent de la demande d'un médicament (hormone par exemple) permettant d'« obtenir », comme par magie, une verge plus grosse – quand le patient ne sollicite pas la pose d'une prothèse de verge (alors que l'érection est tout à fait normale)...

L'insuffisance dont le sujet se plaint peut être primitive (jamais de rapports ou premiers rapports), ou secondaire, venant après une période de rapports parfaitement satisfaisants.

En fait, si l'on procède à des mensurations, on constate que, le plus souvent, la verge est de dimensions moyennes. On se trouve donc en présence d'un malaise « esthétique », traduction d'un trouble psychologique plus profond. Très souvent, d'ailleurs, on apprend que l'érection n'est pas très bonne, que l'entente avec la partenaire est mauvaise, que celle-ci est frigide, que le sujet est en proie à des soucis professionnels, etc. Au cours de leurs rencontres le sexologue rassurera donc le sujet, et s'abstiendra de toute intervention agressive, notamment chirurgicale.

Les coudures de la verge en érection vers le haut, le bas, la droite ou la gauche sont fréquentes. De même, il n'est pas rare d'observer une torsion de la verge telle que le méat devient horizontal, au lieu d'être vertical.

Ces coudures n'attirent généralement pas l'attention du sujet qui les considère (avec raison) comme normales et ne l'amènent donc pas à consulter. Parfois, la coudure est plus accentuée : sur la verge en repos et, plus encore, en érection, on constate une coudure latérale.

Elle peut gêner le sujet lors de la pénétration vaginale, surtout si la partenaire lui en fait la remarque sur un ton étonné et/ou moqueur.

Le sujet sera rassuré et on s'emploiera à le convaincre que les rapports sexuels peuvent être tout à fait normaux : il n'y a aucun risque d'aggravation pour l'avenir. En cas de besoin, une intervention chirurgicale assez simple corrigera la coudure de la verge.

Ces coudures ont deux origines principales. Elles peuvent être provoquées par un traumatisme tel qu'un choc direct sur la verge, entraînant une rupture localisée du corps caverneux puis une cicatrice.

D'autres coudures peuvent apparaître spontanément.

Le phimosis est le rétrécissement fibreux ou inflammatoire de l'orifice du prépuce. Il ne faut cependant pas en déduire qu'il est à l'origine de toute difficulté d'extérioriser le gland. Il est très courant en effet que des adhérences préputiales, qui se constituent par manque de précautions hygiéniques dès la petite enfance, en soient responsables. Elles sont libérées par traction sur le prépuce, ou en introduisant et faisant progresser circulairement une sonde cannelée. Une fois libéré, le gland est nettoyé de son smegma (sécrétions internes du prépuce) et enduit de vaseline pour éviter la récidive.

On distingue :

- Le phimosis congénital.
- Le phimosis acquis, conséquence d'une infection ou de traumatismes rétrécissant l'orifice.

Lorsque le phimosis n'a pas été décelé avant la puberté, les premières masturbations, mais surtout les premiers coïts, vont être particulièrement douloureux, voire dans certains cas, impossibles – avec les immenses répercussions psychologiques que l'on imagine sur l'adolescent ou le jeune adulte.

Le paraphimosis, c'est l'étranglement du gland par un prépuce particulièrement serré, à l'occasion de manœuvres de décalottage : il s'agit d'un incident qui peut évoluer de façon inquiétante et déboucher rapidement sur une intervention chirurgicale.

Le raccourcissement du frein de la verge (bride située sur la face inférieure du gland) limite le glissement du prépuce. C'est une malformation congénitale très fréquente, parfois associée au phimosis. Elle peut être à l'origine :

- D'érections plus ou moins pénibles dues à l'étirement du frein, trop court, par le gland turgescent. Sans aller jusqu'à une véritable incurvation de la verge qui serait un cas extrême, cette bride contrarie la pénétration et peut être cause d'éjaculations prématurées.
- D'une rupture de l'artère du frein, blessée à l'occasion de manœuvres intempestives, qui nécessite une intervention chirurgicale si l'hémorragie n'est pas parfaitement jugulée par les moyens habituels.

Le traitement de cette malformation consiste en un allongement du frein de la verge, une intervention simple : une incision transversale de la bride. De plus, cette opération fait « gagner » un centimètre environ sur la longueur totale de la verge en érection.

Les malformations de l'urètre influencent aussi la qualité de l'érection. Ainsi, l'hypospadias (terminaison prématurée de l'urètre en un point quelconque de la face inférieure de la verge ou du périnée), qui n'a d'autre remède que l'opération chirurgicale, ou l'épispadias (plus de 10 fois moins fréquent, caractérisé par l'absence de développement de la paroi supérieure de l'urètre sur une longueur variable, l'ouvrant sous la forme d'une gouttière muqueuse à la face dorsale de la verge) dont la « correction » est très difficile, et qui constitue une entrave définitive à toute velléité de copulation.

Les troubles de l'éjaculation constituent le dernier groupe des défaillances typiquement masculines. Si l'on écarte l'éjaculation de sperme infecté, sanglant, les éjaculations anorgasmiques (qui n'apportent pas l'orgasme) ou douloureuses, qui sont rares, les troubles habituellement rapportés par les patients entrent dans trois catégories.

L'anéjaculation

Lorsqu'elle est complète, il s'agit de l'impossibilité d'accéder intentionnellement à l'éjaculation et à l'orgasme, même par masturbation. En règle générale, on rencontre souvent des anéjaculations « relatives », sélectives. 1 % seulement des consultants présentent une anéjaculation primaire, totale.
Cette rareté tient au caractère exceptionnel des malformations génitales responsables, et à l'importance des forces inhibitrices qu'il faut mettre en jeu pour s'opposer au déclenchement des réflexes les plus puissants de la sexualité.
Cet handicap est caractérisé par :

- Le maintien d'une érection satisfaisante.
- L'inaccessibilité de l'orgasme.
- L'absence totale de sperme dans la vessie.

En effet, qu'une défaillance de l'érection vienne interrompre un coït, qu'un « orgasme sec » prive le sujet de l'observation de son éjaculation, et nous ne sommes plus en présence d'anéjaculation mais plutôt d'impuissance et d'éjaculation rétrograde.
En pratique, il s'agit de sujets très jeunes, ayant inauguré leur vie sexuelle à l'occasion d'une cohabitation pré-conjugale ou du mariage, et qui consultent pour stérilité. La sexualité a pu être vécue sans heurts jusque-là, la privation d'orgasme n'ayant pas été ressentie de part et d'autre comme entravant gravement l'expression de la tendresse. Les rapports peuvent être fréquents, et la « découverte » du handicap ne pas être immédiate, si l'inexpérience et l'immaturité viennent s'ajouter.
Les pollutions (ou éjaculations) nocturnes sont régulières, succédant à intervalle plus ou moins régulier à un rapport. La masturbation est sporadique et souvent défectueuse. Dans l'ensemble, le niveau d'intérêt sexuel et des performances est bas et frugal.
En consultation de sexologie, le but de l'interrogatoire est de fixer avec précision les limites des problèmes psychologiques qui sont peut-être à l'origine d'un tel handicap. La grille de l'enquête peut se résumer ainsi :

	érection	éjaculation	orgasme
Impuissance sélective	non	non	non
Ejaculation rétrograde ou rétrécissement urétral	oui	non	oui
Anéjaculation	oui	non	non

L'enquête doit donc être très précise, afin de s'assurer qu'il s'agit bien d'anéjaculation, en questionnant la partenaire sur son contenu vaginal lors des rapports, et l'intéressé, sur l'absence totale de tout changement d'intensité émotionnelle et sensitive lors d'un coït d'une durée supérieure à 6 minutes.
Sans entrer dans trop de considérations médicales, il faut rappeler cependant que le bilan ne serait pas complet si l'on ne passait pas en revue des questions relatives à d'éventuelles séquelles opératoires, la prise de médicaments, etc.

En réalité, le dossier médical du patient, s'il existe, est un guide irremplaçable.
Dans 80 % des formes cliniques de l'anéjaculation, une analyse précise doit permettre de distinguer un problème névrotique, complexe, qui n'est pas de notre ressort, d'une « dyslexie érotique » dont les racines affleurent déjà à l'interrogatoire : censure de l'éducation sexuelle, immaturité affective, de réelles tendances homosexuelles, timidité et gaucherie des pulsions amoureuses... Le tout contrastant avec une attitude posée et lucide et l'absence, semble-t-il, de grave contentieux avec l'entourage familial ou la partenaire.
Pour faciliter la compréhension de telles entraves à la conclusion heureuse d'un rapport, on peut proposer de classer les différentes formes d'anéjaculation en trois catégories :

- Une forme larvée, discrète, d'anéjaculation : l'éjaculation différée. Il s'agit d'une « préméditation » de différer la survenue de l'orgasme. Cette stratégie entre dans le cadre d'un sentiment de rivalité, de rétraction psycho-affective, propres à une tendance paranoïaque. Un rapport sur trois est conclu, et, fait caractéristique, la masturbation elle-même est mise en échec.
- Les anéjaculations primaires, sans trouble de l'érection associé, peuvent être complètes, ou incomplètes – même si la masturbation est fructueuse – chez des sujets jeunes qui consultent en début de vie sexuelle.
- Les anéjaculations secondaires, aggravées par une instabilité de l'érection, sont généralement complètes et peuvent être causées par une tuberculose uro-génitale, un cancer prostatique, la prise de certains médicaments, un traumatisme de la moelle épinière... exceptionnellement par une réaction psychique.

Les réponses thérapeutiques

Il faut distinguer le défaitisme qui domine le traitement des anéjaculations secondaires (d'origine « physique ») – l'éjaculation est ici à jamais perdue, compte tenu du caractère irréversible des lésions neurologiques en cause – et l'optimisme qui est de règle dans la prise en charge sexologique des formes psychologiques habituelles.
La masturbation apparaît, dans ces formes initiales, comme la « rééducation » idéale. Pour les sujets qui n'en ont jamais fait l'expérience, une permissivité subtile, fondée sur de nouvelles bases d'éducation sexuelle, peut faire franchir une étape importante. Les deux ou trois entretiens qu'exige la banalisation de tels automatismes se font tête à tête. Le couple est accueilli lorsqu'il s'agit, quelques semaines plus tard, de décrire l'apprivoisement de cet orgasme par la partenaire – inclure la masturbation dans les rituels érotiques – une partenaire dont il faut gagner la confiance, la stabilité. En fin de compte, cette démarche dont l'efficacité peut surprendre, permet en outre de déceler les inhibitions graves qui, elles, lui résistent. Si rien n'a bougé en trois entretiens, il faut orienter le patient vers la psychothérapie.

L'éjaculation rétrograde

L'émission de 2 à 5 ml de sperme est due à la contraction occlusive du sphincter interne de la vessie, et aux contractions expulsives spasmodiques des déférents, des vésicules séminales, de la prostate, de

l'ensemble de la musculature du périnée, lui faisant traverser le sphincter externe et parcourir l'urètre pénien. C'est la fermeture réflexe du carrefour musculaire lisse vésico-urétral qui fait obstacle au reflux du sperme, en arrière, dans la vessie. Ce reflux caractérise les syndrômes d'éjaculation rétrograde.
La conservation de l'orgasme est le signe clinique principal d'un handicap qui ne prive le sujet que de la présence visible de son éjaculation : l'orgasme est « sec ».
La relation sexuelle est définitivement stérile mais, le plus souvent, encore gratifiante sur le plan émotif.
Le trouble est très fréquemment isolé, et l'impuissance ne vient le compliquer que dans des circonstances d'anxiété et de mauvaise réinsertion affective post-chirurgicale, ou d'affection urinaire très grave.
En effet les lésions d'organes sont les principales causes de cette affection :

L'éjaculation rétrograde : le sperme est expulsé vers la vessie.

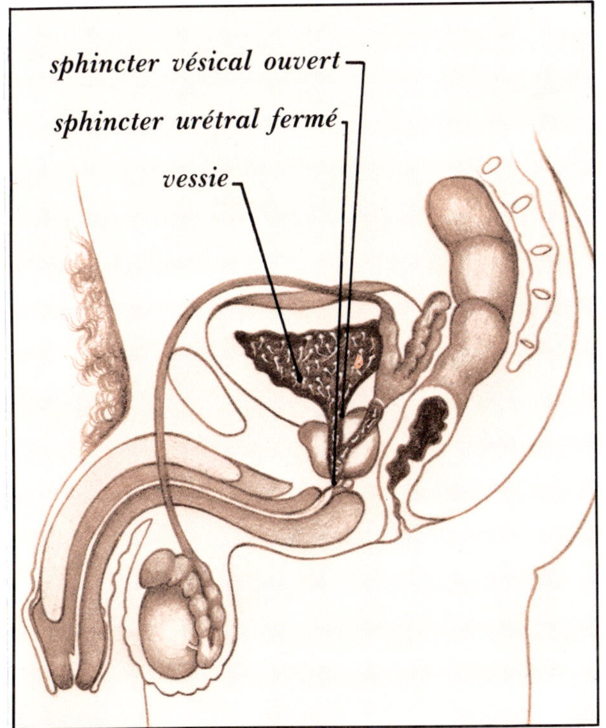

- Destruction des glandes annexes et de la prostate par la tuberculose ou le cancer.
- Séquelles post-chirurgicales.
- Opération pour tumeur testiculaire, avec lésion des nerfs pré-sacrés.
- Ablation d'une partie du gros intestin ou du rectum ou toute chirurgie abdomino-pelvienne étendue.
- Complications nerveuses du diabète non traité, affectant le métabolisme des nerfs du plexus pelvien sympathique.
- Affections de la moelle épinière, séquelles de traumatisme crânien.
- Certains médicaments à usage psychiatrique enfin, souvent incriminés pour leurs effets négatifs sur l'éjaculation.

L'incurabilité de l'éjaculation rétrograde – sauf dans le dernier cas cité – exige que le futur opéré soit prévenu des changements qu'il encourt après l'intervention, et rassuré immédiatement, si possible, en ce qui concerne la sauvegarde de son érection.

L'éjaculation prématurée

Si l'on étudie le comportement sexuel humain avec une curiosité scientifique, ses racines « naturelles », après plusieurs millions d'années d'évolution, sont bel et bien présentes aujourd'hui encore. Ainsi l'éjaculation est-elle, à l'état initial chez nos contemporains, un réflexe quasi instantané. L'idée d'« éjaculation prématurée » doit son existence à une conjoncture socio-culturelle soucieuse du droit des femmes à un plaisir sexuel égal à celui des hommes. Autrement dit, l'éjaculation est dite « prématurée » par nos patients lorsqu'elle survient dans des délais qu'ils ne supportent plus – c'est dire toute la subjectivité de cette notion.

L'expérience montre aujourd'hui qu'en-deçà d'une durée minimum du contrôle de la phase sécrétoire de l'éjaculation, son apprentissage ne se fera jamais. Il existe donc un seuil de tolérance de l'excitation sexuelle, qu'un adolescent doit franchir au cours de ses expériences masturbatoires. Plus tard, la découverte des sensations et des émotions coïtales désarçonne ses habitudes acquises, mais leur façonnage reprend rapidement, pour atteindre finalement un « contrôle » autorisant en moyenne quelque cinq minutes de séjour intravaginal.

La fréquence de tels problèmes est caractéristique de leur bénignité. Un consultant sur trois se plaint d'éjaculation en moins de quatre mouvements coïtaux, parfois même avant toute pénétration. L'inévitabilité de l'orgasme est très souvent aggravée par une difficulté à trouver le « seuil de non-retour ». Une prétendue hypersensibilité du gland occultant tout autre perception, en particulier des mécanismes internes, qui constitue pourtant la base même du contrôle volontaire de l'éjaculation.

Les formes cliniques habituelles sont essentiellement primaires. Ces problèmes n'ont pas toujours été reconnus comme tels dès le début – instabilité des premières rencontres, inexpérience d'une partenaire, succès opportuns de la masturbation – mais l'interrogatoire en retrouve la trace, jusqu'au seuil des tous premiers rapports. L'évolution s'est faite sans véritable aggravation pendant de longs mois, de longues années, mais en renforçant une routine désormais incorrigible et depuis peu ressentie comme telle par le patient.

Plus rarement, de tels désordres apparaissent après coup. Les aléas de l'éjaculation sont tributaires des stress de la vie affective et/ou socio-professionnelle de sujets qui découvrent la vulnérabilité de leur équilibre sexuel. Le refus de contraception, la frigidité d'une partenaire, raccourcissent la durée des rapports, créant des habitudes regrettables et nocives pour le couple. Ces désordres, à l'inverse, évoluent vers des formes compliquées, imbriquant les troubles de l'éjaculation et une apathie du désir, une impuissance secondaire, une dysorgasmie de la partenaire, une mésentente conjugale.

Enfin, il convient de souligner les relations particulières alliant l'incontinence à l'éjaculation prématurée. Bien que les relations de cause à effet ne soient pas établies formellement, il est fort probable que les facteurs de risques et les prédispositions responsables de l'incontinence contribuent nettement à l'installation d'une éjaculation prématurée plusieurs années après.

Il faut signaler aussi les terreurs nocturnes et les cauchemars, le somnambulisme, le bruxisme – mais l'agressivité, le narcissisme, l'angoisse de castration qui le sous-tendent, face à un environnement inhospitalier et autoritaire, sont de même nature que les contre-performances émotives de l'adolescent « incapable » d'acquérir au fil des jours un contrôle minimum de l'éjaculation qu'il poursuit pourtant désespérément.

Le diagnostic ne s'appuie que sur les déclarations des patients, mais il ne pose pas de problème pour autant, une fois que l'on a écarté :

- Une affection urologique mineure : raccourcissement du frein, adhérences et inflammations préputiales, séquelles d'urétrites... qui peuvent représenter une « authentique épine irritative », expliquant les troubles décrits.
- Les faux diagnostics induits essentiellement par l'anorgasmie de la partenaire, alors que l'éjaculation lui concède des délais tout à fait raisonnables pour accéder à l'orgasme.

Le traitement des formes primaires, isolées, est simple. Il consiste à prescrire, sur une durée de trois mois environ, des médicaments capables de ralentir les processus de sécrétion du sperme. Ce ralentissement entrave de proche en proche la chaîne réflexe, jusqu'à permettre l'acquisition d'un délai de plus en plus conséquent avant l'éjaculation. L'accroissement de cette « franchise » jusqu'au seuil minimum, au-delà duquel le patient peut poursuivre seul son apprentissage, se fait actuellement en prescrivant des produits dits « alpha-bloquants », qui interviennent sur la partie du système nerveux responsable des sécrétions prostatiques. La consolidation de telles guérisons peut également demander l'élucidation de problèmes conjugaux ou personnels ; mais il n'est pas nécessaire de mobiliser en profondeur tout le matériel psychologique que d'inutiles scrupules pourraient mettre à jour et qui ne servirait qu'à obscurcir le tableau que l'on a eu tant de peine à dévoiler. Dans un tiers des cas, et dans les formes imbriquées a fortiori, le tarissement artificiel du sperme, indiqué plus haut, reste inefficace, tant sur le plan de l'éjaculation, que de la vulnérabilité de l'érection. Le principe de non-ingérence dans l'intimité du couple est alors levé, et il faut envisager une cure plus assidue, alternant avec un accueil de la partenaire, qui s'avère désormais particulièrement nécessaire pour une bonne efficacité du traitement.

En pratique, les intéressés consultent trop tard. Des solutions de remplacement font déjà preuve de leur efficacité et le handicap fonctionnel devient alors ce qu'il n'était pas à l'origine : une cristallisation de l'anxiété sortant totalement du cadre d'une prise en charge à la mesure de la pratique quotidienne.

Docteur Jacques Waynberg

LA PRIVATION DE JOUISSANCE

La réflexion et l'expérience du praticien en sexologie conduit à la constatation suivante : la sexualité masculine engendre l'orgasme, mais c'est l'orgasme qui fonde la sexualité féminine. En deux mots, dans le couple l'un jouit d'office, l'autre pas. La privation de jouissance engendrera donc des troubles de l'orgasme : anorgasmie et dysorgasmie.

L'anorgasmie

L'anorgasmie est définie par l'incapacité d'obtenir l'orgasme par une stimulation sexuelle, quelle qu'elle soit. Elle reste une expérience subjective, mais elle implique la personnalité de chaque partenaire et la nature de sa relation avec l'autre.

Chez l'homme

L'homme est rarement victime d'une privation de jouissance parce que le programme inné qui organise sa pulsion sexuelle est construit sur le principe de simultanéité « obligatoire » entre l'éjaculation et l'orgasme. Des cas existent, bien sûr, pour faire exception à la règle. Si l'on écarte ici les troubles sexuels dûs à des maladies graves de la moelle épinière et qui se soldent dans certains cas par une éjaculation sans orgasme, on rencontre en pratique quotidienne des anorgasmies qui correspondent à un tel affadissement des réactions de plaisir, que les trois ou quatre spasmes éjaculatoires proprement dits sont souvent vécus « à l'insu » du sujet :

- L'éjaculation des sujets très âgés peut ne pas être accompagnée d'orgasme.
- L'éjaculation prématurée diminue le plaisir de façon quasi totale ; la brièveté de la phase d'excitation précédant l'éjaculation conduit à une « déception » de plus en plus angoissante.
- L'éjaculation douloureuse est décourageante et dissuasive, notamment dans le cas des douleurs qui accompagnent l'éjaculation dans les prostatites chroniques. L'inconfort dans lequel se déroulent les relations sexuelles entraîne à les limiter ou les rejeter.
- L'anéjaculation associe l'incapacité d'éjaculer à l'absence d'orgasme. C'est un cas relativement rare, mais il y a lieu de ne pas sous-estimer des formes in-

complètes d'anorgasmie, que masque précisément la survenue d'une éjaculation réflexe. L'aversion des hystériques, des phobiques, gravement inhibés, pour tout ce qui a trait à la jouissance du corps, est également d'interprétation difficile. De façon plus commune, à l'inverse, l'orgasme peut être dévalorisé par un état dépressif, une intoxication, une réaction à des stress affectifs... L'anorgasmie devient alors une complication évolutive de la frigidité.
Ce sont les déclarations du patient qui permettront de porter un diagnostic. Si l'on écarte les principales causes organiques, et que l'examen clinique n'inspire pas d'avis contraire, force est alors d'incriminer des mécanismes d'inhibition, particulièrement énergiques, compte tenu de la puissance des réflexes qui déclenchent éjaculation et orgasme.

Redécouvrir son corps

La prise en charge de tels patients passe en premier lieu par un travail sur le corps : relaxation, enrichissement des pratiques masturbatoires, affirmation de soi, dédramatisation des conflits, déculpabilisation.
Le corps masculin est moins facilement ouvert à l'épanouissement sensuel que celui de la femme : l'homme a rarement appris à dépasser le seuil d'une masturbation immédiatement et rapidement gratifiante, et il en parle moins facilement. La redécouverte d'une certaine « joie de vivre dans son corps », une meilleure hygiène de vie, l'expérience d'un sport de plein air, de la natation, une plus grande attention portée à la sensualité en général, sont autant de conseils simples et encourageants en tout début de cure.
Le succès ne couronne pas toujours ce type de traitement, et il peut être nécessaire d'avoir recours à une psychothérapie.

Chez la femme

La fréquence de l'anorgasmie féminine est très grande, puisqu'elle représente près de 20 % des motifs de consultation en pratique spécialisée.

QU'EST-CE QUE L'ORGASME ? L'orgasme peut être interprété aujourd'hui comme un équivalent de « crise » cérébrale : véritable embardée dans l'émission d'influx nerveux « perçue » et qui plus est, « perçue agréablement », parce qu'elle diffuse largement dans le cerveau. Elle est provoquée par une surcharge de sensations mentales ou physiques. L'origine génitale des stimulations adéquates n'est donc pas indispensable chez la femme, qui peut même réussir à jouir par la seule turbulence de son imagination. Les débats sur la hiérarchie des différentes zones érogènes (clitoris, vagin, face antérieure de la paroi vaginale, ou tiers profond...) ne sont que d'un intérêt très limité, et ne font faire aucun progrès à notre compréhension de l'orgasme féminin. Cette décharge émotive dure quelques secondes mais n'est pas suivie d'une période réfractaire (de « retombée » suivie d'une période variable de calme) comme chez l'homme : l'orgasme féminin est immédiatement répétitif. A vrai dire, nos connaissances en la matière sont médiocres ou fantaisistes. J'émets provisoirement l'hypothèse que l'orgasme féminin fonctionne comme un réflexe conditionné obéissant ainsi aux lois de l'apprentissage.
Revenons à la sexologie clinique pour écouter les femmes parler de leurs difficultés.
L'invisibilité du symptôme fait que l'évaluation de la gravité du problème ne peut se faire qu'à partir de l'imperfection de leur jugement quant à la forme et au degré

du handicap. Elle est d'autant plus indécise qu'il s'agit ici de parler de l'« absence », d'un « manque » de jouissance – que l'attente et l'imagination déguisent à l'infini – et non pas de signes physiques manifestes.

Les points de repères conduisant au diagnostic formel d'anorgasmie étant donc imprécis et subjectifs, la démarche du sexologue doit procéder ainsi :

• Avoir l'intime conviction que la femme ne conclut jamais, de façon totale et permanente, aucune de ses quêtes de jouissance sexuelle, c'est-à-dire aussi bien seule qu'accompagnée.

• Connaître le déroulement et surtout le mode de la stimulation : y a-t-il eu montée d'un certain plaisir, maintien de l'excitation, sentiment pénible d'irritation clitoridienne ou de véritable tension « préorgastique », extinction brutale du désir, distraction quasi permanente de l'attention, abdication rapide de la poursuite du rapport ?

• Apprécier le savoir-faire du partenaire, non seulement en termes d'aptitude à déceler et enrichir la sensualité féminine – qu'une impuissance secondaire ou l'instabilité de l'éjaculation contrarient – mais aussi en fonction du vécu amoureux et de la cohésion du couple.

Chemin faisant, on est en mesure de distinguer :

• Les anorgasmies primaires lorsque les expériences sexuelles se soldent depuis toujours par une privation d'orgasme.

• Les anorgasmies secondaires, quand le plaisir s'éteint à la suite d'un événement repérable à l'interrogatoire (accouchement, divorce, intervention chirurgicale...), voire, sans motif apparent, à la suite d'une période qualifiée d'« heureuse » sur le plan sexuel et affectif.

• Les formes simples, qui se limitent à l'échec de la quête de l'orgasme, sans que le désir et le vécu érotique paraissent mis en cause.

• Les formes compliquées qui allient plusieurs dysfonctions sexuelles soit à un problème qui sert de principal prétexte (mais qui n'est pas toujours le plus sérieux), soit à des troubles de la personnalité et dont la dépression est l'exemple le plus caractéristique.

COMMENT EXPLIQUER CETTE INCAPACITÉ ? Sur le plan purement physique, par un petit nombre de graves circonstances médicales : amputations génitales, état de carence et d'effondrement de l'état général, maladies endocriniennes et métaboliques sévères. En pratique courante, hélas, dans l'état actuel de nos connaissances, il est bien hasardeux d'attribuer l'anorgasmie à une « insuffisance hormonale » ou un diabète récent, par exemple. A l'inverse des techniques modernes d'exploration utilisées dans le bilan d'une impuissance, les investigations prescrites ici ne sont ni convaincantes, ni complètes : l'homme malade de sa sexualité devient de plus en plus un malade ordinaire, la femme, faute de moyens, demeure a priori une malade de la tête.

Les racines psychologiques de l'anorgasmie sont d'une richesse exceptionnelle, c'est vrai, mais ce n'est pas une raison pour « psychiatriser » toutes les patientes trop bavardes ou trop tristes.

TROIS POINTS ESSENTIELS Le professionnel met l'accent en fin de compte sur trois points :

• Les censures qui ont pesé sur l'apprentissage de la masturbation, celle-ci restant l'expérience essentielle de l'apprentissage du plaisir.

Exercices d'exploration et d'éveil

• Découvrir et renforcer la musculature pelvienne :

1. En position allongée sur le dos, genoux pliés, pieds sur le sol, faire une trentaine de mouvements de bascule du bassin en maintenant la cambrure quelques secondes. Relâcher, allonger les jambes, respirer profondément.
2. Même position, mais cette fois avec un petit coussin entre les genoux : contracter les muscles du périnée et des fesses en serrant le coussin 10 à 15 secondes. Desserrer les genoux, respirer, et reprendre plusieurs fois de suite.
3. Contraction de l'anus : s'allonger sur le dos, les bras le long du corps. Ramener les cuisses légèrement écartées contre la poitrine, puis décoller les fesses du sol en contractant l'anus. Relâcher et recommencer à 5 ou 6 reprises, en tout cas jusqu'à ce que la posture soit fatigante.

• Suggérer le regard et le toucher :

1. Préludes à cette révélation esthétique du corps : le bain, la douche, le savonnage, l'essuyage, le parfum...
2. En position assise, l'observation de la vulve dans une glace est enrichie du cheminement du doigt sur toute la surface examinée.
3. Allongée, jambes ouvertes, la femme saura-t-elle concentrer toute son attention sur le contact de son propre doigt en quête d'un éclair sensoriel ?

• Un problème affectif ponctuel, lié à une maladie ou aux aléas de la vie privée (propre au déclenchement d'une anorgasmie secondaire).
• Une personnalité qui, dans la vie quotidienne, se traduit par ennui, humiliation, tendance à l'alcoolisme, état dépressif, agressivité, difficultés dans la communication avec le partenaire...
Le « traitement » de l'anorgasmie ?
Il n'y a pas de « thérapie » de l'anorgasmie puisque l'orgasme féminin échappe encore à toute standardisation et à tout déclenchement expérimental. Le rôle du praticien se limite donc à une fonction :
• D'épuration des différents risques :
– désigner et classer les responsabilités ;
– désamorcer les conflits, les préjugés ;
– démobiliser l'agressivité ;
– écouter, dédramatiser, expliquer, encourager...
• Et d'escorte de la femme (ou du couple) vers le changement :
– prôner la conquête (ou la reconquête) de son corps aussi bien dans le sport que la coquetterie (voir encadré) ;
– revaloriser la masturbation ;
– initier le partenaire à un savoir-faire plus convaincant ;
– persuader la femme qu'elle est cependant entièrement autonome et responsable de sa sexualité.
Au bout du compte – c'est-à-dire au dixième entretien environ – la force persuasive du praticien a-t-elle fait céder un tant soit peu les défenses, levé discrète-

ment les inhibitions, réglé quelques dissensions, développé les aptitudes du corps au plaisir ? Pas toujours, même chez une femme que la sexualité intéresse et qui aime son partenaire. Il faut conseiller alors l'interruption momentanée de la cure, quitte à se donner rendez-vous dans six mois. Ou bien, conscient de ses propres limites, orienter sa patiente vers une psychothérapie classique.

La dysorgasmie

La dysorgasmie est une dysfonction sexuelle féminine caractérisée par des orgasmes exclusivement non-vaginaux. Les sollicitations clitoridiennes, en particulier, déclenchent des gratifications « décevantes » parce que le coït reste inefficace. La fréquence de tels symptômes est extrême : au moins deux consultations sur trois pour les femmes de 20 à 40 ans, et une sur deux, de 40 à 60 ans.

Le motif de la plainte est essentiellement d'ordre subjectif : une femme, son partenaire, rapportent leur déconvenue devant l'impossibilité d'accéder « normalement » à l'orgasme, qui s'exprime souvent en termes de « frigidité ».

Il faut immédiatement distinguer deux catégories de patientes :

• Celles qui font état d'« orgasmes clitoridiens » – qu'elles suscitent seules, ou avec la complicité du partenaire – et qui consultent « pour aller jusqu'au bout ».

• Celles qui ne se masturbent plus et qui sont uniquement sollicitées lors du coït... Elles se croient donc à tort véritablement « frigides ».

La possibilité d'un « orgasme clitoridien » est une condition nécessaire et suffisante : on parle de « dysorgasmie » et non plus d'« anorgasmie » chaque fois qu'une femme possède, ou a déjà expérimenté – même s'il s'agit de découvertes enfantines – la capacité de déclencher des orgasmes en-dehors du coït.

Du point de vue clinique, les femmes dysorgastiques devancent sans conteste les autres dans la rapidité et la consolidation de leur réaction positive au traitement. C'est que la possibilité d'obtention d'un orgasme clitoridien représente un savoir-faire minimum à partir duquel il « suffit » de bâtir.

Les différentes formes dépendent de la chronologie des faits, de l'environnement, de la biographie du couple.

• Les dysorgasmies primaires sont évoquées par des femmes qui n'ont jamais pu dépasser le stade ingrat d'une réussite masturbatoire – encore faut-il qu'elles s'en souviennent.

Elles se présentent elles-mêmes comme des novices, qui n'étanchent pas leur soif de jouir comme de « vraies » femmes et dont les attitudes, les revendications, en un mot la souffrance, sont proches des doléances des anorgastiques authentiques.

• Les dysorgasmies secondaires atteignent des femmes qui ont déjà traversé une période totalement heureuse de leur vie sexuelle, et qui « rétrogradent » en quelque sorte à un stade antérieur de leurs compétences.

Le dénouement du rapport sexuel est soumis à des manœuvres auxquelles elles ne veulent pas se résigner. Ce repli forcé peut être dû :

– Soit aux conséquences d'une affection organique : les affections génito-urinaires, médicales ou chirurgicales, la grossesse, les suites d'un accouchement difficile,

l'effet secondaire de la contraception orale, l'absorption de somnifères, de tranquillisants, de sulfamides, mais aussi un diabète, diverses maladies neurologiques, imposent un examen clinique.
– Soit dans le contexte d'une mésentente conjugale, d'une déception, d'une rupture, du traitement d'une stérilité, d'une interruption volontaire de grossesse, d'un choc psychique.
• Les dysorgasmies compliquées sont liées à d'autres symptômes sexologiques, et menacent plus gravement l'avenir :
– La frigidité risque de dissiper la force persuasive des entretiens.
– La dyspareunie entrave le consentement à un rapport sexuel complet.
– L'éjaculation prématurée d'un partenaire ou du mari influe sur le potentiel érotique féminin dans des limites considérables.

Quel est le rôle du sexologue ?

La dysorgasmie est une affaire de femme, de femme qui s'interroge, qui remet en question sa subordination au pouvoir masculin, qui renie des pans entiers de son éducation sexuelle, qui est subjuguée par l'angoisse de vieillir. Plus rarement, certaines demandes sont à l'évidence soufflées par le mari, humilié de ne pouvoir faire jouir « sa » femme, ou sous la pression des représentations sociales transmises par les média et qui dictent des besoins artificiels. De telles démarches restent sans lendemain. La relation thérapeutique ne s'établit que si la femme comprend que son émancipation est aux arrêts depuis qu'elle a légué ses pouvoirs au partenaire masculin. L'homosexuelle n'est jamais dysorgastique. Au contraire, toute l'imprudence des femmes qui font l'amour « avec » un homme, tient au fait qu'elles lui délèguent la responsabilité de leur jouissance vaginale.

Que faire ?

Les entretiens visent deux objectifs :
• L'assainissement de l'environnement et des facteurs de risques, c'est-à-dire d'une part la cure des éventuels troubles physiques (c'est le versant médical de la prise en charge) et d'autre part, la pacification du climat conjugal, par un arbitrage des conflits, nés de la dévalorisation des rapports sexuels ou liés à tout autre prétexte, ou par la cure des problèmes du partenaire, en particulier de la médiocrité de son savoir-faire et de ses préjugés ;
• Un remodelage de l'apprentissage érotique de la femme, qui implique :
– un plaidoyer en faveur de la redécouverte ou de la poursuite des activités auto-érotiques. Il faut dénoncer les lieux communs démoralisants, confirmer l'authenticité d'un orgasme unique, « personnel » qui plus est, décourager toute tendance à minimiser l'orgasme « clitoridien », neutraliser toute surenchère, tout défi. Cette hausse du niveau de vie érotique implique cependant un développement du dialogue entre les partenaires, que tous les couples ne sont pas en mesure d'agréer : on devrait en rester là, car l'« à-peu-près » vaut mieux que l'aventure.
– Des conseils de pratiques d'éveil des sens telles que relaxation, massage, thalassothérapie, techniques qui, selon les convictions de chacun, sont en mesure d'aiguiser la sensibilité quotidienne, l'attention que la femme porte à son corps, puis le souci qu'elle apporte à l'éducation de son sexe, traçant chaque jour sur sa peau et ses muqueuses les sillons d'un labourage toujours recommencé...

Docteur Jacques Waynberg

13
Les comportements minoritaires

UNE CERTAINE FORME DE LIBERTE

UNE CERTAINE FORME DE LIBERTE

L'imagination, présente partout dans la sexualité, conduit certains à s'écarter des comportements les plus répandus. Il n'y a là ni anomalies, ni dépravations. L'apparition de ces goûts particuliers dans un couple doit être comprise et parfaitement assumée. Un seul principe s'impose en la matière : tout est permis dans le respect de la liberté de l'autre.

Le fétichisme

Du collectionneur d'étiquettes de boîtes de camembert à l'amateur de petites culottes féminines encore imprégnées de senteurs sexuelles, nous sommes tous plus ou moins fétichistes. Originellement, chez les peuples primitifs, le fétiche, le gri-gri, est un objet magique auquel la conviction attribue un pouvoir protecteur. Pouvoir tout symbolique, que l'on retrouve dans la plupart des religions avec les reliques, les cierges, les bâtonnets d'encens, les médailles.

En fait, le fétiche existe par la charge psychologique dont chacun l'investit, que cet investissement soit spirituel, émotionnel ou libidinal. De nos jours, il se confond, dans le domaine commun, avec les goûts, les modes et... l'évolution des techniques. La prédilection marquée par certains pour les culottes en matière plastique et les couches en ouate de cellulose ne pouvait pas exister il y a un siècle, quand Krafft-Ebing, complété par son ami et disciple Albert Moll, recensait, dans son « étude médico-légale à l'usage des médecins et des juristes », le célèbre « Psychopatia sexualis » qui reste la bible des déviations et fantaisies sexuelles, de toutes les figures possibles du fétichisme. On y lit : « Il n'est pas facile de tracer une frontière précise entre le fétichisme normal et le pathologique. L'anormal consiste en ce qu'une impression partielle concentre en elle l'intérêt sexuel, de telle sorte que toutes les autres impressions pâlissent à côté et deviennent plus ou moins indifférentes... Si nous voulons séparer l'un et l'autre, le fétichisme pathologique et le normal, il est hors de doute qu'au domaine pathologique appartiennent ces cas où tout l'instinct manque pour le coït et où l'instinct génital ne se rapporte qu'à des actes sexuels avec l'objet du fétichisme. » Dans la préface du même ouvrage, le docteur Pierre Janet notait, en 1931, à propos du fétichisme : « La concordance dans le temps du premier essai sexuel avec une impression tout à fait hétérogène peut déterminer la forme particulière du désir. Les auteurs insistent beaucoup sur une loi importante, c'est que souvent le moyen de l'excitation exagère son importance et devient un but poursuivi pour lui-même. »

Tout, absolument tout de l'être humain, de son corps et de ce qui s'y rapporte, que ce soit pour le vêtir, le parer, le distinguer, le contraindre, peut devenir objet de fétichisme. Ne plaisante-t-on pas sur les hommes, ou les femmes, qui divorcent plusieurs fois dans leur vie pour se remarier, à chaque fois, avec un partenaire certes différent mais qui reproduit les traits essentiels du précédent ?

Toujours selon Krafft-Ebing, le fétichisme se divise en cinq grandes catégories (qui comprennent de nombreuses sous-divisions) :

• Une partie du corps, comme les cheveux, les seins, les fesses, les pieds.
• Une particularité physique, comme avoir les yeux très écartés, boiter, être enceinte.
• Un objet, généralement en relation avec une partie du corps, comme les sous-vêtements, les bas, les chaussures, ou une matière, laine, soie, fourrure, cuir, caoutchouc.
• Une action, uriner, raser les parties génitales.
• Une qualité psychique, l'autorité, la soumission, la piété, etc. On le voit, rien ne peut échapper à l'éventualité d'une fétichisation, ni personne à un fétichisme bénin. Telle femme marquera toute sa vie une prédilection pour les hommes à la poitrine dépourvue de pilosité thoracique parce que son père était glabre, tel homme subira l'attraction de femmes plus âgées que lui parce qu'il a été élevé par sa grand-mère. Exemples schématisés, certes, mais il est admis que le fétichisme, normal ou « pervers » est déterminé, dans la petite enfance, par la relation qui s'établit dans l'inconscient entre le plaisir ressenti et l'objet associé à ce plaisir.

Comme nous sommes tous, plus ou moins, des fétichistes, on en est venu à distinguer divers niveaux de fétichisme.

• Le fétichisme <u>normal</u> est celui qui porte une personne vers une autre personne douée d'une ou plusieurs qualités physiques, psychologiques, qui créent une émotion chez la première. Un homme peut être irrésistiblement attiré, malgré les critères du moment qui glorifient la minceur, par une femme rebondie, à condition qu'elle ait les yeux bleus et se montre hautaine. Une femme sera séduite, à l'heure de la compétition athlétique et de la musculation, par un grand échalas brun, à la poitrine creuse, capable de se montrer à la fois cultivé et tendre. Ce qui fait dire, à la vue de certains couples en apparence mal assorti : « Qu'est-ce qu'il (qu'elle) peut bien lui trouver ? »
• Le fétichisme <u>fantaisiste</u> est celui qui nécessite la présence de l'objet fétichisé pour pouvoir, chez un homme, obtenir une érection permettant les rapports sexuels, chez une femme, d'atteindre l'orgasme. Ces fétichismes mineurs, quand ils

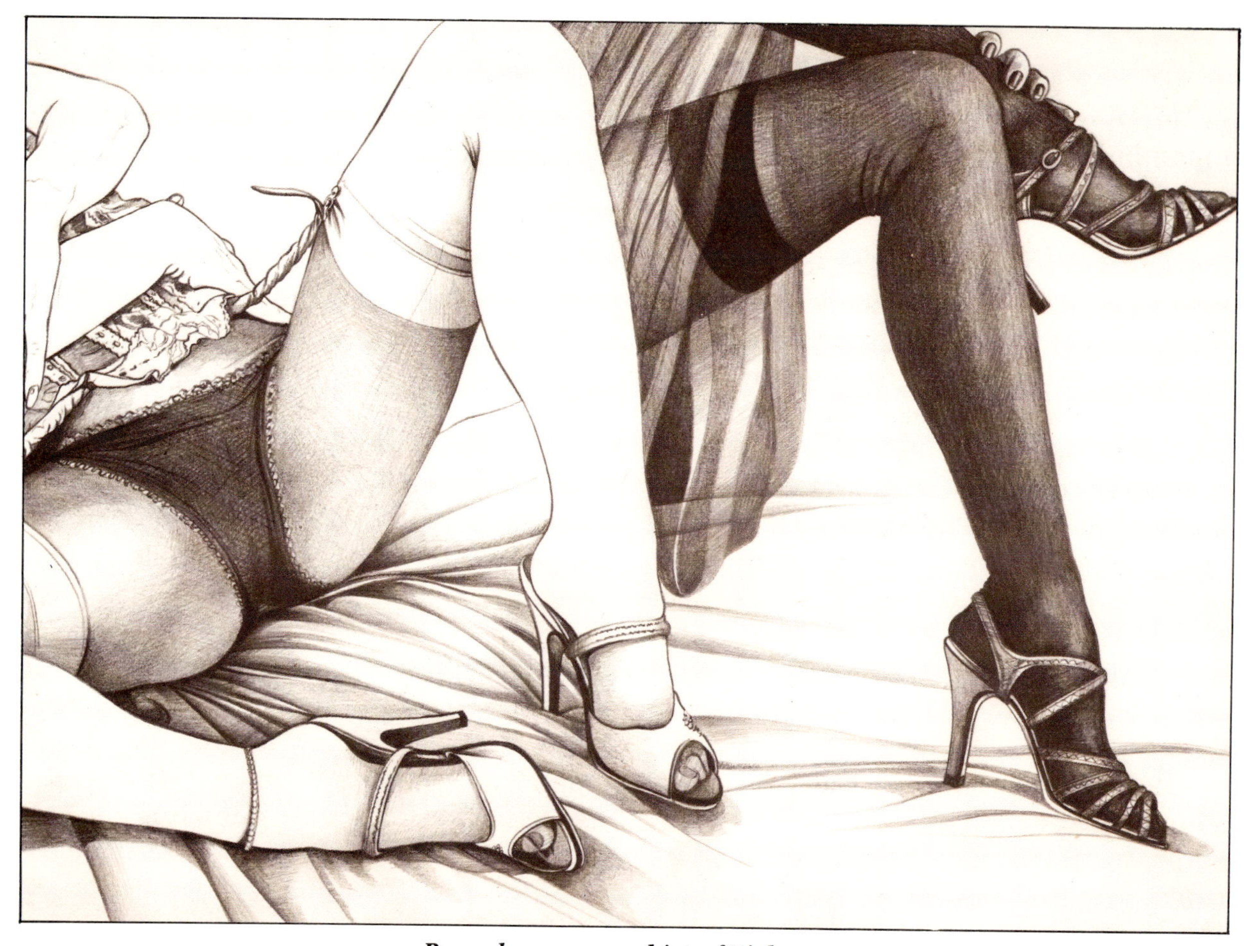

Bas, chaussures, objets fétiches...

sont bien acceptés par les partenaires, s'intègrent tout naturellement aux jeux sexuels du couple. A titre d'exemple, le cas d'un homme qui fétichisait les seins volumineux alors que ceux de sa femme, quoique d'agréables proportions, lui semblaient modestes. Ses érections manquaient de fermeté et faiblissaient jusqu'à disparaître. En accord avec sa femme, il tapisse la tête du lit de photos de pin-up aux poitrines hypertrophiées, qu'il peut regarder en faisant l'amour et retrouve des érections satisfaisantes. En passant, disons que le coït mammaire (entre les seins) relève d'une certaine fétichisation de cette région féminine.

D'une façon générale, la proximité, la vue, le toucher, l'odeur, le goût, la concrétisation du fétiche, dans le fétichisme fantaisiste, apporte une excitation sexuelle que le seul partenaire ne peut provoquer. Il joue le rôle d'aphrodisiaque mais n'est pas d'une nécessité absolue. Nombre de fétichistes reconnaissent prendre un plus grand plaisir et obtenir de meilleurs orgasmes quand ils disposent de l'objet ou de la matière fétiche mais pouvoir néanmoins, en son absence, avoir des relations sexuelles correctes. C'est le cas, notamment, des amateurs de sous-vêtements féminins, qui poussent l'orgasme au délire si leur partenaire consent à des relations sexuelles alors qu'ils portent petit slip fendu et bas tirés par un porte-jarretelle. Celui aussi des amateurs de caoutchouc qui jouissent du contact, de l'odeur de la matière et transpirent d'allégresse dans une combinaison étroitement moulante quand ils font l'amour. Ces fétichistes sont innombrables, ne lèsent personne si le partenaire consent à entrer dans le jeu, apportent ce qu'il est convenu d'appeler du « piment » aux relations sexuelles s'ils ne deviennent pas obligatoires et ritualisés. Autant le jeu est excitant, autant l'officialisation, le rituel, risquent d'entraîner soit monotonie et lassitude chez le partenaire qui accepte le fétichisme sans y trouver d'excitation particulière, soit fixation et besoin obsessionnel chez le fétichiste qui craint de perdre toute appétence et tout bénéfice sexuel s'il est privé de son fétiche. On débouche alors sur ce que psychologues et sexologues considèrent comme le fétichisme « pervers ».

• Le fétichisme pervers est celui qui sexualise l'objet au détriment de la personne, quand il s'agit d'une partie du corps, ou qui prend un objet, une matière, comme support érotique. Dans le premier cas, la personne est totalement désindividualisée, seule compte la partie d'elle-même qui correspond à la fixation fétichiste. Le volume des seins ou des fesses, les pieds, propres ou sales, sont des exemples fréquents. D'autres fétichismes corporels apparaissent plus rares. Parmi eux citons le cas de cet homme qui ne voyait d'une femme que ses bras, à condition qu'ils soient velus ; de cet autre qui ne convoitait que les mains, systématiquement longues, soignées, aux ongles immenses laqués de vernis rouge vif ; ou encore de cet homosexuel fasciné exclusivement par les cheveux d'homme longs, séborrhéiques, dégageant une odeur forte et fauve. Dans tous ces cas, peu importe l'âge, la qualité de la personne et encore moins ce qu'elle pense ou désire. Le fétichiste ne conçoit les rapports sexuels, qu'il recherche, qu'en fonction de ces particularismes. Hors cela, il est sans désir, sans érection et se masturbe en fantasmant sur la personne réelle entrevue ou imaginaire, douée de la particularité fétiche. Les fétichistes d'objets, de matière, se comportent à peu près de la même manière. Ils ne peuvent avoir d'érection et de rapports sexuels qu'en présence de leur fétiche. Peu importe la réalité du partenaire, seule compte la fixation érotique au fétiche. Là, les cas de figures sont aussi variés qu'indénombrables. On sait la prédilection que portait le chevalier de Sacher-Masoch à la fourrure, celle pour la bottine évoquée par Octave Mirbeau dans « Le journal d'une femme de chambre ». Le fétichisme des nattes, qui a suscité le déviationnisme mutilant des coupeurs de nattes, se retrouve aujourd'hui dans l'obstination que mettent certains hommes à vouloir raser la toison pubienne de leur

Fétichisme de la lingerie.

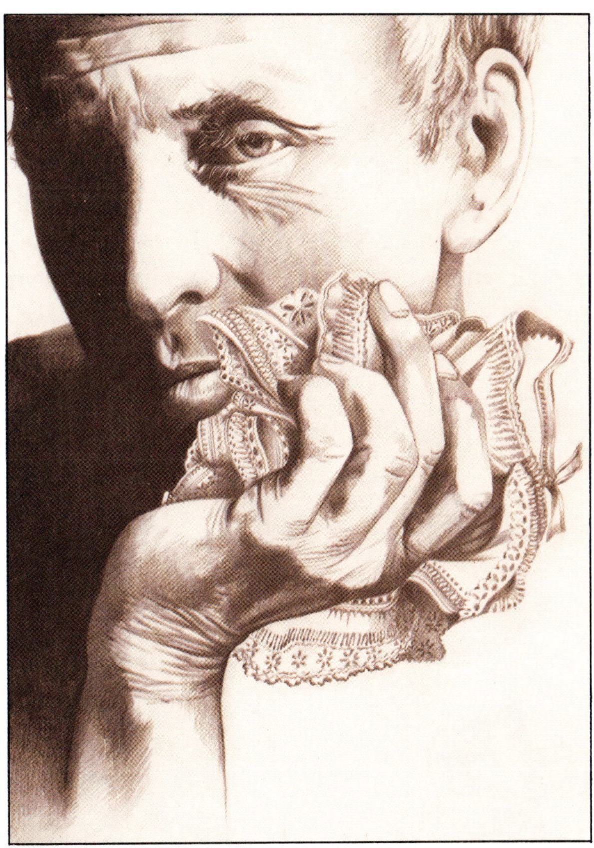

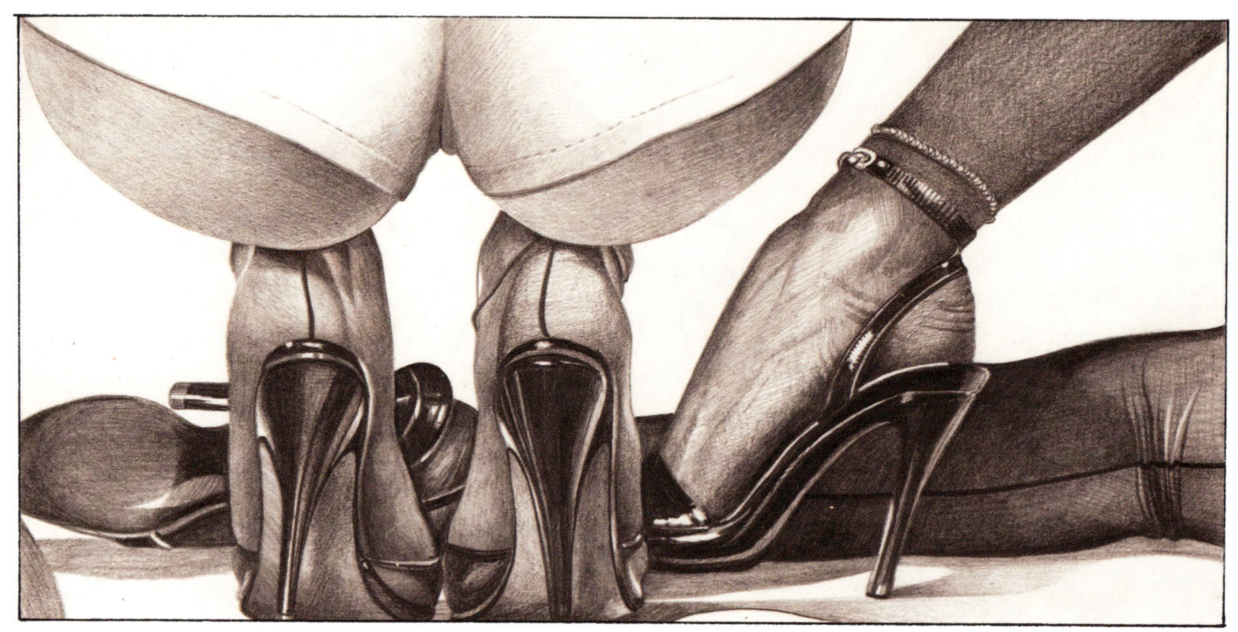

L'attrait des talons démesurés et des lanières de souliers.

partenaire. On ne vole plus guère les mouchoirs et encore moins les fixe-chaussettes, qui ont disparu, comme le faisait une femme dont Krafft-Ebing cite et explicite la passion : le souvenir d'un fixe-chaussette bleu entrevu sous le pantalon d'un homme qui lui faisait la conversation. Mais les jeunes gens continuent à voler pour s'y masturber, les slips, les soutien-gorges, les bas de leur mère, de leur sœur, dans le panier à linge familial, qu'ils voient sécher sur une corde dans un terrain de camping. Cas extrême du fétichisme des sous-vêtements, celui d'un homme qui exigeait de sa partenaire qu'elle demeure inerte, silencieuse, pendant les rapports sexuels, et lui encagoulait le visage dans un slip maculé de sang menstruel.

Le gant, plus ou moins tombé en désuétude, sauf en hiver, ne suscite plus guère de passion à moins qu'il ne soit en cuir et ne s'intègre à la panoplie de cuir noir de la dominatrice ou à celle du motard homosexuel. Si le fétichisme des voiles et vêtements de deuil a disparu, la tradition du deuil s'étant perdue, on voit réapparaître, la mode aidant, celui du porte-jarretelle, des bas noirs, des chaussures à talon aiguilles et même du corset à laçage. Le renouveau des boucles d'oreilles avec perçage du lobe a réanimé le fétichisme des bijoux qui, de parures extérieures sont devenues parures intimes, avec perçage des seins, des lèvres du sexe féminin ou du prépuce masculin dont la seule évocation, pour certains, suffit à provoquer l'excitation sexuelle.

On n'en finirait pas d'énumérer tout ce qui, dans notre société, peut jouer le rôle de fétiche sexuel, au même titre que l'enfant ne peut s'endormir s'il ne suçotte pas un morceau de tricot qu'il a investi d'un pouvoir protecteur, ou que le croyant n'inaugurera pas sa nouvelle voiture avant d'y avoir suspendu une médaille de Saint-Christophe.

L'attachement sexuel érotique à un objet autre qu'un objet sexuel dit « normal », c'est-à-dire à une personne dans sa totalité, relève bien évidemment, comme nombre de comportements, de la superstition. D'après Kinsey, le fétichisme est essentiellement masculin, dans la mesure où il autorise une érection qui se dérobe en l'absence du fétiche. Il reconnaît pourtant que les femmes n'échappent pas à une fétichisation mineure portée sur les aspects physiques du partenaire: la pillosité thoracique, la voix grave, la musculature noueuse, et, bien sûr, le gros et grand pénis, tous symboles établis de virilité. A partir du moment où un être humain, pour s'exprimer sexuellement, a besoin d'un excitant spécifique qui le conforte dans ses aptitudes au plaisir, on peut en déduire logiquement, avec la plupart des psychologues, que le fétichisme se rencontre chez les sujets timides, anxieux, immatures affectivement, fixés à un stade précoce du développement. Selon Freud, il serait, chez nombre d'adultes, « un substitut du pénis, un substitut de l'absence de pénis chez la mère, et, en conséquence, une défense contre l'angoisse de castration ». Pour Wulff, autre psychanalyste, il serait « un substitut du corps de la mère et, plus particulièrement, du sein maternel ». Quant aux éthologistes qui, comme Konrad Lorenz, s'intéressent au comportement animal, le fétichisme s'expliquerait par un phénomène « d'empreinte ». Ainsi un objet quelconque, du seul fait de sa perception au moment où apparaît la première émotion sexuelle, resterait associé à cette émotion et en deviendrait le déclencheur. Quelles que soient les origines du fétichisme, il n'en reste pas moins un des travers sexuels les plus communément partagés.

L'attachement sexuel aux jarretières.

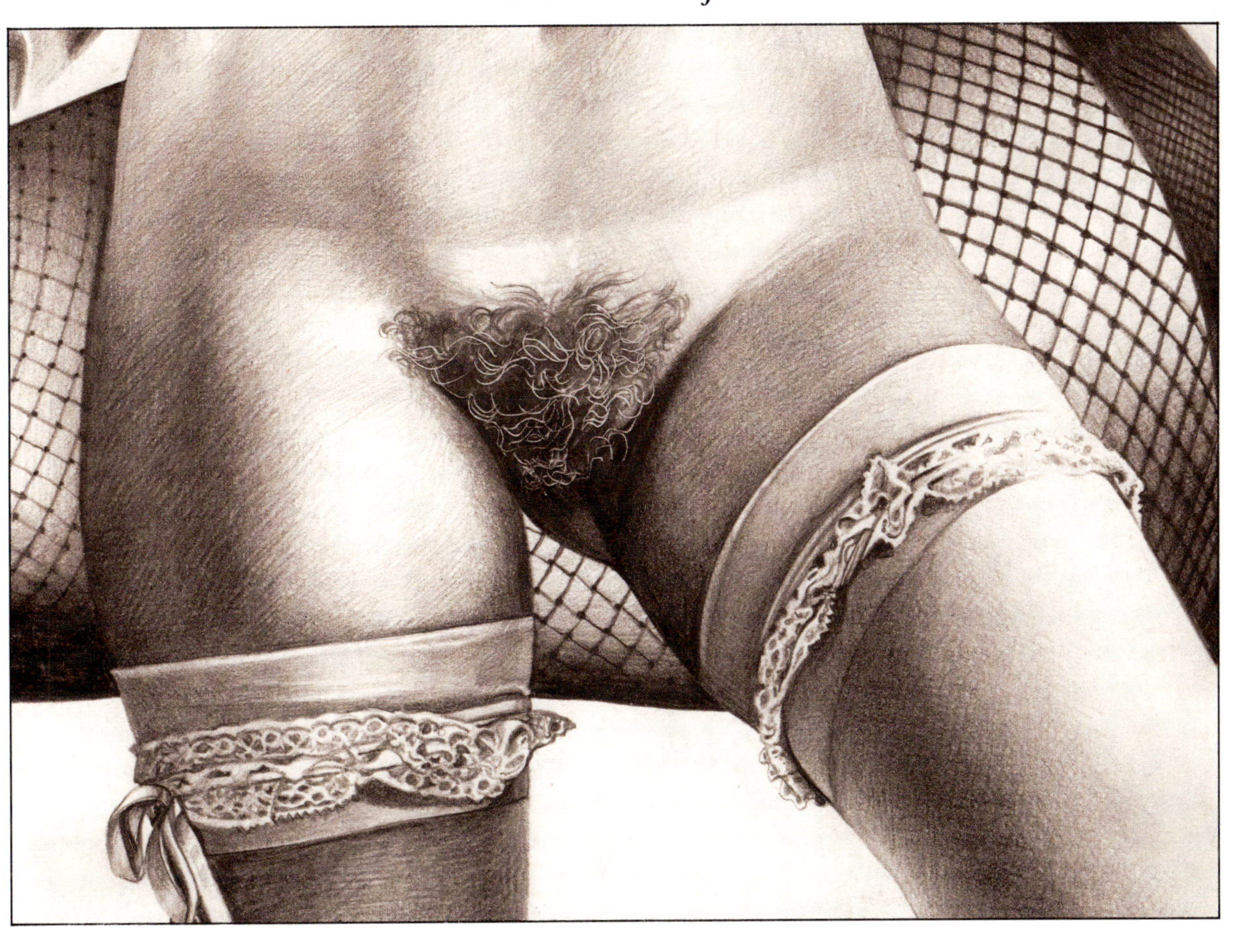

L'ondinisme

Alors que Havelock Ellis, contemporain de Freud et son cadet de trois ans, consacre un ouvrage entier à « l'ondinisme » dans ses « Études de psychologie sexuelle », Freud, et la plupart des psychanalystes après lui, n'accordent qu'un intérêt tout relatif à « l'érotisme urétral ou urinaire » que d'autres nomment urolagnie. Les mots ne figurent pas au dictionnaire mais le plaisir lié à la miction (l'acte d'uriner) est bien réel chez beaucoup d'individus. Freud, et les freudiens, situent l'intérêt pour l'urine aux environs de la quatrième année chez les garçons, au second stade de la masturbation infantile, qui succède à la phase de sadisme anal et se confond avec la période « phallique ». Dans les « Trois essais sur la théorie de la sexualité », Freud énonce : « ... l'appareil sexuel est encore mal développé et c'est le plus souvent l'appareil urinaire qui parle en son nom. La plupart des prétendues affections vésicales de cet âge sont des troubles sexuels ; l'énurésie nocturne correspond... à une pollution. »

De son côté, Havelock Ellis, qui a beaucoup voyagé, beaucoup observé, beaucoup lu, et qu'intéressait tout spécialement l'ondinisme pour en être lui-même, paraît-il, un adepte, écrit : « Dans le rituel de la sorcellerie en France, on décrivait le diable aspergeant l'assemblée de son « eau bénite », c'est-à-dire de son urine. L'usage religieux primitif de l'urine dépasse d'ailleurs le domaine des lustrations et des aspersions... C'est ainsi qu'en Nouvelle-Guinée, lors des cérémonies d'initiation, le chef se tient au-dessus du jeune homme et lui urine dans la bouche ; quand il a passé cette épreuve, le jeune homme est éligible au grade de guerrier... ». Quant à Mélanie Klein, psychologue anglaise d'origine autrichienne qui fut la première, avec Anna Freud, à appliquer la psychanalyse aux jeunes enfants, elle déclare : « Les analyses d'adultes aussi bien que les analyses d'enfants m'ont mise constamment en présence de fantasmes où l'urine était imaginée comme un agent de corrosion, de désagrégation et de corruption, et comme un poison secret et insidieux. » Ce qui lui permet de dégager le rôle « ... trop peu connu jusqu'ici, du sadisme urétral dans le développement de l'enfant. »

On sait que certains mammifères, pour délimiter le territoire qu'ils se sont attribué, urinent tout au long de sa frontière. Sans être particulièrement observateur, on constate que les chiens reniflent les traces d'urine laissées par d'autres chiens et lèvent la patte comme pour les effacer. Un des jeux favoris des gamins impubères est d'uriner simultanément pour voir celui qui propulsera son jet le plus loin. Uriner, aussi simpliste que cela paraisse, est une manifestation de pouvoir.

Aussi l'ondinisme, ou urolagnie, relève-t-il à la fois de l'exhibitionnisme-voyeurisme, et du sado-masochisme.

Dans le premier cas, il s'agit de voir ou d'être vu dans une activité urinaire. À ce type, bien évidemment, se rattachent les perceurs de trous dans les portes et les cloisons des w.c. Ils prennent plaisir, et souvent se masturbent, la main dans la poche, à voir les femmes ou les fillettes uriner, tel ce jeune moniteur de colonie de vacances qui insistait, sous prétexte de chaleur et de déshydratation, pour que les gamines confiées à sa garde boivent beaucoup d'eau et de jus de fruit, et allait se poster dans une des cabines réservées aux femmes pour voir, par un trou minuscule ouvert à bonne hauteur, les petits sexes glabres lâcher leur jet bruissant. C'est aussi, dans un couple, habituel ou d'occasion, le partenaire qui assiste à la miction de l'autre, comme cette femme qui insistait pour tenir la verge de son mari tandis qu'il urinait ou cet homme qui, assis sur le siège, prenait sa partenaire sur ses genoux, face à lui, afin que le jet d'urine, bien visible, lui inonde les organes génitaux. Ce dernier cas participe, d'ailleurs, autant que du complexe exhibitionnisme-voyeurisme, du sado-masochisme.

Pour de nombreuses personnes, fixées pour des raisons diverses au stade infantile de la miction, il ne s'agit pas seulement de voir ou d'entendre quelqu'un uriner, ou de se montrer dans cette activité, mais bel et bien de baigner dans l'urine, comme le nourrisson ou l'enfant énurésique dans ses couches. Pour beaucoup, comme la masturbation à laquelle Freud l'associait, l'activité urinaire, qui procède de la masturbation ou la provoque, est solitaire. C'est l'homme ou la femme qui, se masturbant dans son bain, éprouve une jouissance particulière à libérer son urine. Le phénomène est classique. Tout corps plongé dans l'eau subit les principes énoncés par Archimède mais, également, la séduction de ses origines aquatiques, des plus primitives, la mutation de l'amphibie en mammifère, jusqu'à la toujours actuelle évolution du fœtus dans le liquide amniotique de la mère. De la même façon que, selon le proverbe anglais « on apporte du charbon à Chelsea », qui en regorge, l'eau attire l'eau et les piscines, avant que l'eau n'en soit renouvelée, contiennent, avec le chlore antiseptique, une bonne quantité d'urine.

Plus élaborée dans la satisfaction vésicale est la mise en scène que s'accorde l'urolagniste. Il protège son lit d'une alèze, dans laquelle il retrouve la bambinette de son enfance, et laisse voluptueusement couler. Ou il s'entoure des précautions accordées aux nourrissons, couches absorbantes, culotte caoutchoutée, dans lesquelles il s'abandonne une fois couché ou, en public, sous ses vêtements, à l'insu de tous, jouissant à la fois du contact humide, tiède, et de la satisfaction de tromper son monde. Un poète, qui souffrait, comme beaucoup de poètes, de n'être pas reconnu dans son talent et son originalité, rêvait de pouvoir « pisser dans les boîtes à lettres ». Freud a noté « l'ambition démesurée et brûlante » des énurésiques. Cette ambition, qui rejoint le besoin instinctif et animal de possession, se retrouve dans le cas d'une jeune fille qui inonde le siège de l'automobile de son amant inconstant : « Tu n'aimes pas cette odeur de noisette ? » dit-elle. Alors que l'amant songe à ses coussins qu'il va lui falloir changer. Nombre d'urolagnistes apprécient d'ailleurs de se soulager dans un lieu public en inondant le siège sur lequel ils sont assis, notamment au cinéma, dans l'obscurité propice, mais aussi au café, en autocar, ou dans un jardin public. Certains, assez rares, au plaisir de sentir l'humidité qui les enveloppe du pubis aux cuisses et l'odeur plus ou moins forte qui les imprègne, ajoute celui, exhibitionniste, de montrer leur vêtement souillé.

L'aspect sadique évoqué par Freud et Mélanie Klein se précise quand une personne trouve une jouissance particulière à uriner sur une autre. Une injure qui figure en bonne place dans le langage populaire, « je te pisse à la raie », montre le mépris qui s'attache au fait d'uriner sur une autre personne, même si l'expression est symboliquement sodomite. Chez le garçon de quatre ans, fier de son « petit robinet » dont il ne connaît pas encore tous les usages, l'urine se confond, disent les psychanalystes, avec le sperme. Il croit, disent-ils encore, que le père urine dans la mère pour la féconder. C'est d'ailleurs un fantasme aussi bien féminin que masculin que ce désir d'uriner ou de recevoir l'urine masculine dans le vagin ou le rectum. Considérée en tant que déjection vésicale ou sublimée inconsciemment en sperme, l'urine, pour l'adepte, constitue un instrument de pouvoir ou de soumission selon qu'on en arrose l'autre ou qu'on en est arrosé. Dans le jeu de la domination et de la soumission évoqué précédemment, l'urine intervient souvent. Certaines femmes qui font métier de dominatrices utilisent la « douche d'or » dans leur arsenal d'humiliation et traitent leur client de « pot de chambre » en lui urinant dans la bouche. Il est à constater que si hommes et femmes partagent équitablement cet érotisme urinaire, ce n'est pas de la même façon. Si les femmes ne détestent pas s'exhiber en train de faire pipi dans les fougères ou dans le bidet d'une chambre d'hôtel, si elles apprécient de mouiller leur culotte pour s'exciter de son contact humide et tiède et s'y masturber, elles se montrent plutôt rétives à l'urine d'un ou d'une partenaire que ce soit pour en recevoir la « douche d'or » sur le corps ou pour la boire. Ces formes d'urolagnie seraient plutôt typiquement masculines... avec le concours néanmoins d'une compagne ou d'un compagnon chez les homosexuels. Dans le couple hétérosexuel, c'est l'homme qui demande généralement à la femme de lui uriner sur le ventre ou sur les parties génitales, qui profite du cunnilinctus pour absorber le « petit pipi » qu'elle veut bien lui accorder. Certains hommes poussent ce goût au même niveau que certains masturbateurs narcissiques. Alors que ceux-ci recueillent leur sperme pendant l'éjaculation afin de pouvoir l'absorber ensuite, ceux-là reçoivent dans un verre leur urine matinale et se délectent de cette « bonne tisane ». Qu'elle soit « bonne » à la santé de l'amateur n'est pas évident, même si les chercheurs ont trouvé dans l'urine humaine deux types de protéines précédemment isolées capables de réduire six types de cancer. Elle n'est pas nocive non plus. Certaine secte indienne pratique quotidiennement, dans son rituel, les libations d'urine. Certains voyageurs du désert, momentanément privés d'eau, ont bu leur urine. Ils n'en sont pas morts. Faut-il préciser que l'urine est un riche ingrédient fantasmatique ? Telle personne qui ne supporte pas la plus petite trace d'humidité sur son slip rêve qu'elle patauge dans des flaques d'urine et se fait ensuite lécher les pieds par un esclave obéissant...

Le petit sado-masochisme

Krafft-Ebing, encore, toujours lui, est l'inventeur du terme masochisme en référence à l'œuvre et à la vie de Léopold Ritter von Sacher-Masoch, écrivain autrichien, qui mettait en pratique dans sa vie quotidienne les fantasmes de châtiments corporels, d'humiliations, imaginés dans ses romans. Le terme sadisme dérive, de la même façon, d'un autre écrivain, français celui-là, Donatien Alphonse François, marquis de Sade, ce « divin marquis » qui pratiquait la cruauté et en faisait l'apologie : « La cruauté bien loin d'être un vice est le premier sentiment qu'imprime en nous la nature ; l'enfant brise son hochet, mord le téton de sa nourrice, étrangle son oiseau, bien avant que d'avoir l'âge de raison » (« La philosophie dans le boudoir »).

Le rituel sado-masochiste et ses accessoires.

Le sado-masochisme, tel qu'il est énoncé par les psychanalystes, n'est pas loin de rejoindre la définition de Sade, dans ce qu'il attribue de primitif à la cruauté. C'est l'intrication de pulsions agressives dirigées contre autrui (sadisme) ou contre soi-même (masochisme), qui coexistent dans la même personne, et qui s'élabore chez l'enfant quand intervient la douloureuse expérience de la propreté, de la civilisation, l'éducation des sphincters urinaire et anal. A ce stade, l'enfant subit la pression de l'entourage adulte pour qu'il renonce au plaisir de se soulager n'importe quand, n'importe où. Il est grondé s'il ne demande pas le pot en temps utile. Il est également grondé si, mis sur le pot, il ne « fait » pas. Mais alors la mère s'inquiète, se contrarie, de cette continence. L'enfant perçoit très vite qu'il peut, lui aussi, exercer un pouvoir sur la mère, en lui donnant ou lui refusant ses excréments. S'il les donne, il obéit, s'il les refuse, il agresse. Et la jouissance qu'il tire de cette désobéissance compense largement l'inconvénient du suppositoire ou du lavement.

Ainsi s'établit la délicate balance entre le désir d'être puni, qui reflète l'autorité attentive, et le désir de punir, qui contient la satisfaction de la punition.

Un élément de la vie sexuelle normale

Le sado-masochisme, sous forme de domination-soumission, activité-passivité, se retrouve dans la vie sexuelle normale, avec son ambivalence imaginaire, qui met en pratique le proverbe : « Tel est pris qui croyait prendre ». Le plus élémentairement qu'il soit, il est convenu que la femme, passive, se donne, et que l'homme, actif, prend. Mais si l'on considère l'imbrication des organes génitaux dans le coït, on s'aperçoit que c'est l'inverse qui se produit. L'homme donne son pénis et la femme l'absorbe. Dans l'amour, la femme reçoit le pénis qu'elle n'a pas, l'homme se délivre de celui qu'il porte. Chacun devient l'autre. Toute relation sexuelle est ainsi sado-masochiste, par l'inversion des pouvoirs, le possédé devenant le possédant. Les jeux sado-masochistes auxquels se livrent bien des couples relèvent à la fois de cette ambivalence et de l'ambiguïté du plaisir. Le déplaisir, l'angoisse, correspondent à une élévation de la tension nerveuse. Quand on a la fièvre, on aspire à une baisse de température pour se sentir mieux, libéré. Dans les jeux sado-masochistes, la menace de la punition fait monter la tension. La femme, prévenue le matin qu'elle recevra sa correction le soir, dispose de toute la journée pour laisser croître, avec l'appréhension des gifles ou du martinet, sa tension sexuelle. L'homme mis au coin, nu, poignets et chevilles entravées, attend avec inquiétude le châtiment choisi par sa dominatrice et sa tension sexuelle s'accroît de l'humiliation de sa situation autant que de l'ignorance du moyen qui apportera la douleur. Quand la correction intervient, quelle qu'elle soit, fessée, cinglade, pinçons ou autre mode de châtiment corporel, elle est ressentie comme un soulagement, la tension chute et le plaisir naît de la douleur accomplie. Qui ne connaît ce cheminement à la fois mental et physique quand nous craignons de recevoir une mauvaise nouvelle ? Plus le temps passe, plus l'angoisse, plus la fébrilité augmentent au point qu'on souhaite ardemment, non pas que la nouvelle soit bonne plutôt que mauvaise, mais qu'elle arrive, même catastrophique, pour être délivré de l'appréhension.

Dans la relation sado-masochiste, dans l'association plaisir-douleur, se reconstruit, souvent inconsciemment, la relation primitive classique enfant-parents. On connaît ces gosses qui ne cessent de harceler, de provoquer mère ou père jusqu'à ce que celui-ci perde patience, leur envoie une gifle ou leur inflige une déculottée. Malgré la douleur, l'enfant en larmes est content, le père ou la mère lui a témoigné l'intérêt qu'il réclamait. Le père ou la mère, devant les cris et les pleurs du gosse, se sent coupable de l'avoir frappé, s'efforce de le consoler et la scène se termine par un raccommodement dans les baisers et les promesses. Le même renversement de culpabilité se produit dans la relation sado-masochiste adulte, de telle sorte que celui qui subit la correction, passivement, est en réalité le moteur de l'activité de l'autre et que celui-ci, en châtiant son partenaire, en devient la victime. D'où, après ces séances, des étreintes et des orgasmes que les adeptes disent mémorables.

Un jeu entre complices

Dans ce petit sado-masochisme de la chambre à coucher, où tourmenté et tourmenteur sont obligatoirement complices, les rôles s'échangent volontiers et les obligations que les partenaires s'imposent mutuellement s'instaurent en rituel, en cérémonial. Dans le jeu de la domination et de la soumission, on peut entendre le mot jeu dans son sens de divertissement qui ne tire pas à conséquence, mais également dans son sens ancien de spectacle comme, au moyen-âge, « le jeu de Robin et Marion ». Comme tout jeu, il a ses règles préétablies, comme tout spectacle, il bénéficie d'une mise en scène et réclame des accessoires. Sans aller jusqu'aux potences, chevalets, carcans, chaînes dont s'entourent les dominatrices patentées pour la satisfaction de leurs clients masochistes, le couple qui pratique le petit sado-masochisme dispose souvent de tout un attirail soit acheté dans une sex-shop soit bricolé à la maison. Cela va des liens étudiés pour ne pas blesser au caleçon d'homme en vinyle noir clouté d'acier, du baillon-muselière aux bottes cuissardes munies de gigantesques talons aiguilles, des menottes de cuir au fouet. Jeu rituel, le petit sado-masochisme, qui associe la douleur morale de l'humiliation à la douleur physique de la fustigation, s'établit entre les partenaires en fonction de l'histoire personnelle de chacun, de ses fixations infantiles, de ses tendances plus ou moins accusées au masochisme et au sadisme, de ses fantasmes.

La plus bénigne manifestation de relation sado-masochiste dans le couple, la plus répandue également, est ce que Jean-Jacques Rousseau nommait « la punition des enfants », la simple fessée. Mais pour qu'il y ait « punition », sanction, elle doit être motivée par la faute. C'est le jeu. Il est difficile à un homme, à une femme, si les relations sado-masochistes ne se sont pas instaurées d'emblée dans le couple de déclarer à son partenaire « J'ai envie de recevoir une fessée » ou « cela me ferait plaisir de te donner une fessée ». Mais il n'y a que le premier pas qui coûte. Le candidat à la fessée reprend la méthode qui réussit aux enfants, commet bévues et incartades jusqu'à ce que le partenaire menace de la correction et passe de la menace à l'acte. L'aspirant fesseur, à la moindre peccadille, au moindre oubli, à la moindre erreur, promet la fessée et ne tarde pas à trousser le partenaire. Tout se passe d'ailleurs, dans les meilleurs des cas, selon un scénario intuitivement établi par les deux protagonistes : préparer ou relever la provocation qui servira de prétexte à la correction. Les effusions qui suivent en manière de réparation érotisent la fessée qui entre de la sorte dans le vaste domaine du fétichisme. La fessée n'est plus perçue comme châtiment douloureux reçu ou infligé, comme association douleur-plaisir, en soi-même sexuellement gratifiante, mais en tant que conditionnement au plaisir. La fessée devient ni plus ni moins que, pour d'autres, le port d'un vêtement de caoutchouc ou la proximité de chaussures fortement imprégnées de l'odeur de transpiration. C'est la condition sine qua non de la jouissance. Et le rituel s'installe. Le jeu consiste à donner à la fessée son climat de châtiment corporel humiliant alors qu'elle est intégrée aux ébats érotiques à titre de fétiche qui autorise et accroît le plaisir. Aussi s'orne-t-elle de variantes punitives diverses, empruntées à la panoplie des punitions autrefois imposées aux enfants dans les milieux familial et scolaire, et que l'éducation contemporaine condamne : mise au coin à genoux, mains sur la tête, derrière nu ; obligation de demander pardon à genoux, humblement, d'embrasser les pieds du maître ou de la maîtresse, d'obéir à ses fantaisies ; punition et fessée infligées en présence de tiers. On rejoint là, au-delà de l'élément fétichiste, le complexe exhibitionnisme-voyeurisme qui sous-tend le sado-masochisme comme la pierre angulaire de la cathédrale soutient la croisée d'ogives.

Autre cas de figure dans l'élaboration d'un petit sado-masochisme familial. A la suite d'une bévue de conséquence, l'aile de la voiture emboutie, l'inondation de la salle de bain parce qu'on a oublié de fermer les robinets de la baignoire, une soulographie intempestive, un des partenaires, furieux, passe aux voies de faits et, plutôt que de pocher un œil, applique une magistrale fessée, autant pour soulager sa colère que pour imprimer, chez l'autre, le souvenir de sa faute afin qu'il ne recommence pas.

Le plaisir de la fessée

Et le fessé découvre qu'il a pris plaisir à la punition, qu'il aspire à retrouver la sécheresse des claques sur ses fesses, la chaleur de la main sur ses rotondités arrières, celles qu'il ne peut voir sans le secours d'un miroir et sans se désaxer le cou. Le fesseur donne réalité à une partie de l'anatomie que le fessé connaît (on ne s'asseoit jamais que sur ses fesses), mais qu'il ne peut voir directement. Le fesseur devient révélateur, en sensibilisant la partie la plus charnue du corps, la moins apte à réagir douloureusement mais qui dissimule dans ses lobes jumeaux l'orifice du corps, l'anus. Si les infirmiers effectuent les piqûres intra-musculaires dans les fesses, ce n'est pas par voyeurisme, mais parce que c'est la région où la musculature est la plus forte, la moins sensible, la moins susceptible de provoquer la douleur. Autrement dit, la fessée ne cherche pas à infliger une réelle douleur physique mais à obtenir une humiliation morale par le dénudement d'attributs réputés, dans nos civilisations, « tabous ». Nul doute que la mode du « string », qui ne voile que le sexe et laisse aux fesses leur libre mouvement, n'incite à la fustigation les pères fouettards qui sommeillent en tout homme ou au contraire les décourage par un exhibitionnisme dont ils ne sont plus les ordonnateurs. A la fessée manuelle, qui fatigue la

main du fesseur autant qu'elle rougit le postérieur du fessé, se substitue la fessée à la brosse à cheveux, à la semelle de pantoufle, à la tapette à mouche, enfin au martinet.
Avec le martinet, on entre dans un petit sado-masochisme déjà plus élaboré, plus douloureux, plus contraignant, plus cérémonial, presque religieux. Le partenaire masochiste est souvent contraint, avec délectation dit-il, à aller acheter ou emprunter l'instrument de la correction en précisant qu'il lui est destiné. Le martinet est ensuite soigneusement préparé pour que les lanières, dont le nombre est étudié à l'usage, ainsi que la forme, plate, ronde, carrée, cinglent douloureusement sans laisser trop de traces. Le martinet est accroché bien en vue pour que la menace, ou la promesse, de la correction soit permanente au regard de celui qui la subira. Enfin, quand l'heure du châtiment est arrivée, la victime consentante, sur l'ordre de son « maître », va décrocher l'instrument de son supplice, craint mais désiré, le remet cérémonieusement en accompagnant son geste de paroles de soumission et se place comme il lui est indiqué pour recevoir la cinglade. Le nombre de coups, leur force, sont calculés en fonction de la faute, réelle ou supposée, mais toujours dans les limites du supportable.
Il ne faut pas oublier qu'il s'agit d'un véritable jeu, où chaque participant assume un rôle délibérément choisi, consenti, dans les limites d'un scénario établi en commun. On joue à la domination-soumission comme les enfants aux cow-boys et aux Indiens. Avec le même sérieux qui donne au jeu son caractère de réalité dans un processus factice. Et comme tout jeu, il exige, malgré les apparences, le respect des règles. Celui qui manie le martinet, le fouet, la cravache, la règle plate, le ceinturon, ne s'abandonne pas à une colère vengeresse, à une violence chargée de cruauté. Il les mime. Et s'en délivre par la même occasion, comme le partenaire qui subit se délivre d'une culpabilité inconsciente. S'il est prévu dix coups de martinet, ce n'est pas quinze, s'il est prévu que la cinglade se portera sur la croupe et les cuisses, ce n'est pas sur le sexe. Tout manquement casse le jeu, annule la complicité. Une « maîtresse » célèbre qui fait commerce de son autorité sadique, un jour qu'elle maltraitait un « esclave » publiquement, lui cingla le sexe de sa cravache, à cause d'un faux-mouvement. Elle s'excusa aussitôt de sa maladresse auprès de « l'esclave » courroucé : ils étaient convenus qu'il subirait toutes les brimades que la « maîtresse » imaginerait de lui infliger, mais que jamais elle ne lui frapperait le sexe.

Maître et esclave

Le petit sado-masochisme, qu'il soit féminin, masculin, hétérosexuel, homosexuel, dans ses multiples variantes, est soumis, en fait, à la demande du partenaire le plus teinté de masochisme. Réputé passif, il reçoit, il n'en est pas moins l'ordonnateur des sévices qu'il souhaite et que le partenaire réputé actif – il agit –, lui donne. Considérée, dans nos civilisations patriarcales, comme l'élément passif du couple, la femme par la même occasion est déclarée fondamentalement masochiste. « Bats ta femme quotidiennement, dit le proverbe arabe, et si tu ne sais pas pourquoi, elle le sait. » En principe, la femme, toujours coupable de quelque chose, est la mieux disposée psychologiquement à subir les châtiments corpo-

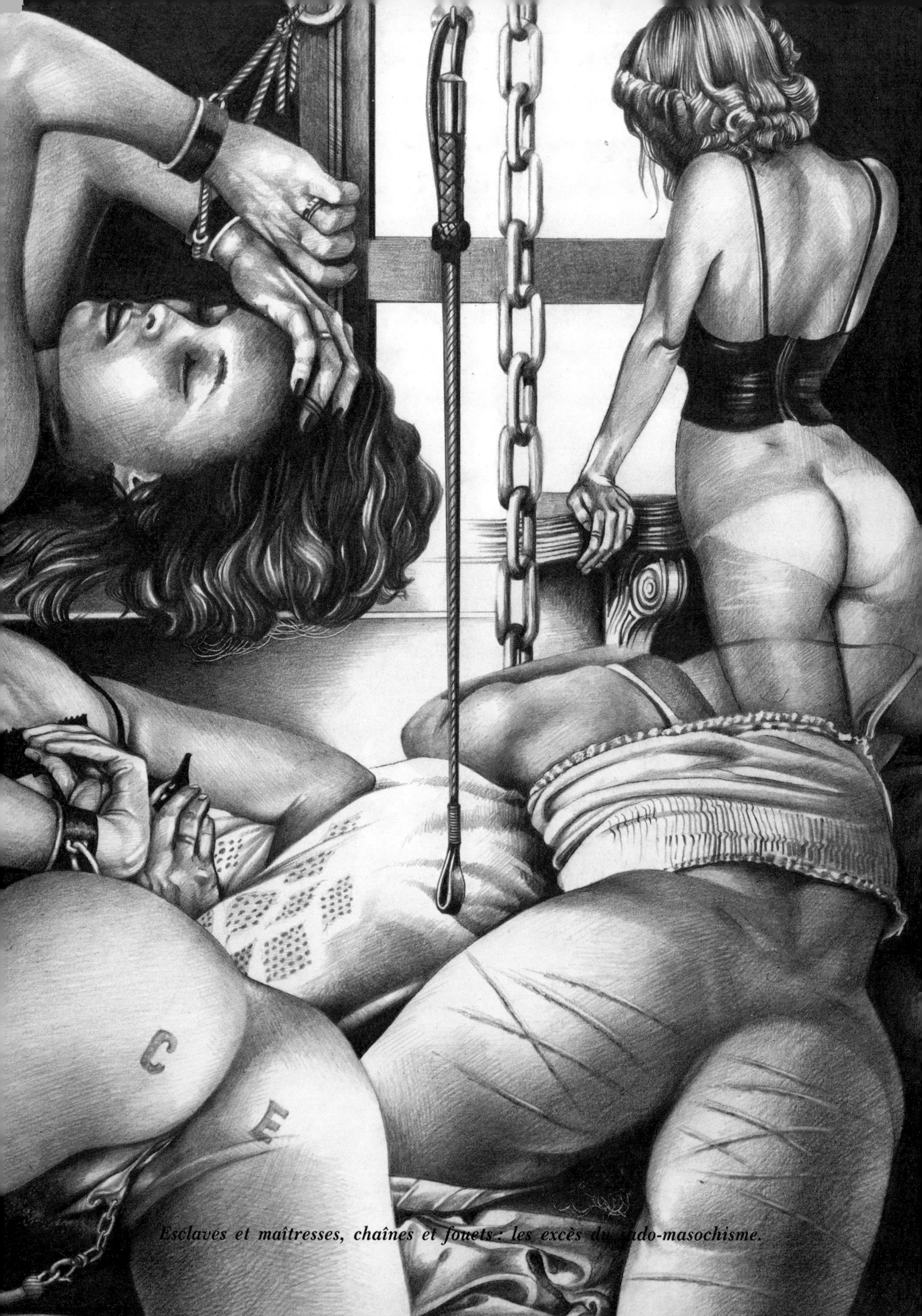

Esclaves et maîtresses, chaînes et fouets : les excès du sado-masochisme.

rels. Elle ne s'en fait pas faute et même s'en glorifie, sachant bien que par là elle manœuvre son partenaire. Les féministes, qui intellectualisent leur condition féminine, s'écartent du simple instinct, ne comprennent pas pourquoi elles trouvent du plaisir à être fessée par un homme. Alors que c'est le même instinct, la même pulsion, qui pousse un homme à se soumettre à une femme. Dans le jeu de domination-soumission, ce sont les hommes, contraints socialement à une image de marque, à un exercice visible du pouvoir, de la puissance, qui régressent le plus aisément vers des situations infantiles de domesticité, de subordination. Dans les romans érotiques, l'homme féminisé, transformé en soubrette, pourvu de bas noirs, de chaussures à talons aiguilles, d'un petit tablier blanc qui dissimule ses attributs virils, est devenu un classique du genre. On le sait, peu de femmes aspirent à la bébéphilie, alors que tant d'hommes rêvent d'être traités en nourrisson, talqués, fessés, enfermés dans des culottes de continence et des langes.

Le petit sado-masochisme, sous ses dénominations diverses (« éducation anglaise », « éducation sévère »), est primaire, joueur, infantile, sous quelque forme qu'il se présente. Il n'est pas dangereux dans la mesure où les partenaires se limitent mutuellement chacun pouvant déclarer : « Pouce, je ne joue plus ». Le pouce que levait les citoyens romains, dans les jeux mortels de l'arène, pour signifier qu'ils refusaient la mise à mort. D'après les psychologues, il ne faut pas confondre jeux sado-masochistes et fantasmes sado-masochistes. Ceux qui se livrent à des activités sado-masochistes possèdent peu d'imagination. Elle se limite à des clichés livresques, à des reproductions de situations connues. Elle n'est pas créative, tout au plus dirigée.

En revanche, celui qui fantasme, qui invente le pire et l'impossible, ne cherche heureusement pas à les traduire en actes. Il préfère toujours se masturber. Spectacle pour spectacle, il choisit d'être l'unique dispensateur de ses plaisirs.

Exhibitionnisme et voyeurisme

A la saison des amours, tous les animaux paradent, chacun à sa manière. Les fesses du singe nommé Papio Hamadryas virent au rouge vif, comme le nez du mandrill dont la face s'orne de surcroît de longs vaisseaux d'un bleu intense, qui dessinent un masque. Les oiseaux baptisés tétras-lyres déploient en éventail les plumes blanches de leur queue comme nos innocents pigeons. Le paon fait la roue, glorifié de ces plumes aux ocellures somptueuses, que la légende dit être les yeux d'Argus, géant aux cent yeux dont cinquante restaient toujours ouverts.

L'exhibitionnisme se présente donc comme un instinct des espèces vivantes auquel l'homme, le plus évolué des animaux, n'échappe qu'à demi. Avec sa contrepartie, le voyeurisme. Comme aurait pu dire M. de la Palice, on ne saurait s'exhiber si personne ne vous regarde et l'on ne saurait voir s'il n'y a rien à regarder. Dans les profondeurs abyssales où règne une obscurité totale, les poissons sont aveugles. Dans un livre oublié mais plein d'humour philosophique, « l'Ile des Pingouins », Anatole France raconte comment la gent pingouine, pour intéresser les mâles plus excités par la pêche que par leur académie, imagina de dissimuler

Accessoire favori du voyeur : les jumelles.

le corps femelle dans les enroulements d'une pièce d'étoffe. Antithèse de la feuille de vigne dont Adam et Eve couvrent leur sexe quand ils se découvrent coupables d'être nus. Les femelles pingouins se vêtent pour être dévêtues, pour séduire, Adam et Ève s'habillent d'une feuille de vigne, moins par pudeur que pour dissimuler une différence anatomique qui trahit la perte de l'innocence primitive, de la fusion androgyne, instinctive, du mâle et de la femelle.

A travers les âges, on retrouve ce double concept du vêtement stimulateur de l'appétit sexuel, comme la parade animale, et du vêtement accusateur de différence. Au XVe siècle, par exemple, les femmes s'écrasent les seins dans des corsets tandis que les hommes arborent des braguettes artificiellement gonflées. Exhibitionnisme et voyeurisme participent du spectacle, sont soumis à la seule interprétation de l'œil. Dans l'exhibitionnisme, comme dans le voyeurisme, le contact est uniquement visuel, jamais charnel. La feuille de vigne d'Adam et Eve, qui condamne la nudité, en creusant des profondeurs abyssales de culpabilité, a longtemps imposé au couple « l'amour dans le noir », hors de la vue pécheresse. Avec sa contrepartie perverse, l'exhibition des organes génitaux. Masculins. L'exhibitionnisme masculin, qui rejoint les braguettes truquées du XVe siècle, est devenu la proie des humoristes. L'homme qui ouvre soudainement son imperméable, pour livrer à la vue des gamines ou de vieilles dames, ses organes génitaux, fait sourire désormais plus qu'il n'effraie ou scandalise. Les gamines rigolent, elles en ont déjà vu d'autres ; les

vieilles dames, quoique offensées, regrettent peut-être que ces attributs en apparence virils, ne fonctionnent qu'à distance.
L'exhibitionnisme masculin, tel qu'on pouvait encore le concevoir il y a une cinquantaine d'années, a perdu beaucoup de son pouvoir. Désacralisés, à la faveur des mouvements féministes, naturistes, et par la progression de la contraception, le pénis et ses génitoires ont cessé d'impressionner les femmes. Toujours sanctionné légalement, comme atteinte à la pudeur, l'exhibitionnisme masculin « classique », privé des réactions qu'il provoquait sur la spectatrice improvisée, qui se sentait menacée de viol, perd une grande partie de son intérêt érotique. Car le plaisir de l'exhibitionniste, plus encore que de montrer ses attributs génitaux, réside dans les réactions que cette vue provoque. Il veut imposer, par peur de la castration disent les psychanalystes, un pouvoir sexuel qu'il ne maîtrise pas.
Faute de parvenir à une expression sexuelle « normale », il investit ses organes génitaux d'une puissance qui doit engendrer la peur, l'indignation, la colère, des réflexes de refus, de rejet, qui satisfont à la fois sa volonté de domination et ses tendances masochistes.
L'exhibitionniste, estimé passif par les psychologues, ne se montre jamais agressif ou violent. Son agression se limite à imposer la vue de ses organes génitaux, parfois d'une masturbation, à qui ne le souhaite pas. En ce sens, il viole la liberté de l'autre en le contraignant à voir ce que des siècles de civilisation nous ont appris à dissimuler. Il obéit, généralement après un combat angoissé, à une pulsion instinctive qui le soulage pour un temps, le libère d'une frustration insupportable.
On considère habituellement l'exhibitionnisme comme une déviation exclusivement masculine. Les mœurs contemporaines, malgré leur évolution, conservent une discrétion quasi puritaine à l'égard de l'appareil sexuel mâle.
Une affiche, sur laquelle le dessinateur avait silhouetté un homme nu, de face, a été récemment censurée. Pourtant dans divers films, qu'on ne saurait qualifier d'érotiques, les vedettes masculines n'hésitent pas à livrer un nu intégral qui ne choque plus personne, sinon les moralistes d'arrière-garde.

Les femmes aussi

Si personne ou presque, n'évoque l'exhibitionnisme féminin, c'est qu'on voit rarement une femme ouvrir son imperméable pour montrer sa toison pubienne à des petits garçons. Un sexe de femme, dépourvu d'organes externes, n'est pas agressif. L'exhibitionnisme féminin, que les psychologues estimaient encore, il y a quelques années, comme diffus – se traduisant essentiellement par le désir de se faire remarquer grâce à des artifices de maquillage, de vêtements provocants, de parures – s'est non seulement installé dans les mœurs mais, commercialement, s'est transformé en argument de vente. La nudité féminine triomphe, malgré l'opposition féministe, aussi bien à l'affichage que dans les magazines. Aussi certaines femmes, toute pudeur envolée, se veulent être délibéremment exhibitionnistes, sous prétexte souvent d'exciter leur mâle. Elles rejettent les sous-vêtements pour se promener intégralement nues sous la robe, de préférence légère, en été bien entendu, et recherchent, en s'asseyant, les positions qui livreront leur intimité à la vue des « mateurs ». En hiver, la nudité aguichée de porte-jarretelles, de bas et de bottes, sous le manteau de fourrure entrouvert à bon escient, semble faire des adeptes. L'épilation pubienne, qui se répand, en dégageant le sexe de son ombre, participe de ce désir exhibitionniste, avec toute la provocation qu'il suppose, mais qui expose la femme au danger d'une agression sexuelle bien réelle. Les hommes frustrés, dans nos populations cosmopolites, existent aussi sûrement que les voyeurs complaisants.

Dans le couple, qui aime faire l'amour au plein jour ou dans des éclairages habilement disposés, exhibitionnisme et voyeurisme se complètent. Chacun exhibe sa nudité et contemple celle de l'autre. Les amants se masturbent face à face, en observant chez l'autre la montée du plaisir. Nous sommes loin des étreintes nocturnes, dans l'obscurité et l'embarras des vêtements de nuit. La sonnerie militaire du « couvre-feu » qui s'ornait de paroles paillardes « rabats ta ch'mise, ma femme ça y est ! » peut retentir dans les casernes sans commentaires égrillards, bien que pyjamas et chemises de nuit continuent d'alimenter l'industrie bonnetière. A un défilé de mode consacré aux sous-vêtements et vêtements de nuit féminins, une journaliste, devant une chemise particulièrement sophistiquée s'exclama : « Tout ce raffinement pour aboutir sur la descente de lit ».

Dans le couple, on fait l'amour « nu à nu », selon l'expression usité au moyen-âge dans les romans courtois, à moins de fétichismes particuliers. Chacun se montre et regarde. Exhibitionnisme et voyeurisme, ou plutôt scopophilie (plaisir que l'on prend à regarder des ébats sexuels), s'accentuent avec la disposition de miroirs qui permet au couple de se regarder dans ses ébats. On sait que les maisons autrefois closes, et aussi certaines propriétés particulières, abondaient en miroirs disposés sur les murs, au plafond, en facettes, orientables, qui multipliaient les angles de vue sur les corps en action. Dans un ou des miroirs le couple exhibe ses jeux sexuels à son propre regard, se multiplie, fantasme sur des amours collectives. Un regard voyeuriste symbolise, en fait, à travers le reflet dans le miroir, le regard anonyme d'un observateur. L'homme s'excite à voir sa verge bien roide et turgescente aller et venir dans la vulve de sa partenaire.

La femme se cambre, fait saillir ses seins, ondule de la croupe. Ils s'exhibent à leur propre regard comme si leur regard appartenait à d'autres yeux.

Le goût du risque

Certains couples pour jouir pleinement, ne se suffisent pas du substitut qu'est le miroir. Ils réclament un regard humain, une personne à troubler, à scandaliser, voire à négocier. Dans une chambre d'hôtel, ils font l'amour, porte déverrouillée, alors que la femme de chambre apporte le petit-déjeuner. Ils paient une prostituée ou un étudiant impécunieux pour qu'ils assistent à leurs performances. A moins que, de connivence, l'un ou l'autre ne parviennent à dissimuler, derrière un rideau, une porte entrebaillée ou un miroir sans tain, un spectateur averti. Si tant de couples choisissent des lieux fort inadéquats pour faire l'amour – une plage, une clairière en forêt, une encoignure de porte-cochère, un wagon de métro à une heure tardive (la presse en a rapporté le fait), l'ascenseur, la cabine téléphonique de l'aérogare ou du bistrot, et bien d'autres lieux publics aussi inconfortables – c'est que le risque d'être surpris, d'être vus dans leur activité sexuelle, leur procure une jouissance plus intense que de s'épouser benoîtement dans des draps frais.

C'est d'ailleurs un des grands charmes de l'adultère classique que le risque, la crainte, l'espoir d'être surpris, d'être vu dans une activité libidinale réputée coupable. Même aveugle, par ignorance ou facilité, le regard de l'époux, de l'épouse, du partenaire légal, contribue à exalter leur passion. Qui retombe bien souvent si le compagnon officiel, informé, soit par de bons amis, soit par l'intéressé lui-même, ne manifeste aucune intention d'intervenir. Quel acteur, à moins de maniaquerie, consent à donner son spectacle s'il n'y a pas de spectateur ?

Par le trou de la serrure...

Inversement, l'exhibition sexuelle adultère, en certains cas, au lieu d'être aphrodisiaque, se révèle inhibitrice. C'est l'homme marié qui désire follement une femme autre que la sienne et ne peut l'honorer, faute d'érection. C'est l'échangiste, le partouzard qui, en présence de sa compagne habituelle, malgré son consentement, délibéré ou extorqué, voudrait bien mais ne peut pas. N'est pas exhibitionniste qui veut, même si dans tout être humain exhibitionnisme et voyeurisme cohabitent, comme masochisme et sadisme. L'exhibitionniste s'offre, le voyeuriste prend. Un de nos plus grands exhibitionnistes contemporains, Salvador Dali, n'était jamais aussi heureux, disait André Breton, que contesté, hué, sifflé, accablé de quolibets, de tomates et d'œufs pourris. La loi condamne l'exhibitionnisme masculin, les organes génitaux à l'air, moins, semblerait-il, parce qu'il s'agit de l'appareil sexuel que parce que la conduite de l'exhibitionniste nie la virilité dont il est pourvu. Elle est beaucoup plus tolérante à l'égard des voyeurs, dissimulés, inactifs, à moins qu'ils ne soient surpris ou désignés pour « atteinte à la vie privée ».

Les photographes de presse sont des voyeurs par excellence, comme tous les journalistes, et aucune morale ne parvient à balancer l'excitation procurée par le « scoop », l'image rare qu'ils sont seuls à saisir, à posséder. Tout le voyeurisme est là. Appréhender des êtres, à leur insu, les fixer dans le regard qui les photographie, les objectiser, les dévitaliser, les réduire à une image de magazine ou de carte postale. Selon psychologues et psychiatres, le voyeurisme, dont la curiosité malsaine serait liée à une érotisation du regard dans la petite enfance, « dépossède d'une partie de lui-même celui qu'il examine et qui ne se sait pas observé. Il cherche à pénétrer dans son intimité et le chosifie, le sujet observé devenant son « objet ». Certains atteignent de la sorte l'orgasme, mais le plus souvent ils ont recours à la masturbation » (Dictionnaire de psychologie, Norbert Sillamy, Bordas éd.).

Le voyeur classique, classé, répertorié, qui cherche à voir sans être vu, est évidemment celui qui se penche sur les trous de serrure des chambres d'hôtel dans l'espoir d'apercevoir un couple dans des activités sexuelles ou qui perce un voyant dans la porte des w.c. pour surprendre un sexe, des fesses, dénudés pour satisfaire aux besoins les plus intimes. il utilise des jumelles pour contempler, dans un immeuble voisin, la femme qui fait sa toilette ou se masturbe sur son lit. Il hante les dunes, les plages, les berges des rivières, les chemins forestiers, à la recherche des couples d'amoureux qui se caressent dans la sécurité relative d'une anfractuosité ou d'un taillis. Les quais de la Seine, à Paris, les fourrés du bois de Boulogne où se consomment tant d'amours clandestines et tarifiées, dans la semi-obscurité nocturne, pullulent de voyeurs.

Krafft-Ebing, qui décortique avec férocité tous les travers de la sexualité, ne s'attarde guère sur le voyeurisme qu'il classe, sous le nom de mixoscopie (de « mixis », réunion sexuelle et « skeptein », regarder) dans le masochisme, à titre de « débauche ». Dans une note, il précise, à propos des bordels parisiens, « dans ces lupanars qui reçoivent des voyeurs, on leur laisse habituellement croire qu'ils assistent aux ébats d'une pensionnaire avec un client quelconque et que ceux-ci ne se savent pas observés... Au Caire, c'était aussi une spécialité, au Marché aux Poissons où grouillait la plus basse prostitution, de proposer aux étrangers des actes de perversité de toute sorte, non pas seulement des fillettes, mais aussi des jeunes garçons, même des animaux, par exemple des ânesses. C'était encore une spécialité que d'attirer les étrangers comme voyeurs, en leur extorquant une forte entrée ». Le voyeurisme, bien que la curiosité soit réputée essentiellement féminine, fournit aujourd'hui sa clientèle masculine aux spectacles de strip-tease, aux films pornographiques, aux life-shows et peep-shows variés dont l'industrie florissante, quoique en régression a remplacé les « séances spécialisées » des défuntes maisons closes.

Dans le couple, la tendance voyeuriste réclame la collaboration exhibitionniste d'un des partenaires. Que d'hommes cherchent désespéremment par quels moyens convaincre leur compagne de s'exhiber devant des amis seulement vêtue de sous-vêtements coquins, de faire l'amour devant eux avec un autre homme ou avec une femme, voire avec le chien de la maison... Inversement, certaines femmes n'hésitent pas à fournir les services sexuels d'une amie ou d'une prostituée à leur compagnon et à les regarder en se masturbant.

Complémentaires, exhibitionnisme et voyeurisme trouvent leur expression la plus simple dans l'échangisme et la sexualité de groupe qui ont remplacé, dans le vocabulaire de la permissivité sexuelle, ce que nos proches ancêtres nommaient gaillardement partie carrée et partouze. Ils deviennent totalement désexualisés dans les camps naturistes où la nudité « normalisée », retrouve l'innocence d'Adam et Eve avant l'histoire de la pomme.

Travestisme, transvestime et transsexualité

François Timoléon, abbé de Choisy, aimait s'habiller en femme et, sous ce costume, se faisait appeler Comtesse Des Barres. Il meurt en 1724. Quatre ans plus tard naît Charles de Beaumont, chevalier d'Eon, qui pour accomplir une mission secrète en Russie, s'habille en femme, devient lectrice de la tzarine Elisabeth. Il reçoit l'ordre royal, en 1777, après avoir combattu comme officier et tenu un poste de secrétaire d'ambassade à Londres, « de ne plus quitter ses vêtements féminins ».
Vêtements que Jeanne d'Arc, dans sa prison, refusa de réintégrer – ce dont elle fut accusée au cours de son procès, comme « manquement à la modestie féminine ».
Cette modestie féminine qui interdisait, au temps de Shakespeare, la présence de femmes sur les planches, et qui fera écrire à Léon Moussinac, dans « Le théâtre des origines à nos jours » que les acteurs séduisaient moins par leur talent que par « la somptuosité de leurs costumes ou par le jeu des nombreux travestis qui ajoutaient l'équivoque aux autres séductions ».
On ne parle plus guère de nos jours de travestissement en ce qui concerne les femmes. Elles portent toutes pantalon ou blue jeans, et l'on a oublié le scandale provoqué par Marlène Dietrich, si fémininement vampirisante dans « l'Ange bleu », quand elle décida, en contrepartie, d'adopter dans la vie quotidienne le complet-veston-cravate masculin. Le pantalon masculin pour les femmes est entré dans les mœurs, et personne ne songerait à traiter de travesti une femme qui s'habille en homme – à moins qu'elle ne se « déguise » en petit marquis, en muscadin, ou ne joue les George Sand, cigare à l'appui.
Le travestisme masculin, en revanche, qui n'est pas né d'hier comme on l'a vu (qu'on pourrait même envisager comme un instinct secondaire), se développe et peut aller jusqu'au transsexualisme. Ce dernier n'est plus seulement comme il y a un siècle la conviction chez un homme d'être une femme pourvue malencontreusement par la nature de génitoires. Il s'accompagne d'une opération, plus ou moins réussie, de reconversion. Psychanalystes, psychologues, biologistes, médecin se sont penchés attentivement sur le phénomène. On a parlé de chromosomes et de déséquilibre hormonal. De facteurs familiaux dans la petite enfance, tel que le refus par la mère du sexe de son enfant, mais sans trouver d'explications précises.
Il y a quelques années, un transsexuel, Madame A., militait à la tête d'une organisation baptisée l'A.M.A.H.O. (Aide aux malades hormonaux). Déporté pendant la dernière guerre, il avait été soumis par les Nazis à des expérimentations hormonales, au même titre qu'un cobaye. Il/elle s'estimait victime de manipulations, et accusait notamment les hormones utilisées pour hâter la maturité des poulets et des veaux de contribuer à une féminisation progressive de l'espèce mâle. Nous avons connu, il n'y a pas si longtemps, la bataille du veau aux hormones, ce qui laisse supposer que les affirmations de Madame A., n'étaient pas totalement dépourvues de fondement...
L'utilisation par les hommes de vêtements et sous-vêtements féminins est actuellement divisée en trois grandes catégories :

- Le transvestime : tous les hommes trouvant une excitation sexuelle à se parer en femme.

• Le travestisme : concerne plus précisément les homosexuels, qu'ils soient ou non prostitués, qui désirent dans les hommages masculins qu'ils reçoivent être traités en femme.
• Le transsexualisme, c'est-à-dire la mutation chirurgicale en l'autre sexe, qui autorise des rapports homosexuels dans l'hétérosexualité. Les hommes qui aiment à porter des sous-vêtements féminins, qui trouvent une excitation sexuelle à le faire, pourraient superficiellement s'inscrire parmi les fétichistes. Mais leur penchant est beaucoup plus complexe.

Le transvesti : un hétérosexuel bon teint

Le transvesti, ou éoniste (en souvenir du chevalier d'Eon), subirait, selon Havelock Ellis, une « inversion sexo-esthétique », que Moll, l'ami de Krafft-Ebing, définit comme un « état émotionnel spécifiquement esthétique ». Il est vrai que depuis le fond des âges, les artistes ont glorifié, représenté, sublimé la beauté féminine davantage que la beauté de l'homme auquel sont attribuées « la puissance et la gloire ». Le transvesti, comme l'a fort bien montré le film américain « The Queen » est un hétérosexuel bon teint. Il ne cherche nullement à nier ses organes génitaux mâles et encore moins à les mutiler. Il en est fier et il s'en sert. Mais de temps à autre, il éprouve le besoin de se voir, de se sentir femme. Il en adopte les sophistications attribuées par l'homme aux femmes érotiquement désirables. Le transvesti ne se pare pas de collants ou de chaussures basses. Il choisit porte-jarretelles, bas, escarpins, rembourre tant bien que mal son soutien-gorge, se farde soigneusement, complète l'illusion par une perruque adéquate. Il est souvent marié et père de famille. Selon son degré de culpabilité ou le degré d'imcompréhension de sa compagne, il peut devenir « transvesti honteux », ne se livrant à sa manie que solitairement, dans l'appartement désert, se contentant de s'admirer, voire de se photographier, en sous-vêtements féminins qui contribuent, avec l'exhibition de ses organes génitaux, à « l'équivoque » dont nous parlions plus haut. Il réalise, en quelque sorte, le vieux mythe de l'androgyne ou la conception infantile, vieille comme le monde, de la « mère phallique ». S'il bénéficie d'une compagne compréhensive ou jouit d'un certain instinct de provocation, il n'hésite pas à devenir un « transvesti exhibitionniste », qui s'habille intégralement en femme, se présente sous cet aspect à ses amis et sort ainsi dans les rues. Pour de nombreux psychologues, le transvestisme est une manifestation d'homosexualité latente. Pour le professeur Hesnard, la pulsion sexuelle est bien authentiquement dirigée vers la femme, mais une femme inaccessible que l'homme s'approprie en devenant semblable à elle. On le retrouve chez beaucoup de jeunes gens et d'hommes timides, incapables (ou se croyant tels) de séduire une femme. Le transvestissement compense le manque. On peut supposer, nombre d'hommes ayant inauguré leur goût du transvestisme en se parant de sous-vêtements de leur mère ou de leur sœur à l'âge pubertaire, que la frustration libidinale qui les incite à l'âge adulte à poursuivre leur activité de transvestissement, est moins une inversion « sexo-esthétique » qu'un sentiment incestueux refoulé. Selon Hesnard, l'homme viril qui s'habille en femme ne cherche pas à devenir objet sexuel pour un autre, ce que convoite le travesti homo-

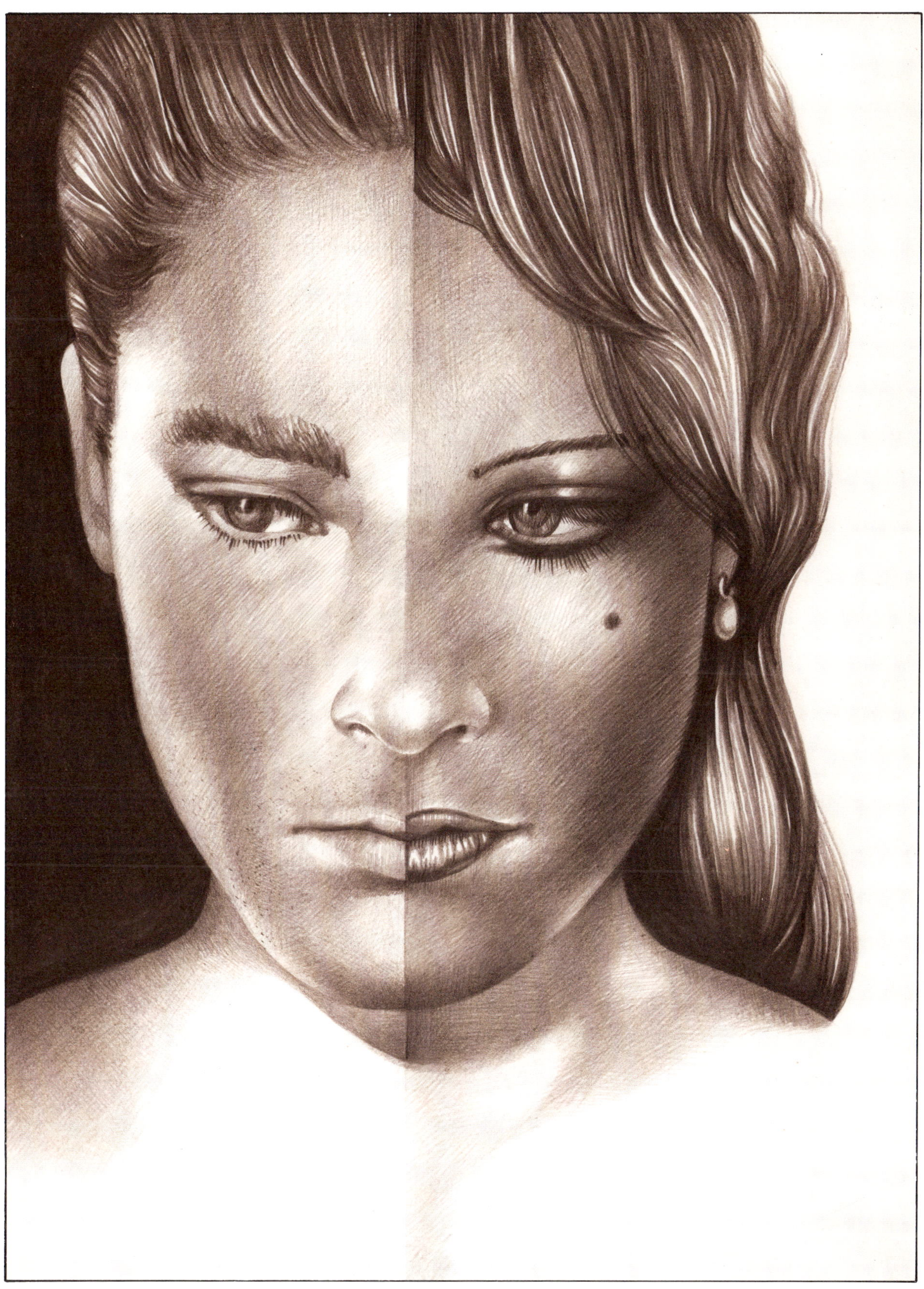

sexuel. Il l'est pour lui-même, et rejoint ainsi le narcissisme.

Le travesti : un homosexuel narcissique

Le travesti est entré dans nos mœurs sous le terme péjoratif de « travelo » et dans le show-business, sous celui de « transformiste ». Il est homosexuel et ne s'en cache pas. Le travelo s'habille en femme pour séduire les hommes, le transformiste pour la tourner en dérision.

Le travelo se sent femme dans son désir des hommes, le transformiste se « déguise » en femme pour la désacraliser. Les uns et les autres, dans la copie amoureuse ou la caricature burlesque, tentent de vivre une expérience encore plus narcissique que la relation hétérosexuelle, qui l'est déjà passablement au plan psychologique, sinon sexuel.

Le travesti, sexuellement, aime les hommes. C'est l'homme efféminé, « la folle », que rejette le milieu homosexuel contemporain, bardé de cuir et de clous, qui exhibe sa virilité agressive, au moins dans le domaine vestimentaire. Les « gays » pour affirmer, confirmer, imposer leur différence, se réfèrent plus volontiers à « l'Équipée Sauvage » des motards conduits par Brando dans sa jeunesse, qu'à la féminité. Ils sont des hommes qui aiment des hommes, et non des moitiés de femmes.

Le travesti n'en continue pas moins de faire carrière dans la prostitution.

Il est difficile d'affirmer, à l'heure actuelle, que le travesti masculin, homosexuel, agit davantage par choix que par goût de l'argent. Nombreux sont les hommes, sans doute, qui aiment se travestir chez eux et fantasment sur une relation homosexuelle qui les placerait auprès d'un autre homme dans la position de soumission et de contrainte que peut aussi bien jouer une femme dans la relation du petit sadomasochisme. Certains, après bien des hésitations passent à l'acte et recherchent généralement, dans les milieux et lieux fréquentés notoirement par les homosexuels (souvent hors de la ville qu'ils habitent et où ils exercent une activité professionnelle masculine), l'aventure homosexuelle qui soulagera momentanément leur tension sexuelle et émotionnelle. Le travesti, qui ne se débarrasse pas d'une culpabilité que les homosexuels eux-mêmes entretiennent, est par nature passif et masochiste. Il aime pratiquer la fellation et se faire sodomiser en dissimulant aussi bien qu'il le peut ses organes génitaux. Aussi séduit-il plus souvent des hommes bissexuels, eux-mêmes culpabilisés par leur tendance homosexuelle et que rassure imaginairement l'idée de pratiquer la sodomie sur une femme dont le travesti offre toutes les apparences.

L'équivoque en elle-même peut tenir lieu ou devenir facteur d'excitation érotique.

Le transsexuel : un être déchiré

On sait des hommes réputés virils, aux mœurs hétérosexuelles « au-dessus de tout soupçon », jouissant d'une position sociale et d'un environnement familial « respectables », qui entretiennent des relations clandestines et passionnées avec un travesti.

Dans le domaine de la prostitution, où ils se multiplient, les travestis, souvent d'origine sud ou afro-américaine, livrent une concurrence sérieuse à la prostitution féminine.

Pour le transsexuel, sa définition physique est en contradiction avec sa définition psychique. Son corps, qu'il soit féminin ou masculin, lui semble un travestissement malencontreusement imposé par la nature et dont il souhaite se débarrasser pour accomplir sa véritable nature. S'il existe des femmes qui aspirent à devenir des hommes, plus nombreux sont les hommes qui se prétendent femmes et tendent à le devenir. Pour certains, le désir s'arrête au fantasme, voire au travestissement. D'autres, s'imposent des traitements hormonaux, des greffes plastiques, pour obtenir une poitrine féminine et une inhibition du fonctionnement génital, gênés néanmoins par les attributs virils dont ils restent pourvus. Quelques-uns, de plus en plus nombreux dit-on, ont recours à la chirurgie. L'opération n'est généralement pratiquée qu'après une étude sévère et approfondie du demandeur, tant sur le plan physique que sur le plan psychiatrique. Il est d'ailleurs plus facile, chirurgicalement, de transformer un homme en femme qu'une femme en homme, mais l'opération n'aboutit pas toujours à une immédiate et totale réussite. Certains se réinsèrent dans la vie sociale sous leur nouvel aspect. D'autres continuent à traîner, malgré la réalisation du désir qui les portait, un inguérissable mal de vivre. **Josette Mélèze**

La loi et l'exhibitionnisme

L'exhibitionnisme est appelé, en droit pénal, outrage public à la pudeur.
La loi réprime les faits ou actes contraires à la pudeur uniquement en raison de la publicité qui les accompagne.
L'exhibitionnisme qui consiste à mettre à nu ses parties sexuelles devant des tiers est un des nombreux cas d'outrage public à la pudeur.
Comme tous les outrages publics, il nécessite pour faire l'objet des poursuites :

- Qu'il y ait eu acte matériel impudique, c'est-à-dire l'exhibition
- Que cet acte ait été commis publiquement
- Qu'il y ait conscience d'offenser la pudeur.

1. L'acte impudique

Si l'exhibitionnisme stricto sensu est facile à définir, il n'en va pas de même des autres hypothèses d'exhibition du corps.
En effet, la vue de la nudité du corps humain n'est pas considérée à l'heure actuelle comme un outrage public à la pudeur s'il ne s'accompagne pas de l'exhibition des parties sexuelles.
Mais le problème de la nudité du corps varie cependant suivant les époques, l'évolution des mœurs, et aussi les lieux (plage, ville).
Il y a aussi acte impudique lorsque par exemple il y a rapport sexuel en public, sur une plage ou dans une automobile, ou masturbation devant une fenêtre ou une porte vitrée.

2. L'outrage doit être public

Ce que la loi réprime, ce n'est pas l'acte immoral en lui-même, mais l'atteinte à la pudeur publique qui en résulte.
La loi vise à empêcher le scandale en punissant le vice qui se montre avec effronterie ou qui néglige de se cacher.
L'acte doit avoir été vu du public, mais il peut avoir été aperçu, même de façon accidentelle. La nuit n'est pas considérée comme une circonstance suffisante pour empêcher la vision.
Dans les lieux publics (rues, parcs...) l'exhibitionnisme est réprimé sans qu'il y ait à rechercher si l'acte a été vu. Il en est de même pour les lieux privés ouverts au public (restaurant, cinéma, métro).

Dans les lieux privés, la publicité sera retenue dans la mesure où l'acte aura été aperçu par des tiers (témoins involontaires), faute de précautions suffisantes (fenêtre ouverte...). En revanche, l'exhibitionnisme dans des lieux privés, en présence de témoins volontaires ne peut être poursuivi pour outrage public en raison de l'absence de publicité de l'acte, a fortiori aucune poursuite n'est possible si les témoins ont participé volontairement aux actes obscènes.

3. Il faut une conscience lucide.
« L'intention coupable chez l'auteur de l'acte impudique n'est pas requise pour que le délit soit constitué. Les seuls éléments essentiels sont : l'acte contraire à la pudeur, et la publicité. Cependant, dans ce domaine comme dans tout le droit pénal, il faut une conscience et une lucidité, ce qui signifie que le dément ou le débile mental ne pourront pas être poursuivis. »

La loi et le voyeurisme

Toute personne a droit au respect de sa vie privée. Il s'agit d'un principe traditionnel en droit français qui se retrouve en droit civil comme en droit pénal. Il est interdit de porter atteinte à l'intimité de la vie privée de quiconque en écoutant, enregistrant ou transmettant au moyen d'un appareil, des paroles prononcées dans un lieu privé sans le consentement de cette personne. Ainsi le délit est constitué si quelqu'un place un magnétophone dans une chambre à coucher afin d'enregistrer les propos tenus dans l'intimité d'une alcôve. Il est tout aussi interdit de fixer ou de transmettre l'image d'une personne se trouvant dans un lieu privé sans son consentement. Il est donc interdit d'enregistrer de manière sonore ou visuelle les rapports sexuels qu'un couple peut avoir dans un lieu privé et en particulier chez lui.

Répression et sanctions
Sont réprimés les actes de « voyeurisme actif » portant atteinte à la vie privée. Le voyeurisme dans un lieu public ne semble pas répondre à la qualification pénale d'atteinte à la vie privée.

Les voyeurs qui attentent à la vie privée encourent des condamnations devant la juridiction correctionnelle.

Les peines sont un emprisonnement de 2 mois à un an et une amende de 2 000 à 60 000 F. Mais les voyeurs peuvent aussi être poursuivis devant les juridictions civiles, puisque le code civil prévoit aussi que « chacun a droit au respect de sa vie privée ».

Les condamnations encourues sont des dommages-intérêts en raison du préjudice subi. En outre, les juges peuvent prescrire toutes mesures propres à empêcher ou faire cesser cette atteinte à l'intimité de la vie privée.

La loi et la transsexualité

La définition du transsexuel est difficile à donner. Si les connaissances scientifiques ont beaucoup évolué en ce domaine, aucune certitude n'est encore acquise. Actuellement on considère que le comportement du transsexuel ne serait pas l'effet d'un acte de volonté ni d'un certain contexte social ou familial, mais la conséquence inéluctable d'une anomalie hormonale survenant en un temps voisin de la naissance. Le transsexualisme se caractérise par une contradiction entre le sexe physique apparent et le sexe psychologique. Le transsexuel a la conviction inébranlable et persévérante qu'il est victime d'une erreur de la nature dont il réclame la rectification. Aussi se différencie-t-il de l'homosexuel (lequel ne met pas en cause son sexe physique, et dont le comportement peut varier dans le temps) et aussi du travesti (pour lequel le travestissement est un jeu, un rituel, une source de plaisir et d'érotisme). Son statut est difficile à cerner.

Les problèmes juridiques

Il n'existe en droit français aucun statut légal des transexuels. La transexualité n'est pas réprimée, chacun étant libre d'adopter la vie qu'il désire. Toutefois de telles situations posent un certain nombre de problèmes juridiques.

Sur le plan pénal

Pendant de nombreuses années il était interdit en France de procéder à l'opération permettant de changer de sexe. Les médecins qui auraient accepté de pratiquer de telles opérations encouraient des sanctions pénales pour mutilation, voire castration. Ils encouraient en outre des sanctions d'ordre professionnel et dans ces conditions les opérations de ce type n'étaient pas pratiquées en France, d'autant plus que le consentement de la victime, voire même sa demande, n'assuraient pas au praticien l'impunité. Ces opérations étaient pratiquées au MAROC, en ANGLETERRE, ou en BELGIQUE mais pas en FRANCE. Depuis une époque récente les Tribunaux ont adopté une attitude différente et, sous certaines réserves, de telles opérations sont pratiquées en France.

Ces opérations, qui sont très délicates à réaliser, sont effectuées dans certains établissements hospitaliers, après que celui qui désire changer de sexe ait été soumis à plusieurs expertises de type psychologique et psychiatrique. Ce changement est intervenu par ce que la médecine a évolué et que l'on a pu prendre en considération des données médicales et scientifiques nouvelles, notamment à la suite de la détermination du syndrome du transexualisme.

Sur le plan civil

Une fois l'opération chirurgicale réalisée il convient de mettre l'état civil du transexuel en harmonie avec son nouvel état. Pendant longtemps les juridictions admettaient simplement le changement de prénom et l'utilisation de prénoms masculins à consonnance bisexuelle tels Dominique, Camille. Ensuite, la juridiction a évolué et maintenant il est possible, sous certaines conditions extrêmement strictes d'opérer un changement complet d'état civil. Il est nécessaire que des experts aient examiné le sujet et aient pu constater chez lui une volonté suivie et durable ainsi que les diverses composantes communes aux transexuels. Les conditions requises pour que l'état civil soit modifié sont rigoureuses, mais prennent parfaitement en compte l'aspect tout à fait particulier de telles situations. Lorsque le changement de sexe est admis, la mention est portée sur le registre de l'état civil mais le changement ne peut pas être rétroactif et il ne prendra effet donc qu'à compter du jugement.

La loi et le travestisme

Proche de l'homosexualité et du transsexualisme, le travestisme se distingue de chacun sans pour autant que la frontière soit aisée à tracer.

Poursuites

S'il est théoriquement interdit de se déguiser en dehors de la période de carnaval, les poursuites de ce chef n'ont pas lieu.

Les travestis sont cependant fréquemment poursuivis et condamnés mais pour d'autres causes. En effet, sont poursuivis les travestis opérant au Bois de Boulogne (brésiliens le plus souvent) ou dans d'autres lieux et qui se livrent à la prostitution. S'ils sont arrêtés, ce n'est ni en raison de leur travestisme, ni pour prostitution (puisque la prostitution n'est pas interdite). Ils sont arrêtés :

• Pour racolage, et encourent de ce chef une peine de 10 jours à un mois d'emprisonnement et une amende de 2 500 à 5 000 F.

• Pour outrage public à la pudeur, l'outrage consiste dans l'exhibition de leur nudité ou dans le fait qu'ils se livrent à des rapports sexuels dans un lieu public (le Bois de Boulogne, les fourrés), étant précisé que la nuit n'ôte pas le caractère public de l'outrage à la pudeur. La peine encourue est alors l'emprisonnement de 3 mois à 2 ans et une amende de 500 F à 15 000 F.

• Les travestis sont pour beaucoup poursuivis et condamnés en raison de leur situation irrégulière au regard de la législation sur les étrangers. Les peines encourues pour leur situation irrégulière sont un emprisonnement de 1 mois à 1 an, une amende de 2 000 F à 20 000 F, leur reconduite à la frontière. En outre, le Tribunal peut ordonner l'interdiction de pénétrer ou séjourner sur le territoire français pendant une durée de 3 ans.

Maître H. A.

14
Les comportements déviants

DES CAS PATHOLOGIQUES

DES CAS PATHOLOGIQUES

De la témérité sexuelle à la maladie mentale, les frontières sont parfois franchies. Ces comportements ne sont pas toute la sexualité, mais ils existent, il importe de les connaître. Ici, le danger extrême vient de la puissance des désirs non contrôlés, qui compromet l'intégrité d'autrui.

On ne peut parler de comportement sexuel normal, pour l'espèce humaine, qu'après certaines précautions. Il serait ainsi trop simple de juger anormale toute conduite sexuelle qui ne serait pas la stricte copulation entre adultes mariés dans l'unique but de la procréation. Pour avoir outrepassé ce schéma étriqué, bien des enfants, bien des adolescents, bien des hommes, bien des femmes ont été, sont encore blâmés, condamnés, châtiés publiquement, emprisonnés, mutilés, lapidés, fusillés, brûlés.

L'appétit de plaisir est ressenti dès l'enfance, et à cet âge d'incapacité de pratique du coït, la masturbation est normale – comme elle l'est pendant l'adolescence, ou pour les adultes solitaires qui ne font de mal à personne. La recherche du plaisir est normale et les adultes qui se procurent l'un l'autre des orgasmes d'origine manuelle ou buccale ne commettent pas de faute. L'attraction d'un sexe pour l'autre, l'hétérosexualité, est de première importance pour la survie de l'espèce. Elle est structurée par un profond instinct d'accouplement, mais il est normal que le nombre d'accouplements soit bien plus élevé que celui des grossesses, que les humains ne se reproduisent qu'à bon escient : la contraception est normale. Il est normal, enfin, surtout depuis l'allongement de l'espérance de vie, de tester plusieurs partenaires avant de fonder un couple destiné à durer, de quitter ce couple s'il est devenu fade ou contraignant. Quant aux adultères, ils n'ont de comptes à rendre qu'au partenaire s'estimant lésé.

On peut ainsi cerner les frontières des déviations comportementales, et en distinguer les deux principales catégories, les associations étant toujours possibles :

- Les déviations d'objet : elles s'adressent

à un « objet sexuel » différent de l'adulte de sexe complémentaire.

• Les déviations de but : elles ont un objectif différent de l'obtention réciproque, entre partenaires consentants, du plaisir de l'orgasme.

Certaines caractéristiques sont communes à toutes les déviations :

• La prédominance chez les hommes.

• La révélation définitive bien au-delà de la puberté, et même souvent plus tard, dans la troisième ou quatrième décennie.

• Le caractère contraignant : toujours du côté du sujet, dont le comportement déviant est irrésistible, non maîtrisable. Même entrecoupé, parfois, de périodes normales, il réapparaît obligatoirement. Hormis quelques possibilités thérapeutiques précises et limitées, il est quasi impossible de faire changer de chemin les déviants.

Ils sont d'enragés récidivistes, ce qui a d'importantes conséquences sur le plan moral et social, le plus souvent du côté du « partenaire », de l'objet, dont l'absence de consentement, la surprise, sont nécessaires à la satisfaction du déviant.

Certains ont de tout temps tiré profit des « petites passions » de leurs contemporains pour leur offrir des satisfactions commercialisées. Elles sont à l'assouvissement du déviant ce que l'amour vénal est à l'assouvissement de l'hétérosexuel adulte normal (1) : un pis-aller sans saveur. Pour retrouver son goût, il faut que le rapport soit clandestin, ou fasse semblant de l'être. Quant au recrutement par petites annonces, dans les revues spécialisées ou sur les murs des pissotières, il expose aux pires « désenchantements ».

• La rigidité : le déviant est fixé dans une manie dont il est l'esclave. Il n'y a pas de déviant gai dans l'exercice de ses fonctions. Il est privé de tout ce qui exalte la joie de vivre dans la joie des sens, la joie ensoleillée du plaisir et de l'amour partagés.

1. Il n'y a que 2 % de la population masculine adulte pour user des prostituées.

Les déviations d'objet

1. LA PÉDOPHILIE Elle donne à des adultes le goût des pratiques érotiques avec garçons ou fillettes impubères.

Les hommes sont les plus friands pédophiles. Le plus souvent, ils s'adressent aux petits garçons, qu'ils abordent dans les urinoirs, les jardins publics, les transports en commun, les salles de classe ou les arrières-boutiques – mais ils peuvent se rabattre sur les petites filles. Il est fréquent qu'ils appâtent leurs victimes avec des friandises, des cadeaux, ou tout simplement de l'argent.

Ils pratiquent sur leurs petits amis masturbation ou fellation (cunnilinctus), et demandent la pareille. Assez souvent spectateurs, ils sont réalisateurs de photos « obscènes » ou inspirateurs de ballets bleus, roses, ou bicolores, entre enfants. A leur attention, la prostitution d'enfants a de tout temps, spécialement en Asie, proposé fillettes et garçonnets dûment dressés – au besoin par leurs parents. Ils offrent entre autres la sodomie, et la pénétration vaginale de Lolitas dès 9-10 ans.

Les femmes ne sont habituellement – et fort rarement – pédophiles que par raccroc. Elles s'adressent aux petits garçons de leur entourage pour « jouer avec leur quéquette » et éventuellement se l'introduire dans le vagin – sans grand contentement. Les nourrices furent classiquement accusées de ce genre de dévergondage, accusées même, parfois, de se faire lécher le clitoris par les nourrissons.

2. LA NÉCROPHILIE L'amateur de cadavres aime bien les femmes, mais mortes. Inoffensif et pacifique, il ne les tue pas et va les chercher là où elles reposent ...en paix. Dans les morgues, dans les officines d'embaumeurs, dans les cimetières – ce qui demande alors quelques efforts pour forcer le cercueil et manier les outils de fossoyeur. Certaines professions sont exposées : croque-mort, employé de pompes funèbres, garçon d'hôpital...

Si la morte n'est pas trop raide, voire encore un peu tiède, il est parfois possible, lubrifiant aidant, d'introduire la verge dans son vagin. Sinon il faut se contenter de se frotter sur son ventre, ou de se masturber à son contact.

L'exploitation vénale d'une telle déviance peut conduire à offrir, en maison spécialisée, des femmes faisant la morte, couchées dans un cercueil, dans une chambre tendue de noir, garnie de cierges, buis bénit, crucifix, parfumée à l'encens, etc. Usant de complicités médicales, certains peuvent « s'offrir » des femmes droguées, anesthésiées, à qui l'on raconte ensuite qu'elles ont trop forcé sur l'alcool...

3 LA BESTIALITÉ Le partenaire humain est ici remplacé par un animal, très habituellement un mammifère.

Les hommes ont la bestialité plutôt rurale, demandant à une bonne bête de leur prêter un vagin complaisant. Bergers, palefreniers, garçons d'étable, sollicitent les ânesses, juments, chèvres, brebis, truies, lamas, etc.

Les larges bottes sont très commodes pour emprisonner l'arrière-train des petites bêtes rétives, les plus grandes devant parfois être entravées.

Seules femelles possédant une vulve rappelant le sexe des femmes, les siréniens (dugong, lamantin) consolent les bagnards du Pacifique quand ils peuvent en capturer une. Les faits divers racontent parfois les mésaventures de ceux qui ont tenté de se faire sodomiser par un taureau ou par un âne, au prix habituel de déboires peu glorieux.

Les femmes préfèrent les animaux d'appartement, les chats et les chiens. Les uns comme les autres peuvent se dresser pour pratiquer le cunnilinctus. Alléchés par l'odeur vulvaire certains chiens ont même pu être les séducteurs de leur maîtresse. Ils ont aussi pu lui manifester leurs sentiments en se masturbant contre leurs pieds ou leurs mollets : contentée par un bon broute-minou, elle pourra récompenser la bonne petite bête de caresses complaisantes.

Les plus gros toutous ont une verge capable de sustenter au moins partiellement les appétits vaginaux d'une femme adulte - parfois à l'instigation d'un amant despotique et voyeur. Ces animaux deviennent alors facilement despotiques eux-mêmes, jalous et agressifs, et finissent souvent chez le vétérinaire. Joignant une femme et un animal dressé, une attraction classique des bordels consiste à montrer les ébats d'une prostituée et d'un âne, d'un poney, d'un lévrier, etc.

Les déviations de but

Leurs pratiquants ne tendent à rien moins que partager le plaisir orgasmique. Hormis certains cas d'agression sexuelle, ils n'assouvissent leur appétit orgasmique que par la masturbation, pendant ou après.

1. LA COPROPHILIE Les coprophiles les plus anodins se régalent à voir les

femmes uriner ou vider leur côlon, à l'exclusion de toute autre pratique, et à condition qu'elles ne le sachent pas. Ils sont cousins des voyeurs, et fréquentent les mêmes cuvettes. Il faut avouer sa passion, et le plus souvent payer, pour qu'une femme complaisante consente à uriner sur le solliciteur, l'évacuation rectale complémentaire parfois sollicitée exigeant un gros pourboire.
Le coprophage a des régals plus corsés. L'urine masculine est son plat favori. Il la déguste en « mouillette » : une tranche de pain déposée dans un urinoir public et recueillie au prix de bien des risques... Très exceptionnellement, les archives psychiatriques et policières relatent des cas de coprophagie fécale, le consommateur étant alors son propre producteur.

2. LA SPERMATOPHAGIE Il s'agit évidemment de gober le sperme d'un autre homme. La prostituée habituellement sollicitée jure qu'un client vient de déposer à l'instant la précieuse marchandise dans son vagin. L'authenticité est mieux garantie en partouze, mais là encore il faut montrer le courage de son goût.

3. L'AGRESSION SEXUELLE C'est l'introduction de la violence dans le lien sexuel. Au rebours de la liaison érotique égalitaire, elle implique l'inégalité, la contrainte, et le remplacement du plaisir par la souffrance. Elle a différents degrés :
• Les piqueurs : armés d'épingles, de poinçons, ils piquent les femmes aux fesses, aux seins, au ventre, les guettent dans les coins sombres, les escaliers, les ascenseurs, ou profitent de la promiscuité des lieux publics.
• Les violeurs : ces messieurs se passent du consentement comme de la jouissance de la femme dont seule la vacuité vaginale les intéresse, pour éjaculer « coûte que coûte » dans un corps.
Un certain nombre de violeurs juvéniles sont des immatures, violeurs d'occasion, agissant parfois en bande pour mieux capturer leurs victimes ; ils font partie des petits délinquants.
Le violeur « habitué » sait où trouver les femmes seules, dans les champs, les parkings automobiles, les rues désertes, les petites routes, il les cueille en autostop, il les baratine à la terrasse des cafés. Matées, capturées, embarquées, il remplace la courtisation par la menace, les coups, le ligotage. Il les abandonne n'importe où après usage, s'esquive à temps si elles ont été assez inconséquentes pour l'amener (le laisser entrer) chez elles. Démasqué parfois, il prétendra que la femme l'avait provoqué, et qu'elle « ne demandait que ça ».
• Les masochistes : on a pu soutenir qu'un certain nombre de femmes se délectaient à être injuriées, battues, fessées, meurtries, avant de consentir à l'orgasme. C'est du roman phallocratique. Le vrai masochiste est un homme. Il ne parvient à l'érection, à la jouissance, qui si la femme l'humilie, le fouette, le frappe, le ligote, l'enchaîne, lui arrache ou lui brûle les poils sexuels, le piétine avec des souliers à talon pointu, l'enprisonne dans une camisole de force, une cagoule, etc.
Il est rare qu'une femme ordinaire possède la constance nécessaire pour exercer tous ces sévices, aussi le masochiste doit-il hélas recourir à des prostituées rémunérées, à moins, masochiste homosexuel, qu'il ne persuade quelque vigoureux macho d'exercer son bras séculier gaîné de cuir.
• Les sadiques : le marquis de Sade était de ces « violents par l'esprit » qui ne feraient pas de mal à une mouche. Mais

pour agrémenter ses masturbations d'éternel emprisonné, il écrivit ses livres aussi longs qu'ennuyeux qui ressassent les mêmes lugubres histoires de cachot, de meurtres, de fornications arrosées d'excréments et de sang.

Le véritable sadique n'a pas besoin de lire Sade pour exercer sa coupable industrie, il peut même être un parfait analphabète. Son rapport au partenaire est simple : plutôt que se fatiguer à le(la) faire jouir, il le(la) cogne, blesse, assomme, mutile, lui crève les yeux, lui coupe les doigts, lui ouvre la panse, l'étrangle et autres raffinements de l'érotisme le plus subtil. Pas besoin d'attendre l'érection, il suffit de savoir user du bras et du couteau ; la jouissance viendra par surcroît.

Le criminel sexuel n'est pas contenté tant qu'il n'a pas exécuté l'objet de sa dilection. Il peut avoir ses petites préférences, se spécialisant dans les petits garçons, la petite fille à nattes, la femme mûre ou décatie, mais plutôt jeune et belle. C'est un concurrent du pédophile et du violeur, il fréquente les mêmes lieux de chasse et utilise les mêmes pièges, mais il a le gros défaut de détruire la marchandise : il est donc juste qu'il soit châtié, d'ailleurs il se fait toujours prendre.

On a glosé à l'envi sur l'origine des déviations sexuelles. Avant Freud, on a parlé de satanisme, de dégénérescence morale – comme si le Diable inspirait les comportements sexuels, comme si les déviations pouvaient céder aux homélies incitant au repentir. Après Freud on s'est lancé dans des explications psychologisantes dont il ressortait, entre autres, que ces déviations provenaient d'un fonds commun à tout le monde, dont elles n'exaltaient qu'un des aspects (« nous sommes tous des déviants par l'esprit » !).

Certes il est vrai qu'avant la puberté on joue à touche-pipi avec garçons et filles. Il est vrai qu'entre partenaires sexuels adultes on peut s'amuser à conserver religieusement poils ou cheveux – surtout en cas d'absence ; on peut se réjouir du bruit cristallin que produit l'émission de l'urine féminine, avaler la semence de son partenaire pendant une fellation passionnée, appeler la partenaire ma chatte ou mon petit lapin, etc. Mais tout ceci agrémente une liaison érotique normale basée sur l'échange de plaisir et la bonne entente. Mais il n'y a pas de « précurseur normal » à la bestialité, à la nécrophilie, à la coprophagie, au masochisme, au crime sexuel. Il faut considérer la déviation comme l'expression d'une malfaçon dans la structuration des instincts.

Cette malfaçon est constitutionnelle dans un nombre écrasant de cas (on trouve plus d'anomalies chromosomiques chez les criminels sexuels que chez les autres). Ailleurs un trouble hormonal situé très tôt dans l'existence, dans la période sensible qui entoure la naissance, a agi fâcheusement sur le cerveau des instincts (2). Quant aux circonstances d'élevage, à l'influence de la famille, etc., leur rôle n'est que contingent ou nul.

Le trouble porte sur deux points précis :

• La reconnaissance sensorielle du partenaire, les signaux visuels, sonores, olfactifs, sont mal décodés et font solliciter un animal, un enfant impubère, un adulte du même sexe, etc.

• Les conduites de séduction : elles sont remplacées par des « courts-circuits », par la violence, par l'espionnage, par le vol, par la ruse, etc. Quelquefois marié par entraînement socio-familial, le déviant

2. On appelle ainsi la partie du cerveau où s'élabore la raison raisonnante et la mesure.

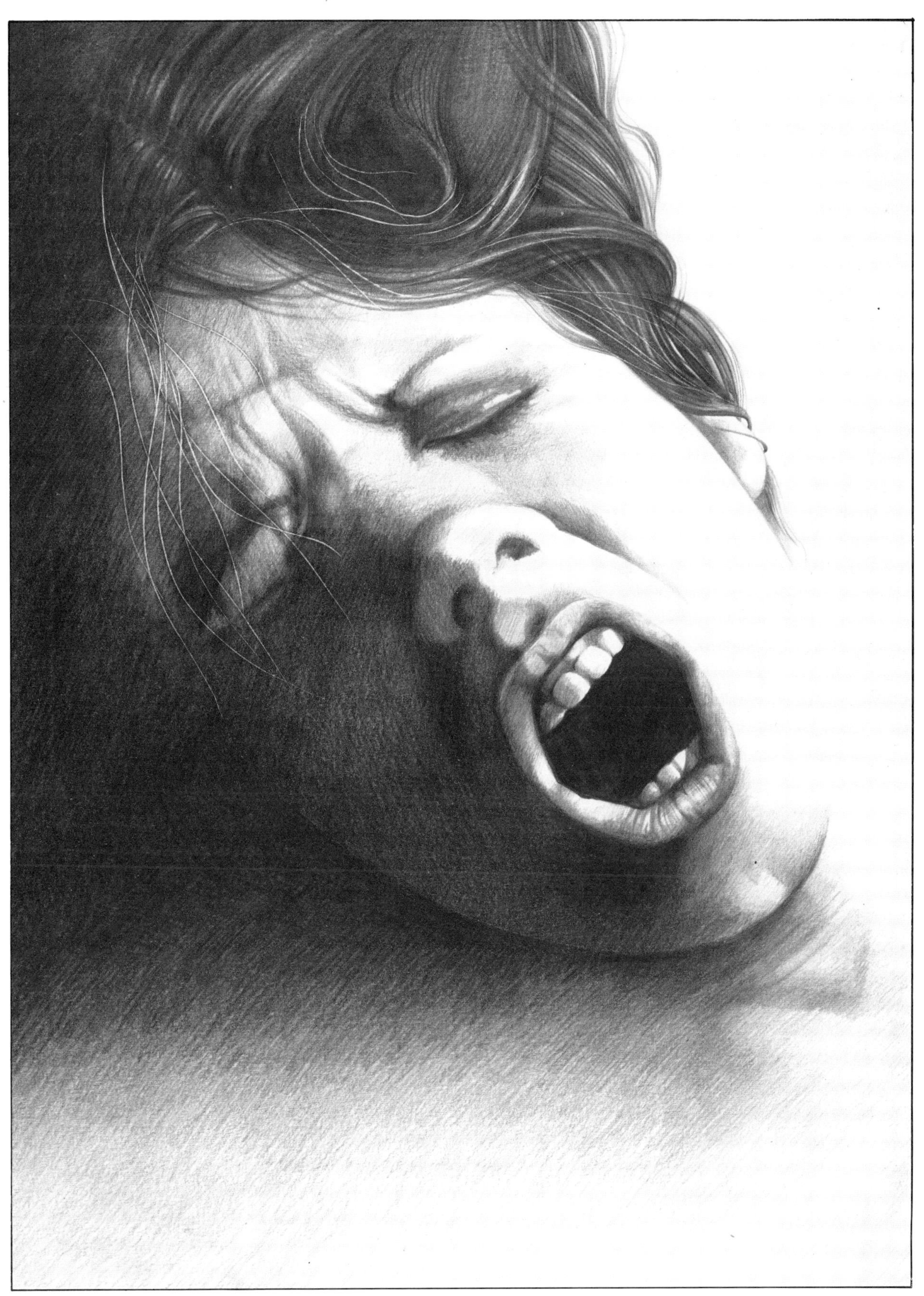

Le viol : toute l'horreur de l'agression sexuelle.

extériorise son goût lorsqu'il se met vraiment en quête séductrice. C'est ainsi que des pères de famille se font pincer dans les pissotières ou emprisonner pour viol. Le comportement sexuel est fortement ancré dans la programmation des gènes humaines, et il est normal chez un nombre écrasant d'individus : la nature humaine ne peut pas tricher avec les conditions matérielles de sa perpétuation. C'est ainsi que l'on ne peut pas convaincre, par le raisonnement, un individu normal de rester chaste, comme le voudrait le puritanisme chrétien ou bouddhique, ni de céder « pour voir » à un comportement déviant. Les déviants sont des ratés de la programmation reproductrice de l'espèce, et que les plus inoffensifs d'entre eux soient plus nombreux que dans d'autres espèces est dû à la tolérance dont l'humanité peut s'enorgueillir.

De la même façon le comportement déviant, incrusté par une structuration erronée, ne cèdera ni aux « bonnes raisons », ni à la répression la plus sanguinaire, ni aux « bons conseils » des psychothérapeutes les plus zélés. Leur intelligence, fut-elle la plus vive, ne sert aux déviants qu'à soutenir leur comportement, et les exhortations de leur conscience morale ne les empêchera pas de recommencer. Les pédophiles sont rapidement fichés par la police, les piqueurs, les criminels sexuels se font toujours arrêter et juger, ce n'est qu'une question de temps et de patience...

Il faut enfin remarquer que si l'humanité est plus tolérante que les sociétés animales, les déviants n'en engendrent pas moins la peur ou la répulsion, par leur franchissement de barrières fortement établies par la normalité. Il est impossible à l'homme normal de déguster avec plaisir le sperme de ses meilleurs amis, d'étrangler les petites écolières, etc.. De même que la femme normale ne se sent guère l'envie de déguster les sécrétions vaginales de ses compagnes, de faire l'amour avec un baudet, de se faire violer dans un terrain vague, etc. Il faut faire un effort pour ne pas réprimer en bloc toutes les déviations, et établir à leur égard le seul critère moral valable : celui de la nuisance. Il y a des déviations peu dangereuses. La plupart des coprophiles, des voyeurs, des zoophiles, des masochistes, ne font de mal à personne – si ce n'est à eux-mêmes. Les exhibitionnistes ne risque guère de « traumatiser » les petites filles averties – les plus sensées seraient plutôt portées à la rigolade.

Les déviations répréhensibles sont celles qui lèsent les congénères. Les pédophiles exercent sur les enfants un abus de pouvoir. Il faut jouer au sexe avec des gens de son âge, les enfants entre eux, les adultes entre eux. Victimes d'une séduction de mineurs, garçonnets et fillettes ne seront peut-être pas « traumatisés » pour le restant de leur existence, mais en prendre le risque est parfaitement inutile ; à tout le moins peuvent-ils garder longtemps de la sexualité une image vénale et crapuleuse.

Les amendes, la prison, sont pour les pédophiles de justes sanctions. Les violeurs n'ont aucune excuse, surtout en contrée libérale et laïque – avec un peu de gentillesse et de patience on peut toujours arriver à convaincre une femme « convenable » d'accorder ses faveurs. Et si la victime était « provocante », il fallait la prendre à son jeu sans brûler les étapes.

D'ailleurs les violeurs consomment n'importe quelle femme qui passe à leur portée. Les criminels sexuels doivent subir le juste châtiment de leurs méfaits ; au moins l'internement à vie, dans des conditions médico-pénitentiaires.

Docteur Gérard Zwang

Le cas particulier de l'inceste

Interdit qui frappe les relations sexuelles entre proches parents, notamment en ligne directe, entre mère et fils encore plus qu'entre père et fille, il aurait été établi primitivement pour obliger les fils d'une tribu à aller prendre femme dans une autre tribu, et étendre de la sorte des liens d'alliance bien nécessaires en ces temps reculés où les populations, peu nombreuses, luttaient pour la survie de l'espèce. Dans son ouvrage « La grande leçon sexuelle des animaux » (Albin Michel) Donald E. Carr, évoquant les observations du pasteur Johann Dzierzon, sur les mœurs des abeilles, en 1835, écrit : « Chez des insectes aussi hautement évolués que l'abeille, l'inceste est la règle. Un essaim est constitué d'une mère, une colonie laborieuse de sœurs et quelques frères étalons... Aussi curieux que cela puisse paraître, le moyen le plus sûr d'assurer une multiplication évolutive est de former une colonie fermée et de pratiquer une forme de reproduction consanguine... la race humaine pénétrée d'une prévention générale contre l'inceste, partagée aussi bien par les sociétés primitives que les sociétés hautement évoluées, constitue à présent une entité biologique radicalement non évolutive. »
On sait que Sigmund Freud, pour étayer sa théorie psychanalytique, s'appuie sur le tabou, pour lui fondamental, de l'inceste et sur le complexe d'Œdipe. Robert Graves, qui a étudié et reconstitué « les mythes grecs » (Fayard) à la lumière des connaissances archéologiques et anthropologiques actuelles affirme : « L'histoire de Laïos, de Jocaste et Œdipe a été tirée d'une série de représentations sacrées dont la signification fut délibérement dénaturée... Le meurtre de Laïos (du père) est un récit de la mort rituelle du roi solaire par les mains de son successeur... l'anecdote de la Sphinx a, de toute évidence, été tirée d'une représentation montrant la déesse-Lune ailée de Thèbes... à qui le nouveau roi fait des prières avant d'épouser sa prêtresse, la reine... Dans l'ancien système, le nouveau roi, bien qu'il fut étranger, avait été, théoriquement, le fils du vieux roi qu'il tuait et dont il épousait la veuve ; les envahisseurs patriarcaux, interprétant mal cette coutume, considérèrent qu'il s'agissait d'un parricide et d'un inceste. La théorie freudienne selon laquelle le complexe d'Œdipe est un instinct commun à tous les hommes a pris sa source dans cette anecdote inexacte... Œdipe essaya-t-il de substituer à la succession matrilinéaire la succession patrilinéaire ? Cela semble probable... » Quelles que soient les origines historiques, culturelles ou sociales du tabou de l'inceste, l'incidence culturelle de celui-ci dans la morale sociale reste forte à travers les générations, sinon les civilisations. En faveur de l'inceste, on évoque souvent les mariages pharaoniques de l'ancienne Égypte entre frère et sœur. Mais ces mariages incestueux, tout comme les épousailles, dans la Grèce archaïque et matriarcale, de la prêtresse-reine avec le soi-disant fils parricide, ont un fondement mystique qui nous échappe totalement à l'heure actuelle, bien que les survivances en transparaissent dans divers cultes, catholique notamment. Ainsi pour les ésotéristes, la trinité immortelle, se manifeste, se matérialise, à travers le Saint-Esprit... qui est femme. C'est Isis l'Égyptienne, Aphrodite, la Grecque, Marie, la Juive. Par elle, la création de la matière

se produit automatiquement, mais sans pouvoir se reproduire. C'est le Fils qui donne la vie à la mère par l'entrée en action du Verbe. Et la mère naît du Fils, et la mère devient l'épouse.

Autrement dit l'inceste est religieux ou ce n'est qu'un vertige de nos sens, abusés par un instinct tellement primitif, tellement animal, que les sociétés organisées sur le mode matriarcal (celui de la raison raisonnante et de la civilisation des pulsions) ne peuvent le tolérer.

Dante dans « La Divine Comédie », accorde une place privilégiée, dans « l'Enfer », à Francesca de Rimini, grande dame italienne du XIIIe siècle, qui s'abandonne à la passion qu'elle éprouve pour le frère de son mari, qui la tue avec son amant. Au XVIe siècle, Béatrice Cenci est condamnée à mort pour avoir organisé le meurtre de son père, qui l'avait violée.

De nos jours, l'inceste, sa condamnation, appartiennent essentiellement à la morale publique, à la transgression d'un usage établi. Légalement, les proches parents ne peuvent se marier. Dans la mesure où le mariage suppose l'élaboration d'une cellule sociale autonome, « hexogamique », dépourvue de liens de consanguinité. Quoique, dans certains cas, il y ait des tolérances, des dérogations, accordées par le chef d'État. Mais qui dit mariage, dans nos sociétés « hautement civilisées », sous-entend choix, détermination adulte, détermination sociale, donc âge de majorité.

La loi ignore les relations incestueuses entre adultes qu'elle refuse d'officialiser. À partir du moment où un individu dispose de la majorité légale, il est estimé apte à se déterminer par ses propres moyens. Si un fils succombe aux charmes de sa mère, si une nièce provoque les caresses de son « tonton », si un frère s'obstine à chercher le plaisir avec son frère, elle se voile la face et s'en lave les mains. Ainsi l'exige le respect de la liberté individuelle. L'inceste n'existe, légalement, que dans les rapports sexuels entretenus par un adulte, estimé conscient, avec un enfant, un adolescent, immatures. Il s'apparente alors au viol, moins physique que de conscience, même si l'enfant, fondamentalement pervers, dans son ignorance relative du bien et du mal, des limites morales et sociales, dans sa tendance à l'imitation, dans sa volonté de pouvoir, en est l'instigateur. L'adulte est toujours responsable.

Certaines relations amoureuses et sexuelles inter-familiales, assez répandues, ont un retentissement incestueux qui peut entraîner, selon les cas, des prolongements psychologiques, aussi bien chez les partenaires que sur leur entourage. C'est, entre autres, la fille qui fait l'amour avec le second mari ou l'amant de sa mère, la mère qui entretien des relations sexuelles avec le mari de sa fille. Ces relations, qui ne sont pas biologiquement incestueuses, en prennent l'aspect en fonction des liens établis et de l'union monogamique qui reste la base de notre société et de notre morale.

Société, morale, tolèrent d'ailleurs fort bien ce que l'on pourrait nommer des incestes de substitution, par personne interposée. Les exemples en sont tellement nombreux qu'ils appartiennent aux mœurs admises. C'est le jeune homme, la jeune femme, qui s'efforcent systématiquement de séduire et d'entretenir des rapports sexuels avec les maîtresses du frère ou les amants de la sœur. C'est la jeune femme qui s'éprend toujours d'un homme de l'âge de son père, ou qui en représente l'autorité à travers la profession qu'il exerce, professeur, médecin, créateur en un quelconque domaine artistique. C'est l'homme qui préfère, sexuellement, aux appas agressifs des jeunes femmes, les charmes épanouis des femmes mûres.

Comme nos premiers objets d'amour et d'admiration, de haine et de peur, dans l'âge tendre, se situent dans l'environnement familial, même si nous nous en détournons raisonnablement à l'âge adulte, il en reste toujours quelque chose qui oriente, inconsciemment, nos choix amoureux. Tabou culturel, dont on ne peut nier le bénéfice civilisateur dans l'organisation des sociétés, l'inceste n'est peut-être pas aussi « contre-nature » que nous l'ont enseigné des générations de moralisateurs. **J.M.**

La loi et la pédérastie pédophilie

Pédérastie et pédophilie ont, d'un point de vue étymologique, le même sens. Il s'agit de l'attirance à l'égard des enfants. Cependant dans le langage courant, les deux termes ont pris des connotations différentes. La pédérastie vise en effet l'attirance pour les petits garçons et la pédophilie l'attirance pour les enfants sans distinction de sexe.

Juridiquement, les relations avec des enfants sont réprimés par le Code Pénal. Auparavant, la pédérastie était plus sévèrement réprimée que la pédophilie. Depuis août 1982, un changement législatif est intervenu, et actuellement les deux actes sont réprimés de façon identique. Ce n'est pas l'attirance pour les enfants qui est réprimée, mais les actes commis sur ces enfants.

REPRESSION

Lors de relations avec des enfants :

- Il est possible que la qualification de viol soit retenue si les éléments constitutifs du viol sont réunis. Les sanctions sont alors celles du viol aggravé, soit 10 à 20 ans de réclusion criminelle.
- Mais c'est le plus souvent pour attentat à la pudeur que les adultes sont poursuivis.

L'attentat à la pudeur est tout acte contraire aux mœurs, acte immoral ou impudique exercé directement sur la personne d'un individu de l'un ou l'autre sexe. Des distinctions sont à faire en fonction de l'âge de la victime et de l'existence (ou non) de la violence.

MINEUR DE 15 ANS ET MOINS

Attentat sans violence.

Tout attentat commis, ou simplement tenté, sur un enfant de moins de 15 ans, sans violence ni contrainte, est un délit. Il est puni d'un emprisonnement de 3 à 5 ans et d'une amende de 6 000 F à 60 000 F.

Les autres attentats.

Sont visés :

- Attentat avec violence, contrainte ou surprise.
- Attentat commis par un ascendant.
- Attentat commis par une personne ayant autorité sur le mineur.
- Attentat commis par deux ou plusieurs personnes.
- Attentat commis par une personne ayant abusé de l'autorité que lui confèrent ses fonctions.

Ces différents attentats sont punis d'un emprisonnement de 5 à 10 ans et d'une amende de 12 000 F à 120 000 F. La loi en vigueur jusqu'en 1982 ajoutait une peine de 6 mois à 3 ans lorsque le mineur était un individu de même sexe. Depuis la loi du 4 août 1982, la pédérastie n'est pas plus sévèrement sanctionnée que la pédophilie.

MINEUR DE PLUS DE 15 ANS.

Il s'agit des mineurs de plus de 15 ans non émancipés par le mariage.

Si l'attentat est commis ou tenté sans violence.

Il n'y aura de peine encourue que si cet attentat a été commis :

• Par un ascendant, c'est-à-dire si la pédophilie se double d'inceste.

• Par une personne ayant autorité sur le mineur.

• Par une personne qui a abusé de l'autorité que lui confèrent ses fonctions.

Cette peine sera un emprisonnement de 6 mois à 3 ans et une amende de 2 000 F à 20 000 F.

En l'absence d'une de ces circonstances, les relations avec des mineurs de 15 à 18 ans ne sont pas réprimées dès lors qu'ils sont consentants.

Si l'attentat est commis avec violence.

Les peines encourues sont les mêmes qu'en cas d'attentat à la pudeur sur un majeur – c'est-à-dire un emprisonnement de 3 ans à 5 ans et une amende de 6 000 F à 60 000 F.

Si l'attentat avec violence a été commis, ou tenté :

• Sur un enfant particulièrement vulnérable (infirmité).

• Sous la menace d'une arme.

• Par un ascendant ou une personne ayant autorité sur le mineur,

• Par plusieurs personnes.

• Par une personne qui a abusé de l'autorité que lui confèrent ses fonctions : la peine sera un emprisonnement de 5 à 10 ans et une amende de 12 000 F à 120 000 F.

Enfin si la pédophilie ou la pédérastie n'ont donné lieu ni à un viol, ni à un attentat à la pudeur, elles peuvent cependant faire l'objet de poursuites pour incitation de mineurs à la débauche – l'infraction qui consiste à exciter, favoriser ou faciliter la débauche ou la corruption de mineurs.

L'incitation peut consister dans :

• L'accomplissement de relations sexuelles en présence de mineurs.

• Des conversations lubriques avec des jeunes gens.

• Le fait de faire mimer à des enfants un acte sexuel.

• La location d'une chambre à des mineurs pour qu'ils se livrent à la débauche.

Mais est plus spécialement visée la prostitution des enfants.

C'est pourquoi le code pénal, pour les pénalités, renvoie à celles encourues en cas de proxénétisme à l'égard des mineurs, soit de 2 à 10 ans et de 100 000 F à 1 000 000 F d'amende. Le délit rejoignant celui du proxénétisme des jeunes mineurs, les peines de privation des droits civiques pendant 2 à 20 ans, ainsi que le retrait du passeport ou suspension du permis de conduire pourront dans certains cas être prononcées.

L'erreur sur l'âge est appréciée de façon restrictive et n'est prise en considération qu'autant que l'auteur des faits justifie s'être entouré de renseignements sérieux. L'aspect physique est insuffisant.

La loi et la bestialité

La bestialité, qui consiste à avoir des relations sexuelles avec des animaux n'est pas visée en tant que telle par le code pénal. Cependant, ceux qui s'adonnent à la bestialité ne sont pas à l'abri de sanctions. En effet ils pourront être poursuivis pour mauvais traitement à animaux.

REPRESSION ET SANCTIONS

La loi réprime deux types d'infractions :

• les mauvais traitements envers un animal domestique et apprivoisé relèvent du Tribunal de Police. La peine encourue est un emprisonnement de 5 jours et une amende de 1 300 F à 2 500 F. Cette peine est portée à 10 jours en cas de récidive. En outre le Tribunal peut décider de remettre l'animal à une œuvre de protection animale qui pourra alors en disposer librement.

• Les sévices graves ou actes de cruauté envers les animaux sont réprimés par le Tribunal Correctionnel. Les peines sont : un emprisonnement de 15 jours à 6 mois et une amende de 500 F à 15 000 F.

En cas de récidive, le Tribunal peut décider de confier l'animal à une œuvre de protection des animaux qui pourra disposer librement de la bête. La distinction entre mauvais traitement et sévices est délicate et c'est au juge qu'il appartient de l'opérer en fonction des situations.

La loi et le viol

Le Code Pénal définit le viol comme étant tout acte de pénétration sexuelle, de quelque nature qu'il soit, commis sur la personne d'autrui, par violence, contrainte ou surprise. Avant 1981, le Code ne donnait pas de définition du viol. Les juridictions avaient été amenées à le définir. Il consistait dans le fait pour un homme d'avoir des relations sexuelles illégitimes avec une femme, contre la volonté de celle-ci, l'élément constitutif étant l'introduction du membre viril de l'homme dans la cavité vaginale de la femme.

Il ne pouvait être commis que par un homme et que sur une femme, la sodomie étant réprimée comme attentat à la pudeur et non comme viol.

Une nouvelle loi est venue entériner les décisions de la jurisprudence en la matière et a élargi le domaine du viol.

Pour qu'il y ait viol, il faut :

• **Un acte de nature sexuelle.** Par acte sexuel, est visé le viol par une homme sur une femme, mais aussi l'intromission dans le vagin de la femme du doigt, d'un bâton ou d'un objet quelconque, l'auteur pouvant être aussi bien une femme qu'un homme. De même est aussi visée la fellation puisque le Code vise « toute pénétration sexuelle de quelque nature qu'il soit ». L'auteur dans ce cas ne peut être qu'un homme mais la victime peut être aussi bien un homme qu'une femme.

Il faut inclure aussi le « coïtus per anum » (sodomie). L'auteur ne peut alors être qu'un homme, mais la victime peut être indifféremment homme ou femme. Cependant, la femme qui obtient par la violence des relations sexuelles d'un homme qui ne le désirerait pas ne se rend pas coupable d'un acte de « pénétration sexuelle » sur « la personne d'autrui », et partant ne sera pas poursuivie pour viol, mais pour attentat à la pudeur.

• **Une violence illégitime.** Cette violence vise : les violences physiques, la contrainte morale, c'est-à-dire des menaces d'un péril considérable et imminent, la surprise, c'est-à-dire lorsqu'il y a fraude ou supercherie. Cette violence doit être illégitime, c'est-à-dire avoir pour but une jouissance immorale et anormale.

Auparavant, il était établi qu'il ne pouvait y avoir de viol entre époux. Actuellement on continue à admettre qu'il n'y a pas de viol quand l'époux impose à l'autre des relations sexuelles normales exclusives de toute blessure. Mais si le mariage permet d'imposer l'accomplissement des rapports sexuels qui en découlent, il n'autorise pas à exiger de son conjoint des comportements sexuels déviants. Il a ainsi été jugé qu'il y avait viol en cas de pénétration sexuelle par contrainte ou violence du mari sur son épouse en instance de divorce autorisée à avoir une résidence séparée.

• **Une intention coupable**. C'est-à-dire la conscience ou la volonté d'accomplir un acte illicite.

REPRESSION

• Le viol est un crime. Ses auteurs sont donc passibles de la Cour d'Assises. Sont poursuivis les auteurs et les complices du viol. La tentative de viol est punissable comme le viol lui-même.

SANCTIONS

• Pour le viol normal : réclusion criminelle de 5 à 10 ans.

• Pour le viol aggravé : réclusion criminelle de 10 à 20 ans.

Il y a viol aggravé :

• Si la victime est une personne particulièrement vulnérable, (grossesse, maladie, infirmité, déficience mentale).

• Si la victime est un mineur de moins de 15 ans.

• Si le viol a eu lieu sous la menace d'une arme.

• Si l'auteur du viol a été aidé par une ou plusieurs personnes.

• Si l'auteur du viol est un ascendant (parent), une personne qui a autorité sur la victime (instituteur), ou encore une personne qui a abusé de l'autorité que lui confèrent ses fonctions (fonctionnaire de police). En plus des condamnations pénales, l'auteur du viol peut être condamné à des réparations civiles. La victime peut obtenir des dommages-intérêts pour le préjudice qu'elle a subi.

La loi et l'inceste

Le droit civil français interdit le mariage :

• En ligne directe, entre ascendants et descendants, qu'ils soient légitimes ou naturels.

• En ligne collatérale entre le frère et la sœur, que la parenté soit légitime ou naturelle.

• Entre oncle et nièce, tante et neveu, que la parenté soit légitime ou naturelle.

Mais si le mariage est interdit, les relations sexuelles ne le sont pas, dans certaines hypothèses du moins. En effet, le droit pénal n'a pas prévu d'infraction réprimant l'inceste. L'inceste ne sera donc poursuivi qu'à l'occasion d'autres infractions : viol, attentat à la pudeur.

Un père et une fille, une mère et un fils, un frère et une sœur peuvent avoir des rapports incestueux s'ils sont majeurs et si ces rapports sont librement consentis.

POURSUITES

L'inceste sera réprimé :

• S'il y a viol, les relations incestueuses transformeront le viol en viol aggravé.

La peine sera alors la réclusion criminelle de 10 à 20 ans.

• S'il y a attentat à la pudeur. Une distinction sera faite selon l'âge de la victime.

• Si la victime est un mineur de moins de 15 ans, l'inceste devient un attentat aggravé, qu'il y ait ou non violence.

La peine est alors un emprisonnement de 5 à 10 ans et une amende de 12 000 F à 120 000 F.

• Si la victime est un mineur de 15 à 18 ans : l'inceste est réprimé par une peine de 6 mois à 3 ans et une amende de 2 000 F à 20 000 F si l'inceste a lieu sans violence.

L'inceste est réprimé par une peine de 5 ans à 10 ans et une amende de 12 000 F à 120 000 F s'il a eu lieu avec violence.

• Si la victime est majeure, l'inceste ne sera réprimé que s'il y a eu violence. La peine sera identique à la précédente.

Maître H.A.

15

La prostitution

L'AMOUR DE REMPLACEMENT

L'AMOUR DE REMPLACEMENT

La prostitution ne remet pas en cause la notion traditionnelle de couple. Son existence peut même permettre à l'homme ou à la femme de satisfaire des fantasmes que son partenaire attitré refuse, tout en préservant l'unité du ménage. En bref, la prostitution protège plus le couple qu'elle ne le menace. Dédramatisant l'acte, le ramenant à une notion plus mécanique, la prostituée peut permettre à l'homme de jouir sans risque. Une « fille » ne téléphone pas, ne harcèle pas. Elle est en celà bien moins dangereuse que « la maîtresse ».

Un « métier » en mutation

De plus en plus se répand l'idée que la prostitution est un métier comme un autre. Pourtant, dans notre pays, « le plus vieux métier du monde » a fait l'objet de plusieurs tentatives de réduction, sinon de suppression des « effectifs », aboutissant à une transformation radicale des méthodes de travail. En 1946, la loi Marthe Richard fait fermer les « maisons closes ». Les prostituées trouvent refuge dans les hôtels. Au début des années 60, la police s'en prend aux propriétaires de ces établissements, les envoyant devant les tribunaux pour proxénétisme ou fraude fiscale. A leur tour, les hôtels de passe disparaissent. Certains deviennent des immeubles de studios. L'ambiance change, le monde de la prostitution devient plus anarchique, moins professionnel, plus discret. Les « filles » disparaissent des petites villes de province. Les grandes zones d'implantation se situent donc surtout maintenant – à l'exception de la côte d'azur l'été – dans les grandes villes : à Lyon, dans le secteur de la presqu'île, rue de Brest, rue du Président Henriot, place des Jacobins ; à Bordeaux, rue Sainte-Catherine ; à Marseille, entre l'opéra, le vieux port et le bas de la Canebière...

En revanche, disséminées dans tout l'hexagone, les auberges « avec serveuses montantes » poursuivent leurs activités, mais

avec un succès moindre que les bars sombres, style pub anglais, où des « hôtesses » extrêmement complaisantes n'attendent même plus l'heure de la fermeture pour partir avec un client.
Une nouveauté à signaler : celles qui « tapinent » sur les parkings d'autoroute, à la sortie des péages. C'est l'amour en camping-car. Quant aux call-girls, leurs adresses figurent entre la voiture d'occasion et la machine à laver, dans des brochures qui servent également de support publicitaire aux commerçants locaux. Dans ces conditions, les recenser devient extrêmement difficile. On sait seulement que leur nombre, en augmentation, oscille entre 35 000 et 40 000 (occasionnelles comprises). La moitié officierait à Paris. La prostitution féminine touche toutes les couches sociales. Elle revêt diverses formes. A Paris, c'est plus par la façon dont elles opérent qu'on distingue les filles que par leur appartenance à telle ou telle classe.
Il y a les piétonnières ou chandelles (sur les trottoirs), les amazones (en voiture) les travailleuses de luxe (hôtesses, massages etc.) et les call-girls (plus distinguées, plus élégantes, qui peuvent travailler à domicile). Dans cette énumération ne figure pas, volontairement, la centaine d'Africaines, surtout des Maliennes (on ne sait pourquoi) qui dans les squats du 18e arrondissement, pourvoient aux besoins des travailleurs immigrés. Ces malheureuses travaillent dans des conditions pires que celles des maisons d'abattage : à la bougie avec un seau d'eau...
Parmi les chandelles, il y a d'abord celles des bois de Vincennes et autrefois de Boulogne – il n'y restait récemment, la nuit, que huit vraies femmes. Chassées par les travestis brésiliens, les autres se sont retranchées à Vincennes. Là, elles continuent de se battre – mais avec beaucoup plus de conviction : la clientèle les soutient ; moins sophistiquée, elle est aussi moins attirée par les délices de l'ambiguïté.
La prostitution piétonnière est la plus typique. Dans la rue Saint-Denis et ses environs, dans la partie piétonne, elles sont 2 000 à 2 500, vissées depuis la nuit des temps à cet endroit des halles, où elles disposent, aujourd'hui, de 600 studios. A 100 ou 150 F la passe, leurs tarifs sont les mêmes que « là-haut » – à Pigalle et vers la gare Saint-Lazare. Celles de la Madeleine, rue Godot de Mauroy, prennent 200 à 250 F. Depuis quelques années certaines se risquent sur les Champs-Elysées. On les appelle alors Dames bouchons, parce que souvent, elles font semblant de faire du stop et perturbent la circulation. Pour 500 F, la « chose » peut se faire dans un parking.
Ceux qui n'ont pas trouvé la fille de leurs rêves dans cette jungle de glâneuses tenteront leur chance parmi les « planquées ». D'abord les amazones : du Rond-Point à l'avenue de Madrid, tout le long des Champs-Elysées, de l'avenue de la Grande Armée, de l'avenue de Neuilly et de l'avenue Foch, les filles maraudent dans leurs R16, CX, ou BMW, transformées en boudoirs ambulants. On les reconnaît à la régularité de leurs passages, entrecoupés de brefs stationnements : garées en double file, plafonnier allumé. A 200 F la passe, elles amortissent rapidement leur voiture.
Il y a aussi toutes celles dont les adresses, plus ou moins mystérieuses, figurent dans « Paris à table », le « Herald Tribune », et le « Guide Réseau » (en vente dans tous les sex-shops). Emules moins tapageuses des femmes en vitrine de Hambourg ou d'Amsterdam, il y a aussi les hôtesses montantes des 100 à 150 cabarets spécia-

lisés parisiens (dont 80 à Pigalle). Appuyées au bar trois filles en robe longue s'y ennuient à mourir, en attendant le provincial émoustillé et indécis, qui va payer 1 000 à 1 500 F une bouteille de mauvais champagne, et ajoutera 500 F pour « l'amour » dans l'arrière-salle.

Également onéreuses sont celles qui officient dans les salons de massage ou saunas spéciaux. On en trouve dans tous les quartiers ; le prix d'entrée s'élève en général à 300 F, celui du massage (le fameux body-body) à 100 F, et « le reste » à 300 F. Enfin, plus distinguées, et surtout plus élégantes, les call-girls constituent la fin du fin. Elles travaillent entre amies et relations, par tout petits réseaux de quatre ou cinq filles. Peuvent échouer là des starlettes ambitieuses, des mannequins, et parfois aussi, paraît-il, des étudiantes, des femmes mariées en mal d'aventures, et comme toujours la catégorie inclassable de toutes celles qui ont pris le parti d'améliorer leur salaire. Leurs tarifs vont de 500 à 1 000 F pour une rencontre, jusqu'à 10 000 F pour une soirée entière et, 30 000 F pour un week-end. Leur clientèle vient essentiellement des sables d'Arabie Séoudite et du Koweit. Fréquemment aussi, elles se déplacent.

Ni homme, ni femme, les travestis sont là pour offrir des rapports homosexuels, qui ne peuvent s'exprimer qu'à travers un subterfuge. Malgré la chevelure blonde à la Bardot, les seins nus et parfaits, la ceinture dorée et les paillettes, le client sait qu'il a affaire à des hommes. Il sait que leurs tarifs sont imbattables : 50 ou 100 F. Gratuitement, il peut aussi se mêler à la cohorte des centaines de voyeurs qui passent des nuits entières dans les fourrés du bois de Boulogne. Sur les 500 travestis parisiens, la moitié « exploitait » jusqu'à récemment les allées de ce bois. Les dernières interventions de la police les forceront peut-être à migrer vers un autre secteur de la capitale.

Pour ceux qui « assument », comme on dit, leur homosexualité, mieux vaut aller vers l'Opéra. Depuis une dizaine d'années une faune invraisemblable erre au long des sombres ruelles. Dès 21 heures, les magasins et bureaux fermés depuis longtemps, mais les néons du « 7 » et du « Bronx » pas encore allumés, des jeunes garçons rôdent déjà. Ils se font payer de 200 à 300 F. Leurs autres lieux de racolage sont le Boulevard de Clichy, les Tuileries, les Buttes-Chaumont, les cinémas spécialisés comme le « Bosphore », les saunas. Le plus connu, le rendez-vous des étrangers, est le « Continental Opéra ». Mais c'est la rue Sainte-Anne qui reste leur Mecque. Le « chiffre d'affaires » des professionnels a été multiplié par 25 en l'espace de 7 ans ! La drogue est une des explications de cette prostitution galopante, comme l'est aussi la libération sexuelle, avec pour conséquence la multiplication des amours de Sodome, que ce soit à New-York, Paris, Londres, Madrid ou Rome.

La forme de prostitution la plus nouvelle, celle qui prend de l'extension dans tous les pays dits avancés et industrialisés, c'est celle des mineurs. Les statistiques officielles ne peuvent en préciser exactement l'ampleur. Mais selon S.O.S. enfants, il y aurait en France au moins 10 000 jeunes concernés. Et ce phénomène augmente d'année en année. 40 000 filles par an passent dans un foyer d'éducation surveillée. Les plus jeunes commencent par michetonner dans les galeries commerciales, les drugstores, les cafés des Champs-Elysées. Les autres font le pied de grue aux mêmes endroits que leurs aînées. Quant aux garçons, plus ils sont jeunes, plus ils sont appréciés et payés en

conséquence. Ils concurrencent leurs aînés aux mêmes endroits. A cette prostitution, il faut ajouter l'utilisation, pour la photo, d'enfants de 6 à 14 ans.
Jusqu'en 1974, c'est-à-dire le début de la libération de la pornographie, les cas étaient plus rares. Aujourd'hui, la concurrence aidant, les clients en demandent toujours plus. Les amateurs communiquent avec les « fournisseurs » par l'intermédiaire de petites annonces dans les journaux spécialisés. En France, le plus connu s'appelle « Lolita ».

Les hommes aussi...

Avec les call-boys, il semble bien que l'on ait franchi une nouvelle étape dans la marche vers l'égalité des sexes. Nombre de magazines voient leur rubrique « Clubs de rencontre » se développer de semaine en semaine. On y trouve une multitude d'offres d'adresses par l'intermédiaire de catalogues, en général vendus 150 F. Pour obtenir un rendez-vous, il faudra alors payer 500 F. Puis encore 500 F pour faire l'amour. Pour passer une soirée décontractée : 3 000 F. Beaux, âgés de moins de 30 ans, ils sont environ une centaine à faire ce métier – donnant 35 % de commission sur leurs gains à des agences matrimoniales et des agences d'accompagnateurs qui leur servent d'intermédiaires... Cette organisation et cette rétribution du « service rendu » suffisent-elles pour qu'on parle de proxénétisme et de prostitution ?
Jusqu'à présent on connaissait les gigolos, ces travailleurs indépendants qui draguent dans les bars à la mode : vers Montparnasse, dans un certain salon de thé de la Rue de la Tour, à la Coupole et à la Rotonde, vers les Champs-Elysées, au Safari, au Berkeley, au Fouquet's, et dans les grands hôtels. Ils suivent les migrations saisonnières.
On les retrouve à Mégève, Courchevel, Cannes, Saint-Tropez etc. Ils savent se tenir, sauver les apparences, faire le baisemain, jouer au bridge et au golf. S'il y a réellement une différence entre les callboys et ces gigolos, ce sera probablement dans l'illusion que l'argent qu'ils reçoivent n'emprunte plus la forme d'un vulgaire billet de banque mais celle, plus élégante, plus hypocrite aussi, d'un « cadeau », et dans le semblant de durée qui s'établit dans sa relation avec sa cliente.
Les lesbiennes sont beaucoup plus discrètes. Comme les homosexuels de l'autre sexe, elles n'ont pas de rues entières pour se draguer. Seulement quelques discothèques privées (on en compte dix fois moins que pour les hommes), qu'elles protègent jalousement. Beaucoup plus strictes à l'entrée que leurs homologues, elles refusent les curieux et les voyeurs. Depuis des années, le « Katmandou », souvent comble de femmes étonnament belles, est le club le plus fermé et le plus sélect qui soit. Ses propriétaires entendent bien rester à la hauteur de leur réputation. La présence chez elles de prostituées ne peut être qu'un hasard. D'autant que celles-ci sont rarissimes et particulièrement difficiles à reconnaître. Néanmoins, quelques-unes se laissent « julotter » par d'autres femmes qui commandent, jurent et frappent dans la plus pure tradition des « macs » d'autrefois. Pour les trouver, la meilleure filière est de s'adresser aux « cabarets féminins » plus populaires que le Katmandou : « Chez Moune » ou « le New Moune » – tous deux à Pigalle, et à la différence du premier, ouverts aux hommes.

Que peut-on demander aux prostituées ?

Tout, sauf de les embrasser, car c'est là que s'est réfugiée leur pudeur de filles publiques. Le reste n'est quasiment qu'une question d'argent. Le tarif normal ne prend en compte ni les états d'âme, ni les complications sexuelles. Mais, ce ne sont pas les mêmes motifs qui poussent un homme à « monter » avec une fille du trottoir ou à se rendre chez une call-girl. Le premier vient satisfaire un besoin sexuel pressant. Le second recherche davantage d'illusions et souvent une compagnie.

Enfin, reste la catégorie des hommes qui ont des fantasmes particuliers. Par exemple, ceux qui paient des sommes folles pour se faire raconter simplement des histoires ; ceux, plus nombreux qui viennent avec leur femme ; ceux qui donnent des coups ; ceux, beaucoup plus nombreux, qui se font flageller.

Moyennant un supplément de 100 ou 200 F, les filles de la rue Saint-Denis comme les call-girls pratiquent couramment la flagellation. Le fouet est un accessoire, qu'elles se prêtent entre elles, le plus naturellement du monde. En revanche, la torture véritable demeure l'apanage de trois ou quatre professionnelles qui ont pignon sur rue à Paris, et travaillent chez elles. Elles ne « couchent » pas. Il est même interdit de les toucher. Elles s'habillent de cuir noir, cuissardes à talons hauts, ornées de clochettes (pour qu'en plus le client les entendent). Leur matériel comporte entre autres, fouets, carcan, cage de fer, pilori, appareils à écartement, aiguilles à coudre les fesses, le bout des seins et le reste. Ces grandes expertes savent jusqu'où elles peuvent aller...

Les prostituées et le plaisir

On distingue ici les filles du trottoir et les call-girls. Chez les premières, on traite de « bourrin » celle qui s'« abandonne » pendant le travail. Elle est censée ne rien éprouver : une satisfaction de cet ordre est le privilège du souteneur. Quant aux call-girls, la jouissance ne leur est pas interdite. Au contraire, il leur faut rassurer l'homme sur la puissance de sa séduction et sa virilité. Madame Claude avait coutume de dire que, chez elle, il y avait autant de femmes frigides qu'ailleurs, mais toutes étaient de bonnes comédiennes.

Avec leurs proxénètes, les prostituées de la rue, et souvent aussi les call-girls, ont, mystérieusement, des liens très forts. Il y a quelques années, les filles étaient prêtes à tout pour eux. Cette espèce de soumission magique s'effiloche, mais 80 % d'entre elles s'y accrochent. Hormis l'exceptionnelle affaire de Grenoble, les filles portent rarement plainte : en général, déposée après une correction, sous le coup de la colère, la plainte est retirée le lendemain. Et quand les policiers arrêtent des proxénètes, elles sont toujours les premières à pleurer. Il faut dire aussi que les proxénètes sont moins exigeants et moins brutaux qu'il y a 20 ans. Au Prosper de l'imagerie populaire se substitue de plus en plus « l'amant de cœur ». L'une de ses obligations, d'ailleurs, consiste à avoir régulièrement des rapports sexuels avec la fille qui travaille pour lui. S'il en a plusieurs, la favorite, surnommée la « Doublarde » est celle qui ramasse quotidiennement les gains. L'existence de la doublarde ne dispense en aucune façon l'homme de faire, au moins une fois par semaine, l'amour avec chacune de ses protégées.

La prostitution à l'étranger

Les réseaux les plus importants de call-girls ont des « correspondants » dans toutes les grandes villes d'Europe. C'est en France qu'ils sont le plus surveillés par la police. L'un de ces réseaux, installé en Allemagne a prévu un mode de paiement par télex en Suisse, et des accords avec trois des plus grandes chaînes d'hôtels internationales, pour recevoir les clients. En Espagne, tout le long de la frontière, on trouve encore des « claques » à la française. Officiellement, dans le reste du pays, la prostitution n'existe pas. Sauf à Torremolinos et Malaga : cette partie de la Costa-Brava abrite beaucoup de truands français en cavale. Plus cyniques, les Italiennes racolent à la flamme des braseros. A Rome, par exemple, tout au long de l'interminable Via Flaminia. Les autres fonctionnent par annonces publiées dans les grands quotidiens. A Genève, où le racolage est interdit, les filles officient là où elles vivent : dans des appartements tout à fait bourgeois, et sans que personne ne se plaigne, comme cela serait le cas en France. Elles peuvent aussi rejoindre un client dans un hôtel. A Londres, en dehors du quartier de Soho, les prostituées ne draguent pas dans les lieux publics. Elles travaillent dans des studios et par téléphone. En Hollande, elles sont traitées commes des princesses : dans des « maisons » tellement propres que l'accès en est interdit aux étrangers. En Allemagne, les 20 000 prostituées recensées sont celles qui travaillent dans les Eros-Centers. On imagine ces endroits sous la forme d'un immeuble bétonné et froid. En fait, tout un quartier peut être baptisé Eros-Center – et il y en a au moins un dans chaque grande ville. Le défaut de cette organisation, c'est qu'elle ne tient pas compte des clients, qui veulent garder leur anonymat, et qui s'adressent aux prostituées clandestines. Celles-ci sont cinq fois plus nombreuses que les autres. A New York, il fut une époque où le client était poursuivi en justice, au même titre que la prostituée. Aujourd'hui, il utilise une carte de crédit, comme pour louer une voiture. Il reste tous les pays pauvres d'Amérique latine, d'Afrique et surtout d'Asie, où la prostitution est considérée comme un produit d'exportation et le seul moyen de survivre. A destination des Philippines, des agences de voyages japonaises organisent des charters pour le sexe. A Bangkok tout s'achète : un cheptel de jeunes garçons, ou une fille pour une semaine entière. Dans les rues chaudes, tous les deux mètres, on vous propose des fucking-shows, pin-pong shows, coca-cola shows, shopsticks shows... Le mot « show » désignant, ici, l'introduction, dans l'anus, d'objets usuels autant qu'hétéroclites. Dans les boîtes de nuit, les « danseuses » ne portent que des bikinis numérotés. Il suffit de choisir un chiffre. Seule la cafétéria du « Grace-Hôtel » est ouverte toute la nuit. Le plus grand bordel du monde : 600 à 1 000 prostituées dérivent là de table en table. Il y a les jeunes, les novices, les mûres, les expertes, les alcooliques, les droguées, les superbes, les laides, les filles à 10 F ou à 100 F... Dans sa diversité et son universalité mêmes, la prostitution reste une activité en plein essor. Peut-être bien parce qu'elle assure une fonction irremplaçable dans nos sociétés.

Dominique Ottavioli

16

Le diable au corps en l'an 2015

LA SEXUALITE DE DEMAIN

LA SEXUALITE DE DEMAIN

Il n'y a pas d'exercice plus fantaisiste en apparence qu'une chronique amoureuse fixée au-delà de l'horizon de l'an 2000, si proche et si secret encore. Cependant, aucun effort de réflexion n'est plus fertile pour comprendre la sexualité et édifier les vraies bases de la sexologie scientifique de demain.

La sexologie a horreur de l'avenir

Si la « futurologie érotique » n'intéresse pas les chercheurs, ce n'est pas par hasard : les sexologues n'ont pas le goût du danger ; les sexologues ne sont pas des révolutionnaires. La « révolution sexuelle » n'est possible qu'en s'appuyant sur la désobéissance et l'invention. Mais pour des raisons tenant à l'urgence des secours à porter au mariage et à la légitimité de l'union charnelle, la sexologie devient une sexothérapie, et cette confusion, qui lui donne droit de cité, est aussi sa faiblesse.
La réflexion en matière d'« éducation sexuelle » énonce quelques propositions d'avenir : protection de l'enfance oblige. Pour le reste, l'évolution du mariage, de la cohabitation juvénile, de la taille du noyau familial, les transformations du « féminisme », la réforme du code pénal en matière de délit sexuel, la tolérance des minorités, les innovations pornographiques... c'est le silence.

La science-fiction y perd son latin

En majorité d'origine anglo-saxonne, les auteurs d'anticipation ont très longtemps donné dans le naturel pudibond, en épurant leurs textes de toute allusion à la sexualité. Si, néanmoins, le coup d'envoi est donné aux États-Unis en 1952 avec « The lovers » de Philip José Farmer, les précurseurs ne tâtent véritablement du Futur érotique qu'à partir des années 60. Dès lors, la science-fiction s'emballe pour le sexe et renverse la tendance... Traduits de l'anglais, « Jack Barron et l'éternité » de Norman Spinrad, « Des rapports étranges » de Farmer, « Ma sœur, mon double » de Pamela Sargent (figure de proue de la science-fiction féminine), par exemple, tracent la voie d'une vision exploratoire des mythes sexuels. Citons aussi « Dans l'étable » de Piers Anthony, dont l'hallucination misogyne est presque insoutenable, et « Crash » de Jim Ballard à la violence torrentielle...

Jusqu'à plus ample informé, la science-fiction n'aime ni les femmes, ni les homosexuels : c'est la tradition. En matière d'homosexualité en particulier, c'est une règle que peu d'écrivains ont su transgresser avec talent. Quant à l'image de la femme dans l'univers de la fiction, créé en grande partie par des auteurs masculins, elle ne s'est pas affranchie d'un rêve de robotisation de la jouissance, et de subordination de la féminité, proches des règles d'écriture pornographique. La seconde entrave au développement d'une littérature érotique authentiquement futuriste est commune à toute entreprise littéraire centrée sur la sexualité : c'est le risque de glissement vers l'obscénité. La vulgarité n'est pas synonyme d'émancipation, ici non plus.

Le virage que n'a pas su entièrement négocier l'écriture est pris à vive allure par la bande dessinée. Il est raisonnable de penser que les dessins légendés transmettront dans les années à venir la totalité des messages et préoccupations de notre société. Le sexe s'y déploie déjà à l'envi, glorieux et démoniaque, réaliste et onirique, dans une tonalité de fiction burlesque et chatoyante, mais aussi en termes plus obscurs d'épanchement malsains et d'initiation à la dérive pornographique.

Il y a dans cette profusion d'images comme le reflet des obsessions qui nous hantent, mais il n'y a pas encore de tentative « visionnaire » quant au devenir du lien amoureux. La bande dessinée bouleverse la curiosité du public, mais il lui manque la richesse spéculative de la science fiction.

L'écriture, à l'inverse, stimule l'imagination en profondeur, mais laisse ses adeptes sur leur faim en matière d'images, ce qui constitue pour une œuvre érotique un handicap invincible.

Au total, qu'il s'agisse de floraisons anatomiques ou d'inspirations perverses, le thème commun à toutes ces galipettes futuristes est bel et bien l'amour, ou plus secrètement à vrai dire, la solitude. La solitude qui obsède la mémoire des hommes et dont le couple constitue la seule rédemption. Et c'est bien le couple qui apparaît comme acteur principal dans ces témoignages de l'universalité de l'angoisse, du délire et de la joie.

L'avenir malgré tout...

En 2015, les petites filles qui naissent aujourd'hui auront tout juste 30 ans, l'âge mûr, l'âge de prendre la parole et de canaliser les courants d'opinion qui tirailleront notre société au seuil du XXIe siècle. 2015 année charnière ? Probablement pas ; mais période carrefour, à coup sûr.

Il y a vingt-cinq ans, l'enseignement des sexologues ne comprenait aucune réflexion sur l'avenir : les préoccupations et les codes sexuels de l'époque se déployaient dans une confortable continuité avec le passé. Attitude imprudente. Une analyse socio-politique de l'âge d'or de la sexologie, nord-américaine en particulier, n'épargne pas la naïveté de ses fondateurs. La sexologie « réparatrice », c'était trop beau pour être vrai, c'était bien peu de choses pour bâtir l'avenir. Ni philosophe ni historien, peu motivé par l'anticipation romanesque et la paléontologie, le sexologue ne pouvait pas pressentir le dérapage parce que les signes extérieurs en étaient encore trop discrets. Aucun doute n'est possible aujourd'hui : le virage en question est mortel.

Le dérapage va durer cinquante ans – la relève de deux générations – une tempête dans un verre d'eau, en regard des deux millions d'années de l'aventure humaine, mais, pour ce qui concerne notre culture, le stress est aussi traumatisant que le choc de la découverte du Nouveau-Monde au XVIe siècle.

Non, ce n'est pas la transformation du couple traditionnel qui peut déclencher un tel séisme : il peut sans grand dommage s'ouvrir à de nouvelles formes de séduction, de cohabitation, de légalisation. L'institution du mariage sera toujours nécessaire, mais elle s'adaptera aussi bien aux impératifs dictés par le « droit au bonheur », qu'à un paramètre « technique » aussi peu anodin que l'augmentation de l'espérance de vie des époux (qui frisera le siècle entier sans doute en 2050-2080). Ce n'est pas non plus l'affrontement avec le féminisme, ni une « libéralisation des mœurs » que les adolescents contestent déjà, ce qui risque de rendre progressivement invivable le « rapport sexuel », c'est la contamination de l'amour par les progrès inouïs de la biologie de la reproduction.

A vrai dire, une idée fausse fait aller à reculons : contre toute attente et depuis la vulgarisation de la contraception dans les années 60, l'erreur fondamentale consiste à bâtir un antagonisme invincible entre procréation et plaisir, et entre plaisir et spiritualité. C'est là une stratégie suicidaire : il n'y a jamais eu, il n'y aura jamais d'avenir pour une société qui démantèle ses conventions en matière de sexualité. Un tel comportement conduit à l'extinction du groupe en question. Est-ce ainsi que les civilisations se succèdent les unes aux autres ?

Ce qui rend l'utopie si menaçante c'est le formidable pouvoir de la science sur la fertilité, un pouvoir qui dévalise les mythes, qui débarrasse l'insémination et la fécondation de ses résidus poétiques et symboliques, qui accepte les manipulations génétiques, qui maîtrise le choix du sexe...

En 2010-2015, les jeux sont faits, rien ne va plus. Dans une hypothèse pessimiste, le XXIe siècle soumet les libertés individuelles aux puissantes pressions de la technologie et du savoir scientifique. La sexualité est réduite à sa plus simple expression, par mégarde : l'amour seul, insubmersible mais dépouillé de spiritualité, est incapable de tirer l'érotisme de l'ornière anatomique. Ça ne marche pas. Du moins pas comme on l'entend aujourd'hui. Le combat contre la stérilité est magnifique et nécessaire, mais la maîtrise de la programmation des naissances est un cadeau empoisonné.

Je n'y entrevois que deux issues : l'exacerbation incontrôlée de la sexualité et la chasteté. L'exacerbation des rapports sexuels se fait avec l'assistance de la pornographie, une pornographie qui acquiert ainsi ses lettres de noblesse pour « service rendu à l'humanité ». L'orgasme, il y aura des trucs, des lieux, des

machins, des combines pour l'assouvir, comme un appétit qui « doit » être promptement écarté des occupations plus nobles de la vie quotidienne – selon le principe du « fast-food » en somme. Pour les intellectuels, les romantiques et les nombreux laissés-pour-compte, la continence volontaire est de rigueur pour sauver ce qui peut l'être du sentimentalisme et de l'individualisme. La chasteté est ici, paradoxalement, la seule communication authentique en mesure de préserver l'amour. Quel avenir !
L'hypothèse inverse s'appuie sur un mécanisme de rébellion, qui va à contre-courant. La disparition d'un féminisme utopique, la diminution progressive de revendications trop ambitieuses, la méfiance envers le mirage médical, le rejet de toute fragmentation de la féminité, sont les éléments d'un combat déjà engagé de nos jours : les femmes se rebiffent parce qu'elles sentent le danger de franchir un point de non-retour. Je n'y vois aucune défaite, aucune contre-attaque victorieuse du « moralisme » ; plutôt l'éveil d'une « écologie de la sexualité » manifestement moderne et progressiste. Comment interpréter autrement, par exemple, l'augmentation des résistances à la contraception, le rejet de perspectives professionnelles qui ne seraient conquises qu'au détriment de l'harmonie du couple et de l'éducation des enfants ? Comment, sinon en termes d'intelligence.
Laissons la science-fiction humecter de sueur froide le front de ses adeptes, l'humanisme occidental a encore de beaux jours devant lui. Le crépuscule du XXe siècle est dominé par le travail de renoncement de toute une génération. La suivante, si tout va bien, devrait recouvrer une certaine sérénité.

Docteur Jacques Waynberg

17

ANNEXE

LE POINT SUR LE SIDA

LA PILULE DE L'AN 2000

LE POINT SUR LE SIDA

A propos de cette maladie qui modifie le paysage sexuel contemporain, il importe d'élargir l'information et de dégager des connaissances actuelles quelques concepts clairs, simples et utiles : mieux savoir pour mieux combattre est aujourd'hui une nécessité absolue.

Tout commence à la fin de l'année 1980. Les médecins constatent alors une augmentation incompréhensible de certaines maladies bien connues mais jusqu'alors rarissimes, conséquences d'un effrondrement du système immunitaire de l'organisme (l'échec des anticorps face aux microbes, bactéries et autres virus). Ainsi certaines mycoses graves ou certaines tumeurs cancéreuses de la peau.

Il faudra pourtant attendre le mois de juin 1981 pour que les cinq premiers cas de « véritable Sida » (des homosexuels) soient recencés, décrits et exposés dans la presse médicale. La maladie est encore anonyme. Deux mois plus tard, en août 1981 aux Etats-Unis, on la baptise A.I.D.S. (initiales des mots américains signifiants Syndrome d'Immuno-Déficience Acquis, en français : S.I.D.A.). On sait déjà de manière certaine que d'autres groupes que les homosexuels peuvent être touchés.

Très rapidement, certaines conditions favorables à la propagation de la maladie sont dépistées : la transmission se fait souvent par voie sexuelle (la multiplication des partenaires accroît donc les risques), mais les transfusés, les hémophiles et les homosexuels sont des groupes plus particulièrement atteints.

Ces divers éléments font immédiatement porter les soupçons sur la très vaste famille des virus. Dès la fin de l'année 1981, les scientifiques français et américains, entre autres, cherchent fébrilement à isoler le ou les coupables.

Une maladie jeune

Dès le mois d'août 1982, l'étau se resserre sur une famille très particulière, les rétrovirus. Enfin, en 1983, les chercheurs de l'Institut Pasteur identifient l'agent responsable du Sida : un rétrovirus qu'ils baptisent L.A.V. (Lymphadenopathy associated virus). Ce n'est qu'en 1984 que les chercheurs américains identifient à leur tour un rétrovirus, qu'ils appellent

H.T.L.V. (Human T-Lymphotropic Virus type III) : il s'agit bien entendu du même virus. En 1986 enfin, à l'issue des travaux d'une commission, il est décidé d'appeler le virus du Sida H.I.V. (en français : Virus de l'Immunodéficience Humaine, V.I.H., mais le terme américain reste le plus employé).

Les voies de contamination

LES VRAIES VOIES

Le virus peut être contracté par voies sexuelle et sanguine. Il faut donc un rapport sexuel ou le contact d'un sang contaminé avec son propre sang pour que le risque existe vraiment.

Le virus peut être transmis par le sperme

Le sperme, qu'il soit déposé dans le vagin, le rectum ou la bouche peut contaminer celui qui le reçoit sur les muqueuses. En revanche, il ne peut contaminer un individu s'il est déposé sur la peau, sur les cheveux ou toute autre partie du corps. C'est la concentration du virus, élevée dans le sperme, qui explique son pouvoir de contamination. Celle-ci se fait par de minuscules plaies vaginales ou de la verge.

La contamination par voie sanguine est établie

La transfusion d'un sang contaminé, la perfusion de produits biologiques issus d'un sang atteint (les hémophiles doivent être régulièrement transfusés avec certaines parties du sang contenant des facteurs de coagulation), ou le simple partage d'une seringue – comme c'est encore trop souvent l'usage chez les toxicomanes – sont autant de situations propices à la propagation de la maladie. De même, la future mère atteinte par le virus a de très fortes chances de contaminer son enfant par voie sanguine, tout naturellement, à travers le placenta.

Maladie d'homosexuels ou d'hétérosexuels ?

Si les homosexuels furent les premiers touchés, ce n'est certes pas en raison d'une quelconque anomalie de leur système immunitaire, mais simplement parce que leurs habitudes sexuelles les portent à avoir de très nombreux partenaires en un temps relativement court. Statistiquement, les hétérosexuels ont moins de partenaires. Mais alors, comment expliquer la propagation du Sida chez ces derniers ? Il n'existe aucune étanchéité parfaite entre les groupes humains : la femme d'un homme bissexuel sera contaminée par personne interposée. L'épouse d'un hémophile ayant contracté le Sida par des transfusions (danger à présent totalement écarté par des contrôles draconiens) sera touchée de la même façon. Le compagnon d'une toxicomane contaminée à l'occasion d'une injection intraveineuse de drogue pourra, à l'occasion de rapports sexuels avec elle, contracter la maladie. Ne nous y trompons pas, il s'agit d'une véritable épidémie. Si les groupes à risque que sont les toxicomanes, les homosexuels et les hémophiles furent les premiers atteints, la maladie se propage actuellement dans toute la population. En France, le nombre de Sidas « déclarés », c'est-à-dire de véritable maladie (nous verrons plus loin la différence entre véritables cas de Sida et simples « porteurs sains ») double tous les neuf à douze mois. Les prévisions sont très préoccupantes pour les années à venir. On peut les extrapoler (avec la prudence que l'on sait) à partir de ces fameux porteurs « sains » déjà diagnostiqués. Ainsi sait-on déjà qu'il y a de 1500 à 2000 nouveaux cas de Sida vrai en 1987. En 1988, ce sont de 3000 à 5000 nouveaux cas qui se déclareront. En 1991, il faudra faire face à 15000, voire

20000 nouveaux malades... En effet, ne sont recensés aujourd'hui que les 20 % d'individus atteints par le virus et ayant développé la maladie, 80 % des individus contaminés sont actuellement ce que l'on appelle encore des « porteurs sains ».

Les porteurs sains

Il est capital de comprendre cette notion de « porteur sain ». Lorsque le virus pénètre dans le sang, le corps produit immédiatement des anticorps. Cette réponse immunitaire est, nous l'avons vu, inefficace. Il est désormais possible, grâce à une simple prise de sang (le sérodiagnostic HIV), de détecter la présence ou l'absence de ces anticorps. Il est ainsi facile de savoir si un organisme a été en contact, à un moment ou l'autre, avec le fameux virus. Ce qu'il faut savoir, et c'est capital : les « porteurs sains », réservoirs de virus, sont eux aussi contagieux et peuvent transmettre la maladie.

LES FAUSSES VOIES

De nombreuses voies de contaminations fausses ont été évoquées, créant à l'occasion des paniques injustifiées. Si le virus est bien présent dans le sang et dans tous les « fluides » fabriqués par l'individu contaminé, ses concentrations y sont très différentes. Ainsi, seul le sang et le sperme (et, à un moindre degré, les sécrétions vaginales) contiennent des concentrations suffisantes pour être des agents contaminateurs. S'il y a bien, comme certains l'ont dit, des virus HIV dans les larmes, la salive, les urines ou les excréments, leur concentration y est trop faible pour être dangereuse. Ainsi, les « postillons » et la salive sont incapables de contaminer. Même le « baiser profond » (baiser dit « français ») est, pense-t-on, incapable de transmettre la maladie. De même la poignée de main, l'usage des mêmes couverts, des mêmes draps, des mêmes WC, etc., sont des situations sans risques. Le très sérieux centre CDC (l'un des plus importants des Etats-Unis), a même disculpés, après les avoir soupçonnés, brosse à dents et rasoir. Quant aux moustiques, s'ils sont porteurs du paludisme, ils ne jouent aucun rôle dans la dissémination du Sida. Si on a pu localiser le virus HIV chez certains moustiques africains, on n'a pas pu démontrer qu'ils étaient des contaminateurs potentiels.

Le mécanisme d'action du virus

Si notre corps sait se protéger contre toutes sortes de virus et microbes – rubéole, rougeole et autres oreillons – c'est qu'il sait fabriquer des armes parfaitement appropriées : les anticorps. Au cours d'une vie, l'organisme doit faire face à plusieurs milliers d'agressions spécifiques et différentes. Grâce à la fabrication incessante des anticorps, qui savent parfaitement reconnaître les agresseurs et s'emboîtent en eux « comme une clé de haute sécurité peut s'emboîter dans une serrure », nous nous défendons efficacement seconde après seconde, jour après jour, à notre insu.

Ce rôle fondamental échoit à nos globules blancs, et plus particulièrement à ceux que l'on nomme les lymphocytes. Ceux-ci se répartissent en deux groupes bien distincts : les lymphocytes B (qui se développent dans la moëlle osseuse, d'où le B – « Bone » signifie « os » en anglais), et les lymphocytes T, qui se développent dans le thymus (en bas du cou, glande très importante chez l'enfant). Ces deux types de lymphocytes sont les gardiens particulièrement vigilants de notre corps contre les agresseurs microbiens. Le virus

HIV a la terrible propriété de détruire ces défenses en anéantissant ou en inactivant les lymphocytes T.
Pourquoi notre organisme ne sait-il pas élaborer des anticorps efficaces contre le Sida ? Parce que le HIV se joue avec une désinvolture extraordinaire des « missiles anti-virus HIV » que lui envoient nos lymphocytes. Non seulement les anticorps ne font que « glisser » sur lui, mais il sait aussi les détruire sans appel. Nous sommes alors à la merci de n'importe quelle infection qui, en d'autres circonstances, eut été sans grand danger : grippe, mycose ou pneumonie...
La présence d'anticorps anti-HIV dans le sang caractérise la séropositivité au Sida. Au contraire, être « séronégatif », c'est ne pas avoir d'anticorps de ce type, preuve que l'on n'a jamais été en contact avec le virus de la maladie.

L'évolution de la maladie

On compte en France environ 200 000 sujets séropositifs qui, hors leur séropositivité, sont en parfaite santé. Le sérodiagnostic est positif entre 15 jours et trois mois après l'incubation du virus. Environ la moitié des sujets feront ce que l'on appelle une « primo-infection HIV », qui se caractérise par un peu de fièvre, quelques petits ganglions, des courbatures... bref, rien de bien spécifique : une petite grippe qui se passe spontanément, en quelques jours et sans traitement. Ultérieurement et à partir du 6e mois mais aussi jusqu'à cinq, six, voire dix ans après l'inoculation, la maladie peut évoluer vers ce que l'on appelle les « syndromes apparentés » (les formes en sont très nombreuses et variables) : des infections bénignes à répétition telles que angines ou grippes, des ganglions qui apparaissent en différents points du corps et mettent du temps à disparaître, des fièvres, des fatigues, des diarrhées tenaces sans cause évidente... Tous ces signes évoluent capricieusement avec des rémissions et des rechutes imprévisibles. 20 % de ces séropositifs présenteront la maladie Sida, elle-même caractérisée par une faillite complète du système immunitaire de défense expliquant la survenue d'infections qui, banales pour un individu sain, deviennent souvent mortelles. Sans oublier l'apparition de certaines tumeurs comme la maladie de Kaposi, un cancer particulier de la peau, qui ne se développe que dans des situations de grande faillite immunitaire. La mort est souvent encore la triste issue de la maladie.
L'évolution peut donc se faire de la simple séropositivité jusqu'au Sida le plus grave (15 à 30 %), ou en rester parfois à l'une des phases intermédiaires.

Le sérodiagnostic : pour qui ?

Bien évidemment pour tous ceux appartenant à au moins l'un des groupes à risque : toxicomanes, bissexuels, homosexuels, hémophiles, transfusés... Mais aussi pour ceux qui pensent pour une raison ou pour une autre qu'ils ont été exposés à la maladie : contact (sanguin ou sexuel) avec un (ou une) séropositif, voire avec un Sida déclaré, partenaires multiples et variés (cette précaution vaut donc, bien sûr, pour les hétérosexuels), à moins que les bonnes précautions aient été prises – dans ce dernier cas : par exemple le port d'un préservatif et la non-pratique des contacts bucco-génitaux.

C'est séropositif : que faire ?

D'abord garder le moral. Le manque de recul ne nous permet pas d'affirmer que tous les sujets séropositifs développeront la maladie. D'autre part, ceux qui sont séropositifs récents bénéficient certainement d'un délai de cinq à dix ans avant de présenter éventuellement un vrai Sida : il n'est absolument pas utopique d'espérer qu'un traitement efficace soit trouvé d'ici là. Espoir, donc.

Ensuite, calmement mais sérieusement :
- informer de cette séropositivité les médecins traitants ou dentistes, de telle manière que des précautions élémentaires soient prises pour éviter une propagation de la maladie.
- s'interdire tout contact bucco-génital (quelle que soit la technique...)
- mettre ou faire mettre un préservatif lors de toute introduction vaginale.
- avertir le personnel médical ou chirurgical avant une éventuelle intervention.
- évidemment, se mettre entre les mains d'une équipe médicale spécialisée afin qu'une surveillance régulière soit planifiée et un traitement étudié.

Très important : il faut éviter d'être recontaminé par le virus, ces réinfections pourraient accélérer le développement de la maladie. Enfin, les femmes séropositives doivent s'interdire, jusqu'à nouvel ordre, d'être enceintes : l'enfant risque souvent d'être atteint lui aussi. Une bonne contraception, voire l'interruption volontaire de grossesse en cas d'échec, doivent être très sérieusement envisagées par malades et médecins.

Les moyens d'action

En l'absence de traitement efficace, c'est la prévention qui est notre carte maîtresse. Aussi ne nous privons pas de la jouer, nous en avons les moyens.
- Médecins, pédicures ou dentistes doivent pratiquer une stérilisation encore plus rigoureuse que par le passé en ce qui concerne les objets qu'ils manipulent, et qui peuvent entrer en contact avec le sang ou les muqueuses de leurs patients (le virus du Sida est très rapidement détruit par la chaleur). Les aiguilles des acupuncteurs doivent elles aussi être stérilisées selon les mêmes règles d'hygiène, bien qu'à ce jour aucune preuve formelle ne pèse contre elles. Pour couper court à toute polémique, si vous êtes adepte de l'acupuncture, achetez une fois pour toutes vos aiguilles, et remportez-les chez vous après chaque séance.
- Les toxicomanes doivent éviter la dissémination de la maladie dans leur groupe en s'interdisant l'échange des aiguilles et des seringues.
- En cas de partenaires sexuels occasionnels et multiples, il convient de toujours se protéger par un préservatif. Il s'agit aujourd'hui du seul moyen préventif fiable de la maladie (à condition que l'on s'interdise aussi tout contact bucco-génital). On l'achète dans les grandes surfaces ou, surtout en France, dans les pharmacies. Quelques distributeurs viennent d'être récemment installés, en particulier dans certaines universités. Leur prix varie de 2 à 8 F l'unité, selon leurs caractéristiques : épaisseur, lubrification, emballage... Ils ne sont pas remboursés par la sécurité sociale. On préférera les préservatifs prélubrifiés, auxquels il faudra souvent ajouter une quantité de lubrifiant (acheté à part chez le pharmacien, à moins qu'il n'existe à l'intérieur même du conditionnement des préservatifs). Les préservatifs ne sont en général pas assez lubrifiés. On choisira plutôt un préservatif d'épaisseur standard voire même renforcée (plus le préservatif est fin, plus il risque de ne pas remplir son rôle... en éclatant). Choisir un bon préservatif, c'est bien, savoir le mettre, c'est mieux.

Les trois règles d'or

Il faut absolument les respecter pour la sécurité de tous les partenaires :

– ne jamais pénétrer ou être pénétré(e) sans qu'un préservatif soit soigneusement déroulé sur la verge.

– ne jamais le dérouler hors érection. Procéder à cette opération avec les doigts, et non avec les ongles, sous peine d'affaiblir la texture du latex et d'en favoriser la rupture éventuelle.

– ne jamais attendre la chute d'érection après l'éjaculation : le préservatif pourrait alors « flotter » sur la verge, et permettre au sperme de se répandre.

Les traitements

Ils consistent à administrer des molécules destinées à tuer le virus. Il s'agit de la Ribavirine, de la Suramine, de l'HPA-23 et, surtout, de l'AZT. L'AZT représente actuellement l'un des espoirs les plus sérieux. Cette molécule a indéniablement entraîné des améliorations, surtout en cas de maladies causées par des germes pulmonaires. L'étude de l'AZT administré aux « syndromes intermédiaires » est actuellement en cours. D'autres produits anti-viraux (Dideoxycitidine, AL 721) sont à l'étude. Il s'agit de pouvoir disposer, d'ici à quelques années, d'une substance qui, administrée à des doses non dangereuses et sans doute de façon répétée tout au long de l'année, empêchera la multiplication du virus HIV chez les séropositifs.

Pour les vaccins, il faudra sans doute attendre les années 2000. D'autant plus que la mise en évidence de « variantes » du virus HIV (HIV 2, par exemple) compliquera là encore la mise au point de cette défense immunitaire vaccinale. On sait par exemple combien il est difficile de protéger les individus contre les virus de la grippe, dans la mesure où ceux-ci sont extrêmement variables et différents dans leur composition moléculaire, bien qu'appartenant tous à la même famille. Il faut bien reconnaître que le virus HIV tient aujourd'hui toute la communauté scientifique et médicale en échec. Jusqu'à ce jour, les traitements visant à stimuler les défenses naturelles de l'organisme ont tous échoué. Les immunostimulants (Interféron, Interleukine II, Isoprinosine, Immuthiol, Ciclosporine, transfusion de lymphocytes...) ont tous été essayés, sans apporter de véritable solution. On peut sans doute estimer que l'échec de certaines de ces substances ne l'a été qu'en raison de leur tardive application lors de cas de Sida véritablement déclarés. Leur utilisation plus précoce ouvre de nouvelles voies de recherches. Mais certaines de ces substances sont toxiques et le manque de recul ne permet pas pour l'instant de véritablement apprécier leur efficacité.

Nous avons donc affaire à une nouvelle épidémie qui, si nous n'y prenons garde, prendra des proportions comparables à celles de la peste, du typhus ou du choléra en d'autres temps. C'est pourquoi la plupart des pays « riches » – dont la France – ont doté la recherche de fonds et de budgets tout à fait exceptionnels. Les pouvoirs publics ont nettement compris le danger. C'est la mobilisation générale. Comme toujours en matière de recherche, on sait que ce sont les moyens financiers qui feront que l'on trouvera la solution plus ou moins rapidement. La communauté scientifique et médicale est aujourd'hui sur le pied de guerre : l'émulation scientifique et commerciale est certainement le plus sûr garant de progrès rapides dans ce domaine.

Docteur David ELIA

LA PILULE DE L'AN 2000

C'est le RU 486, appelé aussi la pilule de fin de mois, ou la nouvelle pilule du Professeur Beaulieu ou encore, aux États-Unis, la « French pill ». Il s'agit d'une découverte tout à fait révolutionnaire mise au point dans le courant des années quatre-vingt par des chercheurs des laboratoires Roussel-Uclaf. Son principe est d'être une anti-hormone : elle s'oppose à l'action de la progestérone et déclenche, dans les cinq premières semaines qui suivent la fécondation, sous surveillance médicale, une interruption volontaire de grossesse.

La Mifépristone, véritable nom du RU 486, trente ans après la pilule contraceptive, représente l'une des grandes révolutions gynécologiques de la deuxième partie de ce siècle. De quoi s'agit-il ? D'un médicament que l'on prend par comprimé et qui s'oppose à l'action de l'hormone progestérone. Si vous voulez mieux comprendre, je dirai que cette molécule « ressemble à la progestérone, a le goût de la progestérone mais... n'est pas de la progestérone ! » Le corps féminin comporte de multiples récepteurs conditionnés à recevoir la progestérone. Lorsque cette hormone occupe ces récepteurs, elle entraîne divers phénomènes. En premier lieu elle assure l'équilibre du cycle menstruel mais surtout la durée d'une grossesse, du premier jour de la fécondation à l'accouchement. La première étude a été effectuée en Suisse : douze femmes enceintes de huit semaines environ, qui désiraient une interruption volontaire de grossesse, reçurent une dose de ce produit. Les résultats furent impressionnants : neuf de ces femmes constatèrent une fausse-couche spontanée. C'était le début de l'aventure. Des équipes françaises et internationales se mirent au travail sous l'égide de grandes organisations. Comme pour toute nouvelle molécule, il a fallu tâtonner, essayer de comprendre, échafauder des hypothèses et... les vérifier. Faisons aujourd'hui le point. Les premiers essais, au cours de des dernières années laissaient à penser que cette méthode ne comportait que 80 % à 85 % de succès pour les grossesses de moins de 4 semaines. Un progrès décisif a été accompli et cest à environ 100 % de succès que l'on peut s'attendre pour des grossesses qui ne doivent pas dépasser 5 semaines d'âge.

C'est le professeur Etienne Emile Beaulieu qui a fait cette révélation à l'Académie de médecine dans les premiers jours de décembre 1987 : lorsque l'on ajoute aux comprimés de RU 486 la mise en place d'un ovule de prostaglandines (substance qui contracte fortement le muscle utérin), on obtient 100 % de succès.

Les avantages de la méthode par RU 486

– Il n'y a pas d'intervention chirurgicale. Ni dilatation du col, ni aspiration. La femme n'est pas obligée de « passer au bloc opératoire » pour interrompre sa grossesse.

– Comme cette méthode est plus douce, on lui suppose moins de complications à moyen ou long terme tels que infection, cicatrices utérines... ce qui reste toutefois encore à démontrer.

Les inconvénients du RU 486

– Cette technique provoque une fausse couche : la femme saigne et a des contractions utérines qui expulsent la grossesse (très jeune) alors qu'elle n'est pas sous surveillance hospitalière.

– Le fait d'avaler des comprimés démédicalise la symbolique de l'interruption volontaire de grossesse et la femme peut avoir le sentiment d'être « toute seule » devant sa décision d'avorter.

– Cette médicalisation ne doit pas être appliquée à des grossesses qui dépassent 5 semaines.

Attention : cette intervention ne gomme pas la sensation d'une véritable interruption volontaire de grossesse : les difficultés psychologiques face à cet acte restent entières et les femmes n'en banalisent pas pour autant l'interruption volontaire de grossesse.

Sur le plan pratique

La femme qui désire interrompre sa grossesse par RU 486 doit s'en préoccuper dès le retard de règles (pas plus de 3 à 4 jours de retard) et confirmer sa grossesse par un test approprié. Elle doit alors consulter son médecin et lui annoncer sa décision d'interrompre sa grossesse. Cette décision doit être confirmée à ce même médecin ou à un autre après sept jours de délai de réflexion (loi sur l'interruption volontaire de grossesse). Pendant cette période de sept jours, la femme devra consulter une assistante sociale ou une conseillère de planning familial qui lui fournira les renseignements concernant, entre autres, les avantages financiers qui lui seraient acquis en cas de conservation de sa grossesse. Une attestation de « consultation sociale » lui est remise à l'issue de cette entrevue.

Le médecin devra faire pratiquer une échographie utérine afin de s'assurer qu'il ne s'agit pas d'une grossesse extra-utérine ainsi que les examens de sang habituels demandés pour une fausse couche (en particulier le groupe sanguin).

Après ces trois formalités, trois comprimés de RU 486 seront délivrés aux femmes *à l'hôpital par le médecin* (la loi stipule que l'interruption volontaire de grossesse doit être réalisée par un médecin dans un établissement public ou privé agréé). Elles devront revenir dans ce même hôpital 48 heures plus tard afin que le médecin leur délivre un ovule de prostaglandines à placer dans le vagin. Dans les 3 heures qui suivent, la fausse couche se déclenche, annoncée par des contractions utérines et des saignements plus ou moins importants, saignements qui finiront par disparaître dans les 8 à 10 jours.

Une visite de contrôle aura lieu deux semaines environ après la fausse couche pour vérifier que tout est normal.

Docteur David ELIA

J.-F. Bauret

LE DESSINATEUR LES AUTEURS

Loïc Dubigeon, 49 ans. Peintre et dessinateur, il collabore régulièrement à divers magazines de grande diffusion. Prix de la ville de Nantes et de la fondation Laffont en 1955, de la biennale de Paris en 1963 et de Biarritz en 1964, il a exposé dans de nombreuses galeries européennes, et ses œuvres figurent dans les plus grands musées : Centre Georges-Pompidou, musées d'Art moderne de Paris, New York, Amsterdam, Boston et Vienne. Il a publié divers ouvrages, dont des lithographies aux éditions François Beauval (1980), aux éditions Carpentier (1983), « 100 dessins pour Histoire d'O » (Roger Borgerie, 1981).

P. Horvais

David Elia, 37 ans. Marié, père de deux filles. Médecin spécialiste passionné par les phénomènes de la reproduction humaine. Il assure plusieurs consultations dans divers grands hôpitaux parisiens et dirige l'un des plus importants centres de planification et d'éducation familiale de France : celui de la Mutuelle Nationale des Étudiants de France à Paris.

Gynécologue, il s'adresse aussi bien au couple qu'aux femmes. A travers ses nombreux ouvrages, il suit l'évolution des mentalités des hommes et des femmes d'aujourd'hui face à la grossesse, la stérilité, la ménopause, l'IVG et la contraception – en bref, il se consacre à l'étude de la sexualité de ses contemporains. David Elia exprime régulièrement ses opinions dans la presse et à l'occasion de nombreuses émissions de radio.

Il est l'auteur de : « La pilule et le stérilet en 10 leçons » (Hachette), « La stérilité et ses remèdes » (Hachette), « La femme et son corps : 700 réponses » (avec Geneviève Doucet) (Hachette), « J'accouche en sécurité » (J.-P. Ramsay), « Le guide OK n° 1 » (avec Magda Darlet, Edi-Presse), « Le journal de ma grossesse » (commentaires du livre de Catherine Singer, Hachette), « La contraception » (Hachette), « Les hommes » (Olivier Orban).

Allard

Jacques Waynberg, 42 ans. Docteur en médecine, licencié ès lettres et ès sciences, expert près du ministère de la santé, attaché à l'hôpital Saint-Antoine à Paris, et chargé de cours à l'Université de Paris VI. Président-fondateur de l'Institut de Sexologie et auteur de nombreux travaux scientifiques ainsi que de « Premières réponses en pratique de sexologie quotidienne », ouvrage publié en 1982 par les éditions Dalloz. Il a été l'organisateur-fondateur du congrès annuel international « Handicap et sexualité ».

INDEX

A

B

D

E

F

G

H

I

J

K

INDEX

L

M

O

P

Q

R

S

INDEX

T

U

V

W

Z

Photogravure : VERNON Photogravure, Paris. Composition/impression : MAURY, Malesherbes.
Reliure : BRUN, Malesherbes.